PARIS EN 1794

ET EN 1795

HISTOIRE

DE LA RUE, DU CLUB, DE LA FAMINE.

L'auteur et l'éditeur déclarent réserver leurs droits de traduction et de reproduction à l'étranger.

Cet ouvrage a été déposé au ministère de l'intérieur (section de la librairie) en décembre 1868.

PARIS. TYPOGRAPHIE DE HENRI PLON, IMPRIMEUR DE L'EMPEREUR, RUE GARANCIÈRE, 8.

LE 9 THERMIDOR

d'après le dessin de Prudhon qui fait partie des Collections de la Bibliothèque Impériale.

PARIS EN 1794

ET EN 1795

HISTOIRE
DE LA RUE, DU CLUB, DE LA FAMINE

COMPOSÉE

D'APRÈS DES DOCUMENTS INÉDITS

PARTICULIÈREMENT

LES RAPPORTS DE POLICE ET LES REGISTRES DU COMITÉ DE SALUT PUBLIC

AVEC UNE INTRODUCTION
PAR C. A. DAUBAN

OUVRAGE ENRICHI DE GRAVURES DU TEMPS ET D'UN FAC-SIMILE

PARIS
HENRI PLON, IMPRIMEUR-ÉDITEUR
10, RUE GARANCIÈRE, 10

MDCCCLXIX
Tous droits réservés.

INTRODUCTION.

§ Ier. — Contraste entre 1867 et 1794, avec le suffrage universel pour trait d'union.

C'est pendant l'Exposition universelle de 1867, en parcourant les rapports de police qui font partie des documents historiques conservés aux Archives de l'Empire, que nous est venue l'idée de ce livre.

Entre la misère dont ces rapports renferment le navrant témoignage et l'exubérance de richesses et de jouissances étalées alors dans le palais du Champ de Mars, le contraste était grand. A certains égards, il avait sa compensation dans le contraste moral, mais il ne saurait être question là que du contraste des conditions matérielles d'existence de la nation, à une distance de trois quarts de siècle.

Et celle-ci cependant serait l'abîme qui sépare deux mondes, si ces mondes ne se trouvaient mis comme de plain-pied par l'établissement du suffrage universel.

Le suffrage universel, qui a investi les masses de la toute-puissance, est un progrès sur le suffrage à deux degrés, un progrès sur 1794. Sieyès pourrait dire aujourd'hui, en modifiant sa formule : *Comme élément électoral, qu'est-ce que le mérite? Peu de chose ou rien. Que devrait-il être? Tout.* C'est le nombre seul qui est tout aujourd'hui.

Que sortira-t-il de ce *droit divin* des masses? Peut-être le développement pacifique de la grandeur de la démocratie, peut-être autre chose, car il y a des accidents perturbateurs, il y a la peste, la famine, les guerres malheureuses qui troublent la raison de l'homme, aigrissent son caractère, endurcissent son cœur, et nul n'est en situation de les prévoir ni de les conjurer.

On doit tout espérer du suffrage universel : il viendra, comme un vent favorable, enfler docilement les voiles du navire, en lui donnant la marche que souhaite le pilote ; il conduira la démocratie au port, malgré les écueils ; et plaise à Dieu qu'il en soit ainsi !

Mais, qui le nierait? si on a tout à espérer d'un auxiliaire auquel rien ne peut faire obstacle, on a tout à craindre d'un adversaire auquel rien ne saurait résister. Aussi beaucoup d'esprits inquiets sont-ils d'avis que le gouvernement prenne à l'égard du suffrage universel le rôle que le poëte donne à Éole, dans la caverne des vents :

> Luctantes ventos, tempestatesque sonoras
> Imperio premit....

Son intervention est nécessaire, disent-ils, pour diriger l'esprit public, prévenir ce bouleversement que le suffrage universel livré à lui-même pourrait produire en investissant de la direction absolue des affaires les représentants de la classe la plus pauvre et la plus nombreuse, au détriment des autres classes. Cette pensée donne le frisson aux timides, qui encouragent fort le gouvernement à ne rien négliger pour faire prévaloir son influence et ses candidats. Le jour où cette intervention échouerait, il leur semble que tout serait perdu et que nous aurions une révolution sociale.

Nous ne partageons pas ces appréhensions; nous croyons même que le suffrage universel laissé à lui-même et éclairé par une sage liberté, est meilleur compagnon que le suffrage mis en tutelle, dominé, entraîné, séduit ou surpris. Mais enfin l'histoire est là, et de la domination populaire sans contre-poids elle nous montre les œuvres grandioses, dans le mal comme dans le bien. Une démocratie bien réglée est en effet le spectacle le plus beau qu'il soit donné de contempler au milieu des sociétés humaines, tandis que la démocratie déréglée, la démocratie en démence, la *démagogie*, est le plus capable de porter l'homme à douter de sa perfectibilité, de l'amener au sacrifice de son libre arbitre, à l'oubli de sa fierté et de ses droits, à la servitude volontaire sous un maître.

Fléau d'autant plus à craindre que c'est dans un corps sain d'apparence qu'il se produit, par une désorganisation graduelle et d'abord presque insensible des institutions, qui finissent par perdre leur équilibre, comme la raison de l'homme perd le sien sous l'action d'une idée fixe ou d'une passion violente. Au commencement, tout est admirable ; la vie débordé, l'activité dans les mille canaux qui lui sont ouverts fait des prodiges, la force de la nation semble décuplée; mais le désordre survient, l'agitation remplace l'activité, la convulsion est suivie du marasme causé par la paralysie d'une partie des organes du corps social.

Tel a été le mal d'Athènes, auquel le peuple le plus extraordinaire qui ait paru dans le monde a succombé.

Nulle part on n'en voit mieux le caractère que dans les comédies d'Aristophane. On raconte qu'un roi de Sicile, Denys, ayant demandé au divin Platon de lui faire connaître la constitution politique d'Athènes, celui-ci pour toute réponse lui envoya les comédies d'Aristophane. C'est donc chez elles que nous devons aller étudier la démocratie grecque. Avec sa vivacité, ses passions, ses vices et ses séductions, elle y est toute vibrante d'un éclat de vie que vingt-deux siècles n'ont pas terni et dont le génie enveloppe ses œuvres immortelles.

Voici une des comédies d'Aristophane, *les Chevaliers*, — représentée sur le théâtre d'Athènes 426 ans avant Jésus-Christ, plus de deux mille deux cents ans avant l'avènement de la démagogie parisienne, — qui nous servira d'exemple. Mais pour pénétrer au cœur de cette civilisation antique, pour nous placer dans le milieu où s'accomplit la fiction du poëte grec, un préambule est nécessaire. Au risque

a.

d'être un peu long, nous demanderons au lecteur la permission de le mettre sous ses yeux; il nous pardonnera peut-être son étendue, en y trouvant plus d'un rapprochement à faire entre les deux époques.

§ II. — Caractères permanents de la démagogie. Athènes en 426 avant Jésus-Christ.

A l'époque où vivait Aristophane, l'Athénien, si pauvre fût-il, ne travaillait guère. Le titre de citoyen, héritage de tous ceux qui naissaient d'un père et d'une mère athéniens, paraissait à beaucoup une fortune suffisante. Il conférait le droit d'assister à l'assemblée publique, le droit de juger, le droit d'aller au théâtre, le droit de servir comme soldat, dans l'armée ou sur la flotte; et l'exercice de chacun de ces droits était la source d'un revenu assuré. Pour peu qu'il fût matinal et vigilant, ce qui avait lieu lorsque la faim le talonnait, l'Athénien se rendait au Pnyx avant que la corde rouge, destinée à laisser son empreinte sur le dos des retardataires, eût été tendue. Cet acte de présence lui valait trois oboles. On pense bien que les gens sans ressources n'y manquaient pas; mais la gratification qu'ils recevaient, insuffisante pour indemniser les Athéniens de la quatrième classe de l'interruption de leurs travaux, était trop légère pour engager les riches et les gens aisés à se montrer assidus. De là cette foule d'ouvriers et de mercenaires qui d'habitude encombraient l'Agora, et qui formaient la majorité de l'assemblée; de là aussi le pouvoir que les orateurs acquéraient sur la multitude, en flattant ses passions, en excitant sa haine contre les riches, son amour de l'indépendance, son impatience de tout frein.

Après avoir reçu le triobole, l'Athénien se hâtait de quitter l'assemblée pour aller le dépenser en provisions de ménage, ou bien il s'asseyait tranquillement dans un coin de l'Agora, afin d'y manger le déjeuner composé d'ail et de gâteaux dont il s'était muni. Il avait, du reste, le droit, s'il remplissait les conditions d'âge marquées par la loi, de demander la parole et de saisir l'assemblée d'une proposition que, séance tenante, le peuple pouvait repousser ou adopter. Mais le plus souvent il se tenait à l'écart de la tribune, redoutant les huées qui saluaient l'apparition et couvraient la voix des orateurs inexpérimentés. Là, par ses clameurs, il manifestait bruyamment ses impressions, à la vue et au langage des divers orateurs qui se succédaient à la tribune. Celui-ci, bavard, présomptueux, impudent, n'avait que des vices sans grâce, une ambition sans talent et sans excuse; mais il ne paraissait jamais devant le peuple que pour l'accabler des plus grossières flatteries, pour lui présenter des plans de finances dont la conséquence eût été le gaspillage immédiat des fonds de la République entre les mains d'une populace désœuvrée. Tout en repoussant ces absurdités impraticables, on lui savait gré de chimères inspirées, disait-on, par l'amour du peuple. Un autre orateur, esprit exact, prudent, sévère, paraissait-il? au premier blâme qu'il exprimait, les murmures couvraient sa voix. Les Athéniens n'acceptaient de leçon qu'au théâtre. Le peuple était bien celui dont Phocion, applaudi par lui, devait dire en s'adressant à ses amis : Ne me serait-il pas échappé, par mégarde, quelque sottise?

Le Pnyx, le tribunal, la promenade, le théâtre, telle est la sphère d'activité où se concentre la vie de l'Athénien. Si ce n'est pas jour d'assemblée, vous êtes à peu près certain de le rencontrer au tribunal. Il faudrait, en effet, qu'il fût bien malheureux, bien maltraité de la fortune, pour ne pas faire partie des six mille juges que chaque année désignait le sort. Six mille juges! ce nombre semble exorbitant, il paraissait à peine suffisant aux démagogues de l'époque. Comme on donnait à chaque juge un salaire quotidien de trois oboles, plus il y avait de places, plus il y avait de chances pour les désœuvrés d'arriver à une fonction salariée par l'État. Du reste, les goûts processifs des Athéniens, la liberté que leur donnaient les institutions de s'accuser les uns les autres, leur passion pour la discussion, l'obligation imposée à tous les sujets de la République, si éloigné que fût leur territoire, de venir à Athènes vider leurs différends, alimentaient largement l'activité des tribunaux.

Au théâtre, le peuple trouvait dans la représentation des comédies le sujet de ses préoccupations et de ses entretiens habituels [1]. Pourvu qu'on l'intéressât par des allusions piquantes aux événements du temps, qu'on l'amusât avec de bonnes plaisanteries et qu'on le charmât avec de beaux vers, il se montrait fort accommodant, et supportait de la part des poëtes les plus mordantes satires. Nous avons la mesure du degré de liberté qui leur était laissé en matière politique, et de la tolérance du public, dans la comédie des *Chevaliers*, représentée à Athènes en 426. — En voici le sujet :

§ III. — LA DÉMAGOGIE A ATHÈNES, DANS LES COMÉDIES D'ARISTOPHANE.

Aristophane met en scène deux esclaves du bonhomme *Peuple*, les généraux Nicias et Démosthènes, roués de coups par le Paphlagonien Cléon, qui, à force de vices et de flagorneries, a su capter la confiance du peuple. Ils s'entretiennent des vices de leur maître. « C'est un vieillard morose et un peu sourd, grand mangeur de fèves. » Le Paphlagonien l'a séduit en le gorgeant de flatteries, d'extorsions iniques, et en lui disant : « O Peuple ! c'est assez d'avoir jugé une affaire ; va au bain, prends un morceau, bois, mange, reçois les trois oboles. Veux-tu que je te serve à souper ? » Debout, le fouet de cuir à la main, il ne souffre pas que personne approche de lui. « Il lui débite des oracles, car le vieillard raffole de prophéties. Quand il le voit dans cet état d'im-

---

[1] Platon appelait le gouvernement athénien une *théatrocratie*.

bécillité, il en profite pour mettre en œuvre ses intrigues. » Cependant, Nicias et Démosthènes profitent du sommeil de Cléon, « l'estomac plein de viandes et de gâteaux provenant de confiscations », pour lui dérober une de ces motions au moyen desquelles il gouverne le Peuple. En ce moment même survient le charcutier qui doit supplanter Cléon dans la faveur populaire : « Homme fortuné ! s'écrie Démosthènes, ô toi qui aujourd'hui n'es rien et qui demain seras au faîte des grandeurs, regarde : vois-tu cette multitude ? Tu en seras le maître souverain ainsi que du marché, des ports, de l'assemblée ; tu fouleras aux pieds le sénat ; tu destitueras les généraux, tu les chargeras de chaînes, tu les emprisonneras ; tu feras du Prytanée un lieu de débauche. — Mais, répond le charcutier, comment arriverai-je à la tête de l'État ? j'appartiens à la canaille, je n'ai pas reçu la moindre éducation, si ce n'est que je sais lire, et encore assez mal. — *Démosthènes :* Ah ! ceci pourrait te faire du tort de savoir lire, même assez mal. La place de favori du Peuple n'appartient pas aux hommes instruits, ou du moins irréprochables, mais aux ignorants et aux infâmes. — *Le charcutier :* Comment serais-je capable de gouverner le Peuple ? — *Démosthènes :* Rien de plus facile. Continue ton métier, brouille les affaires de la même façon que tu amalgames tes hachis ; cajole le Peuple en lui promettant des vivres à vil prix. Tu as tout ce qu'il faut pour entraîner la populace : voix terrible, esprit pervers, impudence des halles, tu as toutes les qualités nécessaires pour le gouvernement. Va donc ! ceins ton front d'une couronne, et repousse vigoureusement ton adversaire [1]. »

Cléon [2] paraît avec son gros ventre, sa forte corpulence. Alors commence un combat d'invectives : « Je dénonce cet

---

[1] Nous nous sommes servi, pour ces citations, de la traduction française de M. Artaud.

[2] Il ne se trouva pas d'acteur assez hardi pour porter le masque du démagogue Cléon : Aristophane prit le parti de remplir lui-même le rôle ; il le joua aux applaudissements des Athéniens.

homme, s'écrie Cléon, et je soutiens qu'il transporte les jus de viandes sur les galères de l'État. — *Le charcutier :* Et moi, j'accuse celui-ci d'entrer au Prytanée le ventre vide et d'en sortir le ventre plein. — *Cléon :* Je te dénoncerai, quand tu seras général, » etc. Le chœur alors prend la parole : « Infâme scélérat, braillard, tout retentit de ton audace : le pays entier, l'assemblée, les bureaux de finances, les greffes, les tribunaux; tu remplis la ville de trouble et de confusion. C'est de ton impudence, arme ordinaire des orateurs, que tu te sers pour dépouiller les riches étrangers. Mais enfin, je puis me réjouir; un homme a paru bien supérieur à toi en perversité, et, comme on peut en juger déjà, il te surpassera en intrigues, en audace et en tours de passe-passe. » Cléon répond : « Je ne vous crains pas, tant que le sénat existe et que le Peuple reste dans sa stupidité. »

Aristophane trouve ici l'occasion de faire l'énumération de ceux qu'a délaissés l'ingratitude des Athéniens; en même temps, il frappe de ses vers sanglants tous les favoris de la multitude : Nicias, Démosthènes, Cléon le Paphlagonien, Lucis le devin, Hyperbolos le démagogue personnifié dans le charcutier Agoracrites, Eucrates le marchand d'étoupes, Cratinos, Morsimos, Cornas, Moguès, Cratès, confrères du poëte. Que d'autres encore seront atteints parmi les hommes éminents de la République, sans que la multitude se lasse d'applaudir à ses sarcasmes! car les démagogies vivent de défiances, de jalousies et de haines; la passion de l'égalité a chez elles le caractère de la fureur.

Mais une des scènes les plus singulières, c'est celle où les deux rivaux en présence plaident leur cause devant le Peuple assis sur les bancs du Pnyx. « Je suis connu, dit Cléon, pour celui qui aime le mieux le Peuple athénien, après Cynna et Sababaccha (courtisanes célèbres du temps). Je l'ai enrichi des extorsions commises sur les particuliers. J'ai à ma disposition des oracles qui le rendront maître de toute la Grèce et lui feront toucher cinq oboles en Arcadie pour rendre la justice. Tu calomnies celui qui, j'en jure par

Cérès! a rendu à l'État de plus grands services que Thémistocles. — O Peuple! répond Agoracrites, l'affection qu'il a pour toi se réduit à se chauffer à tes dépens. Ainsi, pendant qu'il parle, il te laisse durement assis sur la pierre; il n'a pas les mêmes attentions que moi, qui t'apporte ce coussin que j'ai cousu moi-même. Allons, lève-toi, et repose plus mollement ces membres qui ont tant fatigué à Salamine. Et toi, misérable, si tu l'aimais, tu ne le verrais pas sans pitié, depuis huit mois, habiter dans des tonneaux et dans des antres..... Tu repousses la paix, tu entretiens les hostilités. Tu veux qu'à travers le tourbillon de la guerre le Peuple ne s'aperçoive pas de tes friponneries, et que la nécessité, le besoin, l'attente de son salaire le réduisent à n'espérer qu'en toi. Ah! quand il connaîtra les douceurs de la paix, il te punira, plein de fureur et de rage. Toi, l'égal de Thémistocles! allons donc! Lui, vivant, notre ville était opulente, il la fit regorger de richesses; aux biens qui entretenaient l'abondance sur notre table, il joignit le Pirée, et, sans nous rien retrancher, il nous procura de nouveaux poissons. » A cet argument puissant sur les Athéniens, fort amateurs de poisson, Cléon ne peut opposer que son ardeur à dénoncer : « Seul, j'ai étouffé les conspirations; il ne se trame pas un complot que je ne sonne aussitôt l'alarme. — *Le charcutier :* Tu fais comme les pêcheurs d'anguilles : quand l'eau est calme, ils ne prennent rien; mais quand ils ont agité la vase, la pêche est bonne. De même, tu gagnes quand tu as mis le trouble dans la République. » Le chœur profite du moment où les deux ennemis se sont éloignés pour reprocher au Peuple la facilité avec laquelle il se laisse tromper par tous ceux qui le flattent. « N'en croyez rien, répond le Peuple. J'extravague à dessein. J'aime à boire tout le jour et à prendre pour maître un voleur que je nourris; mais quand il est bien engraissé, je lui fais rendre gorge et je l'immole. » L'explication que le bonhomme donne de sa crédulité n'est pas suffisante, et il est clair que le poëte qui l'a représenté faible, ingrat et glouton, ne l'accepte pas.

Il lui reconnaît du bon sens, mais partout ailleurs qu'au Pnyx : « Là, il perd la tête et déraisonne. » Critique amère de l'entraînement des assemblées populaires.

Certes, il y a dans cette satire, souvent burlesque, bien des exagérations : le poëte ne se gêne pas pour calomnier, même les démagogues qu'il met en scène. Il emploie contre eux les armes dont ils ont pu se servir contre d'autres, et l'histoire n'a pas ratifié, par exemple, l'accusation de vols et de rapines qu'il dirige contre Cléon, dont elle accuse seulement l'impéritie et la funeste influence sur les destinées de sa patrie. Mais la comédie des *Chevaliers*, malgré ses bouffonneries grossières, n'en reste pas moins une œuvre de génie, un tableau vivant des dangers de la démagogie, une peinture immortelle des démagogues d'Athènes et de tous les temps. Cléon a plus d'un trait de ressemblance avec Hanriot, et Agoracrites avec Hébert.

§ IV. — LA DÉMAGOGIE A PARIS, DANS LES RAPPORTS DE POLICE.

Ces noms nous ramènent à la démagogie de 1794.

Il y a d'ailleurs entre les deux époques, entre les deux situations, les Athéniens en 426, les Parisiens en 1794, d'autres analogies que l'air de parenté des démagogues Cléon et Hanriot, Agoracrites et Hébert.

Est-ce que les Athéniens de Paris, pour assister aux assemblées, ne touchent pas, eux aussi, le triobole, depuis qu'on leur distribue quarante sous par jour? Sont-ils beaucoup plus exacts, plus assidus et plus scrupuleux que les contemporains d'Aristophane? *Les ouvriers des assemblées populaires,* — dit un rapport de police du 14 ventôse, — *viennent au commencement surtout pour boire, et reviennent à la fin toucher leur paye de 40 sols et retirer leur carte.* — On compte six mille juges à Athènes, mais il y a à Paris un nombre presque aussi grand de juges du civisme et de la liberté des citoyens, dans les comités révolutionnaires des sections. Et les membres des comités civils réclament un salaire égal à celui que touchent leurs confrères. *L'envie d'avoir des places,* — dit l'observateur de police Charmont, — *fait que dans les assemblées de sections les membres se disputent les uns les autres.* Ah! que ce sont bien là les Athéniens d'Aristophane!

Qu'on ouvre les journaux du temps, on sera étonné de retrouver dans la bouche des orateurs de la Convention ou du club les moyens qu'emploient pour séduire le bonhomme Peuple Cléon et Agoracrites. Chacun ne manque pas de dire avec eux : « Seul, j'ai étouffé les conspirations ; il ne se trame pas un complot que je ne sonne aussitôt l'alarme. » Chacun de protester de son amour pour le peuple ; chacun de dire à son adversaire : « Misérable ! si tu l'aimais, tu ne le verrais pas sans pitié souffrir toutes les privations » ; ou bien encore : « Tu repousses la paix, tu entretiens les hostilités » ; chacun de faire croire au peuple que, comme Thémistocles, il lui procurera de nouveaux poissons ; chacun de lui annoncer, au nom d'oracles mensongers, la ruine de ses ennemis et l'empire du monde ; chacun *de cajoler le vieillard en lui promettant des vivres à vil prix.* Les plus influents des démagogues réalisent en tout point la définition donnée par Démosthènes : *voix terrible, esprit pervers, impudence des halles.* Que font-ils, sinon *terrifier l'Assemblée, les tribunaux, le pays entier de leur audace, remplir l'Etat de trouble et de confusion?*

Tel est le démagogue de tous les temps ; tel nous le peint Aristophane, tel le montre l'histoire des tempêtes de notre Révolution.

Nous venons de citer des extraits des rapports des observateurs de l'esprit public. C'est la principale source, dont personne ne contestera les exactes informations, à laquelle nous avons puisé [1].

Les observateurs de l'esprit public suivent la multitude partout où elle se porte, dans la rue, au marché, au club, sur la place publique : ils observent, ou plutôt ils écoutent, ils rapportent, ils *photographient*.

Par malheur, leurs relations sont moins gaies que la comédie d'Aristophane. Si parfois on est tenté de sourire devant quelques-unes des laideurs grotesques du bonhomme qu'a bafoué la verve impitoyable du poëte, le plus souvent on est ému, attristé, épouvanté, — car celui que nous voyons se passer de main en main les démagogues parisiens n'est pas le vieillard gourmand et sensuel que ses favoris régalaient de *poissons*, de *gâteaux* et de *lièvres*, et qu'ils mariaient, entre deux vins, avec la paix personnifiée sous les traits d'une belle courtisane, — c'est le vrai peuple ; le peuple encore crédule comme l'autre, mais malheureux, encore irascible, mais ruiné, encore capricieux, mais exaspéré, encore glouton, mais féroce et terrible comme la brute, car il a faim.

Les rapports de police nous révèlent des souffrances cruelles et les doctrines effrayantes qu'elles font naître et qu'elles développent. On apprend par eux le nom de ce grand agent d'ingratitudes et de supplices dont la présence a mis tant d'horreurs dans l'histoire de la Révolution : *la faim*. Si le peuple est endurci ; s'il se montre indifférent aux plus touchantes infortunes ; s'il est prêt à sacrifier successivement tous ses défenseurs à d'absurdes et monstrueuses

---

[1] Avons-nous besoin d'ajouter que ce n'est pas la seule ? Il suffira de parcourir la table des matières pour s'assurer qu'aucune source d'informations authentiques n'a été négligée : journaux, registres du comité, dossiers des procès, écrits du temps. Parmi ces derniers, il en est un, presque entièrement reproduit par nous, qui a pour titre : *Fragment pour servir à l'Histoire de la Convention depuis le 9 thermidor*. (Voyez page 513 de ce livre.) Nous l'avons attribué par erreur à J. Dussaulx, membre de la Convention et traducteur de Juvénal. Il est de J. J. Dussault qui rédigeait alors avec Fréron *l'Orateur du Peuple*.

accusations; — les rapports, en nous le montrant livré à deux calamités, les démagogues et la faim, qui marchent parallèlement pour conduire les démocraties à leur ruine, nous donneront les causes de cette folie ou de cet égarement. — Nous allons prendre presque au hasard dans leurs dépositions :

« Trois mille femmes, en file dans le marché Saint-Jean, partent sans avoir pu rien se procurer. » (Rapport du 27 ventôse.) — On s'étonne qu'il y ait une armée révolutionnaire. « On fait entendre qu'elle devrait au moins servir à forcer les paysans à apporter des denrées. *Le peuple observe que tant qu'on ne guillotinera pas quelques-uns de ceux-ci, cela n'ira pas.* » (Rapport de Pourvoyeur.) — L'observateur Rollin demande « qu'on empêche les aristocrates d'avoir plusieurs plats de gras par repas. » — Un autre dira qu'*il faut que ceux qui ont deux plats en donnent un à celui qui n'en a pas.* — Un particulier est mis en prison parce qu'on a trouvé chez lui — trente-six œufs. (Page 245, rapport de Bacon du 25 ventôse.) La prison aussi pour ceux qui trouvent moyen de se procurer, en l'achetant, plus d'une demi-livre de beurre ! — Le bruit courait qu'on voulait tuer tous les vieillards, comme des bouches inutiles. (Page 250.) — Perdre une volaille au lieu de la manger est un acte qu'Hanriot compare au meurtre d'un homme, et il appelle *assassins civils* des individus qu'il accuse d'avoir jeté des volailles à la rivière. — On réclame dans les clubs le partage des terres : et déjà les observateurs de l'esprit public engagent le gouvernement à déclarer inaliénables les terres que répartira aux sans-culottes la loi agraire. (Voir le rapport d'un observateur cependant modéré, de Latour-Lamontagne.)

Il n'est donc pas extraordinaire que dans ces dispositions on interprète un peu étroitement la liberté du commerce et de l'industrie. « Ordre est donné le 15 thermidor aux bouchers, qui depuis le 1ᵉʳ germinal étaient allés s'établir aux environs, de rentrer dans Paris pour y exercer leur profession. » La nouvelle de cette injonction, à laquelle il eût été dangereux de ne point obéir, fait naître une joie universelle dans Paris.

Au milieu de la désolation de la famine, que remarquent les observateurs de l'esprit public ? — 1° L'indifférence profonde des spectateurs, et, ce qui est plus significatif, l'indifférence des victimes devant le supplice. On en voit qui plaisantent jusque sur l'échafaud. C'est si dur de vivre, que c'est presque une joie de mourir. Une tête, en sautant de la lucarne dans le panier, jette un grand éclat de rire : « Adieu, sans-farine ! Adieu, bourreau ! adieu, peuple de meurt-de-faim ! adieu, sans-son et sans-farine ! » — 2° Le redoublement de férocité. L'observateur Pourvoyeur, qui voudrait voir interdire aux restaurateurs la vente de la viande ; qui juge que la guillotine est un épouvantail nécessaire pour les aristocrates, se faisant l'interprète du sentiment populaire, réclame l'établissement à Paris de *quatre guillotines* en permanence.

Dans l'exaspération produite par l'excès des souffrances, les doux deviennent les plus dangereux, les femmes sont plus redoutables que les hommes. Aux portes des bouchers, elles se livrent des batailles sanglantes, et plus d'une a failli perdre la vie pour un quarteron de beurre. Les observateurs en sont réduits à demander qu'il ne leur soit permis d'emporter avec elles, quand elles prennent place dans la queue, *que des serviettes*. (Voir le rapport de Latour-Lamontagne du 13 ventôse.) A entendre les femmes, il faudrait guillotiner tous les prisonniers, parce qu'ils affament Paris. (Rapport de Bacon.) Elles trouvent trop doux le supplice auquel leur idole de la veille, Hébert, par exemple, est condamné. Elles mettent les hommes au pas ; elles les surveillent, elles les enflamment, elles les enfièvrent. Elles font comme cette femme de crieur dont parle Rollin dans son rapport du 7 ventôse, qui allait *trois fois par jour* aux séances du tribunal révolutionnaire *pour effrayer les juges*.

Il n'est pas étonnant que l'attachement à la République, la

foi en elle, aillent chaque jour s'affaiblissant. *Vive l'ancien régime!* s'écrie-t-on dès le mois de ventôse. Plus tard, vers l'époque de la mort du Dauphin, on criera : *Vive le Roi!* on supposera que les conventionnels laissent à plaisir s'aggraver les maux de la famine pour amener le peuple à souhaiter le rétablissement de la monarchie. (Voyez les rapports du 17 floréal, des 26 et 27 messidor an III.)

§ V. — INCONSTANCE DE NOS PÈRES, RÉSULTAT DES MISÈRES DE LA DÉMAGOGIE.

Et maintenant, que nous reste-t-il à dire? — Que ce peuple qui avait fait la constitution de 1791 ; qui, à la presque unanimité, avait voté celle de 1793; qui avait immolé ou souffert qu'on sacrifiât à son ombrageuse passion pour la liberté une infinité de victimes innocentes; que ce même peuple, après avoir donné une seconde consécration au gouvernement républicain, en adoptant la constitution de 1795, une troisième adhésion solennelle par le vote de la constitution de l'an VIII (3,011,007 pour, sur 3,012,549 votants), devait, avec la même unanimité, — car c'est seulement en ce point qu'il se montre toujours d'accord avec lui-même, unanimité pour se démentir, — saluer de ses acclamations la constitution impériale de l'an XII. De ces variations, l'explication, pour ne pas dire l'excuse, se trouve dans ce livre. En montrant l'étendue de la misère, la grandeur des privations, l'épuisement de la population par plusieurs années d'une disette qui ne permet pas de donner aux malades l'assistance nécessaire à la réparation de leurs forces, aux petits enfants la nourriture suffisante pour préparer des hommes vigoureux, nous avons plaidé la seule circonstance qui puisse paraître atténuante pour une inconstance politique qui a étonné le monde.

Il est trop commode d'oublier les grandes choses que nos

pères ont faites, les biens que nous leur devons, les périls qu'ils ont affrontés afin de nous transmettre ces bienfaits;— il est trop facile de dresser la liste de leurs fautes, de retracer leurs douloureux égarements, pour que l'ingratitude envers eux et la triste tâche de condamner leur mémoire, aient pu nous tenter. Nous avons poursuivi un tout autre but.

Que ceux-là seuls qui n'ont pas péché, qui n'ont pas connu de défaillances, qui ont sauvegardé la liberté, maintenu leurs droits, conservé intacte leur foi politique, après avoir souffert autant que nos pères; que ceux-là seuls leur jettent la première pierre; quant aux générations qui les ont imités dans leur mobilité sans avoir connu comme eux ni les déchirements de la guerre civile, ni les angoisses d'une lutte terrible et inégale avec l'Europe coalisée contre l'honneur de la nation, ni les horreurs de la disette et de longues années de privations de tout genre, une seule attitude est permise à l'égard de ces morts dont nous avons recueilli l'immense héritage, celle de la modestie et d'une indulgence respectueuse.

§ VI. — CE QUE LA DÉMAGOGIE A LAISSÉ CHEZ NOUS; CE QUE LA DÉMOCRATIE A FAIT EN AMÉRIQUE.

Napoléon a dit: Dans cinquante ans l'Europe sera république ou cosaque.

Vieilli, retiré des intérêts du monde, le grand capitaine, comme tous les hommes auxquels l'avenir ne promet plus rien, aimait à revenir aux souvenirs de sa jeunesse et à réchauffer sa pensée à ce soleil de la République qu'il avait si magnifiquement confessé : *La République est comme le soleil: malheur à qui ne la voit pas!*

Du haut des falaises de son île, au-dessus des cimes de la grande mer, à travers les débris de nuages que la tempête récente avait laissés comme des taches sur l'azur incommensurable du ciel, il le revoyait, montant toujours, et éclairant le monde futur. Ceux qui étaient au bas de la falaise, dans l'ombre des nuages, n'apercevaient rien ; la parole prophétique les eût fait sourire.

République ou cosaque, n'est-ce pas comme s'il eût dit : renaître ou mourir; l'honneur ou la honte ; la liberté ou la servitude ?

Nous ne saurions voir là une malédiction, une condamnation avec le choix du moyen d'exécution : le poison ou le fer. Bonaparte avait aimé la République, et c'est sa foi en elle qui l'avait fait si hardi, si fort et si grand. Il n'avait songé à la remplacer que le jour où il l'avait vue en défaillance. A vrai dire, il n'y eut pas de lutte, il n'y eut — qu'on pardonne la trivialité de l'expression à sa justesse — que le croc-en-jambe du 18 brumaire. La République tomba ; elle était si bien morte, après avoir été mourante tant d'années, que nul ne songea à faire un effort pour la relever. C'est alors que la France eut bien le gouvernement qu'elle méritait, car si on impose quelquefois à un peuple un gouvernement qui ne lui convient pas, celui qu'il garde est toujours celui qu'il mérite.

Jamais on n'avait vu un tel spectacle. La plus puissante, la plus héroïque, la plus audacieuse république qui ait existé réduite à cet état de faiblesse qu'il suffit du geste d'un général pour la jeter par terre et de quatre grenadiers pour l'enterrer !

Cette foudroyante surprise du 18 brumaire avait, il faut le dire, été préparée par une force malfaisante à laquelle aucune constitution politique n'a résisté : en 1794, elle s'appelle le *sans-culottisme*.

Admirez sa puissance ! Pour conduire un peuple du paroxysme du désintéressement à un égoïsme féroce, de l'amour du genre humain à la haine, de la foi la plus exaltée au scepticisme le plus complet en toutes choses, de la confiance à la défiance, au remords, au regret, au désespoir, deux années lui suffisent : 1793, 1794.

On vante les exploits des conquérants. Le jacobinisme

réussit aussi bien qu'eux à causer, par la guerre, par les confiscations, par les supplices et la disette, la dépopulation d'un pays; mais ce qu'aucun conquérant n'a pu faire, il le fait. A ceux qui avaient crié avec enthousiasme *Vive la liberté! vive la République!* il fera crier avec la même ardeur : *A bas la liberté! à bas la République! Vive le Roi!* — En 1795, la seule flamme du grand incendie libéral de 1789 qui brûle encore se trouve au sein des armées.

Ce n'est pas que le jacobinisme soit une rage homicide, une soif inextinguible de sang; il n'est pas précisément méchant; il est, ce qui est bien pis, il est bête. Les plus dangereux des hommes sont les plus bêtes, parce que, indépendamment du mal qu'ils veulent faire, ils font sans s'en douter le mal bien plus grand que d'autres ont intérêt à leur faire faire. Et c'est ainsi que les Jacobins ont atteint non-seulement les générations vivantes, mais, à leur insu, les générations à venir. En donnant l'échafaud pour piédestal à la République, ils ont rendu inévitable la chute de celle-ci, et son rétablissement impossible aux yeux de ceux qui croient qu'elle ne saurait avoir d'autre base. S'ils n'ont pas, comme ces vainqueurs des temps antiques, semé le sel pour vouer à une éternelle stérilité les fondements de la République renversée, ils ont, sur les murs de Lyon détruite, dans les plaines ravagées de la Vendée et de la Provence, au nord et au midi, autour des ruines de ce qu'ils appelaient le fédéralisme provincial, semé cette ronce qui a tout envahi, tout lié, tout paralysé à la longue : — la centralisation terroriste.

Usé par cette ronce tenace, nous ne rendrons au généreux sol de la France sa fécondité et sa richesse qu'en combattant ses envahissements. Suivons l'exemple du bon cultivateur qui veut purger son champ d'une mauvaise herbe. Il l'arrache, brin par brin, avec la main. Ce n'est pas l'œuvre d'un jour.

Cette tâche, aurons-nous le courage de la mener à bonne

fin, courage de persévérance rare en France? Aurons-nous la force de nous détourner de la routine, et de substituer à ce qui a fonctionné mal chez nous ce qui a réussi chez d'autres? Ne tiendrons-nous aucun compte de notre propre expérience, et recommencerons-nous à perpétuité le même jeu, qui doit nous conduire aux mêmes résultats? Continuerons-nous à faire des révolutions contre la monarchie, pour tomber à plat ventre dans la tyrannie démagogique, sauf à rebondir vers le pouvoir qui veut bien nous reprendre sous sa protection, mais en se redressant de toute sa hauteur? Agités par des besoins continuels de déplacement, prétendrons-nous vivre en républicains sous la royauté et en monarchistes sous la République, broyés dans la perpétuelle contradiction des institutions? Nous verra-t-on planter incessamment des arbres de la liberté à la même place, sans penser à leur faire d'abord le sol que réclame leur nature?... — Elle est quelque part, la liberté, non pas à l'état de plante délicate, étouffée entre deux pavés, mais à l'état de géant, dont quatre-vingt-dix ans de vie ont développé les rameaux puissants qui s'étendent sur la moitié d'un monde. C'est là que les penseurs, surpris de son prodigieux développement, iront étudier les conditions de sa culture, chercher les méthodes nouvelles, car il faut bien que tout marche, la politique ou la science humaine, comme toutes les autres sciences.

Et marcher, progresser, ce n'est pas toujours aller en avant, c'est souvent changer de route...

On lit dans l'histoire de l'antique Orient que des seigneurs ayant tué leur roi se disputèrent à qui prendrait sa place. Il fut convenu que le premier d'entre eux qui verrait le lever du soleil serait roi. Ils se hâtèrent de se rendre tous à l'endroit le plus élevé de la campagne voisine. En ce moment, le soleil se couchait dans un abîme d'or et de pourpre. Les seigneurs, le voyant disparaître, passèrent la nuit l'œil fixé sur le point où s'était montrée la dernière clarté; un d'entre eux cependant s'était mis à l'écart, et il regardait obstinément la partie du ciel opposée. C'est là qu'il vit briller la première étincelle du jour naissant auquel ses compagnons tournaient le dos. Il l'emporta sur eux, comme le progrès doit toujours l'emporter sur la routine.

Cette histoire convient à tous les temps. Elle n'a vieilli que sur un point : le conteur de qui nous la tenons faisait venir la lumière de l'Orient; le monde a tourné, et c'est à l'Occident, du côté de la patrie de Washington, qu'il faut la chercher.

DAUBAN.

P. S. On trouvera dans ce livre, en tête de la première page qui suit l'introduction, ce titre : LA RUE, LE CLUB ET LA PRISON A PARIS EN 1794. — Nous n'avons pu réaliser qu'en partie la promesse contenue dans ce titre. La *Famine* a pris la place de la *Prison*. Celle-ci joue un si grand rôle et a une si grande importance dans l'histoire des années 1793 et 1794, que nous avons dû la réserver pour lui consacrer un volume tout entier, dont les matériaux sont prêts et dont la publication sera prochaine.

LA RUE

LE CLUB ET LA PRISON

A PARIS EN 1794

LE GOUVERNEMENT RÉVOLUTIONNAIRE

AVANT LA CHUTE DE ROBESPIERRE.

A partir du 2 juin 1793, la Convention gouverne révolutionnairement la France, substituant à toutes les institutions et à tous les rouages anciens son despotisme tyrannique; les comités gouvernent la Convention, et jusqu'à la mort d'Hébert, la Commune a dominé les comités et la Convention.

Sur la toute-puissance des comités nous avons les déclarations faites par Cambon et Barère dans les séances du 11 et du 12 thermidor an II, deux jours après la chute de Robespierre. Nous les rapporterons ici, pour faire voir combien il importe de connaître le nombre et l'organisation des comités quand on veut se rendre compte de l'état politique de Paris à cette époque.

SÉANCE DU SOIR 11 THERMIDOR.

« *Cambon...* Depuis que le gouvernement révolutionnaire est organisé, la partie exécutive en est confiée à des commissions qui ont remplacé l'ancien ministère [1]; les commis-

---

[1] Ce fut seulement le 1ᵉʳ avril 1794 que la Convention supprima le conseil exécutif et les six ministres qui le composaient; elle créa pour les remplacer douze *commissions exécutives*, auxquelles elle assigna leurs

sions rendent compte journellement au comité de salut public, qui s'est organisé en sections pour se diviser le travail, en plaçant un membre à la tête de chaque section.

» Certains membres ont sous leur surveillance jusqu'à trois commissions, de sorte que, surchargés de travail, ils ont subdivisé leur section en bureaux, à la tête desquels ils ont placé des chefs.

» Les commissions leur présentent les vues, rapports et arrêtés qu'elles croient nécessaires pour l'exécution des lois, et dans le compte qu'elles rendent le membre du comité y trouve des vues utiles à la législation.

» Le représentant du peuple à la tête de la section examine, modifie ou adopte les projets qui lui sont soumis, et en fait son rapport au comité. Mais comme les affaires sont multipliées, il renvoie quelquefois dans les divers bureaux, et les chefs lui en font le rapport.

» Il serait possible que des représentants du peuple, surchargés d'affaires et trop confiants dans la commission, adoptassent sans un examen approfondi les projets qui leur seraient présentés.

» Il peut résulter de cet ordre de choses que la législation et la surveillance que la Convention doit se réserver, pourraient passer entre les mains des chefs de bureaux ou des commissions exécutives.

» Je puis citer, sans craindre de compromettre personne, un de nos collègues qui est chargé dans le comité de salut public de la surveillance de trois ou quatre parties très-considérables, parmi lesquelles se trouve celle du commerce et approvisionnements; tout le monde sait qu'il examine, sans l'intermédiaire des chefs de bureau, tous les projets qui lui sont soumis; mais on sait encore qu'il est obligé de passer les jours et les nuits. Il est certain que celui qui le rempla-

---

attributions respectives. Ce changement ne fut qu'une modification de forme dans le gouvernement. Avant comme après, le pouvoir resta aux mains du comité de salut public, auquel le comité de sûreté générale lui-même est subordonné.

cerait et qui n'aurait ni sa santé ni son activité, serait obligé ou de ralentir les opérations, ou de les confier à des chefs de bureau.

» Ce qu'il y a de certain, c'est qu'insensiblement tous les comités de la Convention doivent se trouver sans occupation ou se trouver en concurrence avec le comité de salut public.

» Nous trouverons la preuve de cette hypothèse dans la formation de la section de police générale que le tyran Robespierre organisa, dont il lançait des lettres de proscription qui contrecarraient les opérations du comité de sûreté générale, en enlevant des patriotes souvent chargés des opérations importantes.

» Le remède à apporter serait de nous occuper de l'organisation intérieure de la Convention, de supprimer tous les comités existants, de les remplacer par autant de comités qu'il y a de commissions exécutives; chaque comité surveillerait les opérations d'une commission, exigerait d'elle les comptes journaliers; les comités se réuniraient partiellement ou ensemble, par l'invitation d'un commissaire, à un centre commun, qui serait le comité de salut public, pour tous les objets qui seraient relatifs à l'exécution et à la convention pour la législation : dès lors la Convention serait le centre du gouvernement, la séance deviendrait plus intéressante par les travaux des comités; tous les membres de la Convention seraient employés à surveiller le gouvernement et feraient le travail qui, dans l'état actuel, pourrait être dans les mains des chefs de bureau. »

Depuis janvier 1794 jusqu'au mois de juin, époque où les comités commencent à préparer la chute de Robespierre, le gouvernement fut surtout un gouvernement de police, et Cambon et Barère ont dit vrai lorsqu'ils ont avancé que la section de police générale organisée par Robespierre, et entièrement conduite par lui, comme nous en donnerons la preuve, dominait, paralysait, maîtrisait les comités.

Voici maintenant un extrait du rapport de Barère lu à la Convention le lendemain de la mort de celui qu'on appelait alors le *tyran*. Personne n'a mieux connu, n'a plus contribué à la pratique de la *Terreur* que Barère, le porte-voix des comités. Nous aurons donc plus d'une fois l'occasion d'invoquer dans ce livre l'autorité du théoricien de la Terreur, d'un homme pour lequel on peut se sentir une bien médiocre estime, mais dont personne ne contestera le grand rôle et l'intelligence supérieure.

Extrait du rapport de Barère, fait au nom du comité de salut public dans la séance du 12 thermidor.

« La terreur fut toujours l'arme du despotisme, la justice est l'arme de la liberté... La tyrannie de l'opinion, la censure des écrits, les réputations usurpées et excessives furent dans tous les temps les symptômes qui amenèrent la perte de la liberté. — Robespierre, par ses manœuvres dans l'Assemblée, vous avait fait décréter que le comité de salut public nommerait tous les membres des comités : opération difficile, pénible, odieuse, et tendant à avilir la représentation nationale et à défavoriser les membres de ce gouvernement aux yeux mêmes de leurs collègues...

» Robespierre rabaissait la Convention en lui ôtant le plus nécessaire de ses droits, celui de ne laisser la confection des travaux législatifs qu'à des citoyens qui possèdent sa confiance ; il affaiblissait la représentation en l'isolant des comités, en la privant des travaux, en paralysant ses pensées, et en la réduisant à une approbation simple quand il lui appartient une discussion lumineuse... Il avait fait donner au comité le droit de nommer les commissaires et les adjoints des commissions exécutives, afin de s'emparer des choses, de se saisir de tous les bras de l'empire, de tous les moyens d'administration, de puiser à son gré dans les finances attribuées à chaque commission, et de nous cerner de ses propres commissaires pour nous perdre d'un seul coup.

» La centralisation est bien un moyen de gouvernement; mais la centralisation totale est la monarchie totale ou le despotisme. Robespierre desséchait toutes les branches de l'administration qu'il ne pouvait plier ou couper ; il détournait dans un bassin commun toutes les sources de pouvoir, toutes les dérivations d'autorité publique, afin de s'en saisir plus facilement.

» ... Dans ce moment nous vous proposons de désobstruer le comité de salut public des travaux législatifs qui ne lui appartiennent pas naturellement; de lui ôter l'obligation de faire la législation de chaque commission exécutive, et de déverser dans douze comités les travaux et les opérations relatives à chacune des commissions.

» Il est au-dessus des forces humaines de douze membres du comité de salut public de suffire constamment à tant de travaux disparates et successifs. Il est contraire à la saine politique de donner tant d'influence et de pouvoir à un seul comité.

» ... Le comité de sûreté générale, que Saint-Just et Robespierre avaient dépouillé sous prétexte de faire un bureau de police générale, était presque anéanti, ou du moins paralysé. »

Enfin, dans notre désir d'être impartial, nous aurons recours aux paroles de ce sombre Billaud-Varenne, qui était terroriste par tempérament autant que par politique. Atteint, dans l'exil, de la maladie qui l'a emporté, il aimait à revenir, en causant avec le médecin français qui le soignait, sur les tempêtes de sa vie. Il ne regrettait rien de son passé que sa participation aux événements du 9 thermidor. Il invoquait pour la justification des comités : *l'immensité du travail et le désintéressement.* — Ce n'est pas nous qui voudrions que l'histoire ne tînt aucun compte de ces circonstances atténuantes pour les actes qu'elle condamne le plus....

Note de Billaud-Varenne écrite à Saint-Domingue, transcrite par le docteur Chervin et publiée dans la Nouvelle Minerve *d'après l'original.* (Tome I, page 355.)

« Les décisions que l'on nous reproche tant, nous ne les voulions pas le plus souvent deux jours, un jour avant de les prendre : la crise seule les suscitait. Elles étaient prises au milieu des lassitudes de nos longues séances de nuit au comité ; nous ne voulions pas tuer pour tuer, c'est trop stupide ; nous voulions vaincre à tout prix, être les maîtres, pour donner l'empire à nos principes. De là, mille malheurs que vous dénoncez, que nous ne connaissions pas ! Au *comité* nous ne perdions pas un moment de vue le grand but que nous nous étions proposé ; et nous tous, le jour et la nuit, nous reprenions du même cœur et les mains fatiguées la tâche immense de la *conduction* des masses. Quelle tâche, et comme tout marchait !... Dans cette sphère de tempêtes nous ne pouvions voir que le salut commun ; nous faisions de la *dictature* sans autre intitulé : *Dictature*... Reprochez-nous les moyens, j'y consens ; mais dites aussi : Ils n'ont pas failli à la République. — Nous, du moins, nous n'avons pas laissé la France humiliée, et nous avons été grands au milieu d'une noble pauvreté. N'avez-vous pas retrouvé au *trésor public* toutes nos confiscations ? »

Passons maintenant, après toutes ces déclarations qui font un préambule nécessaire, à l'organisation des comités de la Convention dont l'*Almanach national*, publié au commencement de 1794, nous fournit le tableau détaillé que voici :

COMITÉS DE LA CONVENTION NATIONALE ET LEUR EMPLACEMENT.

N° 1. Archives, *arrière-corps entre les pavillons de l'Unité et de l'Égalité*[1].

[1] « Local de la Convention au Palais national (les Tuileries) :
» Nota. Le pavillon du côté du nord se nomme *Pavillon de la Liberté* ; celui du milieu, *Pavillon de l'Unité* ; et celui du midi, *Pavillon de l'Égalité.* » (*Le Républicain*, n° cxci.)

N° 2. Comité de salut public, *pavillon de l'Égalité.*

N° 3. Comité de sûreté générale, *maison de Brienne.*

N° 4. Comité des décrets et procès-verbaux réunis, *pavillon de la Liberté.*

N° 5. Comité des dépêches, *pavillon de la Liberté.*

N° 6. Commission centrale, *galerie du Jardin.*

N° 7. Comité de l'examen des marchés, de l'habillement et subsistances militaires, *maison Breteuil.*

N° 8. Comité des assignats et monnaies, *pavillon de l'Égalité.*

N° 9. Comité de correspondance, *galerie du Jardin.*

N° 10. Comité des pétitions, *galerie du Jardin.*

N° 11. Comité de la guerre, *pavillon de l'Unité.*

N° 12. Comité des finances, *pavillon de l'Égalité.*

N° 13. Comité de législation, *pavillon de la Liberté.*

N° 14. Comité des inspecteurs de la salle, *pavillon de la Liberté.*

N° 15. Comité d'instruction publique, *maison Brienne.*

N° 16. Comité de secours, *maison Breteuil.*

N° 17. Comité de division, *maison Brienne.*

N° 18. Comité de liquidation et examen des comptes, *pavillon de l'Égalité.*

N° 19. Comité d'aliénation et domaines réunis, *maison Brienne.*

N° 20. Comité d'agriculture, commerce, ponts et chaussées, navigation intérieure réunis, *pavillon de la Liberté.*

N° 21. Comité de marine et des colonies, *pavillon de l'Égalité.*

Les attributions des divers comités sont généralement exprimées par leur dénomination. Cependant celles de quelques-uns d'entre eux ne se devinent pas : nous nous bornerons à en donner ici un aperçu rapide :

Comité de salut public. — Son titre seul, — dit l'*Almanach de l'an II,* — indique l'importance de ses fonctions.

Membres du comité : Citoyens Barrère, — Couthon, —

Hérault, — Saint-Just, — Jean-Bon Saint-André, — Prieur (de la Marne), — Lindet (Robert), — Robespierre, — Carnot, — C. A. Prieur (de la Côte-d'Or), — Collot d'Herbois, — Billaud-Varenne.

Comité de sûreté générale. — On peut dire que ce comité n'a d'autres fonctions que de veiller à la sûreté de l'État; et, pour cet objet, sa correspondance peut embrasser tous les lieux et tous les citoyens de la République.

Dans cette surveillance, qui n'excepte rien de ce qui est relatif à la sûreté générale, quatre objets peuvent être particulièrement distingués.

Ce comité est chargé :

1° De surveiller à Paris les ennemis de la chose publique et de les interroger lorsqu'ils sont arrêtés, pour découvrir les complots, leurs chefs et leurs agents;

2° De rechercher et de poursuivre partout les fabricateurs de faux assignats;

3° De faire arrêter ceux qui lui sont dénoncés comme agents des cours étrangères et tous ceux qui troublent, de quelque manière que ce soit, l'ordre public;

4° Et enfin de surveiller également ceux qui se trouvent compris dans la *liste civile*, c'est-à-dire dans la liste des hommes vendus au ci-devant Roi.

Par un autre décret du même jour, 2 octobre 1792, la Convention nationale a attribué à ce comité une nouvelle fonction, en l'autorisant à se faire rendre compte d'arrestations relatives à la révolution qui ont eu lieu dans toute l'étendue de la République depuis le 10 août, à prendre connaissance de leurs motifs, à se faire représenter la correspondance des personnes arrêtées, et généralement toutes les pièces tendantes ou à leur justification ou à donner des preuves des délits dont elles sont accusées, pour en faire le rapport à la Convention nationale et pour être par elle pris telle détermination qu'elle jugera convenable.

Le rapport du comité sur ce dernier objet doit être imprimé et envoyé aux quatre-vingt-quatre départements.

Comité de sûreté générale : Citoyens Guffroy, — Vadier, — Voulland, — Panis, — Lavicomterie, — M. Bayle, — David, — Amar, — Barbeau-Dubarran, — Jagot, — Louis (du Bas-Rhin), — Ruhl.

Commission centrale. — Cette commission, composée d'un membre de chaque comité et d'un commis, est chargée de présenter chaque jour un tableau du travail de l'Assemblée, divisé en deux parties.

La première partie doit annoncer les affaires d'expédition qui peuvent être traitées jusqu'à midi.

La seconde, les travaux invariables dont l'Assemblée doit être occupée depuis midi jusqu'à la fin de la séance.

Ce tableau est affiché la veille, à la fin de chaque séance, pour régler le travail du lendemain.

En raison de leur importance exceptionnelle, nous indiquerons les attributions complexes du comité d'instruction publique. On doit dire à l'honneur de la Convention qu'elle avait parfaitement compris la nécessité de préparer par l'éducation les générations futures aux destinées que leur avait ouvertes la révolution. Elle a, sur ce point, posé des principes très-démocratiques, indiqué nombre de réformes utiles, touché à bien des abus. On lui a reproché de n'avoir pas appliqué ses idées, mais le temps lui a manqué. Les gouvernements qui lui ont succédé ont malheureusement négligé cette partie de l'héritage qu'elle leur avait transmis. L'instruction publique n'a paru qu'une tâche secondaire, tandis qu'elle aurait dû être la première et la principale. Nous empruntons à l'*Almanach national de l'an II de la République une et indivisible*, l'article qu'il a consacré au comité d'instruction publique.

Comité d'instruction publique. — Ce comité, établi par le décret du 2 octobre 1792, est composé de plusieurs membres.

Il est divisé lui-même en treize sections, et le travail est partagé entre ces treize sections, dont chacune est occupée de l'instruction publique ainsi qu'il suit :

Première section. — De l'organisation générale de l'instruction publique ;

D'une commission à établir pour la composition ou examen des ouvrages élémentaires destinés à l'éducation publique.

Deuxième section. De l'éducation morale ;

Du régime intérieur des différents établissements ;

Des mesures à prendre relativement aux pensionnats ;

De la responsabilité qu'on peut exiger de ceux qui auront des pensionnaires ;

Et des établissements particuliers d'éducation dans leurs rapports avec les établissements publics.

Troisième section. — De l'éducation physique ;

Quatrième section. — De l'éducation des femmes ;

Cinquième section. — De l'éducation des orphelins ;

Des aveugles-nés ;

Des sourds-muets.

Sixième section. — Des écoles d'industrie.

Septième section. — Des voyageurs ;

Des bibliothèques, musées, collections, et de la correspondance générale ;

Du mode d'enseignement dans les différents degrés d'instruction ;

Du mode d'enseignement dans les lieux où la langue française est peu usitée.

Huitième section. — Des examens, des prix et encouragements, de la révision de la loi sur les brevets d'invention, de celle sur le bureau de consultation et du bureau d'administration du commerce.

Neuvième section. — Des fêtes nationales.

Dixième section. — Des élections aux places vacantes ;

De la première formation de la Société nationale et de tous les degrés de l'enseignement.

Onzième section. — Des traitements et des pensions de retraite, des bourses attachées aux établissements de l'ancien régime.

Douzième section. — De la bibliographie;

Du catalogue général de toutes les bibliothèques des établissements religieux et autres supprimés.

L'objet de ce travail est de faire connaître toutes les richesses littéraires de la République, de former des collections précieuses de livres pour chaque département, et d'opérer la vente de tous ceux que la commission de savants chargée d'en faire l'examen aura jugés inutiles.

Nota. Ce travail est déjà avancé.

Treizième section. — Indépendamment des objets dont on vient de donner la notice, le comité d'instruction publique s'occupe d'un travail particulier sur la valeur et le produit des biens dépendants de l'instruction publique. Il entretient à ce sujet une correspondance assez suivie avec tous les directoires de département et de district; mais, quoiqu'il leur ait fait passer des instructions très-claires et des modèles d'états très-détaillés, il n'en a reçu que des éclaircissements très-imparfaits. On sera vraisemblablement obligé de recommencer ce travail. Les états envoyés par les administrateurs n'ont pu donner jusqu'ici un résultat, ni même un aperçu suffisant des revenus et des dépenses des établissements d'instruction publique.

Cette observation transmise par le comité à l'éditeur de l'*Almanach national* fait bien voir les difficultés contre lesquelles avait à lutter le gouvernement républicain. Chaque fois qu'il n'exerçait pas une pression énergique et qu'il n'y avait point d'intérêt politique en jeu, il rencontrait l'inertie des administrations locales, soit que celles-ci fussent aux mains d'hommes incapables de seconder le gouvernement central, soit que toute leur attention fût absorbée par des questions plus urgentes et plus impérieuses.

Voici quels étaient les membres qui composaient le comité au commencement de 1794:

Citoyens David, — Jullien (de la Drôme), — Jay Sainte-

Foy, — Bouquier, — Laignelot, — Guyton-Morveau, — Fourcroy, — Arbogast, — Mathieu, — Boutroue, — Valdruche, — Coupé (de l'Oise), — Bô, — Romme, — Duval (d'Ille-et-Vilaine), — Thomas Lindet, — Prunelle, — Moyse Bayle, — Grégoire, — Petit, — Lakanal, — Daoust, — Duhem, — Cloots (Anacharsis), — Bourdon (Léonard), — Villars.

Nous terminerons cet aperçu de l'intérieur des comités de la Convention en extrayant de l'*Almanach* la composition du *comité de législation* :

Citoyens Cambacérès, — Merlin (de Douai), — Florent-Guyot, — Pons (de Verdun), — Bar, — Fabre d'Églantine, — Ricord, — Delacroix (d'Eure-et-Loir), — Guyton, — Berlier, — Duval (d'Ille-et-Vilaine), — Oudot, — Hentz, — Jean-Baptiste Lacoste, — Laloy, — Treilhard, — Bezard.

Nous avons donné dans notre volume sur 1793 le texte de la Constitution adoptée sur le rapport d'Hérault de Séchelles, en avertissant que cette Constitution n'avait jamais été pratiquée. Elle était l'idéal placé sous les yeux du peuple français comme le but auquel les législateurs brûlaient d'arriver en même temps qu'à la pacification générale. Les moyens de gouvernement mis en œuvre étaient d'ailleurs en désaccord avec les beaux principes qu'on avait proclamés en tête de la Constitution. Si on veut les connaître, il faut lire la véritable Constitution du temps, le décret sur le gouvernement révolutionnaire. Il est l'arsenal où la tyrannie a pris les armes dont elle a fait un si terrible usage.

Il y a dans le montagnard de ce temps-là, qu'il s'appelle Robespierre, Saint-Just ou Couthon, deux hommes : l'homme de la lutte et l'homme domestique ; le premier, violent, implacable, sanguinaire, sans scrupules et sans mesure. Il incarcère, il dépouille, il tue par des mesures, qu'une épithète suffit à justifier à ses yeux, *révolutionnaires*. Les procédés expéditifs conviennent merveilleusement à notre tempérament belliqueux. Mais quand le montagnard ne se trouve plus en face de l'ennemi, c'est un tout autre homme. Il aime sa femme, ses enfants, ses amis; il devient tendre comme un berger de M. de Florian, il est pris de l'amour des champs, il rêve bois épais, senteur des foins, étables et moutons chéris. Alors il voudrait voir tous ses semblables heureux; il s'attendrit au spectacle du monde régénéré, des enfants brûlant de verser leur sang pour la patrie, des hommes faits animés de toutes les vertus civiques, et des vieillards couronnés par leurs vertus autant que par leurs cheveux blancs. Quand il a versé des larmes d'attendrissement et de bonheur, serré sur son sein sa femme et ses enfants, il retourne au club, fait une dénonciation contre son voisin chez lequel il a trouvé ces belles inspirations bucoliques, et ne croit avoir accompli son devoir que lorsqu'il l'a envoyé à la guillotine.

De ce contraste dans les mêmes individus, il résulte : 1º Que l'homme public peut toujours être réhabilité par l'homme privé. Carrier, pour sa femme; Lebon, pour son fils; Lebas, pour les siens; Danton, pour ses amis; Robespierre, pour les Duplay; Saint-Just, pour sa famille, sont des êtres doux, sensibles, et non des tigres. M. Carnot, bonhomme équivoque qui s'est justifié et arrangé de tout, avait la passion du madrigal et de la chanson aussi bien que Fabre d'Églantine. — 2º Il résulte également une opposition violente entre l'idéal qu'on dit poursuivre et le moyen qu'on emploie. Le moyen, c'est l'homme de la lutte qui le met en œuvre; l'idéal, c'est l'homme privé qui l'a rêvé.

Nous connaissons le rêve de Robespierre : il s'appelle la Constitution de 1793. Nous exposerons dans ce volume le rêve de Saint-Just. Rien au monde de plus étrange, de plus bizarre, de plus généreusement extravagant. Mais à côté de l'utopie, vague clarté perdue dans la nuit, léger parfum étouffé par les vapeurs du sang, le fait brutal est resté; il s'appelle l'histoire. La fantaisie, nous la verrons plus tard : voyons d'abord l'histoire.

DÉCRET

sur le gouvernement révolutionnaire provisoire, rendu dans la séance du 14 frimaire, l'an II de la République une et indivisible.

La Convention nationale, après avoir entendu son comité de salut public, décrète :

SECTION PREMIÈRE.
Envoi et promulgation des lois.

Art. 1er. Les lois qui concernent l'intérêt public, et qui sont d'une exécution générale, seront imprimées séparément dans un bulletin numéroté, qui servira désormais à leur notification aux autorités constituées. Ce bulletin sera intitulé : *Bulletin des lois de la République.*

II. Il y aura une imprimerie exclusivement destinée à ce Bulletin, et une commission composée de quatre membres pour en suivre les épreuves et pour en expédier l'envoi. Cette commission, dont les membres seront personnellement responsables de la négligence et des retards dans l'expédition, est placée sous la surveillance immédiate du comité de salut public.

III. La commission de l'envoi des lois réunira dans ses bureaux les traducteurs nécessaires pour traduire les décrets en différents idiomes encore usités en France, et en langues étrangères pour les lois, discours, rapports et adresses dont la publicité dans les pays étrangers est utile aux intérêts de la liberté et de la République française ; le texte français sera toujours placé à côté de la version.

IV. Il sera fabriqué un papier particulier pour l'impression de ce Bulletin, qui portera le sceau de la République : les lois y seront imprimées telles qu'elles sont délivrées par le comité des procès-verbaux ; chaque numéro portera de plus ces mots : *Pour copie conforme*, et le contre-seing de deux membres de la commission de l'envoi des lois.

V. Les décrets seront délivrés par le comité des procès-verbaux à la commission de l'envoi des lois, et sur sa réquisition, le jour même où leur rédaction aura été approuvée ; et la lecture de cette rédaction sera faite, au plus tard, le lendemain du jour où le décret aura été rendu.

VI. L'envoi des lois d'une exécution urgente aura lieu le lendemain de l'approbation de leur rédaction. Quant aux lois moins pressantes ou très-volumineuses, leur expédition ne pourra être retardée plus de trois jours après l'adoption de leur rédaction.

VII. Le Bulletin des lois sera envoyé par la poste aux lettres. Le jour du départ et le jour de la réception seront constatés de la même manière que les paquets chargés.

VIII. Ce Bulletin sera adressé directement, et jour par jour, à toutes les autorités constituées et à tous les fonctionnaires publics, chargés ou de surveiller l'exécution, ou de faire l'application des lois. Ce Bulletin sera aussi distribué aux membres de la Convention.

IX. Dans chaque lieu, la promulgation de la loi sera faite dans les vingt-quatre heures de la réception, par une publication au son de trompe ou de tambour, et la loi deviendra obligatoire à compter du jour de la promulgation.

X. Indépendamment de cette promulgation, dans chaque commune de la République, les lois seront lues aux citoyens dans un lieu public, chaque décadi, soit par le maire, soit par un officier municipal, soit par les présidents des sections.

XI. Le traitement de chaque membre de la commission de l'envoi des lois sera de huit mille livres. Ces membres seront nommés par la Convention, sur une liste présentée par le comité de salut public.

XII. Le comité de salut public est chargé de prendre toutes les mesures nécessaires pour l'exécution des articles précédents, et d'en rendre compte tous les mois à la Convention.

SECTION II.

Exécution des lois.

Art. Ier. La Convention nationale est le centre unique de l'impulsion du gouvernement.

II. Tous les corps constitués et les fonctionnaires publics sont mis sous l'inspection immédiate du comité de salut public, pour les mesures de gouvernement et de salut public, conformément au décret du 19 vendémiaire; et pour tout ce qui est relatif aux personnes et à la police générale et intérieure, cette inspection appartient au comité de sûreté générale de la Convention, conformément au décret du 7 septembre dernier. Ces deux comités sont tenus de rendre compte, à la fin de chaque mois, des résultats de leurs travaux à la Convention nationale. Chaque membre de ces deux comités est personnellement responsable de l'accomplissement de cette obligation.

III. L'exécution des lois se distribue en surveillance et en application.

IV. La surveillance active relativement aux lois et mesures militaires, aux lois administratives, civiles et criminelles, est déléguée au conseil exécutif, qui en rendra compte, par écrit, tous les dix jours, au comité de salut public, pour lui dénoncer les retards et les négligences dans l'exécution des lois civiles et criminelles, des actes du gouvernement, et des mesures militaires et administratives, ainsi que les violations de ces lois et de ces mesures, et les agents qui se rendront coupables de ces négligences et de ces infractions.

V. Chaque ministre est en outre personnellement tenu de rendre un compte particulier et sommaire des opérations de son département, tous les dix jours, au comité de salut public, et de dénoncer tous les agents qu'il emploie, et qui n'auraient pas exactement rempli leurs obligations.

VI. La surveillance de l'exécution des lois révolutionnaires et des mesures de gouvernement, de sûreté générale et de salut public dans les départements, est exclusivement attribuée aux districts, à la charge d'en rendre compte exactement, tous les dix jours, au comité de salut public pour les mesures de gouvernement et de salut public, et au comité de surveillance de la Convention pour ce qui concerne la police générale et intérieure, ainsi que les individus.

VII. L'application des mesures militaires appartient aux généraux et aux autres agents attachés au service des armées; l'application des lois militaires appartient aux tribunaux militaires; celle des lois relatives aux contributions, aux manufactures, aux grandes routes, aux canaux publics, à la surveillance des domaines nationaux, appartient aux administrations de département; celle des lois civiles et criminelles, aux tribunaux, à la charge expresse d'en rendre compte, tous les dix jours, au conseil exécutif.

VIII. L'application des lois révolutionnaires et des mesures de sûreté générale et de salut public est confiée aux municipalités et aux comités de surveillance ou révolutionnaires, à la charge pareillement de rendre compte, tous les dix jours, de l'exécution de ces lois, au district de leur arrondissement, comme chargé de leur surveillance immédiate.

IX. Néanmoins, afin qu'à Paris l'action de la police n'éprouve aucune entrave, les comités révolutionnaires continueront de correspondre directement, et sans aucun intermédiaire, avec le comité de sûreté générale de la Convention, conformément au décret du 17 septembre dernier.

X. Tous les corps constitués enverront aussi, à la fin de chaque mois, l'analyse de leurs délibérations et de leurs correspondances à l'autorité qui est spécialement chargée, par ce décret, de les surveiller immédiatement.

XI. Il est expressément défendu à toute autorité et à tout fonctionnaire public de faire des proclamations ou de prendre des arrêtés extensifs, limitatifs ou contraires au sens littéral de la loi, sous prétexte de l'interpréter ou d'y suppléer.

A la Convention seule appartient le droit de donner l'interprétation des décrets, et l'on ne pourra s'adresser qu'à elle seule pour cet objet.

XII. Il est également défendu aux autorités intermédiaires, chargées de surveiller l'exécution et l'application des lois, de prononcer aucunes décisions et d'ordonner l'élargissement des citoyens arrêtés. Ce droit appartient exclusivement à la Convention nationale, aux comités de salut public et de sûreté générale, aux représentants du peuple dans les départements et près les armées, et aux tribunaux, en faisant l'application des lois criminelles et de police.

XIII. Toutes les autorités constituées seront sédentaires, et ne pourront délibérer que dans le lieu ordinaire de leurs séances, hors les cas de force majeure, et à l'exception seulement des juges de paix et de leurs assesseurs, des tribunaux criminels des départements, conformément aux lois qui consacrent leur ambulance.

XIV. A la place des procureurs-syndics de district, des procureurs de communes et de leurs substituts, qui sont supprimés par ce décret, il y aura des agents nationaux spécialement chargés de requérir et de poursuivre l'exécution des lois, ainsi que de dénoncer les négligences apportées dans cette exécution, et les infractions qui pourraient se commettre. Ces agents nationaux sont autorisés à se déplacer et à parcourir l'arrondissement de leur territoire, pour surveiller et s'assurer plus positivement que les lois sont exactement exécutées.

XV. Les fonctions des agents nationaux seront exercées par les citoyens qui occupent maintenant les places de procureurs syndics de district, des procureurs des communes et de leurs substituts, à l'exception de ceux qui sont dans le cas d'être destitués.

XVI. Les agents nationaux attachés aux districts, ainsi que tout autre fonctionnaire public, chargés personnellement par ce décret ou de requérir l'exécution de la loi, ou de la surveiller plus particulièrement, sont tenus d'entretenir une correspondance exacte avec le comité de salut public et de sûreté générale. Ces agents nationaux écriront aux deux comités tous les dix jours, en suivant les relations établies par l'article X de cette section, afin de certifier les diligences faites pour l'exécution de chaque loi, et dénoncer les retards et les fonctionnaires publics négligents et prévaricateurs.

XVII. Les agents nationaux attachés aux communes sont tenus de rendre le même compte au district de leur arrondissement, et les présidents des comités de surveillance et révolutionnaires entretiendront la même correspondance, tant avec le comité de sûreté générale qu'avec le district chargé de les surveiller.

XVIII. Les comités de salut public et de sûreté générale sont tenus de dénoncer à la Convention les agents nationaux et tout autre fonctionnaire public chargé personnellement de la surveillance et de l'application des lois, pour les faire punir, conformément aux dispositions portées dans le présent décret.

XIX. Le nombre des agents nationaux, soit auprès des districts, soit auprès des communes, sera égal à celui des procureurs syndics de district et de leurs substituts, et des procureurs de commune et de leurs substituts actuellement en exercice.

XX. Après l'épuration faite des citoyens appelés par ce décret à remplir les fonctions des agents nationaux près les districts, chacun d'eux fera passer à la Convention nationale, dans les vingt-quatre heures de l'épuration, les noms de ceux qui auront été ou conservés ou nommés dans cette place, et la liste en sera lue à la tribune, pour que les membres de la Convention s'expliquent sur les individus qu'ils pourront connaître.

XXI. Le remplacement des agents nationaux près les districts qui seront rejetés sera provisoirement fait par la Convention nationale.

XXII. Après que la même épuration aura été faite dans les communes, elles enverront, dans le même délai, une pareille liste au district de leur arrondissement, pour y être proclamée publiquement.

SECTION III.

Compétence des autorités constituées.

Art. 1er. Le comité de salut public est particulièrement chargé des opérations majeures en diplomatie, et il traitera directement ce qui dépend de ces mêmes opérations.

II. Les représentants du peuple correspondront, tous les dix jours, avec le comité de salut public. Ils ne pourront suspendre et remplacer les généraux que provisoirement, et à la charge d'en instruire, dans les vingt-quatre heures, le comité de salut public : ils ne pourront contrarier ni arrêter l'exécution des arrêtés et des mesures de gouvernement pris par le comité de salut public : ils se conformeront, dans toutes leurs missions, aux dispositions du décret du 6 frimaire.

III. Les fonctions du conseil exécutif seront déterminées d'après les bases établies dans le présent décret.

IV. La Convention se réserve la nomination des généraux en chef des armées de terre et de mer. Quant aux autres officiers généraux, les ministres de la guerre et de la marine ne pourront faire aucune promotion sans en avoir présenté la liste ou la nomination motivée au comité de salut public, pour être par lui acceptée ou rejetée. Ces deux ministres ne pourront pareillement destituer aucun des agents militaires nommés provisoirement près les représentants du peuple envoyés par les armées, sans en avoir fait la proposition écrite et motivée au comité de salut public, et sans que le comité l'ait acceptée.

V. Les administrations de département restent spécialement chargées de la répartition des contributions entre les districts et de l'établissement des manufactures, des grandes routes et des canaux publics, de la surveillance des domaines nationaux. Tout ce qui est relatif aux lois révolutionnaires et aux mesures de gouvernement et de salut public n'est plus de leur ressort. En conséquence, la hiérarchie qui plaçait les districts, les municipalités, ou toute autre autorité, sous la dépendance des départements, est supprimée pour ce qui concerne les lois révolutionnaires et militaires, et les mesures de gouvernement, de salut public et de sûreté générale.

VI. Les conseils généraux, les présidents et les procureurs généraux syndics des départements sont également supprimés. L'exercice des fonctions de président sera alternatif entre les membres du directoire, et ne pourra durer plus d'un mois. Le président sera chargé de la correspondance et de la réquisition et surveillance particulière dans la partie d'exécution confiée aux directoires de département.

VII. Les présidents et les secrétaires des comités révolutionnaires et de surveillance seront pareillement renouvelés tous les quinze jours, et ne pourront être réélus qu'après un mois d'intervalle.

VIII. Aucun citoyen déjà employé au service de la République ne pourra exercer ni concourir à l'exercice d'une autorité chargée de la surveillance médiate et immédiate de leurs fonctions.

IX. Ceux qui réunissent ou qui concourent à l'exercice cumulatif de semblables autorités seront tenus de faire leur option dans les vingt-quatre heures de la publication de la présente loi.

X. Tous les changements ordonnés par le présent décret seront mis à exécution dans les trois jours, à compter de la publication de ce décret.

XI. Les règles de l'ancien ordre établi, et auquel il n'est rien changé par ce décret, seront suivies jusqu'à ce qu'il ait été autrement ordonné. Seulement les fonctions du district de Paris sont attribuées au département, comme étant devenues incompatibles, par cette nouvelle organisation, avec les opérations de la municipalité.

XII. La faculté d'envoyer des agents appartient exclusivement au comité de salut public, aux représentants du peuple, au conseil exécutif et à la commission des subsistances. L'objet de leur mission sera énoncé en termes précis dans leur mandat.

Ces ministres se borneront strictement à faire exécuter les mesures révolutionnaires de sûreté générale, les réquisitions et les arrêtés pris par ceux qui les auront nommés.

Aucun de ces commissaires ne pourra s'écarter des limites de son mandat; et, dans aucun cas, la délégation des pouvoirs ne peut avoir lieu.

XIII. Les membres du conseil exécutif sont tenus de présenter la liste motivée des agents qu'ils enverront dans les départements, aux armées et chez l'étranger, au comité de salut public, pour être par lui vérifiée et acceptée.

XIV. Les agents du conseil exécutif et de la commission des subsistances sont tenus de rendre compte exactement de leurs opérations aux représentants du peuple qui se trouveront dans les mêmes lieux. Les pouvoirs des agents nommés par les représentants près les armées et dans les départements expireront dès que la mission des représentants sera terminée ou qu'ils seront rappelés.

XV. Il est expressément défendu à toute autorité constituée, à tout fonctionnaire public, à tout agent employé au service de la République, d'étendre l'exercice de leurs pouvoirs au delà du territoire qui leur est assigné, de faire des actes qui ne sont pas de leur compétence, d'empiéter sur d'autres autorités et d'outre-passer les fonctions qui leur sont déléguées, ou de s'arroger celles qui ne leur sont pas confiées.

XVI. Il est aussi expressément défendu à toute autorité constituée d'altérer l'essence de son organisation, soit par des réunions avec d'autres autorités, soit par des délégués chargés de former des assemblées centrales, soit par des commissaires envoyés à d'autres autorités constituées. Toutes les relations entre tous les fonctionnaires publics ne peuvent plus avoir lieu par écrit.

XVII. Tout congrès ou réunions centrales établis, soit par les représentants du peuple, soit par les Sociétés populaires, sous quelque dénomination qu'ils puissent avoir, même de comité central de surveillance, ou de commission centrale révolutionnaire ou militaire, sont révoqués et expressément défendus par ce décret, comme subversifs de l'unité d'action du gouvernement, et tendant au fédéralisme. Et ceux existants se dissoudront dans les vingt-quatre heures, à compter du jour de la publication du présent décret.

XVIII. Toute armée révolutionnaire autre que celle établie par la Convention, et commune à toute la République, est licenciée par le présent décret, et il est enjoint à tous citoyens incorporés dans de semblables institutions militaires de se séparer dans les vingt-quatre heures, à compter de la publication du présent décret, sous peine d'être regardés comme rebelles à la loi et traités comme tels.

XIX. Il est expressément défendu à toute force armée, quelle que soit son institution ou sa dénomination, et à tous chefs qui la commandent, de faire des actes qui appartiennent exclusivement aux autorités civiles constituées, même des visites domiciliaires, sans un ordre écrit et émané de ces autorités, lequel ordre sera exécuté dans les formes prescrites par les décrets.

XX. Aucune force armée, aucune taxe, aucun emprunt forcé ou volontaire, ne pourront être levés qu'en vertu d'un décret. Les taxes révolutionnaires des représentants du peuple n'auront d'exécution qu'après avoir été approuvées par la Convention, à moins que ce ne soit en pays ennemi ou rebelle.

XXI. Il est défendu à toute autorité constituée de disposer des fonds publics, ou d'en changer la destination, sans y être autorisée par la Convention ou par une réquisition expresse des représentants du peuple, sous peine d'en répondre personnellement.

SECTION IV.

Réorganisation et épuration des autorités constituées.

Art. 1er. Le comité de salut public est autorisé à prendre toutes les mesures nécessaires pour procéder au changement des autorités constituées, portées dans le présent décret.

II. Les représentants du peuple dans les départements sont chargés d'en assurer et d'en accélérer l'exécution, comme aussi d'achever sans délai l'épuration complète de toutes les autorités constituées, et de rendre un compte particulier de ces deux opérations à la Convention nationale, avant la fin du mois prochain.

SECTION V.

De la pénalité des fonctionnaires publics et des autres agents de la République.

Art. Ier. Les membres du conseil exécutif coupables de négligence dans la surveillance et dans l'exécution des lois pour la partie qui leur est attribuée, tant individuellement que collectivement, seront punis de la privation du droit de citoyen pendant six ans, et de la confiscation de la moitié des biens du condamné.

II. Les fonctionnaires publics salariés et chargés personnellement par ce décret de requérir et de suivre l'exécution des lois ou d'en faire l'application, et de dénoncer les négligences, les infractions et les fonctionnaires et autres agents coupables placés sous leur surveillance, et qui n'auront pas rigoureusement rempli ces obligations, seront privés du droit de citoyen pendant cinq ans, et condamnés pendant le même temps à la confiscation du tiers de leur revenu.

III. La peine des fonctionnaires publics non salariés et chargés personnellement des mêmes devoirs, et coupables des mêmes délits, sera la privation du droit de citoyen pendant quatre ans.

IV. La peine infligée aux membres des corps judiciaires, administratifs, municipaux et révolutionnaires coupables de négligence dans la surveillance ou dans l'application des lois sera la privation du droit de citoyen pendant quatre ans, et une amende égale au quart du revenu de chaque condamné, pendant une année pour les fonctionnaires salariés, et de trois ans d'exclusion de l'exercice des droits de citoyen pour ceux qui ne reçoivent aucun traitement.

V. Les officiers généraux, et tous agents attachés aux divers services des armées, coupables de négligence dans la surveillance, exécution et application des opérations qui leur sont confiées, seront punis de la privation des droits de citoyen pendant huit ans, et de la confiscation de la moitié de leurs biens.

VI. Les commissaires et agents particuliers nommés par les comités de salut public et de sûreté générale, par les représentants du peuple près les armées et dans les départements, par le conseil exécutif et la commission des subsistances, coupables d'avoir excédé les bornes de leur mandat ou d'en avoir négligé l'exécution, ou de ne s'être pas soumis aux dispositions du présent décret, et notamment à l'article XIII de la seconde section, en ce qui les concerne, seront punis de cinq ans de fers.

VII. Les agents inférieurs du gouvernement, même ceux qui n'ont aucun caractère public, tels que les chefs de bureaux, les secrétaires, les commis de la Convention, du conseil exécutif, des diverses administrations publiques, de toute autorité constituée ou de tout fonctionnaire public qui a des employés, seront punis par la suspension du droit de citoyen pendant trois ans, et par une amende du tiers du revenu du condamné pendant le même espace de temps, pour cause personnelle de toutes négligences, retards volontaires ou infractions commises dans l'exécution des lois, des ordres et des mesures de gouvernement, de salut public et d'administration dont ils peuvent être chargés.

VIII. Toute infraction à la loi, toute prévarication, tout abus d'autorité commis par un fonctionnaire public ou par tout autre agent principal et inférieur du gouvernement ou de l'administration civile et militaire, qui reçoit un traitement, seront punis de cinq ans de fers et de la confiscation de la moitié des biens du condamné; et pour ceux non salariés, coupables des mêmes délits, la peine sera la privation du droit de citoyen pendant six ans et la confiscation du quart de leurs revenus pendant le même temps.

IX. Tout contrefacteur du Bulletin des lois sera puni de mort.

X. Les peines infligées pour les retards et négligences dans l'expédition, l'envoi et la réception du Bulletin des lois, sont pour les membres de la commission de l'envoi des lois et pour les agents de la poste aux lettres, la condamnation à cinq années de fers, sauf les cas de force majeure légalement constatés.

XI. Les fonctionnaires publics ou tous autres agents soumis à une responsabilité solidaire, et qui auront averti la Convention du défaut de surveillance exacte ou de l'inexécution d'une loi dans le délai de quinze jours, seront exceptés des peines prononcées par ce décret.

XII. Les confiscations ordonnées par les précédents articles seront versées dans le trésor public, après toutefois avoir prélevé l'indemnité due au citoyen lésé par l'inexécution ou la violation d'une loi, ou par un abus d'autorité.

Les renseignements que nous avons donnés sur la composition des comités, leurs attributions, le local de leurs séances, sont extraits de l'*Almanach national* pour l'an II, qui est un des recueils de documents sur cette époque le plus utiles à consulter.

Dans cette manie de tout changer qui caractérise la période *aiguë* de la Révolution, on ne débaptisa pas seulement les hommes, on débaptisa les villes et les contrées. Nous empruntons à l'*Almanach* un tableau de ces noms nouveaux. Il est bon de le connaître pour les indications qu'il fournit à l'histoire et à la topographie de la France, et parce que l'esprit du temps s'y manifeste avec une énergie parfois singulière.

OBSERVATIONS
SUR LES CHANGEMENTS DE NOMS DES VILLES.

ANCIENS NOMS.	DÉPARTEMENTS.	NOUVEAUX NOMS.
Aignay-le-Duc.	Côte-d'Or.	Aignay.
Arnay-le-Duc.	Côte-d'Or.	Arnay-sur-Arroux.
Auxi-le-Château.	Pas-de-Calais.	Auxi-la-Réunion.
Bar-le-Duc.	Meuse.	Bar-sur-Ornain.
Beaumont-le-Vicomte.	Sarthe.	Beaumont-sur-Sarthe.
Beaune-les-Moines.	Doubs.	Beaune-le-Jura.
Boulogne-sur-Mer.	Pas-de-Calais.	Port-de-l'Union.
Bourbon-Lancy.	Saône-et-Loire.	Bellevue-les-Bains.
Bourbon-l'Archambault.	Allier.	Burges-les-Bains.
Brie-Comte-Robert.	Seine-et-Marne.	Brie-sur-Hières.
Brienon-l'Archevêque.	Yonne.	Brienon.
Château-Chinon.	Nyèvre.	Chinon-la-Montagne.
Château-Lin.	Finistère.	Ville-sur-Aône.
Château-Neuf.	Maine-et-Loire.	Châteauneuf-sur-Sarthe.
Château-Roux.	Indre.	Indre-Mont.
Château-Thierry.	Aisne.	Égalité-sur-Marne.
Château-Vilain.	Haute-Marne.	Ville-sur-Augoux.
Châtillon-sur-Indre.	Indre.	Indre-Ville.
Condé-sur-Noireau.	Calvados.	Noireau.
Decise.	Nyèvre.	Rocher-la-Montagne.
Dun-le-Roi.	Cher.	Dun-sur-Auron.
Dunkerque.	Nord.	Dun-Libre.
Fontenay-le-Comte.	Vengé.	Fontenay-le-Peuple.
Fort-Monaco.	Alpes-Maritimes.	Fort-d'Hercule.
Fresnay-le-Vicomte.	Sarthe.	Fresnay-sur-Marne.
Guise.	Aisne.	Réunion-sur-Oise.
La Ferté-sous-Jouarre.	Seine-et-Marne.	La Ferté-sur-Marne.
La Roche-Bernard.	Morbihan.	La Roche-Sauveur.
Le Donjon.	Allier.	Val-Libre.
Le Port-Louis.	Morbihan.	Le Port de la Liberté.
Lyon.	Rhône.	Ville-Affranchie.
Marly-le-Roi.	Seine-et-Oise.	Marly-la-Machine.
Marquise.	Pas-de-Calais.	Beaupré.
Mont-Dauphin.	Hautes-Alpes.	Montlyon.
Montfort-l'Amaury.	Seine-et-Oise.	Montfort-le-Brutus.
Montigny-le-Roi.	Haute-Marne.	Montigny-Source-Meuse.
Mont-Louis.	Pyrénées-Orientales.	Mont-Libre.

ANCIENS NOMS.	DÉPARTEMENTS.	NOUVEAUX NOMS.
Montmorency.	Seine-et-Oise.	Émile.
Montreuil-sur-Mer.	Pas-de-Calais.	Montagne-sur-Mer.
Moulins-en-Gilbert.	Nyèvre.	Moulins-la-République.
Neauphle-le-Château.	Seine-et-Oise.	Neauphle-la-Montagne.
Neuf-Château.	Vosges.	Mouzon-Meuse.
Nogent-le-Roi.	Eure-et-Loire.	Nogent-le-Roullebois.
Quimper.	Finistère.	Montagne-sur-Oder.
Remiremont.	Vosges.	Libre-Mont.
Rocroy.	Ardennes.	Roc-Libre.
Saint-Amand.	Cher.	Libre-Val.
Saint-Aubin-du-Cormier.	Ile-et-Vilaine.	Montagne-la-Forêt.
Saint-Étienne.	Loire.	Armeville.
Saint-Florent-le-Vieil.	Maine-et-Loire.	Montglône.
Saint-Gaudans.	Haute-Garonne.	Mont-d'Unité.
Saint-Germain en Laye.	Seine-et-Oise.	La Montagne du Bon-Air.
Saint-Maximin.	Var.	Maraton.
Sainte-Menehould.	Marne.	Montagne-sur-Aisne.
Saint-Pierre-le-Moutier.	Nièvre.	Brutus-le-Magnanime.
Saint-Tropez.	Le Var.	Héraclée.
Saint-Yrieix-la-Perche.	Haute-Vienne.	Saint-Yrieix-la-Montagne.
Sar-Louis.	Moselle.	Sar-Libre.
Tonneins.	Lot-et-Garonne.	Tonneins-la-Montagne.
Villeneuve-l'Archevêque.	L'Yonne.	Villeneuve-sur-Vanne.
Vitry-le-François.	Marne.	Vitry-sur-Marne.

LA RUE, LE CLUB, LA FAMINE.

Nous n'imputerons pas au gouvernement révolutionnaire toutes les souffrances dont les documents nouveaux produits dans ce volume renferment l'effroyable peinture. Nous racontons; nous ne discutons ni ne jugeons. Nous ne savons s'il est au pouvoir de l'historien de faire, dans les malheurs de l'époque, la juste part des fautes des hommes et de la fatalité des événements; mais si cette part peut se faire, c'est dans une histoire générale et non ici.

Nous ne voulons qu'apporter des documents à l'histoire générale. Cependant, chemin faisant, et bien que notre désir soit grand de n'être que juste envers toutes les victimes de la Révolution, même envers celles du 9 thermidor, il ne nous est pas possible de séparer dans notre réprobation le fait de son principe, le mal produit de la pensée ou de la mesure dont il est l'œuvre, le fruit tombé du ver qui l'a attaqué et dévoré. Nous ne nous occupons que subsidiairement des tyrans, mais nous poursuivons et exécrons la tyrannie.

Que d'enseignements d'ailleurs dans ce déroulement de calamités! L'obstination de l'étranger à prétendre régler les destinées de la nation française, les criminels efforts des émigrés à l'extérieur, leurs menées odieuses à l'intérieur; la férocité des moyens employés contre eux; l'extravagance sanguinaire de la démagogie s'attaquant à toutes les sources de la vitalité nationale et jusqu'aux productions de la terre, en la privant des bras nécessaires à la culture; le gouvernement conspirant avec la grandeur et la multiplicité des périls pour la ruine universelle... tout ici devient cause et effet, tout s'enchaîne, tout se lie, tout se perd dans un enlacement inextricable, comme les cercles infernaux de Dante; et une immense clameur confuse de cris et de gémissements, de chants de guerre, de plaintes de femmes et d'enfants, sort de cet abime où la société moderne s'est régénérée.

Non! la régénération n'a pas deux manières de se produire ici-bas : elle ne se donne pas; elle s'achète et elle se paye. Jésus-Christ a payé la sienne, c'est-à-dire la nôtre, de son sang. D'autres peuvent-ils se flatter d'être plus puissants et plus heureux que lui?

Ne craignons pas de revenir sans cesse sur le récit des malheurs de nos pères. Il peut nous rendre meilleurs et plus justes : meilleurs, en nous faisant éviter un jour les fautes qui ont tant ajouté à leurs souffrances; plus justes, en nous faisant mieux apprécier l'étendue des sacrifices et de leur héroïsme. Soyons seulement justes envers eux; peut-être nos enfants se montreront-ils indulgents pour nous, qui nous égarons sans but dans les sentiers unis et sinueux du présent.

Nous ressemblons à ce voyageur antique qui aimait à parcourir les belles campagnes de la Sicile, cette île chère à la déesse Proserpine. Comme ces vignes sont belles! comme ces prairies sont riches, arrosées par de petits canaux, où la main de l'agriculteur a creusé un passage aux eaux limpides! Comme sont pleins et serrés ces épis! — De la vallée, le voyageur passe sur la montagne : il la gravit à l'ombre des bois, et s'arrête pour jouir du coup d'œil : nulle part le domaine de l'homme n'a été mieux cultivé, nulle part la terre ne l'a mieux récompensé de ses efforts et de ses travaux. Pendant qu'il envie le sort de l'heureux cultivateur, qu'il suppute en lui-même ce que ces champs ouverts par le soc de la charrue lui rapporteront de richesses, — un bruit sourd sort incessamment des profondeurs de la montagne, si éloigné, si confus, si régulier, qu'on l'entend à peine, car il se mêle au fracas lointain de la cascade et aux murmures monotones des ruisseaux. « C'est le bruissement de l'air dans les grands arbres », dit le voyageur, « ou bien c'est le cantique des myriades d'insectes qui chantent la grandeur du Dieu en dansant dans un rayon de son soleil. » — Non pas, jeune homme! ce bruit profond est le bruit des générations qui ont travaillé pour toi, c'est la forge des Cyclopes! Là, dans la nuit éternelle, interrompue par la seule clarté du métal en ignition; haletant, demi-nus, les Cyclopes frappent sur l'enclume. La douce clarté du jour, les bienfaisantes brises du soir, n'ont pas été faites pour eux : ils ne connaissent d'autre jouissance qu'un verre d'eau bu précipitamment pour alimenter la sueur qui perle à travers le poil de leur large poitrine. Une furie invisible et infatigable attise le feu de la forge ; à peine un fragment noir y est-il mis, qu'il devient rouge ; à peine est-il devenu rouge, que la pince le saisit, que le marteau lancé par un bras robuste lui donne une forme. Les étincelles volent, les fragments du métal courent sur la peau comme des morsures ; les Cyclopes ne s'arrêtent pas. Il faut que l'enfer de leur vie prépare le ciel de cette autre existence que caresse tour à tour la chaude haleine du sillon ou la fraîche senteur du bois. Ce fer qui sort forgé des mains de l'homme des cavernes, il deviendra le soc de la charrue avec lequel l'homme de la terre arrachera la fortune des entrailles du sol ; c'est la pointe de l'épée avec laquelle il la protégera et la défendra.

Nous avons donné pour titre à ce volume : *la Rue, le Club, la Prison.* — *La prison*, nous ne serons pas embarrassé pour la trouver ; les dossiers criminels des accusés, les registres d'écrou, les relations des prisonniers sont restés. Nous lui consacrerons un chapitre à part. — Pour *le club*, il ne serait pas impossible de trouver des registres, des procès-verbaux. Mais quel travail ! Puis, n'a-t-on pas dit que rien n'est plus menteur qu'un procès verbal ? On y dissimule ce qu'on a intérêt à cacher, on y donne pour mesure au développement des discours le degré de faveur dont ils ont joui auprès de la majorité : d'ailleurs, aucune vie, aucune vue de la physionomie des séances. Il ne fallait donc pas songer sérieusement à recourir à cette source d'informations pour un livre qui ne se pique pas de tout dire, et qui entend donner cependant une intelligence vraie, quoique rapide, de la situation. — Nous avons rencontré *le club* où nous avons trouvé *la rue*, dans les Rapports de police adressés chaque jour par les Observateurs de l'esprit public au gouvernement. On sait que le métier de ces sortes de gens est d'aller partout, de tout voir, de tout entendre, de tout observer, de tout rapporter, sans faire reconnaître ou soupçonner leur mission dans les endroits qu'ils fréquentent : le marché, le théâtre, les places d'exécutions, la rue et le club principalement, sont les lieux où ils portent d'ordinaire leurs investigations. Le pouvoir qui emploie ces agents peut être trompé par eux, car ayant intérêt à lui être agréables, ils doivent chercher à le flatter dans ses espérances, ses principes et ses vues. Cependant, à l'époque de la Révolution, la Vérité avait pour sortir de son puits une excellente raison, c'est la crainte d'y être guillotinée. Les Observateurs de l'esprit public le savaient bien : j'imagine donc qu'ils ont voulu être véridiques. Je dirai plus, tout ce qu'ils rapportent est en général si peu de nature à être agréable à des gouvernants, disposés à s'admirer perpétuellement dans la prospérité des gouvernés, qu'ils ont fait preuve sous ce rapport d'une franchise rare assurément, dont nous ne savons si nous devons reporter le mérite à leurs qualités particulières ou à la vertu de l'époque. Le patriotisme a fait des espions comme des bourreaux. — Nous passerons en revue la légion des Observateurs au moment où nous la ferons donner tout entière, au mois de ventôse. Au reste, nous ne prétendons pas connaître par eux toute l'action de la police du comité de salut public : la haute police nous échappe, et c'est ailleurs qu'il faudrait la chercher. Celle-ci s'occupe de la rue et du club : elle nous suffit donc.

NIVOSE.

21 DÉCEMBRE AU 20 JANVIER 1794.

A l'extérieur et à l'intérieur, dans les opérations militaires, — le patriotisme et la bravoure n'ont rien fait de plus héroïque chez aucun peuple : c'est le côté vraiment grandiose de la Révolution. Au milieu des privations les plus cruelles, les citoyens soldats marchent à l'ennemi, le battent, ou meurent au cri de : *Vive la République!* — L'armée du Rhin force les coalisés à évacuer entièrement le Bas-Rhin (15 janvier). Le 21, une escadre anglaise tente une descente en Corse, la garnison de Bastia contraint les troupes à se rembarquer précipitamment. Dans le même temps, l'île de Noirmoutiers est reprise par les républicains. Sans doute des excès sont commis. D'Elbée et douze cents prisonniers royalistes sont fusillés sur l'ordre de Turreau et des commissaires de la Convention ; des enfants sont tués à coups de baïonnette, des femmes égorgées après avoir subi les derniers outrages ; mais ces vengeances implacables, ces atrocités, qui rappellent les époques de la plus affreuse barbarie, sont d'horribles représailles. Les écrivains royalistes eux-mêmes (Voyez l'abbé de Montgaillard, *Histoire de France*, t. IV, p. 175) mentionnent en les flétrissant les cruautés de deux prêtres qui étaient au nombre des chefs les plus influents des Vendéens : l'un, l'abbé Bernier, curé de Saint-Lô d'Angers, fait « construire un autel en amoncelant et équarrissant des cadavres de républicains, et sur cet autel célèbre les saints mystères »; l'autre « avait toujours dans un brasier deux crucifix de fer; lorsque les prisonniers lui étaient amenés, il leur faisait baiser un crucifix brûlant, et le leur appliquait ensuite sur la poitrine. »

On pourrait citer beaucoup de faits du même genre. Il ne faut pas les oublier, lorsqu'on veut être juste envers tous les partis, s'expliquer l'exaspération farouche, les vengeances impitoyables, les exécutions périodiques qui se multiplient. Telles sont les mœurs que font aux nations les plus civilisées les fureurs de la guerre civile.

A Paris, un peuple fou de défiance et de misère accueille toutes les délations, applaudit à tous les supplices. Il demande du pain, et on lui donne des cadavres. L'hyperbole éloquente de Vergniaud n'est plus que l'expression littérale du fait. Des cadavres, encore des cadavres! du sang, toujours du sang! Ses colères sont sauvages autant que ses souffrances sont aiguës : et raisonne-t-on avec des entrailles affamées! S'il a faim, c'est évidemment qu'on l'affame, qu'on le trahit : Mort aux accapareurs! mort aux traîtres! Les accapareurs, ce sont les riches, ce sont les paysans, ce sont les bourgeois; les traîtres, ce sont les chefs. On lui livre d'abord les généraux : dans ce mois de janvier, les têtes de Biron, de Custine et de Luckner, tombent sous le couteau de la guillotine; ce sera ensuite le tour des démagogues : Vincent, Ronsin sont incarcérés.....

L'histoire des massacres, des ingratitudes, des iniquités, l'histoire de ces meurtres qui atteignent indistinctement le coupable et l'innocent, l'enfant et le vieillard, l'ami et l'ennemi, et le proscripteur lui-même; on ne lui a pas donné son vrai nom; c'est l'HISTOIRE DE LA FAIM. Ce mot éclaire des horreurs qui sans lui seraient incompréhensibles.

Nous ne croyons pas qu'il soit utile de faire jour par jour le récit de ce sombre hiver. Les mois se suivent et se ressemblent. Nous allons traverser à la hâte nivôse et pluviôse, pour arriver à ventôse. Ici nous nous arrêterons ; nous imiterons le médecin qui après avoir observé la face du malade, met le doigt sur le pouls, en compte, en mesure, en analyse les pulsations. Nous dirons l'histoire de la grande cité jour par jour et presque heure par heure. Ventôse mérite bien cette étude ; il précède la grande crise où disparaîtra Danton, et d'où surgira la loi du 22 prairial. Il n'est pas inutile d'étudier dans quelles circonstances, sous l'empire de quels faits et de quelles situations se produisent ces fureurs, ces effervescences effroyables qui déshonorent l'histoire des nations.

Les documents que nous allons reproduire sont un peu pris au hasard : ils sortent, les uns des hauteurs du commandement militaire, les autres des profondeurs de la prison. Aux proclamations d'Hanriot, toutes bouffies de jactance et de sentimentalité, répondent les gémissements des victimes....

Du 12 nivôse, l'an II de la République française.

ÉTAT-MAJOR GÉNÉRAL.

Ordre général.

« Il part aujourd'huy un convoy pour nos armées.

» Mes camarades, nous marchons de victoires en victoires, le territoire de la république s'agrandit, landeau est débloqué et le palatinat tombera incessamment au pouvoir de la république : Du courage mes amis, les trônes s'écroulent les tyrans rentrent dans la poussière, et le saint Étendart de la liberté planté d'un pôle à l'autre sera à jamais l'effroy des Despotes couronnés, et le point de ralliement des fondateurs de la république française.

» Le service général à l'ordinaire. Signé à l'original : HANRIOT commandant général [1]. »

---

[1] Nous reproduisons fidèlement l'orthographe de toutes les pièces que nous copions.

Là, dans un dossier laissé par Fouquier de lettres qu'il n'a pas lues, qu'il n'a pas ouvertes ou qu'il a repoussées, nous trouvons un petit billet bien touchant. De quel mensonge et de quel crime l'amour n'est-il pas capable dans son exaltation! Agathe vient d'être acquittée; mais elle a entendu condamner à mort son amant. Pour le voir, pour l'embrasser, pour le suivre aussi loin que le lui permettra le glaive de la loi, elle est prête à tout. Elle ne sait peut-être rien; mais elle dira tout ce qu'on voudra. Écoutez-la :

Lettre d'Agathe Jolivet à Fouquier. (Inédite, aux Archives, W. I, 71.)

« Citoyen, — au sortir du jugement que vous avez bien voulu prononcer en ma faveur un de vos membres ma provoque pour que je lui dise des faits qui intéresse les malheureux abitent du territoire Français. Je suis deside a donner beaucoup de renseignement. Mais je maits une condition qui ait de passer tous les instants qui raiste avec Faverolles [1].

» AGATHE JOLIVET.

» A l'acussateur publique. »

La proclamation suivante est un trésor d'éloquence démagogique. Nous croirions faire injure à la sagacité de nos lecteurs que de la commenter, mais nous la recommandons à leur attention. Les démagogues sont plus ou moins habiles, plus ou moins ingénieux et dangereux dans leur appel aux mauvaises passions; mais comme ils ont tous le même but, c'est une bonne fortune d'avoir rencontré un imbécile comme Hanriot pour divulguer leur programme avec une grossière, entière et naïve simplicité.

---

[1] Faverolles, né à Paris, âgé de trente-six ans, noble, prêtre sermenté, lieutenant d'infanterie depuis la Révolution, commissaire des guerres, aide de camp de Dumouriez, directeur des correspondances du camp de Paris, employé à l'armée des Pyrénées, enfin condamné à mort en janvier 1794, comme convaincu de correspondance avec les ennemis de la République. Il avait été arrêté en décembre 1793 au Havre, caché dans un grenier à foin avec sa maîtresse.

Du 17 nivôse (6 janvier 1794), l'an II de la République française.

ÉTAT-MAJOR GÉNÉRAL[1].

Ordre général.

« Il partira aujourd'huy un convoy pour Douay.

» Le service se fait si bien que j'ai déjà supprimé trois postes, sitot que nous pourrons être tous armés, il sera diminué d'un tiers : avec une surveillance active, je parviendrai à alléger la peine de mes frères d'armes; Entendons-nous bien, concertons-nous tous ensemble, la chose publique ira son train et nos ennemis seront forcés de nous reconnaître pour ce que nous valons véritablement; qu'ils amassent des biens immenses, qu'ils bâtissent des maisons et des palais, qu'ils les gardent, peu nous importe, nous autres républicains, nous n'en voulons point, nous ne voulons pour azile qu'une cabanne, et pour richesses que des mœurs, des vertus et l'amour de la patrie.

» Le service général à l'ordinaire. Signé à l'original : HANRIOT, commandant général. »

Nous rencontrons dans nos recherches un nom dont la notoriété a été agrandie de nos jours par la modération, le talent et le désintéressement le plus pur mis au service du patriotisme.

18 nivôse an II (7 janvier).

Ordre général.

« Le corps municipal par un de ses arrêtés, invite les citoyens qui ont des connaissances relatives à la démolition de la Bastille, à les faire passer au citoyen Cavaignac, R. Grange-Batelière, 35, section du Mont-Blanc, affin d'en découvrir les dilappidations. »

[1] Nous supprimerons les en-tête et les suscriptions des ordres du jour d'Hanriot, parce qu'ils sont tous semblables. Lorsqu'un ordre du jour sera de la main du commandant général, nous en préviendrons le lecteur.

Nous avons trouvé[1] dans le dossier de Danton (F 7. 4434), parmi les papiers saisis chez lui lors de son incarcération, la pièce suivante, qui est anonyme. Nous la publions comme un document inédit et intéressant pour l'histoire du temps.

« 1° La lettre de Phélippeaux[2] n'admet point de milieu : ou le comité de salut public a été perpétuellement et invinciblement trompé, et en ce cas il doit revenir sur ses pas et faire punir les coupables; ou il a voulu en connaissance de cause faire ce qu'il a fait, et il persistera dans sa conduite; et alors que veut-il qu'on pense de ses intentions? Je n'ose le dire.

» 2° Tout va mal dans les autres armées comme dans celle de la Vendée. La raison en est simple : c'est que Bouchotte et ses adjoints sont tout à la fois ignorants et fripons, je crois même qu'ils sont contre-révolutionnaires *en bonnet rouge;* et c'est absolument la même chose à la marine. Mais auraient-ils pu amener les affaires au point où elles sont, s'ils n'avaient pas un parti puissant dans le sein de la Convention?

» 3° Sous ses propres yeux, je vois depuis trois mois la commune de Paris jouer le rôle de *législatrice*, et quand je dis la commune, j'entends Pache, Chaumette, Hébert, avec tous les intrigants qu'ils ont mis dans leurs intérêts. A la tête de ces intrigants Bouchotte et Destournelles, ministre des contributions, tous deux créatures de Pache et placés par lui bien plus que par la Convention; et ce Pache, ancien valet des de Castries, ce Pache, qui n'a rendu ses comptes qu'à *trente-trois millions* près, *dont il n'a pu indiquer la destination;* ce Pache, toujours derrière le rideau et faisant agir son monde, travaille à la manière d'Anacharsis Clootz[3];

[1] Aux Archives de l'Empire.
[2] Dans la séance du 19 nivôse (8 janvier), au club des Jacobins, la discussion s'engagea sur cette brochure, dirigée contre les hébertistes. Philippeaux avait été entendu la veille à la Convention.
[3] Il y a là une calomnie; Anacharsis était un homme riche, placé au-dessus de la vénalité; mais il appartenait à la faction dont l'auteur de cet écrit est l'ennemi.

et tout en s'enrichissant des dépouilles de la République, il la renversera, s'il le peut, à force d'excès *révolutionnaires* et *patriotiques*.

» 4° Il faut convenir que la Convention n'a guère de politique. Elle a mis dans la main de la commune une arme meurtrière pour la chose publique, et qui ajoute à sa puissance une force incalculable : ce sont les certificats de civisme; elle les donne à ses satellites et les refuse aux meilleurs citoyens. Qu'arrive-t-il de là? que les places ne sont remplies pour la plupart que de ses créatures, qui fort souvent n'ont ni talent ni probité. Puis les dénonciations, toujours accueillies quelque frivoles et peu fondées qu'elles soient, achèvent de tout bouleverser. Aussi l'honnête homme qui sait travailler ne peut-il pas entrer dans les bureaux des ministres, et surtout dans ceux de la guerre et de la marine, et dans ceux de la commune et du département, sans en sortir le cœur serré. Des certificats de civisme! Quelle absurdité tyrannique! Si du moins ceux qui sont chargés de les délivrer étaient sans passions et savaient ce que c'est que le vrai civisme! Mais vois quels gens obtiennent facilement ces certificats : des Ronsin, des Jourdan, des Maillard, des Vincent, des banqueroutiers, des teneurs de tripots, des brigands, des coupe-jarrets; demande à tous ces personnages s'ils ont payé une contribution patriotique, s'ils payent exactement les impôts ordinaires, s'ils font des dons à leur section pour les pauvres, pour les soldats volontaires, etc., s'ils montent ou font monter exactement leur garde, s'ils ont fait une déclaration fidèle pour l'emprunt forcé? Tu verras que non. Voilà cependant les principaux caractères auxquels on peut reconnaître le civisme, et les seuls dont j'aurais exigé la preuve pour l'obtention des certificats, en y ajoutant si l'on veut la condition qu'on n'aurait rien *écrit* contre la Révolution. Mais certainement il aurait été plus sage de n'en exiger ni des fonctionnaires publics, ni encore moins des pensionnaires. D'ailleurs la commune exerce sur cette partie une concussion manifeste et dont j'ai expliqué le *comment* à Cambon et à un autre député dont je ne me rappelle pas le nom. Mais ces Messieurs s'en f...., et voilà comme notre révolution, qui pouvait être si belle et qui nous coûte si cher, s'en va à tous les diables.

» 5° C'est un autre trait d'impolitique de la part de la Convention d'avoir livré à la commune et à ses comités révolutionnaires la liberté et la fortune des meilleurs citoyens avec le mot *suspect*, digne de Caligula. J'en connais deux qui ont été mis en prison sans qu'on leur ait dit pourquoi; et au bout de trois semaines et d'un mois ils en sont sortis, sais-tu comment? En payant, l'un 15,000 livres, l'autre 25,000, à qui? A un proxénète qu'ils ne connaissent pas et qui officieusement leur a fait entendre *en gémissant* qu'ils n'avaient pas d'autre moyen de recouvrer leur liberté. Grambone, à la Force, pour ne pas rester dans les poux, paye UNE CHAMBRE 1,500 LIVRES PAR MOIS, et de plus il a fallu qu'il donnât 2,000 LIVRES de *pot-de-vin* en y entrant. Pareille chose est arrivée à bien d'autres, et encore n'ose-t-on en parler que tout bas!

» O sagesse des dieux, je te crois très-profonde;
» Mais à quels plats tyrans as-tu livré le monde! »

Le prince Charles de Hesse-Rheinfeld-Rottenbourg est un personnage aussi singulier que le neveu de M. de Paw, le fameux baron prussien Anacharsis Clootz. Pour prouver la pureté de son républicanisme, il se livra à la rage de la dénonciation, dénonçant (dans la lettre que nous reproduisons avec son orthographe) Witinkoff comme il avait dénoncé Montesquiou, Malvoisin, dont il causa la mort, et Custines, contre lequel il avait déposé devant le tribunal révolutionnaire. Il est bien difficile de se prononcer sur le degré de sincérité, du plus ou moins d'immoralité d'un pareil homme. On doit reconnaître seulement qu'il ne tira aucun profit de ces vilenies. Les Jacobins eux-mêmes le tinrent pour suspect, à cause de son titre de prince, et l'enfermèrent au Luxembourg : « Là, tout le monde fraternise », écrit un des détenus. « Cependant chacun paraît s'éloigner de celui qu'on nommait sous l'ancien régime Son Altesse Sérénissime le prince Charles de Hesse, révolutionnaire par appétit, et renfermé par mesure de sûreté. » Relâché après le 9 thermidor, le prince redoubla d'ardeur démagogique. Après le 18 brumaire il se vit de nouveau arrêté, fut déporté à Oléron, puis envoyé de là en Allemagne, où il vécut d'une faible pension que lui fit l'électeur, son parent. — Fut-ce un fou, un espion ou une victime de ses convictions? Nous ne saurions le dire. Mais la destinée de Charles de Hesse prouve que s'il y a des devoirs de conscience, il y a aussi des devoirs de position qu'il faut respecter, qu'il y a des actes que toutes les opinions flétrissent, mêmes celles qu'ils prétendent servir; on ne les honore pas comme des sacrifices, on les réprouve et on les condamne comme des infamies.

Ce 16 nivôse, de la maison d'arrêt du Luxembourg, l'an II de la République française une et indivisible.

Charles Hesse à Fouquier-Tinville.

« Citoyen, j'ai rempli mon devoir; *Gustines*, *Dietrick*, *Luckner*, n'existent plus; mais il reste encore un de leurs complices et aussi criminel, c'est le traître *Wittingoff*, commandant en chef la maison du tyran le 10 août (*cela dit tout*).

» Wittingoff doit être à Tours, et sa famille est à Strasbourg ; je prouverai tous ses crimes et ses complices.

» Adieu, salut et fraternité,

» Ton concitoyen,

» Charles HESSE. »

PLUVIOSE.

20 JANVIER AU 18 FÉVRIER.

A l'extérieur, — les succès des armées françaises continuent. Hoche entre dans Landau. La place de Landau se trouvait dans l'arrondissement de l'armée du Rhin, que commandait Pichegru. Celui-ci se montra blessé d'une lettre de Hoche, datée de : *Mon quartier général de Landau*, etc. « A cette époque, il y avait des membres de la Convention députés par elle près des armées, qui, sans être militaires, ordonnaient la marche des armées sans consulter les généraux, et sacrifiaient souvent le soldat français à leur ineptie ou à leur ambition démesurée. Le général qui osait s'opposer à leurs vues était déclaré *traître à la patrie*, envoyé au tribunal révolutionnaire, qui lui faisait payer de sa tête l'audace d'avoir contredit un représentant du peuple. » (*Mémorial* ou *Journal historique de la Révolution française*, t. Ier, p. 272.) » Dans cette circonstance, chaque représentant soutint son général : Lacoste et Baudot furent pour Hoche; Saint-Just et Lebas pour Pichegru; et « quoique ceux près de l'armée du Rhin concourussent à l'élévation de Hoche, ils n'en devinrent pas moins ses ennemis près du comité de salut public, sur qui ils avaient beaucoup d'ascendant. » — Le 13 pluviôse, les puissances coalisées contre la France proposent une trêve de deux ans : elles promettent de reconnaître provisoirement la République française, et de faire la paix dès qu'elle aura un gouvernement établi et stable; mais à cette époque on voulait détrôner tous les rois. On chantait, au sein des armées, une chanson dont voici un couplet :

« Français, le signal est donné,
» Sortons du sommeil léthargique
» Qui tient notre cœur enchaîné;
» Vengeons, sauvons la République;
» Le temps nous prépare des fers,
» Et nous conduit à l'anarchie;
» Qui veut affranchir l'univers
» Doit commencer par sa patrie.
» Chassons les rois, poursuivons les tyrans,
  » Marchons,
  » Marchons,
» Sur les débris de leurs trônes sanglants. »

Les mois de pluviôse et de ventôse sont consacrés au repos des troupes qui, au milieu des neiges et des frimas, avaient bivouaqués pour le déblocus de Landau, et pour chasser l'ennemi de tout le territoire français. (*Mémorial*, p. 273.) Cependant la guerre continue du côté des Pyrénées, et le 5 février, les Espagnols étaient mis en déroute au combat de Saint-Jean de Luz, malgré la supériorité du nombre, par les soldats de la République.

A l'intérieur, — c'est toujours le perpétuel contraste de grandes réparations et d'iniquités éclatantes, de mesures généreuses et de crimes odieux. — 4 février. Le décret suivant est rendu au milieu des plus vifs applaudissements : « La Convention déclare aboli l'esclavage des nègres dans toutes les colonies; en conséquence, elle décrète que tous les hommes, sans distinction de couleur, domiciliés dans les colonies, sont citoyens français, et jouiront de tous les droits assurés par la Constitution. »
On avait fait un effort pour empêcher la délation d'être un instrument de vengeance personnelle : « La peine de mort sera portée contre les faux témoins entendus sur des accusations capitales, quand même les accusés auraient été acquittés. » — C'est à cette époque que le drapeau tricolore est arboré dans sa forme actuelle : « Le pavillon décrété par l'Assemblée constituante est supprimé. Le pavillon national sera formé des trois couleurs nationales, disposées en trois bandes égales, posées verticalement, de manière que le bleu soit attaché à la gaule du pavillon, le blanc au milieu et le rouge flottant dans les airs. » 15 février.
Les prisons regorgent de suspects. A en croire le conseil général de la commune, les détenus étaient les gens les mieux nourris et les plus gais de Paris. On se plaignait beaucoup que « malgré la disette de la viande, les prisonniers faisaient des repas splendides, qui en occasionnaient une grande consommation, ainsi que du pain, *dont ils se plaisaient à en perdre la moitié*, pendant que les sans-culottes jeûnaient pour ainsi dire en combattant pour le service de la liberté. » La conclusion ressortant implicitement de cette dénonciation, c'était qu'il fallait se hâter de guillotiner ces mangeurs, qui trouvaient moyen, même en prison, d'affamer le peuple. — Au reste, nous connaîtrons par la partie de ce livre consacrée aux prisons, quels étaient leur régime intérieur

et les *repas splendides* dénoncés aux jeûneurs du jacobinisme. — Pour le mois de pluviôse, revenons aux proclamations d'Hanriot.

Toutes ces proclamations d'Hanriot font pénétrer dans le détail de la vie parisienne. On en voit les angoisses et la détresse.

Encore une plainte sortie de l'abime! Il faut tout entendre pour tout comprendre et tout sentir.

A la citoyenne Durand, hôtel de l'Union, rue Saint-Thomas du Louvre, n° 26, à Paris. (Inédite.)

« Ma bien-aimée,

» Ne t'afflige pas trop; je t'assure que je meurs satisfait; la sévérité des hommes m'assure la miséricorde de Dieu; elle expie les fautes que j'ai faites et prévient celles que j'aurais pu faire; tu connais ma faiblesse, mon extrême sensibilité; elle m'aura peut-être égaré; il est digne de la bonté de Dieu de le prévenir. Va, ne nous séparons point! Je serai toujours avec toi, avec nos enfants; je veillerai sur vous. En songeant à moi, sache que je suis là et que je t'aime toujours.

» Je pardonne à mes ennemis; fais comme moi. Ils ont cru bien faire, et puis c'est moi seul qui me suis perdu. Ne leur imputons rien. Que peut-on imputer aux hommes lorsque Dieu seul fait tout? C'est lui qui nous sépare un moment pour nous réunir plus sûrement et pour nous réunir toujours. Tu vois bien que c'était nécessaire. Avec les idées que tu m'as vues quelquefois, tu vois bien que c'était nécessaire! Adieu, ma bien-aimée; console-toi de la vie par l'image de l'éternité. C'était celle-ci qu'il s'agissait de passer ensemble, il n'y avait de doute que pour moi. Grâce à Dieu, il n'y en a plus. Adieu, bien-aimée; moi, je ne te dis pas adieu. Je te dis bonsoir, parce que je vais dormir un moment, un seul moment! Au réveil, je reverrai ma bien-aimée, et rien ne pourra plus nous séparer.

» J'embrasse nos enfants, nos parents, nos amis. Pour les

consoler de ma mort, je leur laisse ma vie. Je la leur laisse aussi pour exemple. Qu'ils apprennent par ma faute à vaincre leur caractère, à modérer leurs passions, à ne pas suivre toujours leur cœur, qui peut les égarer; qu'ils aiment leur patrie comme je l'ai aimée, et qu'ils la servent plus heureusement.

» Mes enfants, aimez votre mère et obéissez-lui comme vous feriez à tous deux. Je lui transmets tous mes droits sur vous; elle a les siens et les miens.

» Mes chers parents, je suis fâché de la peine que je vous donne; votre douleur est la seule que je sente en ce moment.

» Adieu. Je vais où le maître m'appelle. Il m'ôte du travail au milieu du jour. Je me reposerai jusqu'au soir; alors tout sera égal entre nous.

» Adieu, ma bien-aimée, adieu.

» Ton mari, ton ami éternel,

» DURAND. »

Cette lettre ne porte pas de date. Nous trouvons dans la liste des personnes condamnées à mort par le tribunal révolutionnaire, publiée par M. Campardon, et beaucoup plus complète que celles données avant lui, un Pierre Durand, employé dans l'administration d'un district, guillotiné le 7 pluviôse an II, qui nous paraît être le signataire de cette lettre touchante.

Les grands dramaturges de l'école shakspearienne mêlent le rire aux larmes, le comique au tragique. Ils voient en cette opposition le dernier terme de l'art, parce qu'ils en ont observé le contraste perpétuel dans la nature. A ce compte, ils auraient inventé volontiers, pour faire suite à la lettre de Durand, la proclamation d'Hanriot qu'on va lire. Nous la reproduisons, comme toutes les autres, avec son orthographe; que celle-ci soit d'Hanriot ou de Clément, son secrétaire, elle est digne de gens qui déclaraient que la République *n'avait pas besoin de savants*.

Du 5 pluviôse (24 janvier), l'an II de la République française.

Ordre général.

« Le général invite ses frères les canoniers à avoir une tenue uniforme ; je voudrais aussi lorsqu'ils font une manœuvre, qu'ils ayent le soin de pointer sur un objet déterminé : un canon est à un canonier ce qu'un fusil est à un bon chasseur.

» Dans notre dernière petite fête, qui était sans apprêt, j'ay vû avec plaisir des momens de fraternité et d'égalité que les autres soi-disant peuples libres n'ont jamais éprouvés ; j'ay vû le pain et le vin se partager d'une manière si bonne et si douce.... J'ay vû enfin les passions, les haines, les jalousies et l'intrigue proscrittes de notre fête, et les bons magistrats ont souris de plaisir et de contentement. La société est paisible, la tranquilité commence à s'établir ; bientôt notre service sera si doux qu'on ne s'en appercevra pas, les républicains sentiront le prix de leurs travaux lorsque la besogne sera achevée.

» Le service général à l'ordinaire. Signé à l'original : HANRIOT, commandant général. »

Du 7 pluviôse (26 janvier), l'an II de la République française.

Ordre général.

« Citoyens, je vais sur le champs donner des ordres, pour procurer une capotte à la sentinelle extérieure du poste du comité de surveillance du département de Paris.

» Je me propose d'aller incessamment embrasser mes frères d'armes du 31 may.

» Salut, amitié et fraternité.

» Le Général en chef de Paris,

» *Signé :* HANRIOT. »

On ne connaîtrait jamais, sans les proclamations d'Hanriot, les prodiges qu'enfante le jacobinisme. Non-seulement il fait préférer la possession d'*une cabane à celle de biens immenses,* mais il arrête *en une heure* des incendies qui, sous l'ancien régime, *auraient duré plusieurs jours.* Hanriot voulait dire que l'ancien régime allumait à plaisir les incendies, et ne permettait pas qu'on les éteignît.

Du 8 pluviôse (27 janvier), l'an II de la République française.

Ordre général.

» ..... Hier au soir le feu a pris aux grands Augustins, quay de la Vallée, les citoyens, les magistrats, la force armée, s'y sont rendus tous à la fois, tous ont travaillés, l'incendie a été éteinte en très-peu de tems : sous l'ancien régime, le feu auroit duré plusieurs jours; sous le régime des hommes libres le feu n'a pas duré plus d'une heure : quelle différence! L'homme libre vole de lui-même au secours des malheureux, et n'a pas besoin d'être commandé.

» Le service général à l'ordinaire. Signé à l'original : HANRIOT, commandant général. »

L'an II de la République française.

Ordre général.

« J'invite les commandants capitaines de sections et commandants de postes à veiller les étrangers qui depuis peu entrent dans les compagnies et font le service comme s'ils étaient de bons citoyens; cette nouvelle espèce d'hommes n'est pas difficile à connoître : il suffit de prêter l'oreille à leurs discours.

» Serrons-nous, mes amis; si l'on osoit encore former contre Paris un nouvel orage, par notre union sachons l'éviter : on parle de complots, on cite des conjurations, on conspire contre les vertueux parisiens, pourquoi? C'est qu'ils sçavent faire le bien, tout donner, et ne rien garder pour eux. Ils sont fidels aux principes de justice et d'égalité.

» Le service général à l'ordinaire. Signé à l'original : Hanriot, commandant général. »

Du **11** pluviôse (30 janvier), l'an II de la République française.

Ordre général.

« Il part aujourd'huy un convoy pour les armées de la république.

» Les commandants et adjudants de sections auront soin d'armer de piques tous les citoyens de garde.

» Mes frères d'armes se plaignent qu'ils n'ont pas de fusils, ce n'est pas ma faute, je désirerois les tous voir armés de même; la pique est excellente pour se battre contre un homme non armée. Le comité de salut public de la Convention fera tous ses efforts pour armer Paris d'une manière respectable; le pouvoir exécutif fait tout ce qui dépend de lui pour accélérer mes demandes.

» Veillons tous comme nous avons veillé jusqu'à ce moment-cy, veillons jusqu'à ce que tous les trônes soient renversés, et que le dernier des tyrans, en cessant d'être, reconnoisse que les soldats de l'égalité sont ceux de la raison et de la justice.

» Le service général à l'ordinaire. Signé à l'original : Hanriot, commandant général. »

---

12 pluviôse (31 janvier 1794).

« L'opération de cette nuit s'est faite avec beaucoup d'ordre; par cette harmonie, nous pouvons prouver à l'univers que nous saurons distinguer le crime d'avec la vertu. »

Les armées ne sont guère mieux partagées que le peuple : elles n'ont ni souliers ni vêtements, aucun des objets qui constituent le matériel de la civilisation. Aussi le commandant annonce-t-il, dans sa proclamation du 17, qu'on va leur envoyer un convoi. — Que de précautions il indique pour empêcher qu'on ne fasse sortir de Paris quelques livres de pain, car à Paris le pain se vend encore un tiers meilleur marché qu'ailleurs! On allumera des réverbères le long des quais, afin que la rivière soit surveillée la nuit; on parcourra les rues avec des lanternes sourdes, et malheur aux passants qui ne pourront produire une carte civique! Mais voici une véritable catastrophe : un bateau chargé de vins a été signalé, la foule s'est précipitée pour le piller, et le bateau a sombré. On ne dit pas s'il a péri du monde. Ce détail serait sans intérêt à côté de la mention des barriques perdues.

Du 17 pluviôse (5 février), l'an II de la République française.

Ordre général.

« Il partira sous deux jours un convoy pour les armées de la république.

» J'invite les citoyens de garde aux barrières, lorsqu'ils saisiront quelques comestibles, à les porter à l'administration des subsistances, à la mairie, afin que l'on puisse sévir contre les infracteurs aux règlemens de la commune.

» La section de Guillaume-Tell a arrêtée que ses patrouilles de nuit auroient deux lanternes sourdes, afin de vérifier sur-le-champ les cartes des citoyens. J'invite les autres sections à imiter cet exemple bon pour découvrir aisément les fripons; plus nous serons sévères dans nos principes et notre surveillance, mieux s'en trouvera la société; le républicain jaloux de sa probité, fier de sa patrie, est l'esclave de tous les bons règlemens, et l'ennemi de tous les coquins.

» J'ai prié les administrateurs des travaux publics de faire mettre à tous les postes des réverbères pour la nuit, surtout à la Grève et à Passy, pour éclairer la rivière et mieux voir si les comestibles ne sortent pas.

» Mes amis, il s'est passé hier une rixe très-désagréable au port aux vins, quay de la Tournelle; la trop grande affluence de citoyens a causé la perte d'un bateau de vin. Je vous avois dit que l'honnête homme n'avoit pas besoin d'armes pour assurer sa conduite; mais la révolte d'hier, occasionnée sans doute par quelqu'ennemis de l'ordre social, m'oblige à prendre des mesures rigoureuses contre les perturbateurs. En conséquence la force armée est sur pied, et j'ay donné l'ordre d'arrêter tous ceux qui méconnaîtront les règlemens de la Commune; les bons républicains sont invités à faire la police eux-mêmes. Si nous nous armons quelquefois de fusils, ce n'est pas pour nous en servir contre nos pères, nos frères et amis, mais contre les ennemis du dehors; un Français ne doit pas en assassiner un autre, la loi seule doit prononcer contre le coupable.

» Le service général à l'ordinaire. Signé à l'original : Hanriot, commandant général. »

Si le style et la liaison des idées laissent fort à désirer, les sentiments qui sont exprimés à la fin de la proclamation qu'on vient de lire ne méritent que des éloges; malheureusement ils n'existent que dans la phraséologie révolutionnaire. En fait, les citoyens se traitent fort peu fraternellement lorsqu'ils se croient en opposition d'intérêts ou d'opinions. Ils paraissent ne pas mieux traiter les proclamations d'Hanriot, ces modèles d'éloquence, et les consignes de corps de garde. Le commandant s'indigne d'apprendre qu'elles sont déchirées, et il déclare que *l'homme qui déchire une consigne*, surtout lorsqu'elle est bonne, *doit être traité comme suspect*. Dieu a voulu égayer l'histoire de ces temps terribles en permettant qu'il s'y soit produit des bouffonneries comme celle qu'on va lire :

22 pluviôse (10 février 1794).

« Mes frères d'armes de service ne doivent pas déchirer les consignes des corps de garde; les bons citoyens qui veillent à l'intérêt de la chose publique doivent s'opposer à cette espèce d'inconduite; l'homme qui déchire une consigne, surtout lorsqu'elle est bonne, doit être traité comme suspect. »

Voici maintenant une instruction pour remplacer des arbres morts par de jeunes arbres, nouveau chef-d'œuvre que nous recommandons à l'attention consciencieuse de nos jardiniers.

Un décret du 22 janvier avait ordonné que dans toutes les communes où l'arbre de la liberté était mort, il fût replanté avant germinal.

Du 23 pluviôse (11 février), l'an II de la République française.

Ordre général.

« J'invite mes frères d'armes à remplacer aux portes des corps de gardes les arbres morts par des arbres vivans; cette petite cérémonie doit se faire sans faste et sans orgueil, mais avec cette fierté républicaine qui épouvante les tyrans et plaît à tous les amis de l'égalité.

» Le service général à l'ordinaire. Signé : HANRIOT, commandant général. »

Il faut se distraire des meilleures choses, car elles engendrent à la longue la fatigue. Si on n'entendait, si on ne voyait qu'Hanriot dans cet hiver de 1794, on croirait se trouver en pleine foire, par une de ces journées de givre et de neige, devant un de ces drôles qui sur les tréteaux des saltimbanques, pour se défendre du froid qui verdit tout ce que le vin n'a pas rendu écarlate dans leur visage, se démènent comme des furibonds aux dépens des épaules et des reins des victimes de la parade. Le dégoût vous prend vite, même au milieu du rire, et on détourne les yeux, pour les reposer un instant.

Certes, ce mois de pluviôse ne fut pas gai. Les prisons étaient remplies. Le désintéressement des agents de Fouquier ne paraît pas avoir égalé leur cruauté. Voici une petite anecdote racontée par Bailleul, qui prouve qu'il pouvait y avoir avec le bourreau des accommodements. Nous l'extrayons de ce livre charmant auquel nous avons fait ailleurs de nombreux emprunts, et que Bailleul a appelé l'*Almanach des bizarreries humaines*. Il l'écrivait au fond de la Conciergerie, en face de la mort; il mettait à profit une situation unique pour l'étude philosophique du cœur humain. Dans le drame, Hanriot représente la partie burlesque, mais Bailleul ne prend que le côté des choses dont un philosophe peut sourire : il montre la part du vice, celle du ridicule, celle de la fatalité surtout, dans les destinées humaines. La vie, la mort, sont les numéros d'une loterie ; cependant les chances du tirage augmentent ou diminuent, dans tous les temps, proportionnellement à notre prudence et à notre modération. »

13 FÉVRIER.

« Brichard, notaire à Paris, fut condamné à mort par le tribunal révolutionnaire. Il avait été chargé de négocier un emprunt pour le duc d'York ; il n'avait vu là qu'une affaire de métier, ainsi que son confrère *Chaudeau*, victime encore plus à plaindre des horreurs révolutionnaires. Son entrée à la Conciergerie eut quelque chose de remarquable qui ne doit pas échapper à l'œil de l'observateur, et qui mérite l'attention de ceux qui veulent profiter des leçons de l'expérience. Sa manière de vivre, et quelques circonstances qui accompagnèrent son procès, sont dignes aussi de remarque.

» Il fut amené dans l'après-dînée et placé du côté qu'on appelait des *douze*. Il se promenait sous le vestibule en face du guichet, lorsque quelques camarades d'infortune lui demandèrent s'il avait fait apporter un lit. Il leur observa que LUI *n'était point coupable;* qu'il resterait en prison tout au plus jusques au lendemain ; que par conséquent il n'avait pas besoin de lit, et qu'il espérait pouvoir s'arranger pour passer une mauvaise nuit. Il ne songeait pas que ceux qui étaient là depuis plusieurs mois ne se croyaient pas plus coupables que lui.

» Cet homme semblait n'avoir jamais entendu parler de

la révolution, ou au moins ne l'avoir connue que comme une chose qui lui était parfaitement étrangère. Il avait cru que son indifférence, pour ne pas dire plus, l'avait placé à côté, sinon au-dessus d'événements amenés par des gens qui ne pouvaient raisonnablement figurer auprès d'un notaire de Paris. Il faut déplorer la mort de Brichard; mais que de sottises dans une telle ignorance des faits! C'est l'ouvrage de la suffisance et d'une éducation détestable. Lecteurs, qui que vous soyez, fâchez-vous de ces réflexions, si vous le voulez, parce qu'elles contrarient votre façon de penser; mais retenez qu'abonder dans son sens est un vice déplorable; qu'il faut examiner les choses avant de les juger, et que si nous les jugeons d'après nos préjugés, nos préventions, nos intérêts, et non d'après les principes qui leur sont propres, c'est nous que nous punissons, nous seuls, et non pas les gens qui pensent autrement que nous. Grands enfants, apprenez à n'être plus des enfants.

» Brichard avait de la fortune, et il avait appris qu'on en voulait aux fortunes. Il se faisait servir, pour lui, son maître clerc et un vieil abbé nommé le François, tous arrêtés en même temps que lui et pour la même cause, un petit plat d'épinards. Il espérait démontrer à l'univers qu'un homme qui dînait aussi misérablement ne pouvait être qu'un homme pauvre, dont il était absurde de convoiter les richesses.

» L'abbé de la Trimouille l'avait connu dans le monde; il lui dit tout bonnement à quoi il devait s'attendre; qu'on voulait le tuer pour avoir son bien, et qu'il fallait qu'il sacrifiât une partie de sa fortune pour conserver sa vie. Il lui offrit de faire d'abord surseoir à son jugement, puis de le faire acquitter, ou au moins de faire mettre ses pièces à l'écart, s'il voulait faire le sacrifice de cent mille écus ou à peu près. Il l'assura qu'il avait des agents sur lesquels il pouvait compter, et qu'il ferait son affaire. Brichard fut effrayé de la proposition, répondit qu'il était innocent, malgré que dans ce moment il fût déjà furieusement désassoupi, et remercia *la Trimouille* de ses offres.

» Brichard fut mis en jugement. Dès les premiers instants de l'instruction, il jugea que l'innocence n'était pour rien dans tout cela. Il vit qu'il ne suffisait pas d'avoir du bien, qu'il fallait encore vivre pour en jouir; il implora le secours de la Trimouille et lui rappela ses promesses. Celui-ci lui observa qu'il était peut-être trop tard. Cependant il fit venir dans le guichet de la Conciergerie son agent, avec lequel il eut une conférence assez longue. Les premières démarches furent faites, de premières paroles furent données; mais Brichard fut condamné à mort le lendemain et exécuté. Deux jours plus tôt il aurait été peut-être sauvé par l'entremise de la Trimouille, dont un frère portait les armes contre la République dans la Vendée, qui lui-même en était l'implacable ennemi, et cela en corrompant des gens, ses amis incomparables et éternellement exclusifs. Au reste, Brichard, enfant, niais, suffisant comme beaucoup de gens qui ne s'en doutent pas, quand on le conduisit à la Conciergerie, devint en peu de temps raisonnable à l'école du malheur; il se défendit en homme ferme et sensé, et mourut avec courage. S'il n'était pas mort et qu'il eût été rendu à la vie, serait-il redevenu, comme tant d'autres, plus bête et plus furieux qu'auparavant? »

Les pages suivantes, que nous empruntons à Prudhomme, sont curieuses à plus d'un titre. Bien que les prêtres y soient fort maltraités, que la religion catholique y soit tournée en ridicule, elles réclament la tolérance religieuse. Elles établissent que les prêtres qui exerçaient leur ministère étaient encore nombreux. On sut peut-être mauvais gré à Prudhomme de son intervention au fond favorable à l'exercice du culte; sa situation devint si périlleuse que la peur s'empara de lui, et qu'il interrompit brusquement son journal des *Révolutions de Paris*, ayant eu la chance de sauver sa tête, qu'il avait inclinée bien bas devant les puissances de la Montagne, et qu'il relèvera bien haut lorsqu'elles ne seront plus.

Les dieux s'en vont; comment Prudhomme propose de les remplacer.

« ..... Des églises se sont rouvertes, et les prêtres ont ri sous cape ; nous serons aussi rusés qu'eux. Ils recommencent à *messer* et confessent encore, et cela se passe même à Paris. Mais remarque que pareille chose ne se serait pas passée aussi tranquillement il y a deux ou trois années. Rappelle-toi les petites persécutions qu'on fit souffrir aux religieuses et les petits scandales qu'on se permit aux Théatins et ailleurs.

» La raison du peuple a bien grandi depuis cette époque. Le peuple a pris le seul parti convenable. Il ne se moque pas même des prêtres et des ouailles qui leur sont restés fidèles; il n'y prend seulement pas garde. La plus parfaite indifférence, pire que le mépris et la persécution, va achever de tuer l'Église : elle ne s'en relèvera pas. On chante tout haut l'office rue d'Enfer, rue du Cimetière-Saint-André-des-Arcs et ailleurs. Le peuple, blasé là-dessus, le remarque à peine; mais il compte avec satisfaction le nombre des cloches qui arrivent dans nos fonderies pour être converties en canons. En passant devant la maison des monnaies, il bénit une révolution qui lui procure de quoi racheter ses frères prisonniers chez l'ennemi, avec les outils d'or et d'argent des prêtres convertis en espèces. Tandis qu'on chante encore vêpres et salut, dans tous les spectacles (excepté pourtant à l'Opéra), on s'amuse fort innocemment sur le compte de ceux qui disent vêpres et de ceux qui les entendent. Les prêtres et leur Dieu sont morts du moment qu'on ne s'aperçoit plus s'ils existent encore. La Convention n'a rien statué, il est vrai, sur le salaire d'un culte; mais c'est tout comme par le fait, puisqu'il n'y a plus de culte; et, comme on dit : « Adieu le saint, adieu la fête. » Dans plusieurs paroisses de campagne, les villageois, privés de leur curé, détenu comme suspect, ont pris le parti de chanter eux-mêmes l'office. C'est autant de gagné, et leurs prières ne leur semblent pas moins bonnes. Bientôt ils se lasseront de psalmodier du latin, qu'ils n'entendent pas. Si les officiers municipaux s'acquittent bien de leurs devoirs, il leur sera aisé de faire oublier totalement M. le curé et M. le vicaire. Un discours tout naturel et plein d'instructions solides, chaque décadi; une fête gaie, chaque mois, et tout est dit. La fin du monde est arrivée pour les prêtres : ils sont morts, sans espoir de résurrection. Quelques traités élémentaires, quelques jolies chansons patriotiques, un peu de musique, des exercices militaires : en voilà plus qu'il n'en faut pour charmer le loisir de la classe laborieuse. De nouvelles victoires, qui amèneront la paix, le repos, la sécurité et le règne des lois constitutionnelles, achèveront la grande révolution : et tout sera dit. Le culte de la Raison deviendra universel et fera taire tous les autres, sans s'en mêler. Dans certains endroits la secousse a été violente, mais n'a pas duré, heureusement. Déjà la majorité des prêtres a fait le plongeon; et les voilà qui meurent de leur belle mort. Ils n'en sont pas plus contents; ils auraient bien voulu faire du bruit en tombant. Ils continuent à confesser quelques vieilles dévotes; c'est un os qu'il faut leur laisser à ronger, pourvu qu'ils ne touchent point à la conscience de nos jeunes républicaines. »

Le 25 pluviôse, le jour même de la publication de l'article du journal de Prudhomme, Laplanche rendait compte à la Convention de sa mission en Vendée dans les termes suivants : « Partout j'ai fait disparaître les prêtres comme autant de vers rongeurs et les fléaux de la société. Avec les prêtres ont disparu les cloches et les ustensiles de leur métier..... Sur des cadavres amoncelés et des ruines fumantes, la Vendée s'écroule et la République est debout. »

Du 26 pluviôse (14 février), l'an II de la République française.

Ordre général.

« Les sections des sociétés populaires séantes dans l'arrondissement de chaque section, et les comités civils et révolutionnaires sont invités à assister, décadi prochain 30 pluviose, à dix heures du matin, à la fête de l'abolition de l'esclavage, qui sera célébrée dans le temple de la Raison.

» Les patrouilles de dehors n'emporteront pas de caisses avec elles; lorsque l'on surveille les ennemis du bon ordre, il faut les surprendre à la muette et sans bruit.

» Je recommande encore la stricte exécution des arrêtés de la Commune relatifs aux denrées de première nécessité; ces arrêtés salutaires doivent être maintenus par tous les bons républicains.

» Mes frères d'armes de service dans les maisons d'arrêt doivent se comporter avec sévérité, justice et impartialité; les sentinelles ne doivent ni insulter ni communiquer avec les femmes des détenus : la justice nationale seule a le droit de sévir contre tous les coupables.

» Le service général à l'ordinaire. Signé à l'original : HANRIOT, commandant général. »

Du 29 pluviôse (17 février), l'an II de la République française.

« Citoyens, conformément à l'avis que vous me donnez des obscénités qui se commettent dans le jardin Égalité, sous les galleries, je vais prendre des mesures pour les réprimer, et comme les nommés Maillot, Huguet et François, destinés à la surveillance des abus, ont favorisés ces sottises, je vais les dénoncer au comité révolutionnaire de la section de la Montagne.

» Salut et fraternité.

» Le Général en chef de Paris,
» *Signé :* HANRIOT. »

VENTOSE.

19 FÉVRIER AU 20 MARS.

Le mois de ventôse est, on le sait, un des mois décisifs de cette année 1794. Les comités de salut public et de sûreté générale que domine le triumvirat de Robespierre, Saint-Just et Couthon auxquels se sont ralliés les montagnards les plus violents et les plus engagés, tels que Billaud-Varennes, Collot-d'Herbois, Amar, Tallien, renversent la faction d'Hébert et préparent la chute de Danton et de son parti. Hébert est attaqué comme représentant l'exagération révolutionnaire, l'athéisme, le système outré de la terreur. C'est, disent ses adversaires, un conspirateur vendu à l'étranger, qui, pour perdre la cause de la Révolution, la déshonore par ses excitations anarchiques, et pousse le peuple à des excès de toute nature. Pour lutter contre la majorité de la Convention qui le méprise et le redoute, Hébert s'appuie sur les sociétés populaires, sur la Commune, qu'il tentera d'insurger contre la représentation nationale. Des hommes de cette espèce ne connaissent aucun scrupule et ne reculent devant aucune violence, aucun crime, si on leur laisse le temps d'agir. Mais au premier appel fait ouvertement à l'insurrection, Vincent, Ronsin, Hébert, Momoro, et leurs principaux partisans, seront incarcérés. — Les Dantonistes se sont montrés parmi les plus ardents à les combattre au sein de la Convention. Mais voici que leur tour va arriver. Saint-Just agite avec menace le glaive de la haine, qu'il appelle le glaive de la loi. Le génie exterminateur de la République n'a fait que la moitié de sa tâche : après les athées, les corrompus! après les traîtres qui ont voulu noyer la République dans le sang, les traîtres qui, au nom de l'indulgence, veulent la prostituer aux royalistes!

Le *Moniteur* et l'Histoire, qui le reproduit, sont pleins de ces grands débats. On se passionne à ce spectacle, plus dramatique que vraisemblable et raisonnable. La raison de ces revirements de fortune et de crédit dans l'existence des puissants du jour n'est pas toujours claire. Pourquoi ? C'est que pour bien voir dans l'histoire d'une démocratie, et à plus forte raison d'une démocratie démagogique, il faudrait voir tout, il faudrait que l'œil remontât les courants sous-marins de cette mer sans cesse troublée par des orages qui, avant d'éclater à sa surface, se préparent dans ses profondeurs.

On a dit, en parlant de la France monarchique, que l'histoire des rois n'est pas l'histoire de la nation; si écrasant que soit un prince, il y a dessous lui un peuple. Disons à notre tour que l'histoire d'un ou de plusieurs tribuns, celle de leurs querelles, de leurs idées, n'est pas toute l'histoire d'une démocratie. Si les démagogues paraissent conduire le peuple, ils ne sont en réalité que ses premiers esclaves, comme le corps sans âme est l'esclave des appétits et des besoins matériels. Pour étudier ces superbes, il faut donc descendre dans la boue d'où est sorti le piédestal sur lequel s'élève leur popularité éphémère. Dans une monarchie, les grands événements ont parfois une bien petite cause : combien plus fréquemment dans une démocratie que les souffrances et la misère ont aigrie, que des haines trop justifiées ont aveuglée, et qui, sans lumière et sans frein, marche entre la trahison et la mort !

Les Observateurs de l'esprit public.

Nous avons pris pour guides dans les explorations des bas-fonds de cette société révolutionnaire les Observateurs de l'esprit public qui chaque soir adressaient leurs rapports sur les incidents de la journée au citoyen Franqueville, chargé de la correspondance au ministère de l'intérieur. Ces rapports étaient dépouillés, analysés et résumés; le résumé était mis sous les yeux du ministre de l'intérieur et des membres du comité de salut public du département.

Nous avons fait nous-même le dépouillement et l'analyse des rapports.

Nos lecteurs qui se donneront la peine d'en prendre connaissance se seront bien vite fait une opinion sur le degré d'instruction, de moralité et de sagacité des Observateurs auxquels ils sont dus. De ceux-ci, les uns paraissent avoir été pris dans le bas peuple; ils sont à peu près étrangers aux règles de l'orthographe et de la grammaire : Dugas, le Breton, Leharivel, Sirée, Prévost, Mercier, etc. Un, entre autres, incarne, à faire frissonner, les passions et les préjugés de la multitude, il s'appelle *Pourvoyeur* : on pourrait l'appeler Pourvoyeur de la guillotine. « Il faut, dira-t-il, un épouvantail aux riches, la guillotine. » Une autre fois (rapport du 16 ventôse) : « L'on demandent combien y at'il eu de guillotinés aujourd'hui; il faudrai que cela aille plus vite que cela dit on. » On voit qu'il écrit comme il parle, avec une pittoresque incorrection; d'ailleurs partisan de la *scène* (pour saine) morale; il est vrai que dans ce rapport du 6 ventôse il est question d'une pièce de théâtre. — Bacon est préposé à la surveillance des sociétés populaires. Ses rapports sont intéressants, bien qu'on ne puisse vanter sa sagacité pas plus que sa littérature. Ainsi, il se plaindra qu'on vende au peuple *du cheval pour de la viande* (5 ventôse). — Quelques-uns de ces observateurs sont Jacobins; presque tous sont modérés : Bérard accuse courageusement l'excès de la misère, qu'il n'est pas éloigné de mettre au compte d'une mauvaise politique; Latour-Lamontagne, un lettré celui-là, un favori des Muses, l'auteur d'une pièce intitulée *le Montagnard à Bordeaux, scène patriotique en vers libres* (Paris, Maret, 1794, in-8°), se déclare (5 et 7 ventôse) contre les Hébertistes et les terroristes, contre la multiplicité des supplices, qui atteignent jusqu'à des vieillards. Il fait la contre-partie de Pourvoyeur. — Béraud est également un modéré qui blâme la fréquence des exécutions (10 ventôse). — Perrière aime la morale, il cherche l'anecdote piquante et le trait; ses rapports sont détaillés, écrits d'un caractère très-net, quoique inférieurs à tous les points de vue à ceux de Grivel, un lettré lui aussi, le plus judicieux de la bande.

Nous n'en dirons pas davantage; quelle que soit la valeur des individus, leurs témoignages abondent en faits curieux, en remarques dignes d'être recueillies dans l'histoire, prise sur le vif, de la démagogie parisienne.

1ᵉʳ ventôse (19 février).

Du 1ᵉʳ ventôse (19 février), l'an II de la République française.

Ordre général.

« Il part aujourd'hui un convoy pour Metz et pour Saint-Omer ; les tambours à la tête des détachemens ne battrons pas le pas de charge, cette mesure n'est bonne que dans les instants de dangers.

» Les patrouilles de nuit ne doivent pas discuter dans les rues avec les personnes qu'elles arrêtent, ni les colleter, ni les brusquer ; le service doit se faire avec la fierté imposant d'un républicain ; les fonctionnaires publics seuls ne doivent pas être inquiétés dans leurs courses.

» Le citoyen commissaire de police de la section des Lombards a montré cette nuit beaucoup de surveillance, sa conduitte est digne de l'estime des bons républicains.

» J'invite mes frères d'armes, les braves grenadiers de la Convention nationale, à se priver de leurs bonnets lorsqu'ils sont de quelques fête civique ; le peuple qui n'aime ni ces bonnets ni les ganses à la Lafayette fraternisera avec vous, si vous faites ce petit sacrifice ; ce ne sont pas les bonnets, mais le cœur et le courage qui gagnent les batailles.

» J'invite les bonnes républicaines à faire elles-mêmes la police aux portes des bouchers, et à déjouer cette nouvelle intrigue dont les magistrats recherche la cause.

» Le service général à l'ordinaire. Signé à l'original : Hanriot, commandant général. »

Rapports de police.

Viande. — « L'autre jour, rue de la Montagne Sainte-Geneviève, presque toute occupée par des bouchers, une femme se présenta chez l'un d'eux, fesant partie de la foule qu'assiégeait son étal. Lorsque son tour vint d'être servie, elle demanda ce qu'il lui fallait de viande, et calculant à quelle somme s'en élevait la quantité sur le pied du maximum, elle remit cette somme au boucher et lui demanda si c'était son compte ; non, dit l'homme ; eh bien, répliqua la femme, si ce n'est pas le tien, c'est celui de la loi ; et là-dessus elle se retira malgré les cris du marchand de viande qui fut bien obligé de prendre son parti ; ce qui prouve que les nombreuses et criantes infractions à la loi du maximum viennent bien plus de la foiblesse des acheteurs que de la friponnerie et de l'audace des vendeurs, et que les uns ne doivent pas paraître moins coupables que les autres aux yeux de la loi.

» Les hommes de leur nature n'étant malheureusement que trop moutonniers, et ne s'élevant au sentiment même de leurs droits et de leur intérêt que par l'exemple, la foule qui fut témoins de la fermeté et surtout du succès de notre héroïne, voulut absolument avoir la viande au même prix ; le boucher résista ; il y eut du bruit, on envoya chercher la garde, et mon homme fut emmené et mis en prison ; j'ignore quelle suite aura son affaire ; il faudrait pourtant intimider l'audace mercantile. »

Spectacles. — « Pour rendre les spectacles ce qu'ils doivent être, disaient quelques citoyens, c'est-à-dire accessibles au plus grand nombre, utile aux mœurs et à l'esprit public, et dignes en tout du peuple souverain qui les fréquente ;... il faudrait d'abord les purger de tout cet ancien attirail de police qui a survécu au régime avilissant des despotes, et non content de régénérer les anciennes pièces, et dans les nouvelles de n'en présenter que de dignes de la République ; il faut encore en faciliter l'accès au plus grand nombre de citoyens possibles par la diminution des prix d'une part, et de l'autre, en économisant le local ; ce qui s'exécuterait en étendant la loi contre les accaparements jusques sur la location des loges ;

car assurément quand une loge de huit personnes est louée à des muscadins, qui n'y viennent qu'au nombre de deux, quatre ou six personnes, se prive du spectacle, six, quatre ou au moins deux personnes, et peut-être celles à qui ce genre d'instruction serait le plus salutaire.....

« *Signé :* Perrière. »

« Dans la matinée aujourd'hui à la halle une de ces femmes de la campagne qui vendent à Paris des légumes, a poussé la coquinerie jusques a augmenter des lentilles qu'elle vendait à 17 sous le litron, elle les a augmentés de 5 sous, ce qui faisait vingt un sous le litron. Cette augmentation a indigné les citoyennes elles ont fait du train, la garde y est accourue et s'est servi des lentilles, ensuite l'on a été faire perquisition dans une cave qu'on disait appartenir à cette marchande l'on y a trouvé plusieurs paniers des pommes beaucoup de lentilles ainsi que des œufs tout cela a été vendu dans l'église cy-devant Saint-Jacques l'Hôpital. Les citoyennes se plaignaient de ce que l'on ne fait pas de visites dans toutes les maisons qui avoisinent la halle parce que disaient-elles les gens de campagne avec les malveillans de paris, enfouissent les plus qu'ils peuvent des commestibles dans les caves et les revendent aux prix qu'ils veulent deux jours auparavant, l'on avoit trouvé chès un boulangé une cantité prodigieuse de beurre ficellé.

» Deux citoyens étant dans le caffé qui fait le coin de la rue des bons enfans et de la rue S¹. honoré voulait chanter une chanson patriotique le limonadier qu'est aristocrate n'a pas voulu qu'ils chantent chez lui, ces citoyens lui ont dit : Mais c'est du patriotique que nous chantons, cela m'est égal vous ne chanterez pas chès moys ce qui a fâché ces citoyens et des paroles en paroles ils se sont pris au collet, mais d'autres citoyens les ont séparés. Ces deux citoyens lui dirent en s'en allant, va aristocrate, tu mériterait bien que nous allions te dénoncer.

« *Signé :* Moncey. »

« La disette en tout genre est extrême, on se bât à la porte des marchands, les malveillants augmentent le désordre en criant; *ce n'est rien encore, vous en verres bien d'avantage,* on se joue du peuple.... — Oui sans doute, s'est écrié un brave sans culotte, mais c'est vous prophète de malheurs, c'est vous et vos pareils qui vous joués du peuple, en cherchant à semer le trouble et la discorde parmi les citoyens au lieu de les inviter à la concorde et à la patience, les seules vertus qui puissent adoucir nos maux. Selon vous il faudroit tout piller; que vous en reviendroit-il? Nous ferions disparoître le peu de denrées qui nous reste; point de violence, mes frères; le mal des uns ne guérit point celui des autres; prenons patience, c'est une épreuve qu'il faut supporter en bons républicains; ne pouvant nous réduire par la force, on veut nous réduire par la faim; he bien! quand nous n'aurons plus de vivre, savés-vous, ce qu'il faut faire? il faut partir et tomber touts ensemble sur les brigands qui nous font la guerre, et terminer tout d'un coup par la victoire ou par la mort, la longue querelle des esclaves et des républicains.— Ce discours énergique a électrisé tous les cœurs, et on s'est écrié de toutes parts : Vive la République !

» *Signé :* Latour-Lamontagne. »

« Il paraît une caricature qui représente les Prussiens et les Autrichiens fuyant des environs de Landau avec leur général, auquel on a donné six jambes. La foudre les poursuit, et on lit ces mots au-dessous :

» *Ils n'ont pas assés de jambes pour fuir.*

» On a dit aujourd'hui que Robespierre était plus malade et cette nouvelle a beaucoup affectée les vrais amis de la patrie ; on a assuré en même tems que Couthon était mieux.

» On s'est porté en foule au Lycée des arts où Laharpe a annalysé plusieurs principes d'*Helvétius*. En relevant les grandes erreurs où ce philosophe moderne est tombé, il a fait très-à propos quelques réflexions républicaines, qui ont été fort applaudies.

» Au théâtre du Lycée, une femme fort élégamment mise a tourné le dos au parterre qui l'a invité à se tenir plus décemment ; elle a refusé, en s'obstinant de rester dans la même posture. Alors les cris des spectateurs sont devenus si violens, qu'un officier municipal a été obligé d'aller forcer lui-même la muscadine a plus de complaisance.

» A la sortie des spectacles plusieurs gendarmes ayant à leur tête des officiers municipaux ont investi les jeux publics et les caffés des galeries du jardin de la Révolution. Il en est résulté l'arrestation de plusieurs individus et de quelques femmes publiques.

» On s'entretenait dans les grouppes des dispositions de notre armée du nord. C'est à sa première victoire, dont on ne doutait pas, qu'étaient attachés nos succès pour toute la campagne prochaine et la destruction des tyrans coalisés contre nous. On ajoutait que la nuit dernière, il était parti 17 courriers du comité de salut public pour cette armée ou celles du Bas-Rhin et de la Mozelle. On a entendu dire a plusieurs citoyens à la porte des bouchers, *nous ne pouvons pas avoir de la viande, mais nous avons du pain, avec cela on peut attendre.*

» On a parlé d'une femme qui a force de soins et de sollicitations est parvenue à se procurer trois livres de viandes pour un malade, et sur laquelle on lui a donné près de deux livres de réjouissance.

» *Signé :* Dugas. »

« Plusieurs ouvriers formant un grouppe dans le nombre desquels se trouvaient des doreurs et sculpteurs, se plaignoient de ce que depuis longtems ils étoient sans ouvrage. Comment voulez-vous que nous travaillons, tous les riches patriotes ou non, sont incarcérés et il n'y a que ceux qui travaillent pour les fournisseurs des armées qui puissent gagner leur vie. Ça ne durera pas longtems a repliqué un autre, il y a une commission nommée pour rechercher dans les prisons ceux qui ont été incarcérés injustement, et vous verrès que celui-là même qui n'occupait personne avant la révolution; sitôt qu'il sera élargi, occupera les bras du pauvre et conviendra que la république vaut mieux que l'ancien régime.

» La commission a rétablie le calme dans plusieurs familles, et plusieurs citoyens au caffé Saint-Martin disaient : Nous sommes fort heureux que cette proposition ait été acceptée, car le comité de sûreté générale qui semble soutenir les comités révolutionnaires ne s'en serait jamais occupé. Un de ces citoyens disait, lorsqu'on se présente dans un comité ou à la porte pour une réclamation, il semble qu'on ait a faire à des ci-devants ministres. on vous rebute et plusieurs des membres qui le composent oublient qu'ils ont été nommés par le peuple, et que le peuple peut les remplacer.

» Plusieurs quartiers sont dans la désolation de n'avoir pas de la viande, des trois heures du matin, le monde se rassemble aux portes des bouchers; on s'y pousse, on s'y bat pour à qui le premier sera servi ; enfin il en est de même que jadis pour le pain.

» *Signé* : Bauce. »

« Hier on a donné au théâtre de la République, Charles et Caroline. Cette pièce représente un M. de Verneuil, épousant (sans l'aveu de son père) une demoiselle qu'il enlève et dont il a un enfant, il vient à Paris, et un M. de Fréval, devient amoureux de Caroline, dont l'époux, sous le nom de Charles s'est fait commissionnaire, il découvre que Charles est le fils de M. de Verneuil, il va trouver son père et obtient son consentement pour le faire renfermer par le moyen d'une lettre de cachet dont il a toujours une provision à son service, etc., etc.

» Cette pièce est plus digne de l'ancien régime que d'un régime républicain; on y parle que de nobles, les ministres sont sensés surpris dans leur confiance; et par conséquent innocent du mal que l'on commet en leur nom, abusant de leur faveur, etc., etc.

» Le M. de Fréval nantie de lettres de cachet dont il est sensé faire usage pour satisfaire ses plaisirs, etc., etc., donna lieu à deux jeunes citoyens et à une citoyenne, tous trois bien couverts, d'assurer que dans le moment présent, les comités de salut public et de sûreté générale avoient des agens toujours bien fournies d'ordre, en blancs, et signés, des membres de ces deux comités, avec lesquels ils arrêtoient qui bon leur sembloient et que souvent ils vendoient au dernier encherisseur; des citoyens prétendirent que cela ne se pouvoient pas; mais ils assurèrent en connoître plusieurs, et dirent que s'il falloit le prouver ils n'iroient peut-être pas loin, ce qui fit beaucoup de sensation. Un citoyen ajouta qu'il y avoit quelques tems qu'un de ces scélérats avoit été condamné, à vingt ans de fer pour faux témoignages, et qu'il lui avoit vu plusieurs ordres, en blanc avec lesquels il trafiquoit, j'ai fait l'impossible pour suivre ces deux citoyens, mais il ne me fut pas possible, vu la foule immense qui étoit au spectacle...

» Des citoyennes épouses des ouvriers en armes, de Maubeuge, établis aux ci devants Carmes de la place Maubert, se plaignent de ne pouvoir point avoir de la viande, hier elles assuroient être restées depuis trois heures du matin jusqu'à neuf, sans en avoir pu obtenir un quartron, ce qui paroit leur faire regretter d'avoir quitter leur pays; aussi assurent-elles ne pas devoir *rester longtems à Paris.*

» La corruption, dit-on, est montée à son comble, à la Salpêtrière, les filles de cette maison ont bannis toute pudeur on assure qu'elles ne se donnent point la peine de se cacher du public, les canonniers qui sont dans cette maison, se corrompent au point qu'on prétend que si il falloit s'en servir pour nos armées, sur cent; on n'en trouveroit pas trente capables de servir.

» Les jeunes gens appellés enfants de la patrie [1] (ci-devant la Pitié) sont aussi corrompu qu'on puisse l'imaginer, hier au jardin national des plantes, ils se permirent d'y chanter des chansons les plus obscènes, ce qui fit murmurer le public, leur conducteur n'en rougirent point, des citoyens se permirent d'imputer la faute au citoyen Chaumette de ce qu'il a obtenu qu'ils ne seroient plus corrigés.

» *Signé* : ROLIN. »

« Saint-Uruge [2] étoit ce matin dans un caffé de la rue de la Comédie française, et disait que le comité révolutionnaire de son endroit était venus pour saisir ces propriétés à Saint-Uruge, et il ajouttait que tous les comités révolutionnaires étaient tous remplis d'aristocrates et qu'ils incarceraient souvent bien des patriotes.

---

[1] Il est ici question des enfants trouvés, qui avaient Léonard Bourdon pour directeur.
[2] Le marquis de Saint-Hurugue, gentilhomme bourguignon, avait figuré, depuis 1789, dans tous les désordres populaires. Il joignait à une voix tonnante, à la force et à la tournure d'un porte-faix, un caractère tour à tour emporté et audacieux, bas et insolent, selon les circonstances. Il était connu, sous le nom de père Adam, de la canaille et des crocheteurs, avec lesquels il s'enivrait tous les jours. Il figura au 6 octobre, au 20 juin, parmi les plus acharnés à insulter le Roi et la Reine; il fut un des agents les plus actifs de la *Terreur*. La *Biographie moderne* (en 4 vol.) de 1806 dit qu'il était encore un des habitués de café en 1806; mais on remarquait que son zèle patriotique s'était prodigieusement calmé : peut-être, à l'exemple de beaucoup d'autres terroristes de bas étage, s'était-il mis aux gages de la police d'alors.

» Dans un grouppe au palais l'on observaient qu'au moment où l'on avait arrêté Ronsin et Vincent[1], plusieurs sans culottes l'avait été aussi, ce n'est pourtant pas que ces deux citoyens jouissent d'une très bonne réputation dans l'opinion du peuple, notamment, Vincent depuis que les Jacobins ont refusés de le recevoir l'on dit qu'il faut qu'il y est quelque chose sur son compte en général, tous les individus chassés de la société des Jacobins on perdu la confiance publique.

» Un citoyen dans un grouppe ce soir disais qu'il n'était pas juste que les restaurateurs, ils leur soient permis d'avoir malgré la disette de viande chez eux la moitié d'un bœuf, d'un veau et d'un mouton, tandis que des pères de famille ne pouvaient point mettre le pot au feu chez eux lorsqu'ils ont leurs femmes malades; tandis que l'on y va faire une partie de manger, les meilleurs morceaux chez les traiteurs, ce citoyen demandait qu'il ne fut pas permis à un restaurateur d'avoir plus de viande qu'un autre particulier, et s'il veut donner à manger qu'il donne des haricots, des pommes de terre, quantité d'honnêtes citoyens sont bien obligez d'en manger dans ce moment-ci; tous ceux qui l'écoutaient l'approuvèrent très-fort, il n'y a que les gens aisés qui vont manger chez les traiteurs, l'on y va souvent avec des filles pour ce regalée tandis que le pauvre sans-culotte ne mange que du pain; il disait que les sections devraient prendre cela en considération et le demander à la commune de Paris; un citoyen disait que sa section avait pris un arrêté pour faire tomber toutes les marchandises, mais que lorsque l'on a demandé l'execution de cet arrêté, les procès-verbaux, et les adhésions des autres sections se sont trouvés perdues parce que la plus part des sections soutiennent les marchands: c'est du moins ce qu'observe le peuple.

---

[1] Vincent et Ronsin, accusés de dilapidations et dénoncés par Philippeaux comme auteurs des revers de la guerre contre les Vendéens, avaient été décrétés d'arrestation, puis relâchés, puis incarcérés de nouveau. Nous aurons occasion de parler ailleurs de ces deux démagogues.

» Les aristocrates, dit le peuple, resemblent à une multitude de pigeons qui dévastent un champ, il leur faut un épouvantailles et cette épouvantail est la guillotine.

» *Signé* : POURVOYEUR. »

Cour du Commerce, rue Marat.

Supplément aux observations du 1ᵉʳ ventôse.

« La séance des Jacobins n'a présenté après le scrutin épuratoire, par lequel Garnier de Saintes a été admis, d'autre interet qu'une discussion qui s'est élevée entre Dufourni et Collot d'Herbois. L'arrestation de Proli[1] en a été la première cause. Quelques membres ayant annoncé cette nouvelle à un des secretaires, Dufourni, qui n'en avait pas encore entendu parler, la gobée avec avidité pour avoir le plaisir de l'annoncer le premier il est monté à la tribune, et comme s'il avait contribué efficacement à cette arrestation, il a parlé des avantages que devait en retirer la chose publique. Collot d'Herbois le principal auteur de la découverte de Proli, lui qui avait mis des gens à la poursuite de ce *contrevolutionnaire*, a reproché à Dufourni, sa manière de vouloir tout s'approprier, de vouloir toujours parler de se mettre en scène sur tous les objets qui se présentaient et de faire perdre beaucoup de tems à la société pour l'entretenir de lui, ou de quelques individus qui ne méritaient pas souvent de l'occuper. Cette sortie a excité l'humeur de Dufourni[2] qui n'à pû, malgré son patriotisme et ses talens, détruire les vérités dont Collot d'Herbois la accablé.

» *Signé* : DUGAS. »

---

[1] Proly, baron allemand, était du parti d'**Hébert**, et devait partager le sort de ses chefs.

[2] Dufourny de Villiers, architecte, avait été un des chefs de la révolution du 31 mai, et était parmi les orateurs les plus assidus des Jacobins. Il s'avisera un jour d'attaquer Robespierre, qui le fera chasser du club sans lui accorder la parole pour se justifier. — Le 9 thermidor le sauva.

Rapport du citoyen Hanriot, commissaire observateur dans Paris.

« La société de l'économie rurale séante rue d'Anjou Thionville vient de faire une adresse à la section de la Montagne.

» Cette société pleine de patriotisme représente que la famine étant le seul espoir qui reste aux puissances coalisées pour subjuguer les Français, il étoit important de la prévenir ; mais comment ! en mettant à profit tous les terrains qui sont incultes dans Paris, et dans ses environs, il ne faut pas même en excepter les jardins de luxe et de pur agrément ; c'est dans ces terres bien préparées que nous jetterons les semences de ces légumes et de ces haricots dont le suc nourricier est si salutaire à la vie. Je demande donc au nom de la société que la section de la Montagne de concert avec les autres prenne connoissance de tous les terrains de son arrondissement et qu'elle s'occupe des mesures les plus promptes et les plus efficaces pour en tirer les alimens nécessaires. Cette motion fort applaudie a été mise aux voix ; quant au défrichement qu'elle présente, quant à la préparation des terres, elle n'a souffert aucune difficulté. Tant que nous aurons des légumes, des haricots et des pommes de terre, a dit un membre, nous sommes surs de vivre et d'éviter cette famine horrible que les malveillans souhaitent introduire dans Paris. La difficulté n'a donc roulé que sur la question de savoir si les sections avoient le droit de s'approprier ces terreins sans l'agrément des autorités constituées. Un grand nombre prétendoit que la solution de cette question étoit du ressort de la Convention nationale et qu'il falloit lui présenter cette motion pour obtenir un decret à ce sujet. La discussion étoit presque fermée lorsqu'un membre montant à la tribune a dit : En sollicitant un decret à ce sujet de la part de la Convention nous sommes sures qu'elle demandera d'abord d'examiner la proposition, qu'après l'examen, elle la renverra à son comité des domaines. Voilà donc, a-t-il dit sagement, deja du tems de perdu, tems pretieux puisque c'est dans ce moment que lon prépare les terres à recevoir la semence des légumes dont nous pourrions jouir au printems. Mais c'est la hiérarchie des pouvoirs qui doit nous guider dans notre démarche. Le département, les directoires du district sont les seules autorités dont l'acquiescement nous est nécessaire en pareil cas. — Son avis a été unaniment accepté, et il a été décidé qu'on en feroit aussitôt la demande au département. »

2 VENTOSE (20 FÉVRIER).

Rapport de Charmant.

VIVE LA RÉPUBLIQUE!

Paris, ce deuxième jour de ventôse, l'an deuxième de la République française une et indivisible.

. . . .

« Les bouchers sont l'objet de la solicitude public. La majeur partie des traiteurs sont sans viande depuis deux jour et il nexiste point de légumes, une grande partie des ouvriers murmurent de ne point trouvér de de quoi mangér à lheure de leurs repas, il seroit nécessaire que la Commune réfléchisse sur cette disette qui pouroit amenér quelque mouvement, car on dit si cela continue, il faudra nous égorger les uns les autres; puissent quil ny a plus rien pour vivre. C'est ainsi que parloit les ouvriers aujourd'hui.

» . . . . Le cours du salpêtre se continue avec force; on admire avec plaisir ce concours prodigieux de citoyens qu'il attirent, tous veullent apprendre à exploittér le salpêtre. Les sections sont dans la plus grande activité, la section Marat en a déja fait plus de cent cinquante livres extrait de moyenne chaudierre. Ainsi que doive penser nos ennemis de nos travaux, cela seul doit les faire trembler. Voilla comme on parle et comme pense les vray sans culotte de Paris. »

Autre rapport.

« Partout ou j'ai été aujourd'hui j'ai entendu les citoyens se plaindre du manque de comestibles en général, j'ai été à la halle voir comme elle étoit approvisioné sur le midi, il ni avoit rien que 3 ou 4 restants de saumons mais pas de légumes sèches ni beure ni œuf; faubourg Saint-Germain mêmes plaintes. Une personne dit dans un endroit ou jaitois : Je suis d'Arpajon nous en manquons a Arpajon tout comme a Paris; l'on met tout en réquisition dans nos campagnes pour Paris. Paris ne devroit pas être sy acourt sy la malveillance n'en s'en mellait pas; c'est a quoy qu'il serait bon que l'on fit attention.

» A la société des gardes françaises lon a beaucoup parlé sur cet objet; un citoyen a dit qu'il était afreux de voir des marchands de draps avoir dans leurs caves des 50 a 60 pièces de vin; quil en connoissoit; quil devoit avoir des provisions de bouche à proporsion. Un autre a dit quil avait vu entrer dans sa maison 22 barils dharens et un cochon tout entier que les riches égoïstes sont fournis, tandis que les vrais sans culotes ne peuvent plus se procurer de quoy nourir leur famille. »

Rapport du citoyen Hanriot, commissaire observateur dans Paris.

« La disette de la viande va toujours en croissant, il faut se morfondre trois ou quatre heures à la porte des bouchers, incertains même d'en avoir au bout de ce terme. Voilà la plainte des malheureux sans-culottes; elle a même entièrement manquée aujourdhui dans plusieurs étaux. Les patriotes bien portant supportent patiemment cette privation, mais elle est bien douloureuse pour les malades, à qui l'on ne peut donner le boüillon nécessaire en attendant le retour de l'abondance que promet le zèle actif des administrateurs, il est très-instant (et c'est le vœu de tous) d'aviser aux moyens de fournir sans obstacle aux besoins de l'humanité souffrante. — Il s'élève de toutes parts des plaintes contre le service de la poste de Paris, on lui reproche beaucoup d'inexactitude soit pour la distribution des lettres, ou des journaux, plusieurs personnes m'ont assuré qu'il étoit très-ordinaire de ne recevoir les lettres que le lendemain de leur remise à la poste, souvent le lendemain, quelque fois point du tout. Elles se proposent de dénoncer cette négligence reprehensibles. »

3 VENTÔSE (21 FÉVRIER).

Caffé de Foix. — « Ce caffé si fréquenté, si abondant en politique, se remplit aujourd'hui comme presque tous les lieux publics, d'indifférents ou de sourds et muets qui craignent d'entendre ou de parler. Hier au soir on y lisoit le journal qui, comme les sermons des fameux prédicateurs, était accompagnée d'une foule d'auditeurs si considérables, que la queue s'étendait jusques dans l'office du limonadier; après la lecture, qui par là devenait encore plus semblable à un sermon, silence profond, conversations à l'oreille ou sur des choses étrangères, jeux et boissons.

» La maison Égalité elle-même, ce centre précoce et ardent de patriotisme, n'offre plus depuis longtemps la moindre trace de rassemblement. Il n'existe absolument que le grouppe immortel du jardin national et celui que la curiosité forme dans la cour du Palais de la Justice nationale.

» Est cela la preuve que le Gouvernement prend de la consistance, ou que l'on est las de politique, ou que l'on trouve aujourd'hui ce sujet trop épineux? J'ignore; c'est aux habiles à décider cette question.

» *Signé :* Perrière. »

« ..... Les ouvriers se plaignent très-fortement de ce qu'ils ne peuvent plus avoir dans les auberges de viande ni soupe; ils mangent du pain et des harengs-sors; dans presque toutes les auberges, il n'y avoit pas une once de viande. Les légumes par cette raison sont d'un rare étonnant et montés à un prix exorbitant.

» Quatre particuliers employés à tirer les cercueils des églises, rapportent qu'il a été levé des corps qui n'ont pas été vuidés dans les cimetières. Les commissaires nommés à cet effet n'ont pas voulu; ces particuliers disent que bien certainement on y aura trouvé des bijoux en ce que les personnes qui y étoient renfermés étoient très-riches, que sur ces cercueils il y avoit de très-grandes plaques d'argent pour indiquer ceux qui y étoient.

» Les champs Élisées renferment non seulement des voleurs et filoux, mais encore des hommes sans pudeur qui insultent toutes les femmes qui y passent; un de ces hommes vit passer une femme a qui il a tenu les propos les plus sâles a defait sa culotte et la poursuivie, enfin il est impossible de dire qu'elle en a été le résultat; cette femme s'est enfuie a toutes jambes, beaucoup de ces scélérats s'adressent à des enfants qu'ils cherchent à corrompre; il seroit très-apropos de faire surveiller ces endroits qui fourmillent de gueux.

» *Signé :* Prévost. »

« Lullier, agent national, recommande plus que jamais l'union entre les vrais républicains, et dans le même placard il fait sentir la nécessité de cette union sans laquelle tout serait perdu.

» On a répandu que la femme de Chaudot[1], livrée à son désespoir depuis l'exécution de son mari, s'était précipité par la fenêtre et qu'elle était enceinte. On a pas manqué de citer à ce sujet l'histoire tragique de la femme Auriol, de Lyon, qui s'est jettée dans le Rhône avec ses deux enfans dans une même circonstance.

» Le *Siége de Toulon*, au théâtre de la rue Feydeau, attire toujours beaucoup de monde. On ne se lasse pas de s'y amuser du rolle que l'on y fait jouer au ci-devant *Monsieur;* et qui est rempli par un acteur qui le copie parfaitement.

» Aux Jacobins, après la lecture de la correspondance et le scrutin épuratoire de cinq ou six membres, Carrier, représentant du peuple, est montée à la tribune. Il y a fait l'historique de la guerre de la Vendée, à peu près et dans les mêmes termes qu'il l'avait faite à la Convention. Les résultats en sont qu'il y a encore vingt mille hommes armés ou non armés à détruire dans ce malheureux pays, et que dans deux mois au plus tard, par les mesures qui ont été prises, la paix régnera enfin dans toute cette contrée.

» Carrier descendait de la tribune lorsque la société lui a demandé son opinion sur les généraux qui ont servi dans cette guerre. Il a fait l'éloge des talens et de la modestie de Rossignol; mais à l'égard de Westerman, il a déclaré que malgré son courage et son audace il ne le croyait pas propre a commander une armée. Phelippeaux n'a pas été oublié : Carrier ne le regarde pas comme un conspirateur, mais comme un fou, qui n'a jamais vu en face un seul rebelle de la Vendée, et qui prétendait toujours que son panache avait été caressé par les balles des ennemis.

» Thirion a parlé pour deffendre Westerman, mais Collot d'Herbois la refuté complettement.

» Avant-hier, la force armée avait dissipé et arrêté plusieurs personnes en hommes et en femmes dans un souter-

[1] Vivant-Jean-Baptiste Chaudot, notaire, condamné à mort le 25 pluviôse an II.

rain du jardin de la Révolution, où l'on dansait; — aujourd'hui le bal a repris de plus belle, et l'on a dansé jusqu'à onze heures du soir.

» *Signé :* Dugas. »

Le compte rendu suivant de la séance du 3 ventôse au club des Jacobins, que nous empruntons au *Moniteur*, fera connaître au juste l'état des esprits dans les assemblées populaires et les influences qui dominaient sur les Jacobins. Carrier est patroné par Collot; c'est le héros du moment. Ronsin, Rossignol, sont justifiés aux dépens de Phélippeaux et de Westermann. Les hébertistes l'emportent : triomphe de courte durée.

SOCIÉTÉ DES AMIS DE LA LIBERTÉ ET DE L'ÉGALITÉ
SÉANT AUX JACOBINS DE PARIS.

Présidence de Thirion.

SÉANCE DU 3 VENTOSE.

« Carrier, représentant du peuple, arrivant de la Vendée, demande à subir l'épreuve du scrutin avant que de donner à la Société des détails sur le département qu'il vient de quitter et sur les événements qui y ont eu lieu. — Il est admis et prend la parole.

» *Carrier :* Il est enfin temps de connaître ce qu'il y a de vrai dans cette guerre infernale qui si longtemps désola ce pays; je ne veux point remonter aux principes, et je ne vais vous parler que des conséquences. Il n'y eut jamais d'erreur plus profonde que celle qui accréditait la nouvelle de l'apparition tantôt de vingt mille hommes, tantôt de plus, tantôt de moins. Le mal était général dans ce pays; seize districts entiers étaient révoltés contre la république. Une étendue de près de quarante lieues voyait tous ses habitants armés contre leurs frères. Cependant les patriotes peuvent espérer que ces départements, en rentrant sous le joug salutaire des lois, ne seront point onéreux à la république, car ils sont cultivés, ensemencés avec le plus grand soin; la récolte s'annonce sous l'aspect le plus favorable. (*Tant mieux!* s'écrie toute l'assemblée.) Oui, tant mieux! car les brigands n'en tâteront pas. (On applaudit.) Voici comment s'est formée cette guerre fatale, connue sous le nom de *Petite Vendée*. Les chouans qui la composaient étaient des voleurs de grands chemins, d'abord détroussant les passants, et se retirant toutes les nuits dans le creux des montagnes, où un immense rocher leur servait de rempart. Augmentés bientôt par le recrutement des gabelous et autres gens de cette espèce, ils se rendirent vraiment redoutables; ils sont maintenant exterminés. Il n'existe plus de brigands; et s'il en reste quelques-uns, ils seront pris d'ici à peu de jours.

» Mais je ne puis retenir mon indignation quand je pense que des hommes sont venus demander à la Convention une amnistie pour quelques communes de la Vendée. Outre les preuves de scélératesse que toutes ont données, ce qui est bien loin de leur mériter l'indulgence qu'on ne doit tout au plus qu'à des patriotes *égarés*, il n'est malheureusement que trop constant que le peu de patriotes qui s'y trouvaient ont été tous massacrés. Certainement tous ceux qui ont survécu ne sont pas patriotes, et je pourrais citer mille preuves de la profonde perversité des habitants de ce pays.

» Carrier retrace sur ce sujet les mêmes détails qu'il a déjà développés à la Convention, et continue ainsi :

» Je ne saurais exprimer toute ma surprise de la scandaleuse discussion qui a eu lieu au sujet de cette guerre; je certifie qu'on a calomnié de la manière la plus atroce des patriotes excellents, de braves généraux. Ronsin, Rossignol, Santerre, ont été calomniés. Les brigands n'eurent jamais d'ennemis plus terribles, et je réponds de leur bravoure et de leur patriotisme comme du mien propre.

» Je dois dire aussi que Phélippeaux ne mérite aucune croyance, attendu qu'il ne se connaît nullement aux opérations militaires. Je ne le crois pas contre-révolutionnaire, quoiqu'il se pourrait qu'il fût l'agent d'une faction sourde qu'il ne croirait pas servir; mais je le maintiens fou autant qu'on peut l'être. Il a attaqué mon collègue Levasseur, le plus courageux des hommes, qui combattait lui-même les brigands, et ne faisait pas comme Phélippeaux, qui se cachait toujours pendant le combat.

» Quant à Westermann, je déclare que je ne l'ai vu que deux fois seulement; ainsi je ne parlerai ni de sa vie privée, ni de son patriotisme : il peut être un intrigant, mais il est très-brave. Dans toutes les occasions il s'est montré avec un grand courage. Peu d'hommes se sont plus fait craindre de l'ennemi. Il n'en était nommé, comme on put s'en convaincre après qu'on eut surpris leur correspondance, que *le féroce Westermann*, preuve qu'il n'en était pas aimé.

» *Thirion :* Westermann est un très-brave général, et dans beaucoup d'occasions il a fait de l'ennemi un carnage épouvantable. Je le crois donc excellent à la tête d'une division d'escadrons; à l'aide de son courage il fera toujours des merveilles; mais par la raison même qu'il est extrêmement bouillant, il serait peut-être dangereux à la tête d'une armée considérable.

» Levasseur cite une occasion où Westermann désobéit aux ordres de Rossignol, et ne partit qu'à une heure après midi au lieu de partir à sept heures du matin; il ne trouva que quelques traîneurs, au lieu de surprendre les brigands en masse, et manqua ainsi l'expédition projetée.

» *Collot d'Herbois :* Carrier nous a fait des récits sincères; il nous a présenté la Vendée comme elle est aujourd'hui; il n'a rien boursouflé, il n'a rien dissimulé; il a combattu lui-même avec courage, il a couru de grands risques; il a pris les précautions les plus salutaires pour l'extinction des brigands : les mesures sont prises aujourd'hui; le plan du comité de salut public est fait; les brigands seront bientôt anéantis.

» Les mesures vigoureuses qu'il recommande eussent depuis longtemps exterminé ce malheureux fléau si on en eût fait plus tôt usage; elles ne seront plus reculées, et j'annonce avec sûreté à la Société que les précautions de la force la plus terrible sont prises déjà par le comité de salut public, et vont incessamment frapper avec efficacité à mort le dernier rejeton de la Vendée.

» J'ai demandé la parole uniquement pour rappeler aux principes, dont on s'est grandement écarté; on a parlé de Westermann, de sa moralité, de sa bravoure, etc. On a oublié les principes, et l'on ne s'est occupé que de divagations frivoles; on a loué Westermann, et l'on n'a pas loué ce qui méritait de l'être; et moi aussi je vais louer Westermann; on a cité ses services dans la Vendée, et on n'a pas dit qu'il était au 10 août devant le château des Tuileries, qu'il combattit avec nous dans cette journée mémorable, et qu'il aida à jeter dans la poussière le trône du tyran. Il a été plusieurs fois, dix mille fois persécuté par les ennemis de la liberté, et toujours nous avons pris sa défense, parce qu'il est toujours ici des défenseurs pour les opprimés; nous le défendrions encore s'il se trouvait encore dans une position aussi méritoire envers les amis de la république.

» Eh bien! pourquoi ne le voyons-nous plus? C'est qu'il est entré de petites passions dans son cœur.... Il eût été heureux pour lui qu'il fût mort dans ses jours glorieux; il eût été immortel, et aujourd'hui on ne sait comment il finira[1]. Heureux ceux qui meurent pour la liberté, et dont la mémoire est placée dans le cœur des patriotes!...

» Westermann est brave, mais on loue peut-être trop cette qualité; il est d'autres sacrifices plus grands que celui d'exposer sa vie: ce sont les privations. Les républicains en sont peut-être venus jusqu'à savoir se passer de cette bravoure pour vaincre. Nous ne devons pas fixer notre opinion sur un général par cela seul qu'il est brave et qu'il a combattu de telle ou telle manière, mais bien sur son dévouement pour la chose qui lui est confiée.

[1] Westermann fut condamné à mort le 5 avril 1794, en même temps que Philippeaux.

» Le général ne vainc pas seul : c'est le soldat qui triomphe. Si vous en attribuez tout l'honneur au seul chef, bientôt il se croira au-dessus de ses frères, et, égaré par son ambition, il en abusera pour attenter à l'égalité.

» Un général a beau être brave, s'il peut causer quelque division entre les armées et les représentants du peuple, il faut l'écarter. Vous serez justes quand vous serez sévères. Il ne faut pas que la bravoure d'un général fasse passer sur son caractère ; il ne faut pas qu'un général préfère des volumes d'éloges dont on remplit les journaux à l'estime de la patrie. Que Westermann étudie Rossignol ; alors il pourra reconquérir notre estime.

» Rossignol, attaqué, accusé, s'est soutenu par la seule force des principes, en combattant pour la liberté et l'égalité, ne montrant d'autre désir que de les faire triompher[1]. »

---

4 VENTÔSE (22 FÉVRIER).

Rapport de Le Harivel.

« ..... On se plaint vivement des horreurs commises par la commission militaire de Bordeaux, qui, dans six semaines, a fait fusiller plus de 400 personnes. Elle les jugeait si légèrement, que 8 ou 15 jours après l'exécution de certains citoyens, elle les réhabilitait ; tous ceux qu'elle a ainsi jugés et fait exécuter n'ont jamais pu obtenir de défenseurs officieux, et quand ils voulaient eux-mêmes plaider leur cause, on leur imposait silence ; il en était de même lorsqu'ils demandaient à venir à Paris pour y être jugés légalement, comme les autres prévenus.

» On assure que cette commission, que l'on qualifie de commission sanguinaire, est en état d'arrestation. »

---

[1] Inutile de dire que Rossignol, comme Vincent et Ronsin, démagogues violents et vantards, étaient dignes d'être vantés par Collot.

Rapport de Perrière.

« Il arrivera pour la viande les mêmes malheurs que pour le pain, si l'on ne prend les mêmes mesures de sûreté, tant pour maintenir le respect des personnes que pour prévenir les accaparements particuliers.

» Une des premières mesures à prendre et des plus simples pour empêcher le sang et le meurtre, c'est de défendre aux femmes d'aller à la boucherie avec des plats ou des assiettes, de simples serviettes suffisant pour cela. »

LES ASSEMBLÉES POPULAIRES.

« L'assemblée populaire de la section de l'homme armé étoit extrémement nombreuse, et il y avoit beaucoup de femmes. On a lut différens arrêtés du comité de salut public, relatif aux charpentiers. Demain à l'assemblée générale, le Comité civil sera tenu de donner les noms de ceux qui peuvent remplir de suite les vûes du comité de la convention. On a aussi annoncé, je veux dire le president a annoncé qu'il venoit de recevoir un imprimé de l'officier municipal, Talbo, relatif à sa justification. la société a passé à l'ordre du jour. Demain une députation de 4 membres, se présentera aux Jacobins, pour lui annoncer que les deux cavaliers fournis par la Société populaire, n'ont pas voulu quitter Paris, sans prendre congé de la société-mère. Un de ces cavaliers est boucher de son état, l'autre est cuisinier. Un citoyen a dit qu'il falloit annoncer aux Jacobins, que le premier alloit à l'armée pour *tuer* les tyrans, et l'autre pour les mettre en *fricassé*. (*Applaudissements unanimes qui ont duré au moins deux minuttes.*) On s'est occupé aussi des certificats de civisme. Un homme ancien militaire, agé de 85 ans, a demandé que la société lui servit de parrain, pour en avoir un. Comme il n'étoit pas connu, on proposoit de passer à l'ordre du jour; d'autres s'y opposoient, sur ce que la Convention avoit décrété qu'il falloit avoir des égards pour la vieillesse. Un membre alors s'est écrié : La vieillesse qui n'a rien fait pour la patrie, vous touche, on cherche à avoir votre pitié. Que peu nous importe que de tels hommes vivent? dès qu'ils n'ont rien fait pour la république, ils peuvent avoir le même sort des saints. Si vous perdez, un seul instant, le mouvement révolutionnaire, adieu les patriotes; leur fin est prochaine. Je demande donc qu'on passe à l'ordre du jour. (*Vifs applaudissements; l'ordre du jour est adopté.*) D'après ce que je viens de dire, on peut juger de l'esprit public qui règne chez les citoyens de la société populaire du marais.

» La société populaire de la section des droits de l'homme étoit très-nombreuse. On a lut le discours de Robespierre, je veux dire son rapport fait au nom du comité de salut public. Le lecteur a occupé la tribune pendant une heure et demie, pour lire ce rapport, vû qu'à chaque alinéa il étoit applaudi. On s'est occupé des moyens à prendre pour accorder de la viande aux gens malades, sans qu'aucun citoyen ne pût crier. On a lut différens mémoires sur la culture des terres (l'*esprit public révolutionnaire*); j'oubliais de dire qu'il y a eû beaucoup de bruit, parce qu'un membre avoit dénoncé la section de l'indivisibilité comme chancelante dans les principes révolutionnaires.

» L'assemblée populaire de la section de l'arsenal étoit peu nombreuse. On s'est occupé longtemps des certificats de civisme, et des moyens qu'il falloit prendre pour planter des pommes de terre et des légumes, dans les endroits non cultivés qui sont aux environs de l'arsenal. Rolland, inspecteur des travaux à l'arsenal, a présenté des idées qui m'ont paru vastes et patriotiques; et il a traité cette matière au mieux. Demain, l'assemblée générale s'en occupera. (*L'esprit public m'a paru bon*).

» Rue franciade près la porte Denis, une fruitière chez

laquelle on a trouvé quelques livres de beurre et des œufs, a occasionné un rassemblement de femmes qui ont été sur le point de l'étrangler, sous prétexte qu'elle étoit une accapareuse. On a brisé à cette femme différents objets, et sans quelques bons citoyens, elle eut fini par être la victime de quelques scélérates.

» A la halle vers les 9 heures et demi du matin, trois citoyens préposés pour maintenir le bon ordre, ont été insultés par des poissardes, sous prétexte qu'une telle avoit deux livres de beurre, pendant qu'elle n'auroit dû en avoir qu'un carteron. Les femmes se sont battues; les bonnets de quelques-unes ont été jettés dans la rue, et cependant deux ont été conduites au corps de garde.

» Un membre du comité révolutionnaire de la section des droits de l'homme a proclamé avec un tambour, que dorénavant on auroit plus de bœufs, qu'avec des cartes, pour les gens malades etc. les femmes et des hommes en tablier ont dit tout haut, la proclamation faite : à présent il faudra donc faire du bouillon avec de la viande de chien. Ces messieurs ressemblent aux prêtres qui vous deffendoient de manger de la viande, mais qui s'en f........ par la gueule secrètement.

» La section de l'indivisibilité a envoyé des députations ce soir aux sociétés populaires pour leur annoncer qu'il y avoit à l'hotel de la Force des souterrains par lesquels on faisoit passer des bœufs, des veaux, des moutons vivans. On fera part de ces grands abus à la convention. On a annoncé dans différents endroits ou se rend le petit peuple pour boire, que plusieurs bouchers avoient vendu du cheval pour de la viande.

» *Signé :* Bacon. »

« Le tableau de Paris commence à devenir effrayant, on ne rencontre dans les marchez, dans les rues, qu'une foule immense de citoyens, courant, se précipitant les uns sur les autres, poussant des cris, répandant des larmes, et offrant partout l'image du désespoir ; on dirait à voir tous ces mouvements, que Paris est déjà en proye aux horreurs de la famine : mais ce qui est bien consolant pour le patriote, ce qui est bien honorable au peuple républicain, c'est de voir cette masse de citoyens au milieu des vives inquiétudes qui l'agitent soumise aux loix et respectant les propriétés de ceux mêmes qu'il soupçonne le plus de chercher à l'affamer. L'histoire n'offre aucun exemple d'un peuple qui, dans des circonstances aussi pénibles, se soit conduit avec autant de modération. Sous l'ancien régime il en eût fallu beaucoup moins pour faire pendre un prévôt des marchands, un lieutenant de police, etc.; aujourd'hui au moindre mouvement un simple citoyen parle au nom de la loi, et tout est tranquille. — Ceci est le résultat d'une conversation tenue dans un grouppe, au jardin national.

» *Signé :* LATOUR-LAMONTAGNE. »

Rapport de Bérard.

« Il est du devoir de l'observateur de dire quel est l'esprit, l'opinion du peuple sur les arrestations ; tant qu'elles ont eu pour but de renfermer l'homme suspect, le riche égoïste, il a applaudi, mais actuellement, que les commerçants qui faisait vivre beaucoup d'ouvriers, que le père de famille sont victimes de la mauvaise humeur, de la haine et du patriotisme factice, ce peuple qui sent qu'on cherche à le priver de ceux là mêmes qui le faisaient exister, commence à se réveiller, et murmure hautement contre les infractions aux sentiments, et aux lois républicaines. Qu'est donc advenu cette commission qui devait si bien faire sortir des prisons les détenus innocemment ? a dit un citoyen. Ne vois-tu pas, a répondu un autre, que rien n'est plus faux, que c'est pour nous appaiser, nous tromper, qu'on a fait semblant d'en nommer une ; si elle existait on verrait quels sont ceux qui sont sortis des prisons, mais au contraire depuis ce jour-là, on arrete par jour cent, 150 et même deux cents individus; Pauvre peuple, a repliqué un 3me, pour t'abuser, te vexer, on a toujours l'air d'employer la douceur, mais c'est pour mieux te déchirer; on veut la guerre civile, nous l'aurons, car plus de viande, plus de légumes, plus de marchands, plus de gens riches pour faire travailler ou nourrire le pauvre. »

Observations du citoyen Rolin.

« Les marchands épiciers n'ont plus de cassonade, pas même *pour les malades.*

» Beaucoup de jeune filles de dix à douze ans, même au-dessous — se prostituent avec des garçons du même âge. — hier le palais Égalité en étoit rempli. — on assure même que des mères ont l'infamie de livrer leurs filles à des libertins pour *de l'argent.*

» On murmure beaucoup sur le mode de délivrance de certificats de civisme dans les sections. — Les unes exigent huit témoins, — les autres deux, et toutes se plaisent souvent à récuser la pluspart des témoins, de manière que des vrais patriotes ne peuvent obtenir leur certificat de civisme, parce qu'on ne veut point agréer le témoignage de ceux qu'ils présentent pour témoins. »

5 VENTÔSE (23 FÉVRIER).

Un journal incorrigible. — Rapport de Charmant.

« ..... On se plaint que les journaux défigurent les faits tel qu'ils sont rendus aux assemblées, et induise très-souvent le public en erreur. Aujourd'hui le *Moniteur* en date du 5 ventôse a mis en tette de l'article Tribunal révolutionnaire, en leur place il a mis Opéra-Comique nationale, ce qui a fait beaucoup murmurer. Si c'est une plaisanterie, elle est fort mal placé, car les lecteurs n'en étoit pas du tout contens. »

Rapport de Bacon sur les clubs.

« L'assemblée générale de la section de Guillaume Tell étoit nombreuse. On a lut les loix relatives au salpêtre et aux charpentiers. On a invité les citoyens à faire leur don patriotique pour les défenseurs de la patrie; il a été arrêté que si d'icy au 10 courant les riches de la section ne se montroient pas en frères pour la collecte, leur nom seroit affiché. (*Applaudissemens.*) On a ensuite parlé long tems des certificats de civisme. (*L'esprit public bon.*)

» L'assemblée générale de la section du Contrat social étoit très-nombreuse. Le secrétaire a resté au moins, à la tribune, deux bonnes heures, pour lire toutes les loix. On a aussi lû les noms de tous ceux qui depuis 1786 n'avoient pas payé leurs impositions. On a pris des arrêtés rigoureux pour cette partie. (*L'esprit public révolutionnaire.*)

» L'assemblée générale de la section des Lombards étoit extrêmement nombreuse. Un membre a lut un long mémoire dans lequel il a développé toutes les fripponneries des bouchers; et d'après des examens sérieux et des renseignemens certains, il résulte que les bouchers, par leur cupidité, gagnoient au moins trois cents pour cent sur la viande qu'ils vendoient; que leurs ateliers, je veux dire leurs étaux, étoient le vrai tombeau des sans-culottes. (*Murmures d'indignation.*) Ce même membre a aussi dit que si, de tous les états, il y avoit réellement trois bons patriotes chaque, le peuple ne manqueroit pas de denrées. (*Vifs applaudissemens; et des femmes ont crié : Tous les bouchers sont des scélérats!*) — Une députation de la section de Muscius Scævola s'est présenté pour dire qu'elle avoit regardé comme liberticide l'arrêté du 15 pluviôse de la section du Temple; elle a aussi dit qu'elle avoit arrêté de se rendre à la Commune pour que les trois détenus au Temple[1] fussent envoyés à la Conciergerie; que cette garde faisoit perdre du tems par jour à deux

---

[1] Les détenus du Temple étaient alors Madame Élisabeth, Madame Royale et le Dauphin.

cens sans-culottes. En conséquence cette députation a invité l'assemblée des Lombards à adhérer à son arrêté. (*Vifs applaudissemens.*) Une discussion assez longue s'est engagée. Un citoyen a alors pris la parole et a dit : Citoyens, je sens comme vous qu'il est répugnant de garder le reste impur de la famille Capet; mais passons à l'ordre du jour sur l'arrêté de la section des Muscius, je veux dire sur la dernière partie. Rapportons-nous-en à la sagesse du comité de sûreté générale de la Convention, qui a sans doute des raisons politiques pour le petit *louvetô*. Adressons-nous à lui pour lui communiquer en frères et lui faire part du service pénible qu'exige le Temple. Disons-lui que nous ne verrons que par ses yeux, et que les vrais républicains doivent être esclaves des loix. (*Vifs et vifs applaudissemens.*) — Arrêté à l'unanimité. L'esprit public à la hauteur des circonstances.

» L'assemblée générale de la section de l'Arsenal étoit nombreuse. On a lû les loix relatives au salpêtre. On a nommé deux citoyens, qui sont robustes et patriotes, pour cette partie, d'après la loi. On a parlé des charpentiers et des terrains incultes près l'Arsenal. (*L'esprit public m'a paru bon.*)

» L'assemblée générale de la section de la Maison commune étoit extrêmement nombreuse; et beaucoup du petit peuple. On a parlé long tems d'un arrêté du département de Paris qui dit que les églises étant un bien national, il faut que ces biens soient vendus. Grande discussion là-dessus. Un fort du port au bled a pris la parole et a parlé en vrai sans-culotte. Comment, a-t-il dit, on veut que cette église, qui est devenu par nos soins et nos peines un temple à la Raison, soit vendue? Où tiendrons-nous nos séances? Frères et amis! voici le tems où le peuple se rendra à ce temple pour se resserrer autour de nous, et dites-moi quel local vaste nous pourrions trouver? Est-ce donc que les tyrans sont détruits? Ne devons-nous pas être plus que jamais instruits, et ne faut-il pas pour cela que nous nous communiquions mutuellement nos idées? Allez, allez, ne craignez rien; jamais la Convention ne trouvera mauvais ce que nous faisons, car elle sait que les scélérats de rois existent. Je demande donc que le local soit gardé. (*Applaudissemens.*) Quenet, de la Commune, a parlé contre cette proposition. (*Non applaudi.*) Enfin on tiendra les séances dans le temple de la Raison. On a lu aussi les loix relatives aux impositions. (*L'esprit public bon.*)

» Il est arrivé considérablement d'œufs; mais le bœurre est toujours rare. — Malgré les cris de certaines femmes, le peuple fera avec plaisir le carême civique. Dans un cabaret de la rue Charenton, on parloit de ce carême. On disoit : Il n'y a pas à reculer, car nous sommes arrivés trop loins pour mettre les pouces. S'il faut ne manger que du pain, il faut s'y accoutumer. — Ce langage étoit tenu par des femmes du petit peuple.

» Le peuple se plaint de ce que les voleurs sont en si grand nombre, et de ce que la police ne les surveille pas de près.

» D'après des renseignements pris, je dénonce un grand abus. Aux cy-devant Blancs-Manteaux, on donne des chemises à faire pour les défenseurs de la patrie. Eh bien, le croiroit-on? il y a des femmes qui gardent chez elles des 3 et 4 mois de la toile, des culottes, des guêtres, et par le moyen des commissaires chargés de cette partie; c'est ainsi qu'aux frontières nos soldats manquent de ces objets.

» Paris tranquille. »

Rapport de Latour-Lamontagne.

« Il y a, n'en doutons point, disoit-on au café militaire, rue Saint-Honoré, il y a une conspiration contre la République dirigée par ceux mêmes qui affectent le plus d'être républicains. Ceux qui ourdissent cette trame infernale sont ceux que Danton et Robespierre ont si énergiquement qualifiés du titre d'*ultra révolutionnaire*, et qui s'en sont vengés peut-être en cherchant à abattre une de ces colonnes de la liberté ; car qui peut douter aujourd'hui qu'un poison violent n'ait failli à priver le peuple de son plus incorruptible deffenseur[1] ? Ce sont eux qui disent que Robespierre est un patriote usé, et qui cherchent à établir une distinction odieuse et injuste entre les patriotes de 89 et ceux de 93. Ce sont ces laches cadets en révolution qui, les uns cachés pendant le combat, les autres combattant eux-mêmes pour la tyrannie, osent, après la victoire, se présenter en foule sur le champ de bataille, et intentent procès à leurs aînés, pour les dépouiller de l'héritage glorieux qu'ils ont conquis avec tant de peines et de fatigues. De toutes les parties de la république, on n'entend que des plaintes sur les arrestations des meilleurs patriotes, les séances de la Convention nationale retentissent de réclamations et de murmures contre le système persécuteur et tyrannique qui se développe chaque jour sous nos yeux. Tout citoyen qui employoit sa fortune au soulagement du peuple ou ses talents à son instruction ne peut échapper longtemps aux recherches inquisitoriales de ces nouveaux despotes, qui ne permettent pas qu'on soulage le peuple ni qu'on l'éclaire. Si la Convention ne se hâte de fixer les yeux sur ces manœuvres criminelles, il ne reste plus qu'une seule ressource, une seule consolation à l'homme de bien, à celui qui est véritablement pénétré de l'amour de la patrie, c'est d'aller chercher sous le fer autrichien une mort glorieuse, préférable aux chaines qu'on nous prépare. — Sois tranquille, mon vieux camarade, a répliqué un citoyen, la Convention commence à ouvrir les yeux sur les sourdes menées de quelques prétendus patriotes, et les choses ne tarderont pas à changer de face. — Il n'y a pas de temps à perdre, a repris l'autre, le mal est plus grand qu'on ne pense, et (je ne crains pas de le dire) la liberté court plus de risques dans Paris qu'aux frontières et dans la Vendée. — On

[1] Nous savons que Robespierre était malade : le bruit courait dans le peuple qu'il avait été empoisonné, et aucun n'était plus de nature à fortifier la popularité de l'*Incorruptible*.

a paru frappé de ces réflexions, mais on a témoigné en même temps la plus grande confiance dans les sages mesures que la Convention nationale se propose de prendre à cet égard. »

Fragment du rapport de Siru.

« Le mal est extrême : ce matin le faubourg Saint-Antoine s'est dispersé sur la route de Vincennes et a pillé tout ce que l'on apportoit à Paris. Les uns payaient, les autres emportoient sans payer. Les paysans désolés juraient de ne plus rien apporter à Paris. Il est très-urgent de mettre ordre à ce brigandage, qui finira très-incessamment par affamer la capitale. »

Parmi les généraux qui étaient accusés de trahison pour n'avoir pas eu tous les succès militaires sur lesquels la Convention croyait avoir pu compter de leur part, se trouvait Kellermann, un de ces soldats de l'ancien régime dont les événements de la Révolution avaient fait un officier général. C'est lui qui soutint la canonnade de Valmy. « L'armée française, dit un écrivain du temps, composée de paysans, de recrues rassemblées à la hâte, était dans la plus grande consternation à l'approche des Prussiens ; mais dès qu'elle eut bravé pendant deux heures le feu de leur artillerie (arme qu'on ne devrait jamais employer contre de nouvelles troupes, de peur de leur donner le temps de se rassurer), le caractère national se réveilla, l'exaltation succéda à l'abattement, et chaque soldat se croyant un héros, aurait attaqué le soir avec audace l'ennemi qui le faisait trembler le matin. »

Kellermann, enfermé à l'Abbaye au commencement de septembre 1793, fut acquitté par le tribunal révolutionnaire en 1795, et reprit en 1796 le commandement de l'armée des Alpes.

Cette belle lettre, que nous avons trouvée dans le dossier d'Hérault de Séchelles aux Archives de l'Empire (F 7, 4434), est inédite. C'est la raison qui nous décide à la publier ici. On sait que l'Empire fit perdre son nom au vieux soldat républicain, et que celui-ci se retrouve dans la suite sénateur, maréchal et duc de Valmy.

6 ventôse (24 février).

A l'Abbaye, le 6 ventôse, l'an II de la République,
une et indivisible.

Le général Kellermann aux citoyens représentants du Comité de salut public.

« Républicain françois et soldat, inculpé et privé de la liberté loin des lieux où ses frères d'armes exposent leur vie pour la République, cette situation est plus affreuse que la mort que j'ai souvent bravé pour elle; j'y succomberai, si mon honneur, celui même de la République, ne me faisoit pas un devoir de prouver que Kellermann n'a jamais été et ne peut être un traître; daignez, citoyens représentans, consulter vos collègues *Simond, Dubois-Crancé, Gauthier, Dumas, Grégoire, Herault* et autres qui ont suivi mes actions, mes paroles, mes pensées les plus secrètes, qui ont vérifié mes papiers; et tous rendront hommage à la vérité.

» Depuis longtemps je suis persécuté : deux fois accusé, deux fois justifié, deux fois la Convention nationale a proclamé mon innocence; j'aurois dû croire que tranquilement je pourrois enfin n'être occupé qu'à bien servir la République ainsi que je l'ai fait; et je suis dans les fers!

» La Convention nationale m'a assuré que l'organe de son président, c'étoit le citoyen *Herault*, au mois de novembre 1792, que la patrie toute entière rappelleroit à mes ennemis mes services et la celebre journée de Valmy du 20 septembre, que les François et vous, concitoyens représentans, n'oublieront pas. Depuis, elle a décrété que j'avois toujours bien mérité de la patrie, et me confia le commandement des armées des Alpes et d'Italie. De l'aveu des représentans *Dubois-Crancé, Gauthier, Simond* et *Dumas*, et du procureur général syndic du département du *Montblanc* et autres, j'ai sauvé ou plutôt j'ai reconquis, avec des forces très-inférieures, le *Montblanc*. Le département l'a attesté dans le tems, dans son adresse à la Convention nationale, et pendant que je battois les ennemis de la République, les miens redoubloient de rage contre moi. Je le savois par les papiers publics et je n'allois pas moins mon train en brave et loyal soldat, persuadé que mes services étoufferoient la cruelle calomnie qui me persécutoit.

» Déjà, le 24 août, je vous ai donné ma démission avec la restriction que je prendrois la ville perfide de Lyon, à moins que vous ne nommiez un général pour me remplacer. Les papiers publics m'ont aussi appris que vous m'aviez destitué le 10 septembre. J'ai continué de servir avec zèle et vigueur, je battois les ennemis de la République. Enfin, le 17 octobre, faisant ma tournée dans le Faussigny avec le représentant *Dumas* pour fortifier les vallées de Sallange, arrivé à *Carrouge* j'ai reçu officiellement ma destitution vers une heure après midi, ce que le représentant *Dumas* a attesté au bas de ma lettre que j'écrivois au ministre par un courier extraordinaire, afin qu'il ne doutât pas de la célérité de mon obéissance.

» Je devois dîner ce jour à Genève chez le président de la République, avec le représentant *Dumas*. J'ai sur-le-champ refusé, en déclarant au représentant qu'un général qui n'avoit plus de commandement devoit s'éloigner immédiatement des frontières. Je partis le même jour pour aller coucher à *Viry,* à trois lieues de *Carrouge,* sur le chemin de Chambéry; j'en suis parti le lendemain en poste pour cette ville. A mon arrivée à *Aix,* à deux lieues, je fus arrêté et conduit dans les fers.

» Je conviens, citoyens représentans, que la première vertu républicaine est la défiance; je suis éloigné de blamer la votre à mon égard; mais examinez ceux qui m'accusent; ou ils ont été trompés, ou ils vous trompent. Enfin jugez si un vieux soldat, qui le premier a demandé le décret pour que les soldats assistassent aux sociétés populaires, qui le premier a soutenu ses camarades contre les officiers de l'ancien régime, qui le premier a reconnu la nécessité absolue et demandé en novembre 1792 qu'il y eut des représentans du peuple près nos armées, peut, dis-je, être regardé comme un homme suspect et à plus forte raison un traître ; si Kellermann sous le commandement duquel les armées de la République n'ont jamais essuyé d'échec, si le premier des soldats victorieux à la journée du 20 septembre, et qui a été persécuté par les traîtres *Custines* et *Dumourier*, si celui qui vient de sauver le Midi, si enfin *Kellermann*, franc et loyal républicain, peut et doit être considéré comme un ennemi de sa patrie, lui qui n'a jamais abandonné son poste.

» Citoyens représentans, c'est un soldat sans tache depuis quarante-trois ans qui vous demande sa liberté, son sang est toujours prêt à couler pour le salut de la République. Parlez, je marche, et vous trouverez toujours Kellermann au champ de l'honneur et de la victoire ou la mort.

» KELLERMANN.

» *P. S.* Je joins à ma lettre, citoyens représentans, le précis raisonné de ma dernière campagne ; vous verrez que toutes les mesures de sûreté ont été prévues pour le succès des armes de la République.

» KELLERMANN. »

Extrait du rapport de Pourvoyeur.

« ... Au spectacle de la Cité, l'on donnoit *l'Époux républicain*. Cette pièce respire le plus pur patriotisme..... Il y a des couplets qui font l'éloge de la Montagne, on les fait recommencer plusieurs fois, ils furent applaudi à tout rompre ; les orateurs du peuple ne désemparent pas les places publiques et ne décessent pas d'entretenir le peuple par des lectures remplies d'une scène morale. Le peuple aime ces instructions puisqu'il y asciste en très grand nombre et avec le plus grand silence. »

Rapport de Bacon.

« L'assemblée populaire de la section des Gravilliers étoit si nombreuse qu'à peine pouvoit-on entrer... Un citoyen, de retour du département du Calvados, a annoncé que le fédéralisme étoit mort, et que les Parisiens étoient reçus en frères par les patriotes. (Vifs applaudissements.)

» .... Rue Dominique, dans un cabaret, des femmes du petit peuple parloient de la viande. Commes elles étoient ivres, voici ce qu'elles disoient : F...., nous sommes républicaines nous autres. Les aristocrates s'attendoient à quelque soulèvement, mais tant que la Seine coulera et que nous aurons du pain, nous serons républicaines, et sommes f..... pour l'être. En parlant ainsi elles frappoient sur la table, et crioient : *Vive la République!* »

Rapport de Moncey.

« Dans le caffé Hottau, sur la terrasse des Feuillans, plusieurs citoyens parlait des comités révolutionnaires de Paris, disant que les intrigants qu'on a nommés et qui sont dans les comités font un mal incroyable en vexant et emprisonant les patriotes. Le comité révolutionnaire de la section de la Montagne est un de ceux qui devrait être épuré, dit un citoyen, car je connais trois individus qui sont bien coupables de ses vexations et qui ont fait incarcérer de bons citoyens plutôt par vengeance que pour servir la chose peublique ; j'ai été plusieurs fois au comité de sureté généralle pour les dénoncer, mais jamais il ne m'a été possible di entrer. Comment se nomment-ils les trois membres de ce comité que vous connaissez? dit un citoyen. Il ce nomment, dit-il, Degoust, coifeur, Ferté et Joubert, et j'espère que si l'on examine leur conduite de près il y aura bien des chauses à dire sur leur compte. Comme ces trois êtres ont beaucoup de babil, et que les autres membres du comité sont d'asés bonnes gens, ils sont surs d'avoir la majorité. — Voilà, dirent plusieurs citoyens indignés, des individus qui devrait être denoncés à la barre de la Convention, car la liberté et l'honneur des bons citoyens est trop presieuse pour la confier à de tels hommes. »

---

7 ventôse (25 février)

Observations du citoyen Rolin.

« Certains facteurs du journal de la Montagne, soit par bêtise, soit par d'autres motifs ignorés, se permettent de détailler tout ce qui se passe aux Jacobins, et comme la plus part se croient dignes d'être auteurs, ils brodent, composent et décomposent les faits de manière qu'ils réjouissent les aristocrates, et affligent les vrais patriotes ; je crois qu'il seroit bon de les obliger au silence sur ces matières.

» Un d'entr'eux se flattent que son épouse est obligée d'assister trois fois par semaine au tribunal révolutionnaire, et sur quelques questions qu'on lui fit il dit qu'il falloit qu'il y eut toujours au tribunal de bons patriotes pour en imposer aux juges. »

Rapport de Latour-Lamontagne.

« Les inquiétudes sur les subsistances sont toujours les mêmes, mais on cherche en vain à tirer parti de cette circonstance pénible, les malveillants se voyent déchus de leurs criminelles espérances, leurs provocations séditieuses échouent contre l'attitude ferme et tranquille du peuple.

» On conduisoit ce soir dix-sept criminels au supplice, parmi lesquels on distinguoit particulièrement un vieillard presque nonagénaire, et si foible, qu'il a fallu, dit-on, le porter sur l'échafaud. Le peuple a paru très-touché de ce spectacle. Quel crime, disoient plusieurs personnes, a donc pu commettre un homme dans cet état de décrépitude? Pourquoi la caducité, qui approche si près de l'enfance, n'en partage-t-elle pas tous les priviléges? Cette opinion a paru générale.

» On a été indigné de l'espèce de férocité avec laquelle l'exécuteur des jugements remplit ses fonctions; il a saisi, dit-on, plusieurs de ces criminels avec une violence qui a révolté beaucoup de spectateurs. »

Rapport de Perrière.

Prix des denrées. — « Le riz vaut 24 s. la livre, ne se trouve pas aisément : une mère de famille en achetait six livres à une marchande qui prétendait qu'il ne lui en restait pas encore la même quantité.

» La farine de gruau, non commun du maïs ou blé de Turquie, vaut aussi 24 s. le litron et on l'avoit pour 7 ou 8 s. Ils ont fait une farine de pois secs qu'ils vendent également 24 s., ce qui fait monter furieusement haut le prix de ce légume si commun.

» Le raisinet, 24 s. — Les prunots longs à cuire, jadis 9, actuellement 25 s. — Le miel ordinaire, 32 s. — Le fromage de gruyère, même prix. — Les quatre mendiants, 40 s. — Je nomme tous ces objets, car enfin c'est par eux que le citoyen, plus ou moins aisé, doit suppléer à l'usage de la viande, et soutenir le carême républicain.

» Soit que cette cherté vienne de la rareté de la chose ou de la mauvaise foi du marchand, il faut pourtant convenir que le peuple en est lui-même un des principaux auteurs, par la crainte des dangers de la famine qu'il s'exagère, ou qu'on se plait à lui exagérer : car il est bien certain que si, au moment où une denrée commence à renchérir ou à devenir rare, chaque citoyen, par la crainte d'en manquer, cherche à en faire des provisions, non-seulement la distribution n'en sera pas égale parmi les particuliers, mais encore l'empressement et la foule des acheteurs, et la quantité des demandes en fera arbitrairement hausser le prix par le marchand qui verra sa denrée ainsi recherchée. C'est une vérité qui vient d'être bien évidemment démontrée par la variation et l'augmentation subite du prix de la pomme de terre. Dans l'espace de trois ou quatre jours, elle a valu la blanche 40 s. puis 50 s., et enfin aujourd'hui 3" le boisseau; la rouge a suivi la même variation mais toujours dans une proportion double; le paysan, sa mesure à la main, dur comme un roc et fier comme un coq, semblable à un monarque au milieu d'une foule suppliante, a l'air d'accorder la vie aux imbécilles qui ont l'air de la lui demander : il ne faudroit pourtant pas laisser le peuple se perdre ainsi lui-même par ses allarmes mal fondées, ni le marchand abuser de cette facilité à s'effrayer. »

Disette de pain. — « Des campagnards disoient à une table du café de Foix, que le bled avait manqué deux marchés de suite à Rhoanne, en Forez; que les femmes et les enfants pleuraient; et que la coupe des bois ne pouvait s'exécuter dans ce département, vû que les ouvriers qui viennent des lieux voisins pour cette opération, stipulaient dans leurs marchés qu'on leur fournirait du pain; ce qui est impossible, puisque les entrepreneurs et les gens de l'endroit en manquent eux-mêmes. »

8 VENTÔSE (26 FÉVRIER).

Le grand événement du 8 ventôse fut le rapport de Saint-Just à la Convention. Les hébertistes y sont attaqués de front avec la pointe, les dantonistes de côté avec le revers. Cependant ceux-ci ne s'inquiétèrent pas; Danton dit de Robespierre ce que Guise avait dit de Henri III : *Il n'oserait.*

Rien de plus intéressant pour l'histoire intérieure de la Convention en 1794 que cette longue déclamation, pleine de mensonge et de passion, du jeune et implacable théoricien qui, si Robespierre eût triomphé au 9 thermidor, eût été le Sieyès du nouveau régime. Saint-Just est une individualité à nulle autre pareille; il y a en lui du grand et de l'horrible, du sage et de l'absurde; c'est un tigre vertueux, c'est un fou austère, c'est un cœur pétrifié dans je ne sais quelle rêverie du passé. On est saisi d'effroi à l'aspect de ce jeune homme blond, beau rêveur de rêves impossibles, orgueilleux, autrefois dissolu, et qui s'est revêtu d'une cuirasse de chasteté au service de la République. Le sang est au cerveau; rien au cœur; pas un battement! Au reste, il mourra comme il a tué, sans sourciller ni s'émouvoir.

CONVENTION NATIONALE.

Séance du 8 ventôse.

RAPPORT DE SAINT-JUST CONTRE LES FACTIONS.

« SAINT-JUST, *au nom du Comité de salut public et de sûreté générale* : Vous avez décrété le 4 ventôse que vos deux comités réunis de salut public et de sûreté générale vous feraient un rapport sur les détentions, sur les moyens les plus courts de reconnaître et de délivrer l'innocence et le patriotisme opprimés, comme de punir les coupables.

» Je ne veux point traiter cette question devant vous comme si j'étais accusateur et défenseur, ou comme si vous étiez juges; car les détentions n'ont point pris leur source dans des relations judiciaires, mais dans la sûreté du peuple et du gouvernement; je ne veux point parler des orages d'une révolution comme d'une dispute de rhéteurs, et vous n'êtes point juges, et vous n'avez point à vous déterminer par l'intérêt civil, mais par le salut du peuple, placé au-dessus de nous. Toutefois il faut être justes; mais au lieu de l'être conséquemment à l'intérêt particulier, il faut l'être conséquemment à l'intérêt public.

» Vous avez donc moins à décider de ce qui importe à tel ou tel individu qu'à décider de ce qui importe à la République, moins à céder aux vues privées qu'à faire triompher des vues universelles.

» Les détentions embrassent plusieurs questions politiques; elles tiennent à la complexion et à la solidité du souverain; elles tiennent aux mœurs républicaines, aux vertus ou aux vices, au bonheur ou au malheur des générations futures; elles tiennent à votre économie par l'idée qu'il convient de vous faire de la richesse, de la possession; principes oubliés jusqu'aujourd'hui, rapprochements méconnus, et sans lesquels notre république serait un songe dont le réveil serait son déchirement. Les détentions tiennent au progrès de la raison et de la justice. Parcourez les périodes qui les ont amenées; on a passé, par rapport à la minorité rebelle, du mépris à la défiance, de la défiance aux exemples, des exemples à la terreur.

» Aux détentions tient la perte ou le triomphe de nos ennemis. Je ne sais pas exprimer à demi ma pensée; je suis sans indulgence pour les ennemis de mon pays; je ne connais que la justice.

» Il n'est peut-être pas possible de traiter avec quelque solidité et quelque fruit des détentions, et même de me rendre intelligible, sans parcourir en même temps notre situation.

» Un empire se soutient-il par son propre poids, ou faut-il qu'un système profondément combiné d'institutions y mette l'harmonie? Une société dont les rapports politiques ne sont point dans la nature, où l'intérêt et l'avarice sont les ressorts secrets de beaucoup d'hommes que l'opinion contrarie, et qui s'efforcent de tout corrompre pour échapper à la justice, une telle société ne doit-elle point faire les plus grands efforts pour s'épurer si elle veut se maintenir? et ceux qui veulent l'empêcher de s'épurer ne veulent-ils pas la corrompre? et ceux qui veulent la corrompre ne veulent-ils pas la détruire?

» Dans une monarchie il n'y a qu'un gouvernement; dans une république il y a de plus des institutions, soit pour comprimer les mœurs, soit pour arrêter la corruption des lois ou des hommes. Un État où ces institutions manquent n'est qu'une république illusoire; et comme chacun y entend, par sa liberté, l'indépendance de ses passions et son avarice, l'esprit de conquête et l'égoïsme s'établissent entre les citoyens, et l'idée particulière que chacun se fait de la liberté selon son intérêt produit l'esclavage de tous.

» Nous avons un gouvernement, nous avons ce lien commun de l'Europe qui consiste dans des pouvoirs et une administration publique. *Les institutions nous manquent* [1].

» Nous n'avons point de lois civiles qui consacrent notre bonheur, nos relations naturelles, et détruisent les éléments de la tyrannie. Une partie de la jeunesse est encore élevée par l'aristocratie; celle-ci est puissante et opulente. L'étranger, qui s'est efforcé de corrompre les talents, semble vouloir encore dessécher nos cœurs.

» Nous sommes inondés d'écrits dénaturés; la loi déifie l'athéisme intolérant et fanatique. On croirait que le prêtre s'est fait athée et que l'athée s'est fait prêtre; il n'en faut plus parler. Il nous faudrait de l'énergie, on nous suggère le délire et la faiblesse.

» L'étranger n'a qu'un moyen de nous perdre : c'est de nous dénaturer et de nous corrompre, puisqu'une république ne peut reposer que sur la nature et sur les mœurs.

» C'est Philippe qui remue Athènes, c'est l'étranger qui veut rétablir le trône, et qui répond à nos paroles qui s'envolent par des crimes profonds qui nous minent.

» Lorsqu'une république voisine des tyrans en est agitée, il lui faut des lois fortes; il ne lui faut point de ménagements contre les partisans de ses ennemis, contre les indifférents même.

» C'est l'étranger qui défend officieusement les criminels.

» Les agents naturels de cette perversité sont les hommes qui, par leurs vengeances et leurs intérêts, font cause commune avec les ennemis de la république.

---

[1] Nous examinerons plus loin quelles étaient ces institutions que Saint-Just aurait voulu donner à la France.

» Vous avez voulu une république; si vous ne vouliez point en même temps ce qui la constitue, elle ensevelirait le peuple sous ses débris. *Ce qui constitue une république, c'est la destruction totale de ce qui lui est opposé.* On se plaint des mesures révolutionnaires; mais nous sommes des modérés en comparaison de tous les autres gouvernements.

» En 1788, Louis XVI fit immoler huit mille personnes de tout âge, de tout sexe, dans Paris, dans la rue Mêlée et sur le pont Neuf. La cour renouvela ces scènes au Champ de Mars; la cour pendait dans les prisons; les noyés que l'on ramassait dans la Seine étaient ses victimes; *il y avait quatre cent mille prisonniers; l'on pendait par an quinze mille contrebandiers, on rouait trois mille hommes;* il y avait dans Paris plus de prisonniers qu'aujourd'hui.

» Dans les temps de disette, les régiments marchaient contre le peuple.

» Parcourez l'Europe; il y a dans l'Europe quatre millions de prisonniers dont vous n'entendez pas les cris, tandis que votre modération parricide laisse triompher tous les ennemis de votre gouvernement. Insensés que nous sommes! nous mettons un luxe métaphysique dans l'étalage de nos principes, et les rois, mille fois plus cruels que nous, dorment dans le crime!

» Citoyens, par quelle illusion persuaderait-on que vous êtes inhumains? Votre tribunal révolutionnaire a fait périr trois cents scélérats depuis un an; quel est le tribunal de l'Angleterre qui n'en ait fait plus?

» La cour de Londres, qui craint la guerre, semble l'ennemie de la paix; elle affecte une contenance qui en impose au peuple anglais; mais si vous vous montrez rigides, si vous vous constituez l'État, et si le poids de votre politique écrase tous ses partisans et comprime ses combinaisons, le lendemain du jour où elle aura paru le plus éloignée de la paix, le plus confiante dans sa force, le plus superbe dans ses prétentions, elle proposera la paix.

» N'avez-vous point le droit de traiter les partisans de la

tyrannie comme on traite ailleurs les partisans de la liberté?...

» Citoyens, on arrête en vain l'insurrection de l'esprit humain; elle dévorera la tyrannie. Mais tout dépend de notre exemple et de la fermeté de nos mesures. Apparemment il se trame quelque attentat sur l'issue duquel nos ennemis comptent, puisqu'ils se montrent insolents après leurs défaites. Peut-on supposer même qu'ils ont renoncé à leurs projets et à celui de nous perdre? On ne peut le croire sans doute, à moins qu'on ne soit insensé. Supputez maintenant quels sont ceux qui trahissent, en pesant tout au poids du bon sens : sont-ce ceux qui vous donnent des conseils sévères ou ceux qui vous en donnent d'indulgents?

» La monarchie, jalouse de son autorité, nageait dans le sang de trente générations, et vous balanceriez à vous montrer sévères contre une poignée de coupables! Ceux qui demandent la liberté des aristocrates ne veulent point la république et craignent pour eux. C'est un signe éclatant de trahison que la pitié que l'on fait paraître pour le crime, *dans une république qui ne peut être assise que sur l'inflexibilité.*

» Je défie tous ceux qui parlent en faveur de l'aristocratie détenue de s'exposer à l'accusation publique. Dans un tribunal la voix des criminels et des hommes tarés et corrompus peut-elle être comptée dans le jugement de leurs pareils?

» Soit que les partisans de l'indulgence se ménagent quelque reconnaissance de la part de la tyrannie si la République était subjuguée, soit qu'ils craignent qu'un degré de plus de chaleur et de sévérité dans l'opinion et dans les principes ne les consume, il est certain qu'il y a quelqu'un qui, dans son cœur, conduit le dessein de nous faire rétrograder ou de nous opprimer; et nous nous gouvernons comme si jamais nous n'avions été trahis, comme si nous ne pouvions plus l'être! La confiance de nos ennemis nous avertit de nous préparer à tout et d'être inflexibles.

» La première loi de toutes les lois est la conservation de la République, et ce n'est point sous ce rapport que les questions les plus délicates sont souvent ici examinées. Des considérations particulières entraînent les délibérations; la justice est toujours considérée sous le rapport de la faiblesse et d'une clémence cruelle, sans qu'on prenne la peine de juger si le parti que l'on propose entraîne la ruine de l'État.

» Il est une secte politique dans la France, qui joue tous les partis; elle marche à pas lents. Parlez-vous de terreur, elle vous parle de clémence; devenez-vous cléments, elle vous vante la terreur; elle veut être heureuse et jouir; elle oppose la perfection au bien, la prudence à la sagesse [1].

» Ainsi, dans un gouvernement où la morale n'est point rendue pratique par des institutions fortes qui rendent le vice difforme, la destinée publique change au gré du bel esprit et des passions dissimulées.

» Éprouvons-nous des revers, les indulgents prophétisent des malheurs; sommes-nous vainqueurs, on en parle à peine. Dernièrement on s'est moins occupé des victoires de la République que de quelques pamphlets [2], et tandis qu'on détourne le peuple des mâles objets, les auteurs des complots criminels respirent et s'enhardissent.

» On distrait l'opinion des plus purs conseils et le peuple français de sa gloire pour l'appliquer à des querelles polémiques. Ainsi Rome sur son déclin, Rome dégénérée, oubliant ses vertus, allait voir au Cirque combattre des bêtes, et tandis que le souvenir de tout ce qu'il y a de grand et de généreux parmi nous semble obscurci, les principes de la liberté publique peu à peu s'effacent, ceux du gouvernement se relâchent, et c'est ce que l'on veut pour accélérer notre perte. L'indulgence est pour les conspirateurs, et la rigueur est pour le peuple. On semble ne compter pour rien le sang de deux cent mille patriotes répandu et oublié. On a fait un mémoire, on est vertueux par écrit, il suffit; on s'exempte de probité, on s'engraisse des dépouilles du peuple, on en regorge, et on l'insulte, et l'on marche en triomphe, traîné par le crime pour lequel on prétend exciter votre compas-

[1] Ceci s'appliquait à Camille Desmoulins et à Danton.
[2] *Le Vieux Cordelier*, sans doute.

sion ; car enfin *on ne peut garder le silence sur l'impunité des plus grands coupables qui veulent briser l'échafaud parce qu'ils craignent d'y monter* ¹.

» C'est le relâchement de ces maximes, dont l'âpreté nécessaire est chaque jour combattue, qui cause les malheurs publics ; c'est lui qui fait disparaître l'abondance et nous trouble de plus en plus sous le prétexte de tranquillité. Chacun immole le bonheur public au sien ; le pauvre pousse la charrue et défend la Révolution : beaucoup d'emplois sont pour des fripons enrichis par la liberté et pour des comptables qui font la guerre à la justice.

» C'est ce relâchement qui vous demande l'ouverture des prisons, et vous demande en même temps la misère, l'humiliation du peuple et d'autres Vendées.

» Au sortir des prisons ils prendront les armes. Si l'on eût arrêté, il y a un an, tous les royalistes, vous n'auriez point eu de guerre civile.

» La même conjuration semble s'ourdir pour les sauver, qui s'ourdit autrefois pour sauver le Roi. Je parle ici dans la sincérité de mon cœur; rien ne m'a jamais paru si sensible que ce rapprochement. La monarchie n'est point un roi, elle est le crime; *la République n'est point un sénat; elle est la vertu;* quiconque ménage le crime veut rétablir la monarchie et immoler la liberté.

» Et après que par la noirceur d'une inertie hypocrite on a altéré la prospérité et la force du gouvernement, on vient déclamer contre lui : il me semble voir une immense chaîne autour du peuple français, dont les tyrans tiennent un bout et la faction des indulgents tient l'autre pour nous serrer.

» On tourne en sophisme toutes les questions les plus simples pour vous entraver ; c'est ainsi que Vergniaud, vous voyant déterminés à donner une constitution à la République, mit tout le droit public en problèmes, et vous proposa

---

¹ On comprend très-bien qu'il s'agit ici de Lacroix, le collègue de Danton en Belgique. (L. G.) — Cette observation est de Léonard Gallois, qui a annoté la réimpression du *Moniteur* éditée par Henri Plon.

une série de questions à résoudre que l'on eût mis un siècle à discuter.

» On imite parfaitement cette conduite lorsqu'on vous propose d'examiner les détentions selon les principes de mollesse. Par là l'on vous embarrasse dans un luxe de sentiments; on égare la législation et le sentiment du bien public. Eh! les fripons, les tyrans, les ennemis de la patrie, sont-ils donc, à vos yeux, dans la nature, ô vous qui réclamez en son nom pour eux?

» Votre but est de créer un ordre de choses tel qu'une pente universelle vers le bien s'établisse, tel que les factions se trouvent tout à coup lancées sur l'échafaud, tel qu'une mâle énergie incline l'esprit de la nation vers la justice, tel que nous obtenions dans l'intérieur le calme nécessaire pour fonder la félicité du peuple; car il n'y a, comme au temps de Brissot, que l'aristocratie et l'intrigue qui se remuent; les Sociétés populaires ne sont point agitées, les armées sont paisibles, le peuple travaille; ce sont donc tous nos ennemis qui s'agitent seuls, et qui s'agitent pour renverser la Révolution. Notre but est d'établir un gouvernement sincère, tel que le peuple soit heureux, tel enfin que, la sagesse et la Providence éternelle présidant seules à l'établissement de la République, elle ne soit plus chaque jour ébranlée par un forfait nouveau.

» Les révolutions marchent de faiblesse en audace et de crime en vertu; il ne faut point qu'on se flatte d'établir un solide empire sans difficultés; il faut faire une longue guerre à toutes les prétentions; et comme l'intérêt humain est invincible, ce n'est guère *que par le glaive que la liberté d'un peuple est fondée.*

» Il s'éleva dans le commencement de la Révolution des voix indulgentes en faveur de ceux qui la combattaient; cette indulgence, qui ménagea pour lors quelques coupables, a depuis coûté la vie à deux cent mille hommes dans la Vendée; cette indulgence nous a mis dans la nécessité de raser des villes; elle a exposé la patrie à une ruine totale : et si aujourd'hui vous vous laissiez aller à la même faiblesse, elle vous coûterait un jour trente ans de guerre civile.

» Il est difficile d'établir une république autrement que par la censure inflexible de tous les crimes ; jamais Précy, jamais La Rouerie et Paoli n'auraient créé de parti sous un gouvernement jaloux et rigoureux. *La jalousie vous est nécessaire :* vous n'avez le droit ni d'être cléments ni d'être sensibles pour les trahisons, vous ne travaillez pas pour votre compte, mais pour le peuple. Lycurgue avait cette idée dans le cœur lorsqu'après avoir fait le bien de son pays avec une rigidité impitoyable il s'exila lui-même.....

» Citoyens, on veut nous lier et nous abrutir pour rendre nos défaites plus faciles. A voir avec quelle complaisance on vous entretient du sort des oppresseurs, on serait tenté de croire que l'on s'embarrasse peu que nous soyons opprimés.

» Telle est la marche des factions nouvelles : elles ne sont point audacieuses, parce qu'il existe un tribunal qui lance une mort prompte ; mais elles assiégent tous les principes et dessèchent le corps politique. On nous attaqua longtemps de vive force ; on veut nous miner aujourd'hui par des maladies de langueur ; car voilà ce que présente la République dégénérée de la rigidité où la porta le supplice de Brissot et de ses complices : c'est alors que partout vous fûtes vainqueurs, c'est alors que les denrées baissèrent et que le change reprit quelque valeur.

» L'essor du gouvernement révolutionnaire qui avait établi la dictature de la justice est tombé ; on croirait que les cœurs des coupables et des juges, effrayés de la rapidité des exemples, ont transigé tout bas pour glacer la justice et lui échapper.

» On croirait que chacun, épouvanté de sa conscience et de l'inflexibilité des lois, s'est dit à lui-même : Nous ne sommes pas assez vertueux pour être si terribles ; législateurs philosophes, compatissez à ma faiblesse ; je n'ose point vous dire : Je suis vicieux ; j'aime mieux vous dire : Vous êtes cruels.

» Ce n'est point avec ces maximes que nous acquerrons de

la stabilité. Je vous ai dit qu'à la détention de l'aristocratie le système de la République était lié.

» En effet, la force des choses nous conduit peut-être à des résultats auxquels nous n'avons point pensé. *L'opulence est dans les mains d'un assez grand nombre d'ennemis.* Concevez-vous qu'un empire puisse exister si les rapports civils aboutissent à ceux qui sont contraires à la forme du gouvernement? *Ceux qui font des révolutions à moitié n'ont fait que se creuser un tombeau. La Révolution nous conduit à reconnaître ce principe, que celui qui s'est montré l'ennemi de son pays n'y peut être propriétaire.* Serait-ce donc pour ménager des jouissances à ses tyrans que le peuple verse son sang sur les frontières, et que toutes les familles portent le deuil de leurs enfants? Vous reconnaîtrez ce principe, que celui-là seul a des droits dans notre patrie, qui a coopéré à l'affranchir. Abolissez la mendicité, qui déshonore un État libre; *les propriétés des patriotes sont sacrées, mais les biens des conspirateurs sont là pour tous les malheureux.* Les malheureux sont les puissances de la terre; ils ont le droit de parler en maîtres aux gouvernements qui les négligent. Ces principes sont éversifs des gouvernements corrompus; ils détruiraient le vôtre si vous le laissiez corrompre; immolez donc l'injustice et le crime si vous ne voulez point qu'ils vous immolent.

» Il faut appeler votre attention sur les moyens de rendre inébranlables la démocratie et la représentation; tous les pouvoirs et tout ce qu'il y a d'intermédiaire entre le peuple et vous est plus fort que vous et le peuple.

» Rendez une loi générale qui appelle aux armes toute la nation; votre loi est exécutée, toute la nation prend les armes. Rendez un décret contre un général, contre un abus particulier du gouvernement; vous ne serez point toujours obéis. Cela dérive de la faiblesse de la législation, de ses vicissitudes et des propositions déhontées en faveur de l'aristocratie, qui dépravent l'opinion. Cela dérive de l'impunité des fonctionnaires, et de ce que, dans les Sociétés populaires, le peuple est spectateur des fonctionnaires au lieu de les juger ; de ce que mille intrigues sont en concurrence avec la justice qui n'ose frapper. Plus les fonctionnaires se mettent à la place du peuple, moins il y a de démocratie. *Lorsque je suis dans une Société populaire, que mes yeux sont sur le peuple qui applaudit et qui se place au second rang, que de réflexions m'affligent !* La Société de Strasbourg, quand l'Alsace fut livrée, était composée de fonctionnaires qui bravaient leurs devoirs. C'était un comité central d'agents responsables qui faisaient la guerre à la Révolution sous les couleurs patriotiques. Mettez tout à sa place ; l'égalité n'est pas dans les pouvoirs utiles au peuple, mais dans les hommes ; l'égalité ne consiste pas en ce que tout le monde ait de l'orgueil, mais en ce que tout le monde ait de la modestie.

» J'ose dire que la République serait bientôt florissante si le peuple et la représentation avaient dans la République la principale influence, et si la souveraineté du peuple était épurée des aristocrates et des comptables qui semblent l'usurper pour acquérir l'impunité. « Y a-t-il quelque espérance de justice lorsque les malfaiteurs ont le pouvoir de condamner leurs juges ? » dit William.

» Que rien de mal ne soit pardonné ni impuni dans le gouvernement ; la justice est plus redoutable pour les ennemis de la République que la terreur seule. Que de traîtres ont échappé à la terreur qui parle, et n'échapperaient pas à la justice qui pèse les crimes dans sa main ! La justice condamne les ennemis du peuple et les partisans de la tyrannie parmi nous à un esclavage éternel : la terreur leur en laisse espérer la fin ; car toutes les tempêtes finissent, et vous l'avez vu. La justice condamne les fonctionnaires à la probité ; la justice rend le peuple heureux et consolide le nouvel ordre de choses : la terreur est une arme à deux tranchants dont les uns se sont servis à venger le peuple et d'autres à servir la tyrannie. La terreur a rempli les maisons d'arrêt, mais on ne punit point les coupables [1] : la terreur a passé comme un

---

[1] La Terreur avait surtout pour partisans les ultra-révolutionnaires, les hébertistes.

orage. N'attendez de sévérité durable dans le caractère public que de la force des institutions. Un calme affreux suit toujours nos tempêtes, et nous sommes aussi toujours plus indulgents après qu'avant la terreur.

» Les auteurs de cette dépravation sont les indulgents [1], qui ne se soucient pas de demander de compte à personne parce qu'ils craignent qu'on ne leur en demande à eux-mêmes. Ainsi, par une transaction tacite entre tous les vices, la patrie se trouve immolée à l'intérêt de chacun, au lieu que tous les intérêts privés soient immolés à la patrie.

» Marat avait quelques idées heureuses sur le gouvernement représentatif, que je regrette qu'il ait emportées ; il n'y avait que lui qui pût les dire ; il n'y aura que la nécessité qui permettra qu'on les entende de la bouche de tout autre.

» Il s'est fait une révolution dans le gouvernement, elle n'a point pénétré l'état civil ; le gouvernement repose sur la liberté, l'état civil sur l'aristocratie, qui forme un rang intermédiaire d'ennemis de la liberté entre le peuple et vous. Pouvez-vous rester loin du peuple, votre unique ami? Forcez les intermédiaires au respect rigoureux de la représentation nationale et du peuple. Si ces principes pouvaient être adoptés, notre patrie serait heureuse, et l'Europe serait bientôt à nos pieds.

» Jusqu'à quand serons-nous dupes et de nos ennemis intérieurs par l'indulgence déplacée, et des ennemis du dehors, dont nous favorisons les projets par notre faiblesse?

» Épargnez l'aristocratie, et vous préparez cinquante ans de troubles. *Osez!* ce mot renferme toute la politique de notre révolution. L'étranger veut régner chez nous par la discorde ; étouffons-la en séquestrant nos ennemis et leurs partisans ; rendons guerre pour guerre ; nos ennemis ne peuvent plus nous résister longtemps. Ils nous font la guerre pour s'entre-détruire. Pitt veut détruire la maison d'Autriche, et celle-ci la Prusse, tous ensemble l'Espagne.

» *Pour vous, détruisez le parti rebelle, bronzez la liberté,*

[1] Les indulgents, les dantonistes.

vengez les patriotes victimes de l'intrigue ; mettez le bon sens et la modestie à l'ordre du jour, ne souffrez point qu'il y ait un malheureux ni un pauvre dans l'État, qui vous saurait gré du malheur des bons et du bonheur des méchants.

» Vos comités vous proposent le décret suivant :

» Art. Ier. Le comité de sûreté générale est investi du pouvoir de mettre en liberté les patriotes détenus. Toute personne qui réclamera sa liberté rendra compte de sa conduite depuis le 1er mai 1789.

» II. Les propriétés des patriotes seront inviolables et sacrées. Les biens des personnes qui seront reconnues ennemies de la Révolution seront séquestrés au profit de la République ; elles seront détenues jusqu'à la paix, et bannies ensuite à perpétuité. »

— « La Convention se lève par acclamation, et adopte le projet de décret présenté par Saint-Just au milieu des applaudissements unanimes.

» Elle décrète en outre l'impression du rapport et l'envoi aux municipalités, aux Sociétés populaires et aux armées. » (*Moniteur* du 9 ventôse.)

Rapport de Dugas. — *Le club des Jacobins.*

« La séance des Jacobins a été intéressante par l'arrivée en masse des députés de tous les départemens pour apprendre la fabrication du salpêtre. Fabre, à la tête de cette députation, a fait un discours qui a réuni tous les suffrages.

» Une autre scène fort touchante s'est présentée. Une jeune citoyenne de quatorze ans qui venoit de l'armée du nord a raconté les actions de valeur qu'elle y avoit faites. La manière dont elle s'est distinguée a été fort applaudie, et l'on a fait sur-le-champ une collecte qui lui a valu plus de deux cents livres. Une députation de Cordeliers est venue renouveler dans le sein de la société le serment du club de fraterniser toujours avec elle. Cette démarche désirée par tous les bons Jacobins a resserré de plus en plus l'union qui doit régner entre eux et les Cordeliers.

» On a annoncé que Robespierre et Couthon alloient de mieux en mieux.

» Collot d'Herbois a pris la parole sur le décret rendu aujourd'hui, d'après le rapport de Saint-Just, et toute la société a exprimé sa joye d'un pareil décret. En général il a causé une sensation agréable dans Paris; les patriotes, disoient-on, sont à présent assurés de coucher dans leur lit.

» *Le Congrès des rois*, opéra en trois actes, attendu depuis longtems, et joué sur le Théâtre-Lyrique de la rue Favart, a été sifflé d'un bout à l'autre, et sans la bonne intention de l'auteur, la représentation n'auroit pas été jusqu'au 2ᵉ acte. »

Voici le compte rendu de la séance des Jacobins dont parle l'observateur Dugas, tel qu'il a été publié dans le *Moniteur* du 12 ventôse. Il complète celui de la séance de la Convention.

« Les citoyens appelés à Paris par le comité de salut public, pour s'instruire de la fonte des canons, des boulets, et de la fabrication du salpêtre, se présentent en foule et sont introduits dans la salle, aux acclamations unanimes des membres et des citoyens des tribunes. Un d'eux prend la parole pour les présenter à la Société; il fait part de leur dévouement sans borne à la chose publique, de leurs travaux assidus entrepris pour leur instruction, et du succès de leurs opérations. Tous ces citoyens sont animés d'un zèle si pur que plusieurs d'entre eux ont pris la poste pour devancer le vœu du comité de salut public. Arrivés depuis une décade, ils ont tellement profité des leçons qui leur ont été données, qu'ils ont appris dans ce terme si court tout ce qui est nécessaire pour composer la foudre qui doit écraser les tyrans coalisés contre la liberté française; ils s'occupent chaque jour d'inventer des machines qui faciliteront l'extinction des

esclaves des despotes en épargnant le sang républicain, etc.
— L'orateur est accueilli avec transport, et son discours couvert d'applaudissements.

» *Leonard Bourdon :* Vous recueillez aujourd'hui le fruit de vos travaux ; jamais spectacle ne fut plus consolant que celui qui se présente ; jamais cette enceinte ne fut occupée par une assemblée plus auguste et plus majestueuse. Ce ne sont plus aujourd'hui les députés des départements qui vinrent en 1790 jurer de défendre une constitution qu'ils croyaient consacrer la liberté, mais qu'ils ont abjurée dès qu'ils ont reconnu qu'ils avaient été trompés ; ce ne sont plus ces députés qui vinrent ici rendre en 1793 un hommage éclatant à une constitution sage et bienfaisante dont ils n'avaient pas encore éprouvé les avantages ; ce sont des citoyens qui, après avoir senti tous les bienfaits d'un gouvernement populaire, viennent jurer la mort de l'Angleterre et de tous les tyrans. Ce n'est plus une divinité que nous ne connaissons pas que nous jurons d'adorer, mais c'est une divinité salutaire qui a étendu ses bienfaits sur toute la France.

» Je demande que la scène sublime qui vient de se passer sous vos yeux soit célébrée par une fête solennelle ; que nous allions, décadi prochain, au Champ de Mars, jurer avec nos frères, sur la tombe future des tyrans, que nous défendrons la liberté ; je demande aussi que la Société se présente demain à la Convention pour l'inviter à assister en masse à cette fête.

» *Montant :* J'observe à la Société que les citoyens des départements du Midi ne sont pas encore arrivés, à cause de leur éloignement ; je demande donc que la fête soit différée jusqu'à la fin du mois, afin que tous nos frères y soient présents.

» Plusieurs membres appuient la proposition de Montant, et Collot d'Herbois est d'avis de n'inviter la Convention à cette fête que la veille du jour où elle aura lieu.

» *Montant :* Je prie Collot d'Herbois, qui est à la tribune, de faire part à la Société du décret que la Convention a rendu ce matin.

» *Collot d'Herbois :* Je demanderai à la Société qu'elle me permette de l'instruire du décret salutaire rendu aujourd'hui, avec les sentiments que l'intérêt du peuple exige, et non à la manière des gazettes.

» On était déjà trop habitué à entendre dire et publier que la Convention allait bientôt se laisser entraîner à une indulgence dont quelques amis de la liberté, facilement égarés, avaient ouvert les premières voies. La Convention a répondu aujourd'hui de la manière la plus solennelle à tous ces indulgents, à ces partisans d'une fausse humanité, à ces hommes cléments à la manière des aristocrates, qui voulaient nous persuader qu'on pouvait être en même temps et révolutionnaire, et accommodant, et multiforme.

» On a beaucoup parlé des détenus, cela est trop juste, car s'ils sont patriotes, il ne faut pas balancer à les mettre en liberté. La Convention a chargé son comité de sûreté générale de prononcer; mais elle a dit qu'il fallait que les détenus prouvassent qu'ils avaient été patriotes depuis le 1er mai 1789. Lorsque les patriotes et les ennemis de la révolution seront parfaitement connus, alors les propriétés des premiers seront inviolables et sacrées, mais celles des derniers seront confisquées au profit de la république : leurs personnes seront détenues jusqu'à la paix, et à cette époque ils seront bannis à perpétuité. (On applaudit de toutes les parties de la salle.) Une loi telle que le peuple français l'aurait dictée lui-même s'il eût été présent... (*Oui!* s'écrient à la fois tous les membres, tous les citoyens des tribunes, en élevant leurs chapeaux en l'air et le faisant retentir du cri mille fois répété de *Vive la République! vive la Montagne!*), voilà quelle est la réponse que la Convention fait à ceux qui voulaient faire croire qu'elle allait tomber dans le modérantisme et que la Montagne était sur le point de baisser. Non, la Montagne ne baissera pas d'une ligne... Si l'on voit quelques individus l'abandonner, elle restera toujours ce qu'elle est, parce qu'elle n'est dirigée que par la vertu et par l'inflexibilité des principes. Vous sentez combien la publication de cette loi dont je vous ai donné connaissance va déjouer de complots, quelle force elle va donner aux amis de la liberté. Ils vont se retrouver dans leur véritable élément, ils se replongeront dans la Révolution pour en sortir avec une vigueur nouvelle.

» Et nous aussi nous profiterons de cette loi bienfaisante; nous sentirons que c'est un appel fait aux patriotes pour les inviter à marcher constamment sur la même ligne, sans jamais faire aucun écart. Soufflons sur les nuages impurs qui se sont élevés sur l'horizon sacré du patriotisme qu'ils obscurcissent. Insensés, nous nous désespérons quand nos ennemis sont là pour profiter de nos faiblesses. A travers ces nuages funestes n'apercevons-nous pas deux cents mains invisibles, prêtes à saisir un patriote et à mettre sa tête sous le fer qui ne doit frapper que les conspirateurs?

» Vous faut-il de pareilles images pour vous rappeler à vos devoirs et au sentiment d'union et d'attachement dont vous devez être pénétrés? Ne vous êtes-vous pas convaincus que vos divisions funestes rendaient de grands services à vos ennemis? Déjà ils mettaient les patriotes en arrestation, ils voulaient même les conduire au supplice; et peut-être n'eussions-nous pas été préservés de ce malheur, si la conscience des jurés n'était pas continuellement inondée par des flots de lumière.

» On a proposé des pardons; mais les patriotes ne sont pas assez faibles pour y songer. Quelle société oserait jamais signer cette honteuse amnistie et dire à ceux qui ont trahi le peuple : Nous vous pardonnons!... Soyons inflexibles; que notre sein soit pur comme celui de la liberté. Chassons ceux qui ne sont pas dignes de siéger parmi nous; mais, après, soyons unis, n'écoutons pas ceux qui calomnient la Convention et le gouvernement. Il faut des hommes qui fassent aller les choses. Soutenons ceux qui se conduisent bien, et faisons justice de ceux qui ne font pas leur devoir. (Applaudissements universels et longtemps réitérés.)

» Il serait inutile, je pense, de vous parler longtemps sur cette question et de vous avertir que vous avez des sacrifices à faire à la patrie ; il suffit de vous dire que la Convention a prononcé une guerre à mort contre les ennemis de la liberté et une union impérissable entre les patriotes. Je me reporterais difficilement vers les motions qui ont précédé les observations que je viens de vous soumettre ; quelque degré d'intérêt qu'elles puissent avoir, elles ne sont rien en comparaison du dernier objet. Néanmoins, je puis dire qu'elles ont un rapport assez intime avec lui. Il s'agissait d'une fête civique que des frères devaient célébrer : puisqu'il s'agit maintenant de se réunir, rien de mieux que des fêtes civiques. On a demandé à se transporter demain à la Convention pour l'inviter à vouloir bien assister à cette fête ; mais, d'un autre côté, on a demandé à fixer le jour de la fête à la fin de ce mois, lorsque nos frères seraient tous arrivés.

» Pourquoi se presser d'aller à la Convention ? pourquoi ne pas attendre que le terme approche ? Il ne faut pas donner lieu à une impatience désagréable et laisser les cœurs dans une souffrance cruelle.

» Je conclus en demandant que la Société arrête qu'il y aura une fête solennelle célébrée entre les patriotes de Paris et leurs frères venus des départements pour apprendre à fabriquer la poudre ; que la Convention sera invitée d'y assister, mais que l'on ajournera l'invitation jusqu'à ce que le jour de la fête soit désigné. »

— « Le président annonce qu'une députation de la Société des Cordeliers vient jurer union à celle des Jacobins. (Vifs applaudissements de toute la salle et des tribunes.)

» *Collot d'Herbois* : Je félicite les patriotes de ce nouveau sujet de joie qui vient flatter leur âme, et de l'occasion favorable qui se présente de consacrer de nouveau l'amitié qui doit régner entre les amis de la liberté.

» Voyez combien nous avons de forces lorsque nous sommes unis! Nous venons de frapper nos ennemis au cœur; ils sont perdus dès l'instant que nous nous rallions. N'oublions pas l'engagement que nous prenons envers la liberté; souvenons-nous que jamais un patriote ne doit en abandonner un autre, que toute notre colère ne doit prendre de force que contre les véritables ennemis du peuple. Quiconque voudra désormais nous jeter dans les petites passions, doit craindre de voir retomber sur lui la colère qu'il aura cru exciter entre nous : bien plus, il devra craindre d'être englouti par une fournaise ardente qui dévorera d'un seul coup tous nos ennemis.

» La Convention a décrété que le rapport de Saint-Just, de ce jeune et courageux athlète de la liberté, serait imprimé et distribué à toutes les Sociétés populaires. Jugez quel aliment ce rapport va donner au patriotisme; je puis dire que nous en avions faim et soif, et que nous l'avons reçu avec une grande avidité. Lorsqu'on entend développer les grands principes, on sent alors toutes ses ressources et toute sa force : le discours de Saint-Just est dans ce cas; nous avons passé la nuit dernière à le discuter, et nous n'avons pu nous lasser de l'entendre; il contient des maximes trop belles et trop sages pour que je ne me fasse pas un devoir de les propager autant qu'il est en moi.

» Il est dit dans ce rapport : « Qui sont ceux qui veulent briser les échafauds? ce sont ceux qui craignent d'y monter... Ne vous arrêtez pas dans la Révolution : celui qui n'aurait fait que la moitié du chemin n'aurait fait que creuser son tombeau... La monarchie n'est pas un seul homme, mais ce sont tous les vices ensemble; la République n'est pas une seule assemblée, un seul sénat, mais le peuple et toutes les vertus ensemble. »

» Eh bien! ce sont ces vertus qu'il faut pratiquer; il n'y a aucun de nos frères des départements qui ne soit résolu à le faire. Voyez avec quelle ardeur ils sont accourus pour fouiller la terre et pour révolutionner ses entrailles; en lui ouvrant le sein ils la consolent, pour ainsi dire, du malheur qu'elle a de porter les tyrans; et quand ils auront tiré de ses flancs cet élément destructeur, ils y précipiteront tous les tyrans à la fois. »

(Ce discours est vivement applaudi à plusieurs reprises; tous les citoyens se lèvent en criant : *Vive la République!*)

» L'orateur de la députation des Cordeliers monte à la tribune et instruit les Jacobins que la Société qui l'a envoyé, indignée de voir les manœuvres des ennemis de la Révolution pour désunir les Cordeliers et les Jacobins, qu'ils se sont servis de la voie de quelques papiers publics pour faire croire au peuple que ces deux Sociétés patriotiques ne sont plus d'accord, a arrêté qu'il serait envoyé une députation pour resserrer de plus en plus les liens de la fraternité républicaine qui doivent unir les patriotes. La députation vient en conséquence jurer que les Cordeliers seront toujours Jacobins. Il termine en annonçant que la Société s'est déterminée à continuer le journal de Marat, afin de procurer aux amis de la liberté l'aliment nécessaire à leur patriotisme.

» L'orateur descend de la tribune au milieu des applaudissements.

» Le président donne l'accolade fraternelle à tous les membres de la députation.....

» — Une amazone de l'armée du Nord, âgée de seize ans, ayant déjà trois années de service, instruit la Société qu'elle ne sait comment elle doit s'y prendre pour retirer ses papiers qui sont au bureau de la guerre, afin d'obtenir des secours; elle invite à prendre sa défense dans le moment actuel, parce qu'elle se trouve sans ressource.

» La Société applaudit au courage de cette citoyenne; elle arrête qu'il lui sera donné l'accolade fraternelle par son président, et qu'une collecte sera faite en sa faveur. La collecte a produit deux cent quarante et une livres seize sous.

» On fait observer que la Convention a déjà décrété une pension de trois cents livres en faveur d'une citoyenne qui se trouve dans le même cas que la pétitionnaire.

» *Léonard Bourdon :* Plusieurs citoyennes honnêtes se

trouvent dans l'indigence depuis le départ de leurs maris *naturels* pour les armées. Je demande que l'on s'intéresse à leur sort comme à celui de la citoyenne réclamante.

» La proposition de Léonard Bourdon n'a pas de suite.

» *Dufourny* : J'observe que cette dernière citoyenne ne se trouve pas dans le cas de celles qui ont des maris *naturels*, mais qu'elle est partie à treize ans, excitée par son patriotisme qui lui a fait cacher son sexe tout ce temps, afin de n'être pas frustrée du bonheur de combattre pour la liberté.

» *Collot d'Herbois* : La citoyenne qui est présente ne doit pas être classée parmi les citoyennes dont on a parlé ; je ne la range même pas parmi les femmes ; mais je déclare que cette fille est un mâle, puisqu'elle a, comme les plus intrépides guerriers, affronté la mort dans toutes les occasions périlleuses. Je vous annonce, citoyens, que cette brave fille a eu deux chevaux tués sous elle à la bataille d'Hondschoote, où elle eut le plaisir de voir fuir les Anglais devant l'armée française. Je demande que la Société lui témoigne le désir qu'elle a de la voir souvent dans son sein. (Vifs applaudissements.) » (*Moniteur* du 12 ventôse.)

Il nous a semblé que ces extraits du *Moniteur* complétaient l'esquisse que nous avons voulu donner de la physionomie du temps. — Nous reprenons les rapports des observateurs de l'esprit public.

Rapport de Perrière.

Langage énergique d'un citoyen. — « La cuisinière d'une citoyenne lui étant venu annoncer, après son dîner, que l'on attendoit dix-sept personnes à la guillotine, entra en fureur contre sa servante, lui disant qu'elle n'avoit pas besoin de pareilles nouvelles ; si c'étoit pour lui aider à faire la digestion ou pour l'amuser d'une semblable idée le reste de la soirée ? qu'elle ne prétendoit point blâmer la justice nationale, mais qu'elle ne vouloit ni apprendre ni voir exécuter les arrêts.

» Un patriote vigoureux qui se trouvoit en sa présence tire subitement son sabre, s'empare du plus jeune de ses enfans, qu'il tient suspendu par le talon, et lève sur cet innocent l'acier homicide. La mère, épouvantée, pousse des cris... Eh bien! dit le jeune homme, c'est le sort que préparoient à ton enfant les scélérats dont tu sembles plaindre la destinée, s'ils avoient pu avoir le dessus. Cette femme fut si frappée de ce mouvement inatendu, et le danger de la patrie lui rappella si bien le danger de ce qu'elle a de plus cher au monde, que, loin de s'affecter du supplice des condānés, elle en parut comme soulagée et rassurée dans les craintes qu'on venoit de lui faire concevoir sur la vie de son enfant.

Rapport de Bacon.

Assemblées populaires. — « L'assemblée populaire de la section de l'Indivisibilité étoit très-nombreuse. On a lut le discours de Collot-d'Herbois dont il a été parlé aux Jacobins, relativement au buste de Guillaume Tell. Ce discours a été très-applaudi. On s'est occupé des certificats de civisme pendant longtemps. On a parlé des subsistances. Des membres se sont plaints de ce qu'on ne donnoit pas la nourriture nécessaire aux chevaux employés pour le service de la République. Une députation se rendra à cet effet chez le ministre de la guerre. (L'esprit public bon.)

» L'assemblée populaire de la section des Droits de l'homme étoit très-nombreuse, et beaucoup de femmes aux tribunes. Il s'est élevé une assez bruyante discussion relativement aux citoyens qui se font remplacer aux barrières. Des membres ont accusé des chefs de mettre l'argent provenant des remplacements dans leur poche. (Grand brouhaha.) Enfin, sans rien conclure, le tout a été renvoyé au comité militaire. On a présenté à la Société de jeunes tambours. Les mères de ces jeunes citoyens ont répondu du civisme de leurs enfans. (Vifs applaudissements.) On a lut des mémoires sur la culture des pommes de terre, et on a parlé des subsistances. Deux membres ont annoncé qu'hier, très-tard, il étoit entré un bœuf tout entier et tué, des moutons et des veaux à la maison d'arrêt, cy-devant les Carmes, rue Vaugirard; qu'ils étoient tellement sûrs de ce qu'ils dénonçoient, qu'ils alloient signer sur le bureau; qu'avec de tels abus il étoit impossible qu'il n'y eût pas quelques autorités constituées qui s'entendissent avec les prisonniers riches pour faire entrer une telle quantité de viande dans les prisons (mouvement d'indignation), et près de moi les femmes disoient : Voilà comme on nous berne; on donne de la viande aux prisonniers riches, et à nous autres pauvres diablesses, on nous f... rien du tout. Qu'a-t-on besoin de tous ces aristocrates? Est-ce que tous ces scélérats qui affament Paris ne devroient déjà pas être à la guillotine? La Société a arrêté que cette dénonciation seroit envoyée à la police. (L'esprit public m'a parut bon.)

» L'assemblée populaire de la section des Lombards étoit on ne peut pas plus nombreuse, et il y avoit considérablement de femmes à la cy-devant église. La Société a recommandé au comité révolutionnaire Imbert, ancien officier municipal, d'après ce qui a été écrit par le comité révolutionnaire de la section de la Réunion. Cet Imbert, depuis peu de jours de la section des Lombards, est accusé d'être un des plus grands ennemis du peuple. On a parlé d'un capitaine-canonier, destitué par le ministre de la guerre. Comme cette affaire a été sur le point de mettre du trouble dans l'assemblée, sur l'observation d'un membre, on a passé à l'ordre du jour. — On a passé à la censure les remplaçants [1]. Plusieurs ont été rejettés; mais il y en a deux entr'autres, pères de nombreuses familles et âgés, qui étoient très-protégés par les femmes, et qui étoient furieuses de ce qu'ils étoient renvoyés. Le premier l'a été, jadis musicien aux guinguettes, pour avoir

[1] On sait que ces remplaçants étaient des hommes que les sections achetaient, équipaient et envoyaient en Vendée.

dit, d'après les questions du président, qu'il ne connoissoit les Jacobins que depuis dix-huit mois, un an, et qu'il n'en pouvoit rien dire. Comment! a dit alors un membre, tu ne connois pas les vertueux Robespierre, Couthon et d'Anton? Point d'éloge, s'est écrié un membre. Je sais bien que les Jacobins font le bien, a répondu le postulant. Un tailleur frippier, rue des Lombards, petit homme brun, figure pâle et allongée (car je n'ai pû savoir son nom), a parlé avec amertume contre ce pauvre remplaçant; il en a fait de même contre l'autre candidat, chapelier de son état, accusé d'être peureux. Ce tailleur-frippier a fait sentir que dans de pareils cas les pères de famille n'étoient rien. (J'observe que cet être a parlé avec trop de feu pour être de bonne fois.) Aussi, devant, à coté et derrière moy, les femmes en masse, après le rejet des deux candidats, disoient : Mon Dieu! où en sommes-nous? Que vont devenir ces deux pères de famille dont les états ne valent plus rien? O le chien de tailleur! Ce scélérat ne monte jamais sa garde en personne. Regardez bien sa côquine de figure, vous y verrez le plus grand de tous les hypocrites. Les femmes répétoient toujours : Quelle horreur! Qu'est-ce donc ce tripotage! Tous ces gueux-là qui otent le pain à des malheureux, le bon Dieu les punira. (Je parle de cette conversation, d'après laquelle on jugera de l'esprit public.) La séance a finit à 11 heures du soir.

» Une marchande à la halle qui avoit fait une frésure et un foie 15# a été sur le point d'être mise en morceaux par d'autres femmes. Une citoyenne a alors preché l'exemple des loix. Elle a réussit à apaiser le peuple. Sur ces entrefaites la garde est arrivée, qui a conduit la marchande chez le commissaire.

» Dans un cabaret, à la Nouvelle-France, on parloit de la viande, des carrotes, navets et autres denrées. Une femme mal mise (et j'ai remarqué qu'elle avoit une chemise fine) disoit que le pauvre peuple étoit bien malheureux, que les gens riches ne manquoient pas de la viande, et qu'ils seroient toujours surs d'en avoir. Elle disoit toujours : On veut qu'on fasse un carême civique, mais il n'y a ni lait, ni graisse, ni beurre. Une autre femme qui m'a parut être une revendeuse de tripes, et qui étoit à boire avec 5 autres femmes, a répondut à la plaignante : Parbleu! vous avez bien peur de mourir, ma chère amie. On nous disoit déjà dans le tems qu'on auroit pas de pain ; eh bien! en avons-nous? Moi, je ne me plains pas, parce que je suis sure que la Convention est après la recherche de tous les affameurs. Qu'en penses-tu, Jacqueline? disoit cette citoyenne en se tournant vers ses amis. Tu as raison! Allons, buvons un coup, tout ira bien, et il ne faut pas jeter le manche après la cognée. (L'autre femme, je veux dire la première, n'a plus rien dit.)

» La halle à la farine est bien approvisionnée. Le peuple disoit en voyant passer des voitures qui en étoient chargées : Nous aurons du pain, si nous n'avons pas de la viande. Vive la République !

» Paris tranquille, et j'ai couru.

Le même jour, le gouvernement publiait la note suivante :

RÉPUBLIQUE FRANÇAISE.

La commission des subsistances et approvisionnements de la République à ses concitoyens.

« La malveillance s'agite pour rendre funeste la loi bienfaisante du *maximum* général, dont les bases viennent d'être décrétées par la Convention nationale ; un faux *maximum* se colporte, se crie et se vend dans Paris. Aucun des prix qu'il annonce n'est vrai. Citoyens, prenez garde à ce piége; le tableau général du *maximum* est à l'impression ; ce travail est immense par ses détails et ne peut paroître que sous quelques jours. La commission ne perdra pas un moment pour que le décret de la Convention qui ordonne que le tableau général du *maximum* soit publié dans toute la République au 1er germinal soit exécuté.

» *Le président de la commission,* BRUNET.

» Pour copie conforme : CORDERANT, *secrétaire général.*»

9 ventôse (27 février).

Ordre général.

« J'invite mes frères d'armes les canoniers à se comporter avec décence, à être sobres, sages, et à conserver cette fierté républicaine qui les rend chers à la société, non comme corps militaire, mais comme une famille de bons citoyens.

» Mes frères d'armes de service aux prisons et maisons d'arrêt veilleront attentivement à ceux qui entrent et sortent, et ne communiqueront en aucune manière avec les geoliers et concierges, à moins que ce ne soit pour faire exécuter les ordres de la police, ainsi que ceux des autres autorités constituées.

» Tous les vertueux citoyens jaloux du bon ordre et de la tranquillité sociale doivent redoubler de surveillance envers les ennemis intérieurs de la République.

» Le service général à l'ordinaire. Signé à l'original : Hanriot, commandant général. »

Extraits des rapports de Dugas et de Perrière.

— « Le savon et la chandelle ne sont plus délivrés par les épiciers que par demie livre.

» Il s'est porté beaucoup d'amateurs au Théâtre de la République pour y voir le début de *Vanhove* dans le rolle de Brutus. Ce comédien n'a pas rempli l'espérance de ceux que sa réputation y avait attirés.

» Les rues sont de la plus grande malpropreté. Celle que l'on appelait Sainte-Anne est encombrée de fumier. Dans la partie qui avoisine la rue de Louvois, il y en a des tas le long des murs qui y séjournent depuis quinze jours.

» Malgré l'arrêté du département concernant la mendicité, les pauvres fourmillent dans toutes les rues, dans les promenades et sur les boulevards.

Esprit douteux du grouppe de la guillotine. — « Le lendemain du jour où dix-sept coupables furent guillotinés, quelques personnes du grouppe qui se forme ordinairement à l'endroit où se plante la guillotine écartaient du bout de leurs bâtons l'eau des petites marres que laisse le lavage qui suit l'exécution, disant qu'il fallait que ce lieu fût bien lavé pour ne pas conserver la trace de tant de sang. — Bath ! dit quelqu'un, il n'en coûte pas plus, quand la machine est en train, d'en guillotiner dix-sept qu'un seul. — Seulement, dit un autre, il faut plus de chevaux.

» L'air demi-sérieux et demi-railleur de ceux qui tenaient ce langage ne permettait pas de s'assurer si c'était de leur part blâme, approbation ou seulement indifférence. »

Caffés. — « Jeu, boisson, conversations indifférentes ou secrettes, lecture du journal sans réflexions subséquentes, voilà depuis quelques jours, comme je l'ai déjà dit, tout ce à quoi se réduisent les débats politiques des caffés.

» Plusieurs mêmes qui avoient coutume d'être très-fréquentés se trouvent presqu'entièrement vides ; mais cela vient, je crois, de ce qu'ils n'étaient guères composés que de gens suspects, aujourd'hui renfermés, qui s'y rendaient soit pour nuire à l'esprit public, soit parce qu'ils n'avaient rien de mieux à faire. — Ce qui autorise cette conjecture, c'est que ces caffés se trouvent dans les quartiers principalement habités par ces sortes de personnes. »

Nous extrayons quelques passages d'un document important dans l'histoire de l'influence qu'ont eue les subsistances sur les destinées de la Révolution ; nous voulons parler du rapport fait à la Convention le 9 ventôse par Oudot, au nom du comité de législation, de commerce et d'agriculture, au sujet de la révision de la loi du 26 juillet 1793 contre les accapareurs. L'exécution de la peine de mort avait été suspendue depuis le 2 nivôse.

« ..... Bloquée par les puissances coalisées, la République entière est comme une ville en état de siége ; les bons citoyens mettent en commun tout ce qu'ils ont pour sauver la liberté; certes ceux qui ne voudront pas faire comme eux seront très-justement considérés comme suspects, et si ceux qui ont des moyens superflus ne les emploient pas en entier au service de la République, il faut au moins que nous soyons bien assurés qu'ils ne les feront pas servir contre elle.

» Le caractère principal de l'accaparement est de cacher, de conserver dans des lieux ignorés des marchandises afin de les soustraire à la circulation; le seul moyen qui a semblé pouvoir punir ce délit, sans gêner la liberté d'acheter et de vendre, est de forcer d'abord les marchands de déclarer toutes les marchandises et denrées qu'ils possèdent, et d'afficher à la porte de leurs magasins l'espèce de celles qui y sont déposées. Par cette mesure on connaîtra si les marchandises d'une nature quelconque sont abondantes dans une contrée. Nous avons pensé que vous deviez assujettir à la déclaration toutes les denrées et marchandises de quelque espèce que ce soit. Si vous établissiez une ligne de démarcation entre les objets de commerce, vous verriez la malveillance et la cupidité s'emparer en quelque sorte de ceux à l'égard desquels vous auriez dispensé de la déclaration, et faire de si grands amas qu'elles trouveraient ainsi le moyen de porter coup au crédit de vos assignats.

» Nous avons cru devoir assimiler tous ceux qui achètent au delà de ce qui est nécessaire pour leur consommation habituelle aux marchands en gros; ainsi toutes marchandises en dépôt étant connues, dès que l'on pourra forcer partout à vendre et à mettre en circulation, dès que toutes les marchandises et denrées seront sous la main du gouvernement et seront soumises au droit de préhension, il n'y aura plus d'accaparement, ou plutôt on aura prévenu celui que pourraient tenter les gros capitalistes, et par conséquent le plus dangereux.

» Quant à l'accaparement partiel que peuvent faire les mauvais citoyens ou les égoïstes, qui craignent toujours de manquer et qui font des approvisionnements trop considérables, il nous a paru ne pouvoir pas être facilement atteint par des mesures générales. Telle denrée qui abonde dans quelques parties de la République manque dans d'autres; on ne peut donc rien décréter qui convienne en même temps et à l'abondance et à la disette; on est donc forcé de n'employer que des moyens propres aux localités.

» C'est à votre commission des subsistances, c'est à votre comité de salut public à s'occuper des précautions particulières qu'exigent les circonstances. Dans les lieux où la disette sera causée par les approvisionnements partiels de certaines denrées ou marchandises, il pourra requérir des déclarations de tous les citoyens qui posséderont de cette espèce de marchandise au delà de telle quantité, et forcer ceux qui ont à vendre à ceux qui manquent; mais ce sont de véritables précautions de police, et d'ailleurs c'est à votre comité à choisir ses moyens. Notre but a dû être de vous présenter des mesures générales, des mesures simples et d'une exécution facile.

» Quant à la partie pénale de la loi, nous nous sommes restreints à modifier les peines portées par la loi du 26 juillet; nous avons conservé la peine de mort contre ceux qui recèlent des marchandises propres aux subsistances, qui les soustraient à la circulation dans des vues contre-révolutionnaires et avec l'intention de favoriser nos ennemis.

» Nous l'avons conservée contre ceux qui font périr volontairement nos denrées; mais nous n'avons pas cru que votre intention fût de punir la seule avarice comme le crime de conspiration, à moins qu'il n'y eût complot constaté. Vos comités réunis ont donc pensé que nous devions vous proposer, pour le simple défaut de déclaration des marchandises, la peine de confiscation et celle de deux ans de fers : cette punition atteint le coupable dans sa fortune, elle détruit toutes ses spéculations de commerce; elle est éclatante en ce qu'elle donne lieu à l'exposition en public, et par cette raison elle a paru suffisante à vos comités. Nous ne nous sommes pas occupés de la récidive, parce que nous avons l'espoir fondé ou plutôt la certitude que dans deux ans la République sera assez tranquille pour n'avoir pas besoin d'une pareille loi. Il eût donc été inutile et inconvenant de supposer la récidive d'un délit qui ne pourra pas avoir lieu à une époque aussi reculée. Nous n'avons pas cru nécessaire de nous occuper des dépôts momentanés, tels que les messageries, les entrepreneurs de voitures par eau et par terre ; nous avons considéré que les mesures à prendre à cet égard concernaient encore votre comité de salut public.

» Enfin nous avons pensé qu'il fallait donner une récompense au dénonciateur, et nous l'avons par cette raison associé aux communes pour partager les confiscations de marchandises. »

10 VENTÔSE (28 FÉVRIER).
Rapport de Béraud.

« La marche en masse des Cordeliers aux Jacobins n'a point été inspirée, disait-on au càffé de la République, par cet amour qui doit régner parmis des frères, mais par l'espoir qu'en feignant une intime réunion les Jacobins se laisseraient séduire pour abandonner Camille Desmoulins et autres à qui Vincent, membre et agitateur du club des Cordeliers, donne partout des ridicules et des crimes dont ils sont incapables. Quoi qu'il en soit, qu'on ne s'imagine pas que ce club soit tout entier à Vincent ; la majeure partie n'agit et n'obéit que par la crainte d'être expulsé, et ce sont des machines à ressorts que des meneurs adroits font mouvoir. Il en est ainsi de toutes les sociétés populaires, a répliqué un autre, et le club de Lévéché ayant formé le projet de présenter une pétition à la Convention pour les dissoudres, a commis un acte de justice et d'humanité : de justice en ce qu'il détruira une espèce d'autorité qui aurait un jour fait agir la Convention les armes à la main, et d'humanité parce qu'il n'y a que l'intrigue qui les dirige, et que c'est là qu'on aiguise les traits qui journellement assassinent les patriotes. Notés, en outre, que ces sociétés sont en général composées de gens qui, méprisés et reconnus dans les sections qu'ils habitaient précédemment pour des aristocrates fieffés, les ont abandonnés et se sont jettés dans d'autres, où en entrant ils ont vomi la flamme du civisme pour accaparer les places et pour ainsi se soustraire à la peine qu'ils méritaient.

» Si le décret, disait-on dans le même endroit, que vient de rendre la Convention sur l'élargissement des vrais patriotes est exécuté ponctuellement et promptement, qu'on ne lui donne pas de fausse interprétation, et qu'il ne cache pas quelques prétendus actes révolutionnaires aussi durs ou plus durs même que ceux qu'on a exercés jusqu'à présent, vous allés voir les yeux abattus par la douleur se ranimer, vous allés voir 200 mille familles qui ne demandaient que la vengeance former de leur corps un rampart devant la Convention, vous allés voir l'indigence, qu'elles refusaient peut-être de secourir, recevoir des bienfaits, et toutes ces familles divisées n'en formeront plus qu'une avec celles qui n'ont point été atteintes par les comités révolutionnaires. — Je désespérais de revoir mon époux, disait une citoyenne; depuis 4 mois qu'il est enfermé, je n'ai pu me faire entendre ni dans l'assemblée générale, ni de la Société populaire. On me rebutait comme si j'eusse été criminel; le mépris, des menaces étaient ce qu'on opposait à mes larmes; ses lettres étaient ou déchirées, ou tournées en ridicules. Eh! qu'a-t-il fait! Il a été un des premiers à la Bastille, il a toujours bien fait son service, a toujours refusé des places pour les laisser aux bons sans-culottes, et s'il s'est fait des ennemis, c'est qu'il n'a pas voulu qu'elles fussent occupées par des ignorants ou par des nouveaux venus, qui, par leurs criailleries et la soif du sang dont ils paraissaient animés, se sont formés autour d'eux une barrière de partisans. Suivant ce qu'a dit ensuite une citoyenne, il paraît qu'elle est de la section de Bonne-Nouvelle.

» Les spectacles du boulevard, malgré le mauvais temps, regorgeaient de monde, et de tous côtés on entendait dire : Moi, je n'ai point mangé de viande depuis huit jours; moi, j'avais un bon qui m'a été inutile, parce qu'une fois que les malades sont servis, les membres des comités font servir leurs femmes et les bonnes amies de celles-ci ; ainsi, tant que la disette durera, nous en chercherons où nous pourrons. »

Rapport de Bacon. — Les clubs.

« . . . . . Au temple de la Raison, section de Bonne-Nouvelle, il y avait considérablement de monde, et surtout de femmes. On a chanté des hymnes patriotiques; des enfans des deux sexes ont récité par cœur les commandemens républicains. Mais un jeune homme âgé de 13 ans, nommé Chapon, a parlé pendant trois gros quarts d'heures sur le bonheur d'un gouvernement républicain ; il a fait verser des larmes à ceux qui l'entendoient, et de toutes parts on crioit : Vive la République ! Un citoyen a montrée plusieurs pains de salpêtre, et en les montrant il disoit : Voilà la mort des rois. On a encore crié : Vive la République ! vive la Convention !

» A la cy-devant église Saint-Laurent il y avoit beaucoup de monde, et surtout d'ouvriers. On a lut des décrets de la Convention nationale; on a chanté l'hymne des Marseillois et plusieurs chansons sur l'abolition du fanatisme. Je dois dire ici que l'esprit public étoit à la hauteur des circonstances.

» Au temple de la Raison, section des Gravilliers, on a lut des décrets de la Convention, chanté des hymnes patriotiques. Toute la cy-devant église Saint-Nicolas-des-Champs étoit presque plaine, et beaucoup de jeunesse. 4 enfans, dont le plus âgé pouvoit avoir 4 ans, ont récité par cœur la déclaration des droits; ils ont été couverts des plus vifs applaudissemens, c'est à qui pouvoit les embrasser. Un citoyen a félicité les mères de ces jeunes républicains sur l'amour qu'elles avoient pour la patrie en instruisant de bonne heure leurs enfans des principes du républicanisme (vifs applaudissemens), et on crioit de toutes parts : Vive la République! vivent la Liberté et l'Égalité ! On a annoncé qu'à la première décade on liroit des discours sur le gouvernement républicain. (L'esprit public révolutionnaire.)

» L'assemblée générale de la section du Contrat social étoit très-nombreuse. On a lut les loix ; on a parlé des certificats de civisme et du salpêtre. Ces différents objets ont duré au moins deux heures. (L'esprit public bon.)

» L'assemblée générale de la section de Bon-Conseil étoit extrêmement nombreuse, et beaucoup de femmes aux tribunes. La séance a été très-bruyante, très-orageuse. L'huilier, agent national, qui a été dénoncé par Marchand, marchand de vins de cette section, et lequel a signé sa dénonciation, a répondut d'une manière victorieuse à son dénonciateur, qui prétendoit que L'huilier avoit dit auprès du bureau qu'il falloit renouveller la Convention, et que le peuple s'occupât de chercher des représentants vertueux, dignes de la nation française.

» L'agent national a été très-applaudi à cette phrase-cy : Citoyens, on me traite de n'être plus révolutionnaire ; on m'accuse d'avoir favorisé les marchés des Invalides ; on me traite d'aristocrate. Moi, aristocrate! Dites-moi un peu, quel party ai-je à prendre dans cette révolution ? Celui de rester fidèle aux patriotes. Si les aristocrates avoient le dessus, me pardonneroient-ils d'avoir demandé le premier la tête du tyran ? (Non, a-t-on crié de toutes parts; on applaudissoit vivement.) Enfin, après des discussions chaudes, vives et bruyantes qui ont fait perdre une séance entière, l'assemblée générale a arrêtée qu'elle reconnoît L'huilier pour un excellent patriote, et qui a toujours été l'ami du peuple ; que Marchand, qui a dénoncé l'agent national avant-hier aux Cordeliers, seroit traduit au tribunal révolutionnaire ; que le vœu que vient d'émettre l'assemblée sur la probité et le patriotisme de L'huilier seroit envoyé affiché partout où besoin sera. (Lorsque Marchand est sorti pour aller au comité révolutionnaire, on a très-applaudi, et les femmes, en applaudissant, crioient : Voilà encore un agent de Pitt.)

» Faubourg Saint-Laurent, j'ay vu passer au moins 8 voitures chargées d'œufs, et autant où il y avoit des veaux ; aussi, en les voyant, le peuple disoit : Il n'y a jamais d'œufs à la halle, on ne sait pas ce qu'ils deviennent, et tous les jours il en arrive beaucoup.

» Dans un cabaret, faubourg Martin, à l'ancienne barrière, des femmes parloient de la détresse ou nous étions pour les denrées. Une d'entr'elles disoit : Prenons patience ; la nature n'est pas ingrate ; voici le beau temps, et prenons bien garde à nous, car nous sommes dans un moment où il faut que le peuple veille et souffre un peu, s'il veut tordre le col aux tyrans. On lui a répondu : Tu as raison! Vive la nation !

» A la porte d'un épicier, près l'Arsenal, il y a eû du bruit parce qu'on ne donnoit qu'un once de beurre salé à la fois. Des femmes crioient, murmuroient ; et comme le nombre des criardes augmentoit, la force armée est arrivée qui a mis le holà. Heureusement que l'officier a prononcé des paroles de paix, car s'il eut agit en étourdit, il y auroit eû des bras, cuisses, jambes cassés. (Aucun accident n'est arrivé.)

» A 10 heures 1/2 du soir, rue Ticquetone, j'ai vû passer deux hommes qui portoient au moins un demi-bœuf sur leurs épaules. Un autre homme les suivoit. Des femmes ont crié en les voyant : O les scélérats qui vendent la nuit la viande. Le boucher s'est approché d'elles, et leur a dit : Ne cries pas, ma sœur : viens avec moy, je vais t'en donner. Ces femmes l'ont suivi. J'ai courû la nuit, je veux dire très-tard, les cabarets. Le peuple n'étoit occupé qu'à boire et à chanter l'hymne des Marseillois. Tout m'a parut très-tranquille, malgré les hurlemens des marchands. »

LA RUE, LE CLUB, LA FAMINE.

Pour compléter cette esquisse de la rue et du club, il faudrait entrer à la Convention. L'aspect en est prodigieusement mobile : l'héroïsme et le ridicule y sont en perpétuel contraste. Nous en donnerons encore un exemple en empruntant au *Moniteur* un fragment de son compte rendu de la séance de la Convention de ce jour. On la voit traversée par des incidents, soit grandioses et touchants, soit bizarres et burlesques, comme celle de la veille, comme celle du lendemain.

« L'administrateur provisoire des domaines nationaux écrit, en date du 4 ventôse, que les ventes des biens d'émigrés dont les notes lui sont parvenues dans le cours de la troisième décade de pluviôse s'élèvent, pour cent cinquante-trois districts, à 23,886,997 livr. 6 s. 8 d., sur une estimation de 11,084,143 liv. 14 s. 11 d., et présentent un excédant de 12,802,853 liv. 11 s. 9 d. sur cette estimation. La totalité des adjudications prononcées jusqu'à ce jour par trois cent quarante-quatre districts situés dans l'étendue de quatre-vingt-trois départements s'élève à 127,883,143 liv. 2 s. 8 d., et elle excède de 64,225,244 liv. 16 s. 9 d. le montant des estimations. Du nombre des départements en activité sont ceux de la Mayenne, de la Loire-Inférieure, de la Vendée. Le résultat des détails que contiennent les lettres des districts présente le même intérêt que celui de leurs opérations. Partout l'ardeur des acquéreurs est égale à l'activité des corps administratifs; partout l'enthousiasme républicain anime les enchères, et toutes se font aux cris de *Vive la République! vive la Montagne!* »

Traits de bravoure les plus marquants, extraits des différents rapports sur la journée du 17 pluviôse. Division de Chauvin-Dragon, armée des Pyrénées-Occidentales.

« Le citoyen Dufour, caporal au 1er bataillon de la 5e brigade d'infanterie légère, avait été fait prisonnier; quatre Espagnols le conduisaient : il saute sur la baïonnette de l'un d'eux, en tue trois, prend le quatrième au collet et l'amène

9

prisonnier. (Il y a plus de cent hommes témoins de ce fait.)

» Le citoyen Bourdel aîné, grenadier au 4ᵉ bataillon des Basses-Pyrénées, est grièvement blessé : ses amis le conjurent de se retirer ; il leur répond en criant : *Vive la République !* Il brûle toutes ses cartouches et ne cesse de poursuivre l'ennemi que quand les forces lui manquent.

» Le citoyen Dougadot, sergent-major au 2ᵉ bataillon du Tarn, tombe d'un coup de balle qui lui traverse le corps ; ses camarades veulent l'emporter. « Allez à votre poste, leur dit-il, vous vous devez à la patrie avant de penser à moi. »

» Le citoyen Bigot, adjudant-major du 4ᵉ bataillon des Landes, marchant au pas de charge à la tête d'un détachement envoyé pour reprendre le poste de la Masure, reçoit une balle qui lui perce la cuisse ; il marche du même pas jusqu'à ce que le détachement se soit emparé du poste ; alors il se plaint de sa blessure. Le chef de bataillon veut lui donner deux de ses camarades pour le soutenir ; il les refuse en disant : « Garde-les pour combattre les ennemis ; je me retirerai comme je pourrai. »

» Le citoyen Abadie, caporal des canonniers du 3ᵉ bataillon du Gers, répond à une proposition de battre en retraite : « Non, f....., non, je ne quitterai pas mon canon ni mes camarades le leur, tant que nous aurons des munitions et que nous ne verrons pas tout le détachement achevé. » Sur la fin de l'action, voyant les Espagnols fuir, il dit à ses camarades : « Allons, mes amis, vite au canon ! » Au même instant, faute d'avant-train, il met les deux crosses d'une pièce de 4 sur ses épaules, ses camarades poussent aux roues ; ils traînent la pièce à trois ou quatre cents toises, et font plusieurs décharges à mitraille.

» Les Espagnols s'étaient emparés de la maison où sont cantonnés les canonniers du 3ᵉ bataillon du Gers ; le citoyen Vives, sergent-major dans la compagnie, craignant qu'ils n'emportent le guidon, court à la maison avec un chasseur du 1ᵉʳ bataillon de la 5ᵉ demi-brigade d'infanterie légère, dont on regrette de ne pas savoir le nom ; ils y trouvent trois Espagnols. Le chasseur en tue un d'un coup de baïonnette, Vives tue le second d'un coup de sabre, le troisième saute par la fenêtre; le chasseur le blesse d'un coup de fusil à la cuisse et l'amène prisonnier.

» Le citoyen Dugoyen, fusilier au 4e bataillon des Landes, est atteint d'une balle au commencement du combat; il ne quitte pas son poste. Dans le cours de l'action il reçoit une seconde balle au bras; son capitaine veut le faire retirer; Dugoyen secoue son bras : « Il n'est pas coupé; je veux me venger, et renvoyer à ces j... f.... la balle que j'ai reçue; » et il continue à se battre.

» Le citoyen Palacio, sergent au 1er bataillon des chasseurs des Montagnes, marchait en colonne avec sa compagnie; il se détache à la course avec Belard et Marcadet; Palacio reçoit un coup de feu et dit : « Je meurs... mais ils fuient. »

» Le citoyen Magaillon, sergent de la première compagnie du 1er bataillon des chasseurs des Montagnes, étant de patrouille à la Croix de Hendaye, voit arriver deux colonnes ennemies; il est forcé de battre en retraite avec son détachement. Une colonne de grenadiers avance pour les couper; Magaillon se bat avec opiniâtreté. Resté seul, il est pris par trois grenadiers espagnols : l'un d'eux prend des cordes pour le lier; il profite de cet instant, prend sa carabine par le bout du canon, en renverse deux dans un fossé, tire sur le troisième qu'il tue, va rejoindre ses camarades, et revient à la charge, à la tête de sa compagnie.

» La Convention ordonne l'insertion au Bulletin de ces divers traits de bravoure, et en décrète la mention honorable au milieu des applaudissements. »

— « Les citoyens venus des départements pour apprendre la fabrication du salpêtre entrent dans la salle au bruit du tambour. (On applaudit à plusieurs reprises.)

» *Un membre de la municipalité de Paris, placé à la barre* : Représentants d'un peuple libre, au nom de la patrie vous avez appelé dans les murs de Paris un grand nombre de républicains pour suivre les cours révolutionnaires des salpêtres, poudres et armes. Votre décret n'a pas été prononcé en vain; partie de cette jeunesse, toute remplie de zèle, en a devancé le terme, et l'autre n'a pas tardé à suivre ce grand exemple. L'art de fabriquer du salpêtre, de la poudre et des canons a paru sous le règne des tyrans un art très-difficile. Le besoin de la République, le génie de la liberté, ont vaincu toutes les difficultés. Voilà dix jours que nos frères des districts sont au milieu de nous; voilà dix jours qu'ils étudient l'art difficile de fabriquer du salpêtre, de la poudre et des canons, et grand nombre d'entre eux sont en état de remplir la tâche importante que l'on doit leur confier.

» Que les esclaves et les tyrans comparent ces progrès subits du génie du républicain français avec la marche lente des hommes qui sont constamment courbés sous le joug, et qu'ils jugent (s'il leur est possible) la puissance d'une république lorsque tous les membres qui la composent sont animés du même esprit.

» Tremblez, tyrans! fuyez, esclaves! les foudres s'apprêtent, la République les fabrique, et bientôt il ne restera plus de vous qu'un souvenir éloigné, et assez fort cependant pour maudire le temps où vous avez existé. (Vifs applaudissements.) »

— « Des citoyens présentent à la Convention la veuve d'un ouvrier qui a péri en travaillant au salpêtre, et demandent pour elle des secours.

» La Convention accueille cette citoyenne avec attendrissement et lui accorde un secours provisoire. »

— « Un membre obtient la parole pour une motion d'ordre. Il parle sur la nécessité de détruire les bêtes fauves, comme les loups, les renards, les blaireaux, etc., qui ravagent les moissons et les troupeaux. Il propose de décréter que la chasse sera faite à ces animaux à une époque fixe et à une heure déterminée.

» *Lacroix* (de la Marne) : Les bêtes auxquelles il faut faire la chasse sont les léopards de l'Angleterre, les aigles de l'Autriche et les marmottes de la Savoie. (On applaudit.) Cependant, comme le projet du préopinant peut renfermer des vues utiles, j'en demande le renvoi au comité d'agriculture.

» *Fayau* : Je ne puis croire que le membre qui est maintenant à la tribune ait parlé autrement que par figure. Sous le nom des loups et des renards il a sans doute voulu désigner les différentes espèces d'aristocrates. Il y en a en effet de toutes les couleurs : les loups sont ceux qui, la tête levée, dévorent le peuple et sa substance (on applaudit); les renards sont les fins matois qui enlèvent les meilleures volailles pour empêcher les sans-culottes de mettre la poule au pot, et à qui aucune ruse renardine n'est étrangère pour diviser les patriotes (on applaudit); les blaireaux sont les aristocrates qui, moins hardis que les premiers et moins adroits que les autres, se cachent le jour et courent la nuit pour assassiner le peuple. (On applaudit.) Le même membre a dit qu'il fallait donner la chasse à ces animaux carnassiers depuis huit heures du matin jusqu'à neuf heures du soir; moi, je dis qu'il leur faut courir sus depuis une aurore jusqu'à l'autre. (Vifs applaudissements.) Oui, point de relâche à nos ennemis, poursuivons-les l'épée dans les reins jusqu'à ce qu'ils soient tous exterminés. (On applaudit.)

» La Convention renvoie le projet présenté à son comité d'agriculture [1]. » (*Moniteur* du 12 ventôse.)

Le représentant Cusset mérite de figurer à côté de Fayau. Voici un billet adressé à Pache qui est coulé dans le métal jacobin. Il fait partie des manuscrits de la Bibliothèque impé-

---

[1] Cet incident joyeux prouve que les plus cruels Montagnards savaient trouver entre deux exécutions le petit mot pour rire. Ce facétieux Fayau arrosait de sang ses bons mots. — L'épisode que nous rapportons appartient à la séance du 11 ventôse.

riale. On trouve là plusieurs lettres du même représentant qui demande toujours des passe-ports. Cusset n'a pas fini comme Fayau, mort riche et heureux. Il a été guillotiné en 1796, après l'affaire du camp de Grenelle.

« L'ami Pache que je n'ai jamais oublié se rappellera de moi et donnera à son pareil un passeport il est husard par conséquent brave, il lui faut une tranquileté elle est en tes mains c'est assez.

» CUSSET, représentant du peuple.

» Le 10 ventôse l'an des hommes libres. »

---

11 VENTÔSE (1ᵉʳ MARS).

Rapport du citoyen Le Breton, commissaire observateur à Paris.

« Hier, sur la place de la Révolution, j'ai vû un grouppe assez considérable composé d'hommes et de femmes, s'appitoyer sur le sort de deux individus qu'on alloit guillotiner; et je leur ai entendu dire : *Eh! mon Dieu! quand serons-nous las de verser du sang!* Un autre répondoit : Quand nous n'aurons plus de coupables. Un autre : *La mort d'un homme coûte bien peu! Si l'on guillotinoit pour penser,* disoit un autre, *combien de gens a faire périr!* Enfin, un autre a dit : *Ne parlons pas si haut, on pourroit nous écouter et nous pincer.* Ce sont selon ce que j'ai pu entendre (par le reste de la conversation) de Arcourt imprimeur. »

---

12 VENTÔSE (2 MARS).

Ordre général.

«Le Conseil général, par son arrêté d'hier, invite les citoyens de service à mettre en arrestation dans les plus prochains corps de garde ceux et celles qui refuseront de se soumettre à son arrêté et de les y retenir jusqu'après la distribution de la viande. J'espère que les citoyens qui aiment le bon ordre dispenseront la force armée de cet acte de rigueur. Vous fûtes sages à la porte des boulangers, faites encore ce que vous avez fait dans ce tems-là; servez-vous d'un cordon, tenez-le de mains en mains, et que la force armée soit simplement spectatrice de votre amour pour la tranquilité sociale. Apprenez aux autres peuples que dans notre patrie la raison établit son règne sans le secours des piques et des bayonnettes; je compte sur vous et sur votre attachement à la République. . . . .

» Le service général à l'ordinaire. Signé à l'original : HANRIOT, commandant général. »

Rapport de Bacon.

— « L'assemblée populaire de la section de Bondy étoit très-nombreuse, et toutes les tribunes étoient remplies de femmes. On a nommé à haute voix un président appelé *Fronsin,* bon patriote, d'après ce que disoient les citoyennes. On a ensuite lut des décrets de la Convention et différens arrêtés du comité de salut public. Des commissaires nommés pour accompagner chez le ministre de la guerre le cavalier fourni par la société ont annoncé qu'on l'avoit trouvé trop petit, vu qu'il n'a que 5 pieds trois pouces justes (brouhaha et bruits). Comme ce cavalier est au fait du cheval, qu'il est un ardent républicain, et que la société répond de son patriotisme, il s'est élevé de grandes discussions. Enfin, après des cris, des propos, et des motions faites de part et d'autre, on a arrêté qu'on présenteroit ce même cavalier, armé, équipé et à cheval, au ministre, persuadé, a-t-on dit, qu'un homme à cheval gagne beaucoup; qu'ensuite, et attendu que dans les circonstances actuelles on ne devoit pas regarder de si près, le cavalier, en cas d'un nouvel examen, pourroit mettre un jeu de cartes sous ses bas pour paroître plus grand. Tel est l'arrêté qui a été pris concernant le cavalier, aux cris de Vive la République! (L'esprit public m'a parut bon.)

» L'assemblée populaire de la section du faubourg Poissonnière étoit assez nombreuse. On a parlé longtemps du cavalier que la société doit fournir. Comme il n'y avoit que 800 ᵗ de recette pour son équipement, la société se trouvoit dans l'embarras. Alors un citoyen appelé *Minel* a donné de suite 400ᵗ pour finir l'armement du cavalier. Cette offre a été acceptée, et il a été arrêté que le 15 courant le cavalier seroit monté et équipé, et le même jour présenté aux législateurs. Ce même jour aussi, on présentera au sénat plusieurs pains de salpêtre, en annonçant que cette opération va au mieux dans la section du faubourg Poissonnière. On a aussi communiqué à la société l'adresse qui sera lue à la Convention, laquelle m'a parut très-révolutionnaire. Elle commence ainsi : *Guerre aux tyrans! paix aux chaumières!* et finit par un attachement inviolable pour nos respectables représentans. (Toute la séance a été consacrée pour l'armement du cavalier.)

» La société populaire de la section du Nord a prêté son local pour le recensement des femmes qui ont droit au bénéfice de la loy. J'ay entendu des citoyennes qui bénissoient la Convention.

» Dans les caffés on a beaucoup parlé de ceux qu'on a guillotinés. Chacun fesoit sa version.

» Toute la matinée j'ay parcouru les environs de Menil-Montant, et tout m'a paru tranquille. »

Rapport de Pourvoyeur.

— « Cette après midy, sur la place de la Révolution, tandis que l'on guillotinait plusieurs particuliers, une citoyenne dit : *Quel horreur!* Plusieurs citoyens qui l'entendirent cherchèrent querelle à cette citoyenne sur le mot qu'elle venait de dire. Que prétendés-vous dire par là? Est-ce que vous êtes fachez que l'on punissent les conspirateurs ? Non, dit-elle; mais je voulais dire qu'il était étonnant que depuis que l'on guillotine comment cela ne corrigeat pas les autres.

» Le peuple disait, en voyant monté à l'échafaud des paysans : Comment ces scélérats se sont-ils laisser corrompre ? Si c'était des nobles ou des riches, l'on ne s'étonneraient pas qui fussent des contre-révolutionnaires; mais dans cette classe, l'on doit s'attendre à trouver des patriotes. La loi est juste, disaient-on; elle frappe indistinctement le riche comme le pauvre. L'on applaudit toujours à tous les jugemens du tribunal révolutionnaire.

» Plusieurs citoyens observaient dans un grouppe que souvent il dépendait de la manière de poser les questions pour éclairer la conscience des jurés et rendre plus ou moins coupable un individu, et l'on observe que le tribunal du département pose les questions d'une manière à embarrasser les jurez et souvent les empêcher de prononcèrent.

» L'on observait encore que l'on ne devraient pas laisser les gardiens aux individus mis en état d'arrestation si long-tems, ils pouvaient gagner leur confiance soit par de l'argent ou quelques autres moyens. »

Extraits des rapports de Perrière et de Bérau.

« *Beurre.* — Hier, toutes les marchandes de la halle en étaient abondamment pourvues; cependant la garde était à leur porte, et il se vendait par tour.

» On a arrêté la mère, le fils et la fille, qui étaient venus se mettre en rang pour obtenir davantage de cette denrée que l'on distribuait par demi-livres.

» On a aussi conduit en prison plusieurs femmes à qui on en a trouvé dans leurs poches bouffantes jusqu'à dix demi-livres, cinq de chaque côté.

» *Poisson.* — Il est extrêmement cher, et un méchant petit merlan se vend jusqu'à 15 et 20 sous. Ce qui occasionne cette cherté, c'est que tout le monde s'y jette, et qu'outre le carême républicain il y a encore des sots qui suivent le carême romain. Le vrai patriote sçait se prêter à la situation des choses; il se nourrit de poisson quand la viande est rare, et de viande quand le poisson est moins abondant. Or la viande, au moins dans quelques quartiers, n'a point du tout manqué ces jours-ci; car outre le boucher attitré aux malades dans chaque section, il s'en est distribué chez quelques autres marchands.

» *Volaille.* — Elle se maintient toujours à un très-haut prix. Un dindon moyen, jadis de 4^t, en coûte actuellement 25^t. On n'a voulu lâcher un très-petit chapon qu'au prix de 9^t 10 s., etc. Ainsi du reste proportionnellement. Il paraît qu'en suivant cette marche de juifs, la Vallée se tient plutôt pour les habitants de l'intérieur que pour ceux des bords de la Seine, comme c'est malheureusement arrivé déjà plusieurs fois.

» *Pommes de terre.* — Elles ne manquent pas, mais elles sont chères : les rouges valent au moins 5 et souvent 6^t.

» *Lait.* — Cet aliment subit le sort de tous ceux qui n'ont pas encore manqué; c'est de suppléer à ceux qui manquent, et d'être recherché par des personnes qui auparavant ne songeaient guère à s'en nourir. Les queues sont nombreuses et dans les basses-cours, quoiqu'il se vende jusqu'à 24 s. la pinte. Une mère de famille qui en prenait une pinte n'a pu en obtenir hier qu'une seule chopine.

» *Charbon.* — La foule recommence autour de cette marchandise; on se plaignait de ce que chaque objet de première nécessité devenait une cause de perte de tems considérable; tout est fort cher, disait-on; on ne gagne presque rien, et encore faut-il perdre un grand nombre de ses journées : queue pour le beurre, queue pour le bois, queue pour le charbon et queue pour tout. Les personnes qui parlaient ainsi avaient un air de très-bonne foi, quoiqu'il arrive souvent que ces Raminagrobis soient précisément les plus faux de tous les agens de l'aristocratie, et leur ton mielleux sympathique et vrai en impose bien plus au peuple qu'un ton d'aristocratie déterminée qui les ferait sur-le-champ honnir et chasser.

» Il est pourtant vrai de dire qu'avec d'autres mesures on pourrait économiser davantage le temps précieux du journalier : 1° Les numéros donnés pour aujourd'hui devraient servir le lendemain en prouvant que la personne ne s'est point absentée, mais que seulement le tems n'a pas permis de la comprendre dans la première distribution; au lieu de cela, on voit des mères de famille qui, après avoir fait des stations de plusieurs heures à la porte d'une barraque et souvent la pluye sur le dos, sont obligées de s'en retourner sans la perspective qui serait au moins pour elles une consolation d'être servies le lendemain plutôt que le premier venu.

» 2° Les jours sont actuellement assez longs pour que les marchands ne ferment qu'à six heures, et cependant ils ferment au coup de 5 heures, au grand mécontentement des citoyens qui ne sont pas encore servis et qui pourraient tous l'être pendant ce reste de tems précieux qu'accorde le soleil ; c'est ainsi que la stupidité ou la méchanceté des hommes rend inutiles tous les moyens que la nature leur donne de mieux s'entendre et d'être plus heureux.

» *Prix approximatif du bœuf rendu à Paris.* — En supposant qu'il arrive de cinquante lieues et qu'il a coûté neuf sols dans l'endroit (ce qui est un prix très-raisonnable même pour les circonstances ou nous sommes), il en coûtera treize après son voyage, terme d'où l'on doit partir pour fixer un profit raisonnable au boucher de Paris.

» C'est un membre d'un grouppe qui parlait ainsi ; était-il de bonne foi, ou n'était-ce qu'un intéressé qui cherchait d'avance à rendre l'opinion publique favorable à un prix supérieur à celui qu'indiquerait le nouveau *maximum* que l'on attend ? Je l'ignore, car ces agents du diable sont diablement difficiles à pénétrer, et d'ailleurs il fesait nuit.

» *Esprit du peuple.* — Il murmure dans quelques quartiers..., et dans d'autres il montre du courage et de la résolution; c'est ainsi qu'il disait qu'il voyait bien que cette disette factice était un nouveau moyen employé pour le fatiguer, mais qu'il ne satisferait pas ses ennemis, et qu'il prendrait patience. »

— « Il n'y a qu'un moyen, disait-on au caffé des grands hommes sur le boulevard, pour ne pas être arrêté : c'est de cabaler pour entrer dans les comités civils et révolutionnaires lorsqu'il vaque quelque place.

» Avant que ces derniers ne fussent salariés, personne ne voulait y entrer; une fois qu'ils l'ont été, on s'est disputé à qui serait nommé, et ce sont ceux qui ont quêté des voix de porte en porte qui ont eu les suffrages. Croyés-vous que plusieurs de leurs motions, a répondu un autre, n'auraient pas été rejettés lors de leur épuration à la Commune, s'ils n'eussent pas été appuyés par quelques officiers municipaux? N'en doutés-pas, car le conseil général en a admis plus d'un. »

Rapport de Charmont.

— « Les comités civils des sections se plaignent de ce qu'on les surcharge de besognes et qu'on ne parle pas de les indemniser, et que la plupart sont des sans-culottes fort peu fortunés, et qu'ils ne peuvent sacriffier leur tems tout entier, attendu qu'il faut qu'il vive et qu'ils ont déjà fait leurs représentations et que l'on ne les écoute point. La plupart ont déjà donné leurs démissions, motivé sur ce qu'il faut qu'il travaille pour vivre. On s'apperçoit déjà qu'il faut absolument renommer des citoyens riches à leur place, et ce n'est pas ce que veullent les sections. Le veu se prononcent partout pour qu'ils soient payé, on est même étonné que l'on tarde tant à rendre ce décret. Le citoyen Montborgne est beaucoup regretté dans la section Chalier; on assure qu'il n'est point coupable dans l'affaire du faux maximum, que c'est *Millin*, journaliste, qui la induit en erreur [1]. On a fait aujourd'hui à la halle une grande distribution de beurre et d'œufs ; on porte les œufs au nombre de cinq à six milliers : cela a beaucoup calmé le peuple. Il faut espérer, disoit-il, voilla deux jours qu'il arrive des provisions à la halle, il faut espérer que cela continuera. On prétend que le faux maximum est déjà colporté dans les départemens; tout ce que l'on craint, c'est qu'il n'arrive quelque soulevement à la nouvelle arrivée du vray, et on assure que ce plan avoit été concerté pour faire décrier contre la Convention et faire acroire qu'elle trompe le peuple. On regarde cela comme un nouveau complot de découvert; que si il ne l'avoit pas été, auroit été dans le cas de nous faire déclaré une seconde Vendée peut-être plus dangereuse que la première, en ce que celle-ci a pour but les subsistances, et que l'autre il n'étoit question que d'un roy ou tyran.

» Le trop grand zelle peut nous perdre, c'est ce qui arrive dans la société populaire de la section Chalier; l'envie d'avoir des places fait qu'il se dénonce les uns après les autres, de manière qu'à chaque assemblée il y a des disputes interminables, et les assemblées n'ont produit aucun bon résultat; et dans les autres sections c'est aussi de même. On assure que si l'on eut point salarié les comités révolutionnaires, ainsi que d'autre places, les citoyens ne seroient pas aussi acharnés à se dénoncer, et qu'aussi l'action révolutionnaire n'auroit pas eu le degré de force qu'elle a. »

13 VENTÔSE (3 MARS).

Rapport de Bacon. — Les clubs.

— « L'assemblée populaire de la section de Bon-Conseil étoit très nombreuse, et beaucoup de monde aux tribunes;

[1] Serait-ce par hasard Éleuthérophile? Alors il l'a échappé belle.

on a continué l'épuration des membres de la société. J'ay remarqué que sur 26, 7 avoient été admis. Un citoyen, marchand de tabac, âgé de 68 ans, qui a toujours fait son service, a été rejetté pour avoir appelé le président de la société *monsieur*, et pour avoir parlé à la tribune la tête nue. Des membres ont prétendu, d'après cela, qu'il ne pouvoit être qu'un modéré, et ont demandé le rejet. (Adopté.) Les femmes ont crié et fait tapage. Un autre membre, évantaliste de son état, reconnu pour un des meilleurs patriotes, faisoit des bânboches (expression des citoyennes) lorsque le président l'interpelloit. Comme il a été ajourné à la première assemblée, des membres ont prétendu qu'un homme reconnu pour vrai républicain ne pouvoit être ajourné. (Bruit... bruit... et confusion.) Alors l'évantaliste a dit : Adieu, mes amis; gardez votre censure, je me censureray bien moi-même. (Bruit d'un côté, rire d'un autre.) On a passé à l'ordre du jour. Pendant ce bruit, les citoyennes disoient : Cela ne peut durer comme cela; tout se fait ici par compère et par comère (on jugera de l'esprit public d'après ce que je viens de dire). Toute la séance a été consacrée à passer au creuzet une partie des membres de la société.

» L'assemblée populaire de la section des Lombards étoit très-nombreuse, et surtout beaucoup de femmes (je dis ici par observation qu'il y a toujours beaucoup de femmes du petit peuple aux assemblées populaires de cette section). On a passé à la censure différens membres de la société. Un citoyen, commis-expéditionnaire à l'administration des habillemens, ayant obtenu son certificat de civisme signé de 10 membres du comité révolutionnaire, ensuite visé à la Commune, a été rejetté, quoique 8 citoyens eussent attesté que c'étoit un honnête homme et un vrai républicain. Des membres connus ont attesté, sur leur honneur, qu'au 31 may il avoit eû de vives querelles avec des fédéralistes pour avoir pris le parti de Marat; d'autres on dit qu'ils le connoissoient dès son enfance, et que s'il n'étoit pas venu aux assemblées avant le 10 août, c'est qu'il n'étoit pas citoyen actif. Ce pauvre malheureux (et les femmes disoient : C'est un des meilleurs patriotes) a été obligé de rendre sa carte pour avoir lancé une diatribe à un citoyen qui l'insultoit. Ce citoyen, que j'ai déjà regardé comme un hypocrite et dont j'ai parlé dans un de mes numéros, s'apèle *Legüet* (car aujourd'huy j'ai seu son nom), tailleur fripier, rue des Lombards; il a fait feu et flâme contre les commis. (Aussi les femmes disoient-elles à haute voix : Il chasse tous les bons patriotes de l'assemblée. Comment voulez-vous que nos affaires aillent bien?) Les citoyennes ont été rappelées à l'ordre. (Bruit, confusion, désordre et sottises chez les femmes, qui disoient aussi que le tailleur disoit partout qu'il feroit renvoyer de la société populaire tous ceux qui ne lui plaisoient pas.) Enfin, après deux bonnes heures de désordre, le commis s'est retiré le cœur navré de douleur et versant des larmes. (Il y a bien des intrigants dans cette assemblée et qui sont reçus membres, car j'ay remarqué que ce sont toujours les mêmes hommes qui induisent en erreur les autres.)

» L'assemblée populaire de la section des Droits de l'homme étoit très-nombreuse. On a commencé par épurer la société. La séance a été orageuse. Un membre du comité révolutionnaire ayant donné sa démission, les autres membres ont présenté à la société, pour le remplacer, un citoyen apelé *Alexandre*, qui n'a pas eu les suffrages de tout le monde. (Bruit... désordre, et l'heure de 11 heures du soir, ont fait ajourner le tout.) On a lut des arrêtés du comité de salut public. On a parlé de la viande. Je crois inutile de dire ici ce qu'on a dit. »

— « La difficulté qu'on a de se procurer les choses les plus communes et de première nécessité donne lieu déjà à de violents murmures. Le spectacle de plusieurs femmes blessées dans les rassemblements qui se forment aujourd'hui à la porte de touts les marchands a soulevé le peuple dans plusieurs quartiers. Dans la distribution des moindres denrées c'est la force qui décide, et plusieurs femmes, ce matin, ont failli à perdre la vie pour obtenir un quarteron de beurre. Des hommes salariés sans doute par les riches accapareurs se glissent dans les rassemblements.....

» *Signé :* Latour-Lamontagne. »

14 ventôse (4 mars).

Ordre général.

« La surveillance des comités révolutionnaires réunie avec celles des patrouilles de la force armée, fait des découvertes d'accapareurs et accapareuses ; les magistrats ne laisseront pas impunis de tels criminels.

» Le service général à l'ordinaire. Signé à l'original : Hanriot, commandant général. »

Rapport de Dugas.

— « Les bouchers, ou du moins quelques uns d'entre eux, fournissent de la viande à raison de 25 sous la livre, avec beaucoup de réjouissance, ce qui la porte à trente sous au moins. C'est dans la rue des Bons-Enfans que quelques personnes s'en sont procurées à ce prix.

» Le poisson, le gibier et la volaille ne manquent pas, mais ils augmentent tous les jours de prix.

» Des vieillards, des femmes, des enfans assiégent partout les passans pour leur demander l'aumone.

» Jamais les traiteurs, restaurateurs et ceux qui *donnent à manger* n'ont eu autant de pratiques. La pluspart de ceux qui tiennent ménage vont manger chez eux ; on est sûr d'y faire gras ou maigre, à son choix.

» Ce n'est pas de ceux qui peuvent fréquenter ces auberges que l'on doit s'inquiéter, il leur en coûte quelque chose de plus, et il n'y a pas grand malheur; c'est, dit-on, de la subsistance du pauvre, qui n'a, qui ne peut avoir ni viande, ni poisson, ni harricots, ni lentilles, ni beurre, et qui seul a fait et soutient la Révolution. »

Barère donnait satisfaction au vœu populaire dans la séance de la Convention du même jour. Nous empruntons au *Moniteur* du 17 ventôse quelques passages de son compte rendu :

« *Barère*, au nom du comité de salut public : La loi du 2 nivôse, qui obligeait tous les cordonniers de la République à travailler exclusivement pour nos frères d'armes, a produit une quantité de souliers considérable, très-bien conditionnées; ils ont été mis en dépôt pendant l'hiver, afin de les trouver à l'ouverture de la campagne, et les ordres sont donnés maintenant pour les faire parvenir sans délai aux armées. Mais la consommation énorme de ces effets d'équipement et de première nécessité est si grande qu'il faut absolument s'occuper très-promptement de remplir les magasins de nouveau. C'est pour cela que le comité de salut public propose le projet de décret qui, en obligeant les cordonniers à fournir périodiquement une certaine quantité de paires de souliers, leur laisse le temps de travailler pour satisfaire aux besoins des autres citoyens.

» Le comité de salut public saisit cette occasion pour vous faire part d'un nouvel acte de dévouement donné par nos braves frères d'armes.

» Affecté de la pénurie générale de cuirs et de souliers, le comité fit, au commencement de l'hiver, une invitation aux diverses armées pour engager les volontaires à porter des sabots dans les moments où ils ne seraient pas de service. Cette exhortation a été adoptée avec tant de zèle et de dévouement qu'on a épargné par là plus de cinq cent mille paires de souliers, et que si l'on eût pu se procurer des sabots en suffisante quantité, on en aurait épargné le double.

» Voici le projet de décret :

« La Convention nationale, sur le rapport de son comité
» de salut public, décrète :

» Art. Ier. A compter du 20 de ce mois et pendant la
» durée de la guerre, chaque ouvrier cordonnier sera tenu
» de fournir et déposer à l'administration de son district res-
» pectif deux paires de souliers par décade, faits et condi-
» tionnés comme il est prescrit par la loi du 2 nivôse, sous
» peine de 100 liv. d'amende.

» II. Les administrateurs prononceront cette peine sur
» le rapport de l'agent national du district, lequel est chargé
» spécialement et sous sa responsabilité personnelle de l'exé-
» cution de la présente loi, dont il rendra compte chaque
» décade à la commission des subsistances et approvisionne-
» ments.

» III. Ces souliers seront payés suivant le même mode
» que ceux qui ont été faits en vertu de la loi du 2 nivôse ;
» en conséquence, la commission des subsistances et appro-
» visionnements fera connaître à la trésorerie nationale les
» sommes qu'il faudra faire parvenir aux receveurs des dis-
» tricts pour le payement de ces souliers. En attendant, les
» administrateurs sont autorisés à faire les avances néces-
» saires, et même, en cas d'urgence, à prendre les fonds
» indispensables dans les caisses de la régie nationale de
» l'enregistrement. »

» Ce projet de décret est adopté.

» *Charlier :* Les cuirs ne manquent pas, mais ils sont accaparés par les gros tanneurs, qui empêchent par là les petits tanneurs de travailler pour la République.

» *Barère :* La commission des subsistances s'occupe de cet objet, et demain nous vous présenterons les moyens de tirer momentanément de la réquisition les tanneurs, pour les occuper à travailler les matières que l'on découvre tous les jours. Des commissaires sont nommés pour faire le recensement des cuirs, du sucre et du savon ; car ces objets ne nous manquent que parce qu'ils sont cachés. A Marseille, on a trouvé du savon pour des millions; à Bordeaux, on a trouvé une quantité extraordinaire de sucre, et Tallien, qui m'entend, attestera combien nous sommes riches à cet égard. Si on avait eu des charrettes et des chevaux, déjà plus de deux cents voitures de sucre seraient arrivées à Paris. (On applaudit.)

» Le comité de salut public me charge de présenter à l'approbation de la Convention nationale l'instruction sur le *Tableau général du maximum* que vous avez demandée par votre dernier décret sur le *maximum*. Ce sont des détails dont vous allez vous occuper; mais rien n'est minutieux quand il s'agit de l'intérêt des citoyens les moins fortunés et de ce qui touche aux premiers besoins du peuple. Je vais vous présenter des objets qu'il est urgent de publier et qui doivent être insérés en tête des tableaux du *maximum*. Tout s'agrandit sous les regards du peuple et sous le rapport de ses besoins premiers. Le comité n'a fait qu'un amendement à ce qui concerne les 5 pour 100 du marchand en gros. Ils ne doivent être pris que sur les prix maximés seulement.

» L'instruction est lue et approuvée par la Convention ; elle sera imprimée à la tête des tableaux du *maximum*.

» *** : La loi sur le *maximum* des denrées accorde 5 pour 100 de bénéfice aux négociants en gros. Ce gain est beaucoup trop grand; il tirera cinquante fois par an 5 pour 100 de son argent. (On murmure.) Je demande que leur bénéfice soit porté à 2 pour 100.

» *Barère* : Ce que nous voulons faire, c'est de guérir le commerce qui est usuraire, monarchique et contre-révolutionnaire; mais pour cela il faut le saigner, et non le tuer. (On applaudit.) » (*Moniteur* du 17 ventôse.)

Rapport de Perrière.

Divorce. — « Dans une pièce intitulée *les Dragons en cantonnement*, laquelle fait suite à celle connue sous le nom de *les Dragons et les Bénédictines*, il y a une scène où s'élève une dispute entre deux femmes sur le compte d'un homme qui étoit le mari de l'une et l'amant de l'autre. ..... « Et le divorce !..... répond l'amante aux objections de l'épouse..... Le divorce ! réplique celle-ci,.... les loix en permettent l'usage, mais les mœurs le proscrivent. » Il est étonnant de quels applaudissements forts et universels cette réplique a été suivie et en quelque sorte couronnée.....

» Qu'il est beau de voir un peuple dont la légèreté, dit-on, et la galanterie font le caractère, rejetter pour ainsi dire les moyens que la loi elle-même lui présente de suivre cette galanterie et cette légèreté ! Avoit-on méconnu ce peuple, ou si c'est à la Révolution glorieuse qu'il doit déjà ces heureux changements dans sa manière de voir et de sentir[1] ? Ce qu'il y a de certain, c'est qu'une telle opinion et de telles affections sont dignes d'entrer et même doivent nécessairement entrer dans le caractère du républicain. En effet, l'union constante entre deux époux suppose dans l'un et l'autre des qualités de cœur et d'esprit dont plusieurs sont nécessaires à la conservation de même qu'à la conquête de la liberté.

» Tel est le bien que suppose et que produit la constance du mariage. Quelle liste nombreuse ne pourroit-on pas offrir des vices de cœur et de caractère que l'on peut inférer de l'usage du divorce et des mortels inconvénients qui l'accompagnent !... »

---

[1] Nous n'avons pas besoin d'insister sur cette remarque de l'observateur. La Révolution française a fortifié la gravité, a relevé la dignité du mariage par le divorce. Le relâchement des mœurs dans le mariage était extrême. On a dégagé l'institution en permettant que le lien cessât d'être indissoluble ; la grandeur du scandale a été diminuée ; le divorce vaut mieux que l'adultère : c'est tout l'éloge que nous voulons en faire.

Rareté du blé à Mantes et dans ses environs. — « Les habitants de ces lieux sont réduits à une demi-livre de pain par jour, suivant le rapport que m'en ont fait des campagnards qui en venaient; ils sont maintenant obligés de réserver pour eux-mêmes les grains, légumes ou autres substances qu'ils donnaient auparavant à leurs bestiaux. »

Disposition des ouvriers. — « Les garçons maçons et charpentiers ne veulent plus travailler que moyennant 6ᵗ par jour; de décade en décade, ils augmentent de 10 s. Il en est de même des manœuvres dans ces deux états; ils sont parvenus à se faire payer leur journée 3ᵗ 10 s. Si l'on fait difficulté d'acquiescer à leurs demandes immodérées, ils menacent de ne plus travailler... C'est ainsi qu'en m'en revenant hier au soir sur les 9 heures, j'entendis des ouvriers rassemblés, au nombre de sept à huit, au coin d'une rue, jurer entre eux de ne point retourner à l'ouvrage; cette résolution de leur part était due probablement à un refus d'augmentation de la part de leurs maîtres.

» On crie de tous côtés contre cette tyrannie des ouvriers; on espère, on attend que le prix de leurs journées sera taxé dans le nouveau *maximum,* dont toutes les dispositions, dit-on, seroient illusoires si la main-d'œuvre, qui est une marchandise comme une autre et qui fait la base nécessaire du prix de tous les autres objets, n'étoit comprise dans ces dispositions et réduite à un taux proportionnel. »

Assistance des ouvriers aux assemblées de sections, et indemnité qui leur est accordée pour cela. — « Des gens apparemment intéressés à écarter des assemblées cette classe intéressante et naturellement amie d'une révolution toute populaire, s'efforcent de faire supprimer pour ces citoyens peu aisés la somme modique par laquelle la Convention, toujours juste et humaine, a prétendu les dédommager d'une portion de leur tems si précieux.

» Ce qui peut aussi avoir donné lieu à ce dessein de la part de ceux qui cherchent à l'exécuter, c'est probablement la conduite de ces ouvriers eux-mêmes, qui, venant exactement se faire inscrire au commencement des assemblées pour obtenir leur quarante sols, sortent pour aller boire pendant presque tout le tems des débats et des discussions qui pourraient les éclairer, et où le législateur a prétendu qu'ils fussent eux-mêmes les sentinelles de leurs propres intérêts,... sortent, dis-je, et ne rentrent qu'à l'instant de reprendre leur carte et de recevoir leur paye.

» C'est ici le cas de faire voir à ces hommes peu favorisés de la fortune, et à tout ceux qui pourraient en douter, que le sans-culotisme, qui n'est autre chose que cette affection par laquelle on s'unit au sort de ses semblables, ne doit point se mesurer sur le degré d'aisance, et n'est donné ni au pauvre ni au riche, mais est une disposition précieuse du caractère et le fruit d'une éducation nationale.

» On ne peut s'empêcher de rappeler à ce sujet par quels sentiments plus nobles se sont conduits et se conduisent tous les jours les citoyens de la section des Sans-culottes, qui refusèrent constamment l'indemnité offerte par la loi, ne voulant point, disaient-ils, être appellés les patriotes de quarante sols ; une telle délicatesse suppose le sentiment et l'amour de ses droits, aussi ces braves gens sont-ils les plus exacts à se rendre à leur assemblée, et se montrent-ils des barrières redoutables à toute entreprise aristocratique. On conçoit fort bien comment des hommes payés manquent à leur devoir, et comment ceux qui refusent de l'être n'y manquent jamais. »

Ruse villageoise découverte. — « Pommes de *raînête* ! pommes de raînête ! criait avec son accent rustique un paysan pour la probité duquel on se serait donné au diable... Malheureusement le mystère se découvre par un accident : quatre des œufs que recouvraient quelques rangs de pommes tombent du panier et font une omelette inattendue sur le pavé de la place ci-devant Bourbon ; on saisit mon fraudeur et on le conduit au corps de garde voisin. »

Rapport de Latour-Lamontagne.

« Dans tous les groupes, dans touts les caffés, on ne parle que du décret qui ordonne la répartition des biens des aristocrates aux sans-culottes ; cette loi populaire a excité une joye universelle, les citoyens se félicitoient, s'embrassoient les uns les autres. Voilà un décret, disoit l'un, qui vaut mieux que dix batailles gagnées sur l'ennemi. Quelle nouvelle énergie il va donner aux soldats de la liberté! C'est à présent qu'ils pourront dire : Nous avons une patrie et nous combattons pour elle. C'est à présent, disoit un autre, que la République repose sur des bazes inébranlables ; aucun ennemi de la Révolution ne sera propriétaire, aucun patriote ne sera sans propriétés. Les soldats françois, ajoutoit-il, ressemblent aux soldats romains, à qui le sénat distribuoit après la victoire les terres des ennemis vaincus ; il ne reste plus qu'à prévenir les funestes abus qui se glissèrent parmi eux, et qui entraînèrent la ruine de la République. Les riches trouvèrent le moyen d'envahir peu à peu les terres distribuées au peuple, et la misère amena bientôt le despotisme. Il faut que ces fonds sacrés, sous quelque prétexte que ce soit, ne puisse jamais être aliénés par leurs possesseurs, de manière que les citoyens ayent dans tous les tems une propriété qui les attachent à leur patrie. Ces refléxions ont été fort approuvées. »

Extrait du rapport de Rolin.

« Beaucoup de citoiens murmuroient hier de la condamnation à la peine de mort du C. Froullé, imprimeur libraire [1], quai des Augustins. Ils prétendoient qu'il étoit innocent ; entr'autres un citoïen m.^d de porcs, a qui le C. Froullé (dit-on) adressa la parole sur la place de la Révo-

---

[1] Froullé avait été condamné à mort pour avoir imprimé un ouvrage intitulé : *Liste comparative des appels nominaux*, et dans lequel se trouve *la relation des vingt-quatre heures d'angoisses qui ont précédé la mort de Louis XVI*, écrite dans le sens royaliste.

lution, en lui disant qu'il mourroit innocent, assura qu'il le croyoit innocent; il se nomme Marc Dargent, et vend des porcs sur le quai des Augustins.

» On ajoute aujourd'hui que le C. Froullé avoit beaucoup d'ennemis sur sa section, pour sa dévotion, et on soupçonne que se sont ses ennemis qui l'ont dénoncé; mais le fait est qu'il a effectivement imprimé et vendu l'appel nominal ou l'Appel au peuple, avec les Vingt-quatre heures d'angoises du dernier tiran, et que d'autres assurent qu'il étoit l'ami de la Fayette, et qu'il a imprimé divers ouvrages anti-republicains. On assure que le cousin Jacques a composé et fait imprimé des ouvrages peu dignes d'un républicain; or, son imprimeur étoit Froullé.

» La loi du . . . . n'accorde que jusqu'au quinze pluviose pour le dessechement des marais et des étangs. Le citoïen Caillou désireroit un délai de six semaines afin de pouvoir faire venir directement à Paris cinq ou six mille de poisson provenant de la pêche de six étangs dans le district de Sens, proche Villeneuve-sur-Yonne, et ce parce qu'il ne peut avoir une boutique pour déposer son poisson que dans six ou huit jours, autrement il sera forcé de débiter ce poisson à Sens, et Paris sera privé de cet approvisionnement. »

Pour l'intelligence des rapports de police, et afin que le lecteur se rende compte des préoccupations du club et de la rue, nous empruntons encore au *Moniteur* (du 17 ventôse) un passage du compte rendu de la séance du 14 à la Convention, et le compte rendu de la séance des Cordeliers du même jour.

Club des Cordeliers.
SÉANCE DU 14 VENTÔSE.

« Le président fait lecture du prospectus du journal de *l'Ami du peuple*, faisant suite à celui de Marat. Il sera rédigé dans les principes de ce martyr de la liberté, contiendra les renseignements et les dénonciations utiles contre les fonctionnaires publics, et particulièrement contre les mandataires infidèles du peuple. Il ne sera pas à la responsabilité de tel ou tel rédacteur, mais sous la garantie des Cordeliers, et fait par la Société elle-même, qui en répondra à ceux qui voudraient l'attaquer.

» Le tableau des Droits de l'Homme est de ce moment couvert d'un crêpe noir, et restera voilé jusqu'à ce que le peuple ait recouvré ses droits sacrés par l'anéantissement de la faction.

» Un citoyen patriote, et incarcéré par l'effet d'une manœuvre aristocratique, vient remercier les Cordeliers qui l'ont rendu à la liberté et à ses amis.

» *Vincent* : Je vous dénonce une nouvelle faction qui s'élève au milieu de la République pour la déchirer. J'inculpe Lhuillier, Dufourny et plusieurs autres, qui paraissent s'être donné le mot pour établir un système destructeur de modérantisme.

» Dufourny veut finir la révolution comme il l'a commencée. Il s'est opposé de tous ses poumons à la réunion du comtat d'Avignon à la France ; on l'a vu depuis, tapissant tous les murs de Paris, se déchaîner contre l'activité des comités révolutionnaires qui n'avaient encore incarcéré que les aristocrates.

» Vincent, rapprochant ensuite les différentes époques et les différentes expressions de différents orateurs, tels que Chabot, Bazire, Bourdon (de l'Oise), Phélippeaux et autres, y voit une conspiration profondément ourdie, plus à craindre que celle de Brissot, et qui renversera infailliblement la liberté si on ne s'oppose aux projets des factieux, si on ne déploie toute la terreur que la guillotine inspire aux ennemis du peuple.

» *Carrier* : Citoyens, depuis longtemps je suis absent du théâtre de la révolution ; je soupçonne, il est vrai, tout ce que vous avez dit dans votre Société depuis quelque temps ; mais je n'ai rien de certain sur les individus qui voudraient établir un système de modération. J'ai été effrayé, à mon arrivée à la Convention, des nouveaux visages que j'ai aperçus à la Montagne, des propos qui se tiennent à l'oreille. On voudrait, je le vois, je le sens, faire rétrograder la révolution. On s'apitoie sur le sort de ceux que la justice nationale frappe du glaive de la loi. Si un homme est condamné pour des délits étrangers à la révolution, leur cœur nage dans la joie, ils le suivent au supplice; mais si c'est un contre-révolutionnaire, leur cœur se serre et la douleur les suffoque. Mais est-il un délit plus grave que celui de conspirer contre son pays, d'exposer des milliers d'hommes à une mort certaine? Les monstres! ils voudraient briser les échafauds; mais, citoyens, ne l'oublions jamais, ceux-là ne veulent point de guillotine qui sentent qu'ils sont dignes de la guillotine. Cordeliers! vous voulez faire un journal maratiste; j'applaudis à votre idée et à votre entreprise; mais cette digue contre les efforts de ceux qui veulent tuer la République est de bien faible résistance; l'insurrection, une sainte insurrection, voilà ce que vous devez opposer aux scélérats.

» Cordeliers! Sociétés populaires! vous dans le cœur desquels a toujours brûlé le feu sacré du patriotisme, soyez toujours les amis de la révolution; veillez, démasquez les monstres qui voudraient vous anéantir, et la République impérissable sortira victorieuse et rayonnante de gloire du milieu des combats que ses ennemis lui livrent de toutes parts. (Ce discours est vivement applaudi.)

» *Hébert :* Quoiqu'il ne soit guère possible d'ajouter à l'énergie du préopinant, je monte à cette tribune pour y développer les principes. Je vais raconter des faits qui porteront la conviction dans vos âmes, je vais épancher mon cœur en vous disant la vérité tout entière, je vais arracher tous les masques. Vous frémirez quand vous connaîtrez le projet infernal de la faction : il tient à plus de branches, à plus d'individus que vous ne le croyez vous-mêmes.

» Cette faction est celle qui veut sauver les complices de Brissot, les soixante et un royalistes qui tous ont commis les mêmes crimes, qui par conséquent doivent de même monter à l'échafaud. Pourquoi veut-on les soustraire au supplice? C'est que des intrigants se sentent dans le cas de la même punition; c'est que d'autres intrigants veulent rallier autour d'eux ces royalistes, afin de régner sur eux-mêmes et d'avoir autant de créatures.

» Voici l'un des prétextes que l'on a employés pour parvenir à cette fin criminelle. Le capucin Chabot, homme immoral, payé par Pitt et Cobourg, avait reçu de fortes sommes pour vendre son pays aux banquiers. La peur le prend au moment où il venait d'être chassé des Jacobins; il va au comité de sûreté générale comme pour faire une révélation; il est reconnu pour un fripon, arrêté. Cette affaire était bien claire; pourquoi cependant n'en parle-t-on plus? pourquoi n'est-elle pas jugée et dit-on qu'elle est accompagnée d'une telle complication qu'on n'a encore pu juger qu'il s'agissait d'un fripon? Pourquoi Fabre d'Églantine, ce scélérat profond, n'a-t-il point reçu encore le châtiment dû à ses forfaits? Je vais vous dire le pourquoi : c'est que M. Amar est le grand faiseur, l'instrument qui prétend soustraire au glaive vengeur les soixante et un coupables. Il est bon de vous apprendre que M. Amar est un noble, trésorier du roi de France et de Navarre. Oh! pour celui-là, il est bien noble, car il avait acheté sa noblesse deux cent mille livres en écus.

» Il est temps que le peuple apprenne aux fripons, aux voleurs, que leur règne ne durera pas longtemps. Les hommes qui naguère dans des greniers, aujourd'hui dans de bons appartements, dans de bons carrosses, boivent et mangent le sang du peuple, vont descendre et rendre hommage à la guillotine. Au reste, les voleurs font leur métier; ils rendront tôt ou tard à la nation ce qu'ils lui ont volé; et ce sont les meilleurs économes, car tout se terminera par des restitutions.

» *Brochet*, juré du tribunal révolutionnaire : J'observe par motion d'ordre que les biens des aristocrates condamnés à mort par le tribunal révolutionnaire sont confisqués au profit de la nation.

» *Hébert :* Les voleurs, comme je vous le disais, ne sont donc pas les plus à craindre, mais les ambitieux, les ambitieux! ces hommes qui mettent tous les autres en avant, qui se tiennent derrière la toile; qui, plus ils ont de pouvoir, moins ils sont rassasiables, qui veulent régner. Mais les Cordeliers ne le souffriront pas. (*Plusieurs voix :* Non, non, non!) Ces hommes qui ont fermé la bouche aux patriotes dans les Sociétés populaires, je vous les nommerai; depuis deux mois je me retiens; je me suis imposé la loi d'être circonspect, mais mon cœur ne peut plus y tenir; en vain voudraient-ils attenter à ma liberté. Je sais ce qu'ils ont tramé, mais je trouverai des défenseurs. (*Toutes les voix :* Oui, oui!)

» *Boulanger :* Père Duchesne, parle, et ne crains rien : nous serons, nous, les pères Duchesne qui frapperont.

» *Momoro :* Je te ferai le reproche que tu t'es fait à toi-même, Hébert : c'est que depuis deux mois tu crains de dire la vérité. Parle, nous te soutiendrons.

» *Vincent :* J'avais apporté dans ma poche un numéro du *Père Duchesne*, écrit il y a quatre mois; en comparant le ton de vérité dont il est plein à ceux d'aujourd'hui, j'aurais cru que le père Duchesne était mort.

» *Hébert :* Frères et amis, vous me reprochez avec raison la prudence que j'ai été forcé d'employer depuis trois mois. Mais avez-vous remarqué quel système d'oppression on avait dirigé contre moi? Vous vous rappelez comme, dans une Société très-connue, je me vis trois ou quatre fois refuser la parole et comme on étouffa ma voix. Et pour vous montrer que ce Camille Desmoulins n'est pas seulement un être vendu à Pitt et à Cobourg, mais encore un instrument dans la main de ceux qui veulent le mouvoir uniquement pour s'en servir, rappelez-vous qu'il fut chassé, rayé par les patriotes, et qu'un homme, égaré sans doute... autrement je ne saurais comment le qualifier, se trouva là fort à propos pour le faire réintégrer malgré la volonté du peuple, qui s'était bien exprimée sur ce traître[1].

» Remarquez en même temps que tous les journaux sont vendus à la faction, ou par peur ou par argent; il n'y en a pas un qui ose dire la vérité. Le ministre de la guerre avait pris par plusieurs arrêtés douze mille de mes numéros ; on a cherché à faire regarder cela comme une affaire d'argent de ma part, moi qui me soucie d'argent comme de rien ; mais je suis jaloux de propager les bons principes. Or c'est un fait que, dans les temps de crise, de l'affaire d'Houchard et des Philippotins, mes journaux ont toujours été arrêtés pendant que les autres circulaient promptement.

» Ah ! je dévoilerai tous les complots, car je ne vous ai rien dit encore. Comment est composé le ministère ? Un Paré !

» *Vincent :* C'est un nouveau Roland.

» *Hébert :* Un Paré! D'où vient-il? comment est-il parvenu ministre de l'intérieur? On ne sait par quelles intrigues.

» Un Desforgues ! qui tient la place du ministre des affaires étrangères et qu'on appelle ainsi, et que moi j'appelle ministre étranger aux affaires.

» *Vincent :* Un Destournelles ! insignifiant, instrument passif!

» *Hébert :* Tout cela ne suffit pas encore à la faction ; voici le complot qu'elle avait combiné. On doit nommer au ministère de la guerre un Carnot, ex-constituant, Feuillant, frère du Carnot du comité de salut public, imbécile ou malveillant, et général à l'armée du Nord; un Westermann, ce

---

[1] Cette levée de boucliers des Cordeliers fut leur arrêt de mort. Quelques jours après, Hébert, Vincent, Momoro, Boulanger, et autres républicains ardents, étaient envoyés au tribunal révolutionnaire. Il convient de faire remarquer ici que le compte rendu par *le Moniteur* de cette séance des Cordeliers fut déclaré plus tard infidèle. (Lire à ce sujet la séance des Jacobins du 18 ventôse, contenue dans *le Moniteur* du 19.) (L. G.) — Cette déclaration n'était qu'un acte de prudence tardive et suggérée par l'évidence du péril.

monstre couvert d'opprobre. C'est ainsi qu'on veut ressusciter Beurnonville et Dumouriez, pour qu'après avoir vendu les places fortes qui restent au Nord leurs créatures s'échappent dans la bagarre, semblables à des voleurs qui mettent le feu à une maison pour s'échapper à travers les flammes en emportant les spoliations et le fruit de leurs rapines.

» J'aurais à tous ces faits beaucoup d'autres à ajouter, mais ils suffisent bien pour vous éclairer sur la position affreuse dans laquelle on nous plonge.

» Quand soixante et un coupables et leurs compagnons sont impunis et ne tombent pas sous le glaive, douteriez-vous encore qu'il existe une faction qui veut anéantir les droits du peuple? Non, sans doute. Eh bien, puisqu'elle existe, puisque nous la voyons, quels sont les moyens de nous en délivrer? l'insurrection. Oui, l'insurrection; et les Cordeliers ne seront pas les derniers à donner le signal qui doit frapper à mort les oppresseurs. (Vifs applaudissements.)

» *Vincent* : J'observe que je viens de remarquer pendant et après le discours d'Hébert des mines nouvelles, d'autres très-allongées. Je demande que chacun mette sa carte à sa boutonnière, et je vais faire une ronde, accompagné des commissaires épurateurs, afin de démasquer les intrigants.

» On fait une seconde lecture du prospectus du journal des Cordeliers.

» Vincent observe qu'il est bien essentiel d'appuyer sur ce que ce journal n'étant point d'un membre ou d'une commission, mais de la Société entière des Cordeliers, ce n'est qu'à la Société entière que ceux qui auront quelque chose à y répondre pourront s'adresser.

» Plusieurs députations sont admises.

» La séance est levée à dix heures. »

15 ventôse (5 mars).

Ordre général.

« Il y aura demain plusieurs épreuves de bouches à feu, et il partira aussi des caissons pour Thionville.

» Mes frères d'armes, vous voyez toutes les ruses de nos ennemis, toutes leurs menées, dont l'examen seul révolte tout homme qui pense. Républicains, aidez-moi et faittes-moi connaître quels sont les assassins civils qui ont jetté de la volaille à la rivière, decouvrés-les, prenés-les partout ou vous les trouverés, menez-les devant nos magistrats, affin que la loi puisse sévir rigoureusement contre les conspirateurs et les ennemis de la société.

» Veulent-ils encore nous diviser, veulent-ils nous exciter à des excès et nous faire perdre en un moment le fruit de cinq ans de travail?...... Faction criminelle, tu n'y réussiras pas; les sans-culottes sont patiens, purs et vertueux, ils sçauront souffrir pour la liberté, ils sçauront être sobres dans les instans de disette, se priver parce qu'ils sont nés au sein des privations, comme ils sçauront punir les coupables audacieux qui osent lever une tête insolente et criminelle. Union, mes frères d'armes, méprisons les richesses et soyons jaloux de la profession de quelques vertus naturelles.

» J'ai invité le citoyen Pain, membre de la commune, à faire droit à la demande des jeunes élèves destinés à la fabrication des poudres et salpêtres.

» Les patrouilles de section commenceront à sept heures du soir, et se retireront lorsque le repos public sera assuré.

» Le service général à l'ordinaire. Signé à l'original : Hanriot, commandant général. »

Rapport de Perrière.

Promenade. — « Les boulevards, d'une extrémité à l'autre, regorgeaient de monde, qui, s'extasiant sur la sérénité du tems, disaient dans le langage républicain : « Il semble que nous soyons déja en *germinal!* — En voyant cette foule immense, c'était le cas de demander avec ce *simple* tout nouvellement arrivé à Paris, si c'était aujourd'hui la foire,..... ou mieux encore, de se rappeler ce passage de l'hymne sacré des Français : « S'ils tombent nos jeunes héros, la terre en produit de nouveaux, etc. » Il est pourtant vrai de dire qu'il y avait beaucoup plus de coëffes que de chapeaux.

» Mais ce qui fesait plaisir à remarquer, c'est que les citoyens de l'extérieur le plus pauvre et qui n'auraient osé autrefois se montrer dans ses lieux consacrés aux élégans, se promenaient au milieu des riches, la tête aussi haute qu'eux, et même s'il y avait de la modestie, elle était du côté de ces derniers ; mais la fierté n'était pas le seul sentiment qui paraissait animer les sans-culottes ; un air de contentement s'y mêlait, et un étranger n'aurait jamais soupçonné que c'était là ce peuple condamné à tant de sacrifices par sa situation du moment ; mais c'est qu'en effet cette détresse n'est que *momentanée;* le peuple le sçait et se livre d'avance au sentiment du bonheur qui ne peut lui échapper. »

Rapport de Grivel.

« Par une suite du complot formé pour allarmer le peuple sur l'arrivée, l'approvisionnement et la distribution des denrées, et pour amener, par des moyens combinés, le manque de subsistances et tous les maux qui le suivent, des gens égarés ou mal intentionnés continuent d'arrêter les denrées à leur abord à Paris, et forcent les approvisionneurs qui les y apportent, et à la rencontre desquels ils vont sur les chemins, de les leur céder à vil prix. Si les approvisionneurs refusent de les leur livrer, ils sont injuriés, quelquefois battus, et obligés de s'en retourner dans leurs villages, grevés de ces offenses, et sans avoir tiré de leurs denrées tout le parti qu'ils s'en promettoient, le cœur plein d'aigreur et d'indignation, et bien résolus de ne plus s'exposer à de pareilles avanies, ils reviennent chez eux, d'où ils répandent bientôt chez leurs voisins les reproches qu'ils se croient en droit de faire contre Paris, et le ressentiment qui les anime : exemple dangereux et qui doit contribuer à augmenter de plus en plus la rareté des subsistances.

» Tandis que ce gaspillage de provisions, doublement pernicieux, a lieu au delà de plusieurs barrières, une autre espèce de malveillans, sans doute d'intelligence avec les premiers, s'efforce d'enlever des marchés de Paris, les œufs, le beurre, les légumes, qui ont échappé aux incursions de leurs confrères; bien assurés que s'ils degarnissent les marchés de ces denrées usuelles, ils forceront le reste des citoyens qui en ont besoin de leur racheter ces denrées et de les payer fort au-dessus du maximum, ils font tout ce qu'ils peuvent pour les repousser des marchés ou pour obtenir sur eux la préférence; ils employent à cet effet et les invectives et les cris et la violence. Ce sont ordinairement des femmes qui pour faire ces sortes d'accaparemens se portent à de tels excès. Comme elles savent par expérience que la foiblesse de leur sexe leur assure souvent l'impunité, elles montrent dans les insurections et les tumultes beaucoup plus d'audace et d'insolence que les hommes.

» Ces femmes qui se disent les citoyennes de la halle et qui ne le sont pas, ont essayé à la faveur de ce nom de tromper la Convention. — Revendeuses par état, leur disoient-elles, si nous achetons au prix du maximum, comme il est nécessaire que nous ayons un bénéfice, il faut que nous puissions revendre à un prix au-dessus : elles ne fixoient point cet excédent et pour cause, la Convention passa sur leur demande à l'ordre du jour, mais la permission qu'on leur avoit refusé elles l'ont prise. Elles sont strictes à faire observer la taxe des denrées qu'elles achetent; mais ce n'est plus cela lorsqu'elles revendent, elles portent leurs denrées dans les maisons des citoyens, qui dans la pénurie où ils se trouvent, payent ces denrées le double et quelquefois le triple de ce qu'elles ont couté.

» On avoit porté des plaintes de la conduite incivique de ces femmes à la municipalité, qui leur avoit fait défendre d'acheter dans les marchés avant les autres citoyens et de revendre au-dessus du maximum. L'administrateur de police qui étoit chargé de tenir la main à l'exécution de cet arrêt et qui connoissoit bien l'esprit récalcitrant de ces femmes, avoit augmenté hier le nombre de ses commissaires aux halles, et les avoit fait accompagner d'une force armée nombreuse. La précaution étoit prudente, car ces femmes ne voulant pas obéir à la loi, ni se soumettre à l'arrêté du corps municipal, excitèrent dans les halles un grand tumulte et beaucoup de trouble et désordre. On fut obligé d'employer la force pour les réduire, un grand nombre furent arrêtés (on le porte à 1200), et elles furent renfermées par manière de correction dans la ci-devant église de Saint-Eustache.

» On dit que plusieurs ci-devant émigrés, et rentrés en France, se cachent sous un nouveau déguisement en se faisant cochers de fiacres ou rouliers. Ce bruit mérite d'être approfondi; il importe et il importe beaucoup, s'il est fondé, qu'on prenne de promptes mesures pour faire disparoître d'entre nous ces perfides ennemis. »

Les dernières lignes du rapport de Grivel reçoivent une sorte de confirmation du récit suivant d'Harmand de la Meuse, que nous empruntons aux *Anecdotes de la fin du dix-huitième siècle*, livre duquel nous avons extrait quelques passages dans *la Démagogie en 1793 à Paris*. L'assertion de Grivel rend vraisemblable le fait que raconte Harmand.

Le cocher de fiacre. — « A l'époque de la crise la plus violente de la Terreur, lorsque chaque journée de ce régime affreux était signalée par le nombre incalculable de ses victimes, je conduisis, un jour, ma famille au jardin des plantes, et nous prîmes une voiture de place rue de la Concorde, près de laquelle je demeurais.

» Un cocher, qui assiégeait ma porte tous les jours, et qui me persécutait chaque fois que je sortais pour que je me servisse de sa voiture, se présenta, et mit dans son instance pour avoir notre pratique des manières si remarquables par son ton d'aisance et de politesse, que nous en fûmes frappés, avec d'autant plus de raison que ce n'est pas là qu'on les rencontre ordinairement. Ce n'était pas le temps des héros de roman ni des amants déguisés. Même aisance et noble maintien sur son siége : la voiture roule ; nous nous communiquons en dedans nos observations, et nous nous fixons à l'idée que c'est quelque proscrit de l'intérieur ou un émigré rentré et déguisé. Mais quelle imprudence, disions-nous, de jouer si mal le rôle de son masque!

» Nous observions encore qu'il changerait bien de ton et serait bien alarmé s'il savait qu'il conduit un député. Enfin nous arrivons : même ton, même politesse, même aisance pour descendre de voiture.

» Je m'étais proposé de le bien observer et de le pénétrer, cependant sans indiscrétion, et sans chercher à lui causer de l'effroi, dans le cas où il serait dans l'une ou l'autre des positions que nous avions imaginées.

» Les assignats étaient alors la monnaie courante ; il y en avait de deux espèces : la première portait l'effigie du Roi, et l'autre les emblèmes de la République. En présentant à ce cocher son salaire, je lui montrai un assignat de la première espèce, en lui disant : « *Je crois que vous préférez ceux-ci aux autres.* » Je l'observais alors. Il sourit sans me répondre, et sans prendre l'assignat. Alors je lui dis : « *Avez-vous espéré que je vous payerais en numéraire métallique?* »

» — Ni l'un ni l'autre, monsieur, me répondit-il ; je vois que si vous ne m'avez pas pénétré entièrement, vous avez des soupçons ; mais indépendamment de cela, monsieur, mon projet était de me confier à vous, parce que je connais votre discrétion, votre obligeance et vos principes. Depuis plus d'un mois je cherche l'occasion qui se présente aujourd'hui ; permettez-moi d'en profiter, et que nous soyons seuls un instant. »

» Je fis signe à ma femme d'entrer dans le jardin et de nous laisser.

» — Monsieur, continue le cocher, je suis le comte de **** ; je n'ai pas besoin d'argent, mais j'ai plus besoin de n'être pas connu, et surtout de moyens pour sortir de France... Je suis rentré il y a près de quatre mois pour reprendre quelque argent que j'avais caché à mon départ ; je l'ai aujourd'hui. Mon projet était d'abord de rester ici, mais le danger est trop grand ; et quoique la condition des émigrés et leur existence à l'étranger soient extrêmement pénibles, cependant cela n'approche pas de ce qui se passe en France, et je me suis adressé à vous pour que vous ayez la complaisance de me procurer les moyens de retourner en Allemagne.

» — A moi, monsieur ! y avez-vous bien pensé ! Je vois bien, continuai-je, que vous n'êtes pas un cocher ordinaire, et que vous pouvez fort bien être ce que vous dites, si cependant vous n'êtes pas un espion : au premier cas, et fussiez-vous un espion, je vous déclare que je n'abuserai pas de votre secret, mais ne comptez pas sur moi pour ce que vous désirez ; au second cas, je me f... de vous. Payez-vous et laissez-moi tranquille.

» — Je ne m'attendais pas, répondit-il, à votre observation, monsieur, quoiqu'elle soit juste. Voulez-vous bien rentrer un instant dans ma voiture ? on nous observerait ici, et j'ai des papiers que je ne crains pas de vous communiquer et qui ne vous permettront plus de douter que je suis véritablement le comte de ****. »

» Je fis un second signe à ma femme d'aller en avant : elle me répondit par un autre signe d'impatience et d'inquiétude.

» Nous voilà dans la voiture, et les papiers communiqués m'ayant prouvé que mon cocher ne m'en avait pas imposé, je lui demandai comment il pensait que je pusse lui être utile pour l'exécution de son projet, que je regardais comme étant aussi dangereux que difficile, et que je n'y concevais rien.

» — Cependant, rien de si facile, reprit-il, si vous le voulez bien. La famille de madame est de l'Alsace : je suis en ce moment un domestique que vous renvoyez : donnez-moi comme député une lettre ou deux de recommandation, je me charge du reste. Vous connaissez sûrement quelques généraux sur le Rhin : joignez, je vous en prie, aux recommandations que je vous demande, une lettre ouverte pour celui de ces généraux que vous connaissez, avec cela je traverserai la France sans être arrêté, et je passerai le Rhin de même.

» Je lui observai que sa demande touchait de bien près à l'indiscrétion, surtout en y faisant intervenir des tiers, et que je ne le ferais pas ; en effet, il pouvait être soupçonné ou découvert, et combien de personnes compromises !

» Il réfléchit un peu : — Eh bien, monsieur, un simple certificat de service, et que vous n'avez point de reproches à me faire.

» — Comment voulez-vous, lui dis-je, que j'atteste un faux ? — Ce n'est pas un faux, répondit-il, puisque je viens de vous servir; n'êtes-vous pas content de moi? Eh bien, ajouta-t-il en riant, renvoyez-moi et donnez-moi un certificat de renvoi, cela me suffira. »

» Il fallut bien rire de cette idée; et enfin après avoir mûri notre délibération, il fut convenu que je lui donnerais un certificat de bon et fidèle service, qu'il viendrait le prendre à la maison à la chute du jour, et que pour éviter tout soupçon il ne nous reconduirait pas.

» De retour à la maison, je fis et signai le certificat dont voici la copie littérale, et j'y apposai le cachet de député en mission.

« Je certifie que Louis-Philippe-Albert ***, âgé de 38 ans, m'a servi avec fidélité, et que les circonstances ne me permettant plus de le garder à mon service, je lui ai donné la présente attestation pour lui servir, en cas de besoin, auprès de toutes les personnes auxquelles il aura occasion de se présenter.

» A Paris, le . . . . .

» *Signé :* le représentant du peuple, etc., etc. »

» Le même soir il est venu chercher ce certificat. Après bien des remercîments il est parti, et je n'en ai plus entendu parler depuis. Mais comme j'ai distingué un nom pareil au sien dans ceux que les circonstances reproduisent sous nos yeux, je n'ai pas cru devoir le citer, parce que s'il y a identité, je dois croire qu'il y a des motifs pour que je n'en sois pas instruit; et s'il n'y a pas identité, la connaissance en devient inutile. »

16 ventôse (6 mars).

Rapport de Pourvoyeur.

« . . . . Le palais est toujours rempli de monde et la place de la Révolution. Le peuple n'est point ébloui de la fermeté apparente des coupables; il dit qu'il voit périr le dernier tranquilement et ce plaint même que cela va lentement.

» Apprès c'être informé des rassemblements qui ce forment auprès de la Convention nationale, il n'y a rien de nouveau, ten des armées que daillieurs; l'on demandent combien y a t'il eu de guillotinés aujourdhui, il faudrai que cela aille plus vite que cela, dit-on. »

Rapport de Perrière.

Inculpation contre les comités révolutionnaires. — « Un homme disait qu'il y avait un plan de famine contre Paris, que l'on détruisait nos moyens de subsistance jusques dans leur première source, et qu'il avait vû conduire à la boucherie un troupeau de génises accompagnées de trois jeunes taurraux ; que n'as-tu appellé main-forte, lui a repliqué un citoyen, pour arrêter le troupeau, ou du moins pourquoi n'as-tu pas dénoncé cet abus ? Pardieu ! dit-il, bel encouragement ! les comités révolutionnaires reçoivent vos dénonciations, et quand vous allez pour réclamer la récompense accordée par la loi, on vous menace de vous faire mettre en prison ; est-ce les deniers de la République que ces messieurs veulent ménager par une économie contraire à ses décrets, ou les leur propre qu'ils veulent augmenter ?

» Je sçais qu'un homme a droit de réclamer la récompense accordée même à une bonne action, surtout si son désistement, sans enrichir la République, ne fesait que tourner au profit de quelque individu moins méritant..... Mais cependant lorsqu'un homme a l'air d'abandonner les intérêts de la République parce qu'il ne retire pas de ses services le profit qu'il en attendait,..... on peut croire cet homme au moins suspect ; et c'est ce qui fait que beaucoup de ses auditeurs n'ont pas paru ajouter grand foi à sa dénonciation contre les comités révolutionnaires ; car on peut dénoncer *faussement* quand on ne sert son pays que par *intérêt*. »

La viande paraît manquer principalement à Paris. — « Des citoyens de garde à la barrière Sainte-Anne, ont vû plusieurs garçons marchands de vin revenant de Saint-Denis à Paris, avec chacun leur charge de viande pour la consommation de leurs cabarets apparemment [1]. »

Guillotine. — « Un citoyen dont je m'acostai à l'instant où l'on conduisait au supplice un condâné, me dit que la guillotine n'était pas encore prête de se repôser et qu'elle en attendait vingt mille de plus. Quoi ! lui dis-je, un peu

---

[1] La viande manquait absolument dans certaines communes des environs de Paris. (Lettre des autorités de Sèvres du 23 nivôse an II, liasse E 12, 1546 *bis*, aux Archives de l'Empire.)

étonné, de Paris seulement!... Oh! non, répondit-il un peu décontenancé, des divers départements. »

Guerre. — « Plusieurs citoyens dans les groupes manifestaient leur opinion contre les expéditions lointaines et d'outre-mer. Ils ne voulaient pas surtout que dans le moment ou nous avons le plus besoin de concentrer nos forces, nous allions les diviser et les consumer, même pour aider les peuples à recouvrer leur liberté. Ces peuples leur paraissent s'être deja rendus assez coupables envers nous, en secondant si bien les projets de leurs tyrans, pour mériter que nous leur portions à grands frais le beau présent de la liberté, en supposant même qu'ils soient capables de l'apprécier. »

Esprit public. — « Je suis enfin satisfait et je vois partout des instituteurs, chansonniers ou prosateurs, qui répandent avec zèle l'amour de la République et le sentiment de la morale, sans laquelle, disent-ils eux-mêmes, l'homme est pire que la brute, et vû l'étendue de ses facultés naturelles et l'emportement de ses passions plus dangereux cent fois que les tigres et les lions.

» Seulement j'ai toujours à me plaindre de ce chansonnier dissolu dans son air autant que dans sa doctrine, secondé d'une femme digne de lui, ayant pour enseigne sur sa toile un régiment d'amazones qui sont le sujet d'une chanson fort ordurière qu'il débite avec beaucoup d'autres du même genre. Il faut que cet homme soit soutenu; oserait-il sans cela faire avec ses confrères une aussi honteuse disparate? Peut-être a-t-on pensé que sans ses soins, le caractère français deviendrait trop sévère. »

Rapport de Grivel.

Le club. — « Dans la séance du club des cordeliers qui s'est tenue hier, on a en quelque sorte sonné le tocsin de l'insurection. On a d'abord lu le prospectus du journal de l'*Ami du peuple,* qui doit faire suite à celui de Marat. Il doit être rédigé d'après les principes de ce martyr de la liberté, contenir les dénonciations contre les fonctionnaires publics et mandataires infidèles, la responsabilité de cet écrit ne tombera point sur un seul rédacteur, la société entière des Cordeliers en sera garante ; elle s'engage à le défendre contre ceux qui l'attaqueroient. Les droits de l'homme doivent être voilés jusqu'à l'anéantissement de la faction.

» Remarquez je vous prie que cette annonce de la Société de repousser en corps les atteintes qu'on porteroit à son journal, est faite pour intimider tous les écrivains isolés qui oseroient l'attaquer. Quel particulier osera lutter contre une société aussi nombreuse et aussi formidable que celle des Cordeliers ?

» Hébert dit qu'on frémira quand on connoîtra le projet infernal de la *faction*, car il faut faire sonner ce mot pour étourdir les imbécilles. Il ajoute que ce projet tient à plus de branches et d'individus qu'on ne le croit. Cette faction veut sauver les soixante et un brissotins détenus, et qui doivent monter sur l'échafaud comme leur chef [1]. Quelques-uns de ces intrigants le désirent, parce que, se sentant aussi coupables, ils craignent la même punition, les autres pour les rallier autour d'eux et s'en faire des créatures. Voici les moyens de la faction pour éluder de faire justice des soixante et un. Hébert fait ici l'histoire de Chabot, qui, dit-il, payé par Pitt et Cobourg, a été reconnu et arrêté comme fripon. Cette affaire étoit bien claire. Pourquoi n'est-il pas jugé ? C'est qu'il y a, dit-on, une telle complication dans son affaire qu'on n'a pu la juger. Pourquoi d'Églantine, ce scélérat, n'est-il pas encore puni ? C'est que M. Amar, ex-noble, et le grand faiseur, veut le soustraire au glaive de la justice. Hébert se récrie sur les fripons et les voleurs qui naguères dans des greniers, occupent ensuite de beaux appartements pour passer à la guillotine. Si les voleurs sont dangereux, ils sont

---

[1] Les soixante et un signataires de la protestation contre le 31 mai trouvée chez Dupeyré ; ils étaient incarcérés. On sait que Robespierre, pour des raisons qu'il est difficile de discerner, s'opposa toujours à ce qu'ils fussent traduits au tribunal révolutionnaire.

punis, mais les ambitieux qui mettent les autres en avant et se tiennent derrière la toile, qui ne sont jamais rassasiés de places et de pouvoirs, ils veulent régner, mais les Cordeliers ne le souffriront pas. Je vous les nommerai, ajoute Hébert, ces hommes qui ont fermé la bouche aux patriotes dans les sociétés populaires. Il s'accuse de s'être retenu depuis deux mois par discrétion, mais il ne peut plus y tenir. On voudroit en vain attenter à sa liberté, mais il trouvera des défenseurs.

» On l'exhorte à faire trêve avec sa modestie et sa discrétion, on lui reproche sa prudence, et Hébert promet de s'en corriger. Il rappelle le système d'oppression dirigé contre lui, on lui avoit refusé trois ou quatre fois aux Jacobins la parole, pour favoriser Desmoulins, qui n'est pas seulement vendu à Pitt, mais encore un instrument dans la main de ceux qui veulent s'en servir uniquement pour leur intérêt. Il fut chassé, rasé par les patriotes, mais un homme égaré ou..... il ne sait comment le qualifier, le fit réintégrer malgré la volonté du peuple. (Si Robespierre n'est pas nommé, il est du moins bien désigné.) Tous les journaux sont vendus à la faction. Le ministre de la guerre prenoit plusieurs milliers du *Père Duchêne*. On a voulu faire regarder cela comme une affaire d'argent; mais Hébert se soucie de l'argent comme de rien. — Après avoir fait son apologie, Hébert parle encore de complots. Vincent s'élève contre la composition du ministère. Un Paré[1]! c'est un nouveau Rolland. Hébert demande d'où vient Paré. On ne sait, dit-il, par quelles intrigues il est parvenu au ministère. Il en veut à Desforgues, qu'il appelle *ministre étranger aux affaires*. Destournelles est selon Vincent un être passif. Hébert dit que la faction ne se borne pas là, qu'elle veut nommer au ministère de la guerre le frère de Carnot, imbécille ou malveillant, ou Westerman, ce monstre couvert d'opprobre; qu'on veut ressusciter Dumourier et Beurnonville et livrer

[1] **Ministre de l'intérieur.** On sait que ces rapports lui étaient adressés par l'entremise de Franqueville.

nos places du Nord. Quel est le moyen, dit-il en finale, de nous délivrer des malheurs qui nous menacent? l'insurrection, et les Cordeliers ne seront pas les derniers à donner le signal. — Tout ceci n'a pas besoin de commentaire.[1] »

17 ventôse (7 mars).

Rapport de Rolin.

Observations du C. Rolin. — « Le marché aux veaux étoient passablement fourni aujourd'hui. On répand partout à Paris que samedi prochain (vieux style), les bouchers seront bien fournis de viande; il paroît qu'on ajoute foi à ce bruit; il est certain que bien des individus murmurent hautement contre les autorités constituées qu'ils accusent d'être les auteurs de la disette. Hier la citoyenne Pestel, relieuse chez le citoyen Didot, imprimeur, a dit qu'étant entré chez son boulanger elle y trouva un des commissaires civils qui président à la distribution de la viande chez son boucher, que ce commissaire ne la vit point entrer, et qu'il dit à son boulanger: Pourquoi n'es-tu pas venu, je t'avois fait mettre un bon morceau de côté; qu'alors, elle, ne pouvant se retenir, elle l'avoit injurié de toutes les manières, lui reprochant qu'ils étoient des coquins et des gueux, qu'ils mangeoient les meilleurs morceaux, tandis qu'eux et leurs enfants n'avoient rien, etc., etc., etc. Elle a ajouté que si cela duroit encore quelque tems, elle se feroit guillotiner, que si il y avoit cinquante femmes comme elle, cela ne dureroit point longtems.

» Beaucoup de femmes sont remarqués pour exciter du trouble dans les places publiques et les marchés; on assure

[1] On peut rapprocher le rapport de Grivel, présent à la séance, du compte rendu de la séance des Cordeliers que nous avons reproduit (p. 152), et qui fut démenti par eux.

qu'elles sont payées par des êtres qui, dit-on, affiche le plu ardent patriotisme ; on ne sauroit trop surveiller ces intrigants, mais le zèle qu'ils témoignent pour le bien de la chose publique, les mettent à l'abri des dénonciations. »

Rapport de Pourvoyeur.

« Le peuple dit qu'il commence à se lasser de ne rien voir arriver dans les marchés ; je les ai parcouru presque tous ce matin, et j'y ai vu une grande quantité de monde se plaindre, mais entr'autres beaucoup de femmes ; ce qui m'a frappé le plus c'est dans le marché Saint-Jean, où il y avait au moins trois mille femmes en file qui murmuraient bien fort d'avoir passée quatre heures sans rien avoir ; elles tenaient des propos très-peu patriotiques ; il y avait beaucoup de gardes tant à pied qu'à cheval. Est-ce ainsi que l'on nous donnent à manger? disaient-elles ; l'on veut donc nous faire mourir de faim, puisque l'on ne prend pas des mesures vigoureuses pour approvisionner Paris! »

Esprit public. — « Dans tous les grouppes l'on ne parlaient que des subsistances. Il est impossible qu'il n'y est rien, disaient-on, pourquoi ne force-t-on pas les paysans à venir aux marchés? A quoi donc sert l'armée révolutionnaire? Nous ne demandons que du beurre, et nous savons que les aristocrates ne manquent de rien, l'on va leur porter les œufs et le beurre.

» L'on observaient dans un grouppe que l'on ne devraient pas permettre aux gros marchands de gagner plus de cinq pour cent, et le détailliant dix, attendu les frais qu'il est obligé de faire.

» L'on se plaint que l'on est obligé de faire au moins vingt marchands de chandelles avant d'en trouver un qui en veule donner, même une, quand c'est des sans-culottes, mais ils en donnent à d'autres des paquets entiers.

» Le peuple observe que tant que l'on n'en guillotinera pas quelqu'un que cela n'ira pas.

» L'on dit que tous les marchands sont causent de la rareté et de la chereté des marchandises et des denrées en général par les prix où ils les ont fait monter; s'ils avaient voulu, dit le peuple, vendre meilleur marché, l'on n'auraient pas vu l'or et l'argent monté si haut, ce sont les marchands, observent encore le peuple, qui ont discrédité les assignats et qui n'ont cesser de vendre leur argent, que la plus part sont d'intelligence avec les ennemis du dehors et du dedans.

» Dans le faubourg Saint-Antoine hier l'on a tué dix-sept cochons fumelles qui étaient plaines; l'on a beaucoup murmuré contre les commissaires, ils se sont excusés en disant que ce n'est pas leur état et qu'ils ne s'y connaissent pas, le peuple observe qu'il est essentiel que les commissaires soient instruits des différents quartiers où on les employent. »

Rapport de Monin.

Porte et petit marché Saint-Jacques. — « A six heures du matin il est arrivé plusieurs voitures qui apportoient des provisions. Des femmes les ont arrêtées, et se sont emparées du beurre qu'elles contenoient. Une d'elles en montant sur les roues a été renversée par un mouvement de la voiture, et s'est fait près de l'œil une très-large blessure. Le sang qui ruisseloit n'a point effrayé les autres femmes; quelques-unes ont été renversées, foulées aux pieds, et emportées à demi-mortes. Une partie du beurre a été vendue au *maximum*, et le reste n'a pas été payé. Nous ne reviendrons plus, disoit une paysanne qui avoit ainsi perdu le prix de onze demi-livres de beurre. Les œufs ont été vendus publiquement trois sols chacun. Quelques hommes mêlés avec les femmes ont été servis les premiers. Les voitures étoient pour ainsi dire prises d'assaut. Si quelques citoyens de garde aux postes des barrières et des fauxbourgs convoyoient les voitures qui arrivent jusqu'à leur destination, cette mesure de police en imposeroit aux malveillantes, et on parviendroit à réprimer leurs vociférations qui épouvantent peut-être autant les paysannes que le pillage de leurs denrées les chagrine.

» Un citoyen que j'ai rencontré rue Montmartre sur les quatre heures de l'après midi; je suis, me dit-il, tout étonné d'une chose que je viens de voir, et de ce que l'aristocratie se travestit de toutes les manières possibles pour trahir la chose publique. Il me dit qu'il venait de voir passer un fiacre, et celui qui le conduisait est un ci-devant noble déguisé. Je lui dis qu'il avait eu tort de ne l'avoir pas fait arrêter; cela est juste, me dit-il, mais à la première occasion je ne le manquerai pas..... »

Rapport de Bérard.

« ..... On a donné à l'Opéra pour la deuxième fois, *Toulon soumis;* ce poëme fait pour électriser le patriotisme n'a pas produit l'effet qu'on en attendait, l'intention de l'auteur est sublime, elle est faite pour émouvoir, arracher des larmes; mais plusieurs acteurs ne sachant pas leurs rôles, plusieurs idées dignes d'un esprit et d'un cœur vraiment républicain n'ont pas été saisis comme elles auraient dû l'être, et c'est ce qui a fait dire à plusieurs personnes qu'on ne devrait exposer au public les pièces civiques que lorsqu'on s'est profondément pénétré de son rôle pour en faire appercevoir les nuances et sentir les beautés au peuple. »

Rapport de Prévost.

« ..... Plusieurs sections se proposent de faire une pétition à la Convention nationale, notamment celle de la Montagne, tendante à obtenir d'Elle :

» 1° Que les patissiers de Paris ne puissent plus faire de gateaux, où ils employent beaucoup de beurre et d'œufs, tant que durera la rareté;

» 2° Les parfumeurs employent beaucoup de pommes de terre pour faire de la poudre à poudrer, il seroit très à propos de faire cesser ce commerce[1]; il seroit bon que le Comité de salut publique s'occupe de ses objets, et de prévenir les désirs de tous les citoyens à ce sujet. Il en sera question le 20, jour de la décade prochaine. »

Rapport de Perrière.

Accident arrivé à une jeune fille à la vue de la guillotine. — « On démontait cet instrument, qui venait de purger la République de quelques nouveaux traîtres ou frippons.... la jeune fille passe avec sa mère : « Ah! Dieu! s'écria-t-elle, je n'avais pas pensé que la guillotine fut posée aujourd'hui! » et en disant ces mots elle s'évanouit; on la fait revenir, elle pousse un nouveau cri et s'évanouit encore.... « Ah! ma chère fille! dit la mère en la serrant contre son sein.... elle en a pour sept heures consécutives! Cet accident lui vient de ce qu'un jour, ayant l'incommodité menstruelle des femmes, elle se trouva involontairement vis-à-vis une exécution; depuis ce temps elle ne peut voir l'échafaud sans pâlir et se trouver mal. »

» Parmi les citoyens témoins de ce spectacle affligeant, les uns pensaient que cette jeune citoyenne avait eu de ses parents ou de ses amis guillotinés; d'autres qu'elle était aristocrate; aucuns, que c'était l'effet naturel de la sensibilité dans certains tempéraments.

---

[1] Curieux détail. Qui se serait douté qu'il y eût encore beaucoup de consommateurs de poudre pour les cheveux en 1794? C'est peut-être la famine qui a fait abandonner décidément cette mode.

» — Comment se fait-il, dit la mère, dont je m'approchai tandis que des hommes ramenaient sa fille qu'ils avaient prise sur leurs bras.... comment se fait-il que le peuple interprète d'une manière aussi indigne le malheur de ma fille?... — Citoyenne, lui répondis-je, votre fille n'est pas la seule qui, dans ses frayeurs naturelles, ait été aussi mal jugée; je conduisais un jour sous le bras une jeune mère de famille.... elle rencontre la fatale charrette, pâlit et tombe dans mes bras; les cavaliers qui suivaient s'apperçoivent de l'accident.... « Tiens! se disent-ils l'un à l'autre, vois donc comme cette femme pâlit! Ce sont apparemment ses parents ou ses amis qu'elle a rencontrés sans le vouloir. » Mais, citoyenne, n'en ayez pas plus mauvaise idée du peuple:

» 1° Son cœur est aigri par les longs malheurs que lui ont causés les ennemis de la république; son esprit obscurci par le soupçon voit partout des aristocrates et pense qu'il n'y a que de mauvais citoyens qui puissent s'intéresser au sort des scélérats que la nation voue à un juste supplice;

» 2° Tout le monde n'est pas susceptible de cette sensibilité exquise qui se pâme à la vue du mal, quelqu'en soit l'objet, ni de cette philosophie qui, jettant un regard général sur les hommes, les plaint également tous du mal qu'ils se font si gratuitement, puisqu'il leur serait si facile de l'éviter. S'il y avait sur la terre un tel peuple, il serait la victime des autres nations, à moins que toutes ne lui ressemblâssent. » — On demande que la charrette du bourreau ait une route invariable, dont les faibles puissent s'écarter. »

18 ventôse (8 mars).

Rapport de Bacon.

« La séance des Jacobins étoit très-nombreuse, et toutes les tribunes étoient remplies de citoyens et de citoyennes qui attendoient avec empressement le rapport de Collot d'Her-

VUE EXTÉRIEURE DU CLUB DES JACOBINS.

Page 176.

INTÉRIEUR DU CLUB DES JACOBINS.

bois sur l'affaire des Cordeliers. Ce législateur a parlé longtemps, et a fait sentir au peuple combien il étoit essentiel qu'il s'unît plus que jamais. Son discours respiroit la morale, le patriotisme et la fraternité. Il a dévoilé les intriguans vendus à Pitt et à Cobourg. Il a été couvert des plus vifs applaudissemens. En montrant au peuple le voile qui a couvert les Droits de l'homme, lequel a été déchiré, il a dit : Les intrigans ont ajourné leur projet de dissoudre la Convention; eh bien! le peuple n'ajournera pas leur punition. (Oui! a-t-on crié de toutes parts; vifs applaudissemens.) Comme Momoro étoit tout près du président, on disoit aux tribunes : Regardez donc Momoro qui mange du fromage! Des citoyens disoient hautement qu'il falloit qu'Hébert fût arrêté dès ce soir avec Vincent, Ronsin et Momoro; qu'Hébert étoit un scélérat, car, disoit-on, il n'y a qu'un scélérat qui puisse inviter le peuple à s'insurger dans le moment critique où nous sommes. J'ay été dans différentes tribunes : partout on crioit après le père Duchesne; il faut enfin que cet agent de Pitt joue lui-même à la main chaude avec Samson.

» En sortant des Jacobins, on ne parloit que des 4 citoyens ci-dessus désignés; dans un grouppe où il y avoit au moins deux cents personnes, on disoit qu'Hébert étoit l'agent des scélérats, et qu'il falloit que dès ce soir il fût arrêté. (Contentement universel.) Mille et mille horreurs contre le grand jureur, qui est devenu, j'ose le dire ici, d'après mes observations, la bête noire du peuple. »

« A communiquer au ministre. »

Au dos est écrit :

Au citoyen Franqueville,
maison du ministère de l'Intérieur.

Voici au juste ce qui s'était passé aux Cordeliers le 17, d'après le compte rendu de la séance qu'a publié le *Moniteur*.

Séance du 17 ventôse.

« Un secrétaire lit le procès-verbal de la séance du 14 ; la rédaction n'en est pas approuvée ; elle est renvoyée à la séance suivante.

» On attendait avec impatience une députation des Jacobins ; elle est introduite au milieu des plus vifs applaudissements.

» Collot d'Herbois, orateur de la députation, monte à la tribune ; les applaudissements continuent. Il prononce un discours sur les dernières circonstances qui auraient pu faire craindre la naissance d'une division funeste entre les deux Sociétés. Cet éloquent et énergique discours, que l'on affaiblirait en essayant d'en donner un extrait, est souvent interrompu par les acclamations de l'auditoire. Nous nous bornerons à en rapporter en substance les principaux traits :

« Les Jacobins et les Cordeliers, destinés à combattre sous les mêmes drapeaux, unis de cœur et de principes, doivent plus que jamais s'unir par la fraternité la plus intime, s'identifier, se serrer pour combattre en masse, et par la force de l'opinion, les scélérats qui veulent les diviser et faire reculer la France au siècle de la tyrannie.

» Citoyens, ajoute l'orateur, toute société quelconque est essentiellement libre ; elle peut se gouverner selon ses désirs ; il n'appartient à personne de critiquer même ce qui émane de sa volonté ; cependant je crois que vous me permettrez, au nom de la fraternité, au nom de la patrie que nous chérissons tous, de vous observer que dans votre sein l'on n'a peut-être pas agi avec assez de réflexion. Trompés par des individus qui ont plus écouté les cris de la vengeance que la voix de la patrie, que celle du bien général, vous avez prononcé le mot d'insurrection. Mais dans quelle circonstance parle-t-on de s'insurger ? dans un moment où Pitt et Cobourg, planant comme des oiseaux de proie sur toute la France, jettent dans tous les coins et au milieu de nous des pommes de discorde, pour tomber sur les victimes lorsqu'elles seront armées les unes contre les autres; dans un moment où l'on annonce dans toutes les cours que les Jacobins et les Cordeliers vont se livrer un combat à mort; dans un moment où Pitt, embouchant la trompette de Daniel, prophétise une insurrection en France; dans un moment où les rois, écumant sur leurs trônes, s'indignent de n'avoir pu encore renverser le colosse qui les menace. Ah! frères et amis, au lieu de parler de vous insurger, exposez aux pères du peuple les besoins de la patrie, expliquez-vous avec franchise, proposez des mesures sages; elles seront suivies.

» L'avez-vous jamais vue, cette Convention, se diviser sur les principes? L'avez-vous jamais vue tergiverser lorsqu'il a été question de faire le bonheur du peuple? Non, sans doute; eh bien! puisque nul individu ne peut ici démentir ce que j'avance, reposez-vous donc sur vos représentants du soin d'assurer la félicité publique; étouffez la voix de la vengeance; la patrie est tout, les individus ne sont rien. Marat, votre modèle, votre ami, votre père, n'a-t-il pas été persécuté? n'a-t-il pas été traîné au tribunal révolutionnaire? L'avez-vous jamais vu obéir à de misérables passions? l'avez-vous jamais vu sacrifier sur l'autel de la vengeance? Qu'ils imitent donc ce grand homme, ceux qui sont si implacables dans leurs haines, et alors je croirai à leur vertu; je croirai qu'ils aiment mieux la patrie qu'ils ne s'aiment eux-mêmes.....

» On a voilé les Droits de l'homme parce que deux individus ont souffert dans la révolution. Eh bien! quels sont les patriotes qui n'ont rien souffert? On doit s'estimer trop heureux d'avoir servi de victime. Quelle obligation la patrie peut-elle avoir aux individus persécutés pour elle, quand ils font sonner si haut les maux qu'ils ont soufferts?

» Droits sacrés de l'homme, vous avez été voilés!...

» Eh! si j'étais plongé dans le fond d'un cachot, mon âme se consolerait en voyant ces droits immortels.

» Voudrais-je les contempler couverts d'un crêpe funèbre? Non, ce drap mortuaire jetterait le désordre et l'effroi dans mon cœur.... Citoyens, les despotes frémiront de cette union sur laquelle ils ne comptent pas; étouffons les germes de division pour mieux terrasser nos ennemis..... »

» Après le discours de Collot d'Herbois, plusieurs membres ont parlé; tous ont juré de rester unis à la Société des Jacobins. Ce serment a été répété par toute la Société, au bruit des acclamations universelles des tribunes.

» Hébert dit que le comité de salut public, les Jacobins et tout Paris ont été trompés par des récits infidèles de la séance du 14. Il explique ce qu'on avait entendu par insurrection : c'était une union plus intime avec les vrais Montagnards de la Convention, avec les Jacobins et tous les bons patriotes, pour obtenir justice contre les traîtres et les persécuteurs impunis.

» Le voile qui couvrait les Droits de l'homme est déchiré et remis aux Jacobins, en signe de fraternité. L'accolade est donnée à la députation au milieu des cris de *vive la République!*

» Ronsin lit un discours qui est le résultat de ses observations sur la faction qu'il craint de voir dominer. L'impression en est arrêtée. Une députation est nommée pour porter aux Jacobins les divers arrêtés qui ont été pris depuis quelque temps, et jurer de nouveau une union indissoluble avec la Société.

» Les deux membres du tribunal révolutionnaire de Marseille acquittés par celui de Paris ont été reçus membres de la Société. — Le procès-verbal de la dernière séance et de celle-ci sera imprimé. » (*Moniteur* du 21 ventôse.)

Hébert avait fait presser le supplice des Girondins, l'exécution de la Reine, en disant : On a trouvé du pain dans des latrines, on a jeté de la viande dans la rivière, les conspirateurs et leurs amis cherchent à affamer le peuple; leur mort sera suivie du retour de l'abondance et de la prospérité. Le même langage est maintenant tenu contre lui : c'est le seul qu'on puisse parler au ventre de la démagogie affamée.

Rapport de Dugas.

« On a fait courir le bruit qu'un commissaire de police avait trouvé chez *Hébert* près de cent livres de petit salé, et que, malgré les réclamations du P. Duchêne, il l'avait fait distribuer devant la porte de la maison même, à raison de quinze sous la livre. . . . .

Rapport de Charmont.

« ..... On se plaint de ce qu'ils existent encore dans les différents théâtres de Paris des loges louées à l'année, de manière que souvent les citoyens sont obligés de perdre leurs argents ou de rester dans le corridor pendant qu'il y a des loges de vacantes, ce qui, dit-on, ressent parfaitement l'ancien régime. . . . .

» On se plaignoit au palais Égalité des journaux du citoyen Hébert, dans lesquels il se sert des termes les plus durs à l'oreille, et des plus indécents pour les mœurs qui les entendent crier ou qui les lisent. . . . .

» On se plaint de ce que les traiteurs sont toujours bien servis par les bouchers; on dit qu'il seroit urgent de les empêcher de servir plusieurs mets en viande aux mêmes citoyens, au moins il en resteroit davantage pour nos braves sans-culottes, qui travaillent comme des mercenaires, tandis que les lâches sont toujours les mieux servis ou partagés. J'ay vu des restaurateurs servirent jusqu'à trois ou quatre mets en viande. »

On lit dans le compte rendu de la séance du conseil général de la Commune de Paris du 19 ventôse, que publie le *Moniteur* du 22 :

« Le commandant général prend la parole :

» J'avais, dit-il, convoqué douze cents citoyens, dont quatre cents canonniers; je les ai conduits aujourd'hui vers trois heures autour du Palais ci-devant Royal : il a été cerné en un instant. Aussitôt cent trente muscadins ont été arrêtés. Ce ne sont pas des sans-culottes; ils sont gras et bien dodus. La force armée a montré une grande soumission à la voix de ses magistrats; elle s'est bien conduite. On a transféré ces petits messieurs aux Petits-Pères.

» A notre arrivée les marchands voulaient fermer leurs boutiques; je m'y suis opposé. Alors ils les ont laissées ouvertes, et après l'opération je leur ai demandé si on leur avait volé quelque chose; ils m'ont répondu que non. Tout est tranquille, tout va le mieux du monde. L'administration de police vous fera sur cet objet un rapport beaucoup plus détaillé que le mien. »

» — Le comité révolutionnaire de la section de la Montagne dénonce les traiteurs et restaurateurs du Palais de l'Égalité, qui n'a changé que de dénomination, et qui pourrait porter encore celle de *Palais-Royal* par le luxe insolent qu'on y étale. Là on trouve des restaurateurs qui ont en abondance toutes sortes de subsistances pour la table des aristocrates, là des viandes de toute espèce se vendent avec profusion; et le prix excessif de ces repas somptueux donne aux traiteurs les moyens d'éluder la loi du *maximum* et de faire renchérir par leur concurrence toutes les denrées qui, au défaut de la viande de boucherie, pourraient faire la ressource du pauvre.

» *L'agent national* : Effectivement, dans ce palais, que je ne cesserai d'appeler *royal*, on voit régner la plus grande abondance; gibier, volaille, jambons, pâtés, etc., tout y est avec la plus grande profusion, et les jours gras des riches ne cesseront jamais.

» D'après ces observations, le conseil arrête que le gibier, la volaille, et même toutes les viandes de boucherie, seront portés exclusivement dans les marchés publics et populaires. » (*Moniteur* du 22 ventôse.)

Rapport de Perrière.

« *Route de la guillotine.* — J'insiste sur l'avis que je présentai hier de donner à la charrette du bourreau une route invariable ; premièrement, parce que c'était le sentiment de plusieurs personnes bien intentionnées qui s'étonnaient que cette route, autrefois fixe, variât actuellement de la rue Saint-Honoré aux quais, et des quais à la rue Saint-Honoré.

» En second lieu, parce que les aristocrates, habiles à profiter de tout, se servent des accidents tel que celui que j'ai rapporté hier pour appeler adroitement l'attention du peuple sur le nombre des exécutions et l'appitoyer s'il est possible sur le sort même de ses ennemis, en lui rendant odieux ceux qui préparent son triomphe. On ne peut plus sortir, disent-ils, qu'on ne rencontre la guillotine ou ceux qu'on y conduit ; les enfants deviendront cruels, et il est à craindre que les femmes enceintes n'amènent des fruits marqués au col ou immobiles comme des statues, par suite des impressions fâcheuses qu'elles éprouvent à la vue ou à la rencontre de ces tristes objets. — Le peuple répond ordinairement à ces discours, où il ne voit que de la bonne foi et de l'humanité, par un air de méditation profonde qui peut produire des idées et des sentiments très-contraires à ceux qu'il doit avoir.

» *Rubans tricolores à la boutonnière.* — On ne fait pas attention, disait un citoyen en voyant passer un vieux marchand retiré orné de cette distinction (car c'est ordinairement ces gens-là qui restent fidèles à cette vieille mode des premiers tems de la Révolution), on ne fait pas attention que cet usage fut adroitement introduit par les monarchistes pour faire passer l'esprit de l'ancien gouvernement jusques dans les institutions du nouveau ; on voulait que des citoyens devenus libres se crussent honorés de ressembler à des chevaliers de Saint-Louis.

» *Petits bonnets pendus à la boutonnière.* — Il en est de même, ajouta mon observateur, de ces petits bonnets, d'une coupe assez élégante, pendus à la boutonnière des jeunes gens, qui l'ont mis à la place du ruban maintenant abandonné aux vieilles gens. Dans les caffés et dans les autres lieux publics, j'ai crû vingt fois appercevoir de loin des hommes décorés de l'ancien régime ; et ce qui rendait l'illusion plus frappante, c'est l'air roué qu'affectent ces jeunes patriotes, qui d'ailleurs peuvent être d'excellents républicains ; mais ils devraient au moins scavoir que c'est un hommage qu'ils rendent sans s'en douter à la noblesse et à ses usages.

» *Journaux.* — Les grands objets de politique attirent absolument toute l'attention des citoyens rassemblés dans les grouppes, qui ne paraissent en donner aucune aux papiers que l'on crie autour d'eux ; on aime mieux discuter que lire, quoique pourtant ce soit en lisant que l'on s'instruit. *La colère* même du père Duchéne ne fesait aucune sensation ; et par sa manière de la crier, le colporteur semblait blesser ce respect que le public a montré jusqu'ici pour cette feuille. « Voilà, disait-il, la grande colère du P. Duchéne, parce qu'il ne peut pas mettre de vin dans sa soupe ! »

» Un autre journal, crié dans la rue Saint-Honoré, offrait une liste nombreuse d'articles : on dénonçait au peuple comme royalistes une faction qui voulait en ce moment le porter à une insurrection ; de plus, un boucher que l'on avait trouvé muni de trois milliers de chandelles ; en outre, l'arrestation de plusieurs fruitières de la rue Montmartre, chez qui on avait trouvé des quantités considérables de denrées les plus nécessaires, qu'elles laissaient moisir plutôt que de les vendre, etc. »

Au dos est écrit :

*Au citoyen Franqueville,
Premier commis à la correspondance,
Maison de l'intérieur.*

Observations du citoyen Rolin.

« On critique la partie de la demande de la société populaire du Mont-Réal, où il est dit que les comités révolutionnaires des sections examineront ceux des détenus que la vengeance ou l'intrigue auroit pu faire incarcérer. On prétend qu'alors, loin que les détenus obtiennent leur liberté dans les cas ci-dessus, ils seroient plutôt sacrifiés, puisque ce sont, dit-on, les comités eux-mêmes qui ont agi ou par vengeance, ou par cupidité, ou par ambition, etc., etc.

» Les citoyennes paroissent perdre patience; aujourd'hui, dès quatre heures du matin, les portes des bouchers étoient assaillies; la garde s'est présentée à la porte du citoyen Payèn, m^d boucher, rue Galande, place Maubert; mais les femmes, au nombre d'à peu près cent cinquante ou deux cent, ont résistées à la force armée, et leur ont dit qu'elles ne quitteroient point leurs postes qu'elles n'aient eu de la viande; enfin, à sept heures, il n'y en avoit point encore de délivré, ce qui excitoit les plus violens murmures; des femmes crioient à pleine tête qu'elles aimeroient mieux payer la viande 20 et 30^s la livre, et en avoir à leur volonté, que de ne la payer que 14^s et n'en point avoir, ce qui étoit généralement approuvé. Je voulus leur représenter que les pauvres malheureux n'en pouvoient point manger; elles me firent réponse que les ouvriers qui gagnoient autrefois 20^s gagnoient aujourd'hui 100^s, et qu'en conséquence ils pouvoient vivre aisément, même en payant le triple, puisqu'il gagnoit plus du quadruple; d'autres assurent qu'il y avoit des ouvriers en armes qui gagnoient jusqu'à 25# par jour.

» Plusieurs femmes (dit-on) ont été foulées et presqu'écrasées ; des enfants ont manqués de périr ; on assure même que l'on retira une femme de la foule qui s'était évanouie, et qu'elle jettoit du sang par la bouche et le nez, etc., etc.

» On fait courir le bruit qu'il y a quantité de femmes, ci-devant marchandes des halles, qui sont (dit-on) payées pour épier les citoïens ; elles passent elles-mêmes pour de parfaites aristocrates ; et on disoit hier qu'une de ces citoyennes, à moitié ivre, venoit de quitter son mari (en l'absence de celui-ci), qu'elle avoit emportée tous ses effets, et que les ayant fait voir à plusieurs commères qui la connoissoient bien, sur ce que celle-ci lui avoient témoignées leur surprise de voir 13 couverts d'argent, 6 timbales, pour plus de 5 ou 6 mille livres de dentelle, et autres effets précieux (vu qu'il y a deux ans, cette femme vendoit des fruits et du poisson sur un évantaire) ; cette femme leur avoit dit qu'elle gagnoit 15# par jour, et que, lorsqu'elle faisoit quelque découverte d'aristocrates, elle étoit bien récompensé, ce qui a fait beaucoup sensation parmi ces citoyennes. »

19 ventôse (9 mars).

Rapport de Perrière. — Manutention des prisons.

« On se plaint que les prisonniers simplement suspects et ceux arrêtés pour des faits sont confondus pêle-mêle dans les mêmes logements et dans les mêmes cours, à Sainte-Pélagie, aux *Écossais* et aux *Anglaises*, deux maisons d'arrêt, rue des Fossés-Saint-Victor. Ces prisons, dit-on, sont gardées par cinq ou six hommes qui ne sont presque jamais dans un état sobre... et on laissera entrer dans le jour jusqu'à cinquante visitans ! Peut-on donner aux prisonniers un plus beau jeu pour s'évader par force ou autrement ? Leurs cinquante amis auraient bientôt renversé une barrière de six hommes, surtout s'ils ne sont pas dans le plus parfait état de santé.

» On demande que les prisonniers soient séparés suivant les motifs de leur détention, et l'on se plaint qu'en général il règne dans la manutention des prisons une négligence et un relâchement dont les citoyens attentifs ne savent trop que penser. »

Rapport de Charmont.

« ..... On assure qu'avant qu'il soit un mois, il y aura un grand mouvement dans Paris, dont tout bon citoyen doit craindre; on prétend qu'il existe encore des intrigants qui, voyant que le gouvernement étoit au pas, fomente et cherche les moyens de le bouleversé si il peuvent; ils ont déjà trouvé le moyen de faire voiller les Droits de l'homme à Marat, et fait déclaré la société des Cordeliers en insurection contre une partie de la Convention et des Jacobins. Au point que l'on craint pour demain. La preuve de cela c'est que deux où trois sociétés populaires cherchent depuis deux jours des cartouches, affin d'être prêt au premier instant et de suivre aveuglement les traces des Cordeliers; tout fermente d'une singulière manière. Le citoyen Hébert, dit-on, veut faire payer cher au ministre Paré la préférence qu'il a eut sur lui pour cette place; quelqu'un disoit qu'il ne s'en cachoit point, qu'il avoit voué une haine éternelle à ce ministre, de même à tout le parti phillipotin [1], dont il falloit s'en défaire, de même que l'on avoit fait pour les brissotins. » . . . .

Observation de J. B. B. — Rue de la Harpe et quartier André des Arts.

« 10 heures du matin. Les femmes qui étoient aux portes des bouchers depuis six heures du matin et qui n'avoient pu

[1] De Philippeaux, Desmoulins, Danton, qu'on n'osait nommer.

avoir de viande, étoient alors réunies par groupes, se plaignoient du trop grand nombre de commissaires qui présidoient à la distribution, et de la garde trop nombreuse qui maintenoit le bon ordre. « Chaque commissaire, disoient-elles, emporte beaucoup plus de viande qu'on n'en donne aux citoyennes. Chaque citoyen soldat jouit du même privilége, et les mères de famille, après avoir attendu quatre heures, n'en ont point. » Le mécontentement paroissoit général et venoit plustôt de l'injustice présumée des distributeurs que du manque de viande. Les privations les plus pénibles cessent de l'être lorsqu'on les partage avec tous ses concitoyens sans exceptions. »

Tous ces rapports de police ont comme un écho à la Convention nationale et dans les assemblées populaires. — Le 19 ventôse, Fouquier disait à la Convention :

« Fouquier-Thinville : S'il pouvait rester quelque doute sur l'existence de la conspiration qui avait pour but d'anéantir la représentation nationale, les faits que je vais vous rapporter, sans pouvoir en désigner les auteurs, le feraient disparaître. Aussitôt que le décret du 16 ventôse me fut connu, je fis convoquer l'administration de police de Paris. Dans une séance d'une heure et demie on ne put me donner aucun renseignement bien positif, aucun fait bien marquant, mais des renseignements vagues.

» Le décret de la Convention nationale renferme deux parties : la première est relative aux brochures incendiaires qu'on fait circuler. Dans le court espace de temps que j'ai eu je n'ai pas pu faire des recherches bien étendues, mais voici ce qui est parvenu à ma connaissance.

» Hier on me prévint qu'un placard venait d'être affiché au coin de la rue Neuve-Saint-Eustache ; j'y envoyai sur-le-champ ; on ne trouva rien, le placard avait disparu. Aujourd'hui, il y a environ une heure, on m'a rapporté que deux hommes lisant cette affiche avaient eu dispute ensemble. L'un en approuvait le contenu et disait qu'effectivement il fallait tomber sur la Convention nationale et les autorités constituées ; l'autre traitait celui-ci de contre-révolutionnaire et improuvait fort ses sentiments. Je fais rechercher le défenseur de l'écrit royaliste ; j'ose espérer qu'on le trouvera.

» Ce matin j'ai rencontré le représentant du peuple Martel, avec un autre citoyen, qui venait de voir le citoyen Foucault, juge du Tribunal révolutionnaire, malade depuis quelques jours. Ils m'ont dit avoir vu un placard affiché tout près du palais de justice ; nous nous y sommes rendus avec deux administrateurs de police ; nous avons reconnu que cette affiche avait été mise ce matin. Elle était collée avec du pain mâché, et écrite de la même main que celle que la Convention m'a envoyée ; le contenu est le même, le format seulement en est plus petit ; je vous l'apporte ; la voici.

» J'ai aussitôt fait appeler le commissaire de police de la section[1] : c'est celle des Marchés ; il m'a répondu que les citoyennes qui fréquentent le marché étaient bien loin de partager les sentiments de l'auteur du placard, ni de se laisser séduire par de semblables affiches, qui, à ce qu'il m'a assuré, se renouvellent presque tous les jours.

» Voilà tout ce que j'ai pu apprendre au sujet des libelles qui m'avaient été dénoncés. J'observe à la Convention nationale que je n'ai point de surveillants à mes ordres ; si j'avais eu des agents pour faire les recherches nécessaires, peut-être les renseignements que j'aurais obtenus auraient-ils été plus satisfaisants.

» La deuxième partie du décret m'enjoint de rechercher les auteurs de la défiance que l'on jette sur les subsistances. Je vais faire part à la Convention des mesures que j'ai prises.

» J'ai fait assigner trois patriotes bien connus de chaque commune, à dix lieues aux environs de Paris. Déjà deux cents ont été entendus ; mais le nombre en sera considérable, attendu que les malveillants exercent leurs manœuvres jusqu'à quinze, même vingt lieues à l'entour de Paris.

» La rareté de la viande peut avoir une cause dont je n'entretiendrai pas la Convention, parce qu'elle la connaît aussi bien que moi; mais voici des faits que je vais lui rapporter.

» Le premier se passe à Sèvres. Il y a trois bouchers dans cette commune : toutes les nuits de nombreuses voitures d'aristocrates, d'égoïstes, y vont faire leurs provisions et emportent jusqu'à vingt livres de viande. Les bouchers de Paris qui ne peuvent la vendre qu'au prix du *maximum*, apportent chez ces bouchers la viande qu'ils achètent et qu'ils vendent au prix que bon leur semble.

» Le fils d'un boucher de Paris disait ces jours-ci : « J'ai trois veaux ; ils m'ont coûté trop cher pour je les vende à Paris au prix du *maximum*; je les porterai à Sèvres, où je les vendrai avec profit. »

» A Menil-Aubry, deux hommes se présentèrent hier au comité de surveillance de cette commune, avec de prétendus pouvoirs d'une section de Paris pour enlever les comestibles. Ce comité n'a fait qu'une partie de son devoir en répondant à ces hommes qu'il consentait à ce qu'ils emportassent les comestibles, à condition qu'ils les feraient vendre au marché. Cependant cette réponse ne contenta pas les deux aristocrates; ils tournèrent le dos sans dire autre chose.

» A Pont-Saint-Maxence, la municipalité a fait arrêter des œufs et du beurre qui étaient envoyés au citoyen Mercier, officier municipal de la commune de Paris. Le maire a osé dire : « Quand on nous enverra du sucre de Paris, nous verrons alors si nous lui ferons passer nos œufs et notre beurre. »

» A Longjumeau et à Vincennes on a de même arrêté les denrées destinées pour Paris. Les dénonciateurs de ces manœuvres auraient dû en faire connaître les auteurs; mais j'espère que par mes soins je parviendrai à les découvrir. Le tribunal est entièrement dévoué au peuple et à la Convention nationale. Il recevra toutes les déclarations qui lui seront faites, il poursuivra tous les conspirateurs, car malheureusement il y en a, et ne se reposera que lorsque tous les ennemis de la liberté auront disparu.

» Fouquier-Thinville est admis aux honneurs de la séance au milieu des applaudissements.

» Martel : La Convention vient d'applaudir au zèle infatigable de l'accusateur public, elle a dû s'apercevoir que si Fouquier-Thinville n'a pas découvert tous les fils de la conspiration, c'est qu'il n'avait pas tous les moyens qui sont nécessaires; je demande qu'il lui soit accordé le nombre de surveillants qui sera convenable.

» On demande le renvoi de cette proposition aux comités de salut public et de législation.

» Thibaut : Le comité de salut public nous a annoncé qu'il devait faire incessamment un rapport sur la police de Paris. Je demande que celui que vient de vous faire l'accusateur public lui soit renvoyé. J'ai déjà prévenu la Convention que les provisions que faisaient venir de leurs fermes les particuliers étaient arrêtées. Vous sentez combien c'est nuisible à l'approvisionnement de Paris; car le citoyen qui trouvera le moyen de faire venir des subsistances de la campagne n'ira pas acheter au marché; par conséquent, plus le nombre de ceux qui s'approvisionnent hors de Paris sera grand, moins il y aura de concurrence dans les marchés de Paris. Déjà une section de cette commune a fait une proclamation pour inviter les citoyens à faire venir pour leur compte des denrées de la campagne; je demande que cette mesure soit généralisée pour tout Paris.

» *** : La cause de la disette qui se fait sentir est bien claire : ce sont les égoïstes, les parasites, les aristocrates qui ont fui Paris pour éviter la surveillance active des sections qui retiennent les subsistances. (Violents murmures.)

» Thirion : Paris n'est pas une ville ordinaire; sa population est immense, les moyens de l'approvisionner doivent être extraordinaires. Que tous ceux qui l'habitent fassent venir des provisions de leurs campagnes, de leurs fermes; vous verrez que la foule ne sera plus aussi grande dans les marchés; mais si on fait arrêter aux barrières les œufs ou le beurre d'un particulier et qu'on les distribue au premier venu, ce particulier se gardera bien de faire venir des provisions.

» Voici un fait qui est arrivé à un de nos collègues. On lui envoyait du lard de son pays; eh bien! ce lard a été arrêté aux barrières et partagé à ceux qui se sont trouvés présents.

» Charlier : Les meilleurs moyens d'approvisionner Paris sont la confiance, la sûreté et la protection. Que chaque citoyen fasse venir ce que bon lui semblera, que toutes patrouilles ou tous individus qui se permettraient d'enlever des subsistances qui appartiennent à un particulier soient sévèrement punis, et que les autorités constituées ne soient pas calomniées; la disette cessera bientôt. (On applaudit.)

» Legendre : Nous devons nous borner à aiguillonner le zèle de l'administration chargée de l'arrivage des subsistances à Paris. Voilà tout ce que nous devons faire en ce moment.

» Ces diverses propositions et le rapport de l'accusateur public sont renvoyés au comité de salut public. »

« *État des prisons.* — Le Bulletin de la police porte le nombre des prisonniers à 6,064. » (*Moniteur* du 20 ventôse.)

Rapport de Bérard.

« Cinq particuliers, assis et formant le cercle sur le boulevard dit Italien, parloient des Cordeliers et des Jacobins.

« Le complot le plus infernal qui ait existé jusqu'à présent, a dit l'un d'eux, pour donner une nouvelle forme à la république, pour avilir la représentation na^alle ou pour l'anéantir peut-être, est sans doute celui d'Hébert, Vincent et consorts. Suivons d'abord assidument les mouvements de ce premier depuis la révolution : qui étoit-il avant cette époque? Un homme à gage. Comment s'est-il élevé? Par l'intrigue. Qui lui a donné le brillant qui l'environne? L'intrigue. Qui a donné à sa femme ce ton, ce luxe, cette insolence qu'elle manifeste aux yeux des sans-culottes, qu'elle suivoit jadis pas à pas dans les rues et que maintenant elle éclabousse avec son espèce de phaëton? Encore l'intrigue!

» Quand j'entends le peuple crier tous les jours contre les riches, et que je le vois fermer les yeux sur ces sangsues qui dévorent la république, en vérité je ne puis moi-même m'empêcher de crier à l'injustice. — C'est fort bien, a répondu un second, et je vous appuie d'autant plus que j'ai été révolté de l'entendre dire qu'il n'aimoit pas l'argent, que les sommes qu'il avoit touchées n'avoient servi qu'à l'impression de sa feuille, tandis que C. Desmoulins lui a prouvé de clerc à maître qu'une grande partie lui étoit restée dans les mains. Le bon apôtre, il n'aime pas l'argent!... Il ne peut pas dire autrement parce qu'il est actuellement proscrit, mais il ne hait pas les assignats, la preuve en est évidente.

» Oui, il existoit un complot, a répliqué un 3ème. Pitt et Cobourg présidoient aux Cordeliers; c'est là que l'arrêt de mort des prisonniers devoit être prononcé, c'est de là que la proscription des ministres devoit sortir, et c'est de là que devoit partir la foudre qui devoit écraser la Montagne, car Robespierre, Amar et autres ont été insultés, déchirés. Ce voile jetté sur les droits de l'homme en étoit l'avant-coureur; les sections, égarées par la malveillance, en auroient fait autant, auroient servi de remparts aux cordeliers, et auroient sans doute marché en masse contre la Convention, les jacobins; et pendant ce temps les ennemis.... — Vous allés trop loin, a reparti le premier; le peuple peut se laisser séduire un instant; mais quand il s'agit de la liberté, il sçait vaincre.

Vous parlez des jacobins! Quel est celui qui ne se sacriffieroit pas pour ces sauveurs de la France? Eux et la montagne, la montagne et eux, voilà nos modèles, voilà nos seuls guides dans le chemin de la révolution : à bas les autres!

» Je veux bien croire que les cordeliers aient été et soient encore dans les bons principes, mais il n'en est pas moins vrai qu'ils ont eu tort de prendre le parti d'un Hébert, qui de dépit s'est peut-être jetté parmi eux, ayant été mal vu aux jacobins dans son affaire contre Desmoulins; un Hébert qui leur a prêché l'insurrection; auroient-ils dû se laisser entraîner par un Momoro, taré dans l'opinion publique, qui, avant 89, n'avoit pas le sol, dont la femme empruntoit des souliers et des bas à ses voisines pour aller au marché, et qui actuellement joue le rôle d'une coquette? Le projet de ces messieurs étoit de s'emparer des premières places, pour gouverner à leur gré la république. Hébert, qui a tant ourdi de trames pour chasser Paré, vouloit être ministre de l'intérieur; Chaumette, qui agit derrière la toile, et qui a loué un second domicile très-éloigné du premier, où sans doute se forgent les traits de l'envie, devoit être nommé au ministère de la justice; Vincent, à celui de la marine; Ronsin, ministre de la guerre; enfin tout devoit changer de face, et jugez comme nous aurions été traités!

» Nous devons notre salut aux jacobins, vivons pour eux, servons-leur d'égide; mais qu'ils fassent punir les traîtres, et ils auront encore plus de droit à notre reconnoissance. »

» Cette conversation a duré au moins une heure et demie. Les particuliers qui parloient ainsi paroissoient avoir fait beaucoup de sacrifices pour la révolution. L'un d'eux a parlé plusieurs fois et avec chaleur et enthousiasme de Marat, de Robespierre, de Danton et de beaucoup d'autres; la nuit étant venue, ils se sont levés et je les ai perdu de vue. »

Voici les explications que ce même Hébert donnait aux Cordeliers. C'était le dernier effort d'un homme qui sent qu'il va perdre pied et que la terre se dérobe sous lui :

Séance du 19 ventôse.

« Hébert monte à la tribune ; il s'élève avec force contre l'audace qu'ont certains écrivains qui ont osé publier que la Société des Cordeliers voulait opérer la dissolution de la représentation, élever un schisme entre eux et leurs frères les Jacobins, et renverser ainsi les bases du gouvernement existant. Il interpelle la Société de dire si jamais on a eu de pareilles intentions, si le flambeau du patriotisme et l'amour de la liberté n'ont pas toujours présidé à leurs délibérations. Il demande que la Société désabuse le public et les Jacobins.

» Un membre, pour remplir les desseins d'Hébert, lit un discours où il rappelle les différents travaux de la Société depuis le 31 mai. « On nous fait un crime, dit-il, d'avoir jeté un voile sur le tableau des Droits de l'homme ; on nous accuse, d'avoir, en adoptant cette mesure, cédé plutôt à l'animosité de deux individus qu'à tout autre sentiment patriotique.

» En voilant les droits sacrés des citoyens, les Cordeliers n'ont eu d'autre motif que de rappeler au peuple combien ces droits étaient blessés, puisque les patriotes, dans toutes les parties de la république, étaient injustement traînés dans les cachots par ceux même qui s'en disaient les plus sincères amis.

» Mais, continue l'orateur, n'est-ce céder qu'à la passion de quelques individus que d'avoir nommé des défenseurs officieux à tous les patriotes, d'avoir reçu dans notre sein les députés des trois couleurs, d'avoir contracté une union éternelle avec eux, d'avoir pris la défense des patriotes de Nancy, d'avoir éclairé le tribunal révolutionnaire, à qui on voulait faire prendre le change, d'avoir volé au secours des malheureux gendarmes que l'aristocratie victimait, d'avoir

13.

entrepris la continuation du journal de Marat et vengé sa famille, etc.? »

» Ce tableau obtient les applaudissements de la Société.

» Vincent parle ensuite. « Pourquoi, dit-il, tous les Brissotins n'ont-ils pas été punis? Pourquoi, après avoir effrayé le public en annonçant en termes lugubres et effrayants une conspiration qui était si bien combinée qu'elle devait entraîner la liberté au tombeau, a-t-on attendu quatre mois sans faire de rapport? Il existe une faction dangereuse. Elle parut au mois de septembre dernier, lorsque Thuriot osa traiter de cannibales les patriotes qui demandaient des mesures vigoureuses. Thuriot cependant s'en tint là après avoir perdu une partie de sa popularité.

» Sont arrivés depuis des revenants de la Vendée, qui par leurs rapports, archives honteuses du mensonge et de la calomnie, ont voulu égarer l'opinion sur le compte des patriotes les plus accrédités; d'autres ont été poussés en avant pour inspirer une humanité dangereuse, pour établir un système de modérantisme pernicieux.

» Dans ces tentatives, réitérées à des époques différentes, est-il difficile d'apercevoir un esprit de faction qu'il est essentiel d'arrêter? Il y a encore d'autres individus que tôt ou tard il faudra bien nommer, et à qui nous dirons : « Mais si tu as fait telle ou telle chose, tu l'as faite pour toi, pour ton intérêt particulier. »

» Vincent vient ensuite aux arrestations des patriotes, et il conclut que tous les délits doivent être punis. » (*Moniteur* du 22 ventôse.)

Rapport de Pourvoyeur.

« Le peuple dit que ce n'est pas assé d'une guillotine quil en faudrai au moins quatre dans Paris.

» Il faut bien en venir là, observent on, puisquil nous i forcent et qui ne veulent pas rentrer dans le devoir.

» .... Une grande quantité d'individus que l'on croit reconnoître pour des ci devant nobles rentrés depuis peut en France ce promènent presque tous les jours au Luxembourg et toujours devant les fenêtres des detenus; les uns hausse les épaules et les autres regardent attentivement et en général regarde le monde avec insolance.

» J'ai été témoin plusieurs fois de ce que je dénonce, je suis sure d'en avoir vu que je voyois avant la Révolution mais dont malheureusement je ne me rappelle pas des noms; si l'on veut bien observer il son dans toute les promenades; plusieurs citoyens le disoient aussi aujourd'hui dans plusieurs groupes. »

Rapport de Grivel.

« Quand on porte un œil attentif sur ce qui se passe en ce moment dans l'intérieur de la République et particulièrement à Paris, on ne peut s'empécher de reconnoître que nos ennemis n'y fassent jouer tous les ressorts pour exciter le trouble et le désordre, égarer le peuple et le porter à l'insurection. Ils ont tâché par de longues et sourdes manœuvres d'y semer le ferment de la division, et ils se servent de tout pour le fomenter et l'accroître. Les agents qui sont parmi nous à leur solde prennent toutes sortes de marques et employent tous les moyens pour séduire ou entraîner; ils exagèrent, ils outrent nos malheurs, ils diminuent ou déguisent nos succès. En affectant un air d'intérêt bien tendre pour le peuple, ils ne voyent pour lui qu'une suite de calamités, ils lui prédisent de longs désastres. Ils cherchent à allarmer, à intimider les foibles et à exalter les caractères ardens pour les porter à des mesures extrêmes; ainsi on peut les voir, selon le caractère des personnes à qui ils ont affaire et qu'ils ont déjà bien étudié, se montrer successivement aristocrates, royalistes, modérés, fanatiques impies, ultra-révolutionnaires. Par ce changement habituel de formes, ces exécrables protées font tout le mal que l'homme le plus scélérat peut commettre, et comme celui de la fable, trouvent le moyen d'échapper à ceux qui voudroient les saisir. Ce sont eux qui provoquent à des dénonciations si multipliées, et souvent si indiscrètes contre les meilleurs patriotes, qui enflamment les esprits dans les sociétés populaires, qui y excitent ces querelles, ces cris et ces vociférations de cannibales qui rendent les séances de ces sociétés si scandaleuses et si affligeantes pour les bons citoyens. Ce sont eux encore qui ayant préparé autant qu'ils ont pu la disette des denrées, cherchent à aigrir le mécontentement du peuple et à le pousser à cette impatience furieuse qui ne respecte plus rien. Par leurs perfides conseils les provisions de subsistances sont enlevées sur les chemins, les marchés sont troublés et en désordre, les portes des marchands de denrées et celles des bouchers sont perpétuellement assiégées par une foule de peuple et surtout de femmes qui n'entendent ou qui ne veulent entendre aucune raison.

» On a eu hier et ce matin dans la plupart des quartiers de Paris le spectacle affligeant de ces scènes de désordres. Ils le savent bien, ceux qui ont imaginé ces manœuvres, que plus on inquiète les approvisionneurs, soit forains, soit de Paris, plus on augmente le prix et la rareté des subsistances; plus on lèze la propriété, et j'ose dire la liberté des transports et du débit, plus on attiédit le commerce, plus on en diminue les productions; aussi voit-on partout des hommes et surtout des femmes payés, ou du moins égarés, faire tout ce qu'il faut pour repousser et dépiter les approvisionneurs, et les choses sont portées à cet égard à un tel point que si on ne réprime par des mesures promptes et rigoureuses de pareils attentats contre l'ordre public, et la sureté des transports et de la distribution des subsistances, si on ne rassure l'homme de la campagne, qui vient chaque jour alimenter Paris, si on ne l'encourage pas à continuer d'y porter ses denrées, Paris éprouvera la plus affreuse disette et peut-être des troubles, dont on ne sauroit aprécier les suites malheureuses. . . . .

» J'ai retrouvé hier le même homme dont j'ai rapporté différentes conversations sur le club des Cordeliers. Eh bien, lui dis-je, vous devez être content aujourd'hui, vous voyez que les Cordeliers se montrent raisonnables. Oui, me dit-il, à quelques exceptions près, je suis assez content. Les Jacobins se sont fort bien comportés ; Collot-d'Herbois s'est dignement acquité de sa mission, il a parlé avec l'éloquence d'un patriote instruit et sage qui veut l'union des vrais républicains pour le bien de la République. Il a reproché aux Cordeliers d'avoir en quelque sorte proclamé l'insurrection, il leur a fait sentir le danger d'un mouvement populaire, lorsqu'au sein de Paris nous sommes entourés d'aristocrates récemment arrivés des départemens ; il leur a témoigné la douleur des bons patriotes en leur voyant voiler la déclaration des droits de l'homme. Il a engagé les Cordeliers à ne plus considérer les individus, mais la patrie ; et au nom des Jacobins, il a juré à la Société des Cordeliers amitié et fraternité. Les tribunes ont fort applaudi, et le discours de Collot-d'Herbois a fait impression sur les Cordeliers eux-mêmes. L'espoir des ennemis de la Révolution a été trompé, le voile qui couvrait la déclaration des droits a été déchiré, la députation des Jacobins a reçu l'accolade fraternelle, et toute la salle a retenti des cris de *Vive la République !*... Plusieurs membres ont juré union avec les Jacobins..... Et qu'ont dit ceux, lui demandai-je en l'interrompant, qui avoient parlé d'insurrection dans la précédente séance ?

» Je peux vous assurer, me répondit-il, qu'ils étoient fort embarrassés. Les choses n'avoient pas tournées comme ils l'avoient espéré. L'opinion n'étoit plus pour eux. Hébert parle pour se justifier. Il dit que des journalistes perfides avoient mal expliqué ses expressions, que par le mot d'*insurrection* il n'avoit entendu que l'union qui devoit exister entre les vrais patriotes pour obtenir justice contre les traîtres impunis.

» Le discours d'Hébert a excité à diverses fois des murmures dans les tribunes. L'improbation étoit manifeste, et elle étoit bien fondée. N'est-il pas singulier qu'Hébert ait prétendu persuader aux tribunes qu'elles n'avoient pas entendu ce qu'elles avoient entendu et qu'il n'avoit pas dit ce qu'il avoit dit? N'est-il pas singulier qu'insurrection signifie *union*? A qui le persuadera-t-il? C'est l'explication de Me Jacques de *l'Avare*, qui voulant faire croire que Valère a pris la cassette d'Harpagon, dit d'abord pour la désigner qu'elle est grise; ensuite, comme le maître lui dit qu'elle est rouge : Oui, répond Jacques, une cassette gris-rouge.

» Je suis aussi mécontent de l'explication d'Hébert que de la provocation. On ne lui doit aucune confiance; et ce qui me fait plaisir, c'est qu'à peu près tout le monde pense comme moi. Au reste, Ronsin et Vincent ne sont pas vus d'un meilleur œil. Le premier a voulu parler encore de la faction; le tems n'étoit plus favorable, il n'a point fait de sensation.

» Au reste, je puis vous assurer, pour l'avoir vû, que ces personnages sont grandement battus de l'oiseau, le passé les inquiète et l'avenir les effraye. En cela seul je suis d'accord avec eux; ils n'ont pas tort.

» On disoit ce matin Hébert arrêté dans la nuit dernière. C'est un bruit que je n'affirme point. »

Rapport du citoyen Hanriot, commissaire observateur dans Paris.

« La guerre de la Vendée est toujours l'objet de la conversation de ces faux patriotes qui se répandent dans les caffés.

» J'étois hier assez près pour entendre trois individus, ayant des bonnets à poile, qui en parloient avec une sorte de satisfaction. « Eh bien, disoit l'un aux deux autres, voilà donc ces rebelles détruits tant de fois qui se reproduisent encore. Je sais qu'ils marchent sur deux colonnes formidables, l'une commandée par Charette, l'autre par Larochejacquelin. L'on vient de m'assurer que six mille patriotes avoient mordu la poussière sous les coups vigoureux et multipliés de ces chouans, que l'on nous dit être une horde de voleurs.

» D'ailleurs, ajoutoit-il, Carrier, le représentant du peuple, qui en arrive, a dit lui-même que pour finir cette guerre il falloit serrer Charette et sa bande et l'obliger de combattre, mais Charette, que nous savons être le ci-devant marquis de Bouillié, ne se laissera point serrer, et n'exposera sa bande que lorsqu'il sera sûr de la victoire. » Son dire mêlé d'un ris sardonnique décéloit son aristocratie, et le contentement des deux autres prouvoit bien qu'ils étoient gens de même acabie.

» Après les avoir bien examinés, je n'ai pû savoir qui ils étoient.

» En sortant de là, je marchois derrière deux citoyens, dont l'un disoit : « On vient de m'annoncer par une lettre que les trois départements de l'Hérault, l'Isère et le Vard étoient en pleine insurrection, et que celui du Calvados, comptant sur les nouveaux succès des rebelles de la Vendée, étoit tout près de se réunir à eux. »

» Ce sont ces propos, répandus çà et là, qui causent du découragement dans l'âme des patriotes.

» Il est encore une sorte de gens, auxquels on ne fait guère attention, et qui cependant sont bien pernicieux à la société, ce sont ces orateurs qui, avec un ton lamentable, ne feignent de déplorer nos malheurs actuels que pour porter le peuple à des excès condamnables.

» La chandelle qui se vendoit hier chés les marchands a excité les murmures du peuple. Outre qu'elle étoit composé d'une graisse très-noire, elle éclairoit très-peu et causoit une exhalaison désagréable.

» Les précautions prises par les autorités constituées pour procurer des subsistances à chaque individu sont très-sages ; mais les rassemblements qu'elles autorisent aux portes sont très-pernicieux à la chose publique. Les propos que tiennent les femmes rassemblées ne tendent pas moins qu'à la révolte et à l'insurrection; s'approcher d'elles pour leur parler, c'est s'exposer aux outrages des plus sanglans. J'ai cherché à en remuer quelques-unes qui disoient tout haut : « *Vive l'ancien régime! nous avions de tout en abondance.* » Après m'avoir ri au nez, elles m'ont dit que je n'étois qu'un aristocrate, et que je faisois auprès d'elles le chien couchant parce que dans le fond de mon âme je me réjouissois des besoins qu'elles éprouvoient. »

---

20 VENTÔSE (10 MARS).

Du 20 ventôse, l'an II de la République française indivisible.

ÉTAT-MAJOR GÉNÉRAL.

Hanriot au comité de surveillance du département de la Seine.

« Mes amis,

» Vous aurés la force que vous me demandés à l'heure précise.

» Salut, fraternité.

» Votre camarade,

» *Signé :* HANRIOT. »

Au bas est écrit :

« J'espère vous avoir un jour près de moi, à table; les alimens seront froids... mais l'amitié les réchauffera[1]. »

Au dos est écrit :

« *État-major général.*

» *Aux citoyens membres du comité de surveillance du département de Paris, résidant rue de la Convention nationale, n° 18, vis-à-vis la ci-devant église de Saint-Roch.* »

[1] Autographe de la main d'Hanriot.

Rapport de Bacon.

« L'assemblée générale de la section de la Maison-Commune étoit extrêmement nombreuse, car il y avoit au moins quinze à seize cents personnes. On a passé au scrutin épuratoire tous les citoyens ayant un grade dans les compagnies. La moindre tache d'incivisme, la moindre négligence dans le service, les fait mettre au rejet. Ils sont passé au creuset révolutionnairement. J'ai remarqué, d'après les interpellations faites par le président, que sur 25 qui ont passé à la censure, 19 au moins ont été rejettés pour avoir signé bêtement (c'est là leur expression) ou la petition des 8 mille ou celle des 20 mille. La plupart de ces citoyens renvoyés sont de leur état ou traiteur, ou cordonnier, ou menuisier, ou tailleur. La censure des gendarmes demeurants dans l'étendue de la section a été remise à la première assemblée. On a nommé deux citoyens pour recommander au comité révolutionnaire de la section de .... le s^r *Malet*, cy-devant capitaine dans une compagnie de la d^{er} section, qui a trompé la bonne foy de différens bons patriotes qui ont signé la petition des 20 mille. (L'esprit public vraiment révolutionnaire.)

» L'assemblée générale de la section révolutionnaire étoit peu nombreuse. Il y a eû une discussion vive, bruyante et tumultueuse, relativement aux citoyens chargés de travailler au salpêtre. Des citoyens ont dit : On ne voit jamais a ce travail que le pauvre. Les gens riches restent tranquillement chez eux, ou préfèrent leur petite partie de société au bien général. (Bruit.) Les marchands s'occupent à censurer le misérable, et payent avec répugnance les pauvres qui les remplacent. (Bruit.) Enfin, on a empêché le membre de parler, ce qui a occasionné du mouvement. Le tout a été renvoyé aux comités révolutionnaires et civils réunis, pour faire un rapport à la première assemblée. On a lut différens arrêtés du comité de salut public et de la commune. (L'esprit public bon.)

» L'assemblée générale de la section des Lombards étoit

si nombreuse, que je puis dire ici que la moitié de la cy-devant église étoit pleine de citoyens et de citoyennes. Blandin, juge à des tribunaux, a lut un discours qui a duré au moins deux grosses heures. Au commencement, un homme s'est permis de le siffler. (Grand mouvement, grand désordre, grands cris, qui ont duré 20 minutes à peu près.) On n'a pu découvrir l'auteur de ce scandale. On a placé deux sentinelles à l'entrée de la porte afin de maintenir le bon ordre. Blandin a donc continué son discours, qui m'a parut respirer le plus pur patriotisme, et bien fait pour faire aimer la vertu et pour faire détester les Rois et le fanatisme. Cette phrase surtout a été vivement applaudie, aux cris de *Vive la République!* « Il faut que les biens des patriotes soient respectés, et ceux des gens riches aristocrates donnés aux pauvres. Un égoïste, un royaliste, ne peuvent avoir de propriété dans une république. » Enfin, l'auteur a parlé du gouvernement révolutionnaire, et a fait sentir que si on le perdoit de vue un instant, nous serions en guerre civile pendant trente ans. (Vifs applaudissemens.) On a parlé des certificats de civisme et on a lut des arrêtés de la commune. (L'esprit public bon.)

» L'assemblée générale de la section de l'Arsenal étoit assez nombreuse. On a nommé deux citoyens, l'un au comité civil, l'autre au comité révolutionnaire. Mercier, de la commune, a fait sentir avant la nomination combien il étoit nécessaire que de telles places ne fussent données qu'à de vrais sans-culottes. (Applaudissemens.) On a parlé des passeports, des remplaçants, et on a lut des lettres du ministre de la guerre. (L'esprit public a triomphé aujourd'hui.)

» On a lut au temple de la Raison, cy-devant église Saint-Nicolas des Champs, section des Gravilliers, différens discours patriotiques. Il y avoit au moins à ce temple deux mille personnes des deux sexes. Le député Léonard Bourdon a amené ses jeunes élèves, qui ont chanté des hymnes patriotiques, et qui ont été vivement applaudi. Lorsque ces jeunes républicains chantèrent : *Mourir pour sa patrie est le plus beau trépas*, j'ai remarqué un enthousiasme parmi le peuple vraiment civique. Le législateur Bourdon a ensuite occupé la tribune. Il a parlé au peuple avec véhémence, et lui a fait sentir les crimes des rois, les scélératesses des prêtres et des nobles, et le bonheur d'un gouvernement républicain, qui, a-t-il dit, ne peut subsister sans vertu. Les vers qu'il a débités, faisant allusion aux brigandages de l'ancien gouvernement, ont produit le plus grand effet, car j'ai vû plus d'une femme verser des larmes. On a ensuite fait faire le tour du temple à deux arbres de la liberté, porté par des canoniers, aux cris de *Vive la république! vive la montagne!*

» On a lut au temple de la Raison, cy-devant église Bonne-Nouvelle, des décrets de la Convention. On a chanté des hymnes patriotiques, et tous les citoyens faisoient chorus. Un autre citoyen a occupé la tribune, où il a lut un dialogue entre les bouchers, les marchands de vins et ces femmes qui, au lieu de s'occuper du bien général, ne s'occupoient que de leur petit chien.

» Ce discours a beaucoup fait rire, est somme totale très-médiocre.

» On a vendu à la halle six livres cinq sols le boisseau de pommes de terre.

» J'ai dîné avec deux membres de la société populaire de Vaugirard, qui m'ont dit qu'on étoit très-embarrassé pour avoir de l'orge et de l'avoine pour ensemencer : ce qui affligent beaucoup leur pays.

» Toute l'habitude de Paris que j'ai parcourue m'a parut très-tranquille et très-gaie. »

Rapport de Pourvoyeur.

« Il y a eu un grand mouvement hier soir à la section Marat; plusieurs individus vouloient que l'on se portasse en masse à la Convention pour demander, disoient-ils, l'élargissement des oprimés; c'est ainsi qu'ils appellent Hébert, Momoro, Ronsin, Vincent, etc., etc. Plusieurs combatirent pour que l'on laisse agir la loi, et que s'ils étoient inocens, qu'ils ne devoient rien craindre. L'on arrêtat douze ou quinze de ces citoyens qui faisoient beaucoup de bruit dans la section.

» Plusieurs défenseurs officieux paraissent suspect, notamment Jullienne et Guette; du moins ce sont ces deux individus dont plusieurs personnes parloient.

» Ce matin, l'on a jugé au tribunal révolutionnaire le nommé Martinet, connu par de longs forfaits; son défenseur employa pour le défendre des moyens qui ne sont point approuvé par la loi, puisque même l'accusateur publique lui en a fait des reproches [1].

» Plusieurs citoyens de Bordeaux et des communes des environs se plaignent qu'ils manquent de pain, et qu'il est de la plus grande nécessité de procurer à ses habitans de quoi subsister, d'autant que le peuple de ces contrées c'est toujours bien montré; les habitans de la Dordogne font les mêmes plaintes.

» L'on écrit qu'Hébert alloit aujourd'hui jouer à la main chaude, et le peuple couroit pour le voir. « Ha! le chien! disoient-on, il ne jurera plus; il doit pourtant bien être en colère! » Toutes les fenêtres de la rue Saint-Honoré sont louées et retenues pour voir passer le père Duchêne.

» Le peuple attend avec patience la suitte de cette grande affaire; l'on est indigné généralement contre le père Duchêne.

» Il employoit, disoient-on, le patriotisme pour mieux tromper; d'après cela l'on observoient que l'on ne devoit plus compter sur un seul homme, qu'il ne falloit les prendre ni au mois ni à la décade, ni au jour, ni même à l'heure, mais bien à la minute.

---

[1] Le tribunal ne siégeait pas les 10, 20 et 30 de chaque mois, jours de décade, et il n'y a eu qu'un seul Martinet traduit en jugement, c'était un colonel qui fut condamné à mort le 7 messidor an II. Il y a sans doute erreur de nom. Quant au rapport, quoique daté du 20, il peut être de la veille.

» Hébert paroit cependant avoir un partie dans Paris ; il n'est pas nombreux, mais l'on voit des gens dans les groupes qui osent prendre son parti. »

Rapport du citoyen Le Breton, commissaire observateur.

« ..... La promenade dans les Thuileries au coup d'une heure étoit également nombreuse et brillante. J'ai entendu dire à plusieurs femmes : *C'est encore la promenade la plus belle et la plus décente; il faut venir ici, on n'a pas eû d'idée de cerner c'est endroit.*

» Sur le boulevard, derrier le théâtre de la rue Favart, la petite pluye qui est survenue en a chassé toutes nos élégantes et nos petites maîtresses. Plusieurs déesses s'en plaignoient entre elles d'être contrariés, tantot par une chose, tantot par une autre. Elles disoient que la dernière fois qu'elles y vinrent, elles furent empoisonnées par des bouffés de tabac que des canoniers leurs envoyoient exprès en étant venû s'asseoir auprès d'elle pour fumer, ce qui a manqué occasionner une rixe entre leurs maris et ces jeunes militaires..... »

Rapport de Dugas.

« Le 243e No de l'*Ami du peuple* par le club des Cordeliers, et qui fait suite au dernier No de Marat 242, vient de paroître; il y est dit que le Club des cordeliers, allarmé des nouveaux dangers qui menacent la république, a résolu de réparer la perte de Marat dans un journal rédigé d'après ses principes, qu'elle a constamment professés, comme cet imperturbable ami de la liberté; il dénoncera à l'opinion publique les attentats commis ou qu'on voudroit commettre contre les droits sacrés de l'homme. La société des cordeliers y déclare encore qu'elle saura, en attaquant, en foudroyant par l'opinion tout despotisme, *mettre le peuple en garde contre tous décrets qui ne seroient que le fruit de l'intrigue des passions ou de l'esprit de domination, etc.....* »

Observations du citoyen Rolin.

« Le bruit commun dans Paris est que le citoyen Pache, maire de cette commune, est pour beaucoup dans la conspiration, et on ajoutoit hier qu'il étoit gardé à vue. Le général Hanriot est aussi soupçonné d'i être pour quelque chose; on espère que tout se découvrira [1].

» On insulte hautement les citoyens vêtus en carmagnole. — Deux ont été maltraités de paroles hier au pont de la Révolution. »

21 ventôse (11 mars).

Rapport de Mercier.

« Des bruits cour parmie les citoiens quanriot et ses aide de camps dépencoit beaucoup et qu'il fecois des repas superflus. On évallue un de cex repas a cinq cen livre entre cinq qu'il étoient; plusieurs disent que les assignats ne lui coutoient guère à guagner. »

Rapport de Bacon.

« J'ai été, d'après ce qui m'a été dit, jusqu'à Issy-l'Union, près Vanves. J'ai remarqué qu'il y avoit beaucoup de buveurs dans les cabarets, et que le peuple y chantoit des chansons patriotiques. Je suis entré, avec différens citoyens, chez un marchand de vin-traiteur, appelé *Cordier,* à l'enseigne de *l'Homme de fer.* Il nous a introduits dans une salle

[1] Le bruit de la complicité d'Hanriot était fort répandu. Plusieurs rapports constatent la contenance triste et inquiète de ce guerrier.

qui respiroit l'aristocratie dans toute son habitude, car cette salle étoit tapissée d'une douzaine de tableaux représentants Louis Quatorze, le Dauphin, le prince de Condé, des ducs et marquis environnés des attributs de la féodalité. Les patriotes avec lesquels j'étois ont voulut faire tapage ; mais sur mes observations ils n'ont rien dit, parce que je leur ai représenté qu'il y avoit des officiers de police chargés de surveiller ce qui était contraire aux républicains. Comme je crains que ces emblèmes de l'ancien régime n'occasionnent tôt ou tard du bruit, j'invite les magistrats du peuple a donner des ordres au comité de surveillance d'Issy-l'Union pour que le propriétaire de tels tableaux ne les expose pas aux regards de ceux qui vont chez lui. »

« *Subsistances*. — Il se commet une dépopulation totale aux environs de Paris, et surtout du côté de la barrière de Sèves, de bêtes à cornes, car on y tue que vasches et brebis, pleines ou non pleines. Tout cela n'est point étonnant, d'après les renseignemens donnés par de bons patriotes ; car les habitans de Paris viennent achéter cette viande jusqu'à 25, 30 sols la livre; voilà le motif de la cupidité du vendeur comme de l'acheteur.

» Tous les environs de Paris m'ont paru très-tranquilles et mêmes gais. »

Rapport de Perrière.

« *Honte des sociétés, et surtout d'une société telle que la nôtre.* — Une femme, mère de quatre enfants et grosse du cinquième, ayant son mari dans un hospice, qui a eu le malheur de se casser la jambe, est tombé de besoin dans la rue du faubourg Saint-Honoré, et dans sa chûte s'est ensanglanté tout le visage; chacun s'est empressé de lui porter des secours en nourriture et en argent..... On reconnaît là l'homme : difficile à croire au malheur de ses semblables (peut-être parce qu'il a souvent été trompé), mais encore plus difficile à émouvoir, il lui faut ces preuves sanglantes de l'infortune d'un individu pour l'ébranler en sa faveur... Après tout il vaut mieux des secours tardifs qu'un endurcissement soutenu..... Mais à qui est-ce de prévenir ces funestes accidents et d'épargner aux malheureux les tristes preuves qu'attendent des étrangers?.... A qui? si ce n'est aux comités de bienfesance des sections?.... Quoi! c'est dans une société civilisée et surtout dans une société qui, comme la nôtre, prétend se gouverner par les seules loix de l'égalité et de la fraternité, c'est dans la France républicaine que l'on verra tomber de besoin dans les places publiques une femme, une mère de quatre enfans, une femme enceinte, une femme dont le mari, par la perte d'un de ses membres, est privé des moyens de soutenir l'existence d'une famille nombreuse !... Et les relations des voyageurs nous apprennent que le sauvage dont la chasse a été abondante partage avec celui qui a eu le malheur de ne rien attraper!... O honte! ô nom de la vertu profané et prononcé en vain! »

« *Bouchère et commissaire à la distribution de la viande, arrêtés et conduits à la mairie.* — C'est pour avoir, l'une vendu et l'autre souffert que l'on vendît 20^s au peuple une viande médiocre avec le déchet (c'est-à-dire le mou, les pieds, la tripe, etc.), et force réjouissance.

» Le nom de la bouchère est *Blondé*, rue du Faubourg-Saint-Honoré, et celui du commissaire, *Mail,* parfumeur, voisin de la délinquante.

» Cette femme, depuis la difficulté pour la viande, n'a cessé de vendre au prix et avec la mauvaise foi que je viens de dire ; tandis que dans le cœur de Paris, on la vend superbe et sur le pied de 14 à 15^s.

» Au moment où elle fut dénoncée au comité révolutionnaire de sa section (les Champs-Élizées), elle eut le tems, en ayant été prévenue par les menaces de la citoyenne qui alla la dénoncer, elle eut le tems de tirer de ses cachettes de superbes morceaux de viande réservés à de grosses pratiques, et de les exposer sur son comptoir, ce qui fut un événement heureux pour les citoyens qui restoient à servir, et qui le furent d'une manière à laquelle ils ne devoient certainement pas s'attendre ; quoique d'un autre côté ce foible avantage pour les citoyens fut un moyen de conviction de moins contre la coupable. »

« *Rebelles de la Vendée.* — Je ne sais qui est-ce qui s'amuse à répandre dans les parties les plus éloignées des faubourgs de faux bruits sur l'état actuel de cette malheureuse guerre..... J'ai rencontré tout au haut de la rue de Ménilmontant un petit conciliabule de vrais sans-culottes, qui se communiquaient des lettres et des journaux, et j'entendis à la volée l'un d'eux dire : « On dit qu'il y en a encore en » diable de ces rebelles de la Vendée. »

« *Esprit public.* — Les rues de la Courtille regorgeaient des flots d'un peuple joyeux et proprement vêtu, partout on entendait le bruit de la danse et des instruments ; ainsi (quoique je ne réponde pas du nombre des malheureux qui pouvaient être restés gémissants dans leurs greniers), les sinistres projets des méchants sont confondus, et c'est en chantant la *Carmagnole* et tous les airs chéris de la liberté, que le peuple soutient son carême républicain..... Et ce tableau n'était pas particulier à la Courtille ; il s'applique à toutes les grandes rues des fauxbourgs. D'un autre côté on rencontrait des enfans de cinq ans, vrais petits sans-culottes, qui se fesaient la guerre à coups de pierres, en soutenant leur ardeur guerrière de la chanson : « La liberté dans nos foyers »... O France ! quel peuple tu es, et quel peuple tu promets ! »

Rapport de Lescaruel.

« Il existe un nouveau genre de brigandage et d'escroquerie non moins funeste pour les autorités que pour les autres citoyens. Des individus en pantalon, après avoir préalablement pris des renseignements sur les personnes et les

localités, se transportent dans les maisons, demandant à parler en particulier au maître ou à la maîtresse du logis, les entretiennent d'abord des affaires du tems, forment des histoires analogues à peu près aux renseignemens qu'ils ont pris, et finissent par leur faire cette confidence : « Entre
» nous autres honnêtes gens nous nous devons des services
» réciproques, surtout dans les malheureuses circonstances
» où nous nous trouvons ; il existe un système désorganisa-
» teur qui en veut aux personnes et aux propriétés; nul n'est
» exempt de ses coups ; pas même vous qui cependant avez
» toujours joui de l'estime de vos concitoyens, qui vous êtes
» toujours conduit de manière à la mériter. Eh bien, vous
» êtes désigné comme suspect et devez être arrêté comme
» tel; ainsi vous n'avez pas de tems à perdre, il faut agir
» promptement : cette nuit..... » Malgré les protestations de civisme et de bonne conduite de la part des malheureux citoyens ainsi induits en erreur par les *coquins*, la frayeur s'empare d'eux, ils balbutient, et pour détourner cet orage prétendu, ils finissent par faire des offres d'argent et de bijoux, et s'ils n'ont ni l'un ni l'autre, ils sont sollicités de faire des billets au porteur..... »

Rapport de Latour-Lamontagne.

« La séance des Jacobins a présenté aujourd'hui un spectacle bien intéressant. La section de Marat est venue conduire en triomphe, jusque dans le sein de la société, trois citoyens que le tribunal révolutionnaire vient d'acquitter. Le front ceint de lauriers, ils ont reçu les témoignages les plus éclatants de l'estime et de la satisfaction publique. Le tribunal a aussi reçu du peuple le tribut d'éloges que méritent la justice et l'impartialité qui caractérisent tous les jugemens. Ces citoyens, en se retirant, ont tour à tour déposé avec respect leurs couronnes sur le buste de Challier, et la salle tout entière a retenti, à plusieurs reprises, des plus vifs applaudissements. Voilà, s'est écrié un citoyen, une bonne réponse à tous ceux qui osent dire que le peuple est cruel et sanguinaire [1].....»

Rapport du citoyen Le Breton.

«..... J'ai entendu causé dans un caffé sur les causes du jugement prononcé contre la cy-devant madame de Marbœuf. Et voici ce qu'on en disoit : qu'un ci-devant capitaine de dragons, attaché à son char, avoit résolu de la sauver; que pour cela il étoit allé trouvé le commissaire chargé de la levée des scellés chez cette femme, et lui avoit promis mille louis s'il pouvoit soustraire plusieurs pièces servant à conviction dans un endroit indiqué, et avoit remis au même moment six mille livres en assignat dans la main du commissaire, en lui disant de se trouver le lendemain à dix heures du matin chez Propagan, notaire, qui lui remettroit dix-huit mille livres, que le commissaire avoit fait semblans d'acquiescer aux propositions, et étoit allé dénoncer cette tentative de séduction. Que pour lors on lui donna le conseil de tenir la conduitte désigné, et qui effectivement au moment ou le notaire lui comptoit son argent, il entra de la force armée qui arrêtèrent le dragon et le notaire, qui furent jugé trois jours après. Cette conversation attira la pitié et la compassion de trois ou quatre personnes qui écoutoient [2].....»

---

[1] Ces trois *innocents* étaient accusés de fournitures infidèles, et se nommaient Jean François, tailleur, administrateur de l'habillement des troupes; Jean-Louis Marchant, même profession; et Jean-Baptiste-Pierre Lenfant, exerçant également la profession d'administrateur de l'habillement des troupes.

[2] Anne Michelle, marquise de Marbœuf, fut condamnée à la peine de mort le 17 pluviôse an II.
Après bien des recherches, nous écrit M. Campardon, j'ai fini par trouver le capitaine de dragons et le notaire.
Le premier, Jean Capotte-Feuillide, âgé de quarante-trois ans, cultiva-

Rapport du citoyen J. B. B[1].

« *Affiche d'Hébert.* — Le père Duchesne a couvert les murs d'un placard dans lequel il répond au reproche qu'on lui a fait d'être un accapareur. Il profite de l'occasion pour justifier sa conduite politique. Le public lisoit attentivement cette affiche. Des hommes qui paroissoient très-familiers avec le langage du père Duchesne disoient énergiquement que c'étoit bien malheureux qu'il n'eût pas voulu être ministre ; que si on avoit au conseil exécutif que des citoyens comme Hébert, tout iroit bien mieux : mais que tous les ministres, excepté celui de la guerre, étoient des Philippotins, qu'il falloit faire jouer à la main-chaude. Quelques femmes écoutoient et disoient qu'on avoit bien raison.

» Il paroîtroit qu'on veut propager cette opinion, car l'observation a été faite dans différens endroits. »

« *Affiche du département.* — Le département a fait afficher un arrêté qui tend à accélérer l'établissement des écoles primaires. Cet arrêté fixoit l'attention de beaucoup de personnes ; et l'avidité avec laquelle on le lisoit prouve le désir des bons citoyens de voir organiser promptement des écoles républicaines. Des pères de famille disoient que le décret qui donnoit lieu à cette affiche auroit besoin d'explication. Ils ne concevoient pas comment on pouvoit exiger d'eux qu'ils envoyassent aux écoles de l'enfance leurs fils et leurs filles, qui deja savent tout ce que l'on doit y enseigner. Ils soupiroient après une loi qui établiroit des écoles secondaires, ou au moins un décret qui déterminât positivement

---

teur, et ci-devant capitaine de dragons, fut condamné à la peine de mort le 4 ventôse an II.

Et le deuxième, Louis-Dominique-Augustin Prédicant (et non Propagan), âgé de trente-neuf ans, notaire à Paris, fut également condamné à mort le même jour.

(M. Capotte-Feuillide est sans doute l'oncle de M. Capo de Feuillide, publiciste célèbre sous le règne de Louis-Philippe.)

[1] Ce J. B. B. n'était pas un observateur attitré ; il remplissait d'autres fonctions et n'exerçait celles-ci qu'accidentellement : en un mot, c'était un observateur amateur, mais payé.

quels seroient les enfans que l'on seroit forcé d'envoyer aux petites écoles. Les réflexions et les inquiétudes seroient fondées, si le décret ne disoit pas que les enfans doivent être envoyés à ces écoles avant l'âge de huit ans ; donc tout enfant qui a atteint l'âge de huit ans ne doit plus y être envoyé.

» Il seroit nécessaire de tranquiliser par une affiche ou par une annonce dans un journal très-répandu les parens inquiets qui craignent de voir perdre à leurs enfans un tems précieux. »

Première observation.

« *Salles du palais, six heures du soir.* — Des groupes s'étoient formés près des tribunaux révolutionnaires, et les citoyens témoignoient unanimement leur étonnement de ce que les tribunaux ne s'ouvroient plus régulièrement tous les soirs comme autrefois. Les juges se lassent, disoit-on, il faut qu'ils se reposent après dîner. Quel mal ! disoit un citoyen. Cela fait que les aristocrates qui auroient été condamnés le soir vont à la guillotine un jour plus tard ; il n'y a pas grand mal à cela. Fort bien ! dit un bon citoyen, *Mais les innocens qu'ils auroient pû acquitter le seront donc un jour plus tard !* Bravo, mon camarade, reprit celui qui avoit parlé le premier, vous avez plus de raison que moi.

» On devroit donner beaucoup de publicité à ce trait de mœurs qui honore l'humanité. »

Deuxième observation.

« On parloit dans ces groupes du tribunal criminel du département. On s'étonnoit de ce que les jurés y votoient encore avec des boules noires et blanches, tandis qu'au tribunal révolutionnaire leur opinion se prononçoit à haute voix.

» On observoit que cette méthode secrète sauvoit la vie à plus d'un accapareur, parce que tel juré qu'auroit dit tout haut que l'accusé étoit coupable, lui donnoit en secret l'absolution par le moyen d'une boule blanche. »

Observations du citoyen Rolin.

« Les ennemis de la République assurent que la paix et l'union ne sont rien moins que rétablies entre nos frères les Jacobins et le club des Cordeliers, qu'Hébert a dit que lui ou le citoyen Paré, ministre de l'intérieur, périroit; on ajoute que le club des Cordeliers ne veut point quitter prise qu'il n'ait culbuté les ministres (excepté le C. Bouchote), et qu'il n'ait remplacé ces postes par des citoyens de son choix.

» Dans le café de Foix, au palais Égalité, on traitoit le discours du C. Collot-d'Herbois aux Cordeliers de platitude, disant qu'il s'étoit humilié devant l'Assemblée, et avoit, par son peu de courage et son langage doucereux, ravalé nos frères les Jacobins, qui, certes, ajouta-t-on, sont incapables de connaître une telle bassesse.

» Il existe dans l'assemblée généralle de la section du Panthéon français des individus inconnus, ou du moins connus depuis trois ou quatre mois au plus, dont l'ardent patriotisme donne du louche aux vrais républicains. Il n'est point possible de s'entendre, les motions sont comme des torrents qui par leurs multiplicités entraînent avec elle tout le bien que l'on pouroit faire, tout y parlent à la fois, il semble que ces individus soient payés pour troubler l'assemblée et empêcher qu'on ne travaille au bonheur de la République. On assure que c'est partout la même chose, et que le pis est que chaque section a des êtres qu'elle préfère, de manière que l'une est pour Hébert, l'autre pour Danton, une autre pour les Cordeliers, une autre pour les Jacobins; enfin on craint que cela n'attire un jour une guerre civile.

» Le peuple est égaré, quantité d'individus se plaisent à faire sonner à haute voix qu'il y a quinze jours qu'ils n'ont mangés de viande, et que les ouvriers ne peuvent point travailler sans manger de la viande, et moi j'atteste qu'il est urgent d'interdire à tous les aristocrates d'avoir plusieurs plats de gras pour un repas, car il y en a encore qui en ont trois et quatre. »

Rapport de Charmont.

« Malgré le mauvais tems qu'il fesoit aujourd'hui, cela n'a pas empêché les foules aux portes des bouchers, chandeliers et des comités civils; des citoyens voulant suivre de près ces femmes, ont remarqué que partout ce sont presque toujours les mêmes; qui plus est, c'est que l'on a arrêté plusieurs de ces femmes pour avoir été depuis six heures du matin aux portes des bouchers jusqu'à dix heures, ensuitte venir au comité civil de leurs sections, jusqu'à midi, pour avoir un bon pour le porc salé, et de là, passer le reste de la journée pour avoir une malheureuse chandelle chez le chandellier, où elles ont été prises et conduites dans différents comités révolutionnaires, et cela fait croire aux bons citoyens qu'il y a encore des malveillans qui sont soudoyer par nos ennemis intérieur ou extérieur..... »

Rapport de Pourvoyeur.

« ..... L'on disoient qu'il faudroit supprimer tous les caffés et les maisons de jeux dans l'enceinte du palais royal, ils ne font que servirent de repaire aux brigands, de tous gens.

» D'ailleurs l'on observent que les caffés sont inutils, ils empêchent quantité d'individus de se rendrent aux assemblées; l'on se plaint que quantité d'officiers de tous grades et même des soldats remplissent ces mêmes caffés et les spectacles, lorsque la Vendée n'est point détruite.

» L'observent encore que tous les bals publics devrais êtres défendu au moins jusqu'après la guerre, c'est encore un rassemblement inutile et souvent nuisible aux bonnes mœurs et insultant à la misère publique. »

Rapport du citoyen Le Breton.

« . . . . . On disoit à la place de la Révolution, proche les Thuileries, qu'il étoit étonnant que le glaive national n'aye frappé personne depuis deux jours. Un autre répondit : Je désirerois que les hommes n'eussent jamais eu besoin de pareils apperçu pour s'entendre entre eux. La conversation dura longtems et fut terminée par un troisième qui trouvoit impolitique de faire de ces sortes de justice journellement, que le peuple s'habituoit à aller là comme à la messe, et la victime comme le prêtre qui va faire le sacrifice; il prétendoit qu'il eut beaucoup mieux valû ralentir les exécutions, et les faire plus nombreuses, c'est-à-dire, disoit-il, en guillotiner quatre cent tout les trois mois s'il l'eut fallu, par ce moyen nous n'aurions pas habitué le peuple a venir là comme à un spectacle, et les coupables avec le sang froid de l'innocence. Je soutien, ajoutoit-il, par l'habitude que nous avons de venir ici, qu'il n'y en a pas un de nous que ce supplice fasse frissonner. La conversation s'est terminée là, ils se sont quittés en se donnant parole au même endroit pour la prochaine exécution.

» Le peuple se plaint dans la section de la fontaine de Grenelle de ce que le service militaire y est extraordinairement fatiguant, que l'on les commande pour des patrouilles hors la ville, et que l'on les envoye trop loin, jusqu'à Meudon, Sèvres, Saint-Cloud, qu'ils restent douze heures dehors, à toujours marcher. Au moins, disent-ils, il faudroit y assujétir tout le monde à la même fatigue, et empêcher les remplacemens pour ces corvées.

» Un porte-faix disoit sur le pont National, à un cocher de fiacre qui se plaignoit de quelque chose : *Un vrai répu-*

blicain doit manger du pain, boire de l'eau, s'habituer à la fatigue, ne jamais se plaindre.... a ce qu'on dit.

» Un citoyen inconnû dans un caffé de la rue du Bracq, a dit avoir rencontré un ci-devant marquis de Damas dans la rue du Roule criant un journal du matin.

» La ville m'a paru très-tranquille. »

---

22 ventôse (12 mars).

Rapport de Mercier.

« ..... Le marchand de vin qui a été fait mourir aujourd'hui, accompagné d'un architecte et d'une religieuse[1], a fait des farces jusqu'au moment où ils dit à tous les spectateurs qu'il leur souhaitoit plus de bonheur, que pour lui, il mouroit pour bien peu de choses, et aussitôt il a dit adieu à tous ses amis en riant.

» Un citoyen disoit qu'il ne concevoit pas le Tribunal révolutionnaire, vu, disoit-il, la religieuse qui vient de perdre la vie ne la méritoit pas, elle ne méritoit tout au plus qu'a être déportée ; mais plusieurs lui ayant demandé si il croyoit les juges capable de condamner quelqu'un à mort sans qu'il le mérite, il a répondu que c'étoit suivant l'interrogatoire qu'il avoit entendu le matin envers cette religieuse, et il est parti en finissant ces mots. Je l'ai suivi jusque sur le boulvard du Temple, où il est descendu par un escallier dérobé.

» Un marchand de papier crioit aujourd'hui que dans Bordeaux les citoyens étoient réduit a quatre once de pain par jour, un citoyen à qui je demandois si ce papier étoit vrai, me répondit que malheureusement ce n'étoit que trop vrais, et que sous peut le Parisien seroit logé à la même en-

---

[1] Marin Blanchet, marchand de vins et capitaine de canonniers de la section du faubourg Poissonnière ; Alexandre-Pierre Cauchois, architecte ; Sophie-Adélaïde Leclerc-Glatigny, fille naturelle du comte de Watteville, religieuse professe au couvent de la Visitation de Saint-Denis.

seigne. Je lui dis que je ne le croyois pas vrai républicain par la mauvaise confiance qu'il avoit l'air de me donner ; il voulut faire du bruit, plusieurs citoyens s'assemblèrent ; et après leur avoir conter ce qui en étoit, il vouloit savoir ce qu'il étoit, mais il a profité de la quantité de monde qui venoit de voir mourir les trois et est évadé. »

Rapport du citoyen J. J. B.

« *Club des Cordeliers.* — La séance s'est ouverte par la lecture de plusieurs lettres qui félicitoient la Société sur le projet qu'elle avoit formé et exécuté de continuer le journal de l'*Ami du peuple*. On a lu le procès-verbal de la dernière séance, il a été adopté. Ceux des deux séances précédentes n'ont pas encore été lus. Le président a donné lecture du second numéro du journal de la Société. Il étoit composé d'un passage extrait de la feuille de Marat ; c'est le portrait du dénonciateur ou censeur populaire. Ce portrait tracé avec l'énergique pinceau de Marat, a été fort applaudi. On a retrouvé aussi dans ce numéro le discours que Ronsin avoit prononcé à la tribune, et qu'on peut lire dans toutes les rues parce qu'il l'a fait afficher. Enfin la lettre d'Albertine Marat, qui reprochoit aux Cordeliers de n'avoir pas le courage d'indiquer les noms des continuateurs du journal de son frère, a donné lieu à une assez longue discussion. Devait-on maintenir ou rapporter l'arrêté qui ordonnoit que le journal seroit l'ouvrage de la Société et non pas celui de quelques-uns de ses membres? Hébert, Brutus, Bourgeois et Bouin, ont parlé successivement pour et contre. Les débats n'ont rien offert qui intéressât l'esprit public, et l'arrêté a été maintenu. Des députations sont venues déposer sur le bureau des arrêtés qui avoient été pris dans leurs sections ou sociétés respectives. »

« *Dénonciation.* — Moynin ou Monnin a demandé la parole sur l'existence d'une faction dans le sein de la Convention nationale. Il a dit que cette faction existoit même avant le trente-un mai. Il en a cité pour preuve une démarche qu'à cette époque Chabot et Léonard Bourdon firent auprès du comité central, qui venoit de se saisir des pouvoirs et qui dirigeoit l'insurrection. L'orateur a pris à témoin un membre de ce comité qui étoit présent à l'assemblée. Ce membre a dit que Chabot et Léonard Bourdon étoient effectivement venus trouver ce comité, qu'ils avoient voulu se faire rendre compte des motifs qui fesoient agir le comité, qu'ils avoient menacé Paris de toute la vengeance des départemens si l'on portoit la main sur un seul député; ils avoient dit que les chefs des députés que l'on regardoit comme ennemis de l'État alloient donner leur démission, que, par conséquent, ils ne seroient plus dangereux, et que l'insurrection devenoit utile. Le même membre a parlé des démarches qu'il avoit faites au nom du comité central près du comité de salut public; que Barère lui avoit demandé si cette insurrection avoit été méditée, et qu'il lui avoit répondu : Qu'est-ce que cela te fait? Fais ton métier, et laisse-nous faire le nôtre. Il a dit que mécontent de la manière dont il étoit reçu par les membres qui composoient alors le comité de salut public, il étoit revenu au comité central, et avoit fait prendre les grandes mesures que tout le monde connoît. Hébert, qui avoit vu venir Chabot et Léonard Bourdon au comité central, a attesté la vérité de ce que l'on venoit de dire. Il a dit qu'il falloit enfin déchirer le voile; que l'on vouloit faire le procès aux patriotes qui avoient alors sauvé la République; qu'il falloit se reporter à cette époque. Il a rappelé qu'un décret qui n'étoit pas encore rapporté condamnoit à la peine de mort celui qui s'étoit mis à la tête de l'insurrection. Il a dit que Barère, l'insidieux Barère, avoit eu l'audace de faire à la tribune, trois jours après, la censure de cette sainte insurrection. Il a rappelé le moment où la Convention nationale sortit tout entière et se promena dans le jardin des Thuileries pour arrêter l'énergie du peuple; il a cité ce propos d'un canonnier au député Lacroix, qui se plaignoit d'être avili, insulté : Tu voudrois bien, coquin, que l'on t'insultât, mais nous ne t'en donnerons pas le plaisir. Hébert a remonté encore plus haut, au 10 août. Il a représenté Chabot et Lacroix se jettant alors aux pieds du peuple pour l'empêcher d'immoler le tyran. Toute cette conduite rapprochée et bien discutée lui a prouvé l'existence d'une faction qui ne veut pas la liberté. Toutes les fois, a-t-il dit, que nous touchons la corde des dilapidateurs, ces hommes font mouvoir tous les ressorts nécessaires pour donner le change, mais ils seront tous connus. Hébert a dit que la proposition faite d'une insurrection, quoique d'ailleurs hypothétique, pourroit paroître inconséquente, parce que dans un moment d'insurrection le peuple devoit abattre d'un seul coup les têtes de tous ses ennemis, et qu'il ne les connoissoit pas encore tous. Le discours d'Hébert a été unanimement applaudi, et de la Société et des tribunes. »

« *Esprit public.* — Moynin qui avoit été interrompu a repris son discours. Il a parlé avec beaucoup d'énergie sur les dangers auxquels la faction expose la liberté. Une députation de la société républicaine de l'Ami du peuple est venue déposer dans le sein des Cordeliers ses inquiétudes sur les assignations envoyées à la plupart de ses membres pour comparoître au tribunal révolutionnaire. Momoro, qui avoit demandé la parole pour des faits, a quitté le fauteuil pour passer à la tribune. Il a rappellé l'apparution à la barre de la Convention de l'accusateur public du tribunal, le décret qui lui ordonnoit d'informer contre les auteurs et complices des mouvemens qui avoient eu lieu à la halle, et des placards qui avoient été affichés. C'étoit en vertu de ce décret que l'accusateur public avoit fait assigner presque toute la section de Marat pour savoir quels étoient les membres qui par leurs propositions avoient amené l'arrêté qui annonçoit que la section voileroit les droits de l'homme si on ne la rassûroit pas bientôt sur les subsistances. Momoro dit qu'il avoit été assigné lui-même, et il a rendu compte de la manière dont il s'étoit conduit au tribunal. Il a plutôt fait une déclaration que répondu aux questions qu'on lui faisoit; et à son tour il a questionné celui qui l'interpelloit. Il lui a demandé si l'on avoit formé le projet de faire le procès aux plus ardens patriotes, etc. Momoro a fini par dire à la société qu'il avoit encore une grande vérité à lui dévoiler, mais qu'il la réservoit pour une autre fois. Hébert a pris encore une fois la parole pour demander acte à la Société du désaveu formel qu'il faisoit d'avoir, comme l'insinuent les journaux, parlé contre Robespierre dans la séance de quartidi dernier. La Société, convaincue que Hébert n'avoit rien dit contre Robespierre, lui a donné acte de sa demande.

» Au commencement de la séance Chesnaux avoit rendu compte de la manière dont la députation des Cordeliers avoit été reçue aux Jacobins. Il a dit que la députation avoit éprouvé un instant de défaveur, mais que le public l'avoit vengée sur le champ par ses applaudissemens.

» Pendant toute cette séance les tribunes étoient fort tranquilles, et sembloient partager les sentimens des Cordeliers.

» Séance levée à 11 heures. »

Rapport du citoyen Hanriot, commissaire observateur dans Paris.

« Un patriote disoit hier : L'usage des sabots, auxquels on a invité les citoyens, est une chose incommode, dispendieuse et de peu d'avantage pour la République; incommode, car les citoyens qui n'y sont point accoutumés se blessent les pieds et ne marchent qu'avec beaucoup de difficulté.

» Dispendieuse, c'est qu'outre qu'ils sont d'un prix excessif, ils se cassent aisément, et il faut en changé souvent.

» De peu d'utilité pour la République, puisqu'en invitant les citoyens à porter des sabots elle n'a point atteint son but. Où étoit-il en effet? De ménager les cuires pour fournir à nos frères d'armes tous les souliers dont ils ont besoin ; d'approvisionner nos armées, pour éviter les inconvénients des années précédentes. Si c'est là le vrai motif, disoit-il, je demande pourquoi les préposés au bon ordre n'ont point encore fixer les yeux sur toutes ces boutiques de cordonniers qui ne sont plus aujourd'hui que des ateliers immenses de bottes, non point pour les cavaliers de la République, mais pour les muscadins, qui s'approvisionnent en bottes comme jadis on s'approvisionnait en souliers. Ils s'imaginent par là avoir rempli le vœu de la patrie ; cependant une paire de bottes est d'un prix excessif, elle consomme beaucoup de cuire ; aussi qu'arrive-t-il ? c'est que le cordonnier qui a cinq et six garçons refuse de faire des souliers...... »

23 VENTÔSE (13 MARS).

Rapport de Dugas.

« La séance des Jacobins a été très-intéressante. Après la lecture de la correspondance, on a procédé au scrutin épuratoire, qui a été bientôt abandonnée, sur la demande de Couthon que Saint-Just fut entendu. Ce jeune orateur est monté à la tribune. Il a fait lecture de son rapport sur la nouvelle conspiration, dont le fil est à Londres et se prolonge jusqu'à Paris. L'énergie de son discours a été fort applaudie, et les cris de *Vive la république !* ont été mille fois répétés. Saint-Just a fait connaître le décret qui a été rendu à la suite de son rapport, et les applaudissemens ont recommencé..... »

Ce décret préparait le coup qu'on devait porter aux hébertistes : « Le tribunal révolutionnaire fera promptement arrêter et mettre en jugement les prévenus de conjuration contre le peuple français et sa liberté ; quiconque usurpe le pouvoir de la Convention nationale, attente à sa sûreté ou à sa dignité, est ennemi du peuple et sera puni de mort ; la résistance au gouvernement révolutionnaire et républicain, son avilissement, les tentatives pour le détruire ou l'entraver, seront punis de mort. Il sera nommé six commissaires populaires pour juger promptement les détenus dans les prisons. Les prévenus de conspiration qui se seront soustraits à l'examen de la justice sont mis hors la loi, et quiconque les recèlera sera puni comme leur complice. » — Cette dernière mesure devait atteindre les Girondins dans leur retraite. Saint-Just n'oubliait personne.

Rapport de Bacon.

« ..... L'assemblée populaire de la section des Amis de la patrie étoit assez nombreuse. La séance a été calme. On a passé au scrutin épuratoire quelques citoyens. On a lut des imprimés du comité de salut public et le rapport de Saint-Just sur les gens suspects. (Vifs applaudissemens.) Des petits enfans se sont ensuite présentés, et ont récité par cœur des vers en faveur des martyrs de la liberté. (Grands applaudissemens.) Le président de la Société leur a donné le baiser fraternel. (L'esprit public à la hauteur des circonstances.)

» L'assemblée populaire de la section du Bon Conseil étoit extrêmement nombreuse. Beaucoup d'hommes, de femmes et d'enfans étoient aux tribunes. On a d'abord commencé par lire différens arrêtés du comité de salut public. On a ensuite passé à la censure différens citoyens, dont la majorité a été rejettée. On est si strict, qu'un homme qui ne s'est pas montré dans les momens de crise d'une manière énergique ne peut faire partie de l'assemblée. Pour un rien, on est mis à l'écart. Aussi y a-t-il eû une vive discussion et très-bruyante relativement à Léonard, menuisier, rue Pavée, nommé pour la troisième fois capitaine d'une compagnie, et qui vient d'être appelé depuis peu par ses concitoyens assesseur du juge de paix. Le comité de présentation a accusé Léonard d'avoir été un peu foible. (Bruit, et grand bruit.) Les membres de ce comité ont été traités de patriotes du 31 may. (Bruit.) Plus de 15 citoyens ont attesté le caractère révolutionnaire et le patriotisme de Léonard. Malgré cela, un grand parleur, qui n'aimoit pas le menuisier, a tant fait qu'il a été rejetté. (Bruit aux tribunes.) En sortant, le capitaine juroit et disoit : « Comment! moi, patriote du 14 juillet, c'est ainsi qu'on est traité! » Les femmes et d'autres hommes en tablier lui disoient : « F...toi de cela! Ne vois-tu pas que la pluspart de ces b...... qui sont à la société populaire, et qui ont passé au creuzet, sont de faux patriotes? Ils font rejetter un excellent républicain afin que nous nous désunions. » — « Si la Convention ne prend pas garde, disoit-on, a tout cela, on ne s'accordera pas, et cela nous f..... dans la nasse. » — « Vous avez bien raison, disoient des femmes. Nous sommes toujours ici, et, en vérité, on renvoit bien des bons patriotes. » (J'ai cru utile de faire part de tout ce qui s'étoit dit relativement à Léonard, pour qu'enfin on pût s'appercevoir que les intrigues cherchent à degoutter les patriotes.) — J'ai quitté la séance, et en sortant de la cy-devant église, cinq à six femmes s'entretenoient en s'en allant de Léonard. Voici ce que j'ai entendu : « On dit qu'il se prépare du bruit. En vérité, on pourroit bien tomber sur le dos des clubistes, car ils se font diablement d'ennemis en chassant avec leur épurement de bons patriotes. »

» L'assemblée populaire de la section des Droits de l'homme étoit très-nombreuse. On a passé au scrutin épuratoire différents membres. On a parlé des prisons. Un membre a alors dit : « Nous sommes à deux pas de la Force; il faut que chacun de nous surveille cette prison, car nous en sommes presque responsables. » (Applaudissemens.) On a ensuite lut des arrêtés de la Commune. La séance a finit à 11 heures. (J'ay trouvé l'esprit public bon.)

» *Subsistances.* — Voici une nouvelle manœuvre qu'employent les ennemis de la république pour que cette grande commune manque de denrées de première nécessité. Le croiroit-on? des hommes, des enfans même, vont au-devant des laitières qui apportent leur lait à Paris, les traitent d'aristocrates, de p......, de g....., etc., leur jettent des pierres lorsqu'elles ne veulent pas leur donner du lait. Ces brigandages se commettent surtout à la barrière de Vaugirard. (Tels sont les renseignemens que j'ai recueillis dans ces quartiers.)

» J'ai parcouru différens cabarets. Le peuple n'y parle que des prisons. Il m'a parut, et surtout aujourd'hui, qu'il est travaillé pour qu'il y ait quelque insurrection; et en général je ne suis pas content.

» *Subsistances*. — En me rendant sur le port Bernard, j'ai entré au café appellé le café des Maconnois. Voici ce qu'un marchand de vins disoit tout bas à un autre marchand : « Je viens de faire partir 50 pièces de vin à Lille, par ordre du comité des marchés. Je me suis engagé à en fournir deux cents sans aucun écrit de part et d'autre. Les marchands du port murmurent et font le diable contre moi en disant que j'ai enlevé le vin de Paris. Je suis bien aise, disoit ce citoyen, d'envoyer mes vins à l'armée, car en vérité on dit tant de mauvaises nouvelles, et qu'il va y avoir à Paris une insurrection, que nous autres, marchands des départemens, tremblons. »

» Différens ouvriers, sous une des arcades de la place cydevant Louis-Treize, disoient qu'une femme avoit dit le matin chez un marchand de vin qu'un crieur de journeaux l'avoit invitée en la rencontrant dans la rue de dire à son mari qu'il fit réguiser son sabre et affiler sa pique, car sous peu on en auroit besoin.

» Dans les caffés, on a beaucoup parlé du bruit qu'il y a eû à la halle. Chacun faisoit sa version, et on craint pour les prisons.

» J'ay été incommodé hier des grandes courses que j'avois faites. Telle est la cause du non-envoy de mon rapport. »

Rapport du citoyen Hanriot, commissaire observateur.

« Comme la reprise du journal de Marat par le club des Cordeliers a fixé l'attention de tous les patriotes, ils attendent avec impatience le numéro qui doit suivre celui qu'ils viennent d'émettre dans le public. Le noble objet qu'ils ont annoncé, de sauver la république ensemble avec les Jacobins et de terrasser les restes méprisables de l'aristocratie, picque de plus en plus la curiosité. J'ai vû que c'étoit le sujet de conversation dans tous les caffés où je suis entré. Chacun se livroit la-dessus à ses conjectures. Les uns vouloient que cette paix ne fut pas bien sincère, surtout après le voile jetté si subitement sur les Droits de l'homme (conduite dont ils n'ont encore donné aucune raison suffisante). D'autres disoient qu'il falloit du tems pour les juger aussi sévèrement ; « leur journal, dont nous pourrons faire lecture, ne serat-il pas le miroir fidel dans lequel nous découvrirons leur façon de penser ? Ils disent eux-mêmes *qu'il sera le souterrain d'où l'oracle de la vérité se fera entendre.* Mais félicitons-nous toujours de la promesse mutuelle que ces deux clubs se sont faite ; n'oublions point leurs travaux pour élever la république sur les débris de la tyrannie, et songeons surtout que le salut de la république est entre leurs mains. »

» Après on a mis Hébert et son journal sur le tapis, à cause de la grande colère qu'il manifeste dans son dernier numéro contre les modérés, qui s'opposent à l'exécution des décrets révolutionnaires et cherchent à sauver les aristocrates et les conspirateurs. On a trouvé que ce n'étoit qu'une répétition fastidieuse de toutes ses feuilles précédentes ; qu'il étoit trop exagéré, surtout lorsque, parlant de Marat, il dit que la calomnie étoit parvenue à le faire regarder partout comme un loup-garou, comme une bête féroce, et que dans plusieurs départemens on se demandoit *combien il mangeoit de petits enfants à son déjeuner, et combien par jour il buvoit de pintes de sang.*

» Cependant on s'est empressé de lui applaudir lorsqu'il avance que Carra et Gorsas sont ressuscités, que les mêmes infamies qu'ils débitoient sont répétées par d'autres gens de leur espèce; que les grands conspirateurs trouvent des hommes assés audacieux pour les défendre, tandis que les meilleurs patriotes, calomniés, persécutés, traînés dans les cachots et confondus avec les fripons, les aristocrates et les royalistes, sont lâchement abandonnés; ou s'il se trouve des hommes assés justes, assés hardis pour prendre leur défense, on les accuse d'être des chefs de parti, des ambitieux et des désorganisateurs. On a trouvé qu'il disoit juste..... »

---

24 VENTÔSE (14 MARS).

ÉTAT-MAJOR GÉNÉRAL.

Ordre général.

« La section des 15-20 fera des patrouilles sérieuses du côté des communes avoisinantes, qui arrêtent les provisions de Paris, et dont une seule s'est emparée de 16 milliers d'œufs. Bourbaut, commissaire en chef de cette section, ira cantonner cette nuit avec nos frères d'armes près cette commune, pour y examiner la conduitte infidèle de ces citoyens. Je cite avec plaisir l'expression patriotique de Bourbaut et de sa section : *On nous prend nos œufs, notre beurre, etc., mais nous avons du pain, cela nous suffit.*

» Le citoyen Guillon, étant de service hors des murs, a vû avec peine des citoyens couper les blés pour la nourriture des lapins; ce crime, digne de l'attention des magistrats, ne restera pas longtemps impuni; on doit arrêter partout cette espèce de maraudeurs. J'invite mes frères d'armes à être ce qu'ils ont toujours été; on nous calomnie, on médite contre nous d'affreux complots, on veut nous lasser, nous ravir notre liberté; Pitt et ses amis pensent que les Parisiens s'entr'égorgeront et pilleront ce qui appartient aux autres : faisons-les mentir pour la centième fois; protégeons les personnes et les propriétés, traduisons les coupables devant la loi, et déjoüons par notre union et notre exacte surveillance toutes les manœuvres des conspirateurs qui veulent assassiner la patrie; nous ne tremperons pas nos mains dans le sang des criminels : la loi, juste et sévère, saura les juger d'une manière légitime.

» Le service général et les patrouilles à l'ordinaire. Signé à l'original : Hanriot, commandant général. »

Rapport de Mon.

« ..... Au bout de la rue Saint-Nicaise, rue Saint-Honoré, à huit heures du soir, un crieur du journal du soir en criant son journal s'est avisé de l'arrestation du père Duchêne. Un particulier a fendu la foule qui entouroit le crieur du journal, et lui a dit en le poussant rudement : « Tais-toy, coquin, tu mens, ce n'est pas vray. » L'homme au journal a dit aux citoyens qui étoit la presents : « Voila, citoyens, mon journal; voyés sy se fait que je vient davencer ni est pas. » Il se trouva que l'arestation du père Duchêne y étoit. Les citoyens s'emportèrent contre l'intriguant, disant qu'il falloit l'arrêter comme étant sans doute un des agens du père Duchêne et de sa clique. Il fut arrêté et mené au comité de la section des Thuileries, au grand contentement de tous les citoyens présents. »

Rapport de Perrière.

« *Incendie.* — Le feu a pris a une tuerie de cochons pour l'armée, en grillant ces animaux. En vain on avait prévenu cet homme du malheur qui pouvait arriver. Il répondait toujours que cela ne regardait que lui; sa responsabilité va lui couter cher s'il est pris au mot, car on fait monter le dommage à vingt-cinq mille livres.

» Cette tuerie est située à l'ancienne gare, au-dessus du jardin des plantes. Ce qui rend cette perte si considérable, c'est le voisinage d'une orangerie dépendante de ce jardin, qui a brulé toute entière.

» *Comestibles*. — Cet homme tue tous les jours quatre cens cochons pour l'armée. On ne réserve de la bête que la fresure, c'est-à-dire le foie, le mol et le cœur, que l'on distribue aux citoyens sur le pied de trois livres dix sols, quoique cela ne se vendit autre fois que 30^s.

» C'est surtout par les blanchisseuses de ce quartier et par les femmes de la Salpétrière que cette porte d'abondance est assiégée : on y fait, couchée par terre avec son petit panier, des stations de 4 à 5 h. en attendant le moment de la distribution.

» *Chandelle*. — On manque presque absolument de chandelle sur la section des sans-culottes. Les chandelliers sont fermés; on n'en trouve qu'au magasin de la section, mais grosse, courte et mal faite; et encore ce magasin est-il prêt d'être épuisé; on n'en donne plus qu'une, ou tout au plus deux par tête.... « As-tu de la chandelle? » est le langage que l'on entend vers le soir dans la bouche de toutes les femmes.

» *Fraude villageoise*. — On a saisi ce matin à Chaillot une femme de campagne qui s'en allait frappant à toutes les portes des riches, les paniers de son cheval chargés de navets ou autres légumes en apparence, mais qui recouvraient des œufs et du beurre.... le beurre dont on fait un dieu!

» *Porc salé*. — Quoique ce comestible manque à Paris, et que pour en avoir une demi-livre il faille perdre un temps considérable, d'abord à la porte des comités pour se faire inscrire, et ensuite à celle du charcutier pour l'obtenir.... j'en ai vû aujourd'hui une grande pleine marmite chez un aubergiste d'une commune des environs; mais l'abondance n'en diminuait pas le prix : un morceau pesant à peine 1/2 se faisait payer 30ˢ. Le même homme avait de grands pleins paniers d'œufs.

» *Terreins de luxe.* — Il paraît que la loi relative à leur culture commence à s'exécuter; j'ai vû quelques parcs dans les environs de Paris cultivés dans toutes leurs parties inutiles, c'est-à-dire celles qui ne sont pas plantées d'arbres. »

Rapport de J. B. B.

CLUB DES CORDELIERS, SÉANCE DU 24 VENTÔSE.

Présidence provisoire de Chesneaux.

« La séance s'ouvre. Chesnaux, secrétaire, prend le fauteuil et annonce à la société que Momoro, son président, est dans les fers avec d'autres patriotes. Il demande que l'on nomme sur-le-champ un président provisoire, parce qu'il observe que Gobert, vice-président, est absent. La société, étonnée de l'absence de Gobert, envoie chez lui un de ses membres pour savoir s'il ne partage pas le sort des quatre oprimés [1]; ensuite elle élève à la présidence Chesnaux, qui entre en fonction en invitant la société au calme, nécessaire dans ces moments pénibles. Il dit que la déclaration des droits est de nouveau violée, et il demande qu'il soit fait lecture de cette immortelle déclaration. Elle est lue, et les applaudissemens des Cordeliers et des tribunes suivent cette lecture. Le procès-verbal de la dernière séance est lû et adopté sans réclamation. Hancart monte à la tribune; il déplore avec une douloureuse énergie le sort de ses amis, de ses collègues; il dénonce à la société un de ses membres présens à l'assemblée pour avoir dit, quelques heures auparavant, au milieu d'un groupe populaire, qu'Hébert étoit

[1] Hébert, Momoro, Ronsin et Vincent.

un scélérat. Cette dénonciation jette le trouble dans la société. Le membre inculpé monte à la tribune ; il vante son ardent patriotisme ; mais le président lui observe qu'il doit répondre positivement à l'inculpation et ne pas divaguer. Alors un membre dit : « N'est-il pas vrai que l'insurrection a été prêchée à cette tribune ? — Non, non ! » s'écrie-t-on de toutes parts. Tous les Cordeliers parlent à la fois. Le président observe que le blasphème prononcé par l'opinant suffit pour éclairer la société ; et Pretot est arraché à la tribune, entouré d'officiers de gendarmerie, de gendarmes et de la majorité des membres de la société. On lui demande sa carte, et on le chasse de la salle. La carte qu'il venoit de donner porte le nom de Jarry. C'est pour la société une nouvelle preuve de la scélératesse de celui qui venoit d'être expulsé. Le membre qui avoit été envoyé chez Gobert rentre, et dit que Gobert n'est point arrêté et qu'il se rendra bientôt dans le sein de la société. On s'étonne de ne point voir Bourgeois et les autres Cordeliers qui occupent ordinairement la tribune. C'est dans les jours désastreux que l'on doit montrer le plus de courage. Le président invite encore la société au calme majestueux qui convient à des républicains. Plusieurs propositions sont faites sur les moyens de secourir les frères détenus. On s'arrête à celle-ci : la société nommera une députation pour se transporter chez l'accusateur public du tribunal révolutionnaire, et l'engager à accélérer le jugement solennel des Cordeliers incarcérés. On arrête ensuite que les séances de la société auront lieu tous les jours, excepté les quintidi et décadi, par respect pour la loi, qui ordonne d'aller aux sections ces jours-là.

» Après ces arrêtés, Hancart remonte à la tribune, et s'étonne que chaque Cordelier ne se prononce pas fortement en faveur des quatre qui sont à la Conciergerie. Il demande que chaque membre paraisse à la tribune et s'explique franchement sur le compte de Momoro, Hébert, Vincent et Ronsin. Plusieurs membres vont simultanément à la tribune, et chacun dit qu'il n'a jamais connu que le plus pur et le plus ardent civisme dans ceux qui ont été arrêtés. Tous disent qu'ils les regardent comme innocens, mais que s'ils sont coupables, ils les conduiront eux-mêmes à l'échafaud. La société de l'Ami du peuple envoie un député pour savoir ce que font les Cordeliers, et se décider d'après leur sagesse. On fait part à ce député de l'arrêté qui a été pris d'envoyer une députation à l'accusateur public, et il est invité à la séance. Plusieurs membres continuent à parler du civisme des quatre détenus, et déclament contre la faction scélérate qui domine évidemment, puisque ses dénonciateurs sont dans les fers. Une société révolutionnaire des hommes libres envoie une députation pour témoigner aux Cordeliers les alarmes que lui fait concevoir l'arrestation des plus chauds patriotes. La députation annonce que la société qui l'envoie désire partager les démarches des Cordeliers pour arracher à d'indignes fers les plus zélés et les plus intrépides défenseurs des droits de l'homme. La députation est invitée à la séance, et son orateur reçoit l'accolade fraternelle.

» Brochet, qui entre dans la salle, demande la permission de raconter ce qui vient de se passer aux Jacobins. Il monte à la tribune et dit que les quatre cordeliers qui sont emprisonnés sont accusés, dans un rapport qu'a fait Billaud-Varennes, d'être les auteurs ou complices d'une horrible conjuration, qui tendoit à faire égorger avant huit jours une partie des détenus dans les prisons, armer le reste, et faire périr de leurs mains les meilleurs patriotes de la Montagne. Le récit excite d'abord un mouvement d'horreur dans toute l'assemblée et les tribunes. Il paroît ensuite au moins exagéré, et chacun s'écrie que la chose est impossible. Bouin, qui arrivoit aussi des Jacobins, monte à la tribune et raconte les mêmes faits; il entre dans quelques détails qui avoient échappé à Brochet. Il parle d'un Régent de France désigné par les conjurés, et qui est arrêté. La société entière est saisie d'étonnement; elle ne peut croire à tant d'atrocités, et elle persiste dans l'arrêté qu'elle a pris d'aller trouver l'accusateur public pour faire accélérer le jugement des détenus. Le jour de leur jugement sera le plus beau jour pour les patriotes, puisqu'il rendra à la liberté ses plus ardens défenseurs, ou verra conduire à l'échafaud ses plus cruels ennemis. Un membre a demandé que l'on fît lecture des listes des signataires et des clubistes de la Sainte-Chapelle, parce que, a-t-il dit, s'il faut sonner le tocsin et frapper, il est bon de les connoître. La société a improuvé par de violens murmures cette proposition, qui n'a pas eu de suite. »

» Séance levée à 11 heures. »

« *Observation.* — Les femmes en sortant disoient : « Nous aurons nos patriotes, malgré les scélérats qui les accusent ; et s'il faut que les femmes s'en mêlent, nous irons. » Les cordeliers et les habitués des tribunes paroissoient ne point croire aux accusations dirigées contre les membres incarcérés. »

Au dos est écrit :

« *Au citoyen Franqueville, chef des bureaux de correspondance, maison du ministère de l'intérieur, rue Neuve des Petits-Champs.* »

Rapport du citoyen B.

« ..... Dans un groupe, près la Convention, on parloit avec la plus grande ferveur du discours de Saint-Just ; à chaque phrase qu'on citoit, chacun disoit : « C'est d'Hébert, ainsi que de sa clique, dont il a voulu parler ; que C. Desmoulins avoit raison de dire qu'ils étoient les agents de Pitt ! C'est Hébert qui est cause de la disette dans laquelle nous nous trouvons, en excitant le peuple, à force de crier contre les accapareurs, à s'emparer de tout ce qui entroit à Paris ; c'est Hébert et sa société qui ont payé ces femmes qui les applaudissoient aux tribunes des Cordeliers, pour, par des propos liberticides aux portes des marchands, exciter la contre-révolution. Qu'ils périssent, ces scélérats ! Qui sait, ajoutoit-on, si les rameaux de leur conspiration ne s'étendent pas jusque dans nos armées, d'où Bouchotte n'a pas retiré les nobles, au terme du décret; ils ont voulu perdre la république, mais nous la sauverons. Il n'est pas surprenant qu'on ait arrêté tant de patriotes! A la guillotine! » s'est-on écrié de toutes parts.

» Le café de la République étoit plein de monde, qui a applaudi au décret de la Convention relatif à la commission qui doit avoir lieu pour juger les détenus, mais à l'article touchant le nombre des prisonniers, un murmure général s'est élevé, et chacun témoignoit sa surprise de voir qu'ils étoient portés si haut. »

Que l'on compare ce rapport avec quelques-uns de ceux qui précèdent. Le vent des faveurs populaires a-t-il jamais tourné plus vite?

Rapport de Dugas.

« ..... L'arrestation d'Hébert, Ronsin, Vincent et Momoro a été le sujet de l'entretien de tous les groupes et de tous les cafés; partout cette mesure a été approuvée, mais comme leur conspiration n'étoit pas encore connue, on ne les honnoroit que du titre d'intrigans.

» On a désaprouver hautement le nouvel emploi que l'on doit faire de la salle des ci-devant comédiens français : jouer trois fois par décade, gratuitement pour le peuple, c'est, dit-on, le distraire trop souvent de ses travaux et de ses devoirs. Ce n'est pas d'ailleur remplir le vœu des sections de l'immense fauxbourg, elles ont demandé un spectacle journalier, a demeure, pour vivifier l'industrie et le commerce, dans ce quartier solitaire, depuis la dispersion des acteurs du Théâtre-Français [1]. Les artistes qui ne s'y transporteront que trois fois par décade n'y fixeront pas leur domicile, et de quel avantage des représentations passagères seront-elles aux

[1] Le Théâtre-Français est aujourd'hui l'Odéon.

marchands de toute espèce et aux propriétaires des maisons qui avoisinent ce théâtre?

» La séance extraordinaire des Jacobins demandée par Robespierre a été ouverte par Billaud-Varennes, qui a parlé avec beaucoup de force de la conspiration si heureusement découverte. Hébert, Ronsin, Momoro et Vincent n'étoient que les agents subordonnés de ce vaste plan de trahison qui avoit été conçu par Pitt et nos ennemis coalisés. La corruption en avoit été le premier moyen, et l'ambition avoit fait le reste. Une fausse patrouille devoit se porter d'abord à l'Abbaye, y massacrer la garde et délivrer tous les prisonniers : après les avoir armés, on devoit se porter dans toutes les prisons et maisons d'arrestation. Plusieurs victimes y étoient déjà désignées ; le reste se portoit à la Convention et aux Jacobins, on en égorgeait tous les membres. Après cette expédition on alloit piller la trésorerie nationale, on en distribuoit l'argent aux conjurés et au peuple, et on proclamoit un régent.

» Au surplus, ces horribles complots devoient éclater dans cette décade même.

» La société a souvent interrompu l'orateur pour le couvrir d'applaudissemens ou pour témoigner toute l'indignation dont elle étoit pénétrée. Jurons, a dit en finissant Billaud-Varennes, jurons de ne faire grâce à aucun conspirateur ! Ce serment solennel a été fait avec joie, et les tribunes l'ont répété avec la plus grande énergie. »

Qu'on nous permette d'interrompre ces rapports par une courte diversion. Le monde de la rue côtoie le monde des prisons ; là, on hurle, on vocifère, on menace, on s'agite ; ici, on attend et on meurt. Comment meurt-on? Pourquoi les uns partent-ils? Pourquoi les autres sont-ils oubliés? C'est le mystère, c'est le jeu, c'est, dit Bailleul, la bizarrerie des destinées humaines. Il se met à nous conter avec une philosophie sceptique, avec la naïveté d'Hérodote mêlée au persiflage de Voltaire, d'un ton bonhomme et moqueur, quelqu'une de ces anecdotes de prison où il s'est vu spectateur, parfois acteur, attendant toujours pour lui-même le signal d'entrer en scène ou de recevoir la chute du rideau :

« La doctrine du fatalisme est, dit-on, une doctrine désespérante; elle attaque la morale dans ses bases, ce qui est vrai jusqu'à un certain point. Cependant quand on examine la destinée de la plupart des hommes, on est forcé de reconnaître une sorte de fatalité. Il y a un jeu cruel dans les événemens, surtout dans les momens orageux, qui confond toutes les idées et dérange toutes les combinaisons de la sagesse. On donne toujours tort à celui qui succombe, et tous les raisonnemens des hommes qui se croient les mieux avisés se réduisent toujours à cette alternative : un malheureux proscrit reste caché dans une maison, il y est saisi : Ah! s'écrie-t-on, pourquoi restait-il là? on lui avait conseillé de changer d'asile. Si l'infortuné s'avise de sortir, et qu'il soit pris en chemin, souvent ceux même qui lui ont conseillé de chercher une autre retraite sont les premiers à dire : Que ne restait-il où il était! c'était encore pour lui le lieu le plus sûr. On vient de voir, par les aventures qui précèdent, un membre de la Convention mis hors la loi, qui conserve la vie à travers mille dangers. En voici un autre saisi pour ainsi dire sur le seuil de sa porte.

» Mazuyer, l'un des membres les plus estimables de la Convention nationale, ami intime et élève du respectable Vernier, membre du conseil des anciens, avait été décrété d'accusation pour avoir donné asile à Pétion et favorisé son évasion. Mazuyer était persuadé que ce n'en était que le prétexte, et que le véritable motif était une discussion qui avait eu lieu au comité des finances, en présence de Pache, alors maire de Paris. Pache demandait de l'argent comme à l'ordinaire. Un membre observa qu'avant d'accorder les fonds demandés, il serait bon qu'on justifiât de l'emploi de ceux qu'on avait déjà accordés, et qui étaient considérables. Pache répondit d'une manière insolente et évasive. Mazuyer indigné de

l'audace et de la fourberie de ce misérable, reprit avec chaleur : « Voulez-vous que je vous rende compte, moi, de l'em-
» ploi que le maire de Paris et ses infâmes agens font des
» deniers de la République? Le voici. » Alors il fit une peinture horrible de toutes les trames dont la commune de Paris était le foyer, des crimes qu'elles avaient pour objet, des dilapidations qui en étaient les moyens, et du rôle qu'y jouait Pache. Celui-ci se retira en marmottant quelques mots de vengeance. Voilà, selon Mazuyer lui-même, quelle fut la véritable cause de sa proscription. Que ce fut cette sortie violente, ou l'asile donné à Pétion, cela est indifférent au rapprochement que je veux faire.

» Depuis six mois Mazuyer n'était point sorti de sa chambre. Ennuyé, malade même d'une retraite aussi austère, il céda aux instances d'un de ses amis qui l'invita, aux approches du printems, à aller passer quelques jours à deux ou trois lieues de Paris. Il venait d'être mis hors la loi. Il arriva à la maison de campagne de son ami sans aucun accident : il serait rentré chez lui avec la même chance ; mais la précaution même qu'il avait prise pour jouir d'une plus grande sécurité fut la cause de sa perte. Lui et son ami, en partant pour se rendre à Paris, avaient pris par deux chemins différens. Mazuyer avait choisi le moins fréquenté comme le plus sûr ; ce chemin passait dans Courbevoie, village jusque-là de la plus grande tranquillité. Le hasard, un génie infernal, tout ce qu'on ne peut imaginer, veulent que le matin du jour où l'infortuné Mazuyer devait le traverser, il y eût une scène qui avait tout mis en alarme. Le comité révolutionnaire avait lancé un mandat d'arrêt contre deux individus, le père et le fils. Ces deux citoyens furent conduits devant le comité, et là, consultant plutôt leur courage que leurs véritables moyens, ils tirèrent sur les membres du comité des coups de pistolet, et s'échappèrent. Aussitôt toute la garde nationale est mise sur pied, l'épouvante est partout répandue, tous les révolutionnaires sont en arrêt, on met la main sur tout ce qui se présente. Mazuyer arrive vers le soir, tombe dans la bagarre, est arrêté et conduit devant le comité révolutionnaire. Il avait une carte de député, il la montre. On sait quelle était alors la puissance d'un député qui n'était point proscrit; sur cent occasions semblables on l'aurait conduit avec respect à la porte, de peur d'être à son tour puni de l'avoir pris un peu trop haut avec un représentant. Mais telle était la destinée de Mazuyer : on lui répond qu'on n'est pas obligé de connaître ce signe ; qu'on va le conduire devant le comité de sûreté générale ; qu'on saura bien là s'il est véritablement représentant du peuple. Il manque de cette audace qui aurait fait trembler de pareils coquins, se laisse conduire, et deux jours après il n'est plus.

» Il prétendit cependant qu'il se trouvait dans un cas d'exception ; il adressa ses réclamations au comité de sûreté générale. Les membres de ce comité, au lieu de profiter de ses raisons, bonnes ou mauvaises, pour ne pas faire mourir cet infortuné, qui, dans sa position, ne pouvait leur faire aucun mal, eurent l'atroce barbarie de le faire conduire à l'échafaud. Que pour s'emparer de l'autorité ils aient fait massacrer ceux qui leur étaient un obstacle, cela peut se concevoir; mais qu'ils l'aient fait de sang-froid, lorsqu'ils en jouissaient aussi paisiblement que l'on peut jouir du fruit de ses forfaits, c'est le comble d'une scélératesse qui n'eut peut-être jamais d'exemple.

» Voilà deux proscrits, dont l'un échappe à tous les dangers, et dont l'autre est saisi dès le premier pas qu'il fait; en voici un troisième qui va, se promène sous les yeux de ses proscripteurs, brave leurs agens, et arrive au terme de sa proscription sans avoir pris en quelque sorte aucune précaution pour en éviter les effets.

» Philippe Delville, homme d'une fermeté et d'un sang-froid rares, était du nombre des soixante-treize. Il eut seulement soin, le jour où le décret d'arrestation fut rendu, de ne point se trouver à la séance ; mais il ne s'en gêna pas davantage : malgré qu'il fût très-connu dans la Convention nationale, pendant plus de trois mois il alla prendre ce que l'on appelle les distributions, il touchait lui-même son indemnité. Toutefois, comme les mesures révolutionnaires prenaient chaque jour plus d'activité, on lui conseilla d'être un peu plus réservé, et de ne point approcher si près de la Convention, ce qu'il fit; mais il continua de se promener dans Paris. Il passait presque tous les jours sous les fenêtres de ses collègues au Luxembourg. S'il y avait eu quelque événement, il tâchait de le leur faire comprendre. J'ai déjà dit qu'au commencement de germinal on fit arrêter trois ou quatre députés qui étaient retirés chez eux. Il fut encore excepté, et ces exceptions n'étaient bien certainement dues à aucunes démarches ni à aucune protection.

» Il dîna un jour avec Barère, il lui parla de l'affaire des soixante-treize, Barère même s'est targué ensuite de sa discrétion. Un autre jour qu'il traversait la rue Honoré, Saint-Just, qui causait avec un de ses collègues, l'aperçut et dit, tout surpris : *Eh mais, c'est un soixante-treize!*

» Chaque jour voyait paraître une nouvelle mesure imaginée pour tourmenter les malheureux prisonniers. Ceux du Luxembourg avaient la consolation de voir sous leurs fenêtres, dans le jardin, leurs femmes, leurs enfans, leurs amis, qui tous les après-dîners venaient leur donner des preuves de leur sollicitude et de leur attachement. C'était encore trop pour des victimes dévouées à la mort; on défendit au public la partie qu'on peut absolument appeler jardin. Au moyen d'une corde, on détermina la limite qu'il n'était pas plus permis de franchir que jadis les fossés de la ville de Romulus.

» Les amis, les parens des prisonniers tournaient tristement autour de cette enceinte, et cherchaient à voir autant qu'il leur était possible leurs infortunés amis. C'était après la fameuse loi du 22 prairial, la terreur était à son comble. Philippe Delville n'en était pas moins exact à visiter le Luxembourg, il n'en était pas plus indulgent pour les mouchards, qu'il a plusieurs fois *menacés de coups de bâton*. Un jour qu'il était assis près du fatal cordeau avec les épouses de ses collègues détenus au Luxembourg, le commandant du poste, accompagné de deux fusiliers, vint leur ordonner de s'éloigner, en leur observant qu'ils ne pouvaient approcher du cordeau de plus de douze pas : *Douze pas!* reprit Delville, *bon!* Il se place le dos au cordeau, puis il se met à compter en espaçant, un, deux, trois, etc. *Ah ça, mais*, dit le commandant, *si tu voulais bien ne pas faire le goguenard! Et toi*, repartit Delville, *si tu voulais bien ne pas faire l'insolent. Je t'apprendrai qui je suis....* Il continua sur ce ton, et força le commandant à se retirer. Les femmes tremblaient de frayeur que cette algarade ne lui valût et à elles-mêmes les plus cruels désagrémens. *Quel dommage*, reprit Delville, *que je n'aye pas ma carte, je l'aurais bien autrement mené! cependant je veux voir jusqu'où ils pousseront l'audace; partez, vous, mesdames, puisque vous avez peur; moi je vais passer devant le corps-de-garde.* Il y passa en effet, en toisant hardiment son monde.

» Après le 9 thermidor, il est vrai, mais lorsque toutes les communications, même par écrit, étaient encore interdites à ceux de ses collègues qui étaient incarcérés, il se présente à la prison des Carmes, et se fait ouvrir la porte. Les députés le voient entrer de leur fenêtre. Ils ne savent d'abord qu'imaginer d'une telle démarche; ils pensent qu'il se rend prisonnier sur sa parole, et cela, pour éviter le désagrément d'être conduit par un gendarme. Pas du tout, il venait les voir; il les demanda les uns après les autres dans le greffe, puis il s'en fut aussi tranquillement qu'il était venu.

» ..... Mettez-vous donc martel en tête pour échapper aux événements! Je crois que le meilleur, dans tous les cas, est de rire, de boire, de chanter, de faire son devoir d'honnête homme, de bon citoyen, et de s'en remettre pour tout le reste, au grand dieu, le Hasard. »

25 ventôse (15 mars).

Rapport de Bacon.

« L'assemblée générale de la section de Guillaume-Tell étoit très nombreuse. On a lut les loix relatives aux conspirateurs et aux six tribunaux populaires[1]. (Vifs applaudissemens.) Un boucher a ensuite dénoncé le comité révolutionnaire, qu'avoit soin de bien se servir en viande avant les malades. (Grands bruits et discussion qui a duré une grosse heure.) Un membre, appelé *Moissard,* a parlé contre le dénonciateur, qui a, a-t-il dit, dénoncé dans un moment comme celui-ci une autorité revêtue de toute votre confiance; autorité qui, par ses soins, doit s'occuper à connoître la trame des nouveaux scélérats qui veulent égorger la Convention; cette Convention qui nous a sauvés, nous, nos femmes, nos enfants, nos propriétés; méfiez-vous donc de tels hommes, et je demande l'ordre du jour, qui a été adopté aux cris de *Vive la République!* (L'esprit public excellent.)

» L'assemblée générale de la section du Contrat social étoit extrêmement nombreuse. On s'est occupé longtems des moyens de soulager tous les citoyens pauvres de la section. Différens citoyens ont donné de l'argent pour armer deux nouveaux cavaliers qu'on doit envoyer aux frontières. La collecte se monte jusqu'à présent à mille écus. (Vifs applaudissemens.) Un membre a dit : Nous sommes arrivés au point où il faut que le riche paye, où il faut que celui qui a deux plats en donne un à celui qui n'en a point. (Bravo, oui! a-t-on crié de toutes parts, *Vive la République!*) On a ensuite parlé des nouveaux conspirateurs incarcérés. (Bruit.) O les scélérats! s'écrioit-on, combien ils sont coupables! On a lut les loix révolutionnaires. (L'esprit public bon.)

» L'assemblée générale de la section des Lombards étoit

[1] Voir les conclusions du rapport de Saint-Just reproduites plus haut.

très-nombreuse. On a lut les loix relatives aux conspirateurs. On a parlé longtems du salpêtre, et sur la motion de le Lièvre, l'assemblée a arrêté que dans deux décades elle communiqueroit aux autres sections de cette commune, pour que toutes réunies ensemble elles aillent offrir à la Convention du salpêtre, et que ce jour il sera célébré une fête civique; en outre, qu'il seroit fait un repas, afin de jurer une nouvelle union pour terrasser les tyrans; on a parlé de la nouvelle faction qui vouloit se défaire du sénat français. La plus grande indignation s'est manifestée dans le sein de l'assemblée. (Près de moi les femmes disoient : Je n'ai jamais eû confiance à Hébert; je l'ai toujours regardé comme un mauvais patriote : je le verray aller avec grand plaisir à la guillotine.) On s'est aussi occupé des jardins de luxe; et il a été arrêté que tous les arbres inutiles seroient ôtés. (L'esprit public bon.)

» L'assemblée générale de la section de la Maison commune étoit bien nombreuse, et il y avoit beaucoup d'ouvriers, comme massons, etc. On a parlé longtems des subsistances, et l'on a invité les bons sans-culottes à surveiller tout ce qui arrivoit à Paris, afin que les riches égoïstes ne pûssent accaparer les denrées. On s'est aussi occupé des femmes des défenseurs de la patrie. On a lut les loix relatives aux conspirateurs et le rapport de Saint-Just. (De toutes parts on crioit *Vive la Convention!*) On a lut le discours de Billaud-Varennes, prononcé aux Jacobins. (Vifs applaudissemens.) On a parlé des nouveaux conspirateurs mis en prison. Des hommes ont crié : A la guillotine, ces scélérats! Cela ne sera pas long, ont répondu d'autres. *Vive la République!* (L'esprit public révolutionnaire, et un profond respect et une grande confiance en la Convention.)

» A la Courtille, dans un cabaret, des femmes du petit peuple, je veux dire du vrai sans-culotte, parloient de l'arrestation du père Duchesne. Une d'entre elles disoient : Qui l'auroit crû qu'Hébert eût été un scélérat comme Péthion! Qu'allons-nous devenir, puisque nous sommes tous trahis par des gens en qui nous avions confiance? Un autre a répondu : D'après la nouvelle découverte de cette trahison, nous devons avoir la plus grande confiance à la Convention, en générale, car, f....., elle n'épargne personne! (Expressions littérales que je rends, etc.)

» Le ministre protestant appelé *de Berg,* député vers la Convention par la société populaire, et la commune de Montbéliard, disoit ce matin, hôtel Toulouse, rue des Vieux-Augustins, à d'autres citoyens : Que diable! il n'est pas possible que nous restions comme cela ; on a beau faire, il faut une religion au peuple. Grands débats avec ceux à qui il tenoit ce langage. Ce ministre est l'ami du citoyen Lachaux, député à la Convention, lequel n'a pas été plustot sorti de la chambre des citoyens avec lesquels il avoit soutenu son opinion, qu'on a dit que les protestants étoient plus fanatiques que les catholiques.

» Au faubourg Antoine, les commissaires aux accaparemens ont saisi chez un particulier trente-six œufs, lesquels ont été distribués un à un. Ce citoyen a été envoyé en prison, et les femmes ont beaucoup murmuré contre cet emprisonnement. Dans le même faubourg, un citoyen a fait venir un petit cochon de six lieues de Paris, et l'a tué ensuite; trois heures après le cochon a été saisi par des commissaires et distribué au peuple, sans que le propriétaire ait pû en avoir un morceau, et lequel a été mis en prison, au grand étonnement de tout le monde qui avoit vû cela.

» Au marché Jean, il y a eu un grand tumulte à la porte d'un boucher, malgré une garde nombreuse. Heureusement un officier municipal est arrivé avec son écharpe, et a harangué une légion de femmes, qui sont toutes rentrées dans l'ordre. Il a employé la voie de la douceur, leur a donné des paroles consolantes, et de suite la paix a succédé à l'orage.

» J'ai été dans différents cabarets où se rend le peuple. Partout on parloit de l'arrestation du père Duchesne. Pour le coup, disoit-on, lui qui recommandoit si bien de jouer à la main chaude avec Samson, nous allons voir comment il

jouera lui-même. Qui l'auroit crû que ce fût un j... f.....
de traître! car celui-là est plus coupable que tout autre.

» Paris m'a paru tranquille. »

Rapport de J. B. B.

« *Cour du palais, 5 heures du soir.* — Une foule immense attendoit le départ de dix-sept condamnés que l'on alloit conduire à la guillotine. Chacun parloit de l'arrestation de Momoro, Hébert, etc., etc. Les femmes disoient que plus elles avoient aimé le père Duchesne, plus elles l'avoient en horreur. Très-peu disoient que peut-être il n'étoit pas coupable. On plaisantoit même sur la grande colère du père Duchesne dans sa prison.

» On peut croire que la masse du peuple verra tranquillement le procès de ces hommes qui avoient obtenu sa confiance.

» *Section du Panthéon français.* — Un citoyen a fait un très-long récit de tout ce qu'il avoit recueilli touchant la nouvelle conjuration. Il est entré dans les plus petits détails. Il a été écouté avec attention. Son récit a excité l'indignation de toute l'assemblée, et on a arrêté qu'il seroit fait une très-courte adresse à la Convention pour lui déclarer que la section étoit debout pour défendre les représentans du peuple tant qu'ils seroient à leur poste, et pour terrasser les tyrans et les intrigans. Le citoyen qui avoit entretenu l'assemblée de l'horrible conspiration qui vient d'être découverte a ajouté que des partisans des conspirateurs alloient de porte en porte engager les citoyens à prendre la défense d'Hébert et des autres. Il a dit que le devoir des patriotes étoit de faire arrêter ces intrigans; que pour lui, dans la journée, il en avoit fait arrêter trois.

» La section a paru pénétrée des mêmes principes que l'orateur..... »

Rapport de Perrière.

« *Père Duchesne.* — On crioit dans un des faubourgs l'arrestation du Père Duchesne. « Et celui-là aussi est donc un traître! ont dit quelques sans-culottes mâles et femelles qui se trouvoient là; allons vite, qu'on le mène à la guillotine! — « Il faut avouer, a dit un homme qui paroissoit avoir quelque éducation, en s'adressant à un autre qu'il jugeoit pouvoir lui répondre, il faut avouer que la faveur du peuple est quelque chose de bien inconstant! — Ma foi, répondit celui-ci, sans préjuger rien sur le compte de ce journaliste, tout ce que je sais, c'est qu'il en a bien pris au peuple de se méfier de Péthion et autres qui avoient été ses idoles jusques à une certaine époque. »

» *Toutes les tailles et toutes les formes doivent le service militaire.* — Un homme haut d'environ trois pieds à trois pieds 1/2, bossu, bancal, et dont la forme entière ne présentoit qu'un moyeu de roüe avec quatre rayons, se rendoit d'un air empressé à la section avec une longue pique. Un citoyen, qui le remarque, se prit à rire. Un autre citoyen, plus raisonnable et gardant son sérieux, tira à soi le rieur par la main, et lui parla ainsi, pour le sortir de l'erreur où il paroissoit être sur le compte de l'individu disgracié de la nature qu'il venoit de voir passer : « Suppose, mon camarade, que tu rencontres, seul, dans une campagne, un animal de cette forme et de cette grosseur, mais avec une autre figure que la figure humaine, qui t'est trop connue, s'avançant sur toi, et brandissant une arme aussi dangereuse que la pique : n'aurois-tu pas grand'peur, et ne te croirois-tu pas dans un grand danger? Hé bien! le mal que feroit cet animal, le plus foible individu de l'espèce humaine peut le faire, et le citoyen dont tu t'es moqué, tout petit et tout difforme qu'il est, peut enfoncer sa pique dans le ventre d'un Goliath et faire mordre la poussière à un géant. »

» *Objet de police.* — On se plaint dans quelques quartiers de la manière barbare dont on assomme en pleine rue les animaux destinés à la nourriture de l'homme.

» C'est principalement des charcutiers dont il est question : ils se permettent de tuer leurs cochons à leurs portes; cette manière barbare de les assommer avant de les égorger fait pousser à ces animaux des cris si horribles, que plusieurs femmes avec leurs enfants ont la précaution de s'enfermer pour ne rien entendre, quand elles sont averties, car autrement elles se trouveroient mal. Ce n'est pas tout : les enfants s'arrêtent à ce spectacle affreux, et, comme de nouveaux cannibales, dansent quelquefois autour, tandis qu'on les grille. On pourroit, comme autrefois, obliger les charcutiers à faire cet office hors des barrières.

» Les Athéniens condânèrent un enfant à mort pour avoir crevé les yeux à une pie, et cependant ils ne ménageoient pas plus que nous leurs aristocrates. Mais il y a quelque chose de si affreux à mutiler, à lacérer l'être innocent, qu'un tel spectacle doit être ôté de dessous les yeux de l'hôme que l'on veut conserver juste et humain. Dérobez-nous la mort des animaux, et rendez toujours décente celle des criminels, car aucune considération ne peut autoriser à blesser l'humanité; et si les crimes multipliés demandoient des supplices plus compliqués, il faudroit les dérober à la vue du peuple, qui pourtant devroit être informé qu'on les fait subir aux criminels, affin que cette connoissance servît à détourner de leur exemple ceux qui seroient tentés de les imiter. Cette observation est plus importante qu'on ne pense, car la cruauté est graduelle, comme la sensibilité. L'homme qui exerce la bienfaisance envers ses semblables, l'étend jusque sur les animaux, comme l'homme qui est accoutumé à se jouer de la vie des animaux cesse bientôt de respecter, ou respecte beaucoup moins la vie de ses semblables.

» C'est d'après ces connoissances morales que le despotisme, qui s'en servoit pour faire le mal, comme la République doit s'en servir pour faire le bien, avoit accordé des priviléges, partie honorables et partie lucratifs, à la classe des bouchers; c'étoit pour les flatter que la dernière maison régnante se disoit originaire d'un boucher, car le gouvernement de ces temps n'ignoroit pas que ces hommes, toujours plongés dans le sang des animaux, en étoient moins éloignés de répandre celui des hommes, et craignoient moins que les autres citoyens d'exposer leur vie dans une guerre contre la tyrannie. Ce gouvernement n'avoit pas oublié non plus de quelle importance avoient été pour le parti de la ligue les bouchers, connus alors sous le nom de *Cabotins*[1] ou plutôt de *Maillotins*, si ma mémoire ne me trompe pas; mais la dernière dénomination est plus naturelle, puisque c'est avec des maillets, ou marteaux à deux têtes, que les bouchers assomment leurs bœufs. »

Rapport de Pourvoyeur.

« ..... Quand à Momoro, l'on se plaint, mais beaucoup et depuis longtems, qu'il est d'une fierté révoltante; l'on parloient encore beaucoup du dîné somptueux que Bourgeois, menuisier, commandant des Carmes, a donné le vingt ventose, jour décadi, ou Vincent s'est trouvé, ou dans un tems de disette il y avoit beaucoup de viande de boucherie de toute nature, l'on invitent à se défier des particuliers qui portent un petit bonet rouge à leur boutonnière, l'on observent que c'est un signe de raliement; dans tous les groupes, j'ai entendu faire cette remarque et par plusieurs patriotes.

» L'on observe qu'il faut suspecter l'auteur du *Journal historique et politique*, que cet individu a toujours été très-aristocrate de son aveu même, et qu'il n'a fait ce journal que pour se mettre à l'abri de poursuittes, qu'il y a environ deux ans qu'il en fesoit un autre des plus aristocratiques, que

---

[1] *Cabochiens*, de leur chef Caboche. Mais peut-être le mot cabotins vient-il de là.

même on croit qu'il a deja été pris pour cela et que des intrigans l'on fait sortir de prison.

» L'on disoient que l'on étoient étonnés pourquoi l'on n'avoit pas encore jugé les soixante députés qui étoient au Luxembourg depuis longtems, qu'ils mangeoient le bien de la nation;

» Ainsi que Chabot que plusieurs disent que c'est lui qui devoit être le régent.

» Il y avoit quelques personnes qui disoient qu'Hébert suivoit les conseils de sa religieuse qu'il avoit épousé.

» L'on observoient encore que c'étoit Hébert et Momoro qui étoient cause que Thuriot avoit été rayé des Jacobins, et que cependant ce député avoit rendu de grands services à la révolution, et qu'il n'avoit pas tenu qu'à Hébert de faire renvoyer tous les meilleurs patriotes de cette Société.

» Quantité de monde s'accordent à dire que l'on ne sauroit trop rendre de justice au comité de salut public et de sûreté général de son activité, ainsi qu'aux travaux de la Convention; sans leurs continuelles surveillances la chose dublique s'étoit perdue.

» L'on répand depuis fort longtems que l'on veut faire mourir tous les vieillards; il n'est pas d'endroit où l'on ne débite ce mensonge.

» Plusieurs patriotes disoient, parlant de la faction : Ils veulent nous faire égorger les uns contre les autres; mais ils n'en viendront pas à bout; malgré qu'ils se couvrent du manteau du patriotisme, on les découvre toujours. »

26 ventôse (16 mars).

Rapport de Latour-Lamontagne.

CLUB DES CORDELIERS, SÉANCE PERMANENTE DU 26 VENTÔSE.

Présidence de Sandoz.

« A l'ouverture de la séance, un membre demande que les Cordeliers qui manqueront à une séance, pendant la permanence, soient chassés de la Société. Cette motion est vivement combattue et regettée par l'ordre du jour. On lit la Déclaration des droits de l'homme; après cette lecture, le secrétaire qui occupoit le fauteuil annonce à la Société que les circonstances les privent du président provisoire qu'elle avoit précédemment nommé, et il l'invite à renouveller le bureau. Cette proposition est adoptée, et Sandoz est nommé président. Il n'y avoit ny lettres ni papiers sur le bureau. Aucun orateur ne se présentoit à la tribune. Une femme qui assistoit à la séance fait passer une lettre par laquelle elle demande des secours pour aller à Bouchain chercher l'extrait mortuaire de son mari, tué en défendant la patrie. Cette lettre donne lieu à une discussion qui se termine par l'ordre du jour, motivé sur ce que cette femme peut se procurer dans les bureaux de la guerre l'extrait dont elle a besoin.

» On réclamoit de toutes parts la lecture de la correspondance, mais il n'étoit rien arrivé. Un membre qui avoit par hazard dans sa poche le dernier rapport de Saint-Just, est monté à la tribune et l'a lu. Cette lecture a occupé pendant une heure les moments de la Société. On a annoncé ensuite qu'il étoit arrivé chez le portier des lettres à l'adresse de Vincent. La Société se les a fait apporter, et décide qu'elles seront portées par une députation à l'accusateur public. Il y en avoit une pour Chesnaux, elle a été jointe à celles de Vincent. La Société qui n'avoit arrêté sa permanence qu'à cause de la détention de plusieurs de ses membres, et nul orateur ne parlant sur cet objet, a rapporté cet arrêté; et il n'y aura de séances que les jours ordinaires.

» Séance levée à neuf heures et demie. »

« *Observations.* — Les habituées des tribunes, celles qui occupent les premiers bancs, ne disoient rien. Elles ne parloient plus d'arracher les détenus à leurs fers. Les autres personnes qui composoient les tribunes disoient hautement que le père Duchesne et les autres étoient des scélérats qui méritoient la guillotine. On se réjouissoit d'avance du moment où on les verroit passer. Ces démonstrations de joie sont communes à tout le peuple de Paris; dans les marchés, au coin des rues, partout on tient ce même langage. Ce désir de voir punir des conspirateurs prouve combien le peuple est attaché à la liberté. On regrette qu'il n'y ait pas de supplice plus rigoureux que celui de la guillotine. On dit qu'il faudroit en inventer un qui les fît longtems souffrir. L'exécration est générale. Avant-hier quelques personnes prenoient leur défense, mais il sembloit hier qu'on craignît de les supposer innocens. »

Rapport de Latour-Lamontagne.

« La conspiration d'Hébert et de ses complices est toujours le sujet de toutes les conversations. L'opinion générale est fortement prononcée contre eux. Le peuple est si indigné de leur scélératesse, que la guillotine lui paroît un supplice trop doux pour de si grands criminels. Dans un grouppe, sur la place de la Révolution, plusieurs citoyens et citoyennes disoient hautement que la Convention devroit décréter un supplice particulier pour des crimes de ce genre. Cela seroit contraire à la Constitution, a répliqué un citoyen. La Constitution n'admet qu'un genre de supplice. Cela est vrai, a répondu un sans-culotte, mais les dangers de la patrie ne nous permettent pas de jouir encore de tous les avantages de la Constitution. La Convention a été forcée de décréter un gouvernement révolutionnaire, qu'elle décrète aussi des supplices révolutionnaires pour tous les scélérats qui veulent égorger le peuple. On a applaudi à ce propos, et on a témoigné surtout la plus vive impatience de voir terminer ce grand procès.

» Les cafés où on est dans l'usage de faire des lectures publiques de la feuille du soir étoient aujourd'hui beaucoup plus remplis qu'à l'ordinaire. Quand le journal a paru au café de la République, il s'est fait un grand silence, qui n'a été troublé que par les applaudissemens dont on a couvert plusieurs passages; notamment le rapport d'Amar sur Chabot, etc.; celui de Baudot sur la situation des armées du Rhin et de la Moselle, où il détaille les prises considérables faites dans le Palatinat; celui de Couthon, sur la conjuration; et surtout les discours énergiques et républicains des différentes sections, qui sont venues protester à la barre de leur dévouement à la Convention. »

Rapport de Perrière.

« *Esprit public. Exécutions.* — Le peuple, dont le silence à la vue des exécutions pouvoit faire croire depuis quelque tems qu'il commençoit à s'attendrir sur le sort de ceux qui en étoient l'objet, le peuple a paru transporté d'une nouvelle fureur à la vue des dix-sept condânés qui furent exécutés hier au soir. Le bruit d'un nouveau complot tramé avec plus de noirceur que tous les autres contre ses jours et sa liberté, est sans doute la cause de ces nouvelles dispositions de sa part. Oh! les coquins! oh! les scélérats! disoit-il, qu'ils approchent, qu'ils périssent! On a bien raison de dire, ajoutoit-il en regardant la guillotine, qu'il n'y a que cette sainte-là qui peut nous sauver! »

« *Père Duchesne.* — Il paroît que le peuple n'est pas généralement instruit des vrais motifs de l'arrestation d'Hébert et consorts. On disoit à la halle que c'étoit pour avoir accaparé un compagnon de Saint-Antoine tout entier, et un pot de vingt-cinq livres de beurre de Bretagne; on répandoit aussi que Chaumette avoit été arrêté pour la même raison, mais on n'en vouoit pas moins le P. Duchesne à la guillotine d'un consentement unanime. »

Rapport de Dugas.

« La séance des Jacobins a été du plus grand intérêt. La correspondance a donné d'abord les nouvelles les plus favorables de notre armée du Nord. Les soldats brûlent d'attaquer l'ennemi, et ce n'est qu'avec peine que les généraux ont pu les empécher de passer la Sambre, leur ardeur présage les plus grands succès.

» Couthon a ensuite rendu compte sommairement de ce qui s'était passé à la Convention. Il a parlé des tentatives qu'on avait mises en œuvre pour faire évader le petit Capet, et des découvertes que l'on fesait journellement sur la conspiration.

» Il a passé à l'affaire de Chabot et compagnie; il a dit que d'après le rapport d'Amar, quelques personnes pourraient bien ne regarder Chabot que comme un *infâme voleur*, mais que pour lui il croyait son affaire liée, mais sous une autre forme, à celle des conspirateurs.

» Léonard Bourdon est monté à la tribune, il a dit qu'au terme des décrets les Sociétés populaires étant invitées à la plus grande surveillance, elles devaient faire passer au scrutin épuratoire toutes les autorités constituées, tous les fonctionnaires publics.

» C'est une mesure contre-révolutionnaire que l'on vous propose, s'est écrié Robespierre. Les conspirateurs se démasquent et voudraient nous perdre par de nouveaux moyens. Voyez leur audace. A peine leurs complices sont-ils mis sous le glaive de la loi qu'ils osent produire jusque dans votre sein leurs opinions liberticides. Léonard Bourdon ressemble à ces voleurs qui mettent la main dans la poche de leurs voisins pendant que leurs camarades sont sur l'échafaud. Je n'ai encore que des preuves morales, a ajouté Robespierre, contre ce Léonard Bourdon, mais c'est deja beaucoup s'il est perdu dans l'opinion publique.

» Léonard Bourdon a voulu se deffendre, il a eu l'effronterie de nier, devant plus de trois mille personnes, d'avoir dit ce qu'il avait dit; mais les cris d'indignation qui se sont fait entendre l'ont chassé de la tribune. »

27 VENTÔSE (17 MARS).

ÉTAT-MAJOR GÉNÉRAL.

Ordre général.

« Le service des barrières s'est assez bien fait cette nuit. J'invite mes frères d'armes à ne s'emparer d'aulcunes denrées quelconques ; cette petite privation fera taire les malveillants qui cherchent sans cesse l'occasion de nous humilier.

» Mes frères d'armes, quelques méchans, stipendiés par des tyrans étrangers, plus sanguinaires et plus coupables que tous les bandits de l'univers, ont emprisonné de gayeté de cœur tels et tels ; eh bien, ces tels et tels sont encore à leurs postes ; ils y sont jusqu'à ce que la justice nationale en ordonne autrement ; ces mêmes méchans, car toute cette calomnie part de la même bouche, ont assurés qu'il y auroit division entre la représentation nationale et les représentés. Eh bien ! ils se sont encore trompés, la représentation est à son poste, et les représentés au leur. — Mes frères d'armes, soyez toujours sublimes et surveillants, souvenez-vous que la Convention nationale est composée de Français, que toutes les Sociétés populaires et la commune le sont aussi ; souvenez-vous que le fer dont nos mains sont armées n'est pas destiné à déchirer le sein d'un père, d'un frère, d'une mère, d'une épouse chérie ; souvenez-vous que dans ces momens de troubles vous devez quelques-unes de vos veilles à la chose publique. Veillez avec moi, et souvenez-vous de mes premières promesses, où je vous fis part de l'horreur que j'avois pour toute effusion de sang.

» Mes frères d'armes, Sociétés populaires, commune de Paris, et toutes celles de l'intérieur, rallions-nous tous ensemble auprès de la Convention, formons par cette réunion une masse de forces inataquables, et ne donnons pas à nos ennemis le tems de s'appercevoir de nos divisions intestines.

» Il y a 300,000 hommes au nord, presqu'autant au midi. Les 4 coins de la République sont hérissés de troupes, de bayonnetes et d'artillerie ; elles attendent de pied ferme nos ennemis. Entendons-nous bien, ajournons nos querelles et nos haines jusqu'à la destruction du dernier des tyrans ; la victoire, le ciel et la nature entière seront pour nous.

» Je vous préviens, mes frères d'armes, que je ne souffrirai jamais qu'aucuns de vous en provoque un autre au meurtre et à l'assassin ; les armes que vous portez ne doivent être tirées que pour la défense de la patrie. C'est le comble de la folie de voir un Français égorger un Français ; si vous avez des querelles particulières, étouffez-les pour l'amour de la patrie.

» J'ai envoyé plusieurs frères d'armes à la découverte d'accapareurs d'un nouveau genre.

» Le poste de Saint-Lazarre restera à 100 hommes jusqu'à nouvel ordre.

» Le service général à l'ordinaire. Signé à l'original. HANRIOT, commandant. »

Rapport de Bacon.

« . . . . . Dans le marché du faubourg Anthoine, près celle Nicolas, une fruitière a distribué six mille deux cens œufs. Il y avoit une légion de femmes, et chacune en a eû. Il n'est arrivé aucun accident, quoiqu'il n'y eût pas de garde ; aussi les citoyennes, après être servies, disoient-elles : Depuis que le père Duchène ne fume plus sa pipe, on diroit que les femmes s'accordent mieux entr'elles, car on ne se f... pas de coups de poings depuis deux ou trois jours, comme cela arrivoit il y a huit jours. Dans le même faubourg et rue Antoine une grande quantité de maisons, et surtout celles des marchands de tous les états, étoient marquées avec de la craye noire et rouge. Les citoyens ont été un peu dans la peur; cependant on a fini par rire de cette méchanceté, qu'on a encore attribuée aux complices d'Hébert; c'est pour la deuxième fois que cela arrive. »

Rapport de Dugas.

« ..... On ne tient nul compte de l'arrêté de la commune pour que la volaille et le gibier ne soient portés et vendus qu'au marché. Les marchandes de la maison Égalité en étalent tous les jours; vers les dix heures du soir on voit arriver chez elles les aristocrates et autres égoïstes pour acheter les poulardes et les dindes, qu'ils cachent soigneusement sous leur redingote. Un individu, nommé Mondrou, frère de la fameuse Lapoplinière, est un des plus grands consommateurs en ce genre, et c'est la marchande à côté du café de Foy qui est sa pourvoyeuse ordinaire. »

Rapport de Grivel.

« ..... Ces conspirateurs si fiers, si audacieux, si insolens, sont aujourd'hui dans l'abbattement. On assure que le geolier de la Conciergerie demandant avant-hier à Hébert ce qu'il vouloit pour souper, celui-ci, pâle et défait, lui répondit qu'il n'avoit pas d'appétit; qu'il avoit son pain du matin, et qu'il n'avoit besoin que d'une chopine de vin. La terreur punit déjà le traître. »

Rapport de C.

« ..... On ne voit plus tant de bonnets rouges que l'on en voyoit cy-devant, disoit un citoyen. Depuis qu'Hébert est arrêté, dit un autre citoyen, on ne voit plus tant de petits bonnets pendus au coté, dont on assure que c'étoit un signe de raliement. A ce sujet un autre disoit qu'il se resouvient bien avoir connu des individus, grands partisans d'Hébert, porté ces marques distinctive; il en concluoit de là que ces signes peuvent bien être un signe de raliement dont il faut absolument surveiller de plus près que l'on ne pense. »

Observations du citoyen Rolin.

« Point de bœuf aujourd'hui chez les bouchers, seulement un peu de veau et de mouton. Grand murmure dans la place Maubert de la part des femmes.

» Plusieurs citoyennes, au palais de justice, dont il paroit que les maris et les enfants sont aux frontières, se plaignoient qu'elles ne pouvoient obtenir de secours du ministre de l'intérieur; elles ajoutoient que plusieurs fois elles furent rebutés par le portier, et que le ministre lui-même ne les avoient pas mieux reçu; que cependant elles savoient à n'en point douter qu'il aimoit le sexe feminin, mais que probablement le costume républicain dont elles faisoient usage n'étoit pas celui qui lui plaisoit le plus.

» Au café Manouri on s'occupa beaucoup des détenus; plusieurs citoyens assuroient qu'il n'y avoient point de nuit qu'on arrêta une quantité de personnes sans que l'on sache les motifs de leurs arrestations, sinon qu'on disoit qu'ils étoient suspects, un vieillard dit qu'il étoit peut être très nécessaire d'employer les voies de sévérité pour contenir les malveillants; mais que de même qu'il n'étoit point possible à l'homme le plus robuste de tenir perpétuellement son bras tendu, vu que les muscles se fatiguent, de même il ne seroit point possible de continuer à tenir ainsi la terreur à l'ordre du jour..... »

28 ventôse (18 mars).

État-major général.

« La garde aux barrières ne laissera sortir de la ville aucun fusil quelconque sans que le porteur ne soit muni d'une permission des autorités constituées. Les patrouilles extérieures sont exceptées de la présente mesure.

» On se plaît à répandre sur Paris des atrocités incroyables aux yeux de tout bon républicain ; mais qu'importe ? et quel rapport la calomnie peut-elle avoir avec des hommes vertueux et irréprochables ?

» Depuis quinze jours on accapare nos denrées au dehors ; des méchants répandus sur les routes disent qu'à Paris on vole, on pille tout; imposteurs, rendez-vous à la commune, vous y verrez le tableau de notre serment. Il n'y a pas un seul bon républicain fonctionnaire public, en entrant en fonction, qui ne fasse le serment de deffendre les personnes et les propriétés. Quelles sont celles qui ont été pillées ? Citez-en une seule, vils brigands ! Vous ne nous découragerez jamais, le peuple ne se séparera pas du peuple ; et, en dépit de l'intrigue, la justice, l'égalité et la liberté triompheront, seront éternelles, et ses calomniateurs, les intrigans et les hommes de mauvaise foy passeront.

» Les citoyens de service à la distribution des légumes surveilleront ceux qui après en avoir déjà reçu se remettent à la file pour en avoir une deuxième fois.

» Le service général à l'ordinaire. Signé à l'original Hanriot, commandant général. »

Rapport de Dugas.

« On a beaucoup parlé de la manière dont Chabot a voulu s'empoisonner ; mais l'opinion la plus générale est qu'il a pris du sublime corrosif, et qu'on lui a donné des secours pour en diminuer l'effet. On avait d'abord annoncé sa mort ;

on a dit ensuite qu'il était hors de danger et qu'il ne courrait plus que celui du supplice; cette dernière nouvelle a été reçue avec satisfaction.

» On a enfin donné l'arrestation de Chaumet pour certaine.

» Gobet, cy-devant évêque de Paris, a, dit-on, subi le même sort. Ce n'est pas à Paris seulement que le peuple témoigne son indignation contre Hébert et ses complices, dans les campagnes on n'entend que des imprécations contre eux. Le P. Duchesne est-il exécuté?.... C'est la première chose qu'ils demandent à tous ceux qui viennent de Paris.

» La séance des Jacobins a été intéressante par les détails donnés par Couthon sur la conspiration; il a lu ensuite la lettre d'un représentant du peuple, à Commune affranchie, à Thirion. Elle porte que le fameux arrêté des Cordeliers où il est question de s'insurger et de voiler la Déclaration des droits de l'homme, avait été lu dans la Société populaire avec applaudissement, et qu'il avait été porté par un cordelier. Les Jacobins, sur la proposition de Couthon, ont arrêté de faire une adresse à toutes les Sociétés populaires qui lui sont affiliées pour les tenir en garde contre cette nouvelle manœuvre.

» Une députation des Cordeliers ayant été annoncée, l'orateur est monté à la tribune pour demander à la Société union et fraternité, et qu'elle voulut bien se joindre à eux pour combattre tous les ennemis de la République; il a dit que si quelques-uns des membres du club des Cordeliers avaient été arrêtés, ils étaient sous la main de la justice, et que c'était à elle à prononcer.

» Sur la demande de Robespierre, la Société a répondu qu'elle ne fraterniserait avec le club des Cordeliers que lorsqu'il serait régénéré.

» Robespierre a demandé ensuite le rapport de l'arrêté par lequel la Société avait délibéré l'impression du discours prononcé dans la dernière séance par l'auteur de la feuille du *Salut public*. Sur les observations qu'il a faites, l'arrêté a été rapporté. »

Rapport de Perrière.

Hébert. — « Il faut que le peuple soit bien accoutumé à la trahison, puisqu'il lui en coûte si peu pour croire traîtres ceux qui avaient paru ses meilleurs amis.

» Ah! disaient des enfans qui jouaient sur la terrasse de la Renommée, vis-à-vis le lieu de la guillotine, il pourra bien y passer aussi le P. Duchesne!.... Il était pourtant bougrement en colère!.... Il est bien en colère, ajoutait-il, de se voir pris!

» Les sept condânés d'hier sont presque tous allés au supplice en causant, en riant et en dansant; le général de la Vendée et le premier commis du ministre de la guerre se sont distingués par leur bonne humeur.

» Le peuple disait que décadi prochain ce serait le tour du P. Duchesne; on choisit ce jour-là, disait-il, pour que tout le monde le voye. »

Hérault-Séchelles. — « Ce député, accusé à la vérité d'un crime bien différent, trouve aussi des dispositions bien différentes dans le peuple. Il est arrêté, disait-on, mais ce n'est que pour avoir donné azile à un émigré.... L'amitié peut faire commettre cette infraction à la loi.... mais la loi, comme tout le reste, doit être *révolutionnaire;* c'est-à-dire que se relâchant de sa rigueur envers des hommes patriotes d'ailleurs, elle ne doit être impitoyable qu'envers l'aristocrate; sans cette distinction bien naturelle nous serions victimes de nos propres mesures, et nous obéirions stupidement à la lettre. Ce n'est point ici un crime *général* dans ses conséquences; or, il faut se rappeler les services *généraux* que cet homme a rendu à la patrie; il a figuré dans les circonstances les plus importantes et les plus critiques de la révolution. Je l'ai vû, a dit un autre, recevoir des émigrés maintes lettres qui l'invitaient à prendre du service parmi eux, déchirer ces lettres avec indignation, et couronner le buste de Brutus qui parait sa cheminée. Mais considérez donc, a repris un autre citoyen, quel crime c'est de recevoir un émigré, et à quel danger il expose la patrie! Si chacun en fesait autant, il y aurait à Paris une armée d'émigrés. Vous faites là une supposition gratuite, a-t-on répondu, et vous êtes payé pour priver la patrie d'un homme aussi essentiel, etc. »

Rapport de Delarue.

« C'est précisément dans le moment où le masque de certains conspirateurs tombe que l'on cherche à jetter un vernis désagréable sur ceux des patriotes qui sont restés fidèles à la cause du peuple, sur ceux même qui sont morts en soutenant ses droits. Marat, dont les vertus et le courage faisaient trembler les traîtres, Marat est maintenant désigné comme le chef de la conspiration qui vient d'être découverte : c'était, disait-on dans un lieu public, un des plus chauds partisans du club des Cordeliers, dont il était le créateur; il a toujours été le soutien d'Hébert, de Momoro, de Vincent, de Ronsin, et ce sont ceux-là qui lui ont fait rendre tant de si grands honneurs; sa table, quoi qu'on en dise de sa frugalité, était tous les jours splendidement servie, et elle n'était jamais de moins de 8 couverts, et j'ai vu celle qui se disait sa femme acheter très-cher des objets de luxe, tant pour sa table que pour un autre usage..... C'était chez un traiteur, rue des Petits-Champs, près celle Chabannais, sieur Nicaise, que se tenaient ces ridicules propos. Il est bon d'observer que pour donner quelque crédit à ces assertions on rappellent ce qu'avaient été les Mirabeau et mille autres patriotes jadis révérés.

» D'un autre côté, on a fait dire à un des criminels qui montait à l'échafaud que c'était à Le Gendre et à Lacroix que l'on devait l'insurrection du Calvados; ainsi, en écoutant ces perfides suggestions, il ne serait personne en qui nous dussions avoir quelque confiance.

» On assurait ce soir que Chabot était mort à la Charité, où il avait été transféré à l'effet de lui porter des secours. »

Rapport de Prévost.

« Plusieurs particuliers étant sur la place de la Révolution témoignoient leur satisfaction de voir punir les scélérats; ils espèrent de voir bientôt tous les conspirateurs s'acheminer de côté.

» Beaucoup de motions sur la terrasse des ci-devant Thuileries; plusieurs citoyens désirent qu'Hébert ne soit pas exécuté si précipitamment, pour pouvoir plus facilement découvrir les conspirateurs et les contre-révolutionnaires.

» Dans ces motions on y parloit beaucoup de Chabot; on disoit qu'il avoit annoncé dans ces écrits que ces beau frères avoient été faits mourir par les Autrichiens pour couvrir sa trame, que cela étoit très-faux, qu'il jouoit à la hausse avec les Hollandais et autres, que son but étoit de discréditer les assignats, qu'on eut jamais crû qu'il se seroit conduit de cette manière, lui qui s'étoit toujours montré un très-bon patriote.

» On regrette singulièrement Marat; on a fait son éloge, et on présume que tous ceux qui ont été arrêtés ces jours derniers l'on fait assassiner pour parvenir au but où ils vouloient, mais qui heureusement ont été déjoués, grace aux comités de salut public, de sûreté générale, et aux Jacobins. »

Rapport de Bacon.

« ..... Rue Charenton, près les Quinze-Vingt, cinq à six femmes parloient du père Duchesne; comme je me suis approché d'elles, je me suis apperçu qu'une de ces citoyennes disoit aux autres : Dans l'instant, a-t-elle dit, je viens d'apprendre au faubourg Saint-Anthoine que Robespierre étoit en prison. Comment cela, ont répondu les autres; cela n'est pas possible. Ma fois, a répliqué l'aûtre, beaucoup de personnes l'assurent. J'ai aussi vu une blanchisseuse, rue du Bon-Conseil, qui m'en a dit autant; elle m'a même assurée que ce matin à la halle et aux portes des bouchers on disoit tout haut que sou peu il y auroit du bruit, et qu'il y avoit encore une nouvelle conspiration..... »

29 VENTÔSE (19 MARS).

Rapport de Pourvoyeur.

« L'on répand le bruit dans Paris qu'il y aura un soulevement dans Paris le jour où l'on jugera Hébert et ses complices; que même la salle du tribunal est minée, et qu'elle pourrait bien sauter ce jour-là.

» L'on observaient que l'on devrait punir le gardien de la Conciergerie pour avoir fait ou laisser passer du poison à Chabot; le guichetier doit répondre des prisonniers qui sont sous sa garde.

» L'on disaient dans plusieurs groupes que Chaumette, Pache, le ministre de la guerre, et le ci-devant évêque de Paris, étaient arrêtés.

» Quant à Hérault de Séchelles, l'on est point étonné qu'il soit aristocrate; l'on observent que l'on est pas patriote avec deux cent mille livre de rente, et surtout un cy-devant avocat général; l'on dit que tant que l'on mettra des robins et des ci-devant dans les affaires de la République il faut s'attendre à être trahis; ils ne peuvent pas être patriotes, ils ne pardonnent pas facilement d'être l'égale d'un sans-culottes.

» C'est pourquoi l'on en veut beaucoup plus à Hébert, et aux autres comme lui, parce que la Révolution leur a été favorable, et qu'ils auraient dû vaincre.

» L'on observent que l'on ne devaient pas souffrir des places sur des planches sur la place de la Révolution, attendu que cela fait beaucoup d'embarras, et qu'on peut voler quelqu'un, surtout quand il y a beaucoup de monde, ce qui arrive souvent au tribunal criminel. Ce matin, tandis que l'on jugeaient trois jeunes filles pour des faux assignats, l'on a coupé la poche d'un citoyen, et on lui a pris son portefeuille; l'on a fait fermer les portes, et fouiller tout le monde, mais le portefeuille ne s'est point trouvé, il contenait quinze cent livres. Presque tous les jours il arrive de pareilles choses.

» L'on se plaint que l'on ne voit pas de beurre, et que pourtant il en arrive beaucoup au marcher. »

« *Police.* — L'on observent que malgré la loi qui porte que l'on ne ce fera pas remplacer pour monter la garde, que tous les jours les corps de garde sont remplis de remplaçants, ce qui fait que le service est très-mal fait; la pluspart de ceux qui se font remplacés sont des jeunes gens; l'on demande que cela ne soye plus permis, attendu que le service de la garde nationale a besoin d'être bien fait dans ce moment et plus que jamais. »

Rapport de Grivel.

« Je crois entrevoir que les complices et les partisans des conspirateurs conservent encore quelqu'espérance de les sauver, en se flattant de pouvoir circonvenir la majorité du jury qui doit prononcer sur leur sort. Je fonde cette conjecture ou le soupçon sur quelques mots lâchés par un homme qui, du ton et de la manière dont il parloit, laissoit voir, à un œil perspicace, l'intérêt qu'il prenoit pour les coupables. Cet homme, qu'on dit être un des défenseurs officieux, habitué au tribunal révolutionnaire et un ancien procureur, est un grand parleur; il va journellement au caffé Conti, au bout du pont Neuf, vers les 4 heures du soir; il paroît qu'il y est fort connu, et l'on fait cercle autour de lui pour apprendre ce qui se passe au tribunal révolutionnaire, et qu'il se plaît à raconter avec des commentaires. Avant-hier, comme il entroit au caffé, une personne lui dit : Eh bien, voilà Hébert et consorts arrêtés! Qu'en dites-vous? L'autre le regarda d'un air qui montroit de l'embarras et du dépit, et lui dit : Que voulez-vous que je réponde? Puis il tourna le dos et sortit. Hier, au même caffé, où il se trouvoit quelques citoyens parlant devant lui des conspirateurs, qu'ils traitoient d'affreux scélérats, se demandoient s'ils ne seroient pas bientôt décapités. Il ne faut pas se hâter de les juger ainsi, répondit notre homme, c'est le juri et le juri seul qui peut les condamner. On a beau dire contre eux tout ce qui peut les faire regarder comme coupables, je ne prononce pas mon opinion que la majorité du juri n'ait prononcé. N'a-t-on pas vu ce qui est arrivé à Marat, que tant de malveillans vouloient faire condamner? Il parut au tribunal révolutionnaire, et il fut absous; ceux dont vous parlez ne peuvent-ils pas l'être aussi? On lui dit que cette comparaison n'étoit pas juste; il ne répliqua point. Cet homme est assez gros, d'environ cinq pieds quatre pouces, un visage gros et joufflu, les yeux un peu rouges; il est ordinairement vêtu d'un habit de velours brun et un peu passé, et porte un chapeau rond. Je crois que cet homme doit être surveillé! Les remarques que je fais à son sujet peuvent n'être rien, mais aussi elles peuvent ouvrir la voye à des remarques et à des découvertes infiniment importantes. Où en seroit la chose publique, où en serions-nous si les complices ou les amis des coupables pouvoient corrompre ou influencer le juri? »

Rapport du citoyen C.

« On débitoit aujourd'huy qu'il y arrivoit à Paris, ces jours cy, plus de cinquante voitures de beurre et d'œufs pour son approvisionnement. Voyez-vous, disoit une bonne femme, que depuis que ces coquins là sont pris les denrées nous abondent; oh! pour le coup nous pouvons dire que cela va. Ne seroit-il pas possible, continua-t-elle, de renouveller la commune toute entier, car il y a lieu de croire qu'ils y sont tous pour quelque chose. Oh! surement, disoit un citoyen ; je crois plus, c'est que l'on feroit bien de les mètre provisoirement tous en état d'arrestation..... »

Observations du citoyen Rolin.

« On est absolument persuadez dans le public que les individus à la boutonnière desquels pend un petit bonnet de la liberté sont dans la conspiration qui vient d'être découverte, et que ce signe de notre liberté devenoit, entre les mains de ces hommes sans pudeur, un signe de ralliement et de proscription pour les parfaits patriotes. Ce qu'il y a en cela de très certain, c'est que la pluspart de ceux qui le portoient l'ont ôté ; on remarque que beaucoup de citoyens en place dans les comités révolutionnaires et civils qui affectoient de s'en décorer n'ose plus le porter.

» Ce matin les citoïennes de la halle et celles du marché de la place Maubert applaudissoient à l'arrestation du citoyen Chaumette. Un citoyen factionnaire, à la place Maubert, pour maintenir le bon ordre, dit à une des citoyennes qui claquoit des mains en se réjouissant de cette arrestation, qu'il n'étoit encore que présumé coupable, mais non convaincu ; elle lui dit : Va f...., si on lui rend justice, la guillotine ne le manquera point ; il y a longtems que le j... f..... nous trompe. Et elle fut approuvée de tout le monde. »

Rapport de Latour-Lamontagne.

« Dans tous les caffés où on lit publiquement le journal du soir, et notamment au caffé de la République, de longs murmures se sont élevés quand le lecteur a annoncé que la municipalité de Paris demandoit a être admise à la barre ; c'est avec peine qu'on a obtenu un moment de silence pour entendre son discours, qui a reçu les mêmes marques d'improbation. Tout le monde a applaudi à la réponse du président, qui a fait sentir à la municipalité le tort que lui faisoit dans l'opinion publique une démarche aussi tardive. Quelques rires improbateurs ont égallement éclatés sur le passage de cette foule de tribunaux qui viennent protester de leur dévouement à la chose publique lorsqu'elle n'est plus en danger. Si les conspirateurs eussent réussi, disoit-on hautement, un grand nombre de ceux qui le traînent aujourd'hui à la Convention eussent volé au-devant d'eux. Les comités de sûreté générale et de salut public ne sauroient trop se hâter d'exécuter le sage décret qui les charge de l'épuration des autorités constituées, dont quelques membres ont trempé dans la conspiration, et qui ont gardé un silence coupable quand les François de toutes parts venoient se serrer autour de la Convention et lui faire de leurs corps un bouclier impénétrable.

» On a appris avec transport que primidi prochain les conspirateurs comparaîtront devant le tribunal redoutable qui doit prononcer sur leur sort. Quelques voix encore s'élèvent en leur faveur et disent qu'il faut attendre la décision du juri pour savoir s'ils sont coupables. Les comités de salut public et de sûreté générale, disoit un sans-culotte, voilà mon juri, il ne m'a jamais trompé. Mais, lui a repliqué un citoyen, les comités dans cette affaire sont accusateurs et non juges ; ainsi il n'y a encore rien de prononcé. Cela vous plaît à dire, a répondu le sans-culotte ; les comités n'accusent point sans preuves, et, selon moi, il ne reste pas grand'-chose à faire au tribunal. »

Rapport de Prévost.

« Beaucoup de particuliers annonçoient l'arrestation de Hanriot, et qu'il étoit détenu à l'Abbaye; d'autres, que Chabot avoit été empoisonné.

» Les prisons sont tenus le plus secrètement possible ; les guichetiers n'ont pas la facilité d'y recevoir leurs femmes; ils n'en sont pas fâchés, d'autant qu'ils aiment cette mesure de sûreté.

» Partout on entend dire aux citoyens qu'ils n'ont plus grande confiance à tous ceux qui sont en place, d'après l'arrestation de plusieurs d'entre eux; cependant ils attendent avec la plus grande confiance la bienveillance du comité de salut public, qui veille sans cesse à nos intérêts communs.

» Tous les citoyens désirent qu'on mette en liberté tous ceux d'entre les détenus qui ne sont pas coupables, et qui souffrent cruellement d'être enfermés au milieu d'un tas de scélérats ; ils n'ignorent pas que des ordres arbitraires en ont fait incarcérer beaucoup; on demande que ceux des citoyens qui ne sont pas coupables soient rendus à la société. »

« *Police*. — On fait des patrouilles depuis onze jusqu'à deux heures du matin dans les environs de Paris pour veiller à l'arrivage des vins dans la capitale, et empêcher qu'on ne les accaparent ; beaucoup de citoyens désireroient que ces patrouilles ne sortent de chaque poste qu'à deux heures du matin jusqu'à six heures ; c'est absolument l'heure où les denrées arrivent dans Paris. »

Rapport de Perrière.

« ..... On criait hier soir l'arrestation de la « Jacqueline du P. Duchêne ». C'est ainsi que le peuple, mêlant l'ironie à la fureur contre celui qu'il aimait tant, se sert des propres expressions et des sentiments qu'il montrait dans sa feuille pour appeler sur sa tête la justice nationale et lui rendre son châtiment plus amer. « Il *fume* véritablement sa *pipe* aujourd'hui, disent les uns. — Il en aura une à sa bouche, disent les autres, en allant à la guillotine ; il çaura mieux qu'un autre *jouer à la main chaude, mettre sa tête à la fenêtre et cracher dans le sac.* — Savez-voüs, dit un troisième, quel était le fond de sa façon de penser? Quand il était *bougrement en colère,* c'est que le complot allait bien, et quand il était *en grande joye,* c'est qu'il y avait quelque chose qui clochait. — Quand il montera à l'échafaud, disent quelques autres, des citoyens seront chargés de crier à ses oreilles : « Il est bien content aujourd'hui, le P. Duchêne, de voir que l'on purge les aristocrates, etc. »

30 ventôse (20 mars).

Rapport de J. B. B.

« On lit sur la porte et sur les murs de l'Observatoire : *Maison nationale à vendre.* C'est sans doute par erreur que l'on a mis une pareille inscription sur un édifice que l'orgueil d'un despote fit élever à grands frais, mais qu'une nation libre et éclairée doit conserver au progrès des sciences.

» *Dénonciation.* — Quelques sections font vendre des voitures de beurre et d'œufs qui arrivent dans leur arrondissement. Cette mesure seroit excusable s'il y en avoit de destinées pour toutes les sections ; quoiqu'alors il vaudroit mieux vendre les denrées dans les marchés publics. Mais il paroît que les sections voisines des barrières jouissent exclusivement de ce privilége. Ainsi les citoyens qui demeurent dans l'intérieur de Paris, et qui n'ont d'autres ressources que le marché, n'y trouvent rien, ou sont obligés de payer plus cher.

» *Conspiration.* — Dans tous les groupes, on ne parle que de la conjuration. Les prisonniers autrichiens, qui se trouvent, dit-on, au nombre de vingt-cinq mille, tant à Paris que dans les environs, occupoient plus que les conspirateurs. C'étoit sur le ministre de la guerre[1] que retomboient toutes les imprécations ; et cet homme qui, huit jours auparavant, méritoit seul d'être conservé au ministère, auroit été volontiers conduit aujourd'hui à l'échafaud par eux-mêmes qui le regardoient un peu auparavant comme le meilleur des ministres. On dit qu'en faisant venir les prisonniers autour de Paris il avoit les mêmes intentions que le tyran lorsqu'il fit camper les Suisses dans le Champ de Mars, et on en conclut naturellement qu'il doit avoir le même sort. Le peuple paroît se repentir de la facilité avec laquelle il a donné jusqu'ici sa confiance à des hommes qui l'ont si cruellement trompé. C'étoit un excès auquel il veut renoncer pour donner dans un autre; car il ne veut plus se fier à personne. On pourroit profiter de ce moment et de ces dispositions pour faire au peuple une adresse dans laquelle on le détacheroit des hommes qui figurent dans la révolution, pour l'attacher aux principes, qui ne le tromperont jamais, et l'engager à rester uni à la Convention et au gouvernement révolutionnaire, qui peut seul sauver la France.

» *Temples de la Raison.* — Dans quelques-uns, on a lu le rapport de Saint-Just, et cette lecture étoit couverte d'unanimes applaudissemens. Dans d'autres, le discours de Billaud-Varennes aux Jacobins, sur la conspiration, le rapport d'Amar sur Chabot et ses complices, ont été lus et accompagnés d'excellentes réflexions, et même d'anecdotes intéressantes sur le capucin devenu si fameux.

» On voyoit autrefois dans les églises beaucoup plus de femmes que d'hommes : c'est de même dans les temples de la Raison : peu d'hommes et beaucoup de femmes.

» *Observation.* — Rien d'interressant dans les sections où il a été possible de s'introduire : rapport de la cérémonie qui avoit eu lieu le matin et grandes difficultés sur les certificats de civisme; mais rien qui intéresse l'esprit public. »

---

[1] Bouchotte.

Rapport du citoyen Hanriot.

« Partout l'indignation contre le père Duchesne est portée à son comble. Jadis Derüe fut l'objet de l'exécration publique, aujourd'hui c'est le père Duchesne. Dans les groupes on les met en parallèle. « Derüe a empoisonné et assassiné, disoit-on hier au jardin des Thuileries; le père Duchesne, en arrêtant les subsistances, a déjà fait mourir quantité de bons citoyens, et beaucoup d'autres ont été empoisonnés par les boissons. Mais, ajoutoit-on, Derüe a subi un châtiment proportionné à ses crimes[1], au lieu que le père Duchesne mourra de la mort la plus douce. »

» Les mêmes personnes disoient qu'à l'exemple de Chabot il avoit cherché à s'empoisonner dans sa prison, et qu'il étoit nécessaire de prendre des précautions pour que la loi seule en fit justice.

» On assuroit aussi que sa Jacqueline et la citoyenne Momoro étoit dans des convulsions affreuses depuis leur arrestation. « Tant mieux, disoit-on, ce sont les reproches de la conscience qui leur causent de pareils tourments. »

» Dans tous les caffés où j'ai parû, je me suis apperçû de la défiance que l'on jettoit sur ces patriotes chauds et ardents qui portent tout à l'excès, et à qui la nature a donné ce talent d'éloquence qui transportent tous ceux qui les écoutent; par leurs mesures ultra-révolutionnaires, ils tendent la main à l'aristocratie pour la faire sortir de son principe..... »

Rapport de Dugas.

« ..... On assure que Vincent avoit placé une infinité de traîtres dans nos armées, et qu'il est parti plusieurs courriers pour les faire mettre en arrestation.

[1] Desrues, fameux empoisonneur, avait été roué.

» Les scellés ont été apposés sur la boutique du libraire, sous les galeries du jardin de la Révolution, et il y a eu un garde dans celle de Gattey, son voisin et libraire comme lui.

» Tous les spectacles étoient pleins; mais l'affluence étoit si grande à celui de la rue Feydeau, que plus de cinq cents personnes n'ont pu avoir des billets.

» Les marchandes de la maison Égalité sont toujours bien pourvûes d'agneaux, de moutons de présalé, de gibier et de toutes sortes de volaille. Aujourd'hui, dans le passage appelé *Du Perron*, on demandoit d'un gigot de mouton de présalé : trente livres!

» Sous les galeries, on a encore ouvert le bal qui se tenoit dans la grotte flamande. En vain l'on a arrêté trois ou quatre fois les danseurs et les danseuses qui s'y rendoient, des rassemblemens s'y font encore, et ce lieu a besoin d'être bien surveillé. »

Rapport de Bacon.

« Il y avoit beaucoup de monde au temple de la Raison (cy-devant église Saint-Augustin); Barron, juge de paix de la section de Guillaume-Tell, a lut le discours de Saint-Just sur la nouvelle conspiration ourdie contre le peuple français. Comme il parle avec chaleur et beaucoup de feu, j'ai vû des hommes, des femmes verser des larmes. Ce discours a été écouté dans le plus grand silence et avec le plus vif intérêt par les spectateurs. Aussi des porteurs d'eau qui étoient à côté de moi disoient : « Qui auroit cru cela de tous ces guerdins? A présent on n'aura pas beaucoup de confiance en tous ces braillards qui n'étoient occupés qu'à faire des motions pour mieux nous tromper. » D'autres orateurs ont aussi parlé de la nouvelle faction, et ont fait sentir au peuple que toute sa force n'étoit que dans l'union et dans une surveillance continuelle. (Vifs applaudissemens.) On a ensuite chanté des hymnes patriotiques, et toujours aux cris de *Vive la République! Vive la Convention!*

» L'assemblée générale de la section de la Maison commune étoit extrêmement nombreuse. On a passé au scrutin épuratoire les gendarmes près les tribunaux domiciliés dans l'étendue de la section. Beaucoup ont été rejettés, c'est-à-dire qu'au bas de la liste qui sera envoyée au comité de salut public contenant leur nom, il y aura ces mots-ci : *Non-assidus à leurs devoirs.* On a parlé longtemps de toutes les autorités constituées de cette section. Après une longue et très-longue discussion, elles seront toutes passées au creuset épuratoire. (L'esprit public révolutionnaire.)

» L'assemblée générale de la section de l'Arsenal a été très-bruyante, très-orageuse pendant longtems. Un homme, qu'on a dit être gendarme et qui n'est point de la section, est venu prendre place parmi les citoyens de l'Arsenal, a voulu même motionner. (Bruit, confusion; 25 hommes armés sont venus pour s'emparer d'un tel individu, qui a été conduit au comité. Chacun disoit : C'est un complice d'Hébert qui vient pour savoir ce que nous faisons; vite et vite, à la Conciergerie!) Enfin le calme s'est rétabli pour s'occuper des certificats de civisme, et c'est à quoi toute la séance a été employée.

» L'assemblée générale de la section du Contrat social a été assez orageuse. Les portes des entrées de la salle ont été fermées. On prétendoit qu'il y avoit des individus dans le sein de l'assemblée non citoyens de la section. (Bruit et bruit.) On a lu différens imprimés du département, et on s'est occupé longtems des certificats de civisme. (L'esprit public m'a parut excellent.)

» L'assemblée générale de la section des Lombards étoit très-nombreuse. On a parlé long-tems des nouveaux conspirateurs, qui seront mis en jugement demain. Lelièvre, le jeune, a annoncé que tous les jours on en découvrent de nouveaux, que même la faction des Lombards en avoit dans son étendue, mais qu'ils iroient tous à l'échafaud. (Vifs applaudissemens.) Un citoyen a parlé assez longtems sur le même objet, et a fait sentir combien nous devions être attaché et de cœur et d'esprit à la Convention et au comité de salut public. (Vifs applaudissemens. — Oui! s'est-on écrié, nous mourrons pour la Convention! Vive la République!) On a lu différens arrêtés de la commune. (L'esprit public m'a paru excellent.)

» L'assemblée générale de la section de Guillaume-Tell étoit très-nombreuse, et a été assez bruyante. On a parlé longtems de la viande. Un membre a dit que souvent les bouchers avoient de reste chez eux, après avoir servi les gens riches, plus de quarante livres de viande; que les pauvres malades en manquoient, et que c'étoit une manigance du comité révolutionnaire. (Bruit et bruit.) Le desordre a régné une grosse demie-heure. Les commissaires ont traité de désorganisateur celui qui les avoit dénoncés. (Bruit.) On veut, disoient-ils, chagriner les patriotes eû égard à la nouvelle conspiration. (Bruit.) Cet objet ne pouvant être discuté parce que tout étoit en rumeur, un membre du comité de bienfaisance a fait succéder la paix à l'orage en entretenant l'assemblée des défenseurs de la patrie et des secours qui revenoient à leurs pères, mères, etc.

» Cet objet devant durer longtemps, d'après mes observations, je me suis en allé. Aussi, dans la cour des cy-devant Petits-Pères, près le lieu des séances, environ une douzaine de personnes parloient sur l'orage et le bruit qui venoient de se passer à l'assemblée. Un d'eux disoit aux autres : « Ne voyez-vous pas, mes amis, que ce tapage provient d'une nouvelle faction qui se forme pour chasser les gens des comités, afin de prendre leur place! Ne voyez-vous pas qu'il profite de l'affaire d'Hébert pour nous chagriner! Ne nous laissons pas engourdir; il faut tenir fermes. » Effectivement, tous ces orateurs sont rentrés dans l'assemblée.

» Rue Paul, près la rue Antoine, il y a eû du bruit à la porte d'une fruitière, occasionné par des femmes, qui étoient au moins trois à quatre cens, et qui attendoient pour avoir du beurre. Elles se sont battues ; elles juroient après les autorités constituées, et la garde n'a pû empêcher les cris, les plaintes, les mauvais propos tenus par de telles femmes.

» Dans un café près l'arsenal, des femmes en casaquin, et qui m'ont paru être du faubourg Antoine, disoient qu'aujourd'huy on avoit traîné dans la boue le portrait de Marat, qui se trouve compromis dans l'affaire d'Hébert. Dans un autre côté, sur le boulevard, des hommes assuroient que sous peu de jours la Convention feroit ôter du Panthéon le corps de Marat, comme indigne d'y être, et qu'on mettroit à sa place une femme dont on n'a pas nommé le nom.

» Le bruit a couru à la halle que demain il arriveroit seize voitures chargées de beurre, et qu'il en viendroit tous les jours autant. Les femmes qui entendoient cette nouvelle disoient : « Si cela est, nous sommes sauvées, car nous nous f....... d'avoir de la viande après cela comme de ne pas en avoir. »

» Dans différents caffés, on disoit qu'il y avoit des ordres donnés pour arrêter le général Senterre.

» On a dit de même que le commandant général de la garde nationale parisienne étoit compromis dans l'affaire d'Hébert. Ce bruit s'accrédite aussi dans le petit peuple.

» Paris jouit d'une grande tranquillité. »

LE MOIS DE FÉVRIER AUX MOIS DE JANVIER ET DE MARS

COUPLETS SUR LE CALENDRIER RÉPUBLICAIN.

Air : *Du Prévôt des marchands.*

Messieurs de mars et de janvier,
Vous vous moquiez de février :
Près de trois fois six cents années,
Entre vous je fus comprimé :
Mais enfin des âmes bien nées
Viennent secourir l'opprimé.

Quand je n'avais que vingt-huit jours,
Sur trente-un vous comptiez toujours :
Avril, en me prêtant sa lune,
Secondait votre lâcheté ;
Maintenant je ferai fortune
A l'ombre de la liberté.

Tous les quatre ans, un jour de plus
Dans les miens se trouvait inclus.
Par cet arrangement bizarre,
Quelquefois je comptais vingt-neuf :
Mais aujourd'hui tout se répare ;
La France ouvre un siècle tout neuf.

Le temps reprenant son vrai cours,
Chaque mois aura trente jours.
Dans le calendrier de Rome
Je fus déshérité par vous :
Mais grâce aux lumières de *Romme* [1],
L'égalité règne entre nous.

Dans le nouveau calendrier,
Je perds le nom de février.
Ce nom ne disait pas grand' chose ;
Les vôtres ne valaient pas mieux :
Mais sous le titre de *ventôse*,
J'épure la terre et les cieux.

Au changement que *Fabre* [2] a fait
Nous gagnerons tous en effet :
Car cet élève de Molière
Grave nos noms en lettres d'or,
Depuis le gai *vendémiaire*
Jusqu'au superbe *fructidor*.

Rien de plus doux que *germinal* ;
Rien de plus beau que *floréal* :
Tous ont à la métamorphose
Gagné des noms bien composés ;
Nivôse même, et *pluviôse*,
Sont heureusement baptisés.

---

[1] *Romme*, rapporteur du comité d'instruction pour le nouveau calendrier.
[2] Fabre d'Eglantine, auteur du *Philinte de Molière*, rapporteur de la commission pour la nouvelle dénomination des mois et des jours.

Primidi mène à *duodi*,
Tridi, quartidi, quintidi;
Sextidi vient, *septidi* passe,
Puis *octodi*, puis *nonidi* :
Enfin gaîment on se délasse
Dans le repos du *décadi.*

Trois fois cent, plus trois fois dix jours,
Du travail auront le secours.
Ce fut la volonté d'un sage [1].
Mais des pontifes charlatans
Mettaient tous les jours en chômage,
Et commandaient l'abus du temps.

Nous remplaçons les vieux élus
Par les talens et les vertus :
Voilà nos dieux, voilà nos guides;
Et laissant là le rit romain,
Les cinq jours des *sans-culottides*
Sont fêtés du républicain.

Au bout de trois ans reviendra
L'an que *sextile* on nommera.
La Grèce eut ses *olympiades* :
Avec pompe on les célébra :
Mais nous aurons nos *franciades*
Que l'univers adoptera.

C. Duchoisy.

GERMINAL.

21 MARS AU 20 AVRIL.

Ce mois de germinal est le mois décisif de l'année 1794. Robespierre frappe le parti terroriste exagéré dans Hébert, l'athéisme dans Chaumette, l'immoralité dans Chabot, Bazire, Fabre d'Églantine, la réaction prenant pour mots d'ordre la modération et la clémence, dans Danton et Camille Desmoulins. Comment tant

[1] L'empereur Antonin ordonna par un édit qu'il y aurait trois cent trente jours de travail.

de coups purent-ils être portés successivement à tous ceux que le peuple avait eus pour idoles? C'est ce que l'historien ne fera jamais comprendre, si complet, ingénieux et sagace qu'il soit, à moins de descendre au fond de la situation. Nous avons exposé cette situation, jour par jour, au moyen des rapports de police. La Convention, préoccupée de la grandeur des difficultés que rencontre à l'intérieur et à l'extérieur l'existence de la République, terrifiée par l'audace de ce comité de salut public entre les mains duquel elle a abdiqué la surveillance et la direction, subit en silence ces saignées qui tariront la source des élans révolutionnaires. Décimés par la tyrannie, les pâles sénateurs s'abordent chaque matin en tremblant et en se demandant qui vivra ou mourra le lendemain. La peur du supplice, le dépit de se sentir un maître, le désir du pouvoir, la vengeance des humiliations souffertes, des amis immolés, des infamies glorifiées, feront naître une vaste conspiration. On peut dire que les ides de mars approchent : les poignards se dressent déjà des deux côtés du bonnet de la liberté. Le tyran, sous les coups de la faction thermidorienne, tombera; ses partisans tomberont avec lui. Comme au supplice des Girondins, comme au supplice de Danton, au supplice de Robespierre on criera : *Vive la République!*....

C'est le cri de la multitude; elle ne sait rien, elle ne comprend rien, si ce n'est que puisque tel ou tel est accusé, il doit être coupable. Mais, lui dit-on, est-ce possible? un fondateur de la République qui vous avait inspiré une confiance et une admiration sans bornes? — Il n'en est que plus coupable et plus digne d'un châtiment exemplaire! répond-elle avec un aplomb inébranlable. — Elle souffre un peu moins de la faim en voyant que les *gueux* qui sont cause de ses souffrances se succèdent à la guillotine, et elle applaudit qu'on leur fasse, selon une terrible expression populaire de ces temps de famine, *passer le goût du pain*, du pain dont elle espère bien se rassasier un jour après leur mort. Pauvre peuple! mineur imbécile, on le conduit où l'on veut, et lancé dans la voie, il dépasse le but; mais si son espoir est trompé, il se retourne contre ceux qui ont cherché d'abord à l'entraîner, ensuite à le retenir; il se venge sur eux de ses déceptions, et n'attendez de ce furieux ni discernement ni justice. Gouvernants, il vous impose toute la responsabilité de ses propres excès; il vous enveloppe dans la même haine et la même défiance. On voit, par les rapports de police, la violence de ces haines et de ces défiances. Avoir été membre de la première Assemblée législative, c'est, à ses yeux, un titre à la proscription; de la seconde, c'est une preuve de fédéralisme et de brissotisme; appartenir à la Convention ne vaut guère mieux. Beaucoup de conventionnels ont passé à la guillotine; le reste y passera : *Tous ces coquins de députés y passeront*, s'écrie-t-on dans les assemblées populaires. L'observateur de l'esprit public ne dissimule pas son épouvante en rapportant ces imprécations implacables! (*Rapport du 6 germinal an II.*)

Fidèle à notre système de donner le plus possible la parole aux contemporains, nous allons emprunter à Lacretelle jeune quelques pages sur les événements de cette époque.

« Aux premières menaces du comité de salut public, Hébert et ses partisans se troublèrent et ne surent pas rallier leurs forces. Ils abandonnèrent à leurs rivaux le club des Jacobins, qui offrait toujours l'avantage de pouvoir conspirer à haute voix; ils se réfugièrent dans le club des Cordeliers..... La manière dont ils furent arrêtés les fit entrer dans la classe des brigands ordinaires, dont une révolution seule pouvait les faire sortir.

» Ils parurent devant ce tribunal révolutionnaire à qui ils avaient pu commander mille morts. Le crime dont ils étaient accusés était la contre-révolution. Ils étaient représentés comme des agents de l'étranger. La lecture de cet étrange procès ne donne aucune preuve de cette dernière imputation.....

» Le 1er germinal, Hébert fut envoyé à la mort : avec lui périrent plusieurs de ses complices, dont je me bornerai à dire les noms. Ronsin, général de l'armée révolutionnaire; Anacharsis Clootz, député à la Convention nationale (c'était un fou atroce qui se faisait appeler l'orateur du genre humain et qui parlait toujours de faire connaître à tous les peuples la liberté, l'athéisme et la *septembrisation*, épouvantable mot qu'il avait créé); Vincent, général du département de la guerre; Proli, Pereyra, Dubuisson (c'étaient ces trois commissaires qui avaient interrogé et dénoncé Dumouriez). Les autres étaient plus obscurs, mais non moins coupables. Le peuple accouru en foule à leur supplice leur prodigua les outrages, et se plut particulièrement à tourmenter Hébert en lui appliquant les atroces plaisanteries par lesquelles il désignait la guillotine.

» Cette victoire alarma ceux qui l'avaient remportée. La joie que le peuple venait de montrer était un présage terrible de l'ivresse avec laquelle leur propre supplice serait un jour contemplé. On ne laissa pas longtemps Danton et Camille Desmoulins s'applaudir d'avoir contribué à la perte de ces dangereux anarchistes. Dans la nuit du 10 au 11 germinal ils furent arrêtés, ainsi que leurs collègues Lacroix, Philippeaux, Hérault de Séchelles et le général Westermann. Le lendemain la Convention parut agitée. Legendre, ami de Danton et de Camille, cherchait à rallier tous leurs amis tremblants. Il leur montrait un sort semblable comme le prix mérité de leur lâche silence; sa réclamation fut d'abord entendue avec une faveur marquée de la Montagne. Les membres du comité de salut public entrèrent; leur pas était lent, leur maintien composé, leurs regards sombres et perfides. Legendre parut ému et s'arrêta. *Achève,* lui dit froidement Robespierre, *il est bon que nous connaissions tous les complices des traîtres et des conspirateurs que nous avons fait arrêter.* Il ne se trouva plus un homme qui osât appuyer Legendre. Saint-Just monta à la tribune; les révolutionnaires n'entassaient jamais plus d'imprudentes absurdités que dans ce qu'ils appelaient des actes d'accusation. Le rapport de Saint-Just surpassa tout ce qu'on avait vu à cet égard; c'était un tableau de toutes les factions que la révolution avait fait naître; les liens secrets qui les unissaient y étaient représentés de manière que Saint-Just y montrait une parfaite concorde entre Danton ordonnant les massacres du 2 septembre et les victimes de ces fatales journées; entre Danton et les

Girondins, dont il avait causé la proscription; entre Danton et les Hébertistes auxquels il avait déclaré la guerre. Des rapprochements si ridicules affaiblissaient ce que le rapporteur avait à dire des liaisons de Danton avec le parti d'Orléans.

» Robespierre parla ensuite, afin de montrer que désormais il régnerait sans rival. Au travers de son triomphe perçait une farouche inquiétude. De tous les ennemis qu'il avait abattus, Danton était le seul qui pût laisser des vengeurs implacables. Robespierre voyait la consternation régner sur toute la *Montagne*. Il prévoyait qu'il serait obligé de décimer encore plus d'une fois son antique milice. Se laisserait-elle encore égorger sans défense?

» Saint-Just et Robespierre annoncèrent que la révolution allait prendre désormais un autre aspect. *Que nos amis, que nos ennemis apprennent*, dirent-ils, *que la terreur et la vertu sont à l'ordre du jour*. Ils entendaient par là que l'austérité, la tempérance et le désintéressement seraient désormais exigés des assassins [1]. Par cette déclaration ils intimidèrent et ils se subordonnèrent davantage leurs agents;

---

[1] On reconnait à l'exagération de ces expressions un homme qui a vécu en ces temps-là, qui a eu à souffrir et surtout à craindre du triomphe des Montagnards. Lacretelle aurait pu ajouter à ce qu'il vient de dire, qu'en mettant la vertu à l'ordre du jour, les ennemis de Danton prétendaient accuser par ce mot même son immoralité. Les mœurs du chef de la Montagne avaient été plus que légères. Cependant il s'était marié deux fois, et il avait aimé passionnément ses deux femmes, dont la dernière est morte très-âgée et presque de nos jours. Notre ami, M. B. Fillon, nous a raconté qu'il l'avait entendue parler de Danton dans les termes les plus flatteurs : peut-être le comparait-elle à son second mari. Le grand agitateur perdit sa prévoyance et sa sauvage énergie dans les bras de cette Dalila; son étreinte l'amollit. Il sentait cet affaiblissement, et il en tira un étrange argument pour se défendre de sourdes accusations. « Un homme qui ...... sa femme toutes les nuits ne conspire pas », dit-il un jour à la tribune de la Convention. L'argument aurait pu convaincre tout autre homme que Robespierre. On profita de ces langueurs amoureuses, et on enchaîna le lion avant son réveil. Camille lui-même n'avait pas été beaucoup plus chaste que Danton. Un jour, en rentrant chez Duplay, Robespierre trouva un mauvais livre : il demanda d'où il venait; il sut qu'il avait été apporté par son ancien camarade Camille pour la fille de Duplay, celle même qu'il aimait. Robespierre déchira le livre et garda le souvenir de cette mauvaise action. Qui sait si elle n'a pas coûté la vie à Camille?

il fallut tout imiter dans Robespierre, et surtout son hypocrisie, et Robespierre fut adoré.

» Le procès de Danton et de ses collègues fut conduit par le tribunal révolutionnaire avec les formes qu'eux-mêmes ils avaient imaginées pour hâter la condamnation des Girondins. Danton commençait sa défense, et son début faisait comprendre qu'il espérait au moins entraîner le perfide Robespierre dans sa perte. Le président du tribunal lui ferma la bouche en répétant sans cesse qu'il sortait de la question. Alors s'engagea une lutte orageuse; la sonnette du président, les cris de ses licteurs, la voix de Danton, les murmures du peuple, formaient un tumulte horrible. Les accusés insultaient à leurs juges. Fouquier-Tinville écrivit à la Convention qu'ils étaient en pleine révolte; elle rendit un décret pour faire terminer sur-le-champ les débats. Les accusés furent tous condamnés, et pas un d'eux n'avait été entendu. On s'était à peu près borné à leur demander leurs noms, leurs demeures. Danton avait répondu : *Ma demeure sera bientôt dans le néant, mon nom est écrit dans le Panthéon de l'histoire.* Camille Desmoulins, interrogé sur son âge : *J'ai l'âge du sans-culotte Jésus, trente-trois ans, quand il mourut.* Hérault de Séchelles répondit : *Je siégeais dans cette même salle où j'étais détesté des parlementaires.*

» Le peuple vit leur supplice sans joie et même avec quelques symptômes de douleur. Danton conserva en allant à la mort son langage terrible : on prétend qu'il répéta plusieurs fois : J'entraîne Robespierre, Robespierre me suit..... Camille Desmoulins témoignait le regret d'avoir trop souvent appelé la vengeance et trop tard l'humanité. Rien de plus intéressant qu'une lettre qu'il écrivit à sa femme peu de jours avant sa condamnation..... Cette jeune femme à laquelle il devait son retour à la pitié ne voulut pas de celle des tyrans. Elle errait à toute heure autour de la prison de son mari; elle faisait de vaines tentatives; elle eût voulu exciter un soulèvement pour le délivrer. Bientôt son désespoir passa pour une conspiration. On lui donna pour complices le général Arthur Dillon et la plupart des suspects enfermés à Paris. Un nouveau crime fut inventé, qu'on appela conspiration des prisons. La veuve courageuse de Camille Desmoulins fut condamnée. On l'associa sur la fatale charrette avec des ennemis de son époux, avec les vils restes du parti d'Hébert, tels que Chaumette, les deux Grammont et le prêtre parjure Gobel. Elle mourut comme Charlotte Corday, comme madame Roland. »

1er GERMINAL (21 MARS).

Le citoyen Tallien (39e président de la Convention).—Décret sur les rentes viagères et sur les certificats à fournir par les rentiers.

Les rapports de police adressés au comité étaient résumés chaque jour au ministère de l'intérieur. Nous publierons quelques-uns de ces résumés pour donner à nos lecteurs une idée de la physionomie de Paris en l'an II et en l'an III. On conçoit que nous n'aurions pu faire pour chaque mois le travail que nous avons fait pour ventôse sans dépasser de beaucoup les limites assignées à notre publication.

Situation de Paris. (Résumé des rapports de police.)

« *Esprit public.* — Le jugement des conspirateurs[1] a attiré dans les salles du palais un concours prodigieux de citoyens des deux sexes.

» Lorsque vers les dix heures du matin on a ouvert les portes du tribunal, il y a eu un tumulte effroyable. Des hommes robustes et sans doute malintentionnés ont pressé avec tant de violence que la garde n'a pu leur résister; des piques ont été brisées et des femmes foulées aux pieds ou bles-

---

[1] Il s'agit d'Hébert et de ses complices, mis en arrestation le 25 ventôse, et dont le procès commençait.

sées par les barrières qui sont tombées sur les premiers rangs. La garde a été considérablement augmentée, et on a pris, un peu trop tard, des mesures pour empêcher que de pareils désordres ne se renouvellent. Lorsque le tribunal a levé sa séance, les portes étaient fermées, et on n'a pu sortir qu'en montrant sa carte. Pendant toute la matinée on ne parlait que des crimes atroces des conspirateurs, on les regardait comme mille fois plus criminels que Capet et sa femme; on désirait qu'il y eût pour eux mille supplices.

» Dans l'après-midi on interrogeait ceux qui disaient avoir pénétré dans la salle; mais leurs rapports très-différents prouvaient qu'ils n'avaient rien vu ou qu'ils avaient mal vu; on s'accordait néanmoins assez généralement à dire qu'Hébert ne voulait parler que lorsque Santerre serait arrivé. Le désir de la vengeance était le seul esprit qui animait le peuple dans les salles et les cours du palais qu'il remplissait.

» On répandait dans la matinée le bruit qu'il avait été trouvé la nuit précédente des boulets et des gargousses dans la rivière, devant le quai des Augustins; on soupçonnait qu'ils y avaient été jetés par des habitants de la section Marat, complices de Momoro.

» Il circule un rapport de Saint-Just sur les factions de l'étranger qui fourmille de fautes d'impression; il n'est pas une page qui n'en renferme. Est-ce la malveillance ou l'ignorance qui rend ainsi ridicule un rapport qui doit faire trembler tous nos ennemis? Cette édition, qui porte le nom de l'Imprimerie nationale, a été mise sous presse rue Saint-Honoré, vis-à-vis l'Assomption; mais les formes avaient été composées ailleurs. On ne saurait trop surveiller l'impression d'un rapport qui doit être distribué avec profusion.

» Des hommes, dont l'extérieur annonçait le plus grand besoin de travailler, n'ayant pu entrer au tribunal, disaient à onze heures du matin : Allons donc passer le reste de la journée; et les ouvriers manquent d'ouvrage, dira-t-on à ce sujet ?

» Dans tous les groupes des jardins nationaux on ne parlait que des subsistances, et c'était à Hébert et à sa clique qu'on en attribuait la rareté. Quelques-uns de ses partisans qui ont voulu prendre sa défense ont été regardés comme des scélérats, et un d'eux a été soufleté.

» Dans un de ces groupes, Brichet, connu vulgairement sous le nom de Saint-Quintin, a été traité d'escroc ; on prétendait qu'il devait des sommes immenses ; que dans l'origine il était employé aux Messageries à raison de 1200# par an, et que, après avoir passé par dix à douze places, il était parvenu par le secours d'Hébert à celle de 8000# qu'il occupait dans les bureaux de la guerre.

» On a parlé de Dufourni, qui, ayant voulu forcer une sentinelle, avait été conduit au conseil exécutif, où, pour l'excuser, on a attribué sa faute à des quintes qui le prennent de temps en temps. On ajoutait que Tandit, député, l'adjudant-major, qui l'avait accompagné, avait exigé qu'il montre sa carte, et qu'il avait répondu : Quand je serai au conseil, tu verras qui je suis. Cette conduite a été fort désapprouvée.

» On assure partout que la section de Bonne-Nouvelle trempe dans le complot d'Hébert ; on dit qu'un grand nombre de ses habitants ont été arrêtés, et que les trois quarts au moins le seront bientôt : Bravo ! disaient des sans-culottes rue Saint-Denis, nous avons du mauvais sang, il faut le tirer.

» Les voyages fréquents que Santerre a faits à Paris le font vivement soupçonner d'avoir part à la conjuration. Il y a longtemps qu'on aurait dû épier de près sa conduite, ont dit deux volontaires blessés sur le boulevard Saint-Martin : il nous a fait écraser ou par trahison ou par ineptie. Si c'est par trahison, pourquoi ne l'a-t-on pas jugé comme les autres généraux ? si c'est par ineptie, pourquoi l'a-t-on conservé dans son grade ? Si on l'a laissé tranquille, a répliqué un canonnier, c'est parce qu'il a ordonné le roulement lorsqu'on a guillotiné Capet. Cette phrase a été généralement huée.

» L'esprit public est généralement bon ; peu d'agitateurs ;

quelques partisans d'Hébert, mais les sans-culottes leur donnent la chasse.

» La haine du peuple pour Hébert est à son comble. C'est le sujet de toutes les conversations publiques et particulières; chacun ajoute quelques traits au tableau qu'on en fait qui servent à le rendre encore plus hideux. Dans une maison où plusieurs personnes de couleur étaient rassemblées, une d'elles racontait le fait suivant : Lors de la fête qui fut célébrée pour l'affranchissement des colonies, je dînais chez le citoyen Desgrouax, député à la Convention, où se trouvaient les députés colons, et Hébert, que je voyais pour la première fois et que je croyais le meilleur patriote du monde; je lui trouvai un air inquiet et pensif, et ce qui acheva de me donner une opinion peu favorable sur son compte, c'est que les députés américains ayant fait tomber la conversation sur l'immortel décret qui proclame la liberté générale, Hébert, le *patriote* Hébert n'ouvrit pas la bouche. Son silence sur une matière aussi intéressante pour un véritable républicain étonna et choqua tout le monde. Il fit d'ailleurs un accueil très-froid aux citoyens de couleur, et prouva ce jour-là, par toute sa conduite, qu'il n'était pas un sincère partisan de l'égalité.

» Il n'y a que deux cris parmi le peuple : l'un pour maudire les conspirateurs, l'autre pour bénir la Convention.

» On parlait avec satisfaction de l'arrestation de Chardin, commandant de la force armée de la section de Brutus. Celle de Bouchotte ne s'est pas confirmée, mais on prétend qu'il est gardé à vue.

» On ne s'occupe, on ne parle que de ce qui se passe au tribunal révolutionnaire. Hébert occupe aujourd'hui le fauteuil; il est président des vingt et un conspirateurs qui vont être jugés avec lui. Il a paru extrêmement abattu. Six mois de prison ne l'auraient pas plus changé. Proli, dont l'astuce était connue, *Deffieux*, son digne émule, portent la consternation sur leur visage; mais Vincent, Momoro et Ronsin ont toujours cet air insolent qu'on leur a si souvent reproché;

au surplus, huit témoins ont été seulement entendus aujourd'hui : Dufourni et Legendre ont été du nombre et les ont vigoureusement chargés.

» Les motions communes de Marat et de Vincent donnent lieu à plusieurs malveillants d'insinuer que Marat pourrait bien n'être pas ce que l'on pense et avoir trempé de bonne heure dans la conspiration.

» Le peuple ne peut pardonner à Hébert de l'avoir trompé. Vous rappelez-vous son discours, disait-on dans un groupe, lorsqu'il sortit de l'Abbaye et que le peuple, allant au-devant de lui, voulut poser sur sa tête une couronne de chêne : Je ne mérite pas ces honneurs, disait-il; on ne doit les rendre à un citoyen que vingt ans après sa mort; je veux mourir pour le peuple... Oh! l'hypocrite! oh! le scélérat! s'écriait-on de toutes parts. — Et Ronsin, disait une autre personne, vous souvenez-vous lorsqu'il disait aux Jacobins : Je ne reviendrai qu'après avoir exterminé les ennemis! — J'ai entendu Momoro, disait un autre citoyen, s'écrier en parlant de la réquisition : Il faudra bien qu'ils partent, ces scélérats; nous monterons jusque dans leurs chambres, et s'ils refusent de marcher nous les égorgerons! — Toute la section Marat peut attester que ce sont les propres expressions de Momoro.

» Tous ces détails aigrissaient encore plus le peuple contre les conspirateurs. »

LETTRE DE SANTERRE. (*Inédite.*)

Santerre, le prédécesseur d'Hanriot dans le commandement général de Paris, dont ce rapport de police met en doute la capacité militaire, avait une tout autre opinion de ses talents, comme le montre la lettre suivante que nous avons trouvée dans la collection Labédoyère. (Bibl. impér., département des manuscrits, *Fonds français, nouv. ac.* 312.) — Elle est adressée à un écrivain qui s'occupait de l'histoire de la Révolution, et qui avait demandé à l'ancien général des renseignements sur les événements auxquels il avait été mêlé.

Santerre, général divisionnaire, au citoyen Chateauneuf, écrivain de bonne foy. (Inédite.)

« Je reçois, citoyen, l'honneur de votre lettre du 3 complémentaire; les vues de votre lettre sont d'un homme véridique et juste.

» Westermann combattit avec moi le 10 août aux Tuileries, mais jamais près de moi à la Vendée. J'aimai sa bravoure, son courage et sa valeur. Je fus lié avec lui depuis le commencement de la révolution, et sans qu'il y ait eu d'interruption; mon absence de Paris laissa naître le 31 may, date de tous les malheurs, tous les assassinats. — Mes larmes ne tarissent pas lorsque je vois Danton, Camille, Lacroix, et Westermann couvert de blessures non cicatrisées, conduits à l'échafaud par des hommes imbéciles et scélérats.

» J'ai trop peu fait pour ma patrie, citoyen, à la Vendée; j'y ai cependant eu quelques succès. J'ai chargé comme simple cavalier, le 9 juin, à Saumur (afin de ramener la confiance au brave Menou, qui fut blessé ce jour-là). Conjointement avec l'estimable Berthier, le ministre actuel, nous fîmes, avec quelques débris de la déroute, une charge avec environ dix-huit officiers, sur le pont de Saumur, sur l'armée des rebelles triomphants, laquelle charge nous recommençâmes trois fois, malgré les deux pièces de canon de huit qui nous tiraient à mitraille à trente toises de distance; nous sauvâmes par cette retraite le trésor, les représentants et partie de l'artillerie.

» Si les détails de cette journée vous intéressent, je vous les ferai passer. J'en ferai autant de tout ce qui est à ma connaissance. Il ne serait peut-être pas inutile que je vous fisse connaître quelques faits qui ont honoré les armées françaises sous mon commandement, non plus que les talents de l'ingénieur Dumas, qui employa les effets de l'électricité à miner et contre-miner des points qui assuraient tantôt notre droite, tantôt notre gauche, étant avant toujours isolés et presque toujours battus.

» J'en reviens à Westermann. L'on ne peut m'inculper d'avoir contribué à son malheur; il n'a jamais été de la même division que moi; il fut un de ceux qui exécutèrent mon dernier plan sur Châtillon et sur Chollet, lequel plan chassa les rebelles de la Vendée. J'aurais voulu lui faire du mal que je n'en ai point eu la faculté; il était un de ceux que je désirais accompagner, et je n'ai point eu cet avantage.

» Celui qui m'accuse d'avoir contribué au malheur de qui que ce soit ne me connaît pas; je n'ai d'autre jouissance sur la terre que celle de ne jamais avoir eu l'idée de faire le mal, mais souvent le bien, regrettant de ne pas l'avoir fait toujours.

» Dites, citoyen, dites tout le bien de ce brave général Westermann; adoucissez ces mânes victorieuses que l'échafaud n'a jamais déshonorées, et dont (que) le témoignage et les souvenirs de tous les militaires ne cesseront de répéter avec vous. — N'oubliez pas ce respectable Biron, qui fut aussi assassiné malgré moi.

» Salut.

» SANTERRE.
» Enclos du Temple.

» Paris, ce 5 vendémiaire an X. »

Suscription : « Au citoyen Châteauneuf, littérateur, rue Nicaise, n° 502, Paris. »

On a écrit au-dessous de cette lettre autographe de Santerre :

« 29 juin 1822. »

« Quand Santerre, en l'an X de la République, se loue d'avoir été présent à l'attaque du château des Tuileries, il parle le *langage du temps*, il n'est pas sincère. Il est certain qu'il recevait 100,000 francs de M. de la Porte, intendant de la liste civile, pour modérer le peuple de Paris. Il assista au supplice de Louis XVI malgré lui, et ce fut M. Beaufrelut d'Ayat, ancien page de Louis XVI, qui ordonna le roulement de tambours pour empêcher le monarque de parler au peuple. »

Cette note est signée : *Châteauneuf*, du nom du destinataire de la lettre.

Santerre se vantait d'avoir été un grand général, contrairement à l'opinion commune, mais il ne se vantait pas de sa mollesse à l'époque des massacres de septembre. Cette lettre de Pétion, inédite, accuse son manque d'énergie peut-être calculé :

« Paris, 6 septembre 1792, l'an IV de la Liberté et la Ire de l'Égalité [1].

« Je vous prie, monsieur le commandant général, de me dire si vous avez fait passer à la Force le nombre d'hommes dont je vous ai parlé dans ma dernière lettre. Il me semble que si ces hommes s'emparoient du poste, il seroit impossible de le forcer; et enfin, si les massacres continuent, il faut s'emparer de ceux qui les commettent.

» *Le maire de Paris*,

» PÉTION. »

En suscription : « Monsieur Santerre. »

---

2 GERMINAL (22 MARS).

Proclamation de la Convention au peuple français, dans laquelle elle déclare que la justice et la probité sont à l'ordre du jour.

[1] Collection Labédoyère, p. 155.

Situation de Paris [1].

« *Esprit public.* — Dans un grouppe, sur la place de la Révolution, quelques citoyens s'entretenaient de la manière dont le tribunal procède à l'interrogatoire des accusés Hébert, etc. On ne leur laisse point, disaient-ils, la liberté de se deffendre; le president leur parle avec beaucoup de dureté. C'est oui ou non que je vous demande, leur dit-il à chaque instant. — Il n'est pas question ici de chasser le peuple, ajoutaient ces citoyens; sans indiqué qu'il est contre les conspirateurs, le peuple voit avec peine le tribunal suivre une marche aussi contraire aux lois de l'humanité et de sa justice.... — Ici l'orateur a été interrompu par les murmures de plusieurs sans-culottes, dont l'un s'est écrié : Voilà les premières plaintes que j'entends faire contre le tribunal, et il est fort singulier qu'on ait tardé si longtemps à se plaindre de lui....

» On a vu avec plaisir les juges du deuxième arrondissement déposer leur costume monarchique, et substituer le bonnet de la liberté au chapeau d'Henri IV; on espère que les autres tribunaux, suivant l'exemple du tribunal révolutionnaire, ne tarderont pas à suivre la marche. — La vue des attributs de la Liberté, disait-on, doit être le premier supplice de celui qui l'a trahi.

» On attend avec impatience le nouveau *maximum;* les murmures commençaient à s'élever, mais le placard affiché les a appaisés.

» L'acte d'accusation contre les conspirateurs a contristé tous les lecteurs. Chacun se plaint de ce que la nation française, depuis la révolution, a toujours été trompée par ceux en qui elle avait la plus grande confiance, et on convient unanimement que les patriotes n'ont d'autres protecteurs

[1] Les rapports que nous publions sont anonymes depuis le commencement de germinal. Ce sont des résumés faits, sur les rapports des observateurs, dans les bureaux du ministère de l'intérieur.

que la Convention nationale; aussi partout en fait-on le plus grand éloge.

» Les cours du palais et les rues adjacentes étaient si pleines qu'il n'était pas possible d'y aborder; tout y annonçait le désir qu'on a de voir la tête des conspirateurs tomber sous le glaive de la loi. On a remarqué qu'Hébert est celui de tous les accusés qui témoigne le plus de lâcheté : on disait que depuis un mois Vincent était d'une insolence incroyable dans les bureaux de la guerre; qu'il était devenu un petit tyran à qui personne ne pouvait résister. Si quelque patriote peu content de son air de grandeur se permettait de lui dire sa façon de penser, il prenait à l'instant le ton furieux du père Duchêne et le menaçait de la guillotine.

» L'opinion paraît bien prononcée contre Hébert et sa clique : à côté du Caveau du Palais-Égalité comme ailleurs, on s'en entretenait de manière à ne laisser aucun doute sur cette objet. Ce sont sans doute ceux du même parti, disait-on, qui, pour faire diversion, font circuler dans le public qu'il existe une autre conspiration, dont les chefs sont Bourdon (de l'Oise), Philippeaux[1]. On répand cette nouvelle, dont la fausseté est évidente, pour affecter les bons citoyens.

» On paraissait d'avis que Santerre, Rossignol et autres personnages fussent présentés aux accusés. Ce serait, disait-on, un moyen peut-être infaillible de découvrir le reste de la conspiration.

» On parlait beaucoup des questions de Momoro à celui qui l'interrogea le premier au tribunal; elles sont assez plaisantes pour trouver ici leur place : Quelle est la loi au nom de laquelle tu m'interroges? Comment t'appelles-tu? D'où es-tu? Es-tu connu de la section? Où est ton certificat de civisme? As-tu passé au scrutin épuratoire? etc., etc.

» On prétend qu'il y a déjà plusieurs officiers de l'armée du Nord arrêtés comme complices de sa faction.

» Dans un café, où on lisait les papiers publics, on disait

---

[1] Philippeaux allait être décrété d'accusation dix jours après.

en entendant lire ce passage où il est question que Ronsin visitait les prisons pour en faire égorger les patriotes et désigner ceux qui devaient seconder ses projets : — Il y a donc des patriotes renfermés? Pourquoi ne les fait-on pas sortir? On devrait tâcher de se procurer la liste de ceux qui devaient être égorgés, et sans autre information leur accorder la liberté.

» C'est la faction hébertiste, disait-on au café de la Justice, cour du Palais, qui avait mis en avant le projet d'une descente en Angleterre pour nous empêcher de reprendre Condé et Valenciennes. Si cette mesure funeste eût été adoptée, c'en était fait de la République française. »

---

3 GERMINAL (23 MARS).

Situation de Paris[1].

« *Esprit public.* — On lisait au peuple, dans une des rues qui conduisent au palais, une longue liste des chefs d'accusation des conjurés : on accusait Vincent d'avoir fait un relevé de tous les prisonniers patriotes dans toute l'étendue de la République pour les livrer au fer des assassins. On dit qu'Hébert sur le fauteuil ne s'exprime, comme les membres du Parlement britannique, que par des *oui* et des *non* tout secs, et qu'il a plutôt l'air d'un sot que d'un homme d'esprit. Le contact de l'indignation publique qui l'accable aujourd'hui, et cet amour presque universel dont il avait été l'objet, mais surtout la honte de devenir l'objet de ses propres sarcasmes contre l'aristocratie, et les chagrins de s'être perdu lui-même après avoir perdu tout le monde, tout cela est bien fait pour le frapper d'une sorte de stupidité. — Sur les deux heures, la cour et les escaliers du palais n'étaient oc-

[1] Nous rappelons que ces rapports font partie des dossiers du carton F. 1·20, aux Archives de l'Empire.

cupés que par des gardes, qui repoussaient la foule dans les rues adjacentes.

» C'est au jardin des plantes, rue de Seine, à l'ancien établissement des diligences, que se trouve les magazins de son; tous les paysans des environs y accourent; ils augmentent la foule des Parisiens. Cette distribution s'y fait trois fois par décade par des bons de comité qui constatent le nombre des bestiaux de chaque individu; plusieurs s'en retournent à vide; c'est alors que le désespoir s'empare de leur âme : leur journée perdue, l'idée d'une famille en pleurs qui les verra revenir sans moyens de subsistance pour leurs bestiaux! Un de ces infortunés, ayant apperçu des citoyens armés de leurs fusils, dit à quelqu'un qui l'accompagnait : Je voudrais bien qu'un de ces braves gens me fichât son fusil dans la tête. — Eh pourquoi? — De quel œil recevrai-je en entrant une femme et six enfans à qui je ne puis donner du pain, parce que huit vaches, sur les qu'elles nous fondions notre existence, se périssent de besoin?

» On entend plusieurs journalistes (*journaliers*) s'exprimer avec fureur sur leur cruelle situation, ceux surtout qui ont une famille et qui ne gagnent que 3″ ou 3″ dix sous par jour.

» Il existe des partisans d'Hébert et de ses complices qui prétendent qu'ils ne sont point coupables et qu'ils sortiront couverts de gloire du tribunal révolutionnaire. Ces partisans se glissent même jusques dans les Jacobins.

» Dans un grouppe, au jardin national, on s'amusait de la manière avec laquelle on avait conduit Santerre à Paris; on témoignait pour lui le plus profond mépris et on se promettait de le voir figurer sur la place de la Révolution avec les hébertistes.....

» Chez le restaurateur de la maison de Touvi, rue du Paon, plusieurs particuliers cherchaient à ternir la mémoire de Marat en disant qu'il trempait dans cette horrible conspiration, qu'il en avait eu connaissance bien longtemps avant qu'il mourût.

» On observe que la plupart de ceux qui ont défendu Hébert étaient précisément ceux qui recevaient 40 sous pour assister aux assemblées de sections.....

» Dans la séance du tribunal révolutionnaire, cinq témoins ont été entendus, et ont déposé contre les conspirateurs dans le sens de l'accusation ; de ces témoins, trois, parmi lesquels on remarquait Kellermann, ont déclaré qu'on leur avait dit que les conspirateurs avaient choisi Pache pour en faire le suprême ordonnateur sous le nom de grand juge. Cette déclaration donne beaucoup à parler, et appuye les bruits sourds, mais fort répandus, que Pache, d'intelligence avec Bouchotte, faisait mouvoir, derrière la toile où il se tenait caché, tous les fils d'intrigues dont les auteurs ont peur et hésitent à paraître ; on les soupçonne depuis longtemps d'être les vrais auteurs des dissensions.

» C'est demain, dit-on, que le tribunal prononcera le jugement d'Hébert et de ses complices ; les uns se réjouissent de voir cette affaire promptement terminée ; les autres, au contraire, se plaignent de ce qu'elle n'est pas assés discutée. Les défenseurs d'Hébert vont jusqu'à dire que c'est un nouveau martyr de la liberté et que le procès n'a encore offert aucune preuve décisive contre lui. Ce qui prouve l'embarras, ajoutaient-ils, de le convaincre de conspiration, c'est qu'on l'accuse des faits antérieurs et totalement étrangers à la révolution, par exemple, d'avoir volé des chemises, matelats, etc. Comme on lui lisait des passages d'un numéro de son journal où il paraissait provoquer l'insurrection, il a répondu que la feuille était alors non-seulement approuvée, mais soudoyée par le gouvernement, et qu'on ne devait pas lui faire un crime aujourd'hui de ce qu'on regardait alors comme avantageux à la République. Ces réflexions insinuées avec art augmentent le nombre de ses partisans, dont quelques-uns osent même dire aujourd'hui assez ouvertement que le tribunal ne peut s'empêcher de l'absoudre. Ces mêmes individus ne parlent pas aussi favorablement des autres accusés, à l'exception néanmoins de Vincent, dont ils proclament aussi l'innocence.....

» D'après des renseignements certains, on affirme qu'il y a scission entre le comité révolutionnaire, la société populaire et la municipalité de cette commune, laquelle peut devenir funeste à la chose publique si les magistrats du peuple n'y prennent garde. On a remarqué au Gros-Caillou que l'affaire d'Hébert attristait les riches et réjouissait les pauvres. »

4 GERMINAL (24 MARS).

Hébert, Ronsin, Vincent, Anacharsis Clootz, députés; Desfieux, Proly, Pereyra, Dubuisson, Descombes, Momoro, Ducroquet, le Kokq, banquier; Laumur, Bourgeois, Mazuel, Ancard, Leclerc, Armand et la femme Quetinot, sont condamnés à la peine de mort.

Situation de Paris.

« *Esprit public.* — La joie du peuple était universelle en voyant conduire à l'échaffaud les conspirateurs; c'était partout les mêmes démonstrations d'allégresse. Un sans-culotte sautait en disant : J'illuminerais ce soir mes croisées si la chandelle n'était pas si rare. Le soir, dans tous les groupes et cafés, on parlait de la mort de ces conjurés. Le récit de leurs derniers moments était l'unique objet des conversations; on disait dans plusieurs endroits qu'Hébert avait dénoncé une quarantaine de députés. Il était tems, ajouta-t-on, que cette conspiration fût découverte, car on croyait dans plusieurs départemens que Paris était à feu et à sang. On mettait au rang des conspirateurs L'huillier, malgré le placard qu'il a fait afficher[1]; et on a fini par dire que, pour attaquer

---

[1] Il y a une lettre assez intéressante de ce Lulier, membre de la commune, dans la collection Labédoyère. On voit un homme qui rampe aux pieds de Robespierre, qui embrasse ses genoux comme l'esclave les genoux du maître irrité. Il proteste qu'il n'a jamais eu d'autre volonté que celle de

la conspiration jusques dans ces derniers retranchements, il fallait renouveller la commune......

» On a paru généralement d'accord, malgré tous les bruits que l'on a fait courir, que Pache n'était pour rien dans la conspiration. On assurait aussi que Bouchotte n'y avait point trempé; cependant on disait à voix basse, rue Saint-Honoré, en attendant les conspirateurs, que Pache avait d'abord été du complot et qu'ensuite il avait éventé la mèche. On a également dit que Santerre était un des conjurés. L'esprit public ne lui est pas favorable.

» D'après les propos qui se sont tenus sur la place de la Révolution lors de la comparution des conjurés sur l'échaffaud, on a remarqué qu'il y avait des gens apostés pour semer le trouble. Une femme, pour avoir tenu quelques propos, a été soufflettée par une autre, et on a arrêté un individu pour avoir dit que si on voulait le croire on chasserait la gendarmerie.

« Pendant qu'on guillotinait les 17 conjurés, on est resté muet; mais lorsque le tour d'Hébert est venu, on a vu paraître une nuée de chapeaux, et tout le monde a crié : *Vive la République!* Voilà une grande leçon pour les gens en place que dévore l'ambition; les intrigans ont beau faire, les comités de salut public et de sûreté générale viendront à bout de les découvrir, et *Ça ira!* »

Robespierre, d'autre désir que celui de lui plaire; il s'écrie : *Ma pensée est pure, pure comme la tienne....* Lulier était alors (3 germinal) détenu comme complice d'Hébert dans la prison du Luxembourg. Effrayé du silence de Robespierre, il ne voulut pas attendre son jugement, et se donna la mort à Sainte-Pélagie, où il avait été transféré en dernier lieu. Lulier s'était signalé dans les massacres de septembre comme *juré* à la Force, et dans les députations populacières qui étaient venues, en mai et juin 1793, sommer la Convention de livrer les Girondins.

5 GERMINAL (25 MARS).

Situation de Paris.

« *Esprit public.* — L'affaire de Chabot est maintenant à l'ordre du jour[1]; on désire qu'il paraisse bientôt avec ses complices au tribunal révolutionnaire. Il sera toujours tems, disait-on ce soir au café de la République, de punir cette foule de coupables obscurs qui attendent leur jugement ; mais on ne saurait trop se hâter de purger le sol de la République des grands conspirateurs ; quand ils respirent, leurs partisans se remuent et tentent de nouveaux complots ; leur prompt supplice est le seul moyen d'assurer le repos de la République. Nous venons d'en avoir un exemple frappant sous les yeux. Avant l'exécution d'Hébert et autres, dans les groupes, aux portes mêmes du tribunal, on osait élever la voix en leur faveur ; le jour de leur supplice, un homme a été assez audacieux pour provoquer le peuple à repousser la gendarmerie et à dérober sans doute les coupables au juste supplice qu'ils allaient subir. Ils sont morts, on ne parle plus d'eux, et les ennemis de la République tournent maintenant leurs regards vers les conspirateurs qui existent encore. Ils parlent aujourd'hui des services éclatans rendus à la patrie par Bazire et Chabot ; ils ne peuvent croire que ce dernier surtout ait pu conspirer contre elle, etc...

» Près les Champs-Élysées, comme on lisait un journal dans lequel il était parlé de Chaumette, presque toutes les femmes qui écoutaient ont dit : Oh ! pour celui-là, j'irai le voir guillotiner ! C'est un fripon qui, avec ses beaux discours, voulait affamer Paris. Chabot y a aussi été traité de scélérat ; et une jeune fille a ajouté qu'il avait abusé et trompé une couturière de dix-neuf ans.....

---

[1] On se rappelle qu'à la suite du rapport d'Amar, du 26 ventôse, un décret de la Convention avait renvoyé au tribunal révolutionnaire Julien de Toulouse, Delaunay d'Angers, Fabre d'Églantine, Chabot et Bazire.

» Bouchotte, L'huillier, Chaumette, Pache, Santerre, ont fait l'occupation de plusieurs groupes; on y disait qu'ils passeraient par le tribunal révolutionnaire, ainsi que le général Hanriot, qui, avec ses aides de camp, a brisé les scellés qui étaient dans la maison Saint-Agnan. »

6 GERMINAL (26 MARS).

Situation de Paris.

Goutes, ex-constituant et évêque constitutionnel du département de Saône-et-Loire, est condamné à la peine de mort. — Décret concernant les certificats de résidence à rapporter pour toucher les pensions.

« Des soupçons violents s'élèvent de toutes parts sur le compte de Chaumette. Ses liaisons avec Vincent donnent à croire qu'il trempait pour quelque chose dans la conspiration. Les bons patriotes désirent l'examen le plus sévère de ceux qui doivent composer la commune : deux viennent encore d'être arrêtés, un pour avoir violé un dépôt, et l'autre pour avoir abusé de son autorité dans les prisons en y commettant des indécences affreuses.

» Comme on allait guillotiner le ci-devant évêque d'Autun Goutte, des femmes disaient : Voilà encore un constituant qui a joué le patriote! Les fins ne peuvent pas éviter la guillotine. De tous les constituants, ajoutaient-elles, il n'y en a pas quatre de patriotes.

» On attend toujours avec impatience que les complices d'Hébert soient connus, pour les voir guillotiner; mais on dit que pour sauver d'autres grands coupables, on a excepté de cette conspiration Santerre, Pache, Bouchotte et Hanriot.

» On observait qu'il n'était pas juste que des propriétaires, des ouvriers qui gagnent douze à quinze livres par jour, participassent aux quarante sols que la loi accorde aux indigens pour assister aux assemblées de sections ; on disait même que ceux des ouvriers qui gagnent au-dessus de trois livres ne devraient point y participer. Si dans les sections on profitait de ces observations, des pères de famille indigens ne seraient point privés de ces secours, qui ont été sollicités par eux.

» Dans les cafés, chez les restaurateurs, et même dans les groupes, on répand le bruit que Marat n'était point aussi bon patriote que le peuple l'a cru et le croit encore, que l'on a découvert qu'il avait trempé dans cette dernière conspiration, que sa femme même était arrêtée ; on observait à cet égard qu'on n'aurait pas dû lui prodiguer tant d'honneurs ni lui élever tant d'autels, que cela ne s'accordait guère d'ailleurs avec l'égalité ; on demandait même que ces autels fussent abattus. Voilà l'inconvénient qu'il y a d'accorder des honneurs aux prétendus grands hommes immédiatement après leur mort.

» On murmure beaucoup contre le premier numéro de la loi du *maximum*, en ce qu'il met les subsistances à un prix trop haut : il est trop onéreux, dit-on, pour la classe indigente ; cette loi donne tout l'avantage aux marchands. — On prétend qu'on ne pourra rien avoir chez les marchands que le *maximum* ne soit entièrement proclamé.

» Dans le café Flore, porte Saint-Denys, on disait qu'on allait ôter Marat du Panthéon, comme étranger. Un citoyen a répliqué : Il faut espérer qu'on en ôtera aussi Lepelletier, comme ci-devant.

» Rue Vannerie, dans un cabaret où il ne se trouve ordinairement que des charbonniers, charretiers et autres hommes de ce genre, on a désapprouvé fortement la conduite du charpentier de la guillotine, qui, à plusieurs reprises, a passé son bonnet rouge sur le nez du père Duchesne dans le moment où il était sur la planche fatale. Cela est indigne, disaient ces hommes dans leur jargon ; le père Duchesne, tout scélérat qu'il était, pouvait-il éprouver une plus grande punition que d'avoir le cou coupé?

» On assure que Chaumet n'est point arrêté comme complice d'Hébert, mais bien pour l'objet du culte, par la suppression duquel il voulait, disait-on, soulever les esprits. — On disait ce matin que Lullier n'irait pas loin.

» Dans les groupes et sur les places publiques, des malveillants profitant des trahisons de ceux en qui nous avions toute confiance, ont l'impudeur de chercher à inspirer au peuple une défiance qui ne tend à rien moins qu'à l'avilissement des autorités constituées et de la Convention elle-même. On se plaît à répéter avec un sourire d'aristocrate ces mots : Ils y passeront tous, ces scélérats! — La foule était si grande qu'on n'a pu parvenir à arrêter ceux qui tenaient ces infâmes propos.

» Les opinions sont divisées relativement à Chabot, Bazire et autres.

» On a remarqué avec peine, le 4 de ce mois, que la guillotine de la place de Grève n'était point posée au moment où elle devait l'être, et que le condamné a attendu pendant plus de vingt minutes l'exécution de son jugement. Le peuple en a beaucoup murmuré. »

7 GERMINAL (27 MARS).

Situation de Paris.

« *Séance du club des Cordelliers.* — Après la lecture des Droits de l'homme, un secrétaire lit le procès-verbal de la dernière séance, qui est adopté avec quelques légères corrections. La société avait précédemment arrêté, dans son épuration, que chaque membre rendrait compte de sa fortune avant la révolution et de ses moyens actuels d'existence. Il s'est élevé à ce sujet de grandes réclamations : quelques-uns prétendaient que cette mesure était arbitraire, et que d'ailleurs la société n'avait pas le droit de faire rendre de pareils comptes. On a répondu que rien n'était moins arbitraire, puisque ceux qui ne voudraient pas s'y soumettre pouvaient quitter la société, que c'était un article de règlement, et que toute société d'hommes libres avait le droit de fixer comme elle le jugeait à propos sa partie intérieure. Un membre a observé qu'on avait motivé cet article réglementaire sur l'avantage qu'il y aurait à prouver un jour à ceux qui se seraient enrichis dans les places auxquelles prétendent les patriotes que leur excessive richesse ne pouvait provenir que de leurs rapines. Ce motif, selon lui, pouvait faire croire que l'on n'entrait dans la société populaire que pour parvenir aux calculs lucratifs. Brochet lui a répondu qu'il fallait convenir de bonne foi que beaucoup d'hommes ne cherchaient à être admis dans les clubs que pour se populariser et obtenir ensuite des places qui mènent à la fortune. Après une longue discussion, l'arrêté a été maintenu. »

8 GERMINAL (28 MARS).

Situation de Paris.

« On dit qu'il serait dangereux de laisser traîner l'affaire de Chabot et de Bazire, à cause du grand nombre de partisans qu'ils ont dans Paris.

» On murmure contre le décret relatif aux rentes viagères et foncières, qui oblige des citoyens de se munir, pour toucher ce qui leur est dû, de certificats de civisme, de non-suspicion et de non-émigration.

» On applaudit de tous côtés au décret qui licencie l'armée révolutionnaire : on disait qu'elle avait dévasté toutes les campagnes qu'elle avait traversées.

» Beaucoup d'instituteurs, ne devant avoir que vingt livres

par an par sujet, paraissent ne pas vouloir se résoudre à continuer l'éducation des enfants.

» On a condamné à mort, au tribunal révolutionnaire, un homme qui avait intéressé en sa faveur tous ceux qui avaient assisté à la procédure. Ce conspirateur, qui s'était rendu lui-même en prison parce qu'il savait qu'il était accusé, n'avait pas paru bien coupable aux assistants. Ceux qui sortaient de la salle après le jugement disaient que les jurés avaient été plus sévères que ne l'aurait été le peuple lui-même. »

---

9 GERMINAL (29 MARS).

Situation de Paris.

Le comité de salut public nomme le citoyen Payan à la place d'agent national de la commune de Paris, le citoyen Moenne à celle de premier substitut, et le citoyen Lubin à celle de deuxième substitut.

« Après cette victoire (le supplice d'Hébert, Ronsin, etc.), Robespierre, toujours appuyé par la majorité du comité de salut public, recomposa la municipalité et la police de gens à sa dévotion, sans l'intermédiaire des sections. Alors la fameuse commune cessa d'être indépendante; elle fut tout entière dans les mains du comité de salut public, c'est-à-dire à Robespierre. » (BEAULIEU, t. V, p. 485.)

« Le maire Pache fut arrêté et emprisonné, ainsi que le procureur de la commune Réal. » (*Note* de BEAULIEU.)

Les principes du tribunal révolutionnaire.

L'ancienne Commune avait fait plus d'une fois la loi à la Convention, notamment au 2 juin 1793; la nouvelle, soumise entièrement à l'ascendant de Robespierre, et composée d'hommes choisis par lui, livrera bataille à la Convention le 9 thermidor.

Payan, qui devenait un des principaux fonctionnaires de cette formidable puissance reconstituée, avait été juré du tribunal révolutionnaire. C'était un homme intelligent et résolu. Il a laissé un exposé succinct des principes qui devaient guider les républicains probes dans l'exercice des fonctions de juré. Nous l'emprunterons aux *Papiers saisis chez Robespierre* [1].

« J'ai été longtemps, mon cher ami, membre du tribunal révolutionnaire, et je crois, à ce titre, te devoir quelques observations sur la conduite des juges et des jurés. *Il est bon de t'observer d'abord que les commissions chargées de punir les conspirateurs n'ont absolument aucun rapport avec les tribunaux de l'ancien régime, ni même avec ceux du nouveau. Il ne doit y exister aucune forme; la conscience du juge est là et les remplace....... Tous les hommes qui n'ont pas été pour la révolution ont été par cela même contre elle, puisqu'ils n'ont rien fait pour la patrie..... Tout homme qui échappe à la justice nationale est un scélérat qui fera un jour périr des républicains, que vous devez sauver.* On répète sans cesse aux juges : *Prenez garde, sauvez l'innocence!* Et moi je leur dis, au nom de la patrie : *Tremblez de sauver un coupable!*

» ..... Tu as une grande mission à remplir : OUBLIE QUE LA NATURE TE FIT HOMME SENSIBLE. Rappelle-toi que la patrie t'a fait juge des ennemis; elle élèvera un jour sa voix contre toi, si tu as épargné un seul conspirateur; et dans les commissions populaires, *l'humanité individuelle, la modération qui prend le voile de la justice, est un crime.* Je n'ai vu dans ces genres de tribunaux que deux sortes d'hommes : les uns qui trahissaient les intérêts de la liberté, et les autres qui voulaient la faire triompher. *Tous ceux qui prétendaient être plus sages ou plus justes que leurs collègues étaient des conspirateurs adroits ou des hommes trompés, indignes de la République.* — Choisis entre l'amour du peuple et sa

---

[1] Tome III, page 370.

haine. Si tu n'as pas la force et la fermeté nécessaires pour punir des conspirateurs, *la nature ne t'a pas destiné à être libre.* »

Situation de Paris.

« On entend dire que la majeure partie des comités révolutionnaires est dans les principes d'Hébert, et qu'il est urgent d'y veiller.

» On se plaint singulièrement des entraves que le comité de la section du Panthéon oppose aux citoyens qui cherchent à se procurer un certificat de civisme. Par un arrêté de ce comité, nul ne peut prendre pour témoin celui qui travaille pour lui ou pour lequel il travaille; celui qui a déjà servi de témoin à quelqu'un ne peut l'être pour un autre, quelque bon républicain qu'il soit. Un citoyen qui ne sait pas signer ne peut également servir de témoin; un parent ne peut l'être dans sa famille; enfin, un instituteur qui aurait cinquante élèves ne peut se servir pour attester son civisme d'un de leurs proches; les fournisseurs des impétrants sont aussi exclus de ce devoir. Cette conduite fait singulièrement murmurer dans cette section.

» Dans un café, grande rue Taranne, des citoyens disaient hautement qu'on ne trouvait point dans les administrations des comités civils et républicains cette aménité qui caractérise le franc républicain. L'orgueil est monté au plus haut période, et tel qui, hier, sans emploi, était aimable et honnête, est devenu tout à coup fier et insolent, parce que, trompés par l'apparence, ses concitoyens l'ont nommé commissaire ou lui ont donné un emploi quelconque. (*Vifs applaudissements par les auditeurs.*)

» On s'étonne de voir tous les jours les tribunes du conseil général de la commune remplies d'individus qui, par leur physique, n'annoncent point qu'ils peuvent y aller aussi assidûment sans être dédommagés, car autrement comment pourraient-ils vivre?

» Dans la salle du tribunal révolutionnaire, un quart d'heure avant l'audience, trois citoyens, après s'être montré leur carte de société populaire, parlèrent des mesures de rigueur qui étaient à l'ordre du jour dans leurs sociétés respectives. L'un disait : Nous avons déjà chassé quatre-vingts membres douteux. Un autre annonçait que dans la sienne on était sur le point d'en exclure cent. L'un, qui était de la section des Piques, disait que quelquefois ils ne se trouvaient à l'assemblée générale que dix membres de la société, mais qu'ils suffisaient pour faire trembler le reste de l'assemblée. Lorsqu'un citoyen de la section, ajoutait-il, fait une proposition qui ne nous convient pas, nous nous levons tous et nous crions que c'est un intrigant et un signataire; c'est ainsi que nous imposons silence à ceux qui ne sont pas dans le sens de la société. Un des interlocuteurs, qui s'est dit être de la section de la Maison commune, a dit que la société de cette section était composée d'une grande quantité de maçons, à qui l'on faisait faire ce que l'on voulait. Ce sont d'excellents patriotes, disait-il; ils sont toujours pour nous, et ils nous servent admirablement à renverser les intrigants.

» Cette conversation peut prouver que les Jacobins ont raison de mettre à l'ordre du jour la discussion sur les dangers des sociétés populaires. »

Ce qu'on dit.

La note anonyme suivante se trouve dans les papiers qui font partie du dossier de Danton aux Archives de l'Empire. En se faisant l'écho des plaintes d'une partie des gens honnêtes et éclairés, elle renferme une critique judicieuse du système de gouvernement alors pratiqué, et qui devait, par la haine qu'il inspirait pour la République, amener sa ruine. Mais ce qui augmente beaucoup l'intérêt de cette note, c'est qu'elle paraît avoir été écrite par un des personnages principaux qui jouèrent un rôle dans la bizarre et mystérieuse affaire de Catherine Théot, par Quévremont de Lamotte, *médecin en titre du ci-devant duc d'Orléans*. Vilate dit[1] avoir *entendu Barère répéter, comme l'ayant trouvé parmi les notes de Lamotte*, ce vers :

Ciel ! à quels plats tyrans as-tu livré le monde !

Ce vers qui termine deux notes anonymes que nous avons trouvées dans les papiers de Danton, écrites par la même personne, leur donne donc une signature.

Nous aurions voulu avoir une preuve matérielle en recourant à des autographes de Quévremont ; mais il n'y a rien aux Archives du dossier de l'affaire de Catherine Théot, que Robespierre s'était fait remettre et qu'il paraîtrait avoir détruit.

« *Ce qu'on dit*. — Le parti dominant aujourd'hui *ne veut pas la République*. En voici les preuves :

» 1° Il a fait ce qu'il appelle la *Constitution*, si populacière, si jacobinière, si indéterminée, si faible, qu'il est impossible qu'elle serve de baze à un gouvernement quelconque. Aussi est-on bien loin de vouloir qu'elle s'exécute, et ne prépare-t-on aucune des loix réglementaires qui seroient nécessaires pour son exécution. Le Code civil même et le décret concernant les écoles primaires sont renvoyés aux kalendes grecques, et auront le même sort que cette Constitution, qui n'en est pas une ;

» 2° Danton et Lacroix, ces deux coquins si scandaleusement enrichis de nos dépouilles, que Chabot, Fabre d'Églantine, Panis, Sergent, etc., etc., en sont presque jaloux, Danton et Lacroix sont *notoirement* complices de Dumouriez. Cependant on les laisse tranquilles ; on les met même à portée de sortir de France s'ils le veulent ; et si l'opinion publique forçoit à les accuser, *ils seroient acquittés*. Cela seroit convenu d'avance avec la commission sanguinaire, comme il étoit convenu (avant l'accusation) qu'elle feroit périr Vergniaud et autres qui vouloient la République. Or Danton et Lacroix sont deux patriarches des Jacobins et deux des principaux moteurs de la fatale journée du 2 juin,

[1] *Les Mystères de la Mère de Dieu dévoilés*, p. 47.

qui nous coûte Toulon et toutes ces centaines de millions qu'on emploie en *corruption* et en *espionnage*. Donc les meneurs des Jacobins et de la Convention montagnarde veulent le rétablissement de la royauté et étoient d'accord avec Dumouriez, auprès duquel ils avoient envoyé Danton et Lacroix ;

» Ne pouvant pas arriver à ce rétablissement par les voies ordinaires, ils favorisent les révoltés de la Vendée. 100,000 hommes sont employés contre eux ; ils devroient être détruits depuis longtemps, et ils sont plus redoutables que jamais. Peut-être en ce moment sont-ils maîtres de Saint-Malo! Est-ce par la connivence des commandans et des commissaires de toutes les livrées qui sont avec eux? On est forcé de le croire. Eh bien, ces commandans et commissaires sont des énergumènes jacobins. Donc, etc.

» Et en même tems qu'on emploie ces manœuvres criminelles et ruineuses pour la nation, on rend *exprès* la République exécrable par les massacres judiciaires auxquels on livre des milliers d'innocens, par les emprisonnemens arbitraires des meilleurs patriotes, par l'espionnage et la délation les plus abominables, par la violation continuelle des propriétés, par.... par toutes les horreurs que des législateurs pervers et ignorans peuvent amonceler pour faire regretter la royauté, tout affreuse qu'elle étoit.

O France! tes malheurs
A l'Anglois même arracheroient des pleurs.

O sagesse des dieux, je te crois très-profonde ;
Mais à quels plats tyrans as-tu livré le monde!

» J'ajoute que l'affaire des prêtres, des églises et de la religion semble n'avoir été imaginée que pour précipiter le dénoûment en faveur de la royauté. Non, l'absurdité, l'imprévoyance ne peuvent pas aller jusque-là. Il faut qu'il y ait *mauvaises intentions*. Quelle force les fanatiques de la Vendée ne vont-ils pas acquérir! »

La pièce suivante ne porte pas de date et est anonyme, mais l'écriture est la même que celle de la lettre que nous avons reconnue comme écrite par le médecin Quévremont de Lamotte. D'ailleurs elle porte en quelque sorte une signature, puisqu'elle se termine par le vers qui termine la première :

Ciel! à quels plats tyrans as-tu livré le monde!

Elle fait partie des papiers saisis chez Danton lors de son arrestation. (Archives de l'Empire, F 7. 4434.) C'est en raccourci un tableau complet de la démagogie qui gouvernait Paris en germinal an II. Il est curieux d'observer qu'il était adressé à Danton, bien que l'auteur l'y traite de scélérat. Cet envoi indique que la pensée des citoyens sages se tournait vers lui pour le redressement des abus au moment où il fut frappé, et en dépit de leurs griefs.

« TABLEAU DES ORGIES PRÉTENDUES FRATERNELLES, DE LEURS CAUSES ET DE LEURS EFFETS.

> Qui Curios simulant, et Bacchanalia vivunt.
> (JUVÉNAL, sat. 2.)

« *La manière dont on trompe le peuple dans les assemblées de section, et comment on fait adopter les motions les plus extravagantes. — Influence terrible des comités révolutionnaires. — Soupers fraternels ou infraternels.*

« Ces orgies bizarres, si elles ne sont pas coupables, ont été pour la plupart *arrêtées, ordonnées* dans les sections par les *tripots* qu'elles appellent assemblées générales; et si quelques-unes se sont servies du mot *invitation*, on sait ce que vaut cette expression, quand on peut être traité comme *suspect* pour ne s'y être pas rendu[1]. Qui a pu leur suggérer

---

[1] Pour juger les repas fraternels, si on tient pour suspect ce qu'en disaient les modérés de ce temps-là, il faut lire le tableau que Barère lui-même en a fait dans son rapport du 28 messidor (16 juillet 1794) : « La fraternité, y est-il dit, ne consiste pas dans des repas sur les portes des maisons... C'est aux mœurs des républicains que la Convention se confie pour la proscription de ces banquets prétendus fraternels. » Les meilleures cri-

une pareille idée? Il est difficile de ne pas croire que c'est Hanriot, quand on a lu son ordre du 23, inséré dans le journal du 24, et surtout quand on sait que dans certaines sections ce sont les commandants de bataillon qui, de leur seule autorité, ont fait battre la caisse pour appeler les citoyens à la célébration de ces orgies. Cette conjecture est d'autant plus probable, qu'il y aurait de l'imbécillité à douter qu'Hanriot ne soit absolument dans les principes de ses anciens *protecteurs et endoctrineurs* Bouchotte, Ronsin, Vincent, Pache, Chaumette et Hébert.

» Mais, dira-t-on, comment les assemblées de sections ont-elles pu donner dans ce piége? Comment n'ont-elles pas senti qu'elles n'avaient pas le droit *d'ordonner* ces saturnales, ni même celui *d'inviter* à s'y livrer? Oh! le voici : quand il s'agit de quelque chose qui tient à l'esprit d'intrigue ou à des intérêts particuliers, la proposition est toujours faite par un membre du comité révolutionnaire de la section ou par un de ces *patriotes* énergumènes et *hébertistes* qui ne font qu'un avec le comité et qui ordinairement lui servent d'espions. A l'instant les hommes ignorants, à qui le scélérat Danton a fait accorder 40' par séance, et qui depuis vont en foule aux assemblées où ils n'allaient pas auparavant, accueillent la motion par des applaudissements bruyants et en criant : *Aux voix!* et l'arrêté est pris à *l'unanimité,* quoique les citoyens instruits et bien intentionnés soient d'un avis différent. Si quelqu'un d'eux *osait* s'y opposer, il aurait tout à craindre d'être incarcéré comme *suspect,* après avoir été traité *d'aristocrate,* de *modéré* et de *fédéraliste* (et nombre de citoyens gémissent dans les prisons pour pareille cause), ou tout au moins on lui refuserait un certificat de civisme s'il avait le malheur d'en avoir besoin, sa subsistance en

---

tiques qui aient été faites des mesures révolutionnaires sont toujours dues à ceux qui les avaient d'abord préconisées et imposées. La révolution jugée par les révolutionnaires, l'œuvre par l'ouvrier, il n'y a pas de plus haute autorité pour l'enseignement. Aussi volontiers donnerons-nous la parole à Barère.

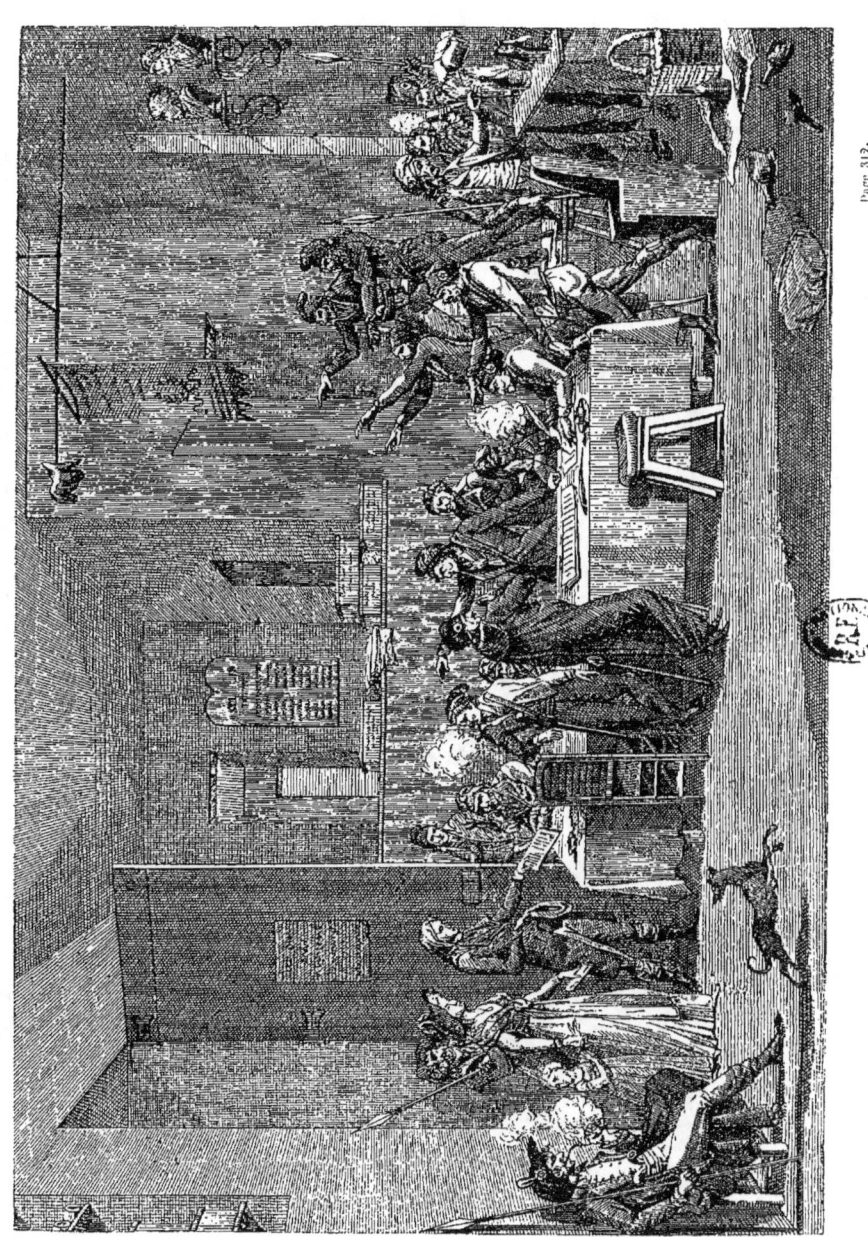

INTÉRIEUR D'UN COMITÉ RÉVOLUTIONNAIRE.

sa famille. L'intention de celui qui a dessiné cette scène est évidemment satirique; mais les détails n'en paraîtront pas absolument invraisemblables après le tableau tracé sur les lieux et à l'époque même par le correspondant anonyme de Danton.

La situation de la République et les partis jugés par un ami de Washington.

Ainsi, dans les rapports de police auxquels nous avons emprunté les extraits qu'on a pu lire, aucun bruit, aucune rumeur ne porte sur Danton. Beaucoup d'anciens favoris du peuple sont nommés, dénoncés, suspectés; mais le nom de Danton et ceux de ses principaux amis n'ont pas été prononcés. Cependant tout se prépare secrètement en haut lieu pour le grand coup qui doit investir Robespierre d'une prépondérance incontestée.

On nous permettra de nous arrêter un instant à ce moment, qui fut le suicide du parti d'action. La situation de la République, la lutte des partis, l'ambition des chefs, les fautes du gouvernement, leurs conséquences inévitables, ont été observées, déterminées, jugées avec une étonnante sagacité par un ami du grand Washington, Gouverneur Morris, chargé de représenter les États-Unis auprès de la République française.

Le *Mémorial de Gouverneur Morris*, un des plus habiles diplomates de ce temps, a été traduit en 1842 par M. Augustin Grandais (2 vol. in-8°). C'est à cette traduction que nous empruntons quelques pages d'un intérêt capital pour l'histoire de l'époque.

Fragment d'une lettre adressée à Thomas Jefferson par Gouverneur Morris, en date du 21 janvier 1794.

« Il paraît y avoir trois partis parmi les faiseurs du jour, car je ne parle pas de ceux qui sont entièrement ennemis du gouvernement. L'un peut être appelé les dantonistes, parti avec lequel Robespierre est lié, et qui désire, par la douceur ou par quelque chose qui ressemble à un gouvernement légal, inspirer une sorte d'attachement à la révolution. Ils craignent que le peuple, si souvent trompé, n'essaye enfin, par un effort unanime, de renverser, quelque imprévu que soit le régime qui doive lui succéder, l'édifice que ces hommes soutiennent au prix du sang, et dont les débris les écraseraient dans leur chute.

» Le second parti, qu'on pourrait appeler le parti parisien ou de la commune, est composé de ceux qui veulent, au moyen d'une nouvelle insurrection de la populace, faire un second 31 mai, et se mettre à la place de ceux qui seraient envoyés à la guillotine.

» Le troisième pourrait être appelé le parti ministériel, car bien que les ministres ne soient aujourd'hui que des commis soumis aux ordres impératifs et souvent injustes d'un comité, cependant, comme ils sont soutenus secrètement par les hommes qui veulent une constitution (et ils ont l'avantage naturel, en travaillant avec les comités, de savoir qui l'on veut sacrifier et qui l'on méprise, et de pouvoir dire leur avis), ils ont plus d'influence qu'on ne se l'imaginerait au premier abord. En définitive, comme les puissants du jour ont plus d'expérience et d'énergie que ceux qui se sont laissé égorger au 31 mai, que par conséquent ils pourraient du même coup ouvrir les yeux et punir, je présume que la crise ne tardera pas à éclater.

» Il existe en ce moment *in petto* un complot pour faire sauter les Dantonistes; mais je ne vous en parlerai point. Tout cela pourrait bien s'en aller en fumée, surtout si un danger général forçait les partis à s'entendre encore pendant un mois ou deux; mais que l'un s'élève et que l'autre tombe, je ne pense pas que ce gouvernement de comités puisse tenir longtemps. N'avons-nous pas vu en Amérique un pareil système tomber par son propre poids, quoiqu'il fût exercé sur une petite échelle et qu'il n'eût à se reprocher ni exécutions ni tyrannie? Tous ceux qui ont à traiter avec les comités ne cessent de se plaindre. C'est un premier pas vers leur ruine.

» Les succès de la République feront plaisir aux amis de la France ; car, quelles que puissent être les opinions à l'égard d'un gouvernement susceptible de subir encore une douzaine de transformations, le pays n'en inspire pas moins d'intérêt, et les faits démontrent que le plan de démembrement dont je vous ai parlé depuis longtemps existe en réalité : ce projet perd les alliés. En admettant ce qu'ont avancé des personnes placées de manière à savoir la vérité, et néanmoins fort intéressées à prouver le contraire, savoir que les neuf dixièmes de la nation sont ennemis du gouvernement, ce n'en est pas moins une vérité incontestable que les quatre-vingt-dix-neuf centièmes sont opposés à toute idée de démembrement et combattront pour l'empêcher. Il en résulte que très-peu d'individus sont passés dans les rangs ennemis sur aucun point des frontières, excepté en Alsace, où les habitants ont le cœur allemand. Et la Vendée n'a été si forte dans son attaque que parce qu'elle combattait simplement pour rétablir l'ancien ordre de choses et la religion. Si à côté de son drapeau on eût aperçu un drapeau étranger, Dieu sait ce qui serait arrivé ! Quant aux alliés, leur but en offrant enfin leur appui n'était que de s'emparer pour leur propre compte de places fortes à leur convenance ; et comme la Vendée ne pouvait pas leur en offrir, elle a échoué, et un grand nombre de ces pauvres gens ont été sacrifiés. Des rapports exagérés portent la destruction de la race humaine dans ces contrées à près d'un million d'âmes. Cette destruction a certainement été bien grande, tout en ne s'élevant pas peut-être à la moitié de ce chiffre. Je crois pourtant que l'esprit de révolte n'y est pas éteint ; seulement il pourrait bien ne pas éclater, faute d'occasion. »

Les pages qu'on vient de lire ont été écrites au commencement de 1794. Voici ce que Morris écrivait à George Washington à la date du 13 mars 1794 (23 ventôse an II).

« Selon toute probabilité, la campagne qui va s'ouvrir ne sera pas favorable à la République française. Il y aura une grande difficulté à nourrir les armées nécessaires à la défense du territoire ; et l'extrême rigueur exercée par le gouvernement excitera une insurrection générale si l'on éprouve des revers. Aujourd'hui, la terreur empêche le peuple de montrer aucun sentiment défavorable aux autorités, mais si cette crainte disparaissait, elle serait, selon la coutume, suivie d'une réaction cruelle. Si, au contraire, les armées de la République ont du succès, je crois que leur premier soin sera de renverser la Convention, car tel est le cours des choses. C'est un avenir effrayant, mon cher monsieur, pour ceux qui sont en selle ; et il n'est pas étonnant qu'ils crèvent les chevaux. Ce n'est pas le moindre de leur malheur de comprendre leur situation ; il en résulte qu'ils passent autant de temps et ont autant de mal, et peut-être plus, à se défendre contre les factions ennemies qu'à organiser les moyens de conserver intact le territoire.

» Que notre position était différente en Amérique ! Chacun faisait son devoir gaiement, et l'on n'avait à craindre que l'ennemi commun. Voilà la différence immense que présentent un pays qui a des mœurs et un autre qui est corrompu ; l'un a tout à espérer, l'autre tout à craindre.

» Adieu, mon cher monsieur. »

Il paraît que l'hiver de cette année 1794 si cruelle en France pour les gens de la ville et de la campagne, si dure par les privations qui furent pour nos pères le prix des bienfaits chèrement payés de la Révolution, avait été court et clément. Nous lisons dans une lettre de Morris du 27 mars (7 germinal) :

« ..... Je contemple en ce moment de ma fenêtre les poiriers et les pruniers en pleine fleur ; les pêchers, les abricotiers et les amandes sont déjà formés. Les pommiers avancent. Nous n'avons presque pas eu d'hiver, et s'il ne vient point de gelée, la saison sera magnifique. Au mois de mai de l'année dernière, vers la fin, la gelée avait presque tout détruit. Les pommes de terre furent coupées à ras de terre. On redoute la lune du mois d'avril, appelée lune rousse, pendant laquelle il fait ordinairement froid..... »

Rien n'est à coup sûr plus intéressant que ces appréciations portées par un républicain éprouvé de l'Amérique sur les républicains bien novices de l'ancien monde. On dirait un pilote expérimenté qui, du rivage, suit de l'œil une barque battue par la tempête sur une mer dont il connaît les écueils. Il ne croit pas au maintien des institutions libres. A la date du 10 avril il voit la toute-puissance de Robespierre, il reconnaît sa profonde habileté; mais un instinct merveilleux lui fait pressentir que le maître sortira d'une usurpation militaire. Que les armées françaises continuent à être victorieuses, qu'un général conquière la gloire dans leurs rangs, et la République est perdue! Il pressent cette solution, et bientôt, longtemps avant l'événement, il l'annoncera, il l'affirmera.

La lettre suivante, datée du 20 germinal, se rapporte entièrement aux événements qui ont précédé le 10 germinal. Sa place est donc ici :

A George Washington.

« Seineport, 10 avril 1794.

» Mon cher monsieur,

» Dans une lettre que j'ai eu l'honneur de vous écrire, le 10 janvier 1793, je vous ai esquissé quelques traits du citoyen Westermann. Et comme mes dépêches officielles vous avaient déjà communiqué les plans de Danton, vous n'aurez pas été surpris de ce qui est arrivé. Je vous ai écrit, le 25 juin, que ceux qui gouvernaient savaient apprécier la valeur de l'opinion populaire; que s'ils parvenaient à entrer au port, ce serait autant par chance que par habileté, et que, dans tous les cas, une partie de l'équipage tomberait à l'eau. Je voulais surtout parler de Chabot et de sa compagnie, dont il n'existe plus qu'une fraction.

» Le 18 octobre, je vous ai dépeint le gouvernement d'alors, et je vous disais quelle serait sa fin probable. Je faisais remarquer que j'étais incertain si la France y arriverait en passant par un triumvirat ou par un second gouvernement de plusieurs hommes, mais que je penchais plutôt pour le dernier cas. A cette époque, les choses étaient très-graves, et, depuis, la plus grande indécision parmi les meneurs a retardé la révolution en projet.

» Je vous envoie ci-joint copie de ce que j'ai écrit le 12 du mois dernier. Plus tard, les Dantonistes et les Hébertistes ont été écrasés. La chute de Danton semble avoir mis un terme à l'idée d'un triumvirat: Robespierre a prudemment fait disparaître un compétiteur dangereux. Il semble dès lors évident que la grande route du gouvernement à venir doit traverser le comité de salut public, à moins toutefois que l'armée ne s'y oppose. Mais, quant à l'armée, aucun homme ne semble s'être politiquement montré d'une manière remarquable. Et d'ailleurs il n'y a pas assez de discipline pour que nul chef puisse concevoir sur elle un espoir fondé. C'est une chose surprenante, monsieur, que quatre années de luttes révolutionnaires, au milieu de vingt-quatre millions d'âmes, n'aient point encore produit, soit dans la carrière civile, soit dans l'état militaire, un homme dont la tête puisse ceindre le bandeau que tend, à qui saura s'en servir, la main de la Fortune. De tous ceux que nous avons vus passer, Robespierre a été le plus conséquent, sinon le seul. Il est un de ceux que désigne le César de Shakespeare, lorsqu'il dit en s'adressant à son jovial compagnon : « Celui-ci n'aime pas le plaisir autant que toi, Antoine ! » Il n'y a aucune imputation de corruption contre lui; aussi en est-il fier. Il est loin d'être riche, et encore plus loin de le paraître; on dit que l'ambition est la seule idole à laquelle ce puritain sacrifie : je crois que l'affermissement de la République serait, tout bien considéré, ce qui lui conviendrait le mieux; mais que ce soit réellement là le fond de sa pensée, c'est une question que je ne prétends pas résoudre; non plus jusqu'à quel point il regarde comme praticable la consolidation d'un pareil régime. Si l'on veut supposer qu'un homme dans sa position doit désespérer absolument de la République, et se méfie assez de son habileté ou de son influence pour croire qu'il n'obtiendra point, et encore moins qu'il conservera le pouvoir suprême, on peut admettre que cet homme ne s'est débarrassé de Danton que pour exécuter lui-même le plan que celui-ci avait conçu et dont je vous ai déjà parlé. Mais tout cela se borne uniquement de ma part à des conjectures.

» Et que font les alliés? Ils bâtissent des projets à exécuter.... s'ils continuent à être d'accord!...

» Je suis, etc.

» GOUVERNEUR MORRIS. »

« M. Jefferson m'a prié, il y a quelque temps, de lui indiquer l'état de la dépréciation; je l'ai oublié dans ma dernière, mais les choses étaient dans la même position que lorsqu'est partie ma précédente. Le fait est qu'il n'y a point de cours fixe, parce que, comme vous le verrez par les journaux, les négociants et les banquiers sont fréquemment guillotinés. Il n'y a point de change sur l'étranger, et, dans les achats, on accorde très-peu d'avantages pour les payements effectués en espèces; cependant l'or est plus haut qu'il ne l'était avant l'émission des assignats. Je n'en connais pas le cours exact : le louis d'or est plus élevé que jamais. Cela provient, je pense, ainsi que je l'ai dit, de la facilité que l'on a de cacher ou de transporter ce métal monnayé.

» J'ai signalé le danger d'une famine : ce fléau a, en beaucoup d'endroits, sévi avec la plus grande rigueur. Des hommes sont réellement morts de faim avec les moyens d'acheter du pain, s'ils avaient pu s'en procurer. Heureusement la saison avance avec une rapidité dont on n'a pas d'exemple. J'ai du seigle en épi et du sainfoin en fleur. Il est vrai que, chez moi, un sol sablonneux concourt à activer la végétation; mais ce n'en est pas moins extraordinaire. Il est étonnant de voir, au milieu d'avril, des abricots aussi gros que des œufs de pigeon, et cela sous une latitude de 48 à 49 degrés. Ces faits, qui dans les temps ordinaires seraient plus convenablement transmis à une société d'agriculture qu'à un ministre d'État, sont d'une grande importance, puisque la masse de la nation se nourrit principalement de végétaux. Au midi, où la disette était plus grande, j'ai lieu de penser, d'après ce que je vois ici, que la terre commence à fournir la nourriture à ses habitants. Une gelée semblable à celle que nous avons éprouvée au mois de mai dernier seconderait plus la famine que toutes les armées et toutes les flottes de l'Europe. Dans le cours de ma correspondance avec votre prédécesseur, je me suis efforcé de lui communiquer mes opinions sur les hommes et sur les choses, et de préparer son esprit à des événements qui me paraissaient probables et qui sont arrivés à maturité. Tel était, selon moi, le premier devoir de ma position; et si je n'ai pas été plus explicite ou plus minutieux dans les détails, c'est parce que les noms et l'histoire de ceux qui tour à tour devaient gouverner et périr me paraissaient d'une importance secondaire, et parce qu'aussi jugeant, en l'absence de tout renseignement, d'après les faibles clartés que me fournissaient quelques rayons épars, il me semblait que mes lettres étaient de nature à offrir plus d'intérêt en méritant plus de crédit que si j'eusse hasardé des faits ou des probabilités erronés, ou seulement même si j'eusse présenté les véritables sous une couleur politique qui n'était pas la mienne.

» Il m'a semblé que c'est Paris qui décide du sort de toute la France, et que les sans-culottes (lisez la populace) décident de Paris. Qu'en conséquence, des factions qui surgiraient continuellement, se faisant une guerre impitoyable l'une à l'autre, et leur influence n'étant fondée seulement que sur la crainte momentanée que chacune d'elles inspire, ne pouvaient prendre aucune forme de gouvernement stable et n'auraient qu'une existence éphémère; enfin, que chaque nouveau coup de la guillotine refoulait le sentiment national et éloignait l'espoir d'un régime fondé sur la liberté. Je dois répéter ici que les complots ne doivent pas être attribués à l'esprit plus qu'au caractère de ceux qui conspirent, mais bien à l'état de la société. On aurait tort, je crois, d'imaginer qu'un nombre quelconque d'individus nés en différents lieux dût présenter une plus grande disproportion de talents et de qualités que le même nombre pris dans un même pays. Il est plus rationnel de penser qu'au milieu d'une société vertueuse et juste, les bonnes qualités qui s'y trouvent sont naturellement mises en jeu, et les mauvaises contenues par le manque d'espoir dans leur succès. Tandis qu'au contraire, dans une société dépravée et vicieuse, les premières sont inactives faute de confiance et d'appui, et les secondes, secouant toute honte et stimulées par la cupidité et l'ambition, comptent sur la soumission générale, si elles peuvent parvenir à inculquer la peur dans les masses, chaque individu recherchant son intérêt personnel, sans être arrêté par les principes de la morale.

» Après ce préambule, que j'aurais peut-être mieux fait de vous épargner, je dirai qu'il y avait beaucoup de projets en l'air pour détruire le gouvernement. Quant à l'idée que les puissances étrangères soudoient les factions, je ne suis disposé ni à l'adopter ni à la rejeter. Je la crois inutile à l'existence des conspirations, mais au contraire très-nécessaire pour perdre ceux qui s'y engagent. Je m'explique. L'orgueil de la nation la fera en tout temps sortir de cette insensibilité avec laquelle elle verrait la Convention et tous ses comités anéantis par des Français.

» Il est donc utile d'exciter cet orgueil, en déclarant que toutes les tentatives que l'on fait pour renverser le gouvernement viennent de l'étranger. Et je remarque ici que dans tous les rapports qu'occasionnent ces conspirations, et dans toutes les accusations portées contre ceux qui y ont pris part, on regarde comme admis que le peuple doit se soumettre tranquillement aux citoyens qui, par un coup de main, se sont emparés du pouvoir, pourvu que le nouveau système ait été créé par eux, quelque ridicule d'ailleurs qu'en soit la forme.

» Je ne dis pas que cela se vérifie jamais, mais je ne doute point que la terreur, comme base d'un système de gouvernement, ne doive produire nécessairement ce résultat. La longueur de sa durée, pour une nation quelconque, dépend du caractère national, et surtout de la moralité du peuple. Ainsi, pour raisonner *a priori* sur cette question, il faut que nos idées prennent une forme aussi algébrique que logique.

» En examinant l'histoire, nous sommes trop disposés, au contraire, à attribuer aux individus les événements produits par les causes générales. Des deux factions qui viennent de tomber, les dantonistes et les hébertistes, je serais disposé à imputer à la dernière plutôt qu'à l'autre des intelligences avec les puissances étrangères. J'ai de bonnes raisons de penser que Danton les craignait, mais il mettait son espoir dans les hommes qui l'ont renversé lui-même. Les hébertistes peuvent être considérés comme la faction anti-conventionnelle, et les dantonistes comme la faction royaliste. Je ne parle pas des aristocrates : ils sont nuls, et dans les divers changements qui nous menacent, ils n'auront que peu ou point de part. Les plus ardents d'entre eux ont depuis longtemps pris la fuite, soit en Vendée, soit en pays étranger. Je parle en général. Ceux qui restent font partie de cette substance molle qu'on appelle les hommes de la propriété, corps opaque qui dans les guerres étrangères est d'un si grand poids, et dans les guerres civiles d'un si petit.

» Danton a toujours cru, et, ce qu'il y a eu de plus malheureux pour lui, a toujours soutenu qu'un système de gouvernement par le peuple en France était absurde; que la foule est trop ignorante, trop inconstante, trop corrompue, pour fournir une administration basée sur la légalité; qu'habituée à obéir, il lui faut un maître; et qu'en supposant même que le peuple eût été élevé dans les principes de la liberté, et qu'il joignît à l'énergie du sentiment la force de l'habitude, cependant, comme dans l'ancienne Rome, il aurait atteint l'époque où Caton devint fou et César un mal nécessaire. La conduite de Danton fut à l'unisson de ses principes; mais il était trop voluptueux pour son ambition, et trop indolent pour acquérir le pouvoir suprême. De plus, son but semble avoir été plutôt d'amasser de grandes richesses que la célébrité : il est tombé aux pieds de l'incorruptible Robespierre.

» Quant aux hébertistes, quels qu'aient été les projets de plusieurs d'entre eux, j'ai lieu de penser que la plupart n'avaient en vue qu'une seconde édition du 31 mai. La destruction de tous ces chefs a donné beaucoup de pouvoir au comité de salut public, dont la réélection mensuelle est chose tellement reçue, qu'on peut le considérer maintenant comme en permanence. Il s'ensuit que le parti qui est à naître devra sortir de là. Les hébertistes ont cru que la Convention était tellement tombée dans l'opinion publique qu'ils pourraient la renverser sans le secours de ses propres membres. Mais ils se sont trompés, ou du moins ils ont été prévenus. Les dantonistes supposaient que le peuple, n'ayant aucune estime pour le gouvernement, reporterait volontiers sur le petit prisonnier du Temple ce sentiment d'enthousiasme pour les rois si inné dans le cœur de l'homme et si essentiel à celui des Français. Ils furent également prévenus; mais s'ils ont bien jugé, ils ont dévoilé un horrible mystère. L'autre jour, quelqu'un faisait observer, dans le cours de la conversation, que tous les hommes du 10 août n'avaient fait que passer, ainsi que ceux du 2 septembre. Il est certain que l'on doit attribuer principalement les événements du 10 août à Westermann, et il est au nombre des individus que l'on a guillotinés depuis peu, et Danton fut un des principaux moteurs des massacres de septembre. On trouvera peut-être la raison de leur trépas dans le vieil adage : *Les morts ne parlent point.* Olivier Cromwell savait bien apprécier la valeur du sentiment populaire, lorsqu'il répondit à son chapelain, fier de voir la foule entourer la voiture de son maître : « Il y en aurait une égale et tout aussi joyeuse si l'on me menait pendre. » Je ne crois pas qu'un honnête homme en Amérique puisse sentir la force de cette observation. Il est très-difficile dans un pays de se former une idée juste de certaines choses qui n'existent que dans un autre. Vous me demanderez peut-être si ces factions sont totalement anéanties et s'il en naîtra d'autres de leurs cendres. Je crois avoir satisfait à cette question, et les réflexions générales, qui peut-être vous ont déjà fatigué, contiennent ma réponse : je ne me répéterai donc point. D'ailleurs, dans le vaste champ des conjectures, chacun est libre de prendre le sentier que sa sagacité ou son inclination lui présente. »

A la fin de cette année 1794, à la date du 30 décembre, Gouverneur Morris écrivait encore à son illustre ami George Washington.

« Quant aux affaires politiques, vous savez que l'insurrection de la Pologne est complétement vaincue, et que les regards de l'Europe sont tournés vers la France. Ce sont les sottises de ses ennemis qui l'ont fait triompher partout; mais il paraîtrait aujourd'hui qu'ils sont rentrés dans leur bon sens, et, si l'on ne m'a point trompé, ils ont abandonné le projet de démembrement et ne songent plus qu'à rétablir le trône. S'ils agissent avec vigueur et prudence, ils pourront réussir, car les Français sont las de la guerre; ils méprisent et haïssent le gouvernement actuel, et, autant que j'en puis juger, désirent vivement la restauration de leurs princes.

» Vous me demanderez peut-être d'où vient qu'ils ne les rappellent pas : c'est parce qu'ils n'osent ni agir ni même parler; chacun ignore l'opinion de son voisin, et chaque individu tremble à la vue de la multitude; mais tout ce qui est arrivé leur a fait regretter leur position d'autrefois. Pour juger les Français, il ne faut pas s'en rapporter aux sentiments de l'Amérique pendant la guerre de l'indépendance. Nous jouissions déjà de la liberté, et nous ne combattions pas pour obtenir ses bienfaits, mais pour être certains que nous ne serions plus troublés désormais dans notre jouissance. Le peuple nommait ses magistrats pendant la guerre; la propriété s'était engagée d'elle-même dans la révolution, et les malheurs qu'un si grand nombre de changements a occasionnés n'ont été ni étendus ni durables.

» Mais en France on a été bercé par de vaines espérances, on a couru après des chimères, qui tour à tour ont abusé les esprits jusqu'à ce que l'on se soit trouvé plongé dans un abîme de misère et d'esclavage, esclavage d'autant plus avilissant que les hommes dégradés qui l'ont fait subir ne méritaient que le plus profond mépris. Vous savez que j'ai depuis longtemps prédit un despote, et vous avez vu que la France a été bien près de voir se réaliser cette catastrophe : le hasard, ou plutôt le défaut d'énergie dans l'usurpation, l'a sauvée jusqu'à ce jour. Pourtant je suis convaincu que c'est le port où se réfugieront les Français quand ils auront fait la paix avec tous leurs ennemis extérieurs, en passant par la guerre civile[1]. »

Danton nous paraît avoir été jugé par un homme qui le connaissait très-personnellement. Est-il bien jugé? C'est un point sur lequel nous n'avons pas à nous prononcer ici. On a beaucoup dit, il reste beaucoup à dire sur ce fameux révolutionnaire, la révolution en chair et en os, dans son audace, dans son énergie, dans sa grossièreté et son immoralité. Croyait-il que la Ré-

[1] Il y a lieu d'admirer ici la sagacité de Morris, dont la prédiction se réalisa, cinq années après, par le coup d'État du 18 brumaire. (*Note du traducteur.*)

volution dût fatalement retourner à la monarchie? Avait-il voulu sauver Louis XVI? Et plus tard, a-t-il voulu sauver la famille royale? Ce sont des questions qu'il est plus aisé de trancher que d'élucider et d'éclairer en face de contradictions étranges d'actes et d'intentions en apparence opposés. Mais il est de notre devoir d'historien, après les allégations si considérables de Gouverneur Morris, à côté des affirmations si positives de ce prudent esprit, de rappeler ce qu'a écrit Courtois fils dans une brochure publiée en 1834, sous ce titre : *Affaire des papiers de l'ex-conventionnel Courtois*. Après quelques explications données sur le testament de Marie-Antoinette, que le conventionnel Courtois aurait sauvé de la destruction par suite d'une sympathie royaliste, au dire de son fils, celui-ci ajoute : « On concevra encore bien mieux cette conduite quand on saura qu'un projet d'enlèvement audacieux de la Reine devait être tenté par Danton et mon père, qui en était l'âme. Marie-Antoinette et Madame Élisabeth devaient être arrachées de vive force du Temple et transportées à l'étranger. La preuve de ce fait se trouve dans une des lettres de Danton saisie par la police[1]. Les moyens d'exécution y sont discutés et ont ce caractère d'audace qui distinguait cet homme énergique. »

« Danton, né paresseux, avait négligé d'entrer dans le gouvernement des affaires.... Il avait fait des absences.... Il se croyait fort comme Hercule...; il ne tarda pas à s'apercevoir de ses fautes, de ses négligences. Danton osa se plaindre à la Convention du despotisme des comités sur elle-même. Il est temps, disait-il, que la Convention reprenne l'attitude imposante qu'elle tient du peuple et qu'elle n'aurait pas dû perdre devant quelques-uns de ses membres. Je ne fais qu'émettre ici la préface de mon opinion politique. Les Cordeliers s'étaient portés aux Jacobins. Camille Desmoulins jeta dans le public son *Vieux Cordelier;* le parti fut bientôt formé; il ne laissait pas que d'être redoutable par son

---

[1] Les papiers du conventionnel avaient été saisis en 1816 par les ordres de M. Decazes. C'est pour se plaindre de cette saisie et demander une restitution aux tribunaux que Courtois fils publia sa brochure. — Courtois était l'ami et le parent de Danton.

adresse à réclamer vivement contre les mesures de terreur et de despotisme sous lesquelles toute la France consternée gémissait dans un morne silence.

» ..... Camille Desmoulins est attaqué aux Jacobins. On tourmente, on vexe sa famille. Danton prononce le mot d'ultra-révolutionnaire; Robespierre, toujours observateur, inquiet sur la direction des événements, affecte tout à la fois de défendre Danton et d'improuver l'opinion. Il précipite Desmoulins en prenant superbement envers lui les dehors de la pitié.

» Quelques jours avant leur perte, pénétré de douleur, je dînais chez Camille avec sa charmante et vertueuse épouse, sa mère, d'une très-belle stature, Danton, sa modeste épouse, un jeune homme d'une belle taille et d'une figure intéressante. Je laissai échapper mes inquiétudes à Camille; je lui fis de nombreuses visites. Vingt fois je l'avertis qu'on voulait le guillotiner. Peu avant son arrestation, je le conjurai de se tenir sur ses gardes.... On les arrête; on dresse tout exprès une liste de jurés.... » (*Vilate*, p. 27.)

Les derniers moments de Danton.

Bien que ce livre ne soit pas consacré à l'histoire dramatique des personnalités, histoire dont on a trop fait celle de la Révolution, il nous paraîtrait illogique de ne pas y faire une mention spéciale de l'homme qui a enflammé la rue, qui a déchaîné le club.

Il était curieux à observer le colosse escroqué par Robespierre[1] !

---

[1] Nous lisons dans la *Biographie moderne* de 1806, à l'article LAVICOMTERIE : « Il ne sera pas hors de propos de rapporter ce que dit Lavicomterie après le 9 thermidor, à quelqu'un qui lui demandait comment il se faisait que les députés se fussent envoyés successivement à la guillotine : « Ma foi, répondit-il, Robespierre avait un tel empire sur ses collègues, » que moi, en mon particulier, j'hésitais pour me rendre aux assemblées gé- » nérales qui réunissaient le comité de salut public à celui de sûreté géné- » rale, dans la crainte de me trouver avec lui. Un jour nous fûmes convo- » qués pour entendre un rapport, sans savoir sur quelle matière. Nous » voilà réunis: Saint-Just tire de sa poche des papiers : quelle est notre » surprise d'entendre le rapport contre Danton et autres! Le rapport était

On allait le voir dans sa cage; on écoutait, on notait ses rugissements. Il étonnait et il effrayait encore, tout enchaîné qu'il fût. Que de fois, en ces temps singuliers, cet étonnement a été réservé au loup et à l'agneau de se voir parqués au même lieu, et marqués du même signe par le couteau du boucher!

« Danton, placé dans un cachot à côté de Westermann, ne cessait de parler, moins pour être entendu de Westermann que de nous. Ce terrible Danton fut véritablement escamoté par Robespierre. Il en était un peu honteux; il disait, en regardant à travers ses barreaux, beaucoup de choses que peut-être il ne pensait pas; toutes ses phrases étaient entremêlées de jurons et d'expressions ordurières.

» En voici quelques-unes que j'ai retenues :

« C'est à pareil jour que j'ai fait instituer le tribunal révo-
» lutionnaire, mais j'en demande pardon à Dieu et aux
» hommes; ce n'était pas pour qu'il fût le fléau de l'huma-
» nité. C'était pour prévenir le renouvellement des massa-
» cres de septembre. » — Étrange langage dans la bouche de Danton !

« Je laisse tout dans un gâchis épouvantable : il n'y en a
» pas un qui s'entende au gouvernement. Au milieu de tant
» de fureurs, je ne suis pas fâché d'avoir attaché mon nom
» à quelques décrets qui feront voir que je ne les partageais
» pas.

» Si je laissais mes c....... à Robespierre et mes jambes à
» Couthon, ça pourrait aller encore quelque temps au comité
» de salut public.

» Ce sont des frères Caïn. Brissot m'aurait fait guillotiner
» comme Robespierre.

» J'avais un espion qui ne me quittait pas.

» Je savais que je devais être arrêté.

» si séduisant, Saint-Just le débita avec tant d'âme!... Après la lecture,
» on demanda si quelqu'un voulait parler : — Non! non!... On mit
» l'arrestation aux voix, et elle fut décrétée unanimement. » Lavicomterie fut membre du comité de sûreté générale de septembre 1793 au 31 juillet 1794. Et voilà comment se décidaient les plus grands intérêts de la République !

» Ce qui prouve que le sieur de Robespierre est un Néron,
» c'est qu'il n'avait jamais parlé à Camille Desmoulins avec
» tant d'amitié que la veille de son arrestation.

» Dans les révolutions, l'autorité reste aux plus scélérats.

» Il vaut mieux être un pauvre pêcheur que de gouverner
» les hommes.

» Les f..... bêtes! ils crieront *vive la République!* en me
» voyant passer. »

» Il parlait sans cesse des arbres, de la campagne, de la
nature.

» Immédiatement après eux, je ne dois pas oublier qu'un
spectacle horrible vint déchirer notre âme. C'étaient les
veuves Hébert et Camille Desmoulins dont les maris étaient
traînés à l'échafaud, et qui pleuraient, assises sur la même
pierre, dans la cour de la Conciergerie; elles furent bientôt
les retrouver.

» L'orateur du genre humain, l'ennemi personnel de
Jésus-Christ, Clootz, est mort comme il avait vécu, mais
avec un courage que peu lui eussent jamais soupçonné. Il
était avec la tourbe Hébert. Ces misérables se reprochaient
leur mort; Clootz prit la parole, et, d'une voix haute, leur
cita tout au long ces vers si connus :

> Je rêvai cette nuit que de mal consumé
> Côte à côte d'un gueux on m'avait inhumé.

» L'apologue eut son effet : on redevint amis; et Clootz,
qui se mourait de peur qu'un d'eux ne crût en Dieu, prit
la parole et leur prêcha le matérialisme jusqu'au dernier
soupir. »

Ces pages sont empruntées à la première édition de l'ouvrage
de Riouffe : *Mémoires d'un détenu pour servir à l'histoire de la
tyrannie de Robespierre*, 1 vol. petit in-12, an III, sans nom
d'auteur [1]. Dans l'an III il a paru trois éditions de cet ouvrage,

---

[1] Nous avons tenu à préciser la source, parce que ces propos de Danton,
au moment où Riouffe les retirait de son livre, étaient répétés et reproduits

qui répondait à merveille au sentiment public. La première, bien que la moins volumineuse, est certainement la plus intéressante, parce qu'on peut penser qu'elle ne renferme que les souvenirs de Riouffe, et que l'auteur s'est servi des souvenirs d'autrui pour grossir les éditions postérieures. Les passages que nous avons rapportés ont été supprimés dans celles-ci, sans doute par ménagement pour Danton, ou par considération pour ses amis, qui étaient nombreux et puissants.

Nous donnerons un jour du républicain Riouffe, mort préfet de la Meurthe et baron de l'Empire, une biographie faite sur des documents curieux et inédits.

Quiconque voudra jouer un rôle dans ces crises de la vie des peuples modernes qu'on appelle des révolutions, devra méditer sur la destinée de Danton. Ce révolutionnaire, immoral dans ses moyens politiques, bon et généreux dans ses relations personnelles, qui a prouvé à quel point il connaissait la vile multitude lorsqu'il a dit d'elle : *Les imbéciles! ils crieront : Vive la République! en me voyant conduire à la guillotine,* — et au moment de mourir, en s'adressant au bourreau : *Tu montreras ma tête au peuple, elle en vaut la peine!*.... ce géant qui porte la responsabilité des expédients terribles qui ont sauvé ou compromis la nation : sauvée par tous les héroïsmes, compromise par tous les excès, — a lui-même écrit son épitaphe, qui vaut bien celle de Sardanapale que nous a rapportée Aristote : « Qu'importe si je meurs? J'ai bien joui de la Révolution, j'ai bien dépensé, j'ai bien riboté, bien caressé des filles; allons dormir [1]. »

par des écrivains sans crédit qui n'avaient pu les entendre, tandis que Riouffe, prisonnier au Luxembourg, les avait certainement entendus. On ne prête pas des paroles à Danton; les siennes ont un caractère qui leur est propre.

[1] C'est un ennemi qui rapporte ces paroles, Sénart, dans ses *Révélations puisées dans les cartons des comités*. Sénart est mort en 1796. On a publié sous ce titre de *Révélations* un mémoire tout entier de sa main, qu'il a écrit à peu de distance des événements, après avoir été en situation d'être bien renseigné, car il était attaché au comité de sûreté générale : sans doute on ne peut le croire sur parole, et il faut vérifier toutes ses assertions, quand la vérification est possible, mais son livre abonde en informations piquantes et curieuses. Malheureusement, après le 9 thermidor et même après 1796, les cartons des comités ont été explorés par des gens intéressés à en faire disparaître des pièces qui pouvaient les compromettre; aussi ces cartons sont-ils loin d'être aussi riches en révélations que

Et Danton a bien fini : qu'on voie dans sa fin un sacrifice triomphal à la Révolution ou l'expiation solennelle de ses criminelles audaces!....

Il y a, en effet, des hommes qui ne doivent pas mourir dans leur lit. Sortis de la tempête, il faut que la tempête les emporte. Le puissant agitateur, le ministre du 2 septembre paraît moins déshonoré par la ligne rouge qu'a laissée au-dessus de ses épaules le couperet de Sanson, qu'il ne l'eût été par le collier de diamants, prix de la trahison et de l'apostasie politique; car, qui sait? la guillotine l'a peut-être sauvé de la honte que la fortune insolente réservait à d'autres régicides, — celle de siéger sur la banquette de velours, adossée à la tapisserie semée d'abeilles d'or, avec couronne de comte ou de duc en tête!..... Voyez-vous le *comte* Danton reçu par Son Altesse Sérénissime le duc de Cambacérès!.... Après cette comédie, après le rire qui l'eût accueillie, et qui serait allé retentir dans les générations à venir, il semble que l'histoire n'aurait jamais pu reprendre sa gravité [1].....

A cette époque les vers suivants coururent dans le public :

> « Lorsqu'arrivés au bord du Phlégéton
> » Camille Desmoulins, d'Églantine et Danton
> » Payèrent pour passer ce fleuve redoutable,
> » Le nautonier Caron, citoyen équitable,
> » A nos trois passagers voulut remettre en mains
> » L'excédant de la taxe imposée aux humains.
> » Gardez, lui dit Danton, la somme tout entière.
> » Je paye pour Couthon, Saint-Just et Robespierre. »
>   (*Mémorial de la Révolution*, t. 1er, p. 275.)

lorsque Sénart a quitté le comité. Ajoutons que ces *révélations* ont été puisées dans les souvenirs de l'auteur, et non directement dans ces cartons, qu'il avait connus, compulsés naguère, mais qu'il n'avait plus sous la main à l'époque de la composition de son mémoire.

[1] Les qualités, et jusqu'aux défauts de Danton, la cause de la *clémence* pour laquelle il est mort, ont séduit presque tous les historiens qui ont écrit sur la Révolution. Il lui a été beaucoup pardonné, trop peut-être, peut-être aussi parce qu'il a beaucoup aimé. Mirabeau avait voulu sauver la monarchie, on le sait à n'en pas douter aujourd'hui. Qui saura jamais ce qu'a voulu Danton? Les documents manuscrits qui le concernent sont d'une extrême rareté : on ne peut dire tous ceux qui ont eu intérêt à les faire disparaître : orléanistes, royalistes, montagnards et dantonistes. Danton aurait eu le désir d'épargner la vie du Roi, de faire évader la famille royale, et il avait été lié à d'Orléans. A quel but tendait-il, cet homme

21 germinal (10 avril).

Nous ne reproduirons plus que de loin en loin les rapports de police. Nous leur substituerons des résumés qui étaient faits, soit par la police municipale elle-même, soit par l'agent national du district. Voici le commencement d'un de ces résumés adressés en germinal au comité de salut public par l'agent national du district près le département de Paris.

« *Esprit public*. — Citoyens, j'ai soin de vous envoyer exactement la copie conforme des rapports de la surveillance de la police municipale; et comme la hauteur de l'esprit public et ses fluctuations y est énoncée d'une manière précise, ces notes journalières peuvent donc donner une idée juste de l'esprit public et de l'abondance ou pénurie des subsistances. »

Ainsi, d'après la déclaration de l'agent national faite au comité le 21 germinal an II, ces rapports de police donnent *exactement la hauteur et les fluctuations de l'esprit public*. Nous avons donc bien fait d'aller puiser à cette source l'histoire vivante de Paris jour par jour.

Le rapport de l'agent est divisé en plusieurs parties dont chacune est relative aux grandes affaires du moment, *au salpêtre, aux secours pour les indigents, aux secours accordés aux défenseurs de la patrie, à l'exercice du droit de préhension et de réquisition, aux souliers et bottes*. Il est dit dans ce rapport : « Les ouvriers cordonniers doivent fournir deux paires de souliers par

qui connaissait si bien l'inconstance des masses, et qui assistait à ce qu'il a appelé un *gâchis épouvantable*? Il y a là une obscurité qu'on aura bien de la peine à dissiper, et le dernier mot de la pensée politique de Danton restera un des mystères de la Révolution. Quoi qu'il en soit, si les royalistes ont pensé que Mirabeau a emporté la monarchie dans la tombe, l'opinion des républicains est que Danton a entraîné la République dans sa chute. Danton avait sur ses adversaires une incontestable supériorité ; il était *pratique* : et le sens pratique, l'intelligence de ce qui est possible, de ce qui convient à une situation, est le génie même du gouvernant.

décade, en exécution de la loi du 14 ventôse dernier. Cette loi ne paraissant pas s'exécuter, il a été écrit aux sections pour les engager à avertir les ouvriers cordonniers à y satisfaire et à en adresser l'état nominatif à l'agence nationale. Diverses sections ont répondu que les ouvriers étaient tous portés à exécuter la loi, mais qu'ils manquaient de cuir; sur quoi il a été écrit à la commission des subsistances pour l'inviter à prendre ses mesures afin de leur en procurer. — *Bayonnettes*. (Il s'agit des soumissions: on avait beaucoup de peine à trouver des fournisseurs au prix proposé.) — *Souffres et toiles, biens nationaux*, etc.

Lucile Camille Desmoulins.

Le 21 germinal avait commencé le procès de Chaumette, de Grammont, des veuves Hébert et Camille Desmoulins, en tout de vingt-six personnes accusées d'avoir participé à une conspiration tramée dans la prison du Luxembourg pour assassiner les patriotes. C'était un bizarre amalgame, comme on en a vu plusieurs depuis. Nous regrettons que l'objet de ce livre ne nous permette pas d'esquisser ici la figure de l'inculpé Chaumette, car c'est certainement une des plus singulières de l'époque. Quant à Grammont, nous ne le nommons que pour avoir occasion de rapporter un souvenir du vieux M. Favart, le petit-fils de madame Favart. Nous lui demandions ce qui l'avait frappé le plus pendant la révolution. « J'étais bien enfant, nous répondit-il, cependant je me rappelle qu'un jour ma mère nous réunit dans un cabinet sombre, mes frères et moi, et nous dit : *A genoux et priez, mes enfants!* Nous obéîmes; nous tombâmes à genoux, singulièrement émus du ton solennel et de l'émotion de notre mère. Je crois que c'était au moment même qu'on coupait le cou à Louis XVI. — Une autre fois, ma mère nous dit : *Suivez-moi; il faut que je vous montre un grand scélérat.* Nous nous rendîmes en toute hâte dans la rue Saint-Honoré, et elle nous fit ranger le long du mur, à côté d'une borne, sur laquelle je montai pour voir un homme assis, au milieu d'autres, dans une charrette; c'était le comédien Grammont, qui avait naguère paru

sur la scène les jambes nues, *en vrai sans-culotte*, et insulté la
Reine en la conduisant au supplice...... »

L'enfant n'avait pas remarqué sur la charrette les deux veuves :
la *Jacqueline* d'Hébert [1] et la veuve Desmoulins.

Pauvre Lucile !

Nous avons sous la main une liasse de lettres et d'écrits divers
de sa main, qu'a bien voulu nous communiquer le très-aimable
et très-érudit secrétaire général de la préfecture de Nantes, M. le
baron de Girardot. Nous la voyons là, nous la suivons, la charmante femme, à travers une vie heureuse et souriante, toute pleine
de chansons et de poésie.... — Hélas ! où nous conduira-t-elle !

Ce que les révolutions coûtent de larmes et de sang, ce qu'elles
causent de souffrances publiques et particulières, il faut qu'on
le sache ; il faut qu'on fasse le compte de ces larmes et de ce sang,
ne fût-ce que pour être juste envers les victimes et comparer la
mesure du sacrifice à la mesure du bienfait.

L'histoire de Lucile est d'ailleurs celle de tant d'autres, en ce
temps-là !

A seize ans, les poëtes s'empressent déjà à lui faire la cour :

> Voyageur paisible,
> Détourne tes pas ;
> Crains une invisible
> Qui te mangera.
> Lucile
> Fée habile
> Happe les cœurs
> Des pauvres voyageurs.
> Invisible fée,
> De seize ans coiffée, etc.

C'est d'un poëte qui a bien fait de garder l'anonyme, car les
vers ne valent rien. Mais le berger Sylvain, fort à la mode alors,
venait sur ses pipeaux champêtres lui chanter ses madrigaux :

---

[1] Si l'on en croit Des Genettes dans les *Mémoires* qu'on a publiés en
1835 (t. II, p. 24 et suiv.), où il raconte ses relations avec Hébert, la
femme d'Hébert avait conservé dans toute leur ferveur ses croyances religieuses. Elle avait de l'esprit, de la distinction, et méritait certainement
un meilleur sort.

L'ABEILLE.

(Sur l'air de la romance de Duplessis, père de Lucile.)

> Gentille abeille, insecte habile,
> Butine en paix le long du jour;
> Mais ne touche point à Lucile,
> Cette fleur n'est que pour l'amour.
> Toi, dont le cœur encor sommeille,
> Lucile, pense à ma chanson :
> Sache qu'amour, comme l'abeille,
> A son miel et son aiguillon.

C'était alors le bon temps..... Les bergers se nourrissaient du lait de leurs brebis, et chantaient aux pieds des belles. Le temps viendra où les moutons deviendront loups, où il faudra du sang humain, voire du sang de femme, à l'inextinguible soif du berger Sylvain.

Quoi qu'il en soit, il avait été bien inspiré de rappeler à Lucile que l'amour a son miel et son aiguillon, — car n'est-ce pas cet aiguillon qui l'a tuée?

Lucile a eu deux passions : la passion de liberté et la passion d'amour.

La première lui dictait cette pastorale, contemporaine de M. de Florian et de la prise de la Bastille, que nous transcrivons d'un manuscrit écrit par elle.

LA VOLIÈRE

Conte pastoral de Lucile. (Inédit.)

« Cloé n'avait encore vu que douze fois la révolution des douze mois de l'année. Sa seule occupation, son unique amusement pendant cet heureux âge de la vie, était de chercher des nids dans les bois et de voir croître sous ses yeux et par ses soins ces naissantes couvées.

» Les petits oiseaux devenus grands, elle n'avait pas le courage de s'en défaire; elle les gardait tous et les nourrissait du mieux qu'elle pouvait. Ses parents, qui n'étaient pas riches, se virent forcés de contrarier les plaisirs innocents de leur fille. La volière était devenue considérable et demandait une assez forte quantité de grains, que la jeune bergère ne se procurait qu'avec beaucoup de peine. Elle fut même obligée d'en dérober plus d'une fois. On s'en aperçut un matin que la jeune Cloé était sortie pour dénicher quelques nouvelles couvées. Quel spectacle l'attendait à son retour! Elle arrive toute joyeuse, entre ses mains un joli nid de fauvettes. Elle court à sa volière : la porte de sa volière était toute grande ouverte, et pas un oiseau dedans.... Les gais pinsons, les bouvreuils, les moineaux francs, les chardonnerets, la tendre fauvette, le rossignol.... et toi aussi, ramier fidèle, tous avaient pris leur volée : pas un seul n'avait attendu le retour de sa pauvre maîtresse!

» Comment peindre le désespoir de Cloé? Elle reste d'abord immobile et muette. La rage un moment après s'empare d'elle, elle arrache ses blonds cheveux, elle s'inonde de larmes; puis elle renverse et brise la cage sous ses pieds; elle va, vient, sort et rentre presque aussitôt. Plusieurs fois on la voit suivre de l'œil les oiseaux dans les airs, espérant distinguer quelques-uns de ceux de sa volière. Elle ne peut plus manger, et rejette loin d'elle tous les objets qui pouvaient lui rappeler de trop chers souvenirs. A vingt ans, elle ne fut pas plus affligée quand elle apprit l'infidélité de son berger chéri.

» On l'entend s'écrier : « Ah! hélas! ils ont abandonné leur
» bienfaitrice...Cependant rien ne leur manquait. Ces ingrats!
» qu'avaient-ils à désirer? Je partageais avec eux le pain qu'on
» me donnait pour moi seule. Je le leur faisais manger dans
» ma main. Que de fois j'allai au jardin ramasser pour eux
» les fruits tombés de l'arbre! Je passais des heures entières
» à leur chercher des vers nouveaux qu'ils aimaient tant! Que
» de fois je me suis exposée pour eux aux reproches et aux
» menaces de mes parents! Tous les matins, tous les soirs
» je les soignais, comme une mère soigne ses petits enfants.
» Je les caressais tour à tour; je les réchauffais dans mon

» sein. Que de fois j'ai rompu mon sommeil pour aller leur
» découvrir quelques compagnes dès l'aube du jour, à tra-
» vers les ronces et les épines! Ils étaient tous mes plaisirs.
» Près d'eux j'oubliais l'heure de la danse. Déjà même ils me
» reconnaissaient et me rendaient mes caresses. Les ingrats!
» que vont-ils devenir? A présent, qui les nourrira de bonnes
» graines? Pendant l'hiver, quand la neige couvrira les
» champs, où iront-ils se réfugier? Ils mourront de froid et
» de faim.... si toutefois l'oiseleur ne les prend pas dans son
» piége pour les donner à des enfants cruels, ou bien le
» chasseur inhumain.... O mes pauvres petits oiseaux, que
» je vous plains! Hélas! vous me regretterez. Cruels parents,
» c'est vous qui nous causez tous ces maux! »

» Une bergère âgée, sa voisine, avait entendu les lamen-
» tations de la jeune Cloé. Touchée de son bon cœur, elle
» vint lui dire en l'embrassant : « Console-toi, mon aimable
» enfant, ne pleure point sur le sort de tes oiseaux perdus ;
» toutes tes caresses, tous tes soins ne les rendaient pas plus
» heureux.... — Ma bonne, que leur fallait-il de plus? je le
» leur aurais donné peut-être. — La liberté, ma chère fille :
» c'est le plus grand des biens. Pour elle on affronte la rigueur
» des saisons, les gluaux de l'oiseleur, le fusil du chasseur.
» Pour elle on oublie sa bienfaitrice, et la bienfaitrice n'a pas
» le droit d'appeler ingrats ceux qui ne lui préfèrent que la
» liberté. — Quoi! libres, ils peuvent être plus heureux
» encore qu'avec moi? — Oui, Cloé. — Tu me l'assures, ma
» bonne? — Oui, aimable enfant. — Eh bien, si cela est
» comme tu me le dis, je veux bien leur pardonner. »

L'autre passion de Lucile lui dictait ce billet avant son mariage, adressé à l'heureux Camille. (*Inédit*.)

« O toi qui es au fond de mon cœur, toi que je n'ose aimer, ou plutôt que je n'ose dire que j'aime, tu me crois insensible!... Ah! cruel, me juges-tu d'après ton cœur, et ce cœur pourrait-il s'attacher à un être insensible?... Eh bien, oui, j'aime mieux souffrir, j'aime mieux que tu m'oublies. O Dieu! juge de mon courage. Lequel des deux a le plus à souffrir? Je n'ose me l'avouer à moi-même ce que je suis pour toi, je ne m'occupe qu'à le déguiser. Tu souffres, dis-tu. Oh! je souffre davantage. Ton image est sans cesse présente à ma pensée; elle ne me quitte jamais. Je te cherche des défauts, je les trouve et je les aime.... Dis-moi donc pourquoi tous ces combats, pourquoi j'aime à en faire un mystère même à ma mère? Je voudrais qu'elle le sût, qu'elle le devinât; mais je ne voudrais pas le lui dire. »

Elle avait, d'avance, écrit son histoire tout entière en transcrivant ces vers, que nous empruntons au même manuscrit:

MA VIE.

Veut-on savoir quelle est ma vie?...
A quelque historien haineux
Si de l'écrire il prend envie,
Ce sera peu volumineux.

Et ma science et mon système,
Et mes projets et mes désirs,
Mes plus grands faits, mes doux plaisirs,
Tout se réduit à ce mot : J'aime.

Toi qui seule m'occupera
Dans tous les instants de ma vie,
Écris sur ma tombe : Il aima.

Lucile n'est pas une femme de la Révolution comme la grande madame Roland, c'est une femme de l'ancien régime; elle était savante en coquetterie, pénétrée des règles et des secrets de l'art :

Croyez-en mon expérience,
Amants! hâtez-vous lentement;
Modérez votre effervescence,
Ne brusquez pas le dénoûment.
. . . .

LA RUE, LE CLUB, LA FAMINE.   339

> Marchez de surprise en surprise,
> Que toujours croisse l'intérêt,
> Et jusqu'à la dernière crise,
> Que chaque chose ait son effet.
>
> Que, fidèle aux convenances
> Jusqu'à la conclusion,
> La dernière jouissance
> Conserve encor l'illusion [1].

Dans ces sombres récits, toujours le plaisir côtoie la torture; le siècle passe du spasme de la volupté au spasme de la guillotine.

C'est la douleur d'avoir vu Camille en prison, d'avoir su ses jours en péril, qui avait été cause de la fin tragique de Lucile. Elle s'était tant agitée pour le délivrer, elle s'était plainte si haut, que les bourreaux impatientés l'avaient envoyée aux gradins de Fouquier, et de là naturellement à la mort. Elle la reçut sans se plaindre, parce qu'elle ne pouvait plus vivre sans Camille. Donnons donc à la pauvre créature l'épitaphe qu'elle a réclamée comme un hommage et une justice.....

> Écris sur ma tombe : *Elle aima.*

On voit par la déposition de Pâris dans le procès de Fouquier-Tinville que le tribunal révolutionnaire avait été sur le point, à l'époque du procès d'Hébert, d'ordonner la mise en jugement de Pache et d'Hanriot, et qu'il en fut empêché par le comité de salut public.

Dans le compte rendu officiel du procès d'Hébert, rédigé par les juges, on a falsifié les dépositions de témoins qui chargèrent Pache et Hanriot. Il est fort possible que ces deux démagogues fussent secrètement disposés à venir en aide aux hébertistes, à un soulèvement populaire, à un nouveau 31 mai contre la majorité de la Convention. On a dû remarquer l'ambiguïté du style des proclamations d'Hanriot. Il semble qu'il se soit réservé d'interpréter ce qu'il disait alors des conspirateurs dans un sens soit favorable, soit hostile aux hébertistes, selon que l'événe-

[1] Nous copions ces couplets sur la transcription qu'elle en a faite.

ment devait amener leur triomphe ou leur défaite. Après la mort d'Hébert, c'est encore l'hébertisme, c'est-à-dire le délire démagogique, toutes les mauvaises passions de la multitude caressées et déchaînées, qui enflamme le style de ces divagations meurtrières où le riche est sans cesse dénoncé à la haine du vertueux sans-culotte.

28 germinal (12 avril).

Ordre général du commandant Hanriot.

« Des hommes plus que méchants, des fripons que la loi n'a pu encore atteindre, vont nocturnement sur les grandes routes arrêter les œufs et le beurre destinés pour Paris; d'autres scélérats accaparent les oignons et légumes de première nécessité, les enfouissent dans la terre, et les y laissent pourrir plutôt que de les envoyer à Paris.

» D'autres brigands font accroire à certains hommes peureux et sans caractère que le commerçant n'est plus en sûreté. Imposteurs, dites-nous, citez-nous l'asile du marchand qui a été violé par les pauvres démocrates sans-culottes! Riches propriétaires, nous ne voulons pas de vos propriétés, de vos personnes; respectez comme nous les décrets de la Convention nationale, aimez les sans-culottes de la Convention comme nous les aimons, mettez en pratique l'humanité des mœurs et la vertu; riches propriétaires, marchez sous la loi avec nous, ne quittez jamais le sentier de la droiture, abandonnez votre égoïsme, unissez-vous à nous, embrassons-nous, serrons-nous étroitement, et tous les ennemis de la République seront vaincus. »

23 GERMINAL (13 AVRIL).

Subsistances et approvisionnements de la République.

La grande affaire du moment est toujours la question des subsistances. Elle domine la politique et le gouvernement. La circulaire suivante, que nous tirons des cartons des Archives de l'Empire (F. 12, 1546 *bis*), nous donne de précieux renseignements sur l'état de la question.

A Paris, le 23 germinal de l'an II de la République une et indivisible.

La commission des subsistances et approvisionnements de la République au citoyen agent national de la commune de Paris.

« La loi du *maximum* était impatiemment attendue par le peuple, qui en faisait l'objet de ses espérances et la regardait comme le terme de ses sacrifices; les marchands eux-mêmes annonçant l'impossibilité de se soumettre aux conditions trop inégales du premier *maximum*, semblaient promettre qu'à des conditions plus favorables le commerce ouvrirait ses magasins et déploierait ses efforts. Le nouveau *maximum* est proclamé; nous sommes chargés d'en surveiller l'exécution; déjà nous sommes frappés du scandaleux spectacle de la violation de la loi et de l'inertie du commerce; les denrées sont soustraites aux yeux du peuple, ou lui sont offertes d'une qualité tellement altérée qu'il est réduit à chercher dans la transgression de la loi le remède à la disette, et à détruire ainsi la garantie du gouvernement, qui ne repose que sur le respect religieux qu'un peuple a pour ses lois.

» Quel génie malfaisant s'attache donc aux institutions populaires pour les rendre sans effet? La malveillance serait-elle plus forte que la prévoyance de la loi? ses efforts plus puissants que l'énergie des magistrats? la soif de la cupidité plus insatiable que la patience du peuple n'est difficile à lasser?

» Lorsque le prix, souvent élevé, du nouveau *maximum* n'excite aucun mécontentement de la part des citoyens qui en supportent tout le poids, n'est-il pas étrange de trouver de la résistance du côté de ceux à qui la loi assure des bénéfices raisonnables?

» C'est à toi à tenir l'œil de la surveillance continuellement ouvert sur les infractions, à provoquer contre elles toute l'activité d'une police sévère; nous te le recommandons autant par respect pour la loi que pour l'intérêt de la commune de Paris. Paris ne produisant dans son sein aucune des denrées nécessaires à sa consommation, serait bientôt à la merci de la cupidité des spéculateurs et la victime des combinaisons perfides des ennemis de la liberté, si on ne leur impose fortement le frein du châtiment.

» D'ailleurs, la justice et l'égalité exigent l'uniforme et générale exécution du *maximum*, autrement l'exact observateur ne recueillerait pour prix de sa soumission, s'il est consommateur, que la privation des objets auxquels il refuse de mettre un prix illicite; s'il est marchand, la privation des bénéfices que la loi permet, la cupidité de ses collègues tarissant bientôt les sources où il devait puiser.

» Après l'exécution exacte du *maximum*, l'attention des magistrats doit se fixer sur la distribution des denrées que le commerce apporte à cette vaste cité, et que nous mettons à la disposition de ses administrateurs; et à ce sujet, nous ne pouvons dissimuler notre étonnement sur la disette qu'aggrave la foule sans cesse existante aux portes des détaillants de beurre, œufs, savon, sucre, et cependant les quantités de ces denrées arrivées et remises par nous à Paris, doivent suffire pour satisfaire pleinement à tous les besoins ou au moins en diminuer sensiblement la masse. Nous allons demander compte à l'administration des subsistances de la commune de l'emploi des denrées que nous lui avons livrées de Marseille et d'Orléans. C'est à toi à examiner les moyens que l'administration de police emploie pour assurer la distribution. Nous allons établir dans tous les lieux environnant Paris des surveillants actifs, qui épient la fraude, découvrent les manœuvres employées pour arrêter la circulation, et nous mettent à portée de détruire tous les obstacles.

» Toi, lève toutes les entraves intérieures qui gênent l'approvisionnement de Paris; s'il est juste que les denrées qui y sont appelées pour sa consommation n'en soient pas enlevées, il est imprudent de vouloir asservir le cultivateur à être le tributaire de cette commune, sans rien offrir en échange des denrées qu'il apporte. Que l'industrie et le commerce soient enfin affranchis de tout joug étranger à celui de la loi; qu'un zèle aveugle et malentendu ou une coupable malveillance n'enchaînent plus leurs efforts; qu'on laisse leurs productions suivre leur cours ordinaire, et attirer en retour les objets dont la privation nous est insupportable; qu'on cesse de décourager, de rebuter par d'inutiles formalités ceux qui nous approvisionnent, et que tout ce que la loi a laissé de liberté au commerce et à l'industrie leur soit garanti. Tels sont les moyens de faire cesser la disette alarmante qui nous assiége et de ramener l'abondance. Veille au dedans, et sois persuadé que nous veillons au dehors, pour assurer la subsistance de Paris contre tous les obstacles de la cupidité et de la malveillance.

» Salut et fraternité.

» Pour copie :

» *Le président de la commission,*

» JOUENNEAULT. »

FLORÉAL.

20 AVRIL AU 19 MAI.

Du 1er FLORÉAL (20 AVRIL). — Robert Lindet, 46e président de la Convention.

Billault de Varennes fait un rapport sur l'objet de la guerre.

Trente et un accusés, appartenant presque tous à la magistrature, présidents ou conseillers des parlements, sont condamnés à la peine de mort [1].

Du 3 (22 AVRIL). — Duval-Desprémenil, Thouret, Lechapelier, Lamoignon de Malesherbes, la veuve Rosambo, la veuve Duchâtelet, la duchesse de Grammont, et sept autres, en tout quatorze, sont condamnés à la peine de mort.

Du 5 (24 AVRIL). — Trente-trois habitants de Verdun sont condamnés à la peine de mort, et deux à la réclusion pour vingt ans, en raison de leur âge.

Du 6 (26 AVRIL). — Les membres des comités civils de section auront chaque jour trois livres d'indemnité.

Du 8 (28 AVRIL). — Gamain, serrurier, expose que le 22 mai 1792, jour où il acheva de faire une armoire aux Tuileries dans l'épaisseur d'une muraille, Louis XVI lui apporta lui-même un grand verre de vin à boire, parce qu'il avait chaud, et il ajoute qu'il en ressentit une violente colique. — La conséquence de cette déclaration était que le Roi avait voulu l'empoisonner pour se défaire d'un témoin qui aurait pu divulguer l'existence de l'armoire. « Beaucoup de personnes ont connu Gamain, dit l'auteur du *Mémorial*, t. Ier, p. 282, comme ayant été comblé des bienfaits de Louis XVI, dans un temps où il se faisait honneur de tirer le soufflet d'une forge à laquelle le Roi s'amusait quelquefois. Ce

---

[1] Pour tous ces procès, dont l'instruction et la conclusion doivent occuper une si grande place dans l'histoire de la Démagogie, nous renverrons au livre plein de faits et de renseignements nouveaux de M. Campardon : *Le Tribunal révolutionnaire de Paris*, édition Plon, 2 vol. in-8°.

fut sans doute pour conserver du parti populaire la pension qu'il recevait de la main royale qu'il fit cette déclaration..... »
Ajoutons que si l'odieuse accusation de Gamain était un calcul, l'espérance de cet honnête homme ne fut pas déçue. La Convention, dans la séance du 28 de ce mois, lui accorda une pension viagère de douze cents livres.

Du 9 (29 avril). — Mort du général Dagobert, en combattant contre les Espagnols à l'armée des Pyrénées-Orientales. La Convention ordonna qu'une colonne de marbre érigée dans le Panthéon porterait son nom ainsi que ceux de tous les braves morts héroïquement pour la défense de la patrie.

Pendant que ces généreux citoyens s'immortalisaient dans l'histoire, le seul Panthéon inviolable et immuable, — Hanriot le démagogue adressait aux sans-culottes de Paris la proclamation qu'on va lire, la plus cynique peut-être de celles qu'il a écrites :

Ordre général du 9 floréal.

« ..... Depuis peu il se passe encore quelques intrigues ; je suis bien aise de prévenir mes frères d'armes que toutes les places sont à la disposition du gouvernement : le gouvernement actuel, qui est révolutionnaire, qui a des intentions pures, qui ne veut que le bien de tous, a la nomination de toutes les places ; il va jusque dans les greniers chercher les hommes vertueux ; il dit aux pauvres et purs sans-culottes : Venez occuper cette place, la patrie vous y appelle ; sauvez-la, aimez-la, c'est votre mère à tous.... »

Ainsi donc, pauvres sans-culottes affamés, prenez patience ! On sait ce que vous désirez, et vous l'aurez. Le gouvernement est en quête de fonctionnaires. Pour en trouver, il explore jusqu'aux greniers. Que lui faut-il ? des hommes vertueux. Vous êtes tous vertueux, sans-culottes, et vous aurez tous des places. Comme le gouvernement dispose de toutes les places, il ne vous faut donc qu'un peu de patience.

Ingénieux Hanriot ! se peut-il que ce peuple ingrat vous arrachera un jour d'un égout où vous aviez trouvé un asile si bien approprié à vos mérites, pour vous conduire à la guillotine !

Du 10, 11 FLORÉAL. — Toujours des victoires : prise de Furnes, de Courtrai, de Menin ; mais le 12, les Autrichiens s'emparent de Landrecies. Hanriot est sur le qui-vive. L'étranger conspire ; Hanriot va déjouer le complot et assurer le succès de nos armes : il faut que les femmes portent la cocarde dans *le lieu le plus propice* — à la reconnaître. Jamais on n'avait trouvé un moyen aussi simple de battre l'ennemi... Voici l'ordre général du commandant, en date du 12 floréal :

« J'invite mes frères d'armes à être sévères dans leur service et à faire exécuter le décret relatif aux cocardes. Plusieurs citoyennes, parées de rubans verts et blancs, lèvent une tête audacieuse et se font gloire d'être sans cocarde ; il faut les traduire devant les comités révolutionnaires.

» D'autres citoyennes la portent à leur chapeau rond, sous la gance ; ce n'est pas ainsi que l'on doit porter les couleurs chéries de la nation : il faut les porter visiblement et dans le lieu le plus propice à les reconnaître. Si les ennemis de la patrie osent conspirer, qu'ils tremblent ! La loi ne fera pas de grâce aux méchants. »

UN CI-DEVANT AVOCAT D'ÉVÊCHÉ.

A la date du 13 FLORÉAL (2 MAI), la collection Labédoyère nous fournit une lettre inédite de Robespierre adressée à un de ses amis. On est frappé, en la lisant, d'abord du ton, qui n'est pas le tutoiement ; ensuite, de la date, qui n'est pas la date du nouveau calendrier. On voit que l'avocat de l'évêché d'Arras n'était pas resté seulement par l'usage de la poudre, qu'il avait conservé, fidèle à l'ancien régime. Il a pris tellement l'habitude de se plaindre, qu'à l'apogée de sa toute-puissance il parle encore des disgrâces qu'essuient tous les vrais amis de la République, absolument comme il en aurait parlé deux ans auparavant, à supposer qu'il se fût alors mis au nombre des partisans de la République.

« Mon cher Aigoin, depuis que je vous ai écrit, j'ai été à la fois indisposé et extrêmement occupé. Je n'avais point reçu votre première lettre. J'ai fait, en conséquence de la seconde, tout ce qui était en mon pouvoir pour vous procurer la justice qui est due à votre civisme pur et imperturbable, et tous les bons citoyens vous l'ont rendue ; gardez-vous, mon ami, de douter jamais de ma tendre amitié. Après la patrie, je n'aime rien autant que les hommes qui vous ressemblent. Vous partagez avec tous les vrais amis de la République et de la vertu les disgrâces que vous essuyez. Ayez courage, et que votre civisme même vous console des persécutions qu'il vous a attirées. Comptez sur mon tendre dévouement ; mais ayez quelque indulgence pour l'état de lassitude et d'accablement où mes pénibles occupations me mettent quelquefois. Adieu, embrassez pour moi tout ce qui nous est cher.

» ROBESPIERRE. »

« Paris, le 2 mai, l'an II de la République. »

UN GÉNÉRAL RÉPUBLICAIN.

Que le lecteur nous permette ici une courte digression : aussi bien il est utile de reposer sa vue du triste spectacle de la rue et des clubs de Paris. S'il y a l'armée révolutionnaire de Ronsin, qu'un pétitionnaire de la Convention aurait voulu voir précéder d'un état-major de six guillotines, bien adapté à sa mission ; s'il y a à Paris des généraux dignes seulement d'escorter cette charrette de Fouquier qu'on appelait *la bière des vivants,* — aux frontières on trouve les vraies armées, les vrais soldats de la République, comme Dagobert, Hoche, Marceau, Kléber. Tandis que les démagogues de Paris, à force de violences, d'injustices et de cruautés, soulevaient cette grande émotion de la conscience humaine, qui après trois quarts de siècle, n'a pas fait grâce encore à la Révolution, les républicains de nos armées scellaient d'un sang pur et généreux les fondements immortels de l'édifice nouveau. Ayant fait le sacrifice de leur vie à la cause de l'honneur national et de la liberté,

> Pieds nus, sans pain, sourds aux lâches alarmes,
> Tous à la gloire allaient du même pas...

Prenons au hasard un de ces glorieux, non de ceux que la fortune a le mieux traités et auxquels elle a donné le plus de célébrité, mais un de ces fils de la Révolution qui ne doivent rien qu'à elle, et que l'Empire a honorés pour s'honorer lui-même de leur force et de leur vertu.

Henri-François Delaborde était né à Dijon, le 21 décembre 1764, d'un boulanger de cette ville. Un oncle, prêtre de Saint-Benigne, se chargea de son éducation, lui apprit la grammaire et le latin. En sortant des mains du prêtre, Delaborde devint soldat : sa bonne conduite et son intelligence le portèrent au grade de caporal. Il n'était pas facile alors d'arriver plus haut; aussi notre caporal renonça-t-il, quand il le put, à la carrière des armes, et rentra-t-il dans la vie civile. Bientôt éclatèrent les grands événements de 1789 : plus de classe! plus de priviléges! plus de distinction de naissance! c'était l'affranchissement universel. Quelle joie! quelle ivresse! de quel élan on se porta aux frontières, au-devant de ces *hordes d'esclaves* qui prétendaient ramener dans les *fers de l'antique esclavage* la grande nation libérée et libératrice!

Mais les officiers avaient emporté à l'étranger leur épée patricienne, qu'ils auraient craint de déshonorer en la mettant au service d'une autre cause que la cause de *Dieu* et du *Roi*. Le peuple dut la remplacer. La nouvelle épée populaire fut forgée au feu de l'enthousiasme et trempée aux sources mêmes du patriotisme. La première ligne militaire avait disparu; la seconde la remplaça : les sous-officiers passèrent d'emblée officiers, et le vide fut comblé en face de l'ennemi étonné.

Les Dijonnais avaient arraché Delaborde à la vie civile, et l'avaient appelé à un des commandements de leur milice. Les anciens sous-officiers de la monarchie rendirent à la République d'immenses services : ils furent les instructeurs de ses bataillons improvisés ; ils rétablirent peu à peu dans les masses incandescentes les règles de la discipline auxquelles rien ne supplée, aidés dans leur tâche par nos défaites mêmes. Les premiers républicains avec leur générosité téméraire n'étaient que des hommes, ils en firent du bronze.

Delaborde avait quitté Dijon lieutenant au 1er bataillon de la Côte-d'Or, il arriva au siége de Toulon général de division [1]. C'est lui qui enleva à la tête de la division du Nord la fameuse redoute anglaise. Les commissaires Salicetti et Robespierre jeune écrivaient alors à la Convention :

« Les ennemis avaient épuisé les ressources de l'art pour rendre cette redoute inexpugnable, et nous vous assurons qu'il est peu de forts qui présentent une défense aussi importante et aussi inexpugnable. Cependant elle n'a pu tenir à l'ardeur et au courage des braves défenseurs de la patrie. Les forces de cette division, sous les ordres du général Laborde, ont attaqué la redoute à cinq heures, et à six heures le pavillon de la République y flottait.... La prise de cette redoute, dans laquelle les ennemis mettaient tout leur espoir, et qui était pour ainsi dire le boulevard de toutes les puissances coalisées, les a déconcertés. Effrayés de ce succès, ils ont abandonné et évacué dans la nuit les autres forts..... »

Le général en chef Dugommier écrivait de son côté :

« Tout ce que l'audace dans l'attaque, l'opiniâtreté dans la défense peut offrir en spectacle, fut épuisé de part et d'autre. Mais enfin l'opiniâtreté céda à l'audace, et les Républicains entrèrent triomphants dans la redoute. »

[1] Voici ses états de services. Dans l'effroyable consommation d'hommes qu'entraînait l'effort gigantesque de la nation contre l'Europe coalisée, l'avancement était rapide. Soldat au 55e régiment le 27 mars 1783, — caporal le 3 septembre 1788, — congé absolu le 27 mars 1791, — lieutenant au 1er bataillon de la Côte-d'Or le 30 août 1791, — adjudant-major le 9 avril 1792, — chef du 2e bataillon de la Côte-d'Or le 19 juillet 1792, — général de brigade le 11 septembre 1793, — général de division le 22 vendémiaire an II.

Les morts vont vite!... dit la ballade allemande. En ce temps-là les vivants ne se reposaient guère. Sur toute la ligne de feu ouverte par la guerre civile et la guerre étrangère, on a peine à les suivre. Au moment où leur présence s'est signalée sur un point, ils apparaissent sur un autre. L'obéissance, comme les ordres donnés, a la rapidité de l'éclair.

Le ministre de la guerre écrit à Delaborde :

« Je t'envoie, citoyen général, un courrier pour te prévenir que le comité de salut public et le conseil exécutif, ayant confiance en toi, t'emploient dans ton grade à l'armée des côtes de Brest, où il faut que tu sois rendu au plus tard dans dix jours, à partir de ce moment. Pars donc dans six heures, après la réception de ma dépêche, et dirige-toi, par Bourges et Limoges, directement sur Port-Malo. »

Et avant l'expiration du délai fixé, Delaborde était rendu à son poste, où il avait retrouvé son camarade et son ami Kléber, un homme de sa trempe, grand et beau comme l'antique.

Kléber était depuis quelque temps employé à cette guerre de Vendée, qui avait bien changé de caractère. Il en était excédé. Sa bravoure répugnait à combattre un ennemi dont il traitait les subterfuges de lâcheté, et sa générosité répugnait plus encore à lui infliger les impitoyables châtiments qui devaient punir la rébellion. On ne lui pardonna pas d'avoir épargné des adversaires qu'il méprisait, et on lui infligea, en le rappelant, une disgrâce qu'il accueillit comme une délivrance. Voici la lettre superbe qu'il écrivit, en cette occasion, à son ami Delaborde :

LIBERTÉ. ÉGALITÉ.

« Rennes, le 14 floréal, l'an II de la République française une, indivisible [1].

« Kléber à Delaborde.

» Je n'ai pas voulu quitter l'armée des côtes de Brest sans prendre congé de toi, mon camarade; de toi que j'aime et

[1] Les autographes de Kléber sont rares. Nous publions le *fac-simile* de cette lettre jusqu'ici restée inédite.

Liberté   Égalité

                    Rennes le 14 floréal l'an 2 de
                    la République française une et indivisible

L'amitié d'un grand
homme tel que Kléber,
était pour moi d'un
prix inappréciable.   Kléber à Delaborde
Sa lettre doit
être conservée très
soigneusement par ma famille.
            Dijon 1er fructidor an 9   me
— Delabord   Je n'ai pas voulu quitter l'armée des côtes de Brest
gal de div   sans prendre congé de toi, mon camarade, de toi
                    que j'aime et que j'estime infiniment avec qui j'aurais
                    voulu combattre vaincre et mourir. Je pars pour l'armée
                    du nord demain, tu ferais bien de t'y rendre aussi.
                    La guerre des chouans est la chose du monde la
                    plus ridicule, les braves les battent à coups de pieds
                    et de manche à Sallais, les lâches en sont battus
                    les faibles égorgés apapinés. c'est un ennemi qui
                    a la timidité et la legèreté du chevreuil, et la
                    férocité du Tigre. c'est un serpent qui se traine
                    d'un repaire à l'autre et qui s'échappe au moment
                    ou on croit le tenir. je t'embrasse bien fraternellement
                                                                Kléber
                    Damas et Leroux te saluent.

                        Au Général D'inspection
                Delaborde
                            a Port malo

que j'estime infiniment, avec qui j'aurais voulu combattre, vaincre et mourir. Je pars pour l'armée du Nord demain ; tu ferais bien de t'y rendre aussi. La guerre des chouans est la chose du monde la plus ridicule. Les braves les battent à coups de pied et de manche à balai, les lâches en sont battus, les foibles égorgés, assassinés. C'est un ennemi qui a la timidité et la légèreté du chevreuil et la férocité du tigre ; c'est un serpent qui se traîne d'un repaire à l'autre et qui s'échappe au moment où on croit le tenir.

» Je t'embrasse bien fraternellement.

» KLÉBER.

» Damas et Leroux te saluent. »

Suscription : « Au général divisionnaire Delaborde, à Port-Malo. »

Ces fières paroles honorent également les deux amis. Celui avec lequel Kléber *aurait voulu vaincre et mourir* a écrit modestement dans la marge de la lettre qui lui était adressée, et que ses enfants gardent comme une part précieuse de l'héritage d'honneur dont ils sont les dignes dépositaires :

« L'amitié d'un grand homme tel que Kléber était pour moi d'un prix inestimable. Sa lettre doit être conservée très-précieusement par ma famille.

» DELABORDE, *général divisionnaire.* »

« Dijon, 1er fructidor an IX. »

Voilà les vrais soldats de la République — et non les Hanriot et les Ronsin !

Les générations qui ont hérité des bienfaits de la révolution ne seront jamais trop reconnaissantes envers ces hommes dont la simplicité a égalé le désintéressement, et dont le courage héroïque a sauvé l'intégrité et l'indépendance de la patrie. Ceux-là restent sans tache devant elles et devant l'histoire. Tandis que les partis, dans leurs déchirements, sacrifiaient à des haines particulières et à des ambitions criminelles l'intérêt général, eux, ils faisaient leur devoir tout entier. Leur vie reste un exemple comme leur mort.

Il n'a manqué à leurs exploits, pour entrer dans toutes les mémoires, qu'un historien comme Polybe et Xénophon. Ni les Grecs ni les Romains n'ont surpassé ces traits d'audace, où la vigueur du corps était aussi nécessaire que celle du courage. Cependant, comment étaient-ils nourris, comment étaient-ils vêtus? Nourris de pain noir, ils marchaient quatorze heures de suite; déguenillés, avec des savates aux pieds, ils escaladaient des roches taillées à pic, au milieu des ronces et des épines. Pour les faire connaître, chefs et soldats de la République, on nous permettra d'emprunter à une époque postérieure au mois de floréal le récit d'un des faits d'armes de ce temps, la prise de Fontarabie, dans lequel reparaît le nom du brave Delaborde :

Armée des Pyrénées-Occidentales.

Les représentants du peuple près l'armée des Pyrénées-Occidentales aux représentants du peuple composant le comité de salut public. (Bulletin de la Convention nationale, n° 18. Moniteur, etc.)

« A Sesaca, en Espagne, le 11 thermidor an II.

» Citoyens collègues,

» Le drapeau tricolore flotte enfin sur une vaste partie du territoire espagnol. La fertile vallée de Bastan est envahie; le fort Maya est pris. Les lignes formidables, les redoutes terribles, les retranchements, en apparence inexpugnables, de la montagne du Commissari, de Marie-Louise, du camp de Bera, de celui de Saint-Jean de Luz, du fort de Sainte-Barbe, tout a cédé à l'audace et aux baïonnettes des Républicains. Défilés à passer, montagnes à gravir, rivières à traverser, précipices à franchir, mauvais temps à supporter, bivouacs continuels, la soif, la faim, voilà, citoyens collègues, les obstacles contre lesquels les braves soldats de l'armée des Pyrénées-Occidentales ont eu à lutter avant de joindre leur ennemi et après l'avoir battu. . . . . . . Laborde commandait l'expédition de l'enlèvement de la redoute du Commissari et des autres en dépendant; Frégeville était chargé du bombardement de Fontarabie. A trois heures du matin, toutes les troupes étaient en marche. Les redoutes et les retranchements de la montagne du Commissari sont peut-être un des ouvrages les mieux faits et les plus forts qui existent : une montagne escarpée et extrêmement élevée, ayant presque jusqu'à sa base des retranchements qui se défendent mutuellement; sur la sommité, des redoutes terribles, au milieu d'une desquelles s'élevait un cavalier fraisé, entouré de six rangs de puits profonds, remplis de pieux; le pourtour, d'un très-large fossé garni de chevaux de frise et de planches hérissées de clous, sept pièces de canon, deux obusiers et huit cents hommes : tels étaient les moyens de défense de deux redoutes inexpugnables pour tous autres que pour des soldats républicains, et devant l'une desquelles vingt mille hommes devaient trouver une défaite certaine et la mort; mais tous ces obstacles agglomérés, servant de véhicules à nos troupes, n'ont fait qu'assurer davantage la victoire. Cette terrible montagne a été cernée de toutes parts; nos soldats, dont chacun était un héros, montant tête baissée et au pas de charge, ont enlevé successivement tous les retranchements, et, après trois heures et demie de combat, ils sont entrés dans la redoute. Pas un de ceux qui la défendaient ne s'est échappé : ils ont tous été tués ou faits prisonniers. Toutes les autres redoutes ont eu le même sort, et l'ennemi, dont l'épouvante est au comble, a abandonné de lui-même son fameux fort de Sainte-Barbe. Pendant ce temps Fontarabie brûlait des deux bouts, et cette ville, à la réserve des fortifications, n'est bientôt plus qu'un monceau de ruines. Tous ses habitants l'ont évacuée..... Les généraux Moncey, Laborde, Debein, Castelvert, Digonet, Cambrai, Frère, les chefs de brigade Lefranc, Harispe, Latour-d'Auvergne, ont donné des preuves de cette intelligence, de ce sang-froid, de ce courage, de cette audace républicaine, de cet amour pour la patrie qui assurent aujourd'hui nos succès..... Il était de la plus grande importance, citoyens collègues, pour le succès de nos opérations ultérieures, que les deux divisions commandées par Moncey et Laborde opérassent leur jonction. Le point de réunion devait être au delà de la Bidassoa, dont l'ennemi avait rompu les ponts. Moncey, à la tête de sa division, s'est porté avec rapidité sur cette rivière, et le soldat, après une marche de quatorze heures, l'a passée dans un gué très-profond aux cris de *vive la République!* C'est sur ses bords que nous avons eu tous trois la douce satisfaction de nous embrasser. Aujourd'hui ces deux divisions sont réunies ici, à Lesaca. Hier il fut tenu un conseil de guerre, et il a été arrêté que nous allions marcher par la montagne d'Haya pour tourner les batteries d'Yrun et de Fontarabie.....

» *Signé* : Cavaignac, Garrau, Pinet aîné. »

Nous voici bien loin du sujet de ce livre, *la Démagogie en 1794*; les proclamations d'Hanriot nous y ramènent :

16 floréal (5 mai).

Ordre général du commandant Hanriot.

« Hier, mes frères d'armes les ouvriers des ports n'ont pas donné l'exemple des privations que nous autres pauvres démocrates sans-culottes avons contractées dès le berceau ; ils exigent pour leurs journées un salaire trop fort, qui ne peut qu'occasionner la cherté des denrées et priver nos pauvres mères de famille des premières denrées nécessaires à la vie. Vivons honnêtement, vêtissons-nous décemment et proprement, soyons sobres, n'abandonnons pas nos vertus et notre probité, ce sont nos seules richesses : elles sont impérissables ; fuyons l'usure; ne prenons pas les vices des tyrans que nous avons terrassés, soyons toujours aux yeux de l'univers ce que nous avons toujours été. »

La Révolution chansonnée en 1776.

Avons-nous toujours été ce que prétend Hanriot? C'est un point sur lequel on ne s'entendra pas. Avant la Révolution, un de ces esprits satiriques et moqueurs qui répugnent aux innovations, s'avisa, parce que Turgot opérait ses réformes, d'annoncer le monde *à rebours*. De l'adoption des mesures les plus raisonnables et les plus urgentes, il concluait à l'imminence de calamités et de nouveautés extravagantes : égalité des pauvres et des riches, rétablissement du paganisme, destruction des parlements et des priviléges, retour au droit de nature, promiscuité par le divorce, mariage des prêtres, abdication de l'autorité royale, — tout ce qui était le contraire de ce qu'il voyait alors, il l'annonçait alors comme inévitable. On l'eût traité de fou s'il n'eût pris le parti de se moquer de lui-même, en mettant toutes ces étranges prédictions en chanson. Voici la pièce faite en 1776 (remarquez la date), telle qu'elle parut en 1787 dans un ouvrage intitulé : *Correspondance secrète, politique et littéraire, pour servir à l'histoire des mœurs*, etc.[1].

> Vivent tous nos beaux esprits
>   Encyclopédistes,
> Du bonheur français épris,
>   Grands économistes :
> Par leurs soins, au temps d'Adam
> Nous reviendrons, c'est leur plan.
>   Momus les assiste,
>   Oh! gué!
>   Momus les assiste.
>
> On verra tous les états
> Entre eux se confondre ;
> Les pauvres, sur leurs grabats,
> Ne plus se morfondre,
> Des biens on fera des lots
> Qui rendront les gens égaux :
>   Le bel œuf à pondre,
>   Oh! gué!
>   Le bel œuf à pondre.

[1] Elle est reproduite dans l'*Espion de la Révolution française*, t. II, p. 121.

Puis devenus vertueux
　Par philosophie,
Les Français auront des dieux
　A leur fantaisie;
Nous reverrons un oignon
A Jésus damer le pion;
　Ah! quelle harmonie,
　　Oh! gué!
　Ah! quelle harmonie!

Ce n'est pas de nos bouquins
　Que vient leur science;
En eux ces fiers paladins
　Ont la sapience :
Les Colbert et les Sully
Nous paraissaient grands; mais fi!
　Ce n'est qu'ignorance,
　　Oh! gué!
　Ce n'est qu'ignorance.

Du même pas marcheront
　Noblesse et roture;
Les Français retourneront
　Au droit de nature.
Adieux parlements et lois,
Les princes, les ducs, les rois :
　La bonne aventure,
　　Oh! gué!
　La bonne aventure.

Alors, d'amour sûreté
　Entre sœurs et frères;
Sacremens et parenté
　Seront des chimères.
Chaque père imitera
Noé, quand il s'enivra.
　Liberté plénière,
　　Oh! gué!
　Liberté plénière.

Plus de moines langoureux,
　De plaintives nonnes,
Au lieu d'adresser aux cieux
　Matines et nones,
On verra ces malheureux

> Danser, abjurant leurs vœux,
>   Galante chaconne,
>   Oh! gué!
>   Galante chaconne.
>
> Puissent des novations
>   La fière séquelle
> Nous rendre des nations
>   Le parfait modèle.
> Et cet honneur nous devrons
> A Turgot et compagnons :
>   Faveur immortelle,
>   Oh! gué!
>   Faveur immortelle.
>
> A qui devrons-nous le plus?
>   C'est à notre maître,
> Qui, se croyant un abus,
>   Ne voudra plus l'être.
> Ah! qu'il faut aimer le bien
> Pour de roi n'être plus rien!
>   J'enverrais tout paître,
>   Oh! gué!
>   J'enverrais tout paître.

Cependant, le 18 *floréal*, la Convention donnait un démenti à l'auteur de la chanson :

> Les Français auront des dieux
>   A leur fantaisie;
> Nous reverrons un oignon
> A Jésus damer le pion, etc.

Sur la proposition de Robespierre, elle reconnaissait l'existence de l'Être suprême et l'immortalité de l'âme.

---

25 FLORÉAL (14 MAI).

Ordre général du commandant Hanriot.

« J'avertis mes concitoyens que la maison d'arrêt militaire, rue du Bouloy, a été presque établie contre mon gré....

» Le 22 de ce mois, quelques membres de la section de la Montagne sont venus se plaindre au conseil de la commune de la sévérité de cette prison, de l'ordre qui y règne et de l'impartialité avec laquelle on y est traité, sans distinction de grades, etc. — Hommes vertueux, vous allez juger :

» A la prison de l'Abbaye, lorsqu'un militaire y était détenu, il payait quarante à cinquante sols pour l'eau, le pain et le coucher. A celle de la rue du Bouloy, on donne vingt-quatre sols; on a le pain, la soupe, la viande et le coucher; par exemple il y a cette différence, c'est que l'on est privé de chandelles, les amis du dehors n'apportent ni vin ni eau-de-vie; mais aussi les citoyens dont les délits ne sont pas graves n'y couchent pas. Je remets le jugement de l'économie de cet établissement à tous les républicains qui pensent, à tous les démocrates austères, alors on verra qui a tort. »

---

27 FLORÉAL (16 MAI).

Ordre général du commandant Hanriot.

« Hier, un gendarme de la 29ᵉ division a jeté à terre, il était midi trois quarts, rue de la Verrerie, au coin de celle Martin, un vieillard ayant à la main une becquille pour aider à supporter sa vieillesse. Cette atrocité révolte l'homme qui pense et qui connaît ses devoirs. Malheur à celui qui ne sait pas respecter la vieillesse, les lois de son pays, et qui ignore ce qu'il se doit à lui-même et à la société entière! Ce gendarme *prévaricateur*, pour avoir manqué à ce qui est respectable, gardera les arrêts jusqu'à nouvel ordre. »

29 FLORÉAL (18 MAI).

Commune de Paris, section de Mutius Scævola. Comité révolutionnaire et de surveillance.

(Extrait du registre des délibérations du comité militaire.)

« Apert par procès-verbal dudit jour, le citoyen André Brun a fait un rapport au comité qu'étant de garde à la barrière du Mayne du 28 au 29 courant, il étoit commandant du poste; il avoit vu, le 29 floréal, entre 4 et 5 heures du matin, une patrouille d'environ 15 hommes de la section du Bonnet rouge, ayant à leur tête une espèce de commissaire, lesquels arrêtoient les subsistances sur la route d'Orléans, les conduisoient dans leur section; et le commandant du poste se trouvant chez Gradeau, un des citoyens composant laditte patrouille lui a dit : Ne vat pas nous vendre. Le citoyen Brun lui a répondu : Tu vient icy boire du vin blanc, et moy jy vient boire une petite goutte. Le comité arrête que copie du présent rapport sera envoyé au comité révolutionnaire et a signé *Brun*. »

LE COMITÉ DE SALUT PUBLIC.

Dans ce mois, les fermiers généraux et la sœur du Roi, une sainte, Madame Élisabeth, étaient envoyés à l'échafaud. Fleuriot avait été nommé maire de Paris en remplacement de Pache, mis en arrestation par ordre des comités de salut public et de sûreté générale. Santerre, de son côté, fut incarcéré. Ainsi, on avait donné satisfaction aux bruits populaires rapportés par les observateurs de l'esprit public.

La démagogie est un gouvernement qui doit prendre sa règle de conduite dans les ordres de la populace. L'art consiste à faire dire au maître ce que l'esclave souhaite d'entendre. Son instrument est la police : celle-ci sème et récolte ; elle jette les excitations, elle transporte les ordres. Nous l'avons entendue répercutant les bruits des bas-fonds ; pénétrons maintenant à l'étage supérieur, où ces bruits se transforment en actes.

« Au spectacle de la vélocité des opérations majeures qui ont eu lieu, on a pensé qu'il existoit à l'ancien comité de salut public un ordre de délibérations sages et constantes, arrêtées par les membres à la lumière de discussions graves et profondes, sous la présidence de l'un d'eux, et rédigées sur un registre par un secrétaire. La République étoit dans l'erreur. Offrant moins d'ensemble qu'une municipalité de village, le comité, presque toujours désert, n'étoit[1] le plus souvent composé que d'un ou deux ou trois de ses membres alternativement, commandant, ordonnant sans la participation des autres, selon que le hasard les avoit amenés, et toutefois avec l'assentiment tacite de tous, qui approuvoient de confiance les concessions réciproques. Travaillant chacun à part dans leur laboratoire, ils ne se rassembloient que dans des cas extraordinaires de danger et de crise, et alors quelques-uns des membres du comité de sûreté générale étoient appelés.

» Il n'y avoit point de plan systématique dans le travail, mais bien une confusion horrible et croissante, où l'empire des incidents et de l'influence des subalternes présidaient plus que la raison et la justice à l'expédition des détails des affaires toujours renaissantes. De là des mesures insuffisantes, disparates, souvent contradictoires, propageant le désordre, l'effroi et le désespoir sur tous les points de la République.

---

[1] Vilate, auquel nous empruntons ces pages, était bien placé pour savoir ce qui se passait au gouvernement. Il habitait les Tuileries, dans le voisinage des comités et de la Convention. Son titre de juré, la confiance qu'inspirait l'exagération de ses principes, dont il avait donné les preuves et le gage, devaient lui permettre de pénétrer partout et de tout voir. Quelquefois il est inexact parce qu'il exprime mal ce qu'il veut dire ; comme ici, où par le mot *désert* il entend *peu fréquenté*.

Le principe qui faisoit tout aller étoit une tendance presque naturelle à la tyrannie, aux mesures fortes, vigoureuses et terribles, que tous, maîtrisés par la gravité des choses, qui par là en devenoient plus aggravantes, avoient adoptées simultanément, moins encore par un sentiment réfléchi que par une inquiétude d'esprit disposé à tout faire avec emportement et violence. De là des tiraillements d'opinion, des jalousies, des défiances, des disputes, enfin la division sur le point où ils étaient le plus d'accord, la proscription d'une partie de la Convention nationale.....

» Le chaos affreux résultant de toutes ces choses entroit dans les vues ambitieuses de chacun des tyrans : de Collot d'Herbois, attaché aux hébertistes, pour les projets desquels il avoit inventé les bandes vagabondes et sanguinaires de Rousin; de Barère, courtier de tous les partis, secrétaire de tous les forfaits, banquier de crimes et de séditions, courageux défenseur du plus fort, se rendant sourdement dans des lieux secrets avec les compagnons de ses débauches érotiques pour y négocier les ravages de la Vendée [1] et agrandir cette plaie révolutionnaire; de Robespierre, spéculant sa fortune politique sur la gloire de réparer tant de maux et de désastres.....

» Le contraste entre Collot d'Herbois et Billaud-Varennes n'est pas moins frappant dans un autre genre que celui de Barère et de Robespierre. — Billaud-Varennes, bilieux, inquiet, faux, pétri d'hypocrisie monacale, se laisse pénétrer par ses efforts mêmes à se rendre impénétrable; ayant toute la lenteur du crime qui médite et l'énergie concentrée pour le commettre. Bas, rampant, implacable, son ambition ne peut souffrir de rivaux. Morne, silencieux, les regards vacillants et convulsifs, marchant comme à la dérobée. Sa figure au teint pâle, froide, sinistre, montre les symptômes

---

[1] Nous citons Vilate sans prétendre adopter tous ses jugements. Comme il écrivait au moment où les membres des anciens comités étaient menacés d'un jugement capital, et que lui-même cherchait à sauver sa tête, il se montre à leur égard rigoureux jusqu'à l'injustice.

d'un esprit aliéné[1]. — Collot d'Herbois, sensible, enthousiaste, facile, se passionne pour les idées grandes, élevées. Cruel, il croit être humain. Son âme varie comme son jeu sur le théâtre et à la tribune. Enclin à la débauche, passionné pour les femmes, sans choix; violent, colère, emporté, air de vérité; son visage quelquefois enflammé, selon la fougue de ses passions; peut-être eût-il été juste, compatissant, si la mauvaise compagnie ne l'eût rendu plus féroce que le tigre et le lion. » (*Continuation des Causes secrètes de la révolution du 9 thermidor,* p. 122 et suiv.)

Ni Collot d'Herbois, ni Billaud-Varenne, ni Barère lui-même, ne dirigeaient à cette époque le comité de salut public. La haute police était aux mains de Robespierre : nous avons de ce fait la preuve matérielle dans les registres mêmes du comité de salut public. C'est là un des côtés les plus importants du gouverne-

---

[1] Que dit donc Vilate en parlant du caractère sombre et de l'âme cruelle de Billaud-Varenne! C'est, en effet, l'opinion qu'on se fait généralement de lui, mais bien gratuitement, si nous nous en rapportons à ce que Billaud écrivait peu de temps avant les événements de 1794. Nous le voyons dans la lettre ci-jointe, animé des plus tendres sentiments, d'une amitié pour Dumourier qui ne finira qu'avec sa vie. C'est en septembre 1792 que la lettre a été écrite, et c'est en mai 1793 que Billaud-Varenne a poursuivi la proscription des Girondins, les accusant de trahison parce qu'ils avaient été les amis de Dumourier!

Lettre de Billaud-Varenne à M. Dumourier, général en chef de l'armée du Nord[1]. (Inédite.)

Paris, le 23 septembre 1792, l'an 1ᵉʳ de la République française.

« Arrivé depuis trois jours, mon cher général, à chaque instant, à chaque minute j'ai eu l'intention de vous écrire sans pouvoir goûter cette satisfaction. La multitude d'affaires qui est venu m'obcéder (*sic*) ne m'a pas permis de disposer de mon temps à mon gré. Je voulais d'ailleurs vous donner des nouvelles de la situation dans laquelle j'ai trouvé Paris, tant pour les choses que pour les personnes. Je vous dirai que le 20 je suis allé chez le ministre de la guerre, à qui j'ai rendu compte de ma mission dans tous ses détails. Je l'ai trouvé au lit, et succombant, à ce qu'il m'a paru, sous le faix de ses occupations. Il est convenu de la bonté de toutes vos dispositions; elles sont d'ailleurs justifiées par vos succès.

» C'est hier seulement, mon cher général, que j'ai pu avoir la parole à

---

[1] Cent quarante et unième des pièces trouvées dans les papiers de Dumourier. (Cette note est d'une autre écriture que le corps de la lettre.)

ment en 1794. Nous allons l'aborder, ne fût-ce que pour ouvrir le comité aux yeux du lecteur, et pour lui faire juger comment les choses s'y passent.

Direction de la police générale par Robespierre.

Les Archives de l'Empire possèdent quatre registres renfermant la substance des rapports faits au comité de salut public, et des décisions prises par lui du 4 floréal au 10 thermidor an II; il y a quelques lacunes de peu d'importance. La plus grande partie de la correspondance de la police générale de la République se trouve là dépouillée, analysée; en regard, dans la marge qui occupe la moitié de la page, apparaissent çà et là des notes de Robespierre, de Saint-Just, de Couthon, de Barère et de Carnot, qui relatent sommairement la décision prise par le comité. Au-dessous de ces notes un mot du secrétaire du comité

la Convention nationale pour lui faire le rapport de ma conduite à l'armée et des faits dont j'avais été témoin. Ce récit a beaucoup intéressé, quoiqu'il n'ait pas laissé de causer quelques inquiétudes. Dans le même temps on a lu votre lettre au ministre de la guerre, par laquelle vous lui annonciez l'action qu'a eue le 20 le général Kelermann. Il paraît, d'après une autre lettre que j'ai reçue de Châlons, que les ennemis ont encore avancé, puisqu'ils ont intercepté la route. Je suis bien éloigné d'avoir des craintes à cet égard; car, selon moi, plus ils avanceront, plus ils se perdent.

» La Convention paraît en masse excellente, et son début a été brillant. Battez, mon cher général, exterminez les ennemis; et nous, je vous en réponds, nous anéantirons les aristocrates.

» Le porteur de cette lettre, le citoyen Laribeau, mon ami intime, est celui que je devais conduire avec moi dans la position où vous vous trouvez. Je suis charmé qu'il ait eu le désir d'aller à l'armée, puisque ce sera pour vous un homme de confiance, et qui pourra avoir soin de votre santé. C'est mon ami que je donne à mon ami, et cela seul allége le sacrifice que je fais de l'un et de l'autre.

» Extrêmement pressé, j'aurais encore mille choses à vous dire, que je renvoie à une autre fois; seulement je vous demande une grâce, celle de m'écrire aussi dans les circonstances décisives pour me mettre en mesure d'agir. Bonjour, mon cher général, ménagez votre santé, et croyez-moi votre ami pour la vie.

» BILLAUD-VARENNE,
» Député à la Convention nationale. »

Au général Dumourier, commandant en chef l'armée du Nord, au quartier général, à Sainte-Menehoult.

indique que l'ordre a été exécuté en marquant la date de l'exécution.

Donnons une idée de leur contenu.

Nous ouvrons le premier registre.

COMITÉ DE SALUT PUBLIC. — BUREAUX DE SURVEILLANCE ADMINISTRATIVE ET DE LA POLICE GÉNÉRALE.

Rapport du 4 floréal.

« Dénonciation faite par le comité révolutionnaire de Fontenay contre Huchet, général à Lancour, fesant un usage despotique et criminel de son autorité. » Un membre du comité a ajouté : « Prévenu de correspondre avec les rebelles, qui a dit à une fille qu'il la violerait sur un cadavre, et a fait fusiller. » De la même écriture, qui nous paraît celle de Saint-Just, en marge : « *Destituer ce général et le faire traduire à Paris.* » Le secrétaire a ajouté : « *Fait le 6.* »

« La municipalité de Sapris, district de Librement, département des Vosges, néglige l'exécution des loix. » En marge : « *Renvoyer cette note à Chaunard pour Billaud-Varennes, afin qu'il écrive une lettre à cette municipalité.* » Puis, cette note : « *Les pièces renvoyées le 6.* »

Ces registres pourraient s'appeler les Archives de la dénonciation. Le dépouillement de la correspondance paraît avoir été fait par le secrétaire du comité, et il ressort de l'examen des réponses qui y sont faites que la plupart des questions étaient résolues par Robespierre seul, sauf à lui de soumettre pour la forme ses décisions à ses collègues, ou de demander leurs signatures. Nous allons analyser très-sommairement ces registres pendant le temps du gouvernement de la police par Robespierre. Notre intention n'est pas de rendre compte des dénonciations et de leurs suites : nous ne nous proposons que de montrer comment le bureau de la police et de la surveillance administrative était conduit.

10 FLORÉAL. — Dix-sept dénonciations ou observations adressées de tous les points de la République au comité de salut pu-

blic : huit d'entre elles sont l'objet d'une décision ou d'une observation de Robespierre. — En général les décisions prises sont exécutées le surlendemain. Ainsi, à la correspondance soumise probablement au comité le 10 floréal au soir, toutes les réponses sont faites le 13. Voici un exemple : « Les administrateurs du district de Tarbes mandent que des méchants font courir le bruit dans les campagnes qu'on va guillotiner tous les vieillards et les enfants parce qu'on manque de pain. Les subsistances inquiètent beaucoup. » — Réponse de Robespierre : « *Arrête que les administrateurs du district de Tarbes feront arrêter les auteurs des bruits et les enverront sous bonne garde à Paris, à la Conciergerie. Ils rendront compte dans le plus bref délai de l'exécution.* » De la main du secrétaire : « *Fait le 13 floréal.* » Robespierre avait ajouté : « *Faire un arrêté donnant pouvoir à Garrigues de rechercher avec sévérité les conspirateurs, et particulièrement ceux qui sont dénoncés par le district, et d'en rendre compte au comité.* » Le secrétaire fait suivre de cette note : « *La mesure à l'égard de Garrigues a été révoquée à la signature.* »

Ce sixième cahier porte en suscription sur la dernière page : A remettre à Lejeune — bureau de la police générale — de la part du citoyen Robespierre.

11 FLORÉAL. — Une vingtaine d'affaires, sur lesquelles dix notes de Robespierre.

Un certain Simmet, de Paris, dénonce trois personnes comme étant en correspondance avec les émigrés; Robespierre dit : « *Renvoyé et recommandé expressément au comité de sûreté générale.* » D'ordinaire, c'est impérativement et comme à des subordonnés qu'il s'adresse au comité de sûreté générale. Il ne lui renvoie d'ailleurs que les affaires secondaires; il garde les autres et statue sur elles.

12 FLORÉAL (8ᵉ cahier). — Quatorze affaires, et seulement trois notes de Robespierre.

13 FLORÉAL. — Treize affaires, sept notes de Robespierre; entre autres celle-ci : « Le comité de surveillance d'Alençon vient de découvrir une pétition faite en 1792, tendante à maintenir le tyran sur le trône : trois signataires sont détenus. Beaucoup de

fonctionnaires publics l'ont signée. Il demande ce qu'il faut faire. » Réponse : « *Écrire au comité de surveillance qu'il envoie la pétition*[1], *lui ordonner d'arrêter Goupil de Préfeln, ex-constitutionnel, et de rendre compte dans trois jours de l'exécution de cette mesure.* » Le secrétaire a ajouté : « *Goupil est arrêté.* »

14 FLORÉAL. — Seize affaires, six notes de Robespierre. Renvois à la commission du mouvement des armées, aux comités de surveillance locaux, aux représentants du peuple près des armées, pour avoir des renseignements.

16 FLORÉAL. — Vingt et une affaires ou dénonciations, six notes de Robespierre, qui montre des scrupules et remet à des informations plus précises avant de faire droit aux conclusions des dénonciateurs.

17 FLORÉAL. — Neuf lettres ou rapports, une seule note, et elle n'est pas heureuse, de Robespierre. « La Société régénérée de Dijon accuse Chaunes, capitaine dans la légion batave, d'incivisme et d'aliénation d'esprit. » Il répond : « *Donner ordre au commissaire du mouvement d'arrêter ce capitaine.* » L'accusation était pourtant singulièrement vague.

18 FLORÉAL. — Douze lettres, quatre notes.

19 FLORÉAL. — Seize lettres, au sujet de dénonciations relatives à des officiers : « *Communiqué à Carnot, à Saint-Just* ; d'autres relatives à Soissons : « *Communiqué à Lindet.* » — « Le comité de surveillance de Moret prévient qu'il se forme autour de Fontainebleau des rassemblements pour célébrer le culte de la Secte catholique, ces rassemblements sont présidés par deux moines. » Robespierre répond : « *Qu'il donne les noms et demeures des moines et des principaux instigateurs, et des détails sur ces rassemblements.* » — L'agent national de Compiègne dé-

---

[1] Robespierre avait ajouté d'abord : *Et qu'il fasse arrêter les signataires.* Ces mots ont été effacés. Peut-être a-t-on été effrayé du nombre d'arrestations qu'il aurait fallu faire. Mais du moins Robespierre ne manque pas son ancien collègue de la Constituante. On voit le premier élan : *Arrêtez tout le monde,* — et le second, qu'amène la réflexion : *Bornez-vous à arrêter le seul de ces signataires que je connaisse, un ancien royaliste comme moi.*

nonce des malveillants qui cherchent à plonger le peuple dans la superstition et le fanatisme. » Réponse : « *Quand on envoie une dénonciation, il faut la préciser autrement.* » — Ces réponses ne sont pas d'un ennemi acharné du catholicisme. — Pauvre Santerre! « Santerre, détenu à la maison d'arrêt des Carmes, envoie au comité les détails de sa conduite depuis le commencement de la révolution, et réclame la plus prompte justice. » Pas de réponse! — On était appelé au théâtre par réquisition, car la réquisition réglait tout en ce temps de liberté. « Angéline Fontana, étrangère, âgée de dix-sept ans; elle est élève de l'École de danse..... Elle demande une réquisition qui la mette en état d'exercer et de cultiver des talents qui peuvent être utiles. » Lesquels?

20 FLORÉAL. — C'est à peu près chaque jour le même nombre d'affaires et de dénonciations. — A mesure qu'on avance, il semble que les décisions de Robespierre deviennent plus tranchantes.

21 FLORÉAL. — Sur la dénonciation d'un simple agent du comité, Demaillot, cinq individus sont envoyés à la Conciergerie sans que Demaillot ait eu besoin de citer aucun fait à l'appui de sa dénonciation. « Le citoyen Franchet dénonce Dorfeuille et Millet comme étant de la faction d'Hébert. » Réponse : « *Faire arrêter Dorfeuil et Millet.* » — « Un anonyme donne avis que dans les communes de Violay, etc., il se fait des rassemblements de prêtres insermentés qui disent des messes dans les maisons. Il a lui-même entendu la conversation de plusieurs fanatiques; il accuse même de concussion la police et ses subalternes, Charouy, de Thisy, Dulac, Saint-Bonnet, Perrier, perruquier, Derigny et autres. » Sur cette dénonciation d'un *anonyme*, sans précision, sans preuves, on croit rêver en lisant la décision de Robespierre : « *Envoyer à Dupuis la dénonciation et lui dire de faire arrêter les individus désignés.* » — D'autres fois il se montre un peu plus circonspect. Du 23 : « Un anonyme dénonce Paran de la Rochelle pour avoir abusé de la confiance des représentants du peuple, et avoir influencé la Société populaire et avoir voulu en chasser Ganet fils, le seul qui osât dire la vérité. » Réponse : « *Demander verbalement des renseignements à*

Jullien fils. » Jullien fils était cet agent du comité qui s'est signalé à Bordeaux.

Rien n'égale parfois la niaiserie, le vague de ces accusations, qui portent sur une population tout entière. A la date du 25 : « Pechiquy, instituteur à Chinon, dénonce plusieurs individus qui influencent les délibérations de la Société populaire. Il dénonce des dilapidations, des abus d'autorité, des propos inciviques, nomme les auteurs, et ne donne pas leurs adresses. » Robespierre ne demande pas mieux que de faire incarcérer ; mais, en cette circonstance, force lui est de répondre : « *Quand on dénonce, il faut nommer.* »

Qu'il passe par la tête d'un individu quelconque de dénoncer comme *incivique, ami des prêtres, ennemi de la révolution,* une ou plusieurs personnes auxquelles il veut du mal, il serait bien extraordinaire que l'incarcération des dénoncés ne lui fût pas accordée immédiatement. Il n'est pas même toujours nécessaire que le nom du délateur soit connu pour que le transfèrement à la Conciergerie soit ordonné. En temps ordinaire, être arrêté n'est que demi-mal, un mal qui peut être réparé par le juge ; mais alors, paraître devant le juge sur les fameux gradins de Fouquier, c'était avoir à peu près la certitude d'être condamné. Aussi on frémit en voyant avec quelle facilité l'esprit malade de Robespierre croit à tant de complots et accepte comme prouvées tant d'accusations, avec quelle promptitude sa plume est disposée à écrire : « *Transporter sous garde sûre à la Conciergerie.* »

Le sans-gêne avec lequel les comités révolutionnaires parlent des autorités est parfois extrême : « Le comité révolutionnaire de la section du Panthéon français fait passer au comité différentes dépositions qui prouvent que Dauguin, qui remplit les fonctions de juge de paix de ladite section, est yvrogne, voleur et turbulant. La section du Panthéon croit devoir instruire le comité de ces faits, pour qu'un homme chargé de fonctions aussi importantes soit examiné scrupuleusement. La section déclare que Dauguin *n'est plus digne de sa confiance.* » Il paraît que, bien que voleur, *yvrogne* et *turbulant,* il n'en avait pas paru indigne jusqu'alors. »

PRAIRIAL.

20 MAI AU 18 JUIN.

La terreur se signale, dans ce mois, par un redoublement de rigueur et de mesures oppressives, à la suite de l'attentat d'Admiral sur Collot d'Herbois (4 prairial). Une jeune fille de vingt ans, Cécile Renault, qui se présente au domicile de Robespierre pour *voir un tyran*, sera condamnée à mort avec son père, son frère, sa tante. Cependant Barère répond à l'offre faite par plusieurs sections de Paris de fournir des gardes aux membres des comités de salut public et de sûreté générale : « Notre garde, c'est l'amour du peuple français » (6 prairial). Comme témoignage de cette confiance, l'affreuse loi du 22 prairial autorise les jurés du tribunal révolutionnaire à condamner les accusés sans les entendre, sans entendre la défense et les témoins; il suffit que la conscience du jury se déclare éclairée. — Deux événements de nature bien différente, la fête de l'Être suprême (20 prairial), dans laquelle Robespierre officie pontificalement, en qualité de président de la Convention, et le procès de Catherine Théot, qu'il étouffe, jettent dans les comités les germes d'une profonde irritation qui préparera le 9 thermidor. Mais rien encore ne fait pressentir cette explosion, et, pendant ce mois de prairial, la volonté de Robespierre paraît toute-puissante. C'est elle qui dirige la police générale de la République, c'est elle qui dicte et inscrit ses décisions sur les registres du comité de salut public. Nous poursuivrons donc le dépouillement sommaire de ces registres jusqu'au jour où nous verrons la main de Robespierre s'en retirer.

Sur le 1ᵉʳ prairial nous ne trouvons rien qui mérite d'être cité, mais nous trouvons dans un rapport en date de ce jour, sur le prix des vivres, quelques renseignements qui nous décident à le reproduire.

1ᵉʳ PRAIRIAL (20 MAI).

Rapport de police.

Le grand art des démagogues de tous les temps est de faire diversion aux privations de la multitude par l'excitation de ses jalousies et de ses haines. On ne lui dira pas, par exemple, que la disette provient de l'insuffisance de la récolte, de la sécheresse ou de l'humidité excessives, enfin de quelque cause naturelle. Le peuple ne serait pas satisfait de ces simples explications. Que peut-il contre la nature? Rien, que se résigner. Or il ne veut pas de la résignation; il souffre, donc il jalouse ou il déteste celui qu'il suppose ou plus riche ou moins malheureux que lui, celui en qui il avait confiance la veille et qui n'a pas su l'empêcher de souffrir : le roi, le prêtre ou le riche. Il est irrité; donc, comme l'enfant en colère, il faut qu'il brise quelque chose. Les démagogues lui fournissent avec empressement l'objet sur lequel la fureur fera diversion à la faim. Eux-mêmes, dans leur précipitation à mériter ses faveurs, s'offriront les uns les autres à ses coups. Mais l'ennemi commun dont ils convoitent les dépouilles, dont ils ne se lassent pas d'accuser les forfaits et de harceler l'existence, c'est le riche, le riche ou le noble.

« Les ci-devant nobles répandus dans les communes des environs de Paris ont fait tout ce qu'ils ont pu pour corrompre les habitants de ces communes, et principalement ceux qui contribuent à l'approvisionnement de Paris; et un certain nombre de ces hommes, à ce qu'il m'a été dit, ont arrêté qu'aucune subsistance ne sortiroit de leurs communes, et que l'on se permettoit même d'arrêter celles qui viennent à Paris. Je me suis transporté hier à la Chapelle et à Belleville à ce sujet. J'ai marchandé chez les différents traiteurs la viande et les œufs, qui étoient abondamment étalés, et on m'a fait, sans vouloir en rabattre, un gigot de quatre livres environ, quatorze livres, mais ne voulant pas le donner à moins de treize;

les pigeons, quatre livres; des volailles assez belles, quinze livres; des œufs, une omelette de dix-huit, cinq livres, et le pain vingt-quatre sols les quatre livres; et tous les bouchers, connus sous le nom de marcandiers, sont répandus dans tous les environs de Paris, et tuent considérablement de vaches et de veaux, qu'ils vendent au-dessus du *maximum*, et les municipalités desdites communes autorisent ces abus, nuisibles au bien public.

» *Signé :* Monteils, Pasquis, Bichet.

» Pour copie certifiée conforme à la minute déposée dans les bureaux de l'administration de police.

» Fary. — Lelièvre. »

Extraits des registres du comité de salut public.

Prairial. — « Le commissaire des administrations civiles, justice et tribunaux, demande si, dans les maisons de détention, l'on peut réunir les maris, les femmes et les enfants d'une maison à l'autre. » — Non, répond durement Robespierre. (*Écrit le 2 prairial*, dit le secrétaire du comité.)

Un des agents dont les rapports ont le plus d'importance auprès du comité est Rousseville, *chargé de la surveillance des prisons de Paris.* On verra par les extraits d'un de ces rapports dans quel esprit ils étaient faits, et quelle était la situation matérielle et morale des communes des environs de Paris.

Bureau de la surveillance administrative et police générale.
Rapport du 2 prairial.

« Rousseville, chargé de la surveillance des environs de Paris, fait passer son rapport :

» *Vaugirard.* — Il y a dans cette commune plusieurs partisans de Momoro qui ont sucé des principes d'insurrection contre la Convention nationale et le comité de salut public, et ont divisé la société populaire et la municipalité. Ce sont les nommés Boulanger, exclu du comité de surveillance pour avoir abusé de ses pouvoirs, et condamné pendant six ans à la privation du droit de citoyen; Bordeaux, ci-devant curé dudit, actuellement à Paris, rue des Lombards, n° 17, de plus ami de Gobel, et Caille, menuisier. — *Réponse :* Arrêter les trois individus dénoncés. — (*Fait le 4 prairial.*)

» *Versailles.* — Dans cette commune, les habitants regardent comme avantageuse la résidence des ci-devant nobles et étrangers, qui y sont au nombre de quatre cents, et pouvant être nuisibles par leurs richesses.

» Dans le département de Seine-et-Marne, la présentation journalière des ex-nobles ne se fait pas exactement.

» *Clamart.* — Cette commune réclame un nommé Bertouille, détenu, qui faisait les affaires de la municipalité, et contre lequel il n'est rien venu à sa connaissance. On croit que Longo, détenu à Paris, n'est pas contre-révolutionnaire. — *Réponse :* Faire venir au comité les deux individus désignés. — (L'arrêté a été envoyé au comité de surveillance de Clamart, et porté sur Longo et Bertouille. Il a été fait le 4 prairial.)

» *Châtillon.* — La municipalité surveille avec soin quelques individus suspects dans cette commune. — La ci-devant dame de cette commune, épouse divorcée du banquier de la cour de Madrid, dit qu'elle compte beaucoup sur Barère pour avoir une réquisition du comité de salut public. C'est une femme séduisante, qu'on croit avoir été maîtresse d'un Lameth; elle a chez elle un jeune homme inconnu.

» *Bagnieux.* — Rien d'important.

» *Rougie.* — Douze religieuses forment une espèce de couvent chez un nommé Verniquet, ci-devant architecte du tyran et juge du tribunal criminel du département de Paris. — Le ci-devant curé est assez mauvais sujet. — *Réponse :* Arrêter Verniquet. — (*Fait le 4 prairial.*)

» *Châtenay.* — Rien d'important.

» *Plessis-Liberté.* — Idem.

» *Antony.* — La maison dite le Pérou continue d'être un entrepôt de denrées qu'on y achète et revend au-dessus du *maximum*, et où tous les ex-nobles qui sont à Châtenay font acheter ce qui se trouve par leurs cuisiniers. — *Réponse :* Communiquer à Lindet. — (*Fait le 10 prairial.*)

» *Lefresne.* — Il est passé dans cette commune deux individus qui ont fait courir le bruit qu'on venait requérir les hommes depuis douze ans jusqu'à cinquante. Ils sont signalés à toutes les communes voisines.

» *Choisy-sur-Seine.* — Il y avait dans cette commune deux citoyens qui se dénonçaient mutuellement. Le premier, Benoît, jouit de l'estime des patriotes; le second, nommé Lenoir, est un intrigant qui a flatté les habitants pour surprendre une place d'agent national. Il ne peut donner aucun renseignement clair sur sa conduite antérieure à son séjour à Choisy. Le district lui a refusé le certificat de civisme. On le dit pensionnaire de la liste civile. Un nommé Fauvelle est dénoncé comme prête-nom de Danton dans l'achat de plusieurs belles maisons aux environs de Paris. — *Réponse :* Éclaircissements. Cette dénonciation nous a déjà été faite. — (*Écrit le 4 prairial.*)

» *Vitry-sur-Seine.* — Le maire et les autres membres de cette commune excitent un vif intérêt; le premier est père de quatre enfants volontaires, a été trois fois maire, et ne peut être convaincu d'intentions contre-révolutionnaires ni de dilapidations à son profit; les autres sont de bons cultivateurs, aussi pères de famille.

» *Sceaux.* — Le maire a voulu interpréter la loi sur la réquisition des chevaux d'une manière préjudiciable aux intérêts de la République. Il serait utile qu'un représentant du peuple épurât les autorités constituées du district Égalité.

» *Bourg-Égalité.* — Rien qui peut donner matière à dénonciation. »

3 PRAIRIAL (22 MAI).

Dénonciation de Rousseville : « Blot, marchand épicier, *s'est mal conduit* au 10 août ; le maire de Bercy, traiteur et riche de trente mille livres de rente, tient des discours inciviques ; Michel, *ci-devant cocher d'Antoinette, est toujours directeur en chef des charrois établis à Bercy.* »—Robespierre répond : *Faire arrêter Blot, le maire de Bercy et Michel.* On se demande pourquoi Michel ? La seule raison qu'on puisse entrevoir, c'est qu'il a été cocher d'Antoinette.

Au sujet de Villemorte, Rousseville fait ce rapport : « Les habitants de ce pays paraissent vivre dans une grande intimité avec les cy-devant nobles qui s'y sont retirés. » — Le premier mouvement de Robespierre est d'écrire : *Arrêter* ; puis il efface, puis il reprend la plume : *Arrêter ceux-ci.* Enfin la réflexion lui fait faire une seconde rature, sans laquelle tous les habitants d'un pays étaient arrêtés parce qu'ils *paraissaient* vivre en bonne intelligence avec des ci-devant !

« L'agent national de Romainville loge chez lui plusieurs ci-devant nobles sous prétexte de les mieux surveiller. » *Arrêter l'agent national et les cy-devant logés chez lui.* — « L'agent national de Charonne fait de même que le précédent. » *Idem*, répond Robespierre. Ainsi il suffit d'avoir été noble pour être arrêté et emprisonné. Aucun autre grief n'est nécessaire.

Rousseville n'est pas content de Belleville. « Partout les cy-devant nobles affectent du luxe dans leurs habits, les femmes affectent de cacher leur cocarde nationale dans des touffes de rubans ; elles la portent très-petite. Les citoyennes de campagne ne sont pas très-exactes à se parer de ce signe de républicanisme. » Cependant Robespierre n'a pas écrit : Arrêtez-les tous !

« Les administrateurs du district de Bourg-l'Égalité, département de Paris, instruisent le comité qu'il existe dans la commune de Fontenay-sous-Bois un nommé Frédéric-Charles, se disant comte régnant de Bethunne, en Westphalie. Cet homme réside en France depuis quarante-neuf ans, il est âgé de soixante-dix ans, et il a avec lui cinq domestiques. Ils croient que le comité pourrait le garder comme *hotage* dans la guerre que nous soutenons contre l'Allemagne. » Ces administrateurs étaient de grands patriotes et de profonds diplomates, ils avaient trouvé un moyen sûr d'abréger la guerre, ou tout au moins de contenir l'Allemagne dans son exaspération, c'était de retenir un brave homme d'Allemand, Français depuis quarante-neuf ans, qui ne songeait point à s'en aller. Aussi Robespierre de répondre avec empressement : *Arrêter le comte.*

Rapport du 4 prairial.

« Chintuler dit Soligny, sergent-major dans la section de Guillaume-Tell, rue Montmarat, n° 47, expose qu'il a été employé à Thionville par le ministre des affaires étrangères, depuis le 22 brumaire jusqu'au 5 nivôse. Ses certificats de civisme attestent qu'il s'est comporté avec zèle, activité et prudence, et qu'il a donné des preuves de civisme. Il demande à être employé par le comité comme agent secret dans le département qu'il connaît, et principalement dans les environs de Thionville. »

Un membre du comité de sûreté générale.

Nous n'avons pas l'intention de nous occuper ici du comité de sûreté générale, et nous renverrons à l'ouvrage de Sénart, que nous avons déjà cité, ceux qui voudraient en connaître l'esprit et la composition. Robespierre l'avait subordonné au comité de salut public, au grand mécontentement de plusieurs de ses membres, d'un entre autres auquel nous sommes invité par les documents curieux qui se trouvent entre nos mains, à consacrer au moins quelques lignes. Ces documents sont deux lettres de Vadier.

Celle qu'on va lire a été reproduite incomplètement par notre ami M. Campardon[1], qui l'a empruntée au *Rapport fait au nom*

---

[1] *Le Tribunal révolutionnaire*, t. Ier, p. 343.

de la commission des 21, par Saladin. La lacune qui s'y trouvait l'a induit en erreur. Il y est bien question d'un accusé nommé Cazes, qui, paraît-il, avait commis le crime de refuser sa fille au fils de Vadier, mais il n'y est nullement question de Darmaing. Les personnes nommées sont Dardigna (Bernard), notaire, qui a été guillotiné le 2 thermidor; Voizard (Joseph-Marie), notaire, mis à mort le même jour; Tessure, dont nous ignorons le sort, et Cozest (Jean-Paul), conseiller au parlement de Toulouse, guillotiné le 26 prairial an II, dans cette belle fournée de trente parlementaires. Nous donnons la lettre intégralement, d'après l'original de la collection Labédoyère. Il est facile de reconnaître, à l'ardeur et à l'insistance de Vadier, qu'il poursuivait une vengeance personnelle. Vadier n'admet pas que les accusés puissent être acquittés par le tribunal révolutionnaire, mais s'ils l'étaient, il demande qu'ils soient repris par des commissions populaires et frappés de peines presque aussi rigoureuses que la mort. Et le misérable avait été conseiller au présidial de Pamiers, et il était membre du comité de sûreté générale!

« Vadier, dit Vilate, comme Barère, parlait avec le plus grand mépris du peuple de Paris; selon eux, ce peuple si grand, si éclairé, si magnanime, n'était qu'*un vil troupeau, un composé d'imbéciles : avec une paille on pourrait conduire ce tas de badauds.* — Vadier, Vouland se transportaient souvent au bureau de Fouquier et disaient : *Ça ne va pas assez vite.* Vadier a souvent répété : *Il faut renouveler les jurés faibles*[1]. »

[1] Vadier fut le rapporteur dans l'affaire de Catherine Théot, et devint un des plus ardents adversaires de Robespierre. Il ne lui pardonnait pas d'avoir qualifié son rapport de farce ridicule, et d'avoir réduit à un rôle tout à fait subalterne le comité de sûreté générale. Cet acharnement contre Robespierre contraste singulièrement avec les sentiments qui sont exprimés dans la lettre suivante de la collection Labédoyère, et que nous reproduisons parce qu'elle est *inédite* et qu'elle nous montre de quelles flagorneries était capable, lorsque son intérêt l'y poussait, l'homme qui avait toujours à la bouche ses soixante ans de vertu. Au reste, c'est à genoux qu'il fallait parler à Maximilien pour lui plaire. Vadier, qui avait placé le portrait de Robespierre à côté de celui de Pétion, fut un des auteurs du 31 mai et du 9 thermidor.

Vadier à Robespierre.

L'adresse de la lettre est ainsi conçue : A Monsieur, Monsieur Robespierre, membre de l'Assemblée nationale constituante et de la Société des

CONVENTION NATIONALE.

COMITÉ DE SURETÉ GÉNÉRALE ET DE SURVEILLANCE DE LA CONVENTION NATIONALE.

Vadier à Fouquier-Tinville[1].

Du 4 prairial, l'an II de la République française une et indivisible.

« Je t'adresse, citoyen, des pièces relatives aux quatre accusés traduits, par ordre du comité de sûreté générale,

---

[1] Collection Labédoyère, F. F., 312, p. 224.

amis de la Constitution de Paris, à Paris. (Recommandé au comité de correspondance.) (Collection Labédoyère, FF., 312, p. 225.)

« Vertueux et généreux ami, la lettre affectueuse que vous venez de m'écrire est un baume précieux qui a cicatrisé les plaies de mon âme; je la garderai comme un monument glorieux, car rien ne peut être plus honorable à un amant de la liberté que l'amitié de Robespierre et l'estime inappréciable de ce tribun incorruptible du peuple. Je vous ai déjà dit, courageux frère d'armes, que j'étais avare de la louange, mais pardonnez à une effusion de cœur que je ne suis pas le maître de contenir; la société de Paris m'avoit annoncé cette faveur, j'en étois encore plus impatient qu'enorgueilli; recevez donc mon remerciment, et calculez, s'il se peut, l'étendue et la vivacité de ma reconnoissance.

» Notre situation, mon cher collègue, ne s'est point améliorée, ni par le changement du ministère, ni par la mort de l'Empereur, ni par les triomphes des intrépides Jacobins. Nous sommes dans une extrémité de l'empire où l'esprit public ne sauroit prévaloir sitôt sur les ravages du despotisme, les amorces de l'intérêt, les leçons de l'égoïsme, les prestiges de la vanité; des têtes vides et incandescentes goûtent rarement le sel de la philosophie et de la raison; il n'a donc pas été difficile à un ministère perfide et malveillant d'y corrompre tous les pouvoirs subordonnés, et d'y agiter les torches de la guerre civile.

» Vous verrez, cher et vertueux ami, par la nouvelle adresse que notre Société vient d'envoyer à notre Société mère, l'état déplorable de ce département et de notre ville en particulier; nous lui proposons les moyens de venir à notre secours; peut-être en découvrira-t-elle de plus efficaces en sa sagesse, peut-être votre zèle en imaginera-t-il de particuliers; je me livre entièrement à cette bonne volonté que vous m'exprimez avec tant d'affection.

» Il suffit de vous dire que les brigands dont l'aristocratie nous environne se sont juré de promener ma tête avant qu'il soit un mois, qu'ils en ont reçu le salaire et qu'ils s'engagent à le gagner.

» Vous sçavez que nous avons appris ensemble à braver la mort, et que du lieu de Montaut, district de Mirepoix, département de l'Ariége, et dont je t'ai donné la note[1]. — Ces scélérats ont montré, depuis l'origine de la révolution, une aversion proffonde pour le nouveau régime, et ont machiné sans cesse en faveur des prêtres et de la royauté. Ils sont accusés à l'endroit d'avoir été les instigateurs d'une nouvelle Vendée qui se manifesta, lors du 10 août (?), dans les environs de Pamiers. Si les pièces que je t'envoye ne peuvent suffire pour la conviction des jurés et pour servir de base à une légitime accusation, je t'invite à recueillir dans ces pièces les moyens de completter l'instruction par les témoignages indiqués par ces mêmes pièces. Je t'observe que le nommé Dardigna, qui est un des quatre coaccusés, n'est point détenu, qu'il est néanmoins à Paris, et qu'il sera

ces menaces ne sçauroient m'atteindre; je ne vous en parle que pour vous attacher à une cause où peut être lié le sort de l'empire, et c'est sous cet unique rapport que j'y mets tant d'ardeur et de pertinacité.

» Je ne veux pas vous charger ici des dernières pièces que nous adressons par ce courrier à la Société, mais j'espère et je suis bien seur que vous ne dédaignerez pas d'en prendre connoissance, et d'entraîner en notre faveur, avec cette éloquence mâle et facile qui vous est ordinaire, les suffrages et l'activité des vrais amis de la Constitution.

» Le patriotisme récent de M. Gaston et l'attestation qui nous en a été donnée n'avoient pu tout à coup effacer la défiance que nous inspiroient de fâcheux souvenirs et de mauvais services rendus. Nous nous étions un peu exaspérés pour justifier cette défiance, mais les éloges qu'il a reçus de ses collègues et de la Société l'ont entièrement effacée; nous lui rendons, de cela seul, notre estime et notre amitié : veuillez lui en garantir le témoignage.

» Nous avons reçu et admiré vos sublimes discours; ils nous sont parvenus en leur tems, ils ont été couverts d'applaudissements, et notre Société en a fait dans son procès-verbal la mention honorable qu'ils méritent. J'ajoute que votre portrait a été placé dans notre salle, à côté de ceux de Pétion et de Mirabeau, et qu'il y reçoit l'hommage journalier des amis de la liberté et des admirateurs des grands hommes.

» Je suis, mon cher et illustre collègue, avec les tendres sentimens que vous avez si bien sçû m'inspirer, votre meilleur ami.

» VADIER. »

« Pamiers, le 12 avril de l'an IV de la Liberté. »

1 Les lignes qui suivent depuis ce mot ont été soulignées au crayon rouge jusqu'à : *si les pièces que je t'envoye*, etc.

facile de découvrir son domicile. Les autres, nommés Cazes, Tissure et Voisard, doivent être aux Madelonettes, à moins qu'on ne les ait transférés.

» Je t'observe que si par malheur ces hommes pouvoient être acquittés, ce qui seroit une calamité publique, il est au moins indispensable de les réclamer ou de les renvoyer aux commissions populaires pour prononcer leur déportation et la confiscation de leurs biens.

» Salut et fraternité.

» VADIER. »

Rapport du 6 prairial.

« *Nanterre.* — Le comité de surveillance de Nanterre a demandé au comité de sûreté générale que les vingt-deux ermites restés au mont Valérien[1] sous le nom de cultiva-

---

[1] La lettre qu'on va lire de Merlin de Thionville, extraite de la Collection Labédoyère, montre que cet ancien Montagnard, enrichi dans la révolution, était devenu possesseur du mont Valérien.

Dans quelle circonstance avait-il acquis ce morceau de prince, que la Reine, que le comte d'Artois, avaient envié, dit-il? Nous l'ignorons; mais nous admirons avec quel art il en fait valoir les avantages stratégiques et autres pour en obtenir un bon prix, avec la protection d'un de ses anciens collègues de la Montagne, S. A. S. Cambacérès.

Nous ne savons à qui la lettre est adressée : peut-être le personnage dont on implore l'intervention toute-puissante est-il Fouché, un Montagnard aussi, et des meilleurs. Au reste, nous lisons dans la *Biographie des contemporains* de Rabbe que Merlin porta dans sa retraite des affaires publiques « le surnom de *Calvaire*, qui lui fut donné à cause de l'acquisition de l'ancien couvent du Calvaire, près Paris. » Il s'agit sans nul doute du mont Valérien.

« Paris, le 17 fructidor an XII.

» Monsieur,

» Permettez que j'aille vous chercher et vous interrompre au fond ou au bout du monde; S. A. S. Cambacérès a adressé à l'Empereur une demande en échange du mont Valérien en mon nom. Ma demande est appuyée par toutes les puissances qui nous restent ici; mais je n'ai pas autant de confiance dans ce qu'elles ont écrit, qu'en ce que vous pouvez dire; je demande un domaine de la même valeur du mont Valérien, soit en

teurs de domaines nationaux, fussent expulsés ou mis en arrestation, comme ayant donné asile à des contre-révolutionnaires, notamment à Davrincourt et à Rougaud, punis de mort. — Le même comité a écrit aussi que l'arrêté du comité de salut public relatif aux auteurs des dépenses criminelles qui se sont faites dans un repas donné par les ci-devant nobles à Nanterre, vient d'avoir son exécution dans la personne de Roch. Les autres convives sont les députés Laplanche et Lagueule, le ci-devant secrétaire de la commune de Paris Colombeau, un négociant dont le nom est échappé. Il y avait sept à huit femmes; elles ne sont pas nommées. — *Réponse :* Rapprocher ces renseignements des précédents [1]. »

Rapport du 7 prairial.

« Les administrateurs des postes à Paris envoient copie par extrait d'une lettre adressée au citoyen Lasse, distillateur, rue Pastourelle, au Marais, portant qu'on a reçu de Danton deux lettres adressées à un ci-devant marquis, contenant deux assignats faux de 400 livres; ces lettres sont adressées en Suisse. Elles ne sont pas ci-jointes. — *Réponse :* Faire apporter cette lettre. — (Écrit le 9 prairial.)

France, soit dans les départements réunis, et ce, sur estimation. Vous savez que la Reine, le comte d'Artois et d'autres ont désiré autrefois le mont Valérien; vous savez qu'il vaut Saint-Cloud et la Malmaison, qu'il domine les grandes routes et la Seine; vous savez, en un mot, qu'il faut que je le vende pour avoir quelque chose d'utile. Protégez-moi donc, faites valoir les raisons que vous dictera la bienveillance que vous m'avez conservée. Je m'en remets à vous; je compte sur votre pouvoir, et je vous prie de croire que je vous suis acquis pour la vie.

» MERLIN DE THIONVILLE. »

[1] Il n'y avait de rapprochement possible entre tous ces faits que celui que l'esprit inquiet de Robespierre pouvait faire, toujours disposé à voir des conspirations partout. Le repas dont il s'agit était un repas de noce, comme l'établirent les explications fournies dans la suite au comité de salut public.

» Mallet, ci-devant employé comme fournisseur à l'armée des Alpes, a donné un très-grand repas à Sèvres; il se flatta d'avoir gagné beaucoup d'argent, et a dit qu'il désirait acheter une terre de 5 à 600,000 livres, qu'il a gagnées en six mois. Cet homme est encore en place dans la même partie. — *Réponse :* Arrêter cet individu. — (Fait le 9 prairial. On ne sait pas encore l'adresse de Mallet. On espère se la procurer sous quatre jours. Les deux autres articles sont expédiés.) »

Rapport du 8 prairial.

« Bigest, demeurant rue de Grenelle, faubourg Germain, n° 373, dénonce Miron de Coudray et sa femme, gros marchands de sucre à Orléans, et chez qui il a été domestique, pour avoir retiré et déguisé chez eux deux prêtres réfractaires et une religieuse. Il promet de donner les renseignements qu'on pourrait lui demander et de fournir plus de six témoins s'il est nécessaire. Il annonce en outre avoir des trames horribles à faire connaître, et dont les fils sont jusque dans les bureaux du comité de sûreté générale. Il prévient qu'ayant été employé dans les bureaux des observateurs de l'ex-ministre de l'intérieur, il a été à même de découvrir que les chefs étaient tous des gredins, des hypocrites, des contre-révolutionnaires; qu'ils lui ont escroqué 500 livres pour les donner à une femme qui ne faisait aucun rapport, et qu'il est devenu leur ennemi pour avoir toujours dit la vérité dans ce qu'il faisait. Il se plaint que, depuis quelque temps qu'il est de retour de la campagne, il n'a pas été assez heureux pour trouver l'occasion d'être utile à sa patrie, et prie le comité de lui en fournir les moyens. »

Nous avons reproduit le rapport du 8 prairial et les plaintes de l'honnête Bigest, à cause des accusations qu'il renferme contre ces observateurs de l'esprit public, aux communications desquels nous avons fait de si nombreux emprunts. On ne sera pas étonné que les opinions de quelques-uns d'entre eux, exprimées avec modération, parfois avec courage, les aient fait traiter de contre-révolutionnaires. Les mêmes imprécations avaient retenti contre eux à la Convention.

8 PRAIRIAL (27 MAI).

Nous revenons à ces rapports d'Hanriot qui accusent si éloquemment la détresse et l'agitation morale de la population : nous n'avons pas besoin d'ajouter que c'est leur seule éloquence. Il en aurait fallu cependant beaucoup pour persuader aux ménagères qui font leur modeste cuisine au charbon de s'en passer et de *faire ce petit sacrifice à la patrie*... Il est vrai que la disette rendait un peu superflue la persuasion. Mais on tenait aux masses un langage qu'elles entendent toujours quand elles souffrent : Dénoncez !

Ordre général du commandant Hanriot.

« Mes frères d'armes, il se fait toujours un nombreux rassemblement près le charbon : cette denrée n'est pas d'aussi grande utilité que le bois, le pain et la viande ; comme nous avons suffisamment d'autres denrées, je vous prie, au nom du salut de la patrie, d'inviter les bonnes citoyennes de se priver pendant quelques jours de cette denrée ; toutes les mères de famille, toutes celles qui sont vertueuses, doivent faire ce petit sacrifice.... Femmes respectables, femmes républicaines, conservez votre première médiocrité, donnez l'exemple de la résignation, de la justice ; dénoncez celles de vous qui vont au charbon sans un besoin réel. »

19 prairial (7 juin).

Ordre général du commandant Hanriot.

« Ce soir, le service sera doublé à tous les postes ; toute la gendarmerie à cheval et à pied sera sous les armes à quatre heures du matin ; les patrouilles seront fréquentes autour des maisons d'arrêt, des prisons et tous les établissements publics....

» Demain, j'espère que mes concitoyens et concitoyennes se conduiront à la fête comme de purs républicains ; nous montrerons aux peuples des autres climats cet exemple de douceur, de fraternité, d'égalité, d'amour pour notre pays, et de respect pour les lois, les mœurs et les vertus. »

C'est ainsi que Hanriot se préparait à célébrer la fête du lendemain.

---

20 prairial (8 juin).

Fête de l'Être suprême.

On s'est moqué de nos jours de l'ordonnance et des détails des fêtes de la République, comme on a trouvé ridicules certaines formes vieillies du langage, particulièrement dans l'éloquence de ce temps-là. Nous ne prétendons pas admirer l'emphase et l'exagération des expressions alors en usage, non plus que les cérémonies païennes de 1793 et de 1794, qui nous paraissent plus grotesques que sublimes. Mais il est du devoir de l'historien de reconnaître que ces fêtes et ce langage, que nous jugeons comme une lettre morte, sans l'accent et le relief qui en faisaient la vie et la puissance, étaient parfaitement en rapport. L'impression produite par les fêtes républicaines sur les masses populaires, que les contemporains sont unanimes à reconnaître, fut un des grands leviers du gouvernement : elle les électrisait, elle les fanatisait.

Une des plus imposantes fut la fête de l'Être suprême à Paris. Nous croyons inutile d'en reproduire le récit, qu'on trouve partout, et auquel suppléera la reproduction d'estampes du temps insérées dans ce livre. Cette cérémonie était de l'invention de Robespierre, qui en arrêta les détails avec son ami David. Il y parut comme Scipion montant au Capitole. Vilate a raconté qu'il avait ce jour-là déjeuné avec Maximilien. Voici son récit :

« Arrive le jour de la fête de l'Être suprême : jamais le ciel ne brilla d'un éclat plus radieux; la Divinité semblait tout à la fois appeler les hommes à lui rendre leurs hommages et descendre au milieu d'eux pour les consoler de leurs malheurs. Barère et Collot d'Herbois s'étaient priés de déjeuner chez moi, afin de jouir du coup d'œil de la fête. La femme de Dumas, président du tribunal révolutionnaire, était venue à l'improviste, de très-bonne heure, pour le même motif. Je descendis vers neuf heures du matin. En revenant de me promener dans le jardin, je rencontrai près l'esplanade Barère, Collot d'Herbois, Prieur et Carnot; Barère ne paraissait pas content. « Nous ne t'avons pas trouvé dans ta chambre; nous comptions y déjeuner. » Je les engage à rétrograder; ils s'y refusent et m'entraînent quelques pas avec eux en me pressant vivement de partager leur repas chez un restaurateur voisin; je les quittai. En passant dans la salle de la Liberté, je rencontrai Robespierre, revêtu du costume de représentant du peuple, tenant à la main un bouquet mélangé d'épis et de fleurs; la joie brillait pour la première fois sur sa figure. Il n'avait pas déjeuné. Le cœur plein du sentiment qu'inspirait cette superbe journée, je l'engage à monter à mon logement; il accepte sans hésiter. Il fut étonné du concours immense qui couvrait le jardin des Tuileries : l'espérance et la gaieté rayonnaient sur tous les visages; les femmes ajoutaient à l'embellissement par les parures les plus élégantes. On sentait qu'on célébrait la fête de la nature. Robespierre mangeait peu. Ses regards se portaient souvent sur ce magnifique spectacle. On le voyait plongé dans l'ivresse de l'enthousiasme.

» *Voilà la plus intéressante portion de l'humanité. L'univers est ici rassemblé. O Nature, que ta puissance est sublime et délicieuse! Comme les tyrans doivent pâlir à l'idée de cette fête!*

» Ce fut là toute sa conversation!

» Maximilien resta jusqu'à midi et demi. »

Vilate ajoute en note : « J'ai su depuis qu'on l'avait cherché longtemps. N'aurait-il pas mis de l'orgueil à faire attendre despotiquement le peuple et la Convention? »

Et pour faire de cette citation de son mémoire un spécimen complet du langage littéraire du temps, nous emprunterons le tableau sentimental qui termine son récit :

« Un quart d'heure après sa sortie, paraît le tribunal révolutionnaire, conduit chez moi par le désir de voir la fête. Un instant ensuite vient une jeune mère folle de gaieté, brillante d'attraits, tenant par la main un petit enfant plein d'intérêt : c'était Vénus et l'Amour. Elle n'eut pas peur de se trouver au milieu de cette redoutable société. La compagnie commençait à défiler; elle s'empara du bouquet de Robespierre, qu'il avait oublié sur un fauteuil. Lecteurs, excusez à la tendresse séduite et détrompée ces détails frivoles. »

On sait que cette société du tribunal et des jurés révolutionnaires n'était pas redoutable à Vénus et à l'Amour. Le trait de la jeune mère qui s'empare avec empressement du bouquet de Robespierre dont l'éloquence était surtout goûtée des femmes, l'exclamation de Vilate invoquant sa *tendresse séduite* par Robespierre et *détrompée* par la prison de la Force, sont caractéristiques.

Où la pompe importante des fêtes républicaines se retrouve tout entière, où leur solennité apparaît, où leur puissance éclate, c'est dans les hymnes et la musique qui y sont chantées.

25

VUE DE LA MONTAGNE ÉLEVÉE AU CHAMP DE LA RÉUNION
pour la fête célébrée en l'honneur de l'Être Suprême.

Sur le front du vieillard, la sagesse immobile
Semble rendre avec toi les décrets éternels :
Sans parents, sans appui, l'enfant trouve un asile
    Devant tes regards paternels.

C'est toi qui fais germer dans la terre embrasée
Ces fruits délicieux qu'avaient promis les fleurs ;
Tu verses dans son sein la féconde rosée
    Et les frimas réparateurs.

Et lorsque du printemps la voix enchanteresse,
Dans l'âme épanouie éveille le désir,
Tout ce que tu créas, respirant la tendresse,
    Se reproduit par le plaisir.

Les sphères parcourant leur carrière infinie,
Les mondes, les soleils, devant toi prosternés,
Publiant tes bienfaits, d'une immense harmonie
    Remplissent les cieux étonnés.

Grand Dieu! qui sous le dais fais pâlir la puissance,
Qui sous le chaume obscur visites la douleur ;
Tourment du crime heureux, besoin de l'innocence,
    Et dernier ami du malheur,

L'esclave et le tyran ne t'offrent point d'hommage ;
Ton culte est la vertu ; ta loi, l'égalité :
Sur l'homme libre et bon, ton œuvre et ton image,
    Tu soufflas l'immortalité.

LA FÊTE DE L'ÊTRE SUPRÊME A SCEAUX.

Le patriote Palloy.

Si la fête de l'Être suprême, préparée par David, célébrée par la Convention et les sociétés populaires, offrait, à Paris, une certaine grandeur imposante, — qu'était-elle en province, lorsqu'un niais emphatique, dont l'espèce n'a jamais été rare, en traçait le programme?

Nos lecteurs s'en feront une idée, s'ils ont la patience de lire le programme de la fête de l'Être suprême qui a été célébrée à Sceaux : l'auteur de cette invention originale en a laissé le manuscrit annoté par lui.

Il s'appelait Palloy; c'était un maître maçon qui se parait du titre d'architecte et, après la prise de la Bastille dont il fut un des *vainqueurs*, de celui de *patriote*. Le *Dictionnaire des hommes marquants* (Londres, 1800) lui a consacré un article peu bienveillant : « Il n'y eut pas une insurrection à Paris dans laquelle il ne jouât un rôle plus ou moins considérable. On le vit entre autres assassiner lâchement M. Carle, dont il se disait 'ami, et il se distingua surtout dans les journées du 20 juin et du 10 août 1792. Ayant formé à cette époque un bataillon d'une partie des manœuvres qu'il avait employés au démolissement de la Bastille (dont il avait été chargé par le gouvernement), il quitta Paris à la tête de sa troupe sans payer ses autres ouvriers, ce qui amena même une nouvelle insurrection, et se rendit à l'armée de Champagne... d'où il revint dénoncer Dumouriez. Marat obtint la réintégration de Palloy dans la place de lieutenant-colonel de son bataillon, mais après la mort de Robespierre il fut enfin emprisonné pendant quelque temps. » — Pour compléter cette biographie, ajoutons que Palloy, réduit à la misère, passa les dernières années de sa vie à tendre la main et à adresser des pétitions à tous les rois, princes et princesses de la terre.

Comparons à l'homme tel que les contemporains nous le peignent, l'homme tel que ses manuscrits nous le font connaître. Ce maçon est un type du démagogue important : à ce titre il mérite de figurer ici.

Son génie ambitieux et superbe le portait naturellement et spécialement à la conception et à l'organisation des cérémonies ou fêtes publiques. Il lui fallait tailler dans le grand. Un homme qui avait *démoli* la Bastille ne pouvait se plaire qu'aux grandes choses.

Le *patriote* Palloy se vit chargé de régler le service de Mirabeau, le 12 mai, à Saint-Eustache. Le corps du grand homme y fut déposé avant d'aller à Sainte-Geneviève. L'idée vint ensuite à Palloy de lui faire un mausolée qui pût servir de pendant à celui de Chevert. Dans une note qui fait partie de ses papiers, il est parlé de musiciens qui, dans une chute, causée sans doute par la fragilité d'une estrade construite par le patriote, avaient brisé leurs instruments et failli se casser le cou. Palloy ajoute majestueusement : « M. Palloy a tenu compte de cette accident, en donnant à chaque musicien une gravure et un dessein du mosolé de Mirabeau. » Nous recommandons cette espèce d'*indemnité* aux entrepreneurs de bâtiments. — Palloy a eu encore une idée, car il en regorgeait, celle d'écrire un texte pour la gravure du *mosolé*. Nous avons sous les yeux ce précieux autographe, et nous en extrayons ces lignes, qui le terminent... « Il a été (Mirabeau) dans les prisons de la Bastille, de Vincenne ; toujours ennemi avec ces parrent, et il fut obligé de s'en aller en Hollande pour travaillé sur la Révolution, c'est lui qui me la dit, et qui m'a raconté une partie de sa vie, il navoit pas plus grand plaisir quant il conversoit avec moi me voyant sensible j'ai cru dapret la conduitte de sa vie et les renseignements que jai eut fair l'inscription à l'épitaphe qui suit, etc. » Nous ferons grâce au lecteur de l'épitaphe. Nous dirons seulement que le fameux mausolée était fait du fer et des pierres provenant de la démolition de la Bastille. Le sensible Palloy n'avait eu garde de manquer l'occasion de placer utilement son encombrante denrée. Les fragments de la forteresse étaient appelés par le sensible patriote les *fragments du despotisme*. Nous nous étonnions qu'il n'en ait pas composé alors une poudre adaptée à la constitution des estomacs républicains, poudre qui aurait fait périr d'indigestion ou de suffocation les conspirateurs royalistes. Quoi qu'il en soit, on signale aux futurs panégyristes de Mirabeau ce trait, qui eût manqué à la gloire de l'orateur, si nous n'avions le témoignage de Palloy : « Il n'avoit pas plus grand plaisir quant il conversoit avec lui, le voyant *sensible*. »

Parmi les lettres qui faisaient partie de la collection Labédoyère, il s'en trouve une adressée par Gorsas au *patriote* Palloy. Bien qu'elle soit antérieure à l'époque dont nous nous occupons, nous demanderons la permission de la reproduire, parce qu'elle donne la mesure de l'originalité hardie du génie patriotique de notre héros.

Il s'agissait de la fête d'avril 1792 :

(*Inédite.*)

« Mon ami,

» Je te préviens que le procureur syndic de la commune de Versailles tremble que tu n'exécutes un projet bizarre : de faire porter ta pierre » — (une pierre de la Bastille ; le patriote Palloy saisissait toutes les occasions de les faire circuler solennellement, et on eût dit qu'il avait à lui tout seul pris la Bastille, enlevé toutes les pierres de la forteresse, tant il s'en montrait fier!) — « par de *véritables sans-culottes*. Évitons, mes bons amis, les parades ridicules : *simplicité* et point d'affectation, voilà le cri du patriotisme. Il ne faut point ici prêter le flanc aux aristocrates.

» Arrange-toi pour partir avec la députation des quatre-vingts et le patriote Santerre, qui doit se mettre en marche à six heures du matin avec des *Ça ira* en musique.

» Bonjour. Je pars. — A. J. GORSAS. — Ce 7 avril. »

La commune de Bourg-Égalité ne pouvait mieux reconnaître l'insigne honneur que l'Être suprême lui avait fait de domicilier chez elle un patriote et un inventeur comme Palloy, qu'en le chargeant de régler les détails de sa fête.

Les autorités républicaines les revisèrent, les modifièrent et les adoptèrent ainsi qu'on va voir. Cette cérémonie dut paraître admirable. Palloy s'était inspiré de David ; il l'avait égalé, peut-être surpassé [1] !

[1] Pour en finir avec le patriote, faisons encore un emprunt à ses papiers. Il s'agit d'un billet de faire part du mariage de sa fille. Mais en l'an V le patriote a disparu ; reste l'architecte. — En tête, une vignette représentant un bois. A travers la feuillée on aperçoit les tentes d'un camp. Sur le premier plan, un militaire conduit une jeune fille devant la statue de la Loi, qui porte le bonnet rouge à la pointe d'une pique. Sur l'autel, placé à ses pieds, entouré de vapeurs d'encens, deux Amours traînent un livre ouvert sur lequel on lit : *Ils sont unis pour la vie!* Derrière, une figure assise, d'une main tient la palme, de l'autre présente une couronne. On lit ensuite :

C.

« Les citoyen et citoyenne MONVOISIN vous font part du mariage contracté sous les auspices de la Divinité et de la Loi, entre Antoine-François MONVOISIN, leur fils, capitaine, aide de camp du général de division Hatry ; et Louise-Charlotte, fille du citoyen PALLOY, architecte entrepreneur, domicilié à Sceaux-l'Unité, département de la Seine. »

Paris, le 5 fructidor an V de la République française.

Détail de la cérémonie qui sera observée le 20 prairial dans la commune de Sceaux-l'Unité, jour du repos décrété par la Convention nationale, le 18 floréal, le premier jour établi comme fête républicaine consacrée à l'Être suprême et à la Nature.

« La municipalité prévient chaque propriétaire, chaque principal locataire, d'avoir soin la veille de faire ranger tous les matériaux, bois de charronnage, dépôts de fumier, de balayer, nettoyer le devant de leurs portes, en enlever les immondices et de se disposer dès la veille aux apprêts de la cérémonie dont l'énoncé va être expliqué.

» On invite tous les citoyens à ne pas s'écarter de leur commune, à moins qu'ils n'aient des affaires particulières et indispensables ; car ils seraient regardés comme mauvais citoyens, si c'était la curiosité qui les attirât à Paris. La Convention nationale, en n'appelant point les deux districts ruraux à Paris, a bien pensé dans son décret que cette fête serait célébrée dans chaque commune.

» Il est pareillement défendu à tous citoyens de travailler, à tous débitants, comme traiteurs, marchands de vin, limonadiers et autres, de vendre autrement que pour emporter ; ce jour étant consacré spécialement pour célébrer l'Être suprême, il faut éviter qu'il ne se trouve de nos frères incommodes, savoir au moins respecter, dans le plus grand jour de l'année, Celui qui est l'auteur des vœux que nous lui adressons, comme il est l'auteur de nos jours.

» A quatre heures du matin, il se fera un rappel général dans toutes les places, carrefours et rues de la commune par trois tambours qui seront précédés d'un citoyen portant une bannière où sera inscrit :

» *La commune de Sceaux-l'Unité reconnaît l'Être suprême et l'immortalité de l'âme.*

» Chaque citoyen, dans sa maison, implorera Dieu et lui adressera des vœux à sa manière suivant son cœur, l'invoquera pour la consolidité de la République une et indivisible, pour la prospérité des récoltes, le succès de nos armes, la conservation de nos représentants, la recherche des traîtres et des ennemis de la patrie. Après avoir adressé leurs vœux à l'Être suprême, tous les chefs de maison et de famille décoreront leur porte le mieux qu'il leur sera possible, le tout en guirlandes de fleurs, feuillage, branchages d'arbres, couronnes civiques, pourvu qu'il n'y ait point de tapisseries ni de coussins sur les croisées comme dans l'ancien régime : la nature seule fournit aux républicains les plus belles décorations. Des citoyens, à chaque maison seulement, se tiendront prêts à déposer une fleur dans une corbeille qui leur sera présentée, et comme on le verra ci-après.

» A cinq heures un groupe de musiciens précédés d'une bannière où seront inscrits le décret, en totalité, de la Convention du 18 floréal, le discours de Robespierre et le programme de la fête à l'Être suprême par David; la musique jouera l'*Hymne à l'Être suprême* et celui *Où peut-on être mieux qu'au sein de sa famille?*

» Un instant après passeront quatre élèves de la patrie des deux sexes, portant une grande corbeille destinée à recevoir les fleurs de chaque chef de famille, propriétaire ou principal locataire, pour ensuite cette corbeille être déposée place de la Liberté, au groupe de la Sagesse et de la Vertu, qui la remettra ensuite au premier groupe de jeunes filles.

» De suite passeront un officier municipal, un membre du comité de surveillance, un membre de la société populaire, qui remettra à celui ou à celle qui déposera la fleur dans la corbeille, trois exemplaires de la prière à l'Être suprême et autant de l'hymne à la Nature et à la Liberté.

» On invite tous les citoyens à être à leurs fenêtres ou à leurs portes, même ceux qui habitent les corps de logis retirés. Ils jureront tous haine aux tyrans, amitié, fraternité, et s'embrasseront tous, c'est-à-dire leurs voisins, à l'exception de la classe ci-devant privilégiée; ils déclareront qu'ils oublient toute haine particulière et personnelle, qu'ils ne s'occuperont que de la chose commune, qu'ils feront respecter les décrets, qu'ils soutiendront la loi du *maximum* et qu'ils n'accapareront jamais.

» A toutes les maisons sera peint un bonnet rouge avec une cocarde nationale; tous les drapeaux dont les couleurs seraient éteintes par l'ardeur du soleil seront renouvelés, avec injonction au propriétaire ou principal locataire de chaque maison qui n'en aurait pas d'y en pavoiser un, pour ne point paraître suspect à ses concitoyens.

» On invite aussi tous les propriétaires voisins d'un arbre de la liberté de le décorer surtout en rubans aux trois couleurs, et de renouveler ceux qui seraient morts; celui planté à la porte de la maison commune sera décoré par la municipalité, celui de la société populaire par les membres, celui de la place Jacobite par les canonniers, celui des Élèves de la patrie par eux-mêmes, celui enfin de la place de la Régénération par les cultivateurs. Le drapeau des Élèves sera fourni par la citoyenne Palloy fille. Les citoyens intelligents sont invités à veiller à cette opération et l'homme aisé à aider l'indigent; par là on reconnaîtra la vraie fraternité, l'humanité et le patriotisme qui procurent le vrai bonheur et le repos de l'âme.

» A six heures, il sera fait un second rappel par un groupe de tambours précédés d'une bannière où sera inscrit : « *Notre bonheur est dans la simple nature.* » Quatre citoyens distribueront les trente-six bannières portant les devises qui honorent la vertu. Ce rappel indiquera aux citoyens de sortir de chez eux pour venir se ranger au pourtour de chaque bannière.

» Les bannières serviront de jalons numérotés et seront distribuées par sections, c'est-à-dire par quantités de rues, pour indiquer aux citoyens le rang qu'ils doivent prendre par cortége; aussitôt qu'ils y seront arrivés, ils se rangeront en ordre de marche et par numéro, comme l'enregistrement de la nomenclature des noms des places et rues sur le livre de la municipalité, lors de la régénération du pays par le décret du 22 vendémiaire.

» Les trente-six commissaires chargés de cette mission seront pris dans chaque rue, surtout choisis parmi des citoyens dont le caractère soit connu depuis longtemps être à la hauteur de la Révolution; ces commissaires sont chargés de disposer les bannières indiquées dans les rues désignées ci-après :

N° 1. *A l'Être suprême, à la Nature*, route de la Montagne.
N° 2. *Au Genre humain*, rue des Hommes-Libres.
N° 3. *Au Peuple français*, place de la Montagne.
N° 4. *Aux Bienfaiteurs de l'humanité*, place de la Liberté.
N° 5. *Aux Martyrs de la Liberté*, rue de l'Unité.
N° 6. *A la Liberté et à l'Égalité*, rue de la Force-Armée.
N° 7. *A la République*, place de la Fraternité.
N° 8. *A la Liberté du monde*, rue des Piques.
N° 9. *A l'Amour de la patrie*, chemin Vendémiaire.
N° 10. *A la Haine des tyrans et des traîtres*, rue J. J. Rousseau.
N° 11. *A la Vérité*, rue du Bonnet-Rouge.
N° 12. *A la Justice*, rue Mutius Scevola.
N° 13. *A la Pudeur*, rue Floréal.
N° 14. *A la Gloire et à l'Immortalité*, rue Voltaire.
N° 15. *A l'Amitié*, rue Beaurepaire.
N° 16. *A la Frugalité*, rue Chaslier.
N° 17. *Au Courage*, rue de la Bastille.
N° 18. *A la Bonne Foi*, rue Prairial.
N° 19. *A l'Héroïsme*, rue de Brutus.
N° 20. *Au Désintéressement*, rue de Descartes.
N° 21. *Au Stoïcisme*, rue Marat.
N° 22. *A l'Amour*, rue Pelletier.
N° 23. *A l'Amour conjugal*, place de la Raison.
N° 24. *A l'Amour paternel*, rue des Droits-de-l'Homme.

N° 25. *A la Tendresse maternelle*, place de la Réunion.
N° 26. *A la Piété filiale*, rue des Sans-Culottes.
N° 27. *A l'Enfance*, chemin de Pierre-Bayle.
N° 28. *A la Jeunesse*, place des Quatre-Saisons.
N° 29. *A l'Age viril*, rue de Lazousky.
N° 30. *A la Vieillesse*, place du Lavoir.
N° 31. *Au Malheur*, rue de l'Agriculture.
N° 32. *A l'Agriculture*, rue des Jacobites.
N° 33. *A l'Industrie*, place de la Régénération.
N° 34. *A nos Aïeux*, rue des Élèves.

» Après la distribution des trente-quatre bannières, deux autres se placeront à la porte du temple de l'Être suprême, où est inscrit n° 35, *A la Postérité*, portée par la municipalité; n° 36, *Au Bonheur*, portée par le comité de surveillance, c'est-à-dire par un des membres de chacune de ces autorités.

» A sept heures, la musique et les tambours marcheront ensemble pour faire le dernier rappel et le rassemblement.

» Tous les citoyens et citoyennes se rassembleront dans chaque rue, au pourtour de chaque bannière, et ne partiront qu'au coup de l'artillerie, qui avertira qu'il est temps que le peuple en masse aille présenter ses vœux à l'Être suprême et que la municipalité les attend pour se mettre en marche.

» Les adolescents, depuis l'âge de quatorze ans jusqu'à dix-sept et demi, se muniront d'un fusil, d'une pique ou d'un sabre, et surtout en habit de garde national s'ils le peuvent; le drapeau et sa garde sortiront seulement de la force armée. Tous les pelotons de troupes de ces jeunes défenseurs se partageront en trois parties égales, ils auront chacun un tambour, ils suivront là-dessus l'ordre du commandant de la force armée, le citoyen Glot, nommé commissaire à ce sujet.

» Le premier peloton ouvrira la marche après les canonniers, et portera une bannière où sera inscrit : *Défenseurs de la République*, ayant un tambour à leur tête. Le second peloton se placera dans le centre, le drapeau sera au milieu, porté par celui qui en est ordinairement chargé, accompagné de sa garde; il sera porté une bannière avec cette inscription : *les Élèves de la patrie ne l'abandonneront pas*, avec un tambour à la tête. Le troisième et dernier peloton fermera la marche et se placera derrière la municipalité, il sera porté une bannière ayant pour légende : *Nous soutiendrons l'ouvrage de nos pères*.

» Toutes les jeunes citoyennes depuis l'âge de dix ans jusqu'à celui de seize, porteront une corbeille de fleurs, à l'exception de celles chargées de la corbeille et des tourtereaux.

» Ces jeunes citoyennes, toutes ornées de guirlandes de fleurs, frisées en cheveux ou non, ne mettront que peu de poudre si elles se déterminent à en porter, piqueront des fleurs dans leur chevelure ; elles seront vêtues de blanc et une ceinture tricolore.

» Le rassemblement de ces jeunes citoyennes se fera dans l'allée dite la Ménagerie, elles se partageront en deux classes ; la première portera une corbeille de fleurs garnie de rubans tricolores, avec une bannière ayant pour inscription : *Nos vœux sont à l'Être suprême, notre devise est la vertu.* La deuxième classe portera dans le centre un plat de porcelaine où sera posée une paire de tourtereaux, avec une bannière décorée de cette légende : *Lorsque nous serons mères, nous promettons d'élever nos enfants dans les principes de la vertu.*

» Il y aura un autre groupe composé de la compagnie des canonniers ouvrant la marche du cortége ; il sera fait cinq décharges, une pour avertir du départ et une à chaque station devant le temple de l'Être suprême, à l'autel de la Patrie, à la Montagne de la commune, et à celle des Élèves ; ils s'assembleront avant le départ sur la place Jacobite, portant une bannière avec ces mots : *Notre union et notre force nous feront vaincre les tyrans.* Il y aura un groupe composé de trente-six citoyens et citoyennes dans l'âge de la vieillesse, l'âge viril et l'enfance ; cette compagnie respectable se nommera : *la Sagesse et la Vertu* ; elle sera composée des six plus anciens d'âge dans l'un et l'autre sexe, de six pères de famille qui ont leurs enfants aux frontières, ainsi que de six mères de famille, plus douze enfants de l'un et l'autre sexe depuis l'âge de quatre à six ans au plus.

» Ces trente-six citoyens et citoyennes seront choisis tant dans les fortunés que dans l'indigence, par là l'on verra l'égalité, cette véritable liberté où doivent régner les mœurs et la vertu, ce qui donnera à nos enfants le souvenir de respecter la vieillesse, et ces jeunes élèves qui auront le bonheur de jouir d'un spectacle aussi attendrissant, rappelleront eux-mêmes dans bien des années cette première fête de l'Être suprême et de la Nature.

» La Sagesse et la Vertu seront environnées d'un large ruban tricolore qu'ils tiendront d'une main, et de l'autre un bouquet formé d'épis de blé. Le ruban sera tenu par les pères et mères qui ont leurs enfants aux frontières, et les douze anciens citoyens et citoyennes donneront la main à l'enfance, les petites filles aux citoyennes, les petits garçons aux vieillards.

» Il sera porté une bannière où on pourra lire : *Notre devoir est de soulager la vieillesse et d'élever nos enfants dans les principes de la respecter.*

» *Noms des citoyens et citoyennes choisis pour remplir le cercle tricolore :*

» Les six anciens d'âge sont les citoyens : Maufra, Picard, Paul Moullez, Berceau, Merey.

» Les six anciennes d'âge sont les citoyennes : Léonard, Lecomte, Geurbault, Dupuis, Boileau, Gouy.

» Les six pères des volontaires sont les citoyens : Levé, J. J. Chevillon, Boucault aîné, Pinchon, père du Jacobite ; Muiron, Bouvet, jardinier.

» Les six mères des volontaires sont les citoyennes : Jubain, Dieudonné, Bertrand, Guillon, veuve Paul Aubry.

» Les six jeunes garçons sont les citoyens : Dècle, Lamy, Ithier, Rouval, Baland, Chaimbault.

» Les six jeunes filles sont les citoyennes : Berceau, Levé, Touret, Clouet, Bouvet, Joliette.

» Il sera écrit à ces trente-six citoyens une lettre d'invitation par les commissaires, qui prieront les riches de garnir la table, l'indigent d'apporter son repas frugal et les citoyens et citoyennes à ne pas se refuser à l'invitation ; si des causes de maladie les empêchaient, ils se feraient remplacer par un de leurs parents.

» Les musiciens formant le groupe seront les citoyens Garnon fils, violon ; Thion, violon ; jeune élève, violon ; Boursieu, violon ; Puissant, violon ; Champin, violon.

» L'Aunay, violon ; Alexandre Moullez, flûte ; Thiphaine, serpent ; Boursier jeune, tambourin.

» Tous seront invités de jouer des airs patriotiques et avec le plus d'accord que faire se pourra.

» La citoyenne Lœkmann sera invitée à toucher sur l'orgue des airs républicains, et surtout des hymnes à l'Être suprême ; et si elle sait jouer d'un instrument, elle voudra bien se joindre aux musiciens et au dîner de la Sagesse et de la Vertu.

» Les tambours seront requis par le commandant de la force armée de ne pas manquer : le citoyen Thore sera du premier peloton, le citoyen Courtois, du deuxième peloton, le citoyen Roger, du troisième peloton.

» Tous les citoyens qui font nombre de trente-six dans le ruban tricolore sont invités à un banquet, et la table, à cet effet, sera dressée par les citoyens aisés qui y sont conviés, et, pour y suppléer, chaque habitant y portera un hommage, les trente-six bannières se placeront derrière chaque citoyen et citoyenne, la musique se partagera aux deux bouts de la table.

» Il sera fait un cercle dans le milieu de l'allée des Marronniers, en face de la Montagne, qui sera aussi décorée ; il y aura trente-six poteaux formant trente colonnes garnies au pourtour de feuillage ; on fera des guirlandes entrelacées avec une lumière des trois couleurs à chaque et deux transparents accompagnés d'une inscription républicaine ; une draperie tricolore formera également l'enceinte.

» Tous les citoyens qui ne sont pas indiqués dans les groupes ci-dessus, comme pères, mères, parents, amis, voisins, seront munis d'une branche de chêne dans la main, pour les hommes seulement, et donneront la main à un petit garçon, tel petit qu'il soit ; ces jeunes enfants tiendront une couronne de chêne qu'ils mettront sur la tête du vieillard lorsqu'il sera à table et chaque fois que le cortége se reposera.

» Toutes les mères et grandes citoyennes porteront un bouquet dans leur main et donneront l'autre à un jeune enfant qui portera aussi une couronne de chêne et fera la même cérémonie.

» Les hommes se placeront pendant la durée du cortége à droite de chaque rue, et les femmes à gauche ; ils n'iront que de deux en deux en se tenant par la main, ne s'écarteront pas de leur bannière et marcheront de file.

» La municipalité marchera dans le centre, le comité de surveillance et tous les groupes ainsi que les canonniers, les pelotons militaires, la Sagesse et la Vertu.

» Les membres composant la municipalité seront décorés de leurs écharpes, le maire seul et l'agent national auront un bonnet rouge, et chaque membre tiendra une branche de chêne, à l'exception de celui qui portera la bannière n° 35, ayant pour légende : *A la Postérité*. Tous les membres du comité de surveillance seront en bonnet rouge, avec une ceinture de chêne, tenant aussi à leur main une branche, excepté le citoyen qui portera la bannière n° 36 avec cette inscription : *Au Bonheur*.

» Si le représentant du peuple est au district de l'Égalité, il sera invité, on lui délivrera le prospectus de la fête, de la cérémonie qui aura lieu, tous les discours, hymnes prononcés et chantés ; le tout sera imprimé aux frais de la commune et distribué également à tous les citoyens, vieillards, âge viril et jeunesse jusqu'à l'âge de dix ans, à l'exception des douze conviés, qui en auront aussi un exemplaire. Il y aura cinq stations : la première au temple de l'Être suprême, d'où sortira la municipalité, le comité de surveillance ensuite ; pour la deuxième station, à l'autel qui sera dressé à la Divinité dans le haut de l'avenue ; la troisième station à la Montagne ; la quatrième à la Montagne des Élèves, et la cinquième et dernière au banquet civique, placé dans l'avenue devant la Montagne, allée des Marronniers.

» L'on reviendra ensuite déposer tout ce qui aura servi au cortége dans le temple de l'Être suprême, excepté les trente-six bannières avec les guirlandes, qui se mettront au pourtour de la table, attachées proche les colonnes de verdure.

» La corbeille et les deux tourtereaux se déposeront sur la table; les musiciens, invités à ce banquet, se placeront à chaque bout de la table, au-dessus de laquelle sera suspendu le niveau de l'égalité.

» Il sera nommé un commissaire pour chaque rue, comme il est déjà expliqué, douze maîtres de cérémonies pour préparer et veiller à l'ordre du cérémonial et de la marche du cortége.

» Le chemin de la Montagne sera rétabli et les rues débarrassées; il sera jeté du sable principalement au devant du temple, au bas des deux montagnes, place de la Liberté et à l'autel dressé au haut de l'avenue, au pourtour de la table de la Sagesse et de la Vertu.

» Tous les citoyens sont invités de porter leur repas et s'asseoir sans distinction les uns contre les autres, autant que faire se pourra; que le nombre ne passe pas douze à quinze par groupe à la distance de douze à vingt pas de la grande table; il sera établi un gradin pour la musique.

Ordre de la marche.

» Le cortége s'ouvrira par la compagnie des canonniers avec leurs canons; un rang de sapeurs; le premier peloton de la force armée; le premier groupe des jeunes filles tenant la corbeille de fleurs; le comité de surveillance; la Déclaration des droits de l'homme portée par deux membres du comité; les dix-sept premières sections des citoyens et citoyennes nommés; les dix-sept bannières de la vertu; ensuite une charrue des trois couleurs; un petit char rempli d'outils d'agriculture; le corps de musique; ensuite le groupe des citoyens et citoyennes composant le groupe de la Sagesse et de la Vertu entouré d'un ruban tricolore, qui se placeront comme il est indiqué; la table du décret du 18 floréal, où seront inscrites les trente-six fêtes; le discours de Robespierre et le rapport de David; la pyramide qui sera après déposée dans le temple pour y placer les noms de ceux qui sont morts aux frontières et qui ont bien mérité de la patrie; le deuxième peloton de la jeune force armée avec la garde du drapeau, le commandant à la tête avec un tambour; les dix sept dernières sections des citoyens et citoyennes portant les dix-sept bannières de la vertu; le second groupe des jeunes citoyennes portant une paire de tourtereaux, et le reste des corbeilles de fleurs; quatre vases de parfums portés par quatre jeunes citoyens; le tableau de la Constitution porté par deux notables de la commune; ensuite le corps de la municipalité, le troisième peloton de la force armée et un tambour.

» Le rassemblement se fera place de la Liberté, où le maire prononcera la prière à l'Être suprême; le devant du temple sera décoré le plus artistement que faire se pourra.

» Les jeunes citoyens jetteront des fleurs à chaque station, les pères embrasseront leurs enfants, les mères élèveront leurs yeux au ciel.

» Tous à cette station seulement inclineront le genou en terre au coup du canon; l'on passera rue Pelletier, place de la Raison, la porte Verte, le Parc, la Maison nationale par les cours, l'autel de la Patrie, où le maire prononcera un discours analogue à la fête : il montera sur une éminence en verdure qui sera dressée à cet effet. Aux quatre coins de l'autel de la Patrie seront déposés les quatre vases de parfums entourés de feuillage. La musique jouera des airs républicains et accompagnera les voix des jeunes citoyens qui entoureront l'autel de la Patrie.

» L'on descendra l'avenue, l'on prendra la route de la Montagne, qui sera décorée simplement avec huit grandes statues représentant tous sujets analogues à la Révolution : sur une éminence sera la statue de la Liberté, au pourtour de laquelle seront les bustes des grands hommes décorés de verdure; il y aura une fontaine jaillissante de la Régénération.

» Le groupe de la Sagesse et de la Vertu se placera au haut de la montagne. Les jeunes citoyennes portant les corbeilles de fleurs se placeront de droite et de gauche sur les deux pentes de la montagne.

» Au bas des collines sera un peloton de chaque côté de la force armée. Dans le milieu, devant le rocher, seront la municipalité et le comité de surveillance. A droite, du côté de Sceaux-l'Unité, au milieu du chemin, sera la troisième partie de la force armée avec le drapeau. A gauche, du côté de Paris, sera la compagnie des canonniers. Le corps de musique sera dans le milieu, monté sur la terrasse de l'allée des Marronniers.

» Un citoyen prononcera un discours sur les mœurs, sur la vertu, et sur les devoirs à remplir comme républicains vétérans.

» Les pères et les mères chanteront des hymnes à la louange de la Convention et la chanson de la Montagne, la musique les accompagnera. Ensuite l'on prendra la rue des Hommes-Libres, la rue de l'Unité, la place de la Fraternité, la montagne des Élèves.

» Un discours sera prononcé par le commandant de la force armée, un par le jeune commandant. Des chansons seront chantées par de jeunes républicains. Ensuite l'on prendra la rue de Voltaire, place de la Régénération, la rue des Sans-Culottes, la rue Marat, place de la

Raison, rue Lepelletier, place de la Liberté, avenue des Marronniers, où il sera dressé une table vers laquelle on conduira la Sagesse et la Vertu ; les musiciens prendront leur place, et les citoyens se placeront à la distance indiquée çà et là.

» Après ce banquet, le même cercle qui entourait la table servira de point central à la danse, et les musiciens seront élevés sur un gradin [1]. »

21 PRAIRIAL (10 JUIN).

Couthon présente à la Convention un rapport sur les moyens d'améliorer les jugements du tribunal révolutionnaire. Il dit que jamais la justice nationale n'a montré l'attitude imposante ni déployé l'énergie qui lui convenait; que l'on a semblé se piquer d'être juste envers les particuliers sans se mettre beaucoup en peine de l'être envers la République, comme si les tribunaux destinés à punir ses ennemis avaient été institués pour l'intérêt des conspirateurs et non pour le salut de la patrie. « Le délai pour punir les ennemis de la patrie ne doit être que le temps de les reconnaître : il s'agit moins de les punir que de les anéantir..... L'indulgence envers eux est atroce, la clémence est parricide. Celui qui veut subordonner le salut public aux préjugés du palais, aux inversions des jurisconsultes, est un insensé ou un scélérat qui veut tuer juridiquement la patrie et l'humanité. »

Quelques protestations énergiques éclatent dans l'Assemblée contre la présentation d'une loi qui ne semble faite que pour imprimer au tribunal, dans l'expédition de ses jugements à mort, la célérité qui avait été donnée par la machine au couteau du bourreau pour les exécuter. Alors Robespierre paraît à la tribune. D'une voix menaçante, en promenant ses regards à travers ses lunettes bleues, sur les bancs où les murmures se sont fait entendre, il déclare qu'*il n'y a pas un article du projet qui*

---

[1] En *reconnaissant* l'Être suprême, la Convention avait-elle ramené les masses au culte du bon Dieu? Il est permis d'en douter, lorsqu'on lit l'anecdote suivante, rapportée par La Harpe : — Un sans-culotte parlait de *Dieu* : « *Tais-toi donc*, lui dit un de ses camarades, *il n'y a plus de Dieu ; il n'y a plus qu'un Être suprême.* »

ne soit fondé sur la justice et la raison. Les révoltés s'humilient ; Ruamps, qui avait dit qu'il se brûlerait la cervelle si la loi était adoptée, reste immobile, et la Convention vote la loi, comme elle vote tout ce que lui propose le comité de salut public, dont elle proroge les pouvoirs expirés.

Voici quelques-uns des articles de la loi du 22 prairial :

« Le tribunal révolutionnaire est institué pour punir les ennemis du peuple.

» Les ennemis du peuple sont ceux qui cherchent à anéantir la liberté publique, soit par la force, soit par la ruse.

» Sont réputés ennemis du peuple ceux qui auront provoqué le rétablissement de la royauté ou cherché à avilir ou à dissoudre la Convention nationale et le gouvernement républicain et révolutionnaire dont elle est le centre, etc.

» Ceux qui auront cherché à inspirer le découragement ; ceux qui auront répandu de fausses nouvelles, etc.

» La preuve nécessaire pour condamner les ennemis du peuple est toute espèce de document, soit matériel, soit moral, soit verbal, soit écrit, qui peut naturellement obtenir l'assentiment de tout esprit juste et raisonnable. La règle des jugements est la conscience des jurés éclairés par l'amour de la patrie ; ..... la procédure, les moyens simples que le bon sens indique pour parvenir à la connaissance de la vérité, dans les formes que la loi détermine.

» Tout citoyen a le droit de saisir et de traduire devant les magistrats les conspirateurs et les contre-révolutionnaires. Il est tenu de les dénoncer dès qu'il les connaît.

» S'il existe des preuves soit matérielles, soit morales, indépendamment des preuves testimoniales, il ne sera pas entendu de témoins....

» La loi donne pour défenseurs aux patriotes calomniés des jurés patriotes ; elle n'en accorde point aux conspirateurs. »

Le jour même de la loi du 22 prairial, Tallien écrivait à un comité révolutionnaire une lettre qui paraîtrait une lâcheté niaise, si elle ne révélait toute la terreur dont il était pénétré, et pour lui-même et pour la femme qu'il aimait. Il faut la rapprocher des extraits que nous donnons des registres du comité de salut public aux dates du 1er et du 6 messidor. Un agent du comité constate que *le bruit courait* aux environs de Paris, le 1er messidor, *que Tallien était arrêté*. Qui avait pu faire courir ce bruit? Sans doute celui qui recommandait expressément, le 6, *de réunir toutes les pièces relatives à la Cabarrus*. Ainsi tout s'explique; le tremblement de Tallien en écrivant au comité révolutionnaire, l'épouvante de la Cabarrus qui sent sur elle une haine qui ne fait jamais grâce; la résolution de Tallien, conduit à tout oser, pour arriver à tout sauver, car tout est perdu!...

« *Tallien, représentant du peuple, aux citoyens composant le comité révolutionnaire de la section du Mont-Blanc.* (Inédite.)

« Paris, ce 22 prairial an II.

» Il m'est parvenu hier soir, citoyens, une lettre non signée, qui paroît écrite par un citoyen actuellement en état d'arrestation dans votre section. Il me dit avoir été arrêté en se promenant avec une citoyenne, et il me demande de m'intéresser pour lui.

» Voici ma réponse, que je vous adresse.

» Je ne m'intéresse que pour les personnes que je connois bien; or je connois si peu cet individu que je ne sais pas même son nom. Quant à la femme arrêtée avec lui, je l'ai connue à Bordeaux, où j'étois envoyé en qualité de représentant du peuple; mais il y a quatre mois que je suis de retour à Paris. J'ignore ce qui a pu se passer depuis cette époque, et je ne veux en aucune manière m'en mêler. Les autorités qui ont fait arrêter ces individus avoient leurs raisons. Elles s'empresseront de leur rendre la justice qu'ils pourront mériter. Un représentant du peuple trahiroit ses devoirs, aviliroit son caractère, s'il recommandoit des personnes suspectes.

» Veuillez donc, frères et amis, recevoir ma déclaration formelle que je ne prends aucun intérêt à ces individus, et m'accuser la réception de cette lettre.

» Salut et fraternité.

» TALLIEN. »

BILAN DU MEURTRE JURIDIQUE EN 1794.

Voici le résultat des opérations du tribunal révolutionnaire depuis nivôse an II jusqu'à la loi du 22 prairial [1].

NIVÔSE. — 167 accusés : condamnations à mort, 61 ; acquittements ou mises en liberté, 101 (dont 27 condamnés comme suspects à la détention jusqu'à la paix); fers, 3 ; détention simple, 2.

PLUVIÔSE. — 198 accusés : condamnations à mort, 68 ; acquittements ou mises en liberté, 106 (dont 9 condamnés à la détention comme suspects); déportation, 12 ; fers, 3 ; détention, 5 ; renvoi devant un autre tribunal, 4.

VENTÔSE. — 206 accusés : condamnations à mort, 116 ; acquittements ou mises en liberté, 79 (dont 1 condamné à la détention); déportation, 5 ; détention, 1 ; renvoi, 5.

GERMINAL. — 218 accusés : condamnations à mort, 155 ; acquittements ou mises en liberté, 59 (dont 5 condamnés à la détention); fers, 3 ; renvoi, 1.

FLORÉAL. — 525 accusés : condamnations à mort, 354 ; acquittements ou mises en liberté, 155 (dont 9 condamnés à la détention); fers, 6 ; réclusion, 2 ; détention, 4 ; renvoi, 4.

PRAIRIAL (du 1er au 22). — 408 accusés : condamnations à mort, 281 ; acquittements ou mises en liberté (dont 23 condamnés à la détention); détention, 6 ; renvoi, 1.

Depuis la loi du 22 prairial.

PRAIRIAL (du 22 au 30). — 272 accusés : condamnations à mort, 228 ; acquittements ou mises en liberté, 44 (dont 2 condamnés à la détention).

---

[1] *Le Tribunal révolutionnaire*, par M. Campardon, t. II, p. 220, Paris, Henri Plon. — (La première édition de ce livre est bien inférieure à celle-ci.)

Messidor. — 1000 accusés : condamnations à mort, 796; acquittements ou mises en liberté, 208 (dont 9 condamnés à la détention); détention, 1.

Thermidor (du 1er au 9). — 426 accusés : condamnations à mort, 342; acquittements ou mises en liberté, 84 (dont 3 condamnés à la détention).

Depuis le 9 thermidor.

Thermidor (10, 11 et 12). — Condamnations à mort par suite de mise hors la loi, 103.

Du 24 thermidor an II au 28 frimaire an III (du 11 août au 15 décembre 1794). — Il y a 46 condamnations à mort et 837 acquittements ou mises en liberté. — Du 8 pluviôse au 28 floréal an III (27 janvier au 17 mai 1795). — 17 condamnations à mort et 54 acquittements.

Ces simples chiffres, plus éloquents que tous les commentaires, montrent l'influence qu'a eue la révolution du 9 au 10 thermidor sur le caractère de la justice rendue par le tribunal révolutionnaire.

---

25 prairial (13 juin).

Le passage des charrettes chargées de victimes répandait l'épouvante, faisait naître l'horreur et paralysait entièrement le commerce dans les quartiers les plus riches de Paris. Dès que l'heure approchait de leur sinistre promenade, les boutiques se fermaient; les habitants fermaient les volets et les fenêtres pour se réfugier au plus profond de leurs appartements. — On se décida à changer le lieu des exécutions. A partir de ce jour, elles se firent à la place de la barrière du Trône. La guillotine ne reparut sur la place de la Révolution que pour le supplice de Robespierre et de ses partisans.

Il paraît que ceux qu'on décorait en ce temps-là des titres de magistrats et de fonctionnaires publics jouissaient d'une médiocre considération auprès de la garde nationale, et qu'on ne manquait pas l'occasion de les rosser, surtout le soir. La voix grave d'Hanriot s'élève contre cette profanation.

Ordre général d'Hanriot.

« Mes frères d'armes, je vous renouvelle l'invitation qui vous a déjà été faite, relative à vos rondes et patrouilles de nuit. Quelques-uns de vous se comportent avec indécence envers les magistrats et les fonctionnaires publics ; vous les arrêtez d'une manière inhumaine, qui vous déshonore. Ne sont-ils pas vos pères, frères, amis, et surveillants de la grande famille ? Recevez-les donc avec fraternité, loin de les rebuter dans leurs opérations de nuit ; offrez-leur vos services ; conduisez-les jusque dans leurs asiles, si leurs jours sont menacés par le fer de l'aristocratie.

» Les *journalistes,* manouvriers, et tous ceux qui s'occupent des travaux de la campagne, etc., je les invite à se faire inscrire. »

---

27 PRAIRIAL (15 JUIN).

Mécontentement de Robespierre. — Affaire de Catherine Théot.

La Convention renvoie Catherine Théot, dite la mère de Dieu, dom Gerle, ex-chartreux et ex-constituant ; la ci-devant marquise de Châtenois, Quévremont [1], médecin du ci-devant duc d'Orléans, et Marie-Madeleine Amblard, veuve Godefroy, devant le tribunal révolutionnaire.

Les individus ci-dessus désignés ne passèrent pas devant le tribunal révolutionnaire. Robespierre se fit remettre le dossier et étouffa l'affaire.

Cette affaire, assez obscure et assez ridicule en elle-même, a une grande importance dans l'histoire de 1794, parce qu'elle fut l'occasion de la rupture complète entre Robespierre et les comités.

[1] On a de la peine à s'expliquer la présence au milieu de ces illuminés et de ces imbéciles de l'homme sagace et intelligent auquel sont dues les trois notes anonymes que nous avons publiées. Tout est obscur dans cette affaire de Catherine Théot, la protection de Robespierre aussi bien que le rôle de Quévremont.

Ce n'est point ici le lieu de rechercher longuement les causes de cette rupture : nous nous bornerons à dire que le premier ébranlement imprimé à la *sainte* Montagne fut la mort de Danton; le second, la fête de l'Être suprême, le troisième, la protection donnée à Catherine Théot.

On a fait de nos jours de Robespierre un spiritualiste, voire même un catholique. Il est vrai que Robespierre n'avait pas à l'égard des prêtres et des cérémonies du culte la haine féroce, la rage iconoclaste dont quelques-uns de ses collègues étaient animés; mais de là à être sympathique aux prêtres, il y a loin; les registres du comité de salut public le montrent non pas acharné, mais dur et cruel envers eux. Seulement, plus sensé que d'autres Montagnards, comprenant mieux qu'eux les conditions de gouvernement et les besoins moraux du peuple, aussi impérieux que ses besoins matériels, il avait résolu de chasser des temples l'idolâtrie ou l'athéisme, qui n'avaient encore donné lieu qu'à des spectacles indécents et ridicules. La fête de l'Être suprême fut d'ailleurs moins le triomphe de Dieu que le sien. « Avec quelle joie orgueilleuse, marchant à la tête de la Convention nationale entourée d'un peuple immense, répondant par l'élégance et la parure à l'éclat pur et radieux d'un si beau jour, il se pavanait pour la première fois, revêtu de l'écharpe tricolore de représentant du peuple, et la tête ombragée de panaches flottants! Tout le monde remarqua son ivresse; mais tandis que la foule enthousiasmée faisoit retentir les cris de *Vive Robespierre!* qui, dans une république, sont des cris de mort, ses collègues, effrayés de ses prétentions audacieuses, incommodoient ses oreilles, comme il s'en est plaint depuis, de traits satiriques, de sarcasmes piquants : Voyez-vous comme on l'applaudit! Ne veut-il pas faire le Dieu! N'est-ce pas le grand prêtre de l'Être suprême! » D'autres Montagnards murmurèrent à ses oreilles l'épithète de *tyran*. Ils ne comprenaient cette invention de Dieu par Robespierre que comme un moyen de fanatiser la foule et de s'emparer d'elle. Plus de doute pour eux, il voulait arriver à la dictature!

La dénonciation qui leur fut faite des pratiques bizarres et des rêveries de Catherine Théot leur parut une occasion favorable d'attaquer indirectement Robespierre et d'affaiblir son prestige en attirant sur lui le ridicule. On trouva dans le lit de la vieille folle, qui se croyait la mère de Dieu, une lettre adressée à Robespierre, dans laquelle il était appelé *le fils de l'Être suprême, le Verbe de l'Éternel, le Rédempteur du genre humain, le Messie désigné par les prophéties*. Représenter la mère de Dieu comme une contre-révolutionnaire, et ses affiliés comme des conspirateurs dangereux, c'était presque impliquer Maximilien dans le complot, surtout si on le voyait prendre ouvertement parti pour eux contre Vadier et Barère, qui les avaient dénoncés à la Convention. Ses ennemis n'y manquèrent pas[1]. Au fond, les sectaires de Catherine Théot prenaient fort bien leur parti du régime républicain, surtout s'ils se sentaient couverts de la protection de Robespierre; ils disaient à Catherine :

> Ni culte, ni prêtres, ni roi,
> Car la nouvelle Ève, c'est toi.

Quant à Robespierre, il ne lui déplaisait pas d'être adoré; il avait toujours eu autour de lui *ses dévotes* qui le suivaient à la Convention, aux Jacobins, dont elles remplissaient les tribunes quand il devait parler. « Dans son domestique, attentions recherchées, caresses louangeuses, désirs prévenus, sollicitudes crain-

---

[1] « On remarque cette différence qu'il osa attaquer ses adversaires de front, tandis qu'ils ne l'attaquèrent que dans l'ombre, d'une manière vile et basse, même en le flagornant publiquement jusqu'à sa défaite; conduite qui prouve de sa part son audace, et de la part des autres leur turpitude. Ils vont chercher dans un réduit obscur une folie mystique de têtes imbéciles, y envoient leurs agents suggérer leurs propres idées, et ils inventent, sous une fable ridicule et grotesque, une vaste conspiration politique au lieu de la dévoiler. Ils transforment un nom de famille vulgaire (Théot) en un nom grec qui signifie Divinité (Théos), rassemblant de toutes parts des accessoires indécents pour donner plus d'appareil; mêlant le merveilleux au comique, la fable à l'histoire, le mensonge toujours au mensonge..... enfin l'ambigu le plus extravagant que la plus folle imagination des petites-maisons ait jamais inventé. » Vilate, *Les mystères de la mère de Dieu dévoilés*, p. 93.

Voici en quels termes Vadier terminait son rapport sur l'affaire de Catherine Théot :

« Nous ne connaîtrions pas l'infernal génie des Anglais si nous ne rapportions à leurs inventions et à leurs manœuvres à Paris l'établissement de ce commerce de fanatisme et de spéculations de bigoterie ouvert dans la rue Contrescarpe.... C'est là que l'Anglais a cherché des auxiliaires, des perturbateurs, des chefs de mécontents, des recruteurs de la Vendée et des assassins, etc. »

tives, soupirs recueillis, mignardises flatteuses.... Nul directeur de nonnes ne fut jadis davantage le tendre et précieux objet de plus douces inquiétudes et de soins plus affectueux de la part des chères mères en Dieu. » (Vilate, 3ᵉ partie, p. 63). Quand, deux ans auparavant, Barbaroux était allé voir Robespierre chez les Duplay, grande avait été sa surprise de n'apercevoir d'autre décoration dans sa chambre que son portrait répété à l'infini.

Bref, Robespierre ne crut pas que le crime de l'avoir pris pour l'*envoyé du ciel* méritât la mort. Il empêcha que l'affaire de Catherine Théot n'allât au tribunal révolutionnaire; mais il sentit le coup qu'on avait voulu lui porter. On s'était attaqué à sa considération, à sa popularité, en même temps qu'à sa puissance. Il s'éloigna du comité, où se trouvaient en majorité les *corrompus* dont il avait résolu d'épurer la Convention.

MESSIDOR.

19 JUIN AU 18 JUILLET.

Dans ce mois, nous assistons au plein développement des conséquences de la loi du 22 prairial. Le nombre des victimes condamnées par le tribunal révolutionnaire, débarrassé de toutes les formes juridiques, augmente considérablement. Barère a exprimé l'arrière-pensée de la loi dans cette parole célèbre : « Les morts seuls ne reviennent pas. » (Rapport du 16 messidor.) Il prendra la défense du proconsul d'Arras, Joseph Lebon, qui avait fait du supplice de la guillotine un de ses divertissements, en ne lui reprochant que d'avoir eu des formes *acerbes*. Lebon, Carrier, sont des noms gravés dans toutes les mémoires; synonymes du génie du meurtre, ils donnent le frisson aux femmes, et ils ont plus contribué à inspirer aux masses une instinctive antipathie pour le gouvernement républicain, que le souvenir des privations et des sacrifices supportés par nos pères. Ces deux monstres n'étaient pas étrangers cependant aux sentiments humains : la femme de Carrier, qui est morte à Aurillac, n'a jamais voulu croire aux atrocités dont on accusait son mari, et ce Lebon, dont le fils a défendu la mémoire avec plus de zèle que de succès, était un oratorien si doux, si patient, avant l'époque de la tourmente révolutionnaire, que ses élèves l'avaient appelé à Arras le *bien nommé*.

Les grands faits d'armes de nos soldats couvraient, pour les contemporains, les cris et les gémissements des victimes. Le 9, victoire de Fleurus; le 13, prise des villes de Mons et de Bruges; « ordre est donné de passer au fil de l'épée les garnisons de Landrecies, Quesnoy, Valenciennes et Condé, qui ne se seraient pas rendues à discrétion dans les vingt-quatre heures. » Ainsi la guerre prend le caractère implacable du gouvernement. C'était bien la mort et non la justice, quoi qu'en eût dit le président de la Convention, qui était à l'ordre du jour!

Robespierre peu à peu se retire du comité : bientôt il cessera d'y paraître. Cette retraite est significative; Robespierre est irrité, donc il frappera. On sait de quelles forces il dispose, les Jacobins lui sont dévoués, la commune est toute à lui, le peuple respecte l'*Incorruptible* et en a peur; il est si captieux, si mielleux, si habile, qu'il a su gagner jusqu'aux femmes, celles du moins qui assistent habituellement aux séances de la Convention. De part et d'autre on se prépare à une lutte décisive; ceux-ci conspirent dans les comités et dans la Convention; ceux-là, confiants dans leur force, s'appuient sur les masses populaires dont la pression, si la Convention résiste, servira à faire un nouveau 2 juin, une nouvelle épuration de l'assemblée. Mais la Convention, habituée à obéir, pétrifiée lorsqu'elle voudrait résister, électrisée lorsqu'elle se laisse aller à la parole du maître, ne luttera pas; elle n'en a ni la volonté ni la force, car si elle avait eu la force, se fût-elle laissé enlever Danton?... Voilà, du moins, ce que pense Maximilien.

1ᵉʳ MESSIDOR (19 JUIN).

Extraits des registres du comité de salut public.

Rapport de Rousseville. — *Suresnes.* — Il s'est fait dans cette commune une vente d'ornements d'église. Tous les citoyens se sont empressés de les acheter. — Le matin du 29 prairial le bruit courait dans Paris que Tallien, Bourdon et quelques autres étaient en Angleterre. — Cette nouvelle n'avait pas été débitée dans les environs et on y ignorait même l'opinion publique au sujet de ces deux représentants du peuple.

Rapport intéressant d'Alexandre, agent du comité, sur l'armée de l'Ouest et la Vendée.

« Perrier, employé à la bibliothèque de l'instruction publique, président de sa section, département de la Seine, dénonce au comité, pour la troisième fois, les membres du comité révolutionnaire de l'Indivisibilité. Leur promotion est le fruit de leurs intrigues. Depuis qu'ils sont en place, on a remarqué une progression dans leurs facultés pécuniaires. Ils se donnent des repas splendides. *Hyvert* a étouffé constamment la voix de ses concitoyens dans les assemblées générales. Despote dans ses actes, il a porté les citoyens à s'entr'égorger à la porte d'un boucher. Ce fait est constaté par procès-verbal. *Grosler* a dit hautement que les assemblées sectionnaires étaient au-dessus de la Convention. Il a rétabli sous les scellés des flambeaux d'argent qu'on l'accusait d'avoir soustraits. *Grosler* a été prédicateur de l'athéisme. Il a dit à Testare et Guérin que Robespierre, malgré son fameux décret sur l'Être suprême, serait.... (guillotiné). Il a annoncé dans un café le prochain rétablissement des sociétés sectionnaires. *Viare* a mis des riches à contribution. Il a insulté des gens qu'il mettait en arrestation. *Lainé* a été persécuteur d'un Anglais, qui s'est donné la mort pour échapper à sa rage. Allemain, commissaire de police, est dépositaire d'une lettre de lui. *Lainé* et ses collègues ont été probablement en relation avec *Hébert*. Il est certain qu'il faisait fréquemment des sorties nocturnes. Il a fait, en présence du citoyen Bossu, un usage indécent d'un décret de la Convention. *Fournier* a traité les représentants de scélérats, d'intrigants, qui seraient guillotinés. Lors de la présentation du salpêtre, il disait qu'il voudrait que ceux qui le faisaient se cassassent les jambes. Enfin, le comité révolutionnaire s'est refusé à venir complimenter la Convention du décret de l'Être suprême. Ils ont traité d'intrigants ceux qui s'y rendaient. »

6 MESSIDOR (24 JUIN).

Suite des extraits des registres du comité de salut public.

« Le comité révolutionnaire de la section de la Fraternité fait passer deux nouvelles lettres adressées à la citoyenne Cabarrus, femme divorcée de Devin. — L'une, insignifiante, est datée de Bordeaux; l'autre, même timbre, est signée Manoury. Ce dernier est allé à Rouen. — Réponse de Robespierre : *Donner une idée plus précise de ces lettres, et tâcher de découvrir Manoury.* (Exp. 10 mess.)

» *Département de Paris.* — Le comité révolutionnaire fait passer au comité deux nouvelles lettres adressées à la citoyenne Cabarrus, femme Devin, divorcée. Elles ne contiennent rien de suspect : les sujets sont tous en *amoroso* (*sic*). — Réponse de R. : *Il faut réunir toutes les pièces relatives à la Cabarrus.* »

Robespierre se montre singulièrement roide sur les usurpations de titres, soit qu'elles lui parussent un empiétement contraire à l'égalité républicaine, soit qu'il y vît une usurpation de pouvoirs. Un jour c'est un dénonciateur qui s'appelle président de district. Robespierre répond : *Il n'y a pas de président de district.* — Le 6 messidor : « Le président de la commune d'Exmes demande si les croix que les femmes portent à leur cou sont, dans les rues, des signes extérieurs de cultes quelconques; » Robespierre, furieux, sans s'occuper de la question, répond brusquement : « *Il n'existe pas de président de commune dans la République. Il faut renvoyer la lettre de l'homme en question au commissaire de la police générale, pour s'informer si c'est un fou ou un fripon.* »

Du 6 messidor, nous passons brusquement au 12. Dans la marge, des annotations d'une autre écriture, que nous croyons être celle de Saint-Just, s'entremêlent aux annotations de Robespierre. En tête du rapport on lit : *Les mesures de ce rapport n'ont pas été exécutées.* — Pourquoi? On ne le dit pas.

Le rapport suivant est du 14 messidor : à partir de ce moment les annotations de Robespierre disparaissent. Cette date marque l'époque précise où il cessa d'assister aux séances du comité de salut public et où il abandonna la direction de la police générale. Beaucoup d'affaires sont renvoyées à Collot-d'Herbois.

Le 1er messidor, sur un rapport de Perrier, Robespierre avait fait arrêter un nommé Grosler, qui avait dit que Robespierre, malgré son f.... décret sur l'Être suprême, serait guillotiné. — Après la retraite de celui-ci, le comité se montre moins sévère. Un certain Roloy est accusé, par le comité de la section de la Fraternité, d'avoir annoncé que, *sous deux mois et même avant, le citoyen Robespierre serait guillotiné*. — Le membre qui tient la plume écrit en réponse : *Mander cet homme au comité pour y être interrogé.*

On n'arrête plus, on interroge, car on conspire ; et, qui sait? celui qu'on va interroger sera un complice peut-être...

---

13 MESSIDOR (1er JUILLET).

L'agent national du district près le département de Paris envoyait donc chaque décade son compte rendu fait d'après le rapport de la police municipale.

Ces rapports manquent généralement d'intérêt. — Voici, par exemple, celui du 13 messidor an II :

« La disette du charbon donne toujours lieu à des rassemblements considérables.

» L'esprit public est généralement bon.

» Biens nationaux, vendus 234,100 livres.

» Estimation, 139,483 livres.

» Biens d'émigrés, vendus 263,000 livres.

» Estimés 196,133 livres.

» A délivré douze mandats pour les pensions aux parents des défenseurs de la patrie, montant à 7,980 livres.

» Vingt-deux sections n'ont point envoyé leur travail sur les secours à distribuer aux indigents.

» Du 21 prairial au 9 messidor, il a été fabriqué 28,757 livres et demie de salpêtre. »

14 MESSIDOR (2 JUILLET).

S'il y avait au monde quelqu'un d'inoffensif, c'était assurément l'aimable Florian, l'auteur d'*Estelle et Némorin*, le père des *Berquinades,* l'inventeur d'un genre qui comptait au nombre de ses plus ardents admirateurs beaucoup de terroristes de la Montagne. Le gentilhomme de S. A. le duc de Penthièvre s'était avisé de faire un jour sa profession de foi républicaine en chantant sur sa guitare l'air de *la Carmagnole :*

LE NOM DE FRÈRE.

Air de la Carmagnole.

Sur ma guitare assez longtemps
J'ai chanté les tendres amants;
 Chantons la liberté,
 La sainte égalité,
 Et le doux nom de frère.
  Soyons unis,
  Mes amis.

Disparaissez, titres si vains,
Qu'enfanta l'orgueil des humains
 Le seul que l'on chérit,
 Le seul qui nous suffit,
 C'est le doux nom de frère.
  Soyons unis,
  Mes amis.

Que faut-il au républicain?
Une arme, du cœur et du pain !
 L'arme pour l'étranger,
 Du cœur pour le danger,
 Et du pain pour ses frères.
  Soyons unis,
  Mes amis.

Des voleurs nommés conquérants
Quand je lis les exploits sanglants,
 Tout mon cœur en frémit ;
 Mais il s'épanouit
 S'il est question de frères.
  Soyons unis,
  Mes amis.

J'aime à voir les fils d'Abraham
S'avancer dans le Chanaan ;
　　Les Cobourg du pays
　　Furent bientôt soumis
　　Par ce peuple de frères.
　　　　Soyons unis,
　　　　　Mes amis.

Il fut un cheval de renom,
Celui des quatre fils Aymon ;
　　Pourquoi l'antiquité
　　L'a-t-elle tant vanté?
　　C'est qu'il portait des frères.
　　　　Soyons unis,
　　　　　Mes amis.

Dans le joli mois des beaux jours,
Quel signe préside aux amours?
　　Almanachs vieux, nouveaux,
　　Vous diront les Gémeaux,
　　C'est-à-dire des frères.
　　　　Soyons unis,
　　　　　Mes amis.

Deux frères, fils de Jupiter,
L'un pour l'autre allaient en enfer.
　　Envions tous le sort
　　De Pollux, de Castor,
　　Et mourons pour nos frères !
　　　　Soyons unis,
　　　　　Mes amis.

La chanson de Florian ne le sauva pas. Un jour, le 17 prairial, il arriva à l'agent Rousseville de rapporter une vague rumeur de conspiration où plutôt d'informer Saint-Just qu'un poëte, autrefois gentilhomme de la maison de Penthièvre, vivait aux environs de Paris. L'auteur d'*Organt* donna aussitôt l'ordre de l'arrêter. Florian fut jeté en prison ; il en sortit après le 9 thermidor, ne fit plus que languir, et mourut le 13 septembre 1794, à l'âge de trente-huit ans. L'incarcération de ce doux écrivain n'a été qu'une cruauté gratuite à la charge de Saint-Just, comme tant d'autres.

« Le comité de salut public charge Rousseville, conjointement avec le comité de surveillance de Sceaux, d'arrêter sur-le-champ Florian, d'apposer les scellés sur ses papiers, et de le transférer dans une maison d'arrêt de Paris.

» Ils rendront compte sous deux jours de l'exécution de cette mesure.

(*La minute est signée*) » SAINT-JUST. »

Expédié pour le bureau de l'exécution des lois.

« Paris, le 17 messidor, l'an II de la République française une et indivisible. — Le comité de salut public arrête qu'il sera fait chaque jour, par la commission de l'administration de police et tribunaux, un rapport à l'accusateur public du tribunal révolutionnaire sur la conduite des détenus dans les diverses prisons de Paris. Le tribunal révolutionnaire sera tenu, conformément à la loi, de juger, dans les vingt-quatre heures, ceux qui auraient tenté la révolte et auraient excité la fermentation.

(*Ont signé*) » SAINT-JUST. — BILLAUD-VARENNES.
» COLLOT D'HERBOIS. »

Le sang des suppliciés.

Nous avons donné le relevé des condamnations à mort en 1794. A ce tableau se rattachent les documents qui suivent et que nous avons empruntés à l'intéressant recueil publié par M. Louis Lazare sous le titre de *Bibliothèque municipale* (4ᵉ vol., 1ʳᵉ livraison).

« Pendant la terreur, la ville de Paris comptait deux cimetières pour recevoir les restes des condamnés : l'un, situé à l'ouest, servait de déversoir à la guillotine en permanence sur la place de la Révolution (aujourd'hui place de la Concorde); l'autre fut établi à l'est, pour les suppliciés de la place du Trône renversé.

» Le premier de ces cimetières avait son entrée dans la rue de la Ville-l'Évêque, et dépendait de l'ancienne église de la Madeleine.

» Quant à l'ancienne église, elle fut supprimée; devenue propriété nationale, on la vendit, le 4 pluviôse an V. Le cimetière, qui touchait à l'édifice religieux et dont l'entrée se trouvait dans la rue de la Ville-l'Évêque, à l'angle de la deuxième partie de la rue de la Madeleine, avait été conservé dans le but de l'affecter spécialement à l'inhumation des condamnés exécutés sur la place de la Révolution. La commune de Paris avait promulgué déjà cet arrêté :

« *Séance du* 23 *août* 1792. — Le procureur de la com-
» mune entendu, le conseil général arrête que la guillotine
» restera dressée sur la place de la Révolution jusqu'à ce
» qu'il en ait été autrement ordonné, à l'exception néan-
» moins du coutelas, que l'exécuteur des hautes œuvres sera
» autorisé d'enlever après chaque exécution. » (*Registres de la commune,* t. IX, p. 350.)

» Mais le couteau de la guillotine fauchait tant de têtes, que le pavé de la rue de la Ville-l'Évêque était constamment rougi de sang; d'ailleurs ce charnier se trouvait aussi dans le voisinage trop immédiat de la place de la Révolution.

» Cette double circonstance, mentionnée dans un rapport du commissaire de police de la section du Mont-Blanc, motiva la suppression de l'ancien cimetière de la Madeleine. Sa fermeture n'eut pas lieu pour cause d'encombrement, attendu qu'on s'empressait, dès qu'une tranchée était remplie de cadavres, de les couvrir d'une couche de chaux vive, mais bien pour les raisons indiquées plus haut, et consignées dans le procès-verbal du magistrat, qui termine en ces termes son rapport : *D'ailleurs le cimetière de la Madeleine est le sujet des diatribes des aristocrates et des contre-révolutionnaires.*

» Avant la fermeture du cimetière de la Madeleine, la commune de Paris avait fait choix d'un nouvel emplacement, à l'extrémité du faubourg de la Petite-Pologne.

» Près de l'ancien mur d'octroi, à la rencontre de la rue des Errancis et de celle de Valois, on voyait, au commencement de la Révolution, un vaste terrain ayant la forme d'un carré long, limité à l'ouest par le mur du parc de Monceaux, qui avait fait des *Folies de Chartres* le plus délicieux séjour.

» La commune de Paris fit abattre les arbres plantés dans ce terrain, qui devint le cimetière des Errancis et remplaça celui de la Madeleine.

» Charlotte Corday fut une des premières victimes dont les restes furent inhumés en cet endroit.

» Philippe Égalité n'avait pu faire oublier que pour un temps le duc d'Orléans. Le corps du prince fut enterré, dit-on, au pied du mur de son parc de Monceaux.

» La fosse qu'on creusa pour recevoir les restes de Robespierre, Saint-Just, Fleuriot, Lescot, Payan, Vivier et autres victimes du 9 thermidor, fut établie au nord du cimetière, le long du mur de l'ancien chemin de ronde de Clichy, réuni maintenant au boulevard de Monceaux. On comptait vingt-deux troncs dans deux tombereaux (les têtes avaient été mises séparément dans un grand coffre), puis le cadavre de Lebas, le seul qui fût au complet. Les frais de transport et d'inhumation s'élevèrent à 193 livres, plus 7 livres données comme pour-boire aux fossoyeurs, y compris l'acquisition de chaux vive, dont une couche fut étendue *sur les restes des tyrans pour empêcher de les diviniser un jour.*

« *Séance du 26 prairial an II.* — Sur le rapport des ad-
» ministrateurs des travaux publics, relativement à la néces-
» sité d'établir un cimetière pour recevoir les cadavres de
» ceux que le glaive de la loi a frappés, que cet établisse-
» ment pourrait avoir lieu dans un terrain provenant des ci-
» devant chanoines de Picpus, et qu'il était d'une si grande
» urgence qu'il ne pouvait y être apporté le moindre retard,

» le corps municipal, l'agent national entendu, arrête la
» formation dudit établissement dans le lieu ci-dessus énoncé;
» autorise les administrateurs des travaux publics à donner
» des ordres provisoires pour sa prompte exécution, sauf à
» faire un rapport au prochain corps municipal. » (Registre 43 du corps municipal, p. 7561.)

Voici un autre document officiel concernant ce cimetière. Nous le transcrivons, en conservant l'orthographe des magistrats qui ont rédigé ce curieux procès-verbal.

« *Section des Quinze-Vingts. — Conseil civil et de police. — Observations que font au département des travaux publics les citoyens Gillet, commissaire de police de la section de la rue de Montreuil; Almain, commissaire de police de la section de l'Indivisibilité, et Renet, de la section des Quinze-Vingts, dans l'arrondissement de laquelle se font, au haut du faubourg Antoine, les exécutions et inhumations des condamnés par le tribunal révolutionnaire et à cette occasion.*

» 1° Sur la place de l'exécution on a creusé un troux d'environ une toise cube, où s'écoule le sang des suppliciés et l'eau avec laquelle on lave la place. Ce troux est presque plein et jette une odeur pestiféré dont tous les habitants environnant sous le vent se pleigne grandement; il conviendrait combler ce troux et en faire un autre auprès plus profond, où l'on rencontra une terre où ce sang s'imbiba.

» 2° De la place de l'exécution au cimetierre il n'existe qu'un chemin le long du mur de clôture en dedans, lequel n'étant point pavé, est impraticable, surtout aux nouveaux tombereaux qui transportent les cadavres des suppliciés au cimetière; ses tombereaux, ayant des roues trop basses, s'engrave dans le sable et les terres mouvantes de ce chemin et les font demeuré malgré le nombre de chevaux que l'on y peut ateller; il conviendrait faire paver une étroite chaussée le long de ce mur qui alla jusqu'au dit cimetierre, ce qui peut être évalué à 200 toises superficielles de pavé.

» 3° Dans le cimetierre, il est de toute impossibilité de pouvoir verbaliser, le plus souvent de nuits, à l'injure de l'air, à la pluie ou qu'ant il vente à ne pouvoir tenir de lumière.

» Comme il existe dans ce cimetierre une grotte toute couverte et close en partie, il ne s'agit plus que de mettre deux petits chassis et de clore par devant et fermer d'une porte ladite grotte; alors on pourra dresser à couvert letat exact des effets des suppliciés; on pourra là, sur une tablette, laisser le registre, y avoir plume, encre, et y tenir de la lumière. Toute la dépense de cette clôture n'ira jamais à 50 livres, et une seule redingotte oublié peut être souvent une perte de plus de cent livres pour la nation, et quant il pleut a verse ou vente, on peut en échapper beaucoup. Ces observations étante des plus justes et l'exécution des plus urgentes, il convient que les citoyens administrateurs s'en occupent promptement et donne leurs ordres en conséquence. — A Paris, ce 21 messidor, l'an 2ᵉ de la République française une, indivisible et impérissable.

» *Signé :* GILLET, ALMAIN et RENET. »

Voici la copie d'une lettre dont la publication n'est pas sans intérêt :

« *Cimetière des suppliciés à Picpus.*

Paris, le 21 messidor, l'an II de la République.

» Je m'empresse de donner au département des travaux publics communication des mesures renfermées dans un rapport de Coffinet, relativement à la sépulture des suppliciés, et qu'il croit indispensables pour prévenir toute odeur méphitique. Cet inspecteur, qui est descendu dans la fosse établie à Picpus, y a éprouvé une odeur qu'il est important d'atténuer par tous les moyens possibles. Celui qu'il propose en ce moment consiste à établir sur cette fosse un plancher en charpente, sur lequel on pratiquera des trappes pour la facilité du service. Ce moyen est le seul que l'on puisse employer en ce moment pour concentrer dans cette fosse les émanations dangereuses, qui pourraient en sortir sans cette précaution.

» Il existe un autre foyer de corruption qui n'a point échappé à la surveillance de cet inspecteur, et que je crois de nature à être pris en très-grande considération par le département des travaux publics. Au lieu même de l'exécution, place de la Barrière renversée, il a été pratiqué un trou, destiné à recevoir le sang des suppliciés. Quand l'exécution est terminée, on se borne à couvrir le trou avec des planches, ce qui est insuffisant pour renfermer l'odeur résultant du sang corrompu, et qui s'y trouve en assez grande quantité pour faire naître une odeur méphitique. Le sieur Coffinet pense que, pour supprimer toute espèce d'exhalaison meurtrière dans la saison actuelle, il serait convenable d'établir, sur une petite brouette à deux roues, un coffre doublé d'une feuille de plomb, dans lequel tomberait le sang des suppliciés, qui serait ensuite versé dans la fosse de Picpus. Le département des travaux publics s'empressera sans doute d'adopter cette dernière mesure, et je l'y exhorte d'autant mieux que le lieu du supplice et celui de la fosse n'étant pas très-éloignés l'un de l'autre, il serait possible que ces exhalaisons s'attirassent entre elles et vinssent à produire un foyer de méphitisme d'autant plus dangereux que, dans cette hypothèse, elles ne laisseraient pas d'embrasser une grande étendue de l'atmosphère.

» J'attends sur les dispositions qui font l'objet du présent rapport les ordres du département.

» *L'architecte de la commune,*

» *Signé :* Poyet. »

22 messidor (10 juillet).

Ordre général d'Hanriot.

Nous continuerons à introduire un peu de gaieté dans le triste sujet de ce livre, en reproduisant les harangues de Hanriot jusqu'à ce que ce héros ait disparu. Si la révolution du 9 thermidor a sauvé la France des horreurs du système d'extermination, elle a coûté cher à l'éloquence démagogique et nous a privés certainement de nouveaux chefs-d'œuvre dans le genre de celui-ci :

« Mes frères d'armes les tambours de la 3e et la 4e légion se comportent mieux que par le passé ; ils détestent avec raison la rue du Bouloi ; ils savent que les hommes libres n'aiment pas à être privés de leur liberté ; depuis vingt jours aucun d'eux n'a été puni....

» Vertueuses républicaines, au nom de la patrie, qui est notre mère commune, dispensez donc les hommes armés de fer d'aller près de vous. La raison a-t-elle besoin d'armes pour vous régler dans vos petits besoins? N'êtes-vous plus ce que vous étiez vous-mêmes? Je vous ai vues si sages et si dignes de vous-mêmes ! Vous qui avez tant de franchise et qui aimez la patrie, ne ferez-vous rien pour elle? Et vous, mes frères d'armes, lorsque vous êtes armés, lorsque vous êtes présents aux différentes distributions, mettez vos armes dans un coin ; qu'un de vous les garde ; et puis allez près de nos concitoyennes, rangez-les six par six, que chacune d'elles se souvienne de la compagne qui l'avoisine, que chacune aille à son tour prendre la petite portion qui lui revient, avec décence, sans propos et sans injures ; je vous ai vues si bonnes et si justes dans nos dernières fêtes républicaines ; je vous ai vues dans ces amusements proscrire d'auprès de vous le vice et tendre la main à la vertu : que ne faites-vous toujours de même! Souvenez-vous que vous êtes la moitié de la société, et que vous devez un exemple de morale que les hommes sensibles ont droit d'attendre de vous. »

---

23 messidor (11 juillet).

Bien que la lettre qui suit ne se rapporte pas directement au sujet de ce livre, nous prenons le parti de la publier, parce qu'elle est inédite et qu'elle offre pour l'histoire de la Vendée un véritable intérêt. L'ennemi que Kléber avait si bien peint dans sa lettre à Delaborde, ce serpent qui *échappe en rampant*, Laignelot se flatte de l'avoir anéanti. Nous laisserons au représentant toute la responsabilité de l'admiration dont il se sent pénétré pour ses modestes exploits.

« *Le représentant du peuple dans les départements de la Mayenne et de l'Ille-et-Vilaine aux représentants du peuple membres du comité de salut public* [1].

» A Laval, le 23 messidor, l'an II de la République.

» Citoyens collègues,

» Voici encore une victoire que vient de remporter la petite armée de Vachot. Je vous fais passer la lettre de ce général. Il ne manque à la gloire de nos représentants que d'avoir un théâtre plus digne de leur valeur. Croyez que je ne perds pas un moment et que le général me seconde parfaitement. Je vous le répète, et je n'exagère jamais ni ne mens : sans les mesures heureuses que j'ai prises, sans l'activité de Vachot, sans la bonne volonté de son état-major, parfaitement composé, nous ne pouvions éviter la guerre civile; le plan était très-bien combiné, et il eût réussi. Voici ce que j'ai vu :

» Les brigands échappés de Savenay et du Marais étaient

[1] Cette lettre est tirée de la collection Labédoyère.

en plus grand nombre qu'on ne l'a dit. Ne pouvant se montrer, ils se sont cachés tout l'hiver au milieu des immenses forêts dont ce pays est couvert, dans des retraites souterraines qu'ils avaient pratiquées, et où les alimentaient les habitants des campagnes, qui pour la plupart les avaient suivis à Grandville; mais, toujours pleins du même dessein, ils ne se cachaient que pour ne plus agir. Leur défaite les avait rendus plus circonspects et non moins dangereux. La Vendée avait été funeste à leur parti; il en fallait faire oublier le nom; il fallait de même changer celui de brigands, car sous ce nom ils ne pouvaient espérer de relâche; ils prirent celui de chouans, nom ignoble et sans conséquence; Puysaye se fit appeler Nicolas, et à la faveur de cette obscurité ils purent travailler efficacement et avec sécurité à la réorganisation de la nouvelle guerre. Elle était sur le point d'éclater, nourrie des levées de la première réquisition, lorsque vous m'avez envoyé dans ces départements. Des bords de la Vilaine à ceux de la Loire, de la Mayenne à la Sarthe, s'étendaient les fils contre-révolutionnaires : j'ai eu le bonheur de les couper. Mes exploits ne peuvent pas être brillants, nous les avons empêchés de le devenir.

» Salut et fraternité.

» Laignelot. »

Le juré Sempronius Gracchus.

Les emprunts que nous avons faits et que nous devons faire encore à Vilate nous obligent à dire quelques mots de ce personnage. C'était un prêtre défroqué, qui vint à Paris le 26 mars 1792. A son retour du Midi, où il avait accompagné les représentants du peuple Ysabeau et Neveu en qualité de secrétaire, il fut mis par le comité de salut public sur la liste des jurés du tribunal révolutionnaire, et reçut un logement aux Tuileries, dans le pavillon de Flore. Il avait alors moins de vingt-cinq ans; on le voyait ardent, dévoué, sans scrupules, on ne demandait pas autre chose. Sempronius Gracchus, c'est le nom dont s'affubla Vilate, avait quelque instruction : il ne manquait ni de sagacité ni d'intelligence. Aussi paraît-il, d'après ses entretiens avec Barère qu'il a rapportés, que celui auquel il ressemblait d'ailleurs sous plus d'un rapport, ne se déplaisait pas à sa conversation. Mais il était présomptueux, insolent et indiscret, il eût tout sacrifié à un bon mot ; ces bons mots lui faisaient des ennemis dans le comité, avant qu'ils lui coûtassent la vie. Par légèreté ou par suffisance, pour se montrer bien informé, il dit un jour (vers la fin de messidor) devant des représentants : *Le tribunal révolutionnaire attend une vingtaine de députés...* Le lendemain il était incarcéré à la Force. C'est en prison, d'où il ne devait plus sortir que pour aller au supplice, qu'il écrivit trois mémoires qui ont été publiés en l'an III : 1° *Causes secrètes de la Révolution du 9 au 10 thermidor;* 2° *Continuation des causes secrètes de la Révolution;* 3° *les Mystères de la mère de Dieu dévoilés.* En ce qui concerne la justification de Vilate, qui ne les a rédigés cependant que pour tâcher d'échapper à la guillotine, ces mémoires sont plus que faibles. L'auteur ne se justifie pas d'avoir participé comme juré à tel ou tel jugement, et c'est sur ce chef qu'il était poursuivi. Il se borne à raconter tout ce qu'il a vu, su ou entendu, à la charge des membres du comité. Plusieurs des faits et des conversations qu'il rapporte sont très-curieux et caractéristiques. Comme ils se trouvent d'accord avec d'autres témoignages d'une véracité incontestable, nous les avons reproduits. Dans le procès de Fouquier, Vilate fut accusé d'avoir dit : « Quant à moi, je ne suis jamais embarrassé, je suis toujours convaincu, » et un jour que les débats se prolongeaient au delà de l'heure où les jurés allaient d'ordinaire prendre leur repas : « Les accusés sont doublement coupables, car en ce moment ils conspirent contre mon ventre. » On ne lui tint pas compte des sentiments de repentir et d'humanité exprimés tardivement dans ses brochures, les propos atroces qu'il avait tenus le firent envoyer à la mort, avec quinze autres membres du tribunal révolutionnaire (17 floréal an III-28 mai 1795).

« L'orage grondait sur la montagne ; la plaine retentissait de sifflements ; la mer soulevait ses flots agités. Je m'attachai fortement à connaître d'où partait la tempête.

» Je découvris qu'il s'agissait d'entamer de nouveau la représentation nationale. Le 22 ou 23 messidor, au milieu de la place adjacente à la salle des Jacobins, était rassemblé un groupe entourant un homme effaré ; on s'écrie : C'est un assassin de Robespierre, de Billaud-Varennes ; il y a des scélérats dans la Convention ! A peine dans la société, Billaud se retourne et me dit : *On est venu chez moi m'assassiner.* — *Il n'est pas étonnant qu'on en veuille à tes jours*, répliquai-je, *s'il y a des scélérats dans la Convention !* — *Nomme-les.* — *Je ne les connais pas.* Cette manière de répondre me priva d'obtenir des éclaircissements. Naulin[1] disait aux Jacobins : *Il faut chasser de la Convention tous les hommes corrompus.*

» Le soir où Barère présidait la société, le voile fut entièrement déchiré : il me prie de lui faire venir ses rapports sur les victoires ; je vais les chercher et les lui remets à lui-même. Il jouissait d'avance du plaisir d'émouvoir la société et les tribunes. Vaine erreur ! Robespierre occupe toute la séance par un discours artificieux, fait pour tromper les hommes même éclairés. Barère souffrait ; sa réputation politique fut attaquée, compromise. Après la séance, j'accompagnai Barère dans son laboratoire, voisin du comité de salut public. Tout défaillant, il s'étend sur son fauteuil. A peine il pouvait prononcer ces mots : *Je suis soûl des hommes ; si j'avais un pistolet !... Je ne reconnais plus que Dieu et la nature.* Après quelques minutes de silence, je lui fais cette question : *Quelle a pu être sa raison de t'attaquer ?* La crainte et la douleur ont besoin de s'épancher. *Ce Robespierre est insatiable*, dit Barère ; *parce qu'on ne fait pas tout ce qu'il voudrait, il faut qu'il rompe avec nous. S'il nous parlait de Thuriot, de Geoffroy, Rovère, Lecointre, Panis, Cambon, de ce*

---

[1] Naulin fut substitut de l'accusateur public près le tribunal révolutionnaire. Plus heureux que Vilate, il fut acquitté.

Monestier qui a vexé toute ma famille, nous nous entendrions ; qu'il demande encore Tallien, Bourdon de l'Oise, Legendre, Fréron, à la bonne heure.... mais Duval, mais Audouin, mais Léonard Bourdon, Vadier, Vouland, il est impossible d'y consentir ! — Ce sont donc là, répliquai-je, *les scélérats, les hommes corrompus de la Convention?...* Nous nous séparâmes, lui dans un accablement affreux, moi consterné de ce que je venais d'entendre. — Rentré dans ma chambre, j'écris les noms des victimes désignées, au milieu du trouble[1]. » (*Causes de la Révolution du 9 thermidor*, p. 40.)

On peut supposer que loin d'être consterné de cette confidence, Vilate s'empressa de la mettre à profit, en écrivant les noms qu'avait prononcés Barère et en se faisant valoir comme le dépositaire des intentions secrètes du comité. Celui-ci s'empressa de lui fermer la bouche, on sait comment.

---

26 MESSIDOR (14 JUILLET).

L'époque de l'anniversaire du 14 juillet, prise de la Bastille, approchait. On demanda à M. J. Chénier les paroles d'un hymne guerrier et à Méhul la musique. Le poëte et le musicien eurent à peine le temps, l'un d'écrire, l'autre de composer. Cependant, au jour indiqué, l'hymne était chanté au milieu d'un enthousiasme indescriptible. L'effet était surtout prodigieux sur ce vers :

> Le peuple souverain s'avance !...

Ah ! sans doute la terreur opprime les citoyens, installe l'injustice et le meurtre dans le prétoire du magistrat, dresse la guillotine partout, et partout sème la misère et la faim, mais

---

[1] Il ajoute : « Ce discours de Robespierre me parut avoir pour objet d'amener Barère à les fuir par la terreur, ou de le perdre s'il s'obstinait dans sa résistance. »

tel est l'héroïsme de la lutte dans laquelle la nation est engagée, que sa grande âme s'aperçoit à peine des coups qui sont portés aux membres du corps social et qui doivent l'épuiser. Chasser l'étranger, se voir libre sur une terre affranchie, voilà son premier besoin. Sitôt qu'on touche à la fibre guerrière, elle oublie Robespierre, elle oublie Fouquier; elle ne se sent plus frappée par derrière, lorsqu'elle s'élance à l'ennemi et qu'elle le voit face à face.

LE CHANT DU DÉPART.

HYMNE DE GUERRE.

Paroles de Chénier; musique de Méhul.

La victoire en chantant nous ouvre la barrière,
La liberté guide nos pas;
Et du Nord au Midi la trompette guerrière
A sonné l'heure des combats.
Tremblez, ennemis de la France,
Rois ivres de sang et d'orgueil,
Le peuple souverain s'avance;
Tyrans, descendez au cercueil!

La République nous appelle;
Sachons vaincre, ou sachons périr.
Un Français doit vivre pour elle;
Pour elle un Français doit mourir.

CHOEUR DE GUERRIERS.

La République nous appelle;
Sachons vaincre, ou sachons périr.
Un Français doit vivre pour elle;
Pour elle un Français doit mourir[1].

UNE MÈRE DE FAMILLE.

De nos yeux maternels ne craignez point les larmes;
Loin de nous de lâches douleurs:
Nous devons triompher quand vous prenez les armes;
C'est aux rois de verser des pleurs.

[1] Après chaque strophe le chœur des guerriers, des vieillards, des épouses et des jeunes filles répète successivement ce refrain.

Nous vous avons donné la vie ;
Guerriers, elle n'est plus à vous ;
Tous vos jours sont à la patrie ;
Elle est votre mère avant nous.

CHOEUR DES MÈRES DE FAMILLE.

La République vous appelle ;
Sachez vaincre, ou sachez périr, etc.

DEUX VIEILLARDS.

Que le fer paternel arme la main des braves ;
Songez à nous aux champs de Mars :
Consacrez dans le sang des rois et des esclaves
Ce fer bénit par vos vieillards.
Et rapportant sous la chaumière
Des blessures et des vertus,
Venez fermer notre paupière
Quand les tyrans ne seront plus !

CHOEUR DES VIEILLARDS.

La République vous appelle ;
Sachez vaincre, ou sachez périr, etc.

UN ENFANT.

De Barra, de Viala, le sort nous fait envie ;
Ils sont morts, mais ils ont vaincu.
Le lâche, accablé d'ans, n'a point connu la vie,
Qui meurt pour le peuple a vécu.
Vous êtes vaillants, nous le sommes :
Guidez-nous contre les tyrans ;
Les républicains sont des hommes,
Les esclaves sont des enfants.

CHOEUR DES ENFANTS.

La République nous appelle ;
Sachons vaincre, ou sachons périr, etc.

UNE ÉPOUSE.

Partez, vaillants époux, les combats sont vos fêtes
Partez, modèles des guerriers :

Nous cueillerons des fleurs pour en ceindre vos têtes ;
    Nos mains tresseront vos lauriers.
    Et si le temple de Mémoire
    S'ouvrait à vos mânes vainqueurs,
    Nos voix chanteront votre gloire,
    Et nos flancs portent vos vengeurs !

CHOEUR DES ÉPOUSES.

    La République vous appelle ;
    Sachez vaincre, ou sachez périr, etc.

UNE JEUNE FILLE.

Et nous, sœurs des héros, nous qui de l'hyménée
    Ignorons les aimables nœuds,
Si pour s'unir un jour à notre destinée
    Les citoyens forment des vœux,
    Qu'ils reviennent dans nos murailles
    Beaux de gloire et de liberté,
    Et que leur sang dans les batailles
    Ait coulé pour l'égalité.

CHOEUR DES JEUNES FILLES.

    La République vous appelle ;
    Sachez vaincre, ou sachez périr, etc.

TROIS GUERRIERS.

Sur ce fer, devant Dieu, nous jurons à nos pères,
    A nos épouses, à nos sœurs,
A nos représentants, à nos fils, à nos mères,
    D'anéantir les oppresseurs.
    En tous lieux, dans la nuit profonde,
    Plongeant l'infâme royauté,
    Les Français donneront au monde
    Et la paix et la liberté.

CHOEUR GÉNÉRAL.

    La République nous appelle ;
    Sachons vaincre, ou sachons périr :
    Un Français doit vivre pour elle ;
    Pour elle un Français doit mourir.

THERMIDOR.

19 JUILLET AU 18 AOUT.

Le citoyen Collot d'Herbois est élu président de la Convention. — Il y a dans le zèle du tribunal révolutionnaire une recrudescence, manifestée par le nombre toujours croissant des condamnations à mort : c'est une conséquence naturelle de la loi du 22 prairial. Il faut reconnaître que l'isolement de Robespierre n'a pas amené un ralentissement dans la marche sanglante de la justice, et qu'on ne peut, par conséquent, le faire seul responsable du sang répandu à flots sur les échafauds. Mais il est juste d'ajouter que c'était lui qui avait rempli les prisons que Fouquier se chargeait de vider, lui qui avait fait adopter la loi du 22 prairial, lui qui avait pratiqué dans toute sa violence meurtrière un système de gouvernement qui fonctionnait par le fait de l'impulsion acquise sur une nation centralisée et terrorifiée.

---

4 THERMIDOR (22 JUILLET).

Les chrétiens devant l'échafaud.

La rue est notre domaine, soit que le silence y règne, alors que bien longtemps avant le jour la queue commence à se former aux portes des bouchers et des boulangers, soit que sur les dix heures elle se remplisse des gémissements et des imprécations des femmes devant lesquelles les magasins vidés se ferment brusquement : tantôt agitée comme une fourmilière, sous la voix stridente des colporteurs qui crient la découverte de quelque horrible complot, tantôt morne et triste, ou ardente et furieuse, au passage de la charrette des suppliciés qui porte à la mort son tribut.

Le récit qu'on va lire appartient à l'histoire de la rue : la rue en fut le théâtre. Il est juste qu'il figure ici, où nos lecteurs nous sauront gré de l'avoir reproduit [1].

---

[1] Il est tiré des *Mémoires d'Anne-Paule-Dominique de Noailles, marquise de Montagu*, 1 vol. in-12. Ces mémoires, dont la rédaction est une œuvre moderne, ont été composés sur des documents authentiques, parmi lesquels se trouve le récit du Père Carrichon.

« Ces trois dames arrivèrent donc à Paris dans le mois de septembre. Elles y furent arrêtées le mois suivant, et détenues jusqu'au printemps dans leur propre maison, en vertu de la loi des suspects qui venait d'être rendue (17 septembre 1793), et commençait ses affreux ravages dans toute l'étendue de la France. Le Père Carrichon, un de ces prêtres courageux qui, sous les vêtements du siècle, continuaient à remplir mystérieusement leur saint ministère, réussit à se faire ouvrir les portes de l'hôtel de Noailles et à communiquer librement avec les prisonnières.

» Comme elles s'entretenaient un jour de ce grand moment[1] avec le Père Carrichon, la vicomtesse de Noailles lui demanda s'il consentirait à les accompagner jusqu'au pied de l'échafaud. Cette proposition, à laquelle il ne s'attendait pas, l'effraya; mais, après un moment d'hésitation, il répondit qu'il regardait comme un devoir de ne pas refuser une telle prière; que si sa vie était encore nécessaire en ce monde, Dieu saurait bien la protéger, et que par conséquent, et quoi qu'il pût en arriver, il se mêlerait, pour les bénir, à l'horrible populace qui ne manquerait pas de les escorter jusqu'au lieu de l'exécution. Il ajouta qu'il porterait ce jour-là un habit bleu foncé avec une carmagnole de couleur rouge, et qu'elles le reconnaîtraient à ce signe.

» Cependant, le 22 juillet, entre huit et dix heures du matin, il vit entrer chez lui les enfants de madame la vicomtesse de Noailles, conduits par M. Grelet, leur précepteur, pâle et défiguré. Après avoir laissé les enfants dans une pièce voisine, M. Grelet se jeta dans un fauteuil, et s'écria : « C'en est fait, mon ami, ces dames sont au tribunal révo- » lutionnaire! Je viens vous sommer de tenir la parole que » vous leur avez donnée. » Tout préparé qu'il dût être à cette nouvelle, le P. Carrichon en fut bouleversé. Néanmoins, de premier mouvement et sans trop savoir ce qu'il

---

[1] Du moment de leur mort, si elles étaient condamnées. Ces personnes étaient la maréchale de Noailles, la duchesse d'Ayen et la vicomtesse de Noailles.

faisait, il prit en tremblant son habit bleu et sa casaque rouge ; puis il pressa contre son cœur les enfants de la vicomtesse, qui jouaient dans sa chambre, fit la meilleure contenance possible, serra la main au précepteur, et les congédia tous. Mais laissons parler le P. Carrichon, en conservant à son récit toute sa naïveté : « Resté seul, dit-il, je me sens épouvanté. Mon Dieu, ayez pitié d'elles, d'eux et de moi ! Je pars et vais faire quelques courses projetées, avec un poids accablant dans l'âme : je m'interromps pour aller au Palais entre une heure et deux heures. Je veux entrer : impossible. Je prends des informations de quelqu'un qui sort du tribunal, comme doutant encore de la réalité de la nouvelle : l'illusion de l'espérance est la dernière détruite ; par ce qu'il me dit, je ne puis plus douter. Je reprends mes courses ; elles me conduisent jusqu'au faubourg Saint-Antoine, et avec quelles pensées ! Je reviens au Palais à pas lents, pensif, irrésolu ; j'arrive avant cinq heures. Rien n'annonce le départ. Je monte tristement les degrés de la Sainte-Chapelle, je me promène dans la grande salle, je m'assieds, je me relève, je ne parle à qui que ce soit. De temps en temps je jette un triste coup d'œil sur la cour pour voir si le départ s'annonce.... Enfin, aux mouvements, je juge que la prison va s'ouvrir. Je descends et vais me placer près de la grille de sortie, puisqu'il n'est plus possible depuis quinze jours de pénétrer dans la cour. La première charrette se remplit et s'avance vers moi. Il y avait huit dames très-édifiantes, sept pour moi inconnues ; la dernière, dont j'étais fort proche, était la maréchale de Noailles. De n'y point voir sa belle-fille et sa petite-fille, ce fut un faible et dernier rayon d'espérance ; car, hélas ! elles montent aussitôt sur la seconde charrette. La vicomtesse de Noailles était en blanc et paraissait âgée de vingt-quatre ans au plus. La duchesse d'Ayen semblait en avoir quarante ; elle était en déshabillé rayé bleu et blanc. Je les voyais encore de loin. Six hommes se placent auprès d'elle, les deux premiers à un peu plus de distance que l'ordinaire, avec un fonds d'égards respectueux qui me charme, et comme pour leur laisser place. A peine sont-elles placées que la fille témoigne à sa mère ce tendre et vif intérêt si connu. J'entends dire auprès de moi : « Voyez donc cette jeune femme, comme elle parle à l'autre ; elle ne paraît pas triste ! » Je vois qu'elle me cherche des yeux. Il me semble entendre tout ce qu'elles se disent : « Maman, il n'y est pas. — Regardez encore. — Rien ne m'échappe ; je vous l'assure, maman, il n'y est pas. » Elles oublient que je leur ai fait annoncer l'impossibilité de me trouver dans la cour. La première charrette reste près de moi au moins un quart d'heure. Elle avance. La seconde va passer. Je m'apprête. Elle passe. Ces dames ne me voient pas. Je rentre dans le palais, je fais un grand détour, et viens me placer à l'entrée du pont au Change, dans un endroit apparent. Madame de Noailles jette les yeux de tous côtés. Elle passe et ne me voit pas. Je suis tenté d'y renoncer. « J'ai fait ce que j'ai pu, me disais-je ; partout ailleurs la foule sera plus grande, il n'y a pas moyen, je suis fatigué. J'allais me retirer. Le ciel se couvre, le tonnerre se fait entendre au loin. « Tentons encore. » Par des chemins détournés j'arrive dans la rue Saint-Antoine, après la rue de Fourcy, presque vis-à-vis la trop fameuse Force, avant les charrettes. »

» L'orage que l'abbé redoutait venait alors d'éclater. Il pleuvait à flots. Les coups de tonnerre se succédaient rapidement, et le vent soufflait avec une violence extrême. Les curieux, manquant d'abri, se sauvaient de tous côtés, et ceux qui étaient dans les maisons en fermaient les portes et les fenêtres. Le funèbre cortége, abandonné de tout le monde, s'avançait sans ordre dans la rue, devenue en un moment presque déserte.

» Le P. Carrichon, à cette vue, sentit renaître son courage, et, quittant le seuil d'une boutique où il s'était réfugié, il se montra tout à coup parmi les soldats de l'escorte, qui, dans la confusion où ils étaient, firent à peine attention à lui. La vicomtesse de Noailles l'aperçut aussitôt, et, levant les yeux au ciel avec une vive expression de joie, elle semblait lui dire en souriant : « Vous voilà donc enfin ! » Et comme elle avait, ainsi que tous ses compagnons d'infortune, les mains garrottées derrière le dos, elle se pencha vers sa mère et lui parla à l'oreille. Un sourire céleste éclaira le visage de la duchesse d'Ayen. Le prêtre marchait près de la charrette sans leur adresser la parole, mais ils s'entendaient par leurs regards.

» Quelqu'un qui serait venu dans ce moment pour délivrer ces dames de la mort leur eût peut-être causé moins de joie que ne leur en donnait la vue de ce vieux prêtre qui ne venait que pour les aider à mourir. Elles ne tenaient plus à ce monde que par le désir d'en sortir comme elles y avaient vécu, humblement et chrétiennement.

« A ce moment toutes mes irrésolutions cessent, continue l'excellent abbé. Je me sens, par la grâce de Dieu, un courage extraordinaire. Trempé de sueur et de pluie, je n'y pense plus; je continue à marcher près d'elles. L'orage est au plus haut point, le vent plus impétueux; les dames de la première charrette en sont fort tourmentées, surtout la maréchale de Noailles. Son grand bonnet renversé laisse voir quelques cheveux gris; elle chancelle sur sa misérable planche sans dossier, les mains liées derrière le dos. Le ciel est plus noir, la pluie plus forte.

» Nous arrivons au carrefour qui précède le faubourg Saint-Antoine; je devance, j'examine, et je me dis : « C'est ici le meilleur endroit. »

» Il se détache alors du cortége, s'arrête et se retourne vers elles.

« Je fais à madame de Noailles un signe qu'elle comprend parfaitement. — « Maman, M. Carrichon va nous donner l'absolution. » Aussitôt elles baissent la tête avec un air de contrition, d'attendrissement et d'espérance qui me transporte; je lève et j'étends la main, reste la tête couverte, et prononce la formule entière de l'absolution et les paroles qui la suivent, très-distinctement et avec une attention surnaturelle. Elles s'y unissent avec une expression admirable.... »

» Cette scène s'accomplit à la lueur des éclairs et au bruit de la foudre, comme si l'orage n'eût été envoyé que pour en faciliter le mystère, car, aussitôt après, l'orage s'apaise, la pluie cesse, le ciel s'éclaircit; le peuple dispersé revient alors en foule autour des charrettes.

» Enfin nous arrivons au lieu fatal, à la barrière du Trône. Ce qui se passe en moi ne peut se peindre. L'échafaud se présente; les charrettes s'arrêtent; les cavaliers et les fantassins l'entourent; ensuite un cercle plus nombreux de spectateurs. Je frissonne. J'aperçois le bourreau et ses deux valets, dont l'un est remarquable par sa haute stature, l'air de sang-froid avec lequel il agit et la rose qu'il porte à la bouche. Mais, ajoute aussitôt le P. Carrichon, je vois que la vicomtesse de Noailles me cherche des yeux et m'aperçoit.... Que ne me diront point ses regards, tantôt élevés vers le ciel, tantôt s'abaissant sur la terre! Ces regards si doux, si expressifs, si célestes, ils sont souvent dirigés sur moi! J'enfonce mon chapeau, sans la perdre de vue; je l'entendais dire : « Notre sacrifice est fait. Que nous laissons de personnes chères! Mais Dieu, dans sa miséricorde, nous appelle. Nous ne les oublierons pas. Recevez nos tendres adieux pour elles et nos remerctments pour vous. Puissions-nous nous revoir dans le ciel! Adieu. » Je ne me sentais plus; j'étais à la fois déchiré, attendri et consolé.

» Madame la maréchale de Noailles ayant mis pied à terre, s'assit, à cause de son grand âge, sur un banc de bois, tout près de l'instrument du supplice. Elle avait les yeux baissés et l'air fort calme, malgré les injures que quelques forcenés ne craignaient pas de lui adresser en un pareil moment. Elle monta la troisième sur l'autel du sacrifice. « Je n'avais point oublié de faire pour elle, dit l'abbé Carrichon, ce que j'avais fait pour son beau-frère et sa belle-sœur Mouchy. Six dames furent ensuite immolées; puis vint le tour de la duchesse d'Ayen. Elle était dans l'attitude d'une dévotion simple, noble, résignée, tout occupée du sacrifice qu'elle offrait à Dieu; en un mot, telle qu'elle était quand elle avait le bonheur d'approcher de la table sainte. Quelle impression j'en reçus! Elle est ineffaçable. Je me la représente souvent dans cette attitude. Elle avait encouragé par ses discours ceux qui l'avaient précédée; elle servit de modèle aux autres. Quand elle fut sur l'échafaud, le bourreau lui arracha son bonnet, qu'une épingle retenait encore à ses cheveux; la douleur qu'elle en éprouva se peignit aussitôt sur ses traits, mais s'effaça à l'instant pour faire place à la plus angélique douceur. La fille eut le bonheur d'être sacrifiée aussitôt après elle. » Comme sa mère, elle exhortait, avant de mourir, les compagnons de son supplice, et s'était attachée particulièrement à un jeune homme qu'elle avait ouï blasphémer. Elle avait déjà le pied sur le sanglant escalier, lorsqu'elle se tourna encore une fois vers lui, et lui dit, d'un ton et avec des regards suppliants : *En grâce, dites pardon!*

» Le P. Carrichon, qui se trouvait debout en face de l'escalier, recueillit ces dernières paroles. Il s'éloigna quand tout fut fini, mais sans emporter avec lui cette impression d'horreur qu'il avait tant redoutée. Il s'en alla en louant Dieu, comme faisaient les premiers chrétiens lorsqu'ils s'en revenaient des portes de la ville tout couverts du sang des martyrs. »

7 THERMIDOR (25 JUILLET).

Ce jour-là, vingt-six prisonniers montèrent sur les gradins. Parmi eux, on remarquait les poëtes André de Chénier, Roucher, l'auteur des *Mois*, le marquis de Montalembert, Louis-Valentin Goezman, le conseiller, adversaire de Beaumarchais; et, reconnaissable à sa haute taille, à l'énergie de ses traits vieillis moins par l'âge que par de longues souffrances, le célèbre baron de Trenck. Tous, à l'exception d'un prêtre nommé Auphant, furent condamnés à mort.

Singulière destinée que celle de ce Trenck! Amant de la princesse Amélie, favori de Frédéric II, prisonnier d'État, victime de l'amitié et de la perfidie des rois, il avait rempli l'Europe du bruit de ses malheurs. Le plus grand, dans cette existence si agitée, fut d'être venu chercher un asile en France. Il fut d'abord l'objet de la curiosité générale; puis les émotions de la Révolution le firent oublier. Les terroristes seuls se souvinrent de lui. Ils l'emprisonnèrent comme suspect en septembre 1793, et le 7 thermidor suivant ils lui coupèrent la tête. Pourquoi? Ils auraient été embarrassés de le dire.

Nous avons trouvé une lettre de ce malheureux adressée aux administrateurs de police, qui fait partie de la collection Labédoyère. Nous la reproduisons :

« Citoyens administrateurs [1],

» Un scélérat ne peut essuyer plus de mépris ni de cruauté que Trenck dans vos prisons.

» Voilà soixante-trois jours que je passe sans interrogatoire, sans aucune forme légale, dans la dernière misère possible, sans murmurer, sans me plaindre, ayant tout souffert, tout éprouvé par la crise révolutionnaire qui entraîne mon innocence et ma vertu à toute épreuve dans le nombre des hommes suspects.

» Trenck ne peut jamais l'être. Il n'est pas même possible qu'un honnête homme dans l'univers puisse soupçonner ce Trenck qui a tout sacrifié pour braver les tyrans sur le sol de la liberté. Il est donc évident que les émissaires des rois m'ont joué ce tour pour me perdre à Paris. Je n'ai nul ami, nulle ressource ici.

» Citoyens administrateurs! vous évitez de me parler, et je cherche votre humanité, votre protection pour la cause d'un juste qu'on maltraite. Voici un mémoire au comité de sûreté générale ou bien à la Convention nationale. Je le remets entre vos mains, et vous supplie et vous conjure de le donner aux représentants du peuple français pour me pro-

[1] Inédite.

curer justice. Représentez en même temps à vos chefs dans votre rapport officiel que personne de tous les prisonniers ne souffre ce que je souffre.

» Je suis, sans argent, dans la dernière misère depuis soixante-trois jours. Je suis vieillard septuagénaire. J'ai perdu vingt mille livres de revenu pour être venu en France. Je suis pendu en effigie dans ma patrie, perdu à jamais pour ma famille, et arrêté à Paris comme un scélérat, sans être interrogé ni jugé.

» C'est le premier devoir du vrai républicain de secourir les hommes vertueux, les vrais patriotes, les plus souffrants. Je suis le premier de vos prisonniers en droit de demander justice. Personne ne parle, n'agit pour moi, et les émissaires des rois dans Paris ont champ libre pour me sacrifier à leurs intrigues.

» Je commence déjà à succomber aux souffrances d'un cachot abominable, jamais mérité en France. Volez au secours de Trenck. Des millions d'hommes, qui connaissent mon innocence, veillent et lorgnent sur l'issue de mon sort en France.

» Soyez justes, soyez humains, et intéressez-vous pour un homme qui n'était jamais ni lâche, ni suspect, ni ingrat. J'ai servi jusqu'ici de modèle dans tous les pays de l'Europe pour la franchise et le caractère moral. Rien ne noircira ma renommée acquise. Vous me massacrerez, vous me ferez périr de misère dans vos cachots barbares, mais rien ne détruira mon esprit républicain déterminé, ni le crédit qu'aucune nation ne m'a refusé jusqu'ici. Je sais vivre pour la France et mourir en héros contre la tyrannie.

» TRENCK.

» Consolez-moi, Messieurs, par une entrevue que je désire depuis longtemps pour vous convaincre de l'atrocité de mes souffrances, et volez au secours de votre meilleur concitoyen, qui vous fera honneur et satisfaction. Je ne cherche d'autre chemin pour la justice que le légal en m'adressant à vous. J'ai tout à espérer, lorsque la nation sera convaincue de ma probité et de ce que j'ai sacrifié pour elle, que personne au monde ne serait en état de lui rendre plus de services que Trenck, dont la renommée est établie, et qui gémit en se voyant soupçonné et maltraité. D'ailleurs, craignez que je ne succombe de misère dans ma barbare prison. Après soixante-trois jours de patience, il est bien permis de solliciter son procès. »

En suscription : « *Aux citoyens administrateurs de la police.* »

LA CHUTE DE ROBESPIERRE.

Les événements du 9 thermidor ont été racontés bien des fois, et notre intention n'est pas de refaire ce récit. Nous nous contenterons de suivre rapidement les événements, en nous aidant des relations des contemporains, particulièrement de Lacretelle et de Beaulieu. Selon nous, on ne fait pas assez de cas des premiers historiens de la Révolution. Si, pour les vues d'ensemble, ils sont inférieurs à ceux qui sont venus après eux, si dans leurs récits on peut reprendre quelques inexactitudes de détails et de dates, il n'y a pourtant que là qu'on peut trouver la physionomie vraie de l'époque, la vive émotion de leur temps. Ou bien ils ont été témoins des événements qu'ils racontent, ou ils les tiennent de la bouche de gens qui y ont été mêlés. Ils font donc connaître le rapport entre la situation et le fait lui-même. Ils peuvent être induits en erreur par leurs souvenirs, mais ils sont beaucoup moins exposés que ceux qui viendront raconter des temps qu'ils n'ont pas connus, à se laisser égarer par leur imagination, à se laisser aller à altérer la vérité de l'histoire pour en faire l'arme d'un parti ou l'instrument d'un système politique.

Robespierre rassemblait autour de lui ses partisans, ses satellites. Il les voyait en foule aux Jacobins; il en avait peuplé le tribunal révolutionnaire, la commune de Paris. Le dévouement des comités révolutionnaires à sa personne était proportionné à leur atrocité; Hanriot mettait à sa disposition toute la populace armée, qui formait la seule milice de Paris. On assure qu'il avait inspiré le plus sincère fanatisme à un corps nombreux de jeunes gens qu'on appelait l'École de Mars [1].

Pendant qu'il préparait ses coups, on en méditait aussi contre lui et contre la tyrannie elle-même. Les députés menacés, quoique surveillés dans tous leurs pas par les espions de Robespierre et par ceux de Billaud, parvenaient à leur dérober de courts entretiens où l'heure de la vengeance était arrêtée. Robespierre dénonça avant sa chute des rassemblements tenus chez Fouché, député à la Convention; mais il ne savait pas qu'on y délibérait chaque jour de le frapper au sein de la Convention même..... Tallien surtout attendait, avec une sombre impatience, le moment d'éclater. Nous avons vu que Robespierre avait fait arrêter madame de Fontenay : il l'avait fait mettre dans un cachot. Elle écrivit à Tallien; elle attendait la mort, mais elle excitait à la vengeance celui qu'elle avait rappelé à l'humanité.

8 THERMIDOR (26 JUILLET).

Le 8 thermidor, Robespierre vint indiquer à tous ses ennemis, rassemblés dans la Convention, les moyens de le frapper. Il lut un discours dans lequel il annonçait d'importantes révélations.

---

[1] LACRETELLE, *Précis historique de la Révolution française*, publié en 1808. Il prétend que Robespierre se livra à *des vices nouveaux, étrangers à son tempérament, mais qui lui étaient donnés par le trouble intolérable de son âme, et qui achevèrent d'égarer ses résolutions.* Nous croyons plus exacte l'appréciation que Vilate a faite du caractère de Robespierre : « Robespierre avait dans ses mœurs une austérité sombre et constante, rapportant les événements à sa personne, donnant à son nom de Maximilien une importance mystérieuse; triste, soupçonneux, craintif, ne sortant qu'accompagné de deux ou trois sentinelles vigilantes; l'entrée de son logement lugubre, n'aimant point à être regardé, fixant ses ennemis avec fureur, se promenant chaque jour deux heures avec une marche précipitée; vêtu, coiffé élégamment..... sobre, laborieux, irascible, vindicatif, impérieux. Barère l'appelait le géant de la Révolution : « Mon génie étonné, disait-il, tremble devant le sien. » VILATE, p. 16.

LA RUE, LE CLUB, LA FAMINE.

On sut par lui qu'il n'était point le maître des comités de salut public et de sûreté générale, qu'il haïssait même les hommes qui lui ressemblaient le plus, un Billaud, un Collot, un Amar, un Vadier, etc. Cette même assemblée, qu'il asservissait depuis quinze mois, il la prenait pour arbitre dans ses démêlés avec ses rivaux. Il l'appelait à son secours, et en même temps il annonçait tant de nouvelles proscriptions, qu'il était bien peu de députés qui pussent se croire assez ignorés ou assez méprisés du tyran pour n'être pas voués à la mort. Chose absurde de la part d'un homme dévoré et poursuivi par tant de haines, il engageait le combat sans vouloir le terminer dans un jour; il ne proposait aucune mesure. — Le débat s'ouvrit sur l'impression du discours de Robespierre, faible honneur qu'on n'avait jamais osé lui refuser. On vit s'offrir comme auxiliaires des comités de salut public et de sûreté générale menacés des hommes qui n'en étaient pas moins les ennemis que de Robespierre lui-même. Il y avait cependant une partie de l'Assemblée qui refusait encore *de combattre pour le choix des tyrans.* Elle était formée des débris de la Gironde. Ces députés furent étonnés de se voir consultés après tant d'outrages et de servitude. Leur indécision avait déjà procuré un triomphe momentané à Robespierre. L'impression de son discours était ordonnée. On réclame avec fureur contre le décret. Robespierre est accusé de tyrannie par Billaud, par Cambon, par Amar et Vadier. Ce dernier lui reproche d'avoir voulu soustraire des contre-révolutionnaires. Ainsi il y avait des êtres qui pouvaient être offensés de l'humanité de Robespierre. Une attaque ainsi dirigée confondait les esprits des députés que le 31 mai avait faits esclaves; et dans leur indignation contre les adversaires du tyran, ils allaient encore favoriser le tyran lui-même, si ceux qui avaient juré de venger Danton n'eussent parlé. Fréron fit entendre le premier signal de liberté qui eût retenti dans cette enceinte. Il demanda que la Convention retirât aux comités de salut public et de sûreté générale le droit de faire arrêter ses membres. Billaud frémit, et jugea bien que sa perte était résolue par ceux qu'il avait déchaînés contre son rival. Il fit rejeter cette proposition, qu'il traita de séditieuse; mais elle avait frappé les Girondins d'un espoir inattendu. Les éléments d'une nouvelle majorité se forment à l'instant. On est déjà résolu à faire triompher Billaud et les comités plus qu'ils ne le veulent. Le décret qui ordonne l'impression du discours de Robespierre est rapporté. On pouvait aller plus loin, car il n'en coûte pas plus de frapper un tyran que de l'outrager ; mais les comités étaient aussi inquiets que Robespierre lui-même, et la séance fut levée.

Soirée du 8. — Robespierre va porter son abattement aux Jacobins. Au milieu de leurs acclamations, de leurs adorations, il montre encore un front triste, un cœur glacé de crainte. *Je suis prêt*, dit-il, *à boire la coupe de Socrate.* — *Robespierre, je la boirai avec toi*, s'écrie le peintre David. Mille voix ensemble : *Les ennemis de Robespierre ce sont ceux de la patrie ; qu'il les nomme, ils auront cessé de vivre.* La table des proscriptions est ouverte. Elle se remplit sous les auspices de Dumas, le président du tribunal révolutionnaire. En somme, cette soirée aux Jacobins où Robespierre lut le discours qu'il avait prononcé le matin à la Convention fut un triomphe complet, et les conjurés restèrent convaincus qu'ils n'avaient plus d'autre parti à prendre que d'attaquer Robespierre et ses amis dans le sein de la Convention même.

La nuit du 8. — Les Jacobins avaient commencé la nuit à agiter des résolutions sans s'arrêter à aucune. Les comités ont veillé aussi : ils n'ont point agi, ils n'ont rien résolu, ils ne savent lequel de ces deux maux ils préfèrent, ne plus proscrire ou être proscrit par Robespierre [1].

Il n'en était pas ainsi des députés que la tyrannie avait indignés. Conjurés, ils ne négligeaient aucun de ceux qui pouvaient servir la conjuration. Les amis de Danton allaient dans la nuit frapper à la porte des amis de Brissot. Demain, disaient-ils, le tyran entrera dans la Convention, que la Convention soit son abîme. *Pleurez-vous des amis? Nous aussi. Robespierre les a frappés.* — *Avez-vous des amis à sauver? Nous aussi.* — *Avec un jour de vie de plus, Robespierre les égorge. Frappez avec nous ce tyran, et nous vous répondrons des autres.* — Mais s'ils abordaient les membres des comités, ils semblaient reprendre devant eux leur première subordination. *Que tardez-vous de vous venger?* leur disaient-ils. *Est-ce avec Robespierre qu'on peut user de délais,*

[1] Lacretelle.

qu'on peut faire un traité? Nous sommes à vous, commandez-nous. Vous restez enfermés dans vos comités, Robespierre peut vous y assiéger tout à l'heure. Le jour va luire, songez qu'il ne nous reste plus que ce jour!*

---

9 THERMIDOR (27 JUILLET).

Robespierre se rend à la Convention. « Il ne pouvait trouver son audace qu'au sein d'une assemblée si souvent muette devant lui. Mais à peine y est-il entré, il pâlit. Un profond murmure l'environne, et le suit partout où il veut se placer. On le cerne, on ne l'approche pas. Saint-Just monte à la tribune; depuis peu de jours il était arrivé de l'armée. Il avait déjà bravé le comité de salut public, et dans cette dernière nuit il s'en était séparé avec ces mots d'adieu : *Vous avez flatté mon cœur, je vais l'ouvrir à la Convention.* Les premières phrases de son discours annonçaient qu'il allait répéter et développer ce que Robespierre avait dit la veille [1]. Tallien l'interrompt avec fureur. » (Lacretelle).
— Billaud dénonce le tyran. Tallien le remplace à la tribune, et s'adressant à Robespierre : « Tyran, prétendras-tu nous cacher les attentats que tu médites contre la représentation nationale? Hier, n'ai-je pas vu moi-même tous les apprêts de tes proscriptions? J'étais aux Jacobins; je t'écoutais, quand tu nous désignais tous au fer des assassins. Ils t'ont promis de servir ta fureur; ils la servent. Dans ce moment, l'infâme Hanriot les rassemble. Ils marchent, nous les préviendrons. Toutes les horreurs de cette nuit criminelle sont connues du comité de salut public; il va les raconter. Nous allons punir tous tes crimes..... » Une acclamation universelle de l'Assemblée suivit cette apostrophe

---

[1] Le discours a été imprimé avec ce titre : *Discours commencé par Saint-Just en la séance du 9 thermidor, dont le dépôt sur le bureau a été décrété par la Convention nationale, et dont elle a ordonné l'impression par décret du 30 du même mois.* Il concluait en ces termes : « Il a donc existé un plan d'usurper le pouvoir en immolant une partie des membres du comité et en dispersant les autres dans la République, en détruisant le tribunal révolutionnaire, en privant Paris de ses magistrats. Billaud-Varennes et Collot d'Herbois sont les auteurs de cette trame. » Saint-Just fut interrompu au quatrième alinéa, et ne put continuer sa lecture.

véhémente. Billaud, que Tallien avait provoqué avec beaucoup d'adresse, se leva; et sans parler de tous les forfaits de Robespierre, dont il était le complice, il lui en resta encore assez à dire pour augmenter l'effroi de l'Assemblée. Surtout, il accrut pour chacun le sentiment des dangers personnels, en annonçant l'arrivée prochaine d'Hanriot, qui se disposait à venir frapper au sein de la Convention tous ceux que les Jacobins avaient proscrits dans la nuit. Robespierre depuis longtemps voulait parler, mais toujours les cris *A bas le tyran! à bas le tyran!* couvraient sa voix. — Tallien reprit encore la parole : « Tout annonce, dit-il, que la Convention va d'un sentiment unanime prononcer sa délivrance; mais si elle trahissait mon attente et celle de tous les Français, le tyran jouirait peu de son triomphe. Je me suis armé d'un poignard pour lui percer le sein si la Convention n'a pas le courage de le décréter à l'instant d'accusation. » Il tire ce poignard, et ce transport de fureur devient celui de toute l'Assemblée. Il demande, elle décrète que la séance est permanente, qu'Hanriot sera arrêté avec tout son état-major. *Occupons-nous de Robespierre!* ce fut bientôt le cri général. Tout était perdu si ses ennemis sortaient un moment du rôle de conjurés. Ils se fussent divisés tous en spécifiant ses crimes. On remarquait quelques députés qui se laissaient entraîner à regret à punir le plus grand des coupables, et d'autres qui pensaient que le plus grand des coupables devait encore être entendu. Ce fut à force de tumulte qu'on empêcha les uns et les autres de se reconnaître, et surtout qu'on prévint cette question à jamais fatale, si elle eût été faite : Que deviendrons-nous après la mort de Robespierre? Un député nommé Lebas s'épuisait en efforts pour le défendre. On l'éloignait violemment de la tribune chaque fois qu'il voulait y monter. Robespierre poussait des cris de rage, ne s'échappait d'un groupe de ses ennemis que pour tomber dans un autre plus acharné, faisait de vains appels à ces tribunes qui pendant cinq ans n'adorèrent que lui, que le matin même il avait encore composées de brigands de son choix. L'étonnement, la terreur, les avaient glacés. Quelquefois il écoutait s'il entendait du dehors les cris du peuple..... Nul secours de là, le peuple voyait son péril avec indifférence....,. La tribune, gardée par les conjurés, était devenue pour lui inaccessible. Il courait vers le fauteuil du président. Celui-ci, c'était Thuriot, agitait sans relâche, depuis une demi-heure, une sonnette qui coupait la voix de Robespierre[1]. On entendit ces mots : *Pour la dernière fois je te demande la parole, président d'assassins!* A cette invective, la terrible sonnette répondit seule. Sa voix commençait à s'éteindre : un député lui cria : *Malheureux! ne vois-tu pas que le sang de Danton t'étouffe!* — Il quitte enfin ce poste. Il s'adresse aux députés échappés au massacre de la Gironde : il va leur rappeler qu'il n'est en proie aux fureurs de ses ennemis que pour les avoir sauvés, que pour avoir, lui seul, arraché à la mort soixante-douze de leurs amis. *C'est à vous, hommes purs, que je m'adresse, et non aux brigands.....* On l'interrompt. Que serait-il arrivé s'il eût parlé? « Un mot, observe Beaulieu, décide du sort des nations dans une pareille circonstance, et ce mot, il ne peut pas le dire. » Enfin, un cri unanime se fait entendre : *Aux voix le décret d'accusation!* Le président met le décret aux voix : tous se lèvent. Robespierre jeune, Lebas, qui dans un élan généreux, qu'on ne peut se défendre d'admirer, avaient demandé à partager le sort de leur frère et de leur ami, Couthon et Saint-Just, sont également décrétés d'accusation. La garde des prisonniers est remise aux comités de salut public et de sûreté générale[2].

La nuit du 9 au 10 thermidor. — Tout semblait terminé, et cependant tout allait être remis en question. Les comités avaient pris les plus faibles mesures pour assurer la translation dans les prisons des députés décrétés d'accusation. Les gendarmes qui conduisaient Robespierre arrivent à la prison du Luxembourg; le concierge refuse d'en ouvrir les portes, alléguant qu'il a reçu de la commune l'ordre de ne recevoir de détenus que ceux qu'elle enverrait. Un attroupement se forme, délivre Robespierre : des commissaires du conseil général vont chercher Robespierre jeune, Couthon, Lebas et Saint-Just dans les dépôts où ils avaient été incarcérés. On dit que Robespierre résista d'abord à ceux qui voulaient le conduire à la commune, déclarant qu'il suivrait l'exemple de Marat, et paraîtrait, comme lui, de-

---

[1] Collot avait présidé jusqu'à ce moment; il quitte le fauteuil et le cède à Thuriot.

[2] LACRETELLE, *Précis historique de la Révolution française*, passim.

vant le tribunal révolutionnaire. Il entrevoyait là une chance de salut, tandis que la désobéissance au décret de la Convention ne lui en laisserait aucune, en autorisant sa mise hors la loi. Le conseil de la commune, dirigé par des hommes d'action éprouvés dans toutes les insurrections, Fleuriot, Payan, Coffinhal, reçoit les députés avec acclamation, jure de mourir, s'il le faut, pour les défendre, et se déclare en insurrection. Une nouvelle fâcheuse vient troubler un instant sa confiance dans le succès. Hanriot, qui le jour même avait conduit à l'échafaud la dernière charrette, avait été arrêté dans la rue Saint-Honoré, errant, gesticulant, brandissant son sabre. Partons, s'écrie Coffinhal, que cent braves me suivent! Il s'en offre trois cents. Quelque temps après, la commune apprend leur retour par des cris de victoire. Ils ont forcé les comités, ils en ont dispersé les membres, ils ont délivré Hanriot, qui revient escorté des canonniers, postés avec leurs pièces auprès de la Convention. Les faubourgs, dit-on, s'ébranlent; les Jacobins se sont déclarés en permanence. La place de l'hôtel de ville est devenue une véritable place d'armes.

La Convention restait assemblée. Collot-d'Herbois sort du comité, effaré, et vient prendre possession du fauteuil. Il se couvre en signe de détresse, et prononce d'une voix sépulcrale quelques paroles écoutées au milieu d'un silence de mort : *Les comités de gouvernement sont forcés, les rebelles l'emportent, il ne nous reste plus qu'à mourir sur nos chaises curules; jurons tous d'y mourir sans lâcheté.* Le serment est prêté aux cris de *Vive la République! — J'aime mieux,* dit un député, *Robespierre révolté, que Robespierre soumis : il eût fallu attendre son jugement; il est porté. Mettons Robespierre hors la loi.* L'Assemblée lui applique, avec transport, cette cruelle formule, dont il avait tant abusé, à lui, à ses coaccusés, à Hanriot, à la commune tout entière. Barras est nommé commandant de la force armée. Des commissaires chargés d'armer les sections, Legendre, Fréron, Bourdon de l'Oise, Rovère, Féraud, partent avec lui pour publier la mise hors la loi, et réunir les bataillons sectionnaires.

Que faisaient cependant Robespierre et la commune? L'objet d'un tel mouvement ne savait pas en être le chef! Il n'y avait plus à attendre de lui un conseil, une mesure, un signal. Il ne

LES COMMISSAIRES DE LA CONVENTION S'EMPARENT DE LA COMMUNE.

LA RUE, LE CLUB, LA FAMINE.   447

dissimulait plus ses inquiétudes lorsqu'on parlait de marcher sur la Convention. Il regardait et ne voyait pas cette longue suite de piques qui lui avait toujours paru l'appareil nécessaire d'une insurrection. Il régnait beaucoup d'anarchie parmi les chefs. Hanriot s'était mis dans un tel état d'ivresse [1], que son audace même devenait inutile et dangereuse. Fagon, le procureur de la commune, venait d'employer bien malheureusement un stratagème révolutionnaire. Il avait lu, avec le ton du mépris, le décret qui mettait la commune hors la loi; il supposa, pour enflammer le peuple, un article qui mettait également hors la loi les citoyens des tribunes. Elles se vidèrent en un instant. » (Lacretelle).

Lorsque le décret de mise hors la loi parvint à l'hôtel de ville, il y produisit un effet immédiat. Il paraît qu'on avait répandu le bruit que Robespierre était un conspirateur royaliste, et que l'on avait trouvé chez lui un cachet à fleurs de lis [2]. Cette stu-

[1] Comment un homme qui avait tant de fois recommandé la tempérance et la frugalité aux affamés de Paris, avait-il pu s'écarter à ce point de ses principes en pareille circonstance? Nous ne pouvons plaider qu'une circonstance atténuante en faveur d'Hanriot : la chaleur excessive, une température anormale, analogue à celle que nous avons eue en cet été de l'an 1868. — Le citoyen Coste a publié un mémoire sur la chaleur extraordinaire du mois de thermidor dans le *Journal de physique*, d'où nous extrayons les détails suivants : « L'air a commencé à s'échauffer le 4 de ce mois; la chaleur a toujours été en augmentant; dès le 8, elle était excessive; au lever du soleil, qui est le moment le plus froid de la journée, le thermomètre était à 16, 17 et 18 degrés..... Des hommes et des animaux excédés par la chaleur ont péri. Les légumes dans les jardins et les champs ont été grillés ou dévorés par les chenilles, que cette chaleur a fait éclore..... Les meubles et les boiseries craquaient, les portes et les fenêtres se déjetaient; en un mot, nous avons éprouvé tous les symptômes de la chaleur que l'on ressent en Amérique; et nos corps, qui n'y sont pas accoutumés, continuellement dans un bain de sueur, souffraient beaucoup. Les vents dominants ont été le nord-est et l'est. Le ciel a presque toujours été serein, et le baromètre s'est soutenu un peu au-dessus de sa hauteur moyenne, sans éprouver de grandes variations, si ce n'est le 17, avant l'orage. L'orage a suivi le cours de la Seine. Il avait tellement rafraîchi l'air, que le 20, à cinq heures du matin, le thermomètre est descendu à 2, 3 degrés; c'est-à-dire que nos corps ont eu à supporter une différence de 18 degrés de chaleur, etc. »

[2] Les auteurs de l'*Histoire parlementaire de la Révolution française*, auxquels nous empruntons ce passage, disent en note : Cambon disait un jour à Vadier, exilé comme lui à Bruxelles : « Comment avez-vous eu la

pide calomnie, comme celle d'avoir jeté du pain dans les latrines ou dans la rivière, reparaissait toujours quand on voulait détacher le peuple d'une de ses idoles, et rencontrait toujours la même créance. Hanriot accourut dans le conseil annoncer que tout était perdu. Alors Coffinhal lui reprocha avec une grande véhémence d'avoir été la cause de ce qui arrivait, et le saisissant par le milieu du corps, il le jeta par la fenêtre. Hanriot se traîna jusqu'à un égout, où il fut trouvé à demi mort. Au moment où Léonard Bourdon, à la tête d'une poignée de gens armés, pénétra dans la salle du conseil, Lebas se tua d'un coup de pistolet, Robespierre jeune se jeta par la fenêtre, Robespierre aîné reçut ou se tira dans la bouche un coup de pistolet[1]. Couthon et Saint-Just restèrent immobiles. Ceci se passait entre une heure et deux heures du matin. On annonça à la Convention, qui était restée en permanence, que Robespierre venait d'être transporté au comité de sûreté générale : quelques représentants se donnèrent la satisfaction d'aller l'y accabler de reproches, qu'il écouta avec impassibilité. Puis on le transporta dans un des cachots de la Conciergerie, en attendant l'heure de la comparution au tribunal révolutionnaire.

10 THERMIDOR (28 JUILLET).

Dumas et Coffinhal, tous deux présidents du tribunal révolutionnaire, et qui avaient pris hautement le parti de Robespierre aux Jacobins, furent comme lui mis hors la loi. On employa Fouquier-Tinville, qui s'était tenu sur la réserve, à prononcer le jugement de mort contre ses amis. Ils furent conduits ou por-

---

scélératesse d'imaginer ce cachet et toutes les autres pièces par lesquelles vous vouliez faire passer Robespierre pour un royaliste ? » Vadier répondit que le danger de perdre la tête donne de l'imagination.

[1] Il est probable qu'au moment où Robespierre cherchait à se suicider, plusieurs coups de pistolet furent tirés sur lui, par Merda, par Léonard Bourdon, ce qui permit à l'un et à l'autre de s'attribuer cet exploit. Beaulieu dit que le suicide de Robespierre « *est attesté par le concierge de l'hôte de ville, qui y est encore. Il déclare en avoir été témoin.* » Beaulieu publiait son livre en 1803.

... les bati...
... voul...
... jours la
...
... avec une
... arrivait, et le
... jeté par la fenêtre.
... fut trouvé à demi mort.
... à côté d'une poignée de
... du conseil. ... se tua d'un
... par la fenêtre, Ro...
... un coup de pisto...
... Ceci se passait...
... On annonça à la Con-
... Robespierre venait
... quelques repré-
... de repro-
... dans
... et l'heure de la
...

ROBESPIERRE DANS L'ANTISALLE DU COMITÉ DE SALUT PUBLIC,
la nuit du 9 au 10 thermidor an II.

tés à l'audience du tribunal révolutionnaire, qui, ayant constaté l'identité, les envoya à l'échafaud le 10 thermidor, au nombre de onze[1]; ils étaient horriblement défigurés. Ceux qui ont assisté à ce spectacle m'ont assuré n'avoir jamais rien vu de plus odieux. Ils étaient dégouttants de sang et d'ordures; Hanriot était encore chargé de la fange dont il était imprégné dans le cloaque où il s'était caché. Couthon, respirant encore, était étendu dans la charrette, et foulé aux pieds par les autres. Les malédictions d'un peuple immense les accompagnèrent jusqu'à l'échafaud. Le barbare Robespierre fut traité impitoyablement jusque par le bourreau. Il lui arracha brusquement le linge dont on avait enveloppé sa blessure, et lui fit souffrir des douleurs dont il pouvait le dispenser. On applaudit à cette cruauté inutile. La plupart de ceux qui assistaient à son supplice auraient voulu le voir souffrir le supplice de Damiens, auquel on a dit qu'il était allié. » Beaulieu, t. V, p. 501. L'exécution avait eu lieu à quatre heures du soir.

LES SUITES DU 9 THERMIDOR.

DESTINÉES DONT LA FRANCE ÉTAIT MENACÉE.

En face de tous les événements décisifs de l'histoire, un point d'interrogation se dresse dans l'esprit de l'homme. A la place du dénoûment fatal, y avait-il un autre dénoûment possible, et où, à quels résultats aurait-il conduit? Supposons que Robespierre eût pu parler à la Convention le 9 thermidor; peut-être la Convention ne l'eût-elle pas décrété d'accusation. Supposons qu'Hanriot n'eût pas été ivre ce jour-là, qu'un chef militaire énergique et intelligent eût dirigé les forces de la rébellion, peut-être la commune eût-elle triomphé.

[1] Beaulieu se trompe : les condamnés étaient au nombre de vingt-deux. Les onze principaux étaient les deux Robespierre, Couthon, Saint-Just, Lebas (mort), Hanriot, Fleuriot, maire de Paris; Payan, l'agent national; Lavalette, ex-général de l'armée du Nord; Dumas, le président du tribunal révolutionnaire; Vivier, président des Jacobins dans la nuit du 9 au 10.

Dans ce cas, quel gouvernement aurions-nous eu? vers quel but aurait-il marché? Qu'aurait-il voulu? qu'aurait-il pu?

En général, l'histoire n'a aucun moyen de résoudre ces problèmes vers lesquels se porte la curiosité naturelle et bien légitime de l'homme : nous disons cette curiosité légitime parce que la conscience se refuse à considérer le succès comme un argument irrésistible. Les vaincus n'ont toujours tort qu'aux yeux du fataliste; mais comme le plus souvent il ne leur reste aucun moyen de s'expliquer et de protester après leur défaite, celle-ci devient leur condamnation, en laissant aux vainqueurs la licence de la calomnie; puis, il arrive un jour où le parti qu'on croyait avoir écrasé se relève et revendique ses droits; où la cause qu'on croyait étouffée reparaît avec des avocats qui, se plaignant qu'*elle a été jugée, non plaidée*, prétendent obtenir la révision et la cassation de la sentence, car contre la force il y a perpétuellement recours. Une bataille perdue peut toujours être réparée par une victoire gagnée.

Est-ce le cas de dire du système gouvernemental qui a succombé au 9 thermidor, qu'il a été condamné, non jugé?

Nous ne nous contenterons pas de dire que ses actes suffisent pour le faire connaître, bien qu'aucune objection raisonnable ne puisse être opposée à un argument si péremptoire. Dans l'impossibilité où l'on se trouve de justifier l'épouvantable régime créé par Robespierre et ses amis, on allègue que le 9 thermidor marque précisément l'époque où le grand Maximilien voulait que la République passât de l'état transitoire créé par la terreur à un état définitif : — état définitif fondé sur quoi? — Ils ne le peuvent dire. Tâchons de leur venir en aide; cherchons à pressentir les institutions, les principes dont la victoire de Robespierre au 9 thermidor eût amené le triomphe. Demandons à Robespierre, à Saint-Just; demandons au comité de salut public lui-même, à Barère son organe, ce qu'ils auraient fait dans le cas où la réaction eût échoué. C'est le moyen d'apprendre deux choses : 1° à quelles idées sont dues la démagogie et ses misères en 1793 et en 1794; 2° à quel avenir, à quelle utopie les réacteurs du 9 thermidor ont arraché la France.

Si nous entreprenons d'abord de trouver la pensée de Robespierre, nous ne pouvons recourir qu'à deux sources : ses discours, ses écrits.

Ses discours sont partout. Quand on les lit, on est le plus souvent surpris du succès qu'ils obtenaient, de leur influence sur les résolutions de la Convention. Ils sont remplis d'apologies emphatiques, de principes vaguement formulés, d'allégations mensongères, d'accusations perfides, fondées bien moins sur des faits que sur des défiances plus ou moins spécieusement motivées. Dans la lutte, on peut juger les coups que l'orateur porte à ses adversaires; mais s'il expose des doctrines, il est impossible de préjuger l'application qu'il en ferait. Avait-il un système de gouvernement arrêté? Voulait-il arriver à une dictature? Entrevoyait-il, au delà des expédients révolutionnaires, un état régulier, et sur quelles bases voulait-il l'asseoir? Ses adversaires prétendent qu'il n'avait aucune portée dans l'esprit, qu'il vivait au jour le jour, dominé par ses défiances et par sa peur, implacable pour ceux qui les avaient éveillées. Ils disent que la politique était, chez ce vaniteux, réglée par le tempérament, la haine ou l'ambition. Ses apologistes lui prêtent au contraire de vastes projets et de généreuses intentions : l'arbitraire allait être réprimé, le crime puni, l'homme de sang allait faire place au régénérateur; le 9 thermidor, selon eux, est la date funeste de l'avortement de la Révolution.

Si les discours de Robespierre ne nous donnent pas sa théorie de gouvernement, et si nous n'y trouvons d'autre originalité que l'invention de la fête de l'Être suprême, ses écrits disent-ils davantage?

Deux publications ont été faites des papiers saisis chez Robespierre; l'une, par Courtois, en 1794; l'autre, par Alexandre Martin, en 1835, 3 vol. in-8°. Cette dernière est la plus intéressante. Nous lui emprunterons quelques documents qui montrent, d'une part, en quels hommes il avait mis sa confiance; d'autre part, quelles règles de conduite il avait adoptées. Ces documents font parfaitement connaître Robespierre, ses amitiés et ses inimitiés, mais il est impossible d'y trouver des vues d'avenir, une théorie, un idéal quelconque de gouvernement. On en jugera d'ailleurs par les pièces elles-mêmes que nous reproduisons.

LA POLITIQUE DE ROBESPIERRE, TELLE QU'ELLE SE TROUVE
DANS LES PAPIERS SAISIS CHEZ LUI.

*Première liste de patriotes, de la main même
de Robespierre.*

« Patriotes ayant des talents plus ou moins : Herman[1], Dumas[2], Buchot, Payan l'aîné[3], Payan le jeune[4], Julien fils, Moënne[5], Jacquier, le beau-frère de Saint-Just; Lerebours[6], Moureau (du Vaucluse)[7], Campion, Thuillier, Gatteau[8], Piquet, Joannot, Raisson[9], Victor Dumas (de l'Ain), Defresne (du Mont-Blanc), Favier (de Paul-les-Fontaines)[10], Brick, Liégeois, Roman-Fonrosa[11], Julien, frère du député; Goujon, frère du député; Viot (de la Drôme)[12], François Foret (de la Drôme), Mathon, Daillet[13], Mercier, indiqué par Gatteau pour l'administration; Fleuriot[14], Bernard, Lubin[15], Viennot, Boizot (de Vesoul), Garnerin, Royer,

[1] Président du tribunal d'Arras, ministre provisoire de l'intérieur et commissaire des administrations civiles, police et des tribunaux. (Cette note, comme toutes celles qui suivent, sont dues à l'éditeur des *Papiers saisis chez Robespierre*.)
[2] Président du tribunal de sang, guillotiné.
[3] Commissaire de l'instruction publique, hors la loi.
[4] Agent national de la commune conspiratrice, guillotiné.
[5] Substitut de l'agent national de la commune conspiratrice, guillotiné.
[6] Membre du fameux comité d'exécution créé par les conspirateurs.
[7] C'est l'oncle du jeune Agricol Viala.
[8] C'est ce patriote qui avait une guillotine pour cachet.
[9] Limonadier, orateur des Jacobins, secrétaire du département de Paris, commissaire des subsistances, et envoyé par décret à la citadelle de Ham.
[10] Correspondant de Payan.
[11] Juge de la commission sanguinaire d'Orange, le plus timoré de ses collègues; auparavant, juge du tribunal du district de Die.
[12] Accusateur public près la même commission.
[13] L'ami de Lebon, et qui a tant figuré dans les scènes sanglantes d'Arras.
[14] Maire de la commune conspiratrice, guillotiné.
[15] Secrétaire de la même commune, guillotiné.

Lâne, Fourcade, Garnier, Launay, Subleyras[1], Coffinhal[2], Lalande, Arthur[3], Laporte, frère du juré; Place[4], Achard[5], Charigny[6], Lécrivain[7], Darthé[8], Flamment, Chaussard, Leclerc, (*ici un nom effacé*), Bouin, Hubert, Bourdon, marchand de chevaux; Humbert, Bergot, Teurlot, Boulanger[9], Lambert (d'Étoges), Duclos, Moulins (section de la République), Mauban, Deschamps[10], Nugues, Leroux (de Béthune), Bouthillier (de Béthune), Lamarre, Simone, Lyonnais, Bugubert, Simon (section de la Halle au blé), Simon, Jarry frères, Thonion, Parcin[11], Fernex[12], Ragot[13], Mâcon, cordonnier; Bourbon, Fichon, Laurent (section des Piques), Grenard[14], Beaurieux, Lacoste (deux), Thibaut, Julien-Leroy, Wassal, Baudement[15], Thibaulot[16], Lesimple, (*un nom rayé*), Jacques, Villers, Riquier, Mithois, Fleury, Soulier, Boulet, Maniesville, Pochet, indiqué pour les finances par Forestier; Hector Barère, Duclusel, Carlès, ancien secrétaire d'Amb.; Dalmas, indiqué par Lacoste, rue Denis, maison du Lion-d'Argent; Sigaut, chirurgien à Soissons, indiqué par Lacoste; Groffier, chirurgien à l'armée des Pyrénées-Orientales; Bertholet, chirurgien de

---

[1] Membre de la commission populaire de Paris, établie au Louvre.
[2] Membre du tribunal révolutionnaire de Paris, guillotiné.
[3] Membre de la commune conspiratrice, guillotiné.
[4] De la commune de Thisy, commandant de bataillon.
[5] C'est lui qui joue un si grand rôle dans les affaires de Lyon, ainsi que Fillon, Thonion, Ragot, etc., nommés ci-après.
[6] Membre de la commission populaire de Paris.
[7] Membre du comité de surveillance du département de Paris.
[8] Un des coopérateurs de J. Lebon, à Arras.
[9] Employé avec Ronsin dans l'armée révolutionnaire; défendu avec intérêt par Robespierre aux Jacobins, et guillotiné le 10 thermidor.
[10] Il a été chargé de faire des arrestations.
[11] Général de division, et président de la commission révolutionnaire à Commune-Affranchie.
[12] Fabricant, juge de la commission révolutionnaire d'Orange.
[13] Menuisier, membre de ladite commission.
[14] Membre de la commune conspiratrice et du comité d'exécution du 9 thermidor, guillotiné.
[15] Membre de la commission populaire de Paris.
[16] Idem.

Reys; Marteau[1] (s'informer de Gravier), Reverdy, employé comme expéditionnaire dans les bureaux de la justice, indiqué par Campagne; Duhail (du Mans), pour l'instruction publique, indiqué par Levasseur; Verdun, pour les finances; Peys et Rompillon (de Saint-Calais, département de la Sarthe), Blachet, indiqué par Julien; Reverdy (de Baux), greffier du tribunal du district, à Valence. »

Deuxième liste, aussi de la main de Robespierre.

« Commission des corps administratifs : Herman, Lâne. — Instruction publique : Payan, Julien ou Lerebours. — Commission des besoins publics : Lerebours, Daillet, Goujon. — Transports et messageries : Mathon, Mercier, Joannot. — Agriculture et arts : Gatteau, Thuillier. — Approvisionnements : Piquet, Champion, Humbert. — Marine : D'Albarade. — Guerre : Pyles, Boulet. — Affaires étrangères : Buchot, Fourcade. — Maire : Fleuriot. — Agents nationaux : Payan, Moënne, Lubin fils. — Département : Campion, Jacquier. »

Troisième liste des mêmes individus, écrite par Robespierre, mais plus détaillée.

« Herman, homme éclairé et probe, capable des premiers emplois. — Dumas, homme énergique et probe, capable des fonctions les plus importantes. — Payan l'aîné, idem. — Payan jeune, idem, agent national de la commune de Paris. — Moënne, idem, substitut de l'agent national. — Julien fils, idem. — Buchot, idem. — Campion, patriote pur, bon pour l'administration. — Gatteau, idem. — Thuillier, idem. — Le beau-frère de Saint-Just, patriote énergique, pur, éclairé. »

[1] Greffier de la commission populaire de Paris.

Quatrième liste, de la même écriture.

« Membres du tribunal révolutionnaire. — *Président :* Herman, président du tribunal criminel du Pas-de-Calais. — *Juges :* Dumas, homme de loi, à Lons-le-Saulnier, patriote proscrit par les contre-révolutionnaires du Jura; Denisot, juge du troisième arrondissement; Royer, envoyé des assemblées primaires de Mâcon; Lefite, administrateur du district d'Arras; Liendon, juge au tribunal du deuxième arrondissement; Coffinhal; Bravet (des Hautes-Alpes); David (de Lille); Renard, greffier du juge de paix de Saint-Cloud. — *Accusateur public :* Fouquier-Tinville. — *Substituts :* Fleuriot, Vilain-d'Aubigny, Royer, Verteuil. — *Jurés :* Antonelle, ex-député des Bouches-du-Rhône à l'Assemblée législative; Prieur, peintre, porte Saint-Denis; Lâne, procureur-syndic de Saint-Pol; Anonai, commis aux messageries; Didier, serrurier à Choisy-sur-Seine; Célestin fils, administrateur du district d'Arras; Renaudin, artiste, rue Saint-Denis; Souberbielle, chirurgien, rue Honoré. »

Espèce de catéchisme de Robespierre, écrit de sa main.

« Quel est le but? — L'exécution de la Constitution en faveur du peuple.

» Quels seront nos ennemis? — Les hommes vicieux et les riches.

» Quels moyens emploieront-ils? La calomnie et l'hypocrisie.

» Quelles causes peuvent favoriser l'emploi de ces moyens? — L'ignorance des sans-culottes.

» Il faut donc éclairer le peuple. Mais quels sont les obstacles à l'instruction du peuple? — Les écrivains mercenaires, qui l'égarent par des impostures journalières et impudentes.

» Que conclure de là? — 1° Qu'il faut proscrire les écrivains comme les plus dangereux ennemis de la patrie; 2° qu'il faut répandre de bons écrits avec profusion.

» Quels sont les autres obstacles à l'établissement de la liberté? — La guerre étrangère et la guerre civile.

» Quels sont les moyens de terminer la guerre étrangère? — De mettre des généraux républicains à la tête de nos armées et de punir ceux qui nous ont trahis.

» Quels sont les moyens de terminer la guerre civile? — De punir les traîtres et les conspirateurs[1], surtout les députés et les administrateurs coupables; d'envoyer des troupes patriotes, sous des chefs patriotes, pour réduire les aristocrates de Lyon, de Marseille, de Toulon, de la Vendée, du Jura et de toutes les autres contrées où l'étendard de la rébellion et du royalisme a été arboré, et de faire des exemples terribles de tous les scélérats qui ont outragé la liberté et versé le sang des patriotes.

» 1° Proscription des écrivains perfides et contre-révolutionnaires; propagation de bons écrits; 2° punition des traîtres et des conspirateurs, surtout des députés et des administrateurs coupables; 3° nomination de généraux patriotes; destitution et punition des autres; 4° subsistances et lois populaires. »

Note essentielle écrite de la main de Robespierre.

« Il faut une volonté une.

» Il faut qu'elle soit républicaine ou royaliste.

---

[1] A cet endroit du manuscrit on lit encore les phrases suivantes, que Robespierre a raturées lui-même :

« Le peuple..... Quel autre obstacle y a-t-il à l'instruction du peuple? La misère.

» Quand le peuple sera-t-il donc éclairé? — Quand il aura du pain, et que les riches et le gouvernement cesseront de soudoyer des plumes et des langues perfides pour le tromper;

» Lorsque leur intérêt sera confondu avec celui du peuple.

» Quand leur intérêt sera-t-il confondu avec celui du peuple? — Jamais. »

» Pour qu'elle soit républicaine, il faut des ministres républicains, des papiers républicains, des députés républicains, un gouvernement républicain.

» La guerre étrangère est une maladie mortelle (fléau mortel), tandis que le corps politique est malade de la révolution et de la division des volontés.

» Les dangers intérieurs viennent des bourgeois ; pour vaincre les bourgeois, il faut rallier le peuple. Tout était disposé pour mettre le peuple sous le joug des bourgeois, et faire périr les défenseurs de la République sur l'échafaud. Ils ont triomphé à Marseille, à Bordeaux, à Lyon ; ils auraient triomphé à Paris sans l'insurrection actuelle. Il faut que l'insurrection actuelle continue, jusqu'à ce que les mesures nécessaires pour sauver la République aient été prises. Il faut que le peuple s'allie à la Convention et que la Convention se serve du peuple. Il faut que l'insurrection s'étende de proche en proche sur le même plan ; que les sans-culottes soient payés et restent dans les villes. Il faut leur procurer des armes, les colérer, les éclairer. Il faut exalter l'enthousiasme républicain par tous les moyens possibles.

» Si les députés sont renvoyés, la République est perdue ; ils continueront d'égarer les départements, tandis que leurs suppléants ne vaudront pas mieux.

» Custine. — A surveiller par des commissaires nouveaux bien sûrs.

» Les affaires étrangères. — Alliance avec les petites puissances ; mais impossible aussi longtemps que nous n'aurons point une volonté nationale. »

Les notes qu'on vient de lire nous paraissent non un catéchisme, comme les appellent les éditeurs des *Papiers saisis*, mais le fruit de réflexions suggérées par la préparation de ses discours, des points que l'orateur se proposait de développer, soit dans les comités, soit à la Convention. Toute la vie, toute l'action, toute la force de Robespierre est dans la parole. Les haines de cet avocat naissent moins des oppositions politiques que des jalousies de métier.

Voici d'autres notes d'une époque bien postérieure, car elles paraissent avoir été écrites peu de jours avant le 9 thermidor. L'opinion que Robespierre y exprime sur plusieurs membres des plus influents de la Convention fait comprendre qu'ils se soient trouvés parmi ses ennemis les plus acharnés. Thuriot tenait la sonnette au 9 thermidor, et Léonard Bourdon s'est vanté d'avoir blessé Robespierre. Peut-être avaient-ils eu connaissance du contenu de ces notes.

NOTES ÉCRITES DE LA MAIN DE ROBESPIERRE SUR DIFFÉRENTS DÉPUTÉS A LA CONVENTION.

« Tous les chefs de la coalition sont des scélérats déjà notés par des traits d'immoralité et d'incivisme.

» 1° Dubois de Crancé. Il est dans le cas de la loi du 27 germinal, qui bannit de Paris ceux qui ont fait valoir de faux titres pour usurper la noblesse. La preuve doit en être dans les archives du ci-devant Parlement; elle est écrite dans Denisart. Cette circonstance n'a pas empêché qu'il ne restât en mission dans l'armée de Cherbourg, où il s'est fait envoyer par une intrigue, et s'est conduit en contre-révolutionnaire. Il a dit dernièrement, pour révolter toute la Bretagne, qu'il y aurait des chouans tant qu'il existerait un Breton. Cette menace a causé beaucoup de fermentation à Rennes. Elle a été dénoncée par les officiers municipaux de cette ville, et par Sévestre et Duval, députés à la Convention nationale. Dubois, qui n'avait été envoyé là que pour l'embrigadement, après avoir fait adopter ce mode d'organisation, lié à une profonde machination par le comité militaire, n'en a pas moins usurpé toute la plénitude des pouvoirs nationaux. Il a fait, entre autres, des arrêtés pour exclure des sociétés populaires tous les fonctionnaires publics; il les a envoyés à Dufourny, son ami, et l'ami de Danton et de l'étranger, duquel Dufourny il ignorait la détention, pour l'engager à communiquer ces arrêtés aux Jacobins et à les faire approuver dans un moment opportun. Il n'y a plus de doute aujourd'hui sur la trahison de Lyon, que Dubois de Crancé ne voulait pas prendre et d'où il a laissé échapper Précy et ses complices. Dubois ne figura jamais dans les deux assemblées que comme partisan d'Orléans, avec qui il était étroitement lié.

» 2° Delmas. C'est un ci-devant noble, intrigant taré. Il a joué un rôle plus qu'équivoque à l'armée du Nord, au temps des trahisons. Il était coalisé avec la Gironde, et intimement lié avec Lacroix. Ce ne peut être que par un revirement d'intrigue qu'il a paru se déclarer pour la Montagne, ainsi que Lacroix, dans l'affaire de Marat, dont il avait été le persécuteur. Il annonçait qu'il avait des secrets importants à révéler concernant la faction brissotine; il n'en fit jamais rien. Il ne laissa échapper tout au plus, ainsi que Lacroix, que des demi-confidences, dont le but était de donner le change sur les crimes des conjurés. On l'a connu dans le premier comité de salut public. Il s'est depuis intimement coalisé avec Danton pour renverser celui qui existe aujourd'hui. C'est lui qui, au temps de l'accusation portée contre Danton et ses complices, ouvrit la scène scandaleuse donnée par la coalition, en demandant avec appareil l'appel de tous les membres des différents comités de la Convention pour les opposer aux comités de salut public et de sûreté générale. Depuis cette époque, il se signala par quelques petites motions perfides dans le sens de la faction. Comme membre du comité militaire, il communique souvent avec Carnot.

» 3° Thuriot ne fut jamais qu'un partisan d'Orléans. Son silence depuis la chute de Danton et depuis son expulsion des Jacobins contraste avec son bavardage éternel avant cette époque. Il se borne à intriguer sourdement et à s'agiter beaucoup à la Montagne lorsque le comité de salut public propose une mesure fatale aux fonctions. Il était des dîners de Lacroix, de Danton, chez Gusman et dans d'autres lieux de la même espèce. C'est lui qui le premier fit une tentative pour arrêter le mouvement révolutionnaire, en prêchant l'indulgence sous le nom de morale lorsqu'on porta les premiers coups à l'aristocratie. Il cabala d'une manière visible pour armer la Convention nationale contre le comité de salut public, lorsque ce comité fit le rapport contre Chabot, Danton et autres.

» 4° Bourdon (de l'Oise) s'est couvert de crimes dans la Vendée, où il s'est donné le plaisir, dans ses orgies avec le traître Trenck, de tuer des volontaires de sa main. Il joint la perfidie à la fureur. Depuis quelque temps il s'est introduit au comité de salut public sous différents prétextes. Il lui a présenté un commis, que Carnot a placé dans ses bureaux, et qui en a été renvoyé sur la proposition réitérée de Robespierre. Il a fait la motion de ne plus payer d'impôts directs, celle de dessécher les étangs, dans le moment où l'on manquait de viande, pour nous enlever la ressource du poisson. Il a déclamé dernièrement contre le décret sur le tribunal révolutionnaire. Il a été le plus fougueux défenseur du système d'athéisme. Il n'a cessé de faire du décret qui proclame l'existence de l'Être suprême un moyen de susciter dans la Montagne des ennemis au gouvernement, et il y a réussi. Le jour de la fête à l'Être suprême, en présence du peuple, il s'est permis sur ce sujet les plus grossiers sarcasmes et les déclamations les plus indécentes. Il faisait remarquer avec méchanceté aux membres de la Convention les marques d'intérêt que le public donnait au président, pour tirer contre lui des inductions atroces, dans le sens des ennemis de la République. Il y a à peu près dix jours, il se transporta chez Boulanger, et trouva chez ce dernier une jeune fille qui est la nièce de ce citoyen. Il s'informa des liaisons de son oncle, de ses moyens d'existence. La fille lui répondit vaguement. Il prit deux pistolets sur la cheminée. La fille lui observa qu'ils étaient chargés. « Eh bien, répondit-il, si je me tue, on dira que c'est toi, et tu seras guillotinée. » Il continua de manier les pistolets, et les tira sur la jeune fille; ils ne partirent pas, parce que l'amorce était ôtée. Il y avait de Bourdon une lettre qui avait été déposée à la police, écrite à un contre-révolutionnaire, où il lui dit que les détenus seront bientôt mis en liberté, et qu'on mettra à leur place ceux qui les auront fait incarcérer. Cet homme se promène sans cesse avec l'air d'un assassin qui médite un crime ; il semble poursuivi par l'image de l'échafaud et par les Furies.

» 5° Léonard Bourdon. Intrigant méprisé de tous les temps, l'un des principaux complices d'Hébert, ami inséparable de Clootz ; il était initié dans la conjuration tramée chez Gobel. Il avait composé une pièce contre-révolutionnaire, dans le sens hébertiste, qui devait être jouée à l'Opéra, et que le comité de salut public arrêta. Rien n'égale la bassesse des intrigues qu'il met en œuvre pour grossir le nombre de ses pensionnaires et ensuite pour s'emparer de l'éducation des élèves de la patrie, institutions qu'il dénature et qu'il déshonore. Il était aux Jacobins l'un des orateurs les plus intarissables pour propager la doctrine d'Hébert. A la Convention, il fut un des premiers qui introduisirent l'usage de l'avilir par des formes indécentes, comme d'y parler le chapeau sur la tête et d'y siéger avec un costume ridicule. Il vint un jour, avec Clootz, solliciter la liberté des banquiers hollandais Vandenyver. Je les ai vus et entendus tous deux plusieurs fois, et Bourdon a eu le courage de me le nier impunément aux Jacobins. »

L'idéal de gouvernement selon Saint-Just.

Si Robespierre ne nous apprend rien sur le gouvernement définitif qu'il réservait à la France, adressons-nous à Saint-Just, le Sieyès de ce Bonaparte.

« Je ne suis d'aucune faction, avait écrit Saint-Just dans le manuscrit du discours qu'il commença le 9 thermidor ; je les combattrai toutes ! Elles ne s'éteindront jamais que par les *institutions* qui produiront les garanties, qui poseront la borne de l'autorité et feront ployer sans retour l'orgueil humain sous le joug de la liberté publique....

» Je demande quelques jours encore à la Providence pour appeler sur les *institutions* les méditations du peuple français et de tous ses législateurs. Tout ce qui arrive aujourd'hui dans le gouvernement n'aurait pas eu lieu sous leur empire. Ils seraient vertueux peut-être et n'auraient pas poussé au mal ceux dont j'accuse ici les prétentions orgueilleuses. »

Il finissait par proposer « que des institutions fussent incessamment rédigées de manière que, sans perdre de leur ressort, le gouvernement ne pût ni favoriser l'ambition ni tendre vers l'arbitraire. »

Quelles sont donc ces institutions qui auraient produit le miracle que Saint-Just croyait encore possible pendant la nuit du 8 au 9 thermidor; qui auraient détruit les factions, rendu les orgueilleux modestes, les féroces cléments, et transformé les hommes soumis à leur empire en citoyens vertueux ?

Un manuscrit, placé par Saint-Just, en prévision d'événements malheureux, entre des mains sûres, imprimé à petit nombre après sa mort, réimprimé en 1831 par Ch. Nodier, nous les fait connaître. Nous ne pouvons reproduire intégralement le rêve de cet homme étrange, que Nodier a caractérisé justement en ces termes : « Ressuscitez de sa tombe, je ne dis pas Rienzi, je ne dis pas même un Gracque, ce ne serait pas encore cela, mais Agis ou Cléomène, et conduisez-le de *primsault*, comme dit Montaigne, à la tribune de la Convention nationale, sans avoir pris la précaution de lui faire secouer la poussière de Lacédémone, et de lui montrer le genre humain, vous aurez Saint-Just tout entier, c'est-à-dire un enfant extraordinairement précoce qui ne sait ce qu'il dit, un grand homme en espérance qui n'a pas le sens commun. »

Fort bien ! mais cet *enfant extraordinairement précoce* tenait en ses mains les destinées de la France; avant de devenir un homme, un grand homme, si l'on veut, il eût proposé, il eût fait sans doute adopter, du haut de sa toute-puissance [1], des institutions établies sur les bases suivantes :

[1] L'importance que le comité de salut public tout entier attachait au concours de Saint-Just se voit bien, entre autres documents, dans la

« Le despotisme se trouve dans le pouvoir unique, et ne diminue que plus il y a d'institutions. Nos institutions sont composées de beaucoup de membres et les institutions sont en petit nombre. Il faudrait que nos institutions fussent en grand nombre et composées de peu de personnes....

» — Quiconque est magistrat n'est plus du peuple. Les autorités ne peuvent affecter aucun rang dans le peuple. Elles n'ont de rang que par rapport aux coupables et aux lois. Un citoyen vertueux doit être considéré plus qu'un magistrat.... Lorsqu'on parle à un fonctionnaire, on ne doit pas dire *citoyen;* ce titre est au-dessus de lui.

» — Le gouvernement républicain a la vertu pour principe, sinon la terreur. Que veulent ceux qui ne veulent ni la vertu ni la terreur?...

» — Voici le but qu'il nous semble qu'on pourrait se proposer d'atteindre :

» 1° Rendre impossible la contrefaçon des monnaies; 2° asseoir équitablement les tributs sur tous les grains, sur

---

lettre suivante, qui était adressée le 6 prairial à Saint-Just, alors en mission près de l'armée du Nord. Elle a été déjà publiée dans les *Papiers saisis chez Robespierre :*

« La liberté est exposée à de nouveaux dangers ; les factions se réveillent avec un caractère plus alarmant que jamais. Les rassemblements pour le beurre, plus nombreux et plus turbulents que jamais, lorsqu'ils ont le moins de prétextes, une insurrection dans les prisons, qui devait éclater hier, les intrigues qui se manifestèrent au temps d'Hébert, sont combinés avec les assassinats tentés à plusieurs reprises contre des membres du comité de salut public; les restes des factions, ou plutôt les factions toujours vivantes, redoublent d'audace et de perfidie. On craint un soulèvement aristocratique, fatal à la liberté. Le plus grand des périls qui la menacent est à Paris. Le comité a besoin de réunir les lumières et l'énergie de tous ses membres. Calcule si l'armée du Nord, que tu as puissamment contribué à mettre sur le chemin de la victoire, peut se passer quelques jours de ta présence. Nous te remplacerons, jusqu'à ce que tu y retournes, par un représentant patriote. — Les membres composant le comité de salut public. Signé : ROBESPIERRE, PRIEUR, CARNOT, BILLAUD-VARENNES, BARÈRE. » — La minute de cette lettre est de la main de Robespierre : elle montre ses inquiétudes à l'époque où il allait présenter la loi de sang du 22 prairial, dont Saint-Just, dit-on, fut indigné lorsqu'il en prit connaissance à Marchiennes, devant Charleroi.

tous les produits, par un moyen facile, sans fisc, sans agents nombreux ; 3° lever tous les tributs en un seul jour sur toute la France ; 4° proportionner les dépenses de l'État à la quantité de signes en circulation nécessaires aux affaires particulières ; 5° empêcher tout le monde de resserrer les monnaies, de thésauriser et de négliger l'industrie pour vivre dans l'oisiveté ; 6° rendre le signe inaliénable à l'étranger ; 7° connaître invariablement la somme des profits faits dans une année ; 8° donner à tous les Français les moyens d'obtenir les premières nécessités de la vie, sans dépendre d'autre chose que des lois et sans dépendance mutuelle dans l'état civil.

» *Quelques institutions civiles et durables.* — Les enfants appartiennent à leur mère jusqu'à l'âge de cinq ans, si elle les a nourris, et à la République ensuite, jusqu'à la mort.

» La mère qui n'a point nourri son enfant a cessé d'être mère aux yeux de la patrie. Elle et son époux doivent se représenter devant le magistrat pour y répéter leur engagement, ou leur union n'a plus d'effet civil.

» L'enfant, le citoyen appartiennent à la patrie. L'instruction commune est nécessaire. La discipline de l'enfance est rigoureuse.

» On élève les enfants dans l'amour du silence et le mépris des rhéteurs. Ils sont formés au laconisme du langage....

» On ne peut frapper ni caresser les enfants. On leur apprend le bien, on les laisse à la nature.

» Celui qui frappe un enfant est banni. Les enfants sont vêtus de toile dans toutes les saisons. Ils couchent sur des nattes et dorment huit heures.

» Ils sont nourris en commun, et ne vivent que de racines, de fruits, de légumes, de laitage, de pain et d'eau....

» Tous les enfants conservent le même costume jusqu'à seize ans ; depuis seize ans jusqu'à vingt et un ans, ils auront le costume d'ouvrier, depuis vingt et un jusqu'à vingt-six, celui de soldat, s'ils ne sont point magistrats.

» Ils ne peuvent prendre le costume des arts qu'après avoir traversé, aux yeux du peuple, un fleuve à la nage, le jour de la fête de la Jeunesse....

» Les filles sont élevées dans la maison maternelle.

» Dans les jours de fête, une vierge ne peut paraître en public, après dix ans, sans sa mère, son père ou son tuteur.

» *Des affections.* — Tout homme âgé de vingt-cinq ans est tenu de déclarer dans le temple quels sont ses amis. Cette déclaration doit être renouvelée tous les ans pendant le mois de ventôse.

» Si un homme quitte son ami, il est tenu d'en expliquer les motifs devant le peuple dans le temple, sur l'appel d'un citoyen ou du plus vieux; s'il refuse, il est banni....

» Si un homme commet un crime, ses amis sont bannis....

» Celui qui dit qu'il ne croit pas à l'amitié ou qui n'a point d'amis, est banni.

» Un homme convaincu d'ingratitude est banni.

» *De la communauté.* — L'homme et la femme qui s'aiment sont époux. S'ils n'ont point d'enfants, ils peuvent tenir leur engagement secret; mais si l'épouse devient grosse, ils sont tenus de déclarer aux magistrats qu'ils sont époux....

» Les époux qui n'ont point eu d'enfants pendant les sept premières années de leur union et qui n'en ont point adopté, sont séparés par la loi et doivent se quitter.

» *De l'hérédité.* — L'hérédité est exclusive entre les parents directs. Les parents directs sont les aïeuls, le père et la mère, les enfants, le frère et la sœur.

» Les parents indirects ne succèdent point.

» La République succède à ceux qui meurent sans parents directs....

» Nul ne peut déshériter ni tester.

» *Des contrats.* — Les contrats n'ont d'autres règles que la volonté des parties; ils ne peuvent engager les personnes.

» Nul ne peut contracter sans la présence de ses amis, ou le contrat est nul.

» Le même contrat ne peut engager plus de deux personnes ; s'il en engage plus, il est nul.

» Tout contrat est signé par les parties et par les amis, ou il est nul.

» Ce sont les amis qui reçoivent les contrats.

» Les procès sont vidés devant les amis des parties constitués arbitres.

» Celui qui perd son procès est privé du droit de citoyen pendant un an.

» *Quelques institutions pénales.* — Celui qui frappe quelqu'un est puni de trois mois de détention ; si le sang a coulé, il est banni.

» Celui qui frappe une femme est banni.

» Celui qui a vu frapper un homme, une femme, et qui n'a point arrêté celui qui frappait, est puni d'un an de détention.

» L'ivresse sera punie ; celui qui, étant ivre, aura dit ou commis le mal, sera banni.

» Les meurtriers seront vêtus de noir toute leur vie, et seront mis à mort s'ils quittent cet habit.

» *Quelques institutions morales sur les fêtes.* — Le peuple français reconnaît l'Être suprême et l'immortalité de l'âme. Les premiers jours de tous les mois sont consacrés à l'Éternel.

» Tous les cultes sont également permis et privilégiés....

» Les temples publics sont ouverts à tous les cultes.

» Le prêtre d'aucun culte ne pourra paraître en public avec ses attributs, sous peine de bannissement.

» L'encens fumera jour et nuit dans les temples publics, et sera entretenu tour à tour, pendant vingt-quatre heures, par les vieillards âgés de soixante ans....

» Les lois générales sont proclamées solennellement dans les temples....

» Tous les ans, le 1ᵉʳ floréal, le peuple de chaque commune choisira, parmi ceux de la commune exclusivement et dans les temples, un jeune homme riche, vertueux et sans difformité, âgé de vingt et un ans accomplis et de moins de trente, qui choisira et épousera une vierge pauvre en mémoire de l'égalité humaine.

» Il y aura des lycées qui distribueront des prix d'éloquence.

» Le concours pour le prix d'éloquence n'aura jamais lieu par des discours d'apparat. Le prix d'éloquence sera donné au laconisme, à celui qui aura proféré une parole sublime dans un péril, qui par une harangue sage aura sauvé la patrie, rappelé le peuple aux mœurs, rallié les soldats.

» *Des vieillards, des assemblées dans les temples et de la censure.* — Les hommes qui auront toujours vécu sans reproche porteront une écharpe blanche à soixante ans. Ils se présenteront à cet effet dans le temple, le jour de la fête de la Vieillesse, au jugement de leurs concitoyens, et, si personne ne les accuse, ils prendront l'écharpe.

» Le respect de la vieillesse est un culte dans notre patrie. Un homme revêtu de l'écharpe blanche ne peut être condamné qu'à l'exil.

» Les vieillards qui portent l'écharpe blanche doivent censurer, dans les temples, la vie privée des fonctionnaires et des jeunes gens qui ont moins de vingt et un ans.

» Le plus vieux d'une commune est tenu de se montrer dans le temple tous les dix jours, et d'exprimer son opinion sur la conduite des fonctionnaires....

» Celui qui frapperait ou injurierait quelqu'un dans les temples serait puni de mort.

» *Quelques institutions rurales et somptuaires.* — Tout propriétaire qui n'exerce point de métier, qui n'est point magistrat, qui a plus de vingt-cinq ans, est tenu de cultiver la terre jusqu'à cinquante ans.

» Tout propriétaire est tenu, sous peine d'être privé du droit de citoyen pendant l'année, d'élever quatre moutons en raison de chaque arpent de terre qu'il possède.

» L'oisiveté est punie; l'industrie est protégée....

» Tout citoyen rendra compte tous les ans dans les temples de l'emploi de sa fortune....

» Il n'y a point de domesticité; celui qui travaille pour un citoyen est de sa famille et mange avec lui.

» Nul ne mangera de chair le troisième, le sixième, le neuvième jour des décades.

» Les enfants ne mangeront point de chair avant seize ans accomplis.

» Sinon dans les monnaies, l'or et l'argent sont interdits.

» *Des mœurs de l'armée.* — Les camps sont interdits aux femmes sous peine de mort.

» Un soldat a le droit de porter une étoile d'or sur son vêtement à l'endroit où il a reçu des blessures; ces étoiles lui seront données par la patrie. S'il est mutilé ou s'il a été blessé au visage, il porte l'étoile sur le cœur....

» Il faut entretenir, en temps de paix, huit cent mille hommes, répartis dans toutes les places....

» *Des censeurs.* — Il faut dans toute révolution un dictateur pour sauver l'État par la force, ou des censeurs pour le sauver par la vertu.

» Il faut créer des magistrats pour donner l'exemple des mœurs.

» Pourquoi le peuple ne donne-t-il des mandats que pour exercer l'autorité? S'il créait six millions de magistrats pour prêcher ou donner l'exemple de toutes les vertus, cela irait-il moins bien?...

» La censure la plus sévère est exercée sur ceux qui sont employés dans le gouvernement.

» Il sera établi dans chaque district et dans chaque commune de la République, jusqu'à la paix, un censeur des fonctionnaires publics....

» Il est interdit aux censeurs de parler en public. La modestie et l'austérité sont leurs vertus. Ils sont inflexibles. Ils appellent les fonctionnaires pour leur demander compte de leur conduite; ils dénoncent tout abus et toute injustice dans le gouvernement; ils ne peuvent rien atténuer ni pardonner....

» L'indemnité des censeurs est portée à six mille livres.

» *Des garanties.* — Tout citoyen, quels que soient son âge et son sexe, qui n'aura aucune fonction publique, a le droit d'accuser devant les tribunaux criminels un homme revêtu d'autorité qui s'est rendu coupable envers lui d'un acte arbitraire.

» Si l'homme revêtu d'autorité est convaincu, le bannissement est prononcé contre lui, et la mort s'il rentre sur le territoire.

» Si les tribunaux criminels refusent d'entendre le citoyen qui intentera plainte, il formera sa plainte devant le peuple, le jour de la fête de l'Être suprême; et si la cause n'est point jugée trente jours après, le tribunal est puni par la loi....

» Si un député du peuple est condamné, il doit choisir un exil hors de l'Europe, pour épargner au peuple l'image du supplice de ses représentants.

» *Du domaine public.* — Le domaine et les revenus publics se composent des impôts, des successions attribuées à la République et des biens nationaux.

» Il n'existera d'autres impôts que l'obligation civile de chaque citoyen âgé de vingt et un ans de remettre à un officier public, tous les ans, le dixième de son revenu et le quinzième du produit de son industrie.

» Le tableau des payements sera imprimé et affiché toute l'année.

» Le domaine public est établi pour réparer l'infortune des membres du corps social.

» Le domaine public est également établi pour soulager le peuple du poids des tributs dans les temps difficiles.

» La vertu, les bienfaits et le malheur donnent des droits à une indemnité sur le domaine public. — Celui-là seul peut y prétendre qui s'est rendu recommandable à la patrie par son désintéressement, son courage, son humanité.

» La République indemnise les soldats mutilés, les vieillards qui ont porté les armes dans leur enfance, ceux qui ont nourri leur père et leur mère, ceux qui ont adopté des enfants, ceux qui ont plus de quatre enfants du même lit ; les époux vieux qui ne sont pas séparés; les orphelins, les enfants abandonnés, les grands hommes ; ceux qui se sont sacrifiés pour l'amitié; ceux qui ont perdu des troupeaux ; ceux qui ont été incendiés; ceux dont les biens ont été détruits par la guerre, par les orages, par les intempéries des saisons.

» Le domaine public solde l'éducation des enfants, fait des avances aux jeunes époux, et s'afferme à ceux qui n'ont point de terres. »

Ces rêves ne sont point d'un esprit banal. Ils dénotent une âme énergique, que ne rebuteront pas les obstacles, et qui est prête à toutes les épreuves comme à tous les sacrifices. On avait vu Saint-Just, à la bataille de Fleurus, après que nos troupes avaient été repoussées trois fois par l'ennemi, former un cordon derrière l'armée avec ordre de sabrer tout fuyard; on l'avait entendu déclarer que les généraux dont les divisions faibliraient seraient fusillés à la tête de l'armée. Tel était Saint-Just. Comme on peut forcer un peuple à vaincre, on peut, pensait-il, le contraindre par des institutions à être vertueux et heureux. Toute sa science de gouvernement se ramène à cette formule : réussir ou mourir. S'il échouait dans sa tentative, eh bien, il se tuerait devant la nation, pour se punir de son insuccès. Il dit dans ses *Institutions*, page 42 :

« Le jour où je me serai aperçu qu'il est impossible de donner au peuple français des mœurs douces, énergiques, sensibles, et inexorables pour la tyrannie et l'injustice, je me poignarderai. »

Et au début même de cette œuvre des *Institutions*, il écrivait ces terribles paroles :

« *Les circonstances ne sont difficiles que pour ceux qui reculent devant le tombeau.* Je l'implore, le tombeau, comme un bienfait de la Providence, pour n'être plus témoin de l'impunité des forfaits ourdis contre ma patrie et l'humanité.

» Certes, c'est quitter peu de chose qu'une vie malheureuse, dans laquelle on est condamné à végéter le complice ou le témoin impuissant du crime....

» Je méprise la poussière qui me compose et qui vous parle ; on pourra la persécuter et faire mourir cette poussière, mais je défie qu'on m'arrache cette vie indépendante que je me suis donnée dans les siècles et dans les cieux !... »

Cela est d'un fier et noble accent, et on ne peut refuser de l'estime au caractère de l'homme qui, écrivant ces lignes, les signe de son sang.

Saint-Just, qui se faisait une si étrange illusion sur l'efficacité du remède qu'il proposait, voyait cependant la grandeur du mal. Il écrivait :

« Une république est difficile à gouverner, lorsque chacun méprise l'autorité qu'il n'exerce pas ; lorsque le soldat envie le sort de son général ou le général l'honneur que la patrie rend au soldat ; lorsque chacun s'imagine servir celui qui lui commande et non la patrie ; lorsque celui qui commande s'imagine qu'il est puissant et non pas qu'il exerce la puissance du peuple ; lorsque chacun, sans apprécier les fonctions qu'il exerce et celles qui sont exercées par d'autres, veut être l'égal du pouvoir au-dessus du sien, et le maître de ceux qui exercent un pouvoir au-dessous de lui ; lorsque chacun de ceux qui exercent l'autorité se croit au-dessus d'un citoyen, tandis qu'il n'a de rapports qu'avec les abus ou avec le crime.

» La révolution est glacée ; tous les principes sont affaiblis, il ne reste que des bonnets rouges portés par l'intrigue.

» L'exercice de la terreur a blasé le crime, comme les liqueurs fortes blasent le palais. »

Les utopies de Saint-Just sont moins individuelles, moins singulières qu'elles nous paraissent l'être. Beaucoup de républicains croyaient fermement comme lui qu'une république n'avait aucune chance d'avenir si les institutions n'y changeaient pas brusquement les mœurs de la nation ; et des institutions imitées de la Grèce ou de Rome pouvaient seules, à leur sens, opérer cette transformation.

DES INSTITUTIONS PROPRES A ASSURER L'AVENIR DE LA RÉPUBLIQUE,
SELON BARÈRE.

Barère lui-même, un esprit froid et fin, dans un livre qu'il a publié à une assez grande distance des événements du 9 thermidor, au commencement de l'an V, sous ce titre : *De la pensée du gouvernement*, exposait une théorie d'institutions qui offre plus d'une analogie avec celles de Saint-Just.

« Qui pourra, — dit-il, — infuser la république dans les âmes françaises?... Les institutions seules peuvent produire ce prodige, devenu nécessaire. Les jeux publics, les fêtes nationales, l'éducation républicaine, voilà nos instituteurs...

» Que chaque belle action trouve sa récompense dans la fête nationale célébrée dans son département.

» Que celui qui aura sauvé la vie à son semblable, de quelque manière que ce soit, préside aux jeux publics, en soit le principal ornement ; que la vieillesse soit honorée ; que le malheur et l'indigence reçoivent d'honorables secours ; que la maternité dans le besoin soit secourue ; que les mariages fertiles soient des titres d'honneur et de secours national.

» Que dans les fêtes publiques, chaque département porte un tribut de reconnaissance et de souvenir aux grands hommes qu'ils ont vus naître et aux citoyens excellents qu'ils possèdent encore...

» Que les arts utiles soient respectés. A leur tête est l'agriculture... Que la fête de l'agriculture soit donc une de celles que le gouvernement embellisse de sa présence, comme de ses largesses... Que la marine et la navigation aient aussi leurs fêtes, leurs jeux, leurs prix...

» Vous établirez parmi ces institutions les jeux de gymnastique, les combats de poésie, de danse et de musique ; la musique surtout, au sortir d'une contre-révolution politique. Elle a une grande influence sur les mœurs et le caractère des nations... Elle mène toutes les troupes au combat, à la victoire, à la mort, dans tous les pays et chez toutes les nations; elle a fait des prodiges en Grèce par les accents de Tyrtée; en France, par l'hymne de la liberté...

» C'est se conformer au caractère national d'associer les femmes aux institutions, et d'en faire l'ornement des fêtes nationales.

» Que l'autorité publique décerne les prix du travail, des arts et de la valeur; c'est au gouvernement à rappeler les citoyens aux travaux utiles et à la défense de la République; mais que les prix des courses, des jeux républicains, et des fêtes nationales où il entre de la gymnastique, soient donnés sous les regards du peuple, et en présence de l'autorité publique, par des femmes connues par leur attachement aux vertus domestiques et leur respect pour les mœurs...

» Je n'ai encore vu dans la République que l'essai de trois institutions républicaines, elles ont eu des succès. Mais nées dans un temps de révolution, elle ont passé avec lui. Ces trois institutions, c'est moi qui les ai proposées à la Convention, et j'ai pu observer leurs heureuses influences sur l'esprit public. La première de ces institutions a été l'*École de Mars*, où les enfants des citoyens les moins fortunés, et choisis également dans tous les départements, ont reçu vraiment une éducation républicaine... La seconde institution est la *fête du Malheur,* celle où l'indigent est secouru et honoré par la nation... La troisième institution est un *cirque,* où étaient placés d'une manière distinctive, dans une fête publique, les défenseurs de la patrie mutilés dans un de leurs membres ou blessés dans les combats. Les sections de Paris les avaient rassemblés et conduits comme en triomphe à la fête nationale des Victoires, au mois de fructidor, en l'an II, dans l'amphithéâtre dressé dans le jardin des Tuileries; c'est là qu'on leur rappela les grands traits de la gloire nationale et des victoires des armées de la République, en leur montrant les drapeaux pris sur ses ennemis... »

Mais Barère veut que rien ne rappelle à la nation ces temps

affreux où régnaient sur elle des tyrans, dont il était l'organe, ayant toujours des théories subtiles, une faconde merveilleuse, une argumentation intarissable, et des *carmagnoles*, à leur service.

« Il faut bien se garder, dans les institutions et dans les fêtes nationales, de rappeler des noms abhorrés, tels que ceux des tyrans *Capet* et *Robespierre*. Les rappeler dans les cérémonies publiques, même pour livrer leur mémoire à l'exécration des hommes, c'est les immortaliser d'une manière quelconque. *Érostrate*, etc... Nous ne célébrerons donc point le supplice du *tyran royal*, ni celui du *tyran populaire*, qui tentaient de renverser le temple de la liberté, après l'avoir ensanglanté tous les deux. Nous célébrerons *l'abolition de la royauté et le renversement de la tyrannie.* »

C'est tout à fait ingénieux. Il est évident que la royauté ne rappellera à personne *Capet*, et le 9 thermidor *Robespierre*. Voilà bien le subtil rhéteur dont Vilate a laissé le portrait à côté de celui de Robespierre : « Barère formait un contraste parfait avec Maximilien : léger, ouvert, caressant, aimant la société, surtout celle des femmes, recherchant le luxe et sachant dépenser. Dans l'ancien régime, il avait désiré de passer pour noble. Le sobriquet de *Vieussac* ne flattait pas peu son amour-propre. Varié comme le caméléon, changeant d'opinion comme de costume; tour à tour feuillant, jacobin, aristocrate, royaliste, modéré, révolutionnaire; cruel, atroce par faiblesse, intempérant par habitude; selon la difficulté de ses digestions, athée le soir, déiste le matin; né sans génie, sans vues politiques; effleurant tout, ayant pour unique talent une facilité prodigieuse de rédaction [1]..... Tous les matins l'antichambre de Barère était remplie de solliciteurs avec des pétitions à la main, attendant l'heure de son heureux réveil. Il se présentait enveloppé de la robe d'un sybarite, recueillait, avec les manières et les grâces d'un ministre petit-maître, les placets qu'on lui présentait, com-

---

[1] Avait-il un sujet à traiter, il s'approchait de Robespierre, Hérault, Saint-Just, etc., escamotait à chacun ses idées, paraissait ensuite à la tribune; tous étaient surpris de voir ressortir leurs pensées comme dans un miroir fidèle. (*Note de Vilate.*)

mençant par les femmes et distribuant des galanteries aux plus jolies. Il prodiguait les promesses et les protestations ; puis, rentrant gravement dans son cabinet, à l'exemple du honteux cardinal Dubois, il jetait au feu la poignée de papiers qu'il venait de recueillir. *Voilà ma correspondance faite.* J'ai vu cette horreur..... Était-il le seul ? »

Nous ne dirons pas à Vilate qu'il y a un homme plus horrible qu'un ministre qui jette sans la lire sa correspondance au feu ou *au panier* (manière d'expédier les affaires qui n'est particulière à aucun régime), c'est le juré du tribunal révolutionnaire qui ne se donne pas même la peine d'assister à l'audience des malheureux contre lesquels il prononcera la peine capitale : mais Vilate a été puni par l'échafaud ; Barère, mort dans son lit, ne peut l'être que par le jugement de l'histoire. Il faut donc livrer à celle-ci tous les témoignages qui peignent l'homme.

Il appartient à cette classe qui dans tous les temps se retrouve dans les avenues du pouvoir, il est l'habile par excellence. Aussi les yeux des trembleurs le cherchent toujours au milieu de la tourmente, pour reconnaître la direction dans laquelle ils doivent marcher. Il est leur boussole, presque leur sauveur, parce que le langage qu'il tient leur indique toujours la lâcheté ou la bassesse où ils doivent se réfugier pour échapper à l'ouragan. Qu'on prenne dans le *Moniteur* le compte rendu de cette orageuse séance du 9 thermidor. Billault-Varenne a parlé, Tallien a parlé ; Robespierre à son tour réclame avec énergie le droit de se faire entendre. Quel parti prendra la Convention ? Un cri part : *Barère !* Immédiatement il devient la clameur de l'Assemblée tout entière : *Barère ! Barère !* Barère paraît. Il a parlé : la Convention n'hésite plus, et presque à l'unanimité elle décrète, sans vouloir entendre Robespierre, la mise en accusation dont Barère a donné le signal.

Ce Barère était irrésistible. Y avait-il un embarras à tourner, une diversion à opérer, un coup à porter, une majorité à former et à entraîner, on le faisait parler. C'était la *musique* du comité de salut public, moins poétique toutefois et plus dangereuse que la *musique* du gouvernement provisoire de 1848.

Comme les délicats de ce temps-là, il raffolait de ce genre faux, obscur, maniéré, subtil, alambiqué, qui allait si bien aux fluctuations chatoyantes de son esprit, l'Allégorie :

« Je voudrais, écrit-il, que tous les monuments publics fussent des leçons pour les citoyens et les législateurs. Cette législation matérielle et muette ne serait pas la moins instructive et la moins obéie. Alors l'architecture deviendrait morale et politique, en s'associant à l'instruction publique. Je voudrais que la tribune élevée pour les orateurs dans les assemblées nationales, dans les deux conseils, eût pour support une sirène, symbole des douceurs et des dangers de l'éloquence. Aux deux côtés de la tribune, les peintres et les sculpteurs représenteraient dans des tableaux ou dans des bas-reliefs, d'un côté le Capitole avec ses triomphes, de l'autre la roche Tarpéienne avec ses jugements, image de ce que méritent les bons et les mauvais législateurs de la République française...

» La seule décoration honorable dans la salle de la Convention nationale, après toutefois les deux groupes des drapeaux pris sur les ennemis et des pavillons des républiques alliées, était une charrue surmontée d'une gerbe de blé et accompagnée d'un vaisseau. » (*De la pensée du gouvernement*, par B. Barère, ex-député du département des Hautes-Pyrénées à la Convention nationale, 124 et *passim*).

Résumons-nous :
On connaît le régime auquel le 9 thermidor a mis fin.
Quel est celui qui nous était réservé ?
Si Robespierre eût triomphé, il est permis de supposer que la loi du 22 prairial aurait continué à être mise en vigueur jusqu'à ce que Saint-Just eût pu faire adopter ses institutions imitées de Lycurgue.
Si le comité de salut public eût gardé le pouvoir après la chute de Robespierre, il est probable que la France, en voyant se développer les conséquences de la loi du 22 prairial, en eût été dédommagée par le spectacle des institutions que Barère, l'homme des comités, a préconisées : des fêtes à l'Être suprême, des fêtes des arts, et des cirques. Une foule d'allégories très-ingénieuses, multipliées en tous lieux, eussent donné à la pénétration de l'esprit français un exercice salutaire et l'eussent mis en garde

contre les dangers de l'éloquence et des séductions; qui sont à craindre dans une république comme celle de 1794.

Ah! c'est une grande perte, mais on peut s'en consoler!...

DESSIN DE PRUD'HON SUR LE 9 THERMIDOR. (*Inédit.*)

Un peintre qui vivait en ce temps-là, et qui a plus d'une fois mis son crayon immortel au service de l'allégorie et de la politique de l'époque, a laissé, lui aussi, un anathème contre Robespierre. C'est un dessin qui fait partie de la collection léguée par M. Hennin à la Bibliothèque impériale, et dont nous avons fait faire par un artiste habile, M. Valton, une reproduction fidèle que l'on trouve en regard de la première page de ce livre.

Sur la place Louis XV, sur le piédestal même où l'on avait élevé la statue de la Liberté, se tient assise une figure dont la tête rappelle celle de la Méduse antique. Ses cheveux se dressent comme des serpents, contenus par un bandeau qui porte cette inscription : RÉVOLUTION. A côté d'elle se voit debout sur un lit de cadavres, ceint de l'écharpe du représentant, Robespierre, dont la main droite tient un poignard et un rouleau déplié où on lit : FÊTE A L'ÊTRE SUPRÊME. La main gauche semble s'accrocher au corps d'un adolescent étendu sur les genoux de la figure assise, au moment où il est saisi par la main terrible de la Révolution. La main a pris les cheveux du misérable avec tant de force, que l'épouvante de la mort se lit déjà dans ses yeux égarés, dans sa bouche entr'ouverte, dans les muscles de sa face et de son front déchiré par l'angoisse. La position de l'adolescent n'est guère meilleure, si on s'en rapporte à l'état convulsif où il se trouve. Les doigts de ses pieds sont crispés, le ventre se dérobe sous l'étreinte de l'homme de la fête à l'Être suprême, le thorax saillit avec force, la tête est renversée, le bras droit, autour duquel s'enroule une bande sur laquelle est écrit : CONVENTION NATIONALE, s'agite avec désespoir, mais la main droite n'a pas lâché encore un cadavre dans lequel il est facile de reconnaître le roi Louis XVI.

Dans le champ de la place qui s'étend autour de ce piédestal règne une certaine confusion, qui tient à ce que le peintre paraît avoir modifié à plusieurs reprises la scène qui devait l'occuper. En dernier lieu, il a mis le général Bonaparte, accompagné de Minerve qui le couvre de son bouclier, et tenant un rouleau sur lequel on lit : Départ pour l'Égypte.

M. Hennin a écrit, à côté de ce beau dessin, de Prud'hon une courte notice dans laquelle il exprime l'opinion, que nous partageons, que ce dessin fut fait peu après le 9 thermidor, et la figure du Premier Consul ajoutée à l'époque du Consulat.

Les subsistances au mois de thermidor an II.

Au milieu de ces agitations politiques, de ces révolutions dont la Convention et Paris sont le théâtre, la situation matérielle du peuple ne s'améliore pas : tout annonce, au contraire, dans le cas où les embarras continueraient à l'intérieur et à l'extérieur sous l'empire des mêmes principes économiques, une aggravation de misères et de privations pour l'hiver prochain.

Les documents inédits qui suivent feront connaître l'état de la question des subsistances dans la province au moment de la révolution du 10 thermidor.

DÉPARTEMENT DU CHER, DISTRICT DE SANCOINS.

« Ce 9 thermidor.

« *L'agent national du district aux citoyens composants la commission de commerce et approvisionnement de la République.*

» Citoyens, j'ai receu votre lettre en datte du 22 messidor relative au *maximum*, j'ai de suitte donné la plus grande publicité à cette lettre, aux communes une copie, et aux deux villes qui sont dans notre arrondissement un requisitoire où je rend responsable l'agent national de la commune des prevariquations qu'il ne poursuivera pas ; mais l'égoïsme est la passion dominante de nos administrés, et quelque surveillance que j'exerce, je trouveré touts les individû muets sur cet objet; la cupidité s'agite en tous sens contre cette loi bienfaisante, les bouchers ne peuvent plus tuer par l'insatiable soif des richesses des fermiers et propriétaires, ou si ils abattent, c'est dans le secret, et la loi du *maximum* est éludée, soit par des prête-nom, soit en vendant aux morceaux ou à la main; les magasins des marchands sont vides, les aubergistes ne vendent point de vin à la pinte, mais exigent des voyageurs des écus usuraires; les habitants des campagnes, à cette exemple, dans les places publiques vendent leurs denrées au-dessus du *maximum*. Elles sont mêmes dans les marchés très-rares, et le peu qui y sont apportées, sont souvent gaspillées par l'affluance des citoyens qui se les arrachent des mains, par la crainte qu'ils ont de manquer. Les municipalités présentes à ces désordres, restent dans l'apathie, attendent en silence les dénonciations que la timidité retient, que la cupidité sait éluder; le peuple crie, l'ouvrier qui voit que cette loi n'est point suivie dans ses objets de première nécessité, la méprise à son tour, et pèse sur son travaille; des municipalités sous le prétexte de police de sûreté mettent en réquisition les comestibles, les conbustibles, et même les denrées commerciales, et par une conduitte aussi illégalle, s'opposent à la libre circulation. Voilà, citoyens, le tableau fidèle de la situation de cette loi dans le district.

» Permettez moy une proposition; je crois que pour que cette loi soit mise en vigeur dans toute l'étendû de la République, il seroit nécessaire que des commissaires de votre part parcourussent les départements, qu'ils fissent d'exacts recherches; que de concert avec les agents nationnaux de district, ils poursuiveroient les prévaricateurs devant les tribunaux, car tant que cette loi sera confiée aux municipalités qui sont la majeure partie composée de marchand, de propriétaires, elles seront toujours sourdes à la voix.

» Salut et fraternité.

» LHOMME. »

LIBERTÉ, ÉGALITÉ, FRATERNITÉ OU LA MORT.

« A Moulins, le 11 thermidor, l'an II de la République une et indivisible.

» *Les administrateurs du département de l'Allier aux républicains, membres composant la commission du commerce et approvisionnement de la République.*

» A la réception de votre lettre du 24 messidor à laquelle était jointes des copies de celle que vous a adressée le comité de salut public le 8 du même mois et de votre circulaire aux agens nationaux près les districts en date du 22 du susdit mois, le tout relativement au maximum, et nous nous sommes empressés de prendre un arrêté le 4 de ce mois que nous avons fait imprimer à la suite de toutes ces lettres au nombre de 1200 exemplaires pour être adressé à toutes les communes, sociétés populaires et comités de surveillance de ce département. Nous en joignons ici un exemplaire et en francs républicains nous ne vous tairons pas que depuis la publication du maximum et de notre arrêté, il semble que l'égoïsme et la malveillance aient redoublé d'efforts ; les boucheries et les marchés publics sont déserts, toute espèce d'aliments et de légumes y ont disparus et les auberges sont fermées. Frères et amis, le cultivateur conduit et vend son bleds au marché au prix déterminé par le maximum, pourquoi le jardinier cesserait-il d'y apporter ses légumes, pourquoi l'aubergiste fermerait-il sa porte aux voyageurs ? Nous vous invitons en conséquence, pour faire cesser ces abus qui tendent à donner du ridicule à cette loi salutaire, à solliciter auprès du comité de salut public un arrêté qui chargerait les municipalités et sous leur responsabilités de faire approvisionner les marchés et ouvrir les portes des aubergistes aux voyageurs, après toutes fois avoir constaté qu'ils sont possesseurs d'une quantité de vin excédant leur consommation.

» *Le président du département,*

» DUFOUR. »

On voit, par les documents que nous avons publiés et par ceux qui vont suivre, que, dans les idées du temps, le cultivateur est une espèce de fonctionnaire qui doit à la société un compte rigoureux de ce qu'il produit, de ce qu'il vend, de ce qu'il conserve, de ce qu'il gagne, afin que la société règle le prix des denrées sur le bénéfice du producteur[1]. Ces expédients, suggérés par une situation terrible, sont une réminiscence des lois de Lycurgue. A Sparte, le citoyen est un fonctionnaire, et il n'est point un acte de sa vie, jusqu'à celui de la procréation, qui n'ait été prévu, préparé à l'avance, dans certaines conditions, et dont il ne doive rendre compte. L'adresse des Jacobins de Montereau que nous reproduisons, d'après l'original *inédit* conservé aux Archives de l'Empire, renferme des renseignements précieux donnés par des gens bien informés, notamment sur la conduite des vignerons, *de tous les états celui qui a le plus gagné à la Révolution*, qui ne veulent pas se conformer à la loi du *maximum*, afin de vendre leurs vins plus cher, et font des insurrections contre le prix, qu'ils trouvent trop élevé, des grains. C'est bien là l'esprit des gens de campagne, qui deviendront les directeurs politiques du pays. Tout ce qui peut les faire connaître dans le passé comme dans le présent est bon à recueillir pour l'historien.

LIBERTÉ, ÉGALITÉ, VIVE LA RÉPUBLIQUE!

La société populaire jacobine de Montereau aux représentants du peuple composant le comité de salut public.

« Législateurs,

» Votre appel aux autorités constituées et aux sociétés populaires, pour concourir avec vous à perfectionner la loi du maximum et à faire jouir des heureux effets qu'elle doit produire, prescrit nécessairement à chacun une tâche à remplir.

---

[1] Même principe appliqué à la réglementation de l'industrie et du commerce. Et cependant la Révolution avait commencé par proclamer la liberté de produire et de commercer, l'abolition des maîtrises et des jurandes, comme des entraves à la liberté du travail.

» La société populaire jacobine de Montereau nous offre le résultat de ses observations ; elle nous les présente avec franchise, et, chargée de vous dire toute la vérité, elle vous avoue avec peine que la loi du maximum n'est pour ainsi dire qu'un fantôme ;...... et c'est au moment où la vérité est à l'ordre du jour, c'est en celui où la sévérité des principes est déployée, que l'on enfreint aussi impunément les lois, que si nous vivions sous un gouvernement despotique auquel chacun cherche à se soustraire.

» Il est constant que l'exécution de cette loi présente une immensité d'obstacles difficiles à surmonter, vous les avez reconnus et jugés : mais de deux maux il faut éviter le pire ; l'expérience du passé et les avantages du moment viennent au secours de ceux qui rament avec courage contre les difficultés. La manière partiale dont chaque district, et même chaque département, se livre à la taxe des denrées et marchandises, et les distances qu'ils mettent à envoyer les tableaux des différents objets soumis à la taxe s'opposent au bien qui pourrait résulter de cette loi. Est-il possible qu'une portion des denrées et marchandises soit soumise pour la vente à la loi du maximum, lorsque d'autres se vendent pendant plusieurs semaines et peut-être plusieurs mois, arbitrairement et sans taxe ? Il faut que d'un seul coup et en un même instant tout soit frappé et mis sous les yeux de la loi pour faire un ensemble proportionné. Ce travail à l'aspect paraîtra compliqué et difficile, mais les mesures révolutionnaires l'exigent.

» On ne peut se dissimuler que la taxe des grains, qui a provoqué indispensablement celle de toutes les denrées et marchandises, présentait à elle seule de grandes difficultés, car la différence du sol, celle des localités et des genres de récoltes en composent d'incalculables ; en effet, tel pays a en sa faveur des rivières navigables, des routes bien entretenues qui facilitent les transports, et jouit de toutes les ressources ; tel autre, relégué dans des chemins affreux où les charrois sont impraticables une partie de l'année, possède avec un sol fertile des vivres en profusion, faute de débouchés. Tel récolte des vins en abondance et pas de grain ; il est aussi des pays où l'on cultive plus particulièrement des chanvres et les haricots et autres légumes secs ; mais celui dont le sol est ingrat manque de tout, dès que la circulation par le fait du commerce est interrompue ; ainsi l'alternative présente d'un côté une surabondance, et de l'autre l'affreuse disette, à laquelle il convient de remédier par une vigilance qui porte l'équilibre partout, autant qu'il est possible.

» Vous avez, législateurs, devancé par votre décret du 1er octidi messidor la proposition que devait vous faire la société, de mettre en réquisition la récolte actuelle en tout genre de grains et fourrages, et en prescrivant un recensement général de tous les objets ; mais nous croyons, pour remplir les vues bienfaisantes de ce décret, devoir vous proposer : 1° une forme de tableaux pour les recensements qui puissent comprendre tous les objets utiles à la vie, et mettre sous les yeux des autorités constituées les ressources à côté des besoins.

» Nous vous proposerons ensuite : 1° de mettre en réquisition générale tous les vivres, denrées, comestibles et marchandises existantes ; 2° l'établissement de magasins pour les fourrages et de greniers d'abondance pour les grains, dans chaque district et même dans chaque canton, afin d'y placer le surplus des objets reconnus être surabondants pour les consommations, et le versement de partie de ces objets dans les magasins militaires établis. Cette mesure est indispensable, car on ne pourrait forcer les cultivateurs et propriétaires de grains et fourrages à conserver des marchandises dont ils sont obligés de se défaire, pour acquitter leurs charges annuelles, telles que les loyers, contributions, frais de culture et entretien. Ces denrées et marchandises leur seront payées par le receveur du district au maximum fixé tant pour le principal que pour le transport, ou par les garde-magasins caissiers, en rendant un compte détaillé toutes les décades des rentrées et versements qui auraient eu lieu, et des payements, avec les pièces à l'appui ; 3° qu'il soit ordonné à tous cultivateurs et propriétaires de grains de faire toutes les décades la déclaration des grains battus et l'emploi, avec la faculté de les conduire aux marchés ou aux magasins. Cette précaution est indispensable pour entretenir la connaissance parfaite de tous les objets et n'en pas perdre le fil ; le cultivateur ou propriétaire de quelque denrée ou marchandise désignera par aperçu la quantité nécessaire à sa consommation qui doit lui être assurée : il déclarera ce qui lui reste de libre pour exposer en vente ou en dépôt. Les autorités constituées décideront les quantités qui devront être portées toutes les décades aux marchés habitués, et pourront, dans les moments où l'on est en pleine jouissance des produits de la récolte, envoyer alternativement dans le cours de chaque décade une partie du canton au dépôt et une autre au marché. Avec cette conduite on évitera la confusion, et tout sera pourvu et alimenté.

» 4° Obliger également chaque particulier de déclarer ses acquisitions de toutes denrées, grains et fourrages par chaque décade, pour quoi tous les jours de décade le bureau municipal sera ouvert depuis huit heures du matin jusqu'à dix, et depuis quatre heures du soir jusqu'à six. Le secrétaire de la municipalité ne pourra sous aucun prétexte se dispenser de s'y trouver.

» En faisant imprimer des tableaux divisés par colonnes pour recevoir les déclarations indiquées dans les deux précédents articles, l'opération sera très-courte et facile.

» 5° Faire tous les trois mois un nouveau recensement de la population dans chaque commune. Cette opération paraît indispensable des autres mesures, parce que de temps à autre les réquisitions des citoyens ou des déplacements nécessités en vertu de la loi et des ordres des autorités constituées, diminuent la population dans un canton pour la faire refluer dans un autre, pourquoi il serait abusif de conserver des provisions inutiles dans un pays, qui deviendraient préjudiciables à celui qui se trouverait augmenté par les circonstances.

» 6° Les municipalités invitées de remettre aux boulangers, dans chaque commune, la liste de tous les propriétaires de grains soit à titre de récolte ou d'acquisition, avec défense de leur fournir du pain, si ce n'est dans un besoin pressant et avec un bon ou visa de la municipalité : cette mesure est d'autant plus nécessaire qu'il a été prouvé par les précédents recensements que la malveillance ou une inquiétude mal fondée a mis des ménages qui avaient des provisions de grains et farines dans le cas d'assaillir les boutiques des boulangers au détriment de ceux qui n'avaient d'autres ressources pour se procurer du pain.

» 7° Enjoindre aux autorités constituées de faire maintenir les marchés bien garnis, afin que le peuple puisse toujours jouir du spectacle de l'abondance qui existe réellement ; car les inquiétudes à cet égard ont fait jusqu'à ce moment bien du mal à la chose publique. Les tableaux présentés fourniront les moyens d'éviter toute confusion et surprise s'ils sont bien exécutés.

» 8° Qu'il soit nommé des commissaires dans chaque commune pour surveiller les recensements, les déclarations des vendeurs et acheteurs, et l'entière exécution de la loi. L'article 7 de la loi du 1ᵉʳ octidi messidor y a pourvu en partie, mais il serait aussi convenable d'en augmenter le nombre et de les prendre dans les sociétés populaires où il y en a d'établies, et que dans le nombre il soit choisi des experts assez connaisseurs pour estimer les bestiaux sur pied par comparaison avec la taxe du maximum ; en cas de contestations, soumettre le tout aux autorités constituées, sous l'inspection desquelles ces commissaires agiraient en tout et correspondraient.

» 9° Qu'il soit aussi établi des commissaires particuliers dans les communes ou en charger ceux ci-dessus pour les recensements des vins, en connaître l'exacte quantité, et en suivre la trace en obligeant les acquéreurs à prendre des acquitsà-caution et s'assurer si les vins ne sont pas falsifiés chez les vignerons et aubergistes pour faire un gain illicite. On pourrait à cet effet tirer une bouteille de chaque espèce de vin peu après la récolte et y apposer le cachet de la municipalité pour pouvoir les confronter au besoin.

» Il n'y a pas d'état qui ait autant gagné à la Révolution que le vigneron par la suppression de tous les droits et le libre exercice de ses vins, et il est prouvé que beaucoup sont très-égoïstes. Les vignerons ont fait partout les insurrections qui ont eu lieu dans les marchés pour les grains, et ils luttent avec une hardiesse et une opiniâtreté inouïes contre la loi du maximum ; ou la cave du vigneron est fermée, ou il met à contribution du double et quelquefois beaucoup plus celui qui veut obtenir son vin. Il faut obliger chaque vigneron, d'après les recensements, de mettre sur sa porte le tableau de ses marchandises, et s'il refuse de les livrer au prix fixé par la loi, qu'elles soient confisquées au profit de la République, avec récompense au dénonciateur. Sans cette voie rigoureuse, jamais la loi ne sera exécutée. Il faut aussi empêcher les accaparements des marchands de vin et fixer à ceux qui en font le commerce un bénéfice qu'ils ne puissent excéder sans être exposés à la confiscation. Si on ne s'empresse de réprimer les abus sur cette partie, on verra bientôt les meilleures terres en grain plantées en vignes.

» 10° Supprimer tous les cabarets inutiles aux voyageurs et qui ne font que servir d'asile à l'oisiveté et à la débauche et occasionnent une perte de temps très-préjudiciable à la chose publique ; on sait combien ils occasionnent de chagrins dans les ménages : ce serait peut-être le cas, dans un moment où la sobriété et la pratique des vertus sont indiquées aux républicains, de faire une loi pénale contre ceux qui s'enivrent et paraissent dans cet état en public. Plusieurs sociétés populaires amies de l'ordre ont déjà fait des règlements de police envers leurs membres à cet égard.

» 11° Taxer le poisson, empêcher la dévastation des rivières et soumettre à cet effet la pêche à la police municipale. La suppression des étangs et la liberté de la pêche accordée exigent cette précaution, car les pêcheurs peu raisonnables, depuis que la loi les a favorisés, prennent tout ce qu'ils rencontrent sans exception, sans s'embarrasser de l'avenir.

» 12° Obliger les bouchers à faire chaque décade la déclaration des abatis ou animaux tués, avec le lieu de dépôt ou de vente des cuirs, et assujettir les tanneurs à faire celle de ceux prêts à mettre en vente comme étant de droit en réquisition ; en faire la distribution aux ouvriers dans chaque district par canton d'après l'état de population, et verser le surplus dans les magasins de réserve pour le service des armées, après avoir fixé une taxe uniforme sur les cuirs verts et sur ceux prêts à employer ; on sait combien les tanneurs ont gagné à la révolution, et néanmoins ils persistent à vendre les cuirs plus cher que dans les temps où ils payaient des droits immenses et que, continuellement tourmentés par les satellites de la ferme générale, ils étaient exposés à des procès ruineux. Il conviendrait aussi de nommer des commissaires pour examiner l'état des fosses avant de les mettre en vente, car le défaut de préparation convenable double la consommation.

» 13° Obliger aussi les bouchers à déposer les suifs dans un magasin au chef-lieu de canton, pour ensuite en faire la distribution chaque décade, même tous les quintidis, aux marchands fabricants de chandelle dans chaque commune, suivant la population et les établissements.

» 14° Obliger les cultivateurs ou propriétaires de bêtes à laine de faire la déclaration des laines vendues en gros ou lavées, le nom et la demeure de l'acquéreur, qui de son côté ne pourrait les enlever qu'avec un acquit-à-caution dont il justifierait à sa municipalité ainsi que de l'emploi ; par cette voie, on connaîtrait l'état de situation de toutes les manufactures, et les ressources que l'on pourrait y trouver pour le service des armées.

» On ne peut apprécier au vrai ce qu'il en coûte à la

République pour les commissaires envoyés, soit pour acheter les objets nécessaires et pressants pour le service des armées, soit pour connaître les ressources, ce à quoi on n'a pu réellement parvenir ; car l'adresse des marchands a toujours su se garer des recherches et a souvent feint une disette apparente par des vues d'intérêt ; les mesures indiquées y remédieront.

» 15° Taxer toutes les marchandises dans les manufactures, en distinguant celles de nécessité d'avec celles de luxe, donner ensuite une augmentation aux détaillants proportionnée à l'éloignement et à l'état des routes, parce que tel pays qui a quelques marchandises à bon marché en raison de la proximité des récoltes ou de la fabrication, en paye d'autres plus cher en raison de l'éloignement; or, si la nature a pour ainsi dire fait une sorte de compensation pour l'existence, le gouvernement doit la seconder.

» 16° L'exploitation des mines de fer et de charbon de terre, dont la fabrication est si nécessaire pour le service des armées et de l'agriculture, mérite aussi une attention particulière : non-seulement ces objets se trouvent compris nécessairement dans la taxe générale, mais les besoins des forges occupées au service des armées remplis, il conviendrait en envoyer dans chaque département, district et canton, de quoi pouvoir entretenir les outils essentiels à l'agriculture, qui en manque journellement.

» 17° L'exploitation des bois ne mérite pas moins toute l'attention du gouvernement ; il serait peut-être infiniment nécessaire que chaque marchand fût assujetti à faire une quantité d'écorce et de charbon proportionnée à son exploitation, et que les pauvres et les familles indigentes, souvent nus et logés presque à l'injure de l'air, reçussent une certaine quantité de bois sur les secours qui leur sont accordés d'après leurs besoins connus et appréciés par les conseils généraux des communes.

» 18° Commissionner tous les marchands jusqu'à la paix, et ne le faire qu'à ceux qui obtiendront ou seront munis de certificats de civisme.

» 19° Déclarer que tout marchand qui vendra au-dessus du maximum sera puni par la confiscation de toutes ses marchandises au profit de la République, la boutique fermée pour lui ; point de grâce à cet égard, et récompense au dénonciateur dont le rapport sera fondé.

» 20° Une seule administration chargée des subsistances et approvisionnements de la République, sous l'inspection du comité de salut public : l'expérience a prouvé combien la division des pouvoirs et la multitude de leurs agents ont fait de mal.

» 21° Tout devant être atteint par la loi du maximum, les manufactures de faïence, poteries, les verreries, les fabriques de tuile, brique, etc., les exploitations des fours à chaux et à plâtre, et en général tous les objets d'utilité publique, doivent être soumis à une taxe proportionnée à celle du bois employé et de la main-d'œuvre, et assujettir à la réquisition des droits les objets utiles à la bâtisse, pour l'entretien ou réparation des bâtiments nationaux à la charge de la République. — *Observations.* Il semble que pour faire une taxe proportionnelle dans toute la République aux localités, eu égard aux frais de transport, il faudrait que chaque district envoyât à jour indiqué, au chef-lieu de département, six hommes choisis, comme ayant les lumières nécessaires sur les objets de commerce et d'agriculture, et capables d'apprécier et de donner l'état des localités et des routes, avec les connaissances nécessaires sur le prix de la main-d'œuvre en général.

» Chaque département pourrait ensuite nommer deux commissaires pour envoyer à Paris porter le résultat de leur travail, lesquels se réuniraient dans une assemblée indiquée par la Convention nationale, sous l'inspection du comité de salut public, et en présence des membres du comité de commerce et d'agriculture, et de la commission de commerce et approvisionnements ; chacun présenterait ses vues d'après les résultats généraux et particuliers, le comité de salut public prononcerait.

» Ces mesures doivent nécessairement procurer l'aisance tant désirée, en assurant à chacun les ressources nécessaires à ses besoins. »

L'agent national près le district de Villefort, à la commission du commerce et approvisionnements de la République.

« Villefort, le 19 thermidor.

» Citoyens,

» Dès avoir reçu votre lettre du 22 messidor, et copie de celle du comité de salut public du 8 du même mois, relatives aux infractions faites à la loi du maximum, j'ai fait une proclamation qui a été envoyée aux municipalités, comités de surveillance, sociétés populaires, et au tribunal du district. Le motif de l'intérêt général, l'avantage particulier, soit du cultivateur, soit de l'artisan, l'amour de l'ordre, l'exécution de la loi, enfin tous les motifs que mon patriotisme a pu me suggérer ont été employés de la manière la plus concise, pour porter nos administrés à l'exacte exécution d'une loi si bienfaisante, lorsque tout le monde ne s'en écartera d'aucune manière. Mais il ne faut pas se dissimuler qu'elle trompe les vues salutaires lorsqu'elle est enfreinte dans le secret, et qu'alors, bien loin d'être salutaire, elle ne fait qu'augmenter la disette factice qui règne dans toute la République. La cupidité insatiable cherche tous les moyens de tromper la vigilance des bons citoyens : elle se cache et réussit quelquefois. C'est à nous à la surveiller, à la déjouer, à la punir au nom de la loi; c'est à vous à peser dans votre sagesse les raisons dont les cultivateurs se servent pour ne pas porter leurs grains au marché. Les voici. Vous sentez que la loi existante, nous ne la mettrons pas en balance avec ces raisons, fussent-elles encore plus fondées, et que la loi s'exécutera nonobstant toutes clameurs, etc.

» Les cultivateurs disent que le prix des grains est trop bas, et beaucoup au-dessous de la proportion des autres marchandises et denrées de première nécessité, que ces dernières ont reçu par le maximum non-seulement le tiers en sus au prix de 1790, mais que certains articles, par la politique de certains districts qui ont voulu favoriser les fabriques de leur arrondissement, ont reçu une augmentation de plus de la moitié sur le prix de 1790 et d'autres le double; qu'au contraire les grains sont au-dessous du prix de 1790 (ce dernier point est vrai relativement à ce pays); que quand ils viennent au marché ils ne trouvent ni toile à acheter, ni huile, ni étoffe, ni aucun objet de consommation qu'ils y trouvaient ordinairement, et que s'ils se les procurent dans les pays lointains, c'est à des prix très-hauts et même à un maximum qui n'a pas de proportion avec celui de leurs grains. Ils allèguent encore cette autre considération, qu'on a augmenté de moitié le prix des journées au moins et que leurs grains devraient recevoir dans le prix le même accroissement. Ils font craindre que les cultivateurs ne s'empresseront pas aux semences prochaines de tant imposer sur leurs champs comme les années précédentes, non pas tant pour la raison du défaut de bras que par le motif de ne pas se ruiner, en faisant une semence et une récolte à grands frais, qui, disent-ils, ne leur rentrent pas en entier lors de la vente de leurs grains à si bas prix.

» C'est une vérité, je le dis en républicain, pour ce pays-ci, où la plus grande partie des semences se font avec la bêche et non par les animaux du labourage. J'ignore si dans les départements voisins la même raison existe, même si l'on se plaint de la disproportion du prix des grains à celui des autres marchandises, mais je suis instruit qu'il y a le même empressement à resserrer, à cacher les grains et à ne pas les porter au marché autrement que par réquisition, voie très-pénible, mais nécessaire lorsqu'on voit pratiquer l'horrible proverbe : *Nitimur in vetita*[1].

[1] Nous nous plaisons aux choses défendues.

» Je le répète, nous, nous ne pouvons connaître que la loi, nous nous tiendrons attachés à elle; mais c'est à vous à peser si l'intérêt public exige de mettre le prix des grains à la moitié en sus de ce qu'ils sont fixés actuellement. La Convention a fait une nouvelle augmentation du prix des toiles, qui en avaient reçu au moins une première; examinez s'il conviendrait de faire celle qui est proposée pour les grains, avec la soumission due à la décision des législateurs.

» Au surplus, nous sommes dans le district plus alarmés pour l'avenir que nous ne l'étions l'année dernière, quoique notre récolte soit de beaucoup meilleure, parce que les localités font la base de nos craintes. Nous vous l'avons déjà dit plusieurs fois l'année dernière, le district n'est pas granifère en général. Sur cinq petits cantons, il n'y en a qu'un qui recueille du superflu, un second qui souvent ne se suffit pas, et les trois plus grands qui restent ne cueillent que du seigle, et pour les jours de décade seulement. Ils nous demandent déjà des grains pour se sustenter, quoique leur récolte soit faite. Il faudra pour leur nourriture user de réquisition sur le canton unique granifère, qui est très-petit, et ne peut se nourrir et secourir les autres que pendant un ou deux mois; il est occupé dans ce moment à faire sa récolte, et vu que c'est un pays froid, à peine quitte-t-il la faucille qu'il doit prendre la charrue pour semer. Mais, direz-vous, comment viviez-vous autrefois? Le voici : le commerce nous portait les grains du district de Langogne, du district de Saint-Chely, de Mende, au département de la Lozère, et du district du Puy, département de la Haute-Loire. Depuis la loi du *maximum*, la cupidité nous a fermé la porte à cette ressource. Nous avons vécu des réquisitions faites par les représentants Châteauneuf, Randon et Borie, dans le Gard, pour des grains étrangers, et la Haute-Loire. Une partie du département a reçu quelque chose du Lot ou du Tarn. Rien n'est arrivé à nos marchés : ce que les réquisitions ont produit, arrivant un peu après l'autre, a été distribué aux municipalités, et par celles-ci aux plus indigents. Bien des familles entières, bien des pauvres gens et même des riches, ont souffert la privation du pain pendant six, huit jours, et à diverses reprises, mais, grâce au ciel! toujours avec patience et sans attroupement; on s'est contenté de nous demander des secours, les larmes aux yeux. Quel attendrissement pour des âmes humaines d'être témoins de leurs souffrances et de leur fidélité à ne pas troubler la tranquillité publique! C'est pour éviter la répétition de ces scènes touchantes que je vous préviens que nos marchés ne seront pas plus pourvus cette année si les districts désignés ci-dessus ne sont pas requis par vous de nous les alimenter; leur récolte, au reste, est plus que le double de l'année dernière.

» Salut et fraternité.

» BORRELLI. »

Nous croyons utile, pour l'intelligence de l'histoire intérieure de Paris, de présenter le tableau des sections de Paris. Le lieu des séances, dans chaque section, était le siége de la justice de paix, et le local où se réunissaient ordinairement les sociétés populaires.

LES QUARANTE-HUIT SECTIONS DE PARIS EN 1794.

Section des Tuileries. — Lieu des séances, rue Saint-Nicaise.

Section des Champs-Élysées. — Lieu des séances, aux Champs-Élysées, coin de la rue de Chaillot.

Section de la République. — Lieu de ses séances, rue des Saulsayes.

Section de la Montagne, ci-devant Butte des Moulins. — Lieu de ses séances, rue des Moulins, butte Saint-Roch.

Section des Piques. — Lieu de ses séances, rue Neuve-des-Capucines.

Section de Pelletier, ci-devant de 1792. — Lieu de ses séances, rue des Filles-Saint-Thomas.

Section du Mont-Blanc. — Séances, rue Saint-Georges.

Section du Muséum, ci-devant du Louvre. — Lieu des séances, à la Samaritaine.

Section des Gardes-françaises. — Lieu de ses séances, à l'Oratoire.

Section de la Halle aux bleds. — Siége ou lieu de ses séances, rue Coquillière.

Section de Popincourt. — Siége, rue Popincourt.

Section de la rue de Montreuil. — Siége, grande rue du faubourg Saint-Antoine.

Section des Quinze-Vingts. — Siége, grande rue du faubourg Saint-Antoine.

Section des Gravilliers. — Siége, rue Saint-Martin des Champs.

Section du faubourg du Nord. — Siége, faubourg Saint-Martin.

Section de la Réunion. — Siége, rue Beaubourg.

Section de l'Homme armé, ci-devant du Marais. — Siége, à la Mercy.

Section des Droits de l'homme. — Siége, rue des Droits de l'Homme.

Section de la Maison commune. — Siége, rue des Barres.

Section de l'Indivisibilité, ci-devant la place des Fédérés. — Siége, aux Minimes.

Section de l'Arsenal. — Siége, rue Saint-Louis-la-Culture.

Section de la Fraternité. — Siége, rue de la Fraternité.

Section de la Cité. — Siége, rue Perpignan.

Section du Contrat social. — Siége, Saint-Eustache.

Section de Guillaume-Tell, ci-devant du Mail. — Siége, rue Notre-Dame des Victoires, aux ci-devant Petits-Pères.

Section de Brutus, ci-devant Molière et la Fontaine. — Siége, rue Montmartre, à Saint-Joseph.

Section de Bonne-Nouvelle. — Siége, au Petit-Carreau, cour des Miracles.

Section des Amis de la patrie. — Siége, à la Trinité, rue Saint-Denys.

Section Bonconseil. — Siége, Saint-Jacques-l'Hôpital.

Section des Marchés, ci-devant des Halles. — Siége, rue de la Chanverrerie.

Section des Lombards. — Siége, rue Saint-Martin.

Section des Arcis. — Siége, rue Saint-Jean-Pain-Mollet.

Section du faubourg Montmartre. — Siége, rue Poissonnière.

Section de la rue Poissonnière. — Siége, grande rue du faubourg Saint-Denys.

Section de Bondy. — Siége, aux Récollets.

Section du Temple. — Siége, rue des Fossés-du-Temple.

Section Révolutionnaire, ci-devant du Pont-Neuf. — Siége, rue Saint-Louis.

Section des Invalides. — Siége, au Gros-Caillou.

Section de la Fontaine de Grenelle. — Siége, rue du Bacq.

Section de l'Unité, ci-devant des Quatre-Nations. — Siége, abbaye Saint-Germain des Prés.

Section de Marat et de Marseille. — Siége aux Cordeliers, rue de Marat.

Section du Bonnet-Rouge, ci-devant de la Croix-Rouge. — Siége à la Croix-Rouge.

Section de Mutius Scævola, ci-devant du Luxembourg. — Siége, rue Férou.

Section Régénérée, ci-devant Beaurepaire. — Siége, rue des Mathurins.

Section du Panthéon français. — Siége ou lieu de séance, aux Carmes, place Maubert.

Section de l'Observatoire. — Siége, rue du Faubourg Saint-Jacques.

Section des Sans-culottes. — Siége, rue Saint-Victor.

Section de Lazouski, ci-devant du Finistère. — Siége, église Saint-Martin.

11 THERMIDOR (29 JUILLET).

« Le mot de Terreur est proscrit ; les comités révolutionnaires, les tribunaux et les commissions militaires emploient les derniers jours qui leur restent à résister violemment. Nombre de montagnards sont incarcérés. Fréron appelle contre eux les jeunes gens de Paris, qualifiés de *jeunesse dorée*, qui tous portaient des collets noirs. » (Prudhomme, *Histoire impartiale des Révolutions de France.*)

Barras offre sa démission du commandement général de la force armée de Paris.

Le même jour, Boulanger, général de brigade, Sijas, adjoint à la commission des armées de terre, et soixante-neuf membres de la commune de Paris, tous mis hors la loi, sont décapités sur la place Louis XV.

Le lendemain, douze autres ont le même sort.

13 THERMIDOR (31 JUILLET).

Rapport du décret qui permettait aux comités de faire arrêter les députés sans un rapport préalable. « Souffrirez-vous, dit André Dumont, qu'un complice de Catilina, que David, ce tyran des arts, aussi lâche qu'il est scélérat, siège encore dans votre comité de sûreté générale ? » (André Dumont n'était guère moins haïssable que David.) La Convention vote le remplacement de David, Lavicomterie et Jagot, au comité de sûreté générale. — Legendre, Merlin de Thionville, Goupilleau de Fontenay, André Dumont, Jean de Bry, Bernard de Saintes, furent nommés le lendemain au comité de sûreté générale ; Tallien, Briard, Eschassenaux, Laloi, Thuriot, Treilhard, entrèrent au comité de salut public, qui devait être renouvelé par quart tous les mois. Il fut établi en outre qu'on ne pourrait être réélu qu'un mois après être sorti du comité.

DISPOSITION DES LOCAUX QU'OCCUPAIENT AUX TUILERIES LES COMITÉS DE SALUT PUBLIC ET DE SURETÉ GÉNÉRALE.

Un auteur royaliste a donné des bureaux des comités de salut public et de sûreté générale une description à laquelle nous empruntons les détails qui suivent :

Le comité de salut public s'était placé dans les petits appartements du Roi aux Tuileries; de nombreux corps de garde l'entouraient, et les bureaux occupaient la seconde enceinte. La nuit et le jour, des canons, mèche allumée, étaient placés aux portes extérieures.

Un long corridor, faiblement éclairé, conduisait aux antichambres. Toutes les avenues de ce comité étaient sombres, tristes, et contrastaient avec les salons où s'assemblaient les décemvirs. Celui qui pouvait parvenir près d'eux était surpris et ébloui d'un pareil changement; les plus beaux tapis des Gobelins en recouvraient les parquets; le marbre, les bronzes dorés et les glaces brillaient de toutes parts; de magnifiques pendules, de fastueuses girandoles, garnissaient les cheminées.

Le comité était permanent, c'est-à-dire qu'il y avait toujours un membre autorisé à tout ordonner. Les décemvirs se réunissaient vers les dix heures du soir... C'est là que les comités révolutionnaires venaient recevoir le mot d'ordre et donner des renseignements précieux; c'est là que les députés de la Convention venaient humblement solliciter des missions dans les départements; ils faisaient antichambre et se tenaient respectueusement sur le passage de Robespierre, attendant et recherchant de lui un regard de bienveillance.

La représentation nationale était entièrement dans ce comité. La Convention n'était qu'une sorte de place publique où les mesures étaient proclamées. Beaucoup d'issues, de couloirs et de salles étaient presque toujours encombrés de paquets et d'objets de tout genre, provenant de diverses captures, ce qui faisait ressembler à un mont-de-piété.

Le comité de sûreté générale attirait la plus grande foule. Continuellement assiégé par des familles en larmes, il les repoussait avec brutalité et férocité. Il ne s'y faisait rien qu'après avoir obtenu l'ordre ou l'approbation du comité de salut public.

Il fallait franchir plusieurs guichets pour arriver à la porte du redoutable cabinet qui ouvrait ou fermait des milliers de bastilles ou de cachots. Des architectes étaient occupés à tracer des plans et devis pour de nouvelles maisons d'arrêt. — Le comité de sûreté générale était le centre où venaient aboutir tous les comités révolutionnaires de France.

14 THERMIDOR (1ᵉʳ AOUT).

Lecointre fait rapporter à l'unanimité par la Convention la loi du 22 prairial sur la nouvelle organisation du tribunal révolutionnaire. Fréron s'écrie : « Tout Paris réclame le supplice de Fouquier-Tinville. Qu'il aille cuver dans les enfers le sang qu'il a versé. » — Il est décrété que Fouquier sera incarcéré et traduit devant le tribunal révolutionnaire renouvelé. Proposition de l'établissement de douze comités de la Convention, dont les travaux seront relatifs aux opérations des douze commissions exécutives.

15 THERMIDOR (2 AOUT).

Dénonciation des habitants de Cambrai contre le député Joseph Lebon. Charles Delacroix l'interpelle et lui demande s'il n'a pas eu la barbarie de tenir un homme sous le couteau de la guillotine tout le temps nécessaire pour lire des nouvelles? Lebon répond qu'ayant reçu la nouvelle d'une victoire, il monta pour la lire sur le balcon de la Comédie, et qu'en même temps, le condamné étant arrivé, il voulut lui faire emporter à la mort la douleur de nos succès. Son arrestation est décrétée. Sur l'observation d'un membre que le *Roi* David est encore libre, on vote également celle de David.

Rapport de police.

« L'esprit public est excellent; les événements du jour lui ont donné une nouvelle énergie et mettent en garde tous les citoyens contre les abus d'aveugle confiance.

» Chacun manifeste sa satisfaction sur les mesures prises par la Convention nationale. L'on demande l'épuration totale des membres du tribunal révolutionnaire, que l'on nomme aujourd'hui le *tribunal de sang*.

» .... Le citoyen Mauclair, graveur, travaillant aux assignats, s'est donné un coup de pistolet, et, s'étant manqué, a pris son rasoir et s'est coupé le cou. Il est mort en entrant à l'hospice. Ses adieux finissaient par ces mots : *La liberté est perdue, je meurs pour elle; mes deux pistolets viennent de rater, je recommence* [1]. »

LE PRÉSIDENT, L'ACCUSATEUR PUBLIC, LES JURÉS DU TRIBUNAL RÉVOLUTIONNAIRE, LEURS MOEURS, LEUR FAMILLE.

Le peuple avait, le 15 thermidor, donné au tribunal révolutionnaire l'épithète qu'il retiendra dans l'histoire : le *Tribunal de sang*.

Nous avons reproduit le tableau des meurtres juridiques commis par lui. Entrons maintenant dans quelques détails :

Quel appât offrait-on aux juges et aux jurés pour leur faire exercer leur affreux ministère? Ces juges étaient-ils des hommes ou des bêtes féroces?

Le traitement des juges comme le traitement des jurés avait été porté par le décret du 24 juillet 1793 à dix-huit livres par jour. Ceux du président et de l'accusateur public étaient de dix-huit mille livres par an. La division du tribunal en quatre sections, le nombre des juges porté à seize, des jurés à soixante, des substituts de l'accusateur public à cinq, des commis greffiers à huit, ne modifièrent pas les traitements.

Autres renseignements matériels :

L'accusateur public avait son appartement au palais de justice où se trouve aujourd'hui encore le cabinet du procureur général.

---

[1] Ce rapport porte encore en titre : *Rapport de la surveillance de la police*. Mais à partir du 17 thermidor, les rapports prennent ce titre : *Rapport général de la surveillance de la police* RÉGÉNÉRÉE. C'est une purification et une régénération universelles.

La justice du tribunal révolutionnaire était composée des chambres suivantes [1] :

Les chambres du président et du vice-président,
Celles de l'accusateur public et de ses substituts,
La chambre des jurés,
Celle des huissiers.

La chambre du président se trouvait aux tourelles sur le bord de la rivière,

Celle de l'accusateur public était dans l'intérieur,

La chambre des jurés se trouvait à l'extrémité opposée, du côté des galeries du palais,

La quatrième, dite des huissiers, était en face de la porte d'entrée de la grand'chambre, vis-à-vis de l'escalier dérobé qui descend dans l'intérieur de la Conciergerie. C'est par cette issue que l'on faisait monter les prisonniers au tribunal; après leur condamnation, ils étaient réintégrés dans la Conciergerie par le même escalier; ils en sortaient quelques heures après pour être conduits au supplice.

Les jurés montaient déjeuner chez le concierge, qui tenait une buvette.

Les prisonniers étaient dans l'intervalle enfermés dans une chambre, sous la garde d'autant de gendarmes.

Les huissiers du tribunal avaient : 1° à recevoir tous les prisonniers ; 2° à exécuter le mandat soit d'*amener*, soit d'*arrêt*. — Ils avaient des clercs chargés de la transcription des actes d'accusation; dix, quinze rangés autour d'une table ronde, écrivaient sous la dictée le même acte signifié parfois à vingt, trente accusés.

Tous les matins, les huissiers descendaient à la Conciergerie accompagnés d'autant de gendarmes qu'il y avait d'accusés à traduire; chaque gendarme prenait un accusé sous le bras et le conduisait au tribunal.

Un huissier s'emparait des condamnés, les remettait à l'exécuteur, assistait à l'exécution, et dressait du tout un procès-verbal.

Telles étaient les fonctions. Passons aux hommes qui les ont exercées.

Le tribunal a eu deux présidents jusqu'au 9 thermidor : Herman et Dumas.

[1] *Les Tuileries, le Temple, le Tribunal révolutionnaire, la Conciergerie*, in-8°, 1814.

Herman, — l'ancien président du tribunal pendant le procès de Marie-Antoinette, a publié, pour défendre sa tête qui devait tomber le même jour que celles de Dumas et de Fouquier, un mémoire justificatif auquel nous empruntons les renseignements suivants relatifs à son genre de vie. Répondant à un des griefs de l'accusation, il s'écrie :

« A l'en croire, *j'aurais donné à souper à 29 personnes le jour où la section a fait ses repas civiques : Le Bas y aurait été.*

» Impudente calomnie! Mon frère, ma femme, sa cousine, sans invitation, mais parce qu'ils se trouvaient là, deux garçons de bureau et leurs femmes, étaient les seuls convives. Un morceau de bœuf froid, un plat de haricots, une salade, étaient les mets. Depuis que je suis commissaire, il est arrivé deux ou trois fois que trois ou quatre personnes ont mangé avec nous. Je n'ai pas trois douzaines d'assiettes, je n'ai que cinq services d'argent et trois d'étain... — Du ministère de l'intérieur l'on me transplanta dans une des douze commissions exécutives; mon petit mobilier était toujours sur les crochets...

» Pour bien juger un homme il faut le voir aussi dans son déshabillé; un mot sur ma vie privée ne peut pas être déplacé ici...

» J'ai un petit garçon de quatorze mois, je l'ai nommé Aristide; s'il m'est permis de l'élever, il sera digne de la liberté et de la patrie.

» Le domestique du commissaire était composé en tout d'une sœur à sa femme, née comme elle au village, et dont les manières grossières encore auraient effarouché, déshonoré même autrefois le plus simple bourgeois.

» Notre ménage était composé de trois personnes, nous tirions de la boucherie, comme tout citoyen, trois livres de viande par décade.

» Je ne mangeais point dehors, je ne donnais point à manger; je ne visitais personne, je n'étais pas visité, tous mes moments, toutes mes pensées étaient à la République;

toute ma jouissance dans ma famille, dans l'accomplissement de mes devoirs publics. »

Dumas, — ancien prêtre, qui remplaça Herman, était fort craintif. Il sortait toujours accompagné, comme Fouquier. Si on venait frapper à sa porte, il ne l'ouvrait pas. Par un guichet grillé, semblable à celui d'une prison, il répondait à ceux qui venaient implorer la justice.

Nous ne croyons pas que cette manière de vivre fût de nature à faire envier le pouvoir des chefs de la plus puissante juridiction qui ait jamais existé.

Fouquier-Tinville. — L'existence de Fouquier était-elle plus agréable? Ce qu'il faut constater d'abord, c'est l'effroyable travail dont il était accablé. « Le tribunal, dit M. Campardon, était surchargé de besogne. Fouquier-Tinville, doué d'une dévorante activité, faisait tout faire dans ses bureaux : les mandats d'arrêt, la rédaction des actes d'accusation, le choix des jurés, tout enfin était soumis à la surveillance du terrible accusateur. Aussi les employés du parquet passaient-ils presque toutes les nuits au travail. » Fouquier leur fit donner par la Convention, le 25 frimaire an II, une augmentation de traitement. Cet horrible Fouquier était père de famille. Dans un des mémoires justificatifs qu'il a publiés, il dit : « Je n'ai absolument rien. Cependant j'ai eu du patrimoine pour plus de cinquante mille livres [1]; j'ai exercé un état avant la Révolution où on pouvait l'augmenter : en ce moment, je n'ai que des dettes, et pour tout patrimoine une femme et cinq enfants, dont deux jumeaux de vingt et un mois qui ont besoin de mon secours. »

Le soir, quand il sortait de son cabinet ou du tribunal pour se rendre au comité de salut public, il était parfois saisi d'hallucinations effroyables. Il regardait la rivière avec épouvante, croyant y voir non de l'eau, mais du sang. Il n'approuvait pas tout; il lui arriva de blâmer Robespierre de la brusque solution du procès de Danton, de la loi du 22 prairial; il sentait bien qu'il finirait *par y passer* lui-même. Mais en face de l'accusé, l'instinct de tigre qui est au fond de l'accusateur public reprenait

---

[1] Il l'avait gaspillé.

son empire. Il rugissait, lorsqu'on tentait de lui ravir sa proie ou lorsque la victime prétendait se défendre.

Enfin le jour vint où il dut descendre à son tour dans l'abîme où il avait précipité tant d'innocents. A son aspect, les prisonniers de la Conciergerie éclatèrent en invectives et en menaces. Le concierge dut enfermer Fouquier dans une chambre pour le soustraire aux mauvais traitements; et c'est de là que le misérable écrivait à la Convention : « Depuis seize mois que j'exerce les fonctions d'accusateur public, j'ai dressé l'acte d'accusation de Marie-Antoinette, et je l'ai fait frapper, ensemble tous les grands coupables, du glaive de la loi; moi qui ne trouverais dans aucun pays un pouce de terre pour y poser ma tête, moi qui m'ai employé jour et nuit pour asseoir la Révolution autant qu'il dépendait de mes fonctions, etc., devrais-je rester dans les fers? — Devrais-je m'attendre à un pareil sort, moi qui depuis seize mois n'ai pas fréquemment dormi trois heures par nuit? »

Certes, une telle existence, mêlée de tant de soucis, de remords et de fatigues, punit déjà les bourreaux et venge les victimes! — sans parler de la mort des monstres et de l'exécration du genre humain qui poursuit leur mémoire à travers les siècles.

Ce n'était pas la fortune, ce n'étaient pas les jouissances matérielles, ce n'était pas même une cruauté naturelle qui attachaient ces hommes à leur fonction sanguinaire : — quoi donc? C'était le pouvoir! Les lâches et les pervers ne résistent pas à son enivrement. La terreur a sa majesté, dont on aime à s'envelopper comme de la puissance de Dieu.

Restent *les jurés*. Ceux-ci étaient des enragés ou des brutes. Les brutes se déclaraient la conscience parfaitement tranquille, du moment qu'ils touchaient dix-huit livres par jour. La somme est faible, mais les gens qui recherchaient ce salaire valaient si peu! Pour donner une idée de cette valeur des jurés, il suffira de rapporter la lettre de l'un d'eux, que M. Campardon a publiée dans son *Histoire du tribunal révolutionnaire*. Le menuisier Trinchard, qui siégea jusqu'à la loi du 22 prairial et fut ensuite promu aux fonctions plus importantes de président du comité révolutionnaire de sa section, regardait les accusés avec la curiosité qui conduisait au Colisée les prolétaires romains pour le divertissement desquels on jetait les chrétiens aux bêtes. Il ne lui venait pas à l'esprit que des accusés pussent être acquittés, et il invitait ses amis avant le procès à venir voir les *condamnés à mort*. Vingt et un membres des parlements de Toulouse et de Paris, Thouret, Déprémenil, Lechapeliér, Lamoignon de Malesherbes et toute sa famille, furent, par lui et par les brutes ses collègues, qui lui ressemblaient, envoyés à l'échafaud. Trinchard voulant *régaler* sa femme de la vue de ces beaux messieurs encore vivants, lui écrivait :

« Si tu nest pas toute seulle et que le compagnion soit a travalier tu peus ma chaire amie venir voir juger 24 mesieurs tous si deven président ou conselies au parlement de Paris et de Toulouse. Je t'ainvite a prendre quelque choge aveu de venir parcheque nous naurons pas fini de 3 hurres.

» Je tembrasse ma chaire amie et epouge.

» Ton mari,

» TRINCHARD [1]. »

Ce juré Trinchard fut acquitté par le tribunal qui condamna Fouquier. Il s'était déclaré *l'homme de la nation!* Sa simplicité et son orthographe justifiaient l'épithète.

---

16 THERMIDOR (3 AOUT).

Suspension du décret qui exclut les nobles et les prêtres des fonctions publiques. — Le comité de salut public présentera la liste de ceux de ces citoyens qui peuvent être utiles.

---

17 ET 18 THERMIDOR (4 ET 5 AOUT).

Décret : Il est enjoint à toutes les autorités constituées et à tous les fonctionnaires publics, civils et militaires, d'envoyer

[1] *Archives de l'Empire*, carton W. 500.

au comité de salut public, dans la décade, copie des différents arrêtés pris jusqu'à ce jour par les représentants du peuple qui ont été et qui sont en mission. — A la Convention, Fréron demande par motion d'ordre que l'hôtel de ville, *ce Louvre du tyran Robespierre*, soit rasé. — On lui répond : *Punissez les criminels, et ne démolissez rien.* C'était un progrès.

— Décret portant que tous les détenus qui ne sont pas compris dans la loi du 17 septembre 1793 seront mis en liberté par le comité de sûreté générale; et que ce comité, les représentants du peuple et les comités révolutionnaires seront tenus de donner aux détenus et à leurs parents les motifs des arrestations.

Coffinhal, vice-président du tribunal révolutionnaire, mis hors la loi, est exécuté sur la place de la Révolution.

On lit dans un des mémoires justificatifs de Fouquier qui répond à l'accusation d'avoir été le complice de Robespierre dans la prétendue conspiration du 9 thermidor, au sujet de Coffinhal : « La fuite du monstre Coffinhal, le dernier des chefs de cette conspiration, me formait un poids sur le cœur; avant mon arrestation comme depuis, j'ai toujours manifesté le plus vif désir qu'il fût trouvé. Ce monstre a été enfin arrêté. Il est arrivé à la Conciergerie dans la nuit du 17 au 18 thermidor, vers deux heures du matin; il a été mis dans le même corridor où je suis, et dans une chambre à dix pas de celle que j'habite sous la garde des gendarmes; il n'a cessé jusqu'à l'heure de cinq heures de relevée du 18, de se livrer aux reproches les plus amers contre Hanriot et autres conjurés, de rendre compte de tous leurs projets liberticides et monstrueux, de se vanter qu'il avait eu à sa disposition dix-sept compagnies de canonniers, que sans l'ivresse d'Hanriot ils auraient réussi, etc.; lui, qui a cité tous les noms des conjurés, aurait-il oublié le mien? »

Coffinhal était un homme intelligent, très-résolu et très-énergique, et un des plus cruels parmi les hommes de sang. Il est fort probable que le 9 thermidor eût tourné tout autrement, si les canonniers eussent été commandés par lui au lieu de l'être par Hanriot.

Rapport du 18 thermidor.

« Chacun paraît satisfait de la réorganisation du tribunal révolutionnaire. On cite particulièrement les nominations du président et de l'accusateur public.

» ... On se plaint de ce que l'on voit beaucoup de soldats, d'officiers de différents corps et de jeunes gens de la première réquisition, se promener dans Paris. On ajoute que ces hommes n'étaient venus que pour favoriser le projet de Robespierre.

» ... Le bruit s'était répandu que le citoyen Julien de la Drôme, représentant du peuple, s'était donné quatre coups de canif, dont un seul était avant dans la chair; un inspecteur s'est transporté sur le lieu, et parlant à l'épouse de ce citoyen, dont le cœur était gros et les yeux baignés, il apprit qu'un événement arrivé à son fils, âgé de dix-neuf ans [1] (sans autre éclaircissement), avait occasionné une fièvre violente au citoyen Julien dont il était encore agité. »

19 THERMIDOR (6 AOUT).

Décret : il n'y aura plus de commandement général ni de chef de légion de la garde nationale de Paris.

21 THERMIDOR (8 AOUT).

Extrait du rapport de police.

« Le commissaire de police de la section des Quinze-Vingts rapporte que faisant sa ronde dans les maisons d'arrêt de son arrondissement, il a remarqué que la joie était générale

[1] Il s'agit du célèbre Jullien qui s'est fait appeler Jullien de *Paris*, et que l'historien peut appeler Jullien de *Bordeaux*, car c'est à Bordeaux qu'il s'est acquis la triste notoriété qui s'attache à son nom.

parmi les détenus, que la gaieté brille dans leur cœur, qu'ils bénissent la Convention et les autorités régénérées, qu'ils jurent de mourir pour leur défense.

» Paris jouit de la plus grande tranquillité. »

LES SOLDATS RÉCOMPENSÉS PAR LA RÉPUBLIQUE.

On a, de nos jours, inventé bien des moyens pour stimuler et récompenser l'ardeur du soldat. On a comblé ceux qui avaient le mieux prouvé leur mépris de la vie, de tout ce qui peut la rendre agréable : de places, d'honneurs, de titres et de rubans ; de rubans en telle profusion qu'ils pourraient faire ressembler un vieux militaire chargé de toutes ses croix à une momie enveloppée de ses bandelettes ou à une Madone d'Italie parée pour un jour de fête.

En ce temps-là, on récompensait autrement l'héroïsme. La Convention avait reçu sur cette affaire de Fontarabie dont nous avons déjà parlé ailleurs, anticipant sur les dates, des détails comme ceux-ci :

« Le 13 au matin, les deux colonnes de Moncey et de Laborde, auprès desquelles étaient Pinet et Cavaignac, s'ébranlèrent et arrivèrent à la vue de la montagne de Haya : mais le temps affreux qu'il fit la plus grande partie de ce jour-là, des brouillards qui empêchaient de s'apercevoir à quatre pas, ne permirent pas d'entreprendre de parvenir au sommet d'une montagne presque inaccessible et défendue par douze cents Catalans et Aragonais, les meilleures troupes de l'ennemi. L'attaque fut remise au lendemain. Le soir même, vers les onze heures, l'armée se mit en marche sur deux colonnes, et après des difficultés infinies, parvint au pied de la montagne.

» Cette montagne terrible a deux chemins inaccessibles, ceux d'Irun et d'Oyarson. Celui que nous prenions ne pouvait pas présenter l'idée d'un chemin : la nature paraissait s'être plu à agglomérer là des obstacles pour rendre la montagne inabordable. Nos soldats pour gravir étaient obligés de passer l'un après l'autre, de se pousser et de se soutenir mutuellement, de s'accrocher aux rochers avec les pieds et les mains et de se tenir suspendus au-dessus de précipices aussi affreux que profonds. Tels sont les obstacles contre lesquels ces braves militaires ont eu à lutter pendant six heures avant d'être parvenus jusqu'à l'Espagnol. Avec cent hommes, des pierres, et du courage, l'ennemi nous faisait tous périr, et jamais le passage des Thermopyles n'offrit des difficultés pareilles à celles que nos troupes harassées de fatigue ont surmontées avec ardeur, avec gaieté et avec le seul sentiment du désir de parvenir enfin à joindre l'ennemi, qui, après les avoir fusillées quelque temps, étonné de tant d'audace, abandonna ses camps, près de cent cinquante tentes, et s'enfuit du côté d'Oyarson. Dans le même instant où les divisions de Moncey et de Laborde gravissaient le rocher pour joindre les Espagnols, celle de Frégeville, auprès de laquelle était Garrau, traversait la Bidassoa avec de l'eau jusqu'à mi-corps, sous le feu croisé de deux batteries ennemies. Nos soldats opposaient à cette artillerie formidable vomissant la mort au milieu d'eux l'ordre, le calme et l'intrépidité. Cette manière de se présenter, le souvenir de ce qui s'était passé à Commissari, et cette ardeur héroïque avec laquelle nos soldats s'avançaient au milieu des boulets et des balles qui pleuvaient sur eux, intimidèrent l'Espagnol dans ses formidables retranchements ; dans le même instant, il aperçut les divisions de Moncey et de Laborde sur le sommet de la montagne de Haya et allant le tourner par ses derrières ; la tête acheva de lui tourner. Il abandonna tous ses retranchements, dont il fit sauter une partie, il fuit de toutes parts, laissant son artillerie, ses munitions, ses magasins, à plusieurs desquels il mit le feu, et se retira du côté d'Ernani. Nos colonnes le poursuivaient vivement, et les divisions de Frégeville, de Moncey et de Laborde se réunirent à Oyarson.... Cinq drapeaux sont tombés en notre pouvoir. Nous vous les envoyons par le jeune Lamarque[1], capitaine de grenadiers, qui a donné des preuves d'intelligence et de courage dans la belle journée d'hier..... »

Signé : Garrau, Cavaignac, Pinet aîné.

La Convention ayant eu connaissance de ces faits et voulant reconnaître, par le témoignage le plus éclatant, la valeur prouvée et le service rendu, vota ce jour-là (21 thermidor) le décret suivant :

« La Convention nationale, après avoir entendu le rapport de son comité de salut public, décrète :

« Art. 1er. — L'armée des Pyrénées occidentales a bien mérité de la patrie, principalement dans la journée du 14 thermidor.

« Art. 2. — Les nouvelles officielles de cette armée sur la prise de Fontarabie et des redoutes de Saint-Martial et d'Yrun seront imprimées et envoyées sur-le-champ aux autres armées de la République. »

C'était un brevet de noblesse, décerné, devant le front des armées de la République, à l'armée des Pyrénées orientales par la nation elle-même. On n'étalait pas alors une médaille militaire sur sa poitrine, mais on pouvait dire : *« J'étais de l'armée des Pyrénées orientales ! »* Et chacun, comprenant la valeur de cette parole, s'inclinait.

L'empereur Napoléon a adressé de bien admirables proclamations aux soldats; il les avait apprises du général Bonaparte, et celui-ci les tenait de la République.

Peu de temps après la prise de Fontarabie, le comité de salut public porta au commandement en chef de l'armée le collègue de Delaborde, Moncey. Celui-ci eut honte de devenir le supérieur de ceux dont il se croyait suffisamment honoré d'être l'égal en titre et en mérite. Il s'empressa de refuser et d'écrire à Delaborde la lettre que voici :

[1] C'est le même qui, en octobre 1808, enleva sous le feu des canons et de la mousqueterie des Anglais l'île de Caprée, par un prodige d'audace que l'aspect des lieux rend incompréhensible, et dont il était en quelque sorte coutumier, ayant été un des soldats de la République.

Lettre de Moncey, général de division, au général de division Delaborde. (Inédite.)

Elizondo, le 12 fructidor de l'an II.

« Les papiers publics, mon camarade, m'ont appris que la Convention nationale m'avait confié le commandement de cette armée. Je voudrais pouvoir répondre à la confiance qu'elle veut bien placer en moi en m'élevant à ce grade ; mais ma faible santé, mais des infirmités cruelles, et surtout une incapacité absolue, rendent mon acceptation impossible. J'écris aux représentants du peuple et au comité de salut public pour les prier de me laisser continuer de servir la République dans le grade que j'occupe actuellement. Je suis trop attaché aux intérêts de ma patrie, je tiens trop à ton estime et à celle de mes frères d'armes, pour accepter des fonctions que je ne saurais remplir. Je compromettrais les premiers, et je perdrais sûrement ton estime et celle de mes camarades, si, aveuglé sur mes moyens, j'osais penser seulement à une place d'une si haute importance.

» Salut et fraternité,

» MONCEY. »

Delaborde répondit à Moncey :

Réponse du général Delaborde.

Irun, 14 fructidor an II.

« A ne considérer ton élévation au grade de général en chef que sous les rapports d'utilité que doit justement s'en promettre la République, on a très-bien fait, à mon avis. Tu es effrayé de l'étendue des devoirs que l'on t'impose : mais celui qui n'ose envisager qu'en tremblant l'importance de ses fonctions, est bien près de les dignement remplir. »

Corneille, par un miracle du génie, a fait parler les anciens dans un langage digne d'eux. Aurait-il trouvé un dialogue plus serré, plus fier, plus généreux, que ces simples paroles échangées entre deux hommes dont l'un ne veut pas devenir le supérieur et l'autre ne veut pas rester l'égal de son frère d'armes?...

Dans Moncey, duc de Conegliano, inspecteur général de la gendarmerie, on ne retrouve guère l'abnégation et l'indépendance hardie du grand citoyen, sauf le jour où, par une lettre admirable, tout inspirée de l'élan de sa jeunesse, il refusa au roi Louis XVIII de présider le conseil de guerre appelé à juger le maréchal Ney. Chez l'inspecteur de la gendarmerie, on peut mesurer la dégradation que l'empire a fait subir aux âmes qui avaient grandi au souffle des vertus républicaines. Quant à Delaborde [1], il resta le même sous la rugueuse écorce de sa première fortune; sensible et bon, sans se préoccuper d'avoir les formes de la bonté; simplement simple; suivant le drapeau de la patrie partout où les mobiles ardeurs de la volonté nationale l'avaient placé; trouvant toujours la République dans les camps et n'allant point où il craignait de rencontrer la servilité; ne s'étonnant de rien, pas même de vivre, après tant de batailles gagnées ou perdues, tant de blessures reçues, tant d'infirmités acquises, conquises et bien méritées, — à travers les montagnes brûlantes, les marais humides et les fleuves glacés; — héros des anciens âges qu'on aurait dû ensevelir dans quelque vieux drapeau troué comme lui par la balle, la cocarde nationale sur le cœur, l'épée à sa droite, avec l'inscription antique :

SUB ASCIA.

---

22 THERMIDOR (9 AOUT).

Rapport de police.

« Les groupes sont peu nombreux, les entretiens roulent toujours sur les succès de nos armes, sur les sages mesures

[1] Nous recommandons à ceux qui voudront connaître le général Delaborde le beau livre de M. de Bourgoing, un de ses aides de camp, *Souvenirs d'histoire contemporaine*, 1 vol. in-8º, 1864.

de la Convention. La liberté rendue aux détenus paraît resserrer les liens de la fraternité.

» Les ports ont été ouverts à volonté. Aucun ouvrier n'y est venu travailler. Ils se livrent avec joie à la consécration du 10 août.

» Des citoyennes murmurent de ce que les chaircuitiers de la rue de la Huchette ne délivrent qu'un carteron de porc par personne, tandis que chacune en a une demi-livre dans la section des Piques. L'on désire une répartition égale.

» L'article 6 du comité de salut public du 9 de ce mois *portant que les bouchers qui ont quitté leur domicile depuis le 1ᵉʳ germinal pour exercer leur profession dans les communes voisines de Paris, seront tenus de rentrer dans le lieu de leur domicile*, a produit la plus vive sensation parmi les citoyens, qui en désirent l'exécution.

» Les citoyens des faubourgs Saint-Germain et Marceau se plaignent de ce que les marchés ne sont pas approvisionnés. Il n'est arrivé le 21 que 220 livres de beurre et 70 douzaines d'œufs au marché Saint-Germain. »

23 THERMIDOR (10 AOUT).

Les nouveaux juges et jurés du tribunal révolutionnaire, présidé par l'avocat Dopsent, entreront sur-le-champ en activité.

Deux jours après, le 25, le tribunal était installé.

FRUCTIDOR.

18 AOUT AU 21 SEPTEMBRE.

LA CONVENTION DEPUIS LE 10 THERMIDOR JUSQU'A LA DÉNONCIATION DE LECOINTRE (12 FRUCTIDOR).

Le sujet de ce livre nous oblige fréquemment, pour compléter l'histoire de la rue et du club, de pénétrer dans l'intérieur de la Convention. C'est là que les événements de la rue commencent et aboutissent.

Nous rencontrons pour cette période un historien précieux. Dans une brochure rare et peu connue, datée du 27 fructidor, écrite par conséquent six semaines après le 9 thermidor, Dussault, dont les hommes de tous les partis, Marat lui-même, ont proclamé la parfaite honnêteté, a esquissé la physionomie de la Convention, celle des députés qui devaient y marquer, et l'attitude des partis au moment où la chute de Robespierre laissa le gouvernement en quelque sorte disponible. On verra qu'après tant de coupes sanglantes, après l'égorgement des Girondins, des principaux dantonistes, après les supplices des 10 et 11 thermidor, il ne reste ni un homme ni une idée qui puisse aspirer à l'empire. La Convention a peine à trouver sa voie; elle se laisse aller tantôt à une réaction violente contre les terroristes, tantôt à un retour vers eux, et en définitive elle ne reconnaît, comme en d'autres temps, qu'un Dieu, le Dieu de la démagogie, la peur, qui a la délation pour ministre. Il semble que sur les bancs où siégent ces hommes qui s'invectivent et se reprochent mutuellement leurs faiblesses et leurs crimes, un fantôme mystérieux aille de l'un à l'autre, devant lequel ils se sentent frissonner jusque dans la moelle des os, sans doute parce qu'il prend successivement devant chacun la ressemblance d'une de ses victimes. Au fond, il n'y avait d'irréprochables que ceux qui étaient morts ou prisonniers : les vivants et libres avaient laissé faire, donc ils étaient coupables. Aussi quand Lecointre parut avec ses dénonciations, il y eut un soulèvement général; on le stigmatisa solennellement de l'épithète de calomniateur. Il ne se rebuta pas, et il vit bientôt tout le monde, craignant de l'avoir contre soi, finir par se déclarer pour lui. On espérait que les boucs émissaires des comités allaient sauver tout le troupeau d'Israël. Ce qu'il y a de plus singulier et ce qui montre bien le degré d'anxiété des dénonciateurs, c'est que Lecointre, après avoir vu triompher son accusation et obtenu que les accusés fussent condamnés, se compromit à son tour dans une insurrection qui avait pour objet principal de leur rendre la liberté, et, comme leur complice, fut décrété d'accusation!

Mais revenons à la brochure de Dussault : *Fragments pour servir à l'histoire de la Convention nationale depuis le 10 ther-*

midor jusqu'à la dénonciation de Lecointre exclusivement. On remarquera, dans les extraits que nous en publions, la hardiesse des appréciations et des portraits. On retrouve dans plus d'un trait le traducteur de Juvénal. Il ne ménage pas les chefs de cette majorité dont il est membre; il ose dire : « L'expérience du passé, qui toujours avait vu triompher le parti le plus sévère, était pour la majorité d'un présage peu favorable. » Et comme il vient de blâmer le relâchement de mœurs de Merlin de Thionville, on sent bien ce que veut dire ici le mot *sévère.*

Physionomie de l'Assemblée. Causes de divisions. — « Après le 10 thermidor, l'explosion subite de tout ce qu'une longue tyrannie avait renfermé dans le secret des cœurs rendit pendant quelques jours les délibérations de l'Assemblée vagues, tumultueuses, abondantes en idées plus consolantes que réfléchies. Une belle pensée présidait à cette espèce de délire, celle de réparer les maux causés par Robespierre; mais l'Assemblée trouva dans cette pensée même un piége dangereux. Le bien, toujours si voisin du mal, veut être fait avec prudence et mesure, et l'on a rarement à se louer de l'enthousiasme même le plus louable.

» Les portes des prisons furent brisées plutôt qu'ouvertes. Les innocents en sortirent en foule, mais quelques coupables profitèrent de cette précipitation.

» ..... On accusa des députés d'avoir brisé les fers de quelques ennemis de la Révolution.

» Cette division devait plaire à ceux qui avaient quelques remords, ou qui craignaient d'être accusés au tribunal de l'opinion publique. Ils soufflaient sur cette étincelle légère de discorde.... Le cours des choses amena une lutte nouvelle dans l'Assemblée.

» Elle avait vu périr dans les orages qui la troublèrent tout ce qu'elle possédait de génie et de talent, et la sagesse était devenue désormais son lot unique..... De tant d'hommes éloquents, il ne restait plus qu'un souvenir, qui faisait mieux sentir la faiblesse de l'Assemblée..... »

Portrait de Tallien. — « Tallien était le membre le plus éloquent de la majorité. Né avec des talents médiocres, il avait acquis dans les sociétés populaires, dans les assemblées publiques, dans la Convention nationale même, une certaine abondance de langage plus coulante et plus facile que nerveuse. Ignorant l'art de commencer et de finir, de donner à chaque pensée son cadre et sa mesure, prodigue de lieux communs, il n'avait rien, dans sa physionomie sans caractère, dans sa déclamation sans accent, dans son style sans vigueur, de ce qui annonce l'homme né pour exercer l'empire de la parole. Quoique assez entendu dans le maniement des affaires et dans la tactique d'une assemblée et de la Révolution, il n'avait pas cette force de tête qui étend la pensée dans tous les rameaux d'une entreprise. Il était d'ailleurs le plus jeune de toute l'Assemblée.... »

Collot d'Herbois et Barère. — « Les deux talents les plus distingués, sans contredit, se trouvaient dans la minorité. C'étaient Collot d'Herbois et Barère.

» Le premier, homme de lettres de profession, auteur de quelques ouvrages dramatiques fort médiocres à la vérité, avait apporté dans l'Assemblée un esprit orné par la littérature. L'art de la déclamation, cette partie si importante de l'éloquence, n'avait point été tout à fait étranger à ses précédentes études. Une physionomie un peu sauvage, une encolure forte et vigoureuse, un organe imposant quoique un peu voilé, une diction théâtrale, des pensées tantôt énergiques, tantôt ingénieuses, une facilité d'improviser quelquefois très-oratoire, le talent d'intéresser le cœur et d'échauffer le sentiment, d'attribuer avec art à des causes morales des résultats purement physiques, lui avaient souvent attiré des applaudissements à la Convention et surtout aux Jacobins. Au reste plus brusque et plus impétueux dans les affaires qu'adroit et insinuant; faire sauter les prisons par l'explosion de la poudre, exposer par centaines les coupables au feu des canons, étaient des idées qui ne révoltaient point son cœur.

» L'autre, habile sophiste, savait déguiser adroitement la versatilité de ses opinions..... Quoique son intelligence, sa sagacité dans les affaires pussent le rendre précieux à un parti, sa réputation, qui paralysait son talent, l'empêchait d'y être véritablement utile.

» Ils comprenaient bien que la force des circonstances leur commandait le silence et les obligeait à laisser l'attaque pour se retrancher dans la défensive. »

Objets de la lutte entre la majorité et la minorité. — « La minorité demandait à grands cris l'impression de la liste des citoyens qui avaient été mis en liberté et de ceux qui avaient provoqué leur élargissement. Le décret fut rendu le 10 août. La fête qui eut lieu le soir ne fut pas gaie.

» Le décret fut rapporté le lendemain, mais il laissa de funestes impressions.

» Quelques hommes absolument dénués de moyens, tels que Dubem, Montaut, Granet, Carrier, harcelaient sans cesse la majorité.....

» La minorité se prononçait tous les jours davantage; elle ne cessait de se plaindre du trop grand nombre *de mises en liberté;* elle annonçait qu'elle allait faire usage de tout son pouvoir pour faire remettre en prison beaucoup de ceux qui en étaient sortis, elle était déterminée à ne pas souffrir qu'on changeât rien à la rigueur du gouvernement.

» La majorité disait que c'était la continuation du régime de Robespierre; elle appelait les membres de l'autre partie de l'Assemblée les continuateurs de Robespierre. Ceux-ci donnaient le même nom à leurs adversaires et en même temps les traitaient de modérés. Une contradiction de plus ou de moins ne se compte pas, quand il ne s'agit que d'injures...

» Le nombre des comités révolutionnaires fut considérablement diminué. Une loi commanda le renouvellement de ces comités suivant un certain mode, réforme qui avait lieu aussi pour les comités de la Convention. De fréquents changements empêchaient de craindre à l'avenir les abus qui résultent du long séjour du pouvoir dans les mêmes mains. »

Inquiétudes de l'opinion publique. — « Ces salutaires immutations ne parurent point satisfaire encore l'exigeante opinion. Le peuple était mécontent sans savoir pourquoi...

» Voyant l'Assemblée divisée en deux partis, il se créait des fantômes. Lequel des deux partis servait son intérêt? Il avait vu périr successivement sur l'échafaud tous ceux qu'il avait crus les sincères amants de la liberté. On était devenu défiant, ombrageux. Tout le monde avait fait son cours de rhétorique dans la Révolution. Les ruses de l'art de parler échouaient contre une sagacité qui avait coûté si cher. L'art de mentir était aux abois. La raison publique n'avait jamais été si éclairée. Ceux même à qui les chances de la société avaient refusé de l'éducation, ceux à qui les chances de la nature n'avaient pas accordé de perspicacité étaient le plus en garde contre les séductions.

» Le moyen de calmer les inquiétudes incessantes eût été l'union absolue de la Convention. Cette assemblée le sentait bien. Tout entière elle la souhaitait. Mais une fatalité sans doute l'empêchait de la cimenter. La question si simple de la liberté de la presse était une de ces pommes de discorde... »

Les crapauds du marais. — « Des têtes froides et lentes, des hommes que des erreurs avaient rendus prudents et timides, auxquels un long silence avait presque interdit le droit de parler, dont les oreilles retentissaient de menaces éternelles, dont les cœurs étaient maigris de terreur, à qui l'on avait donné un nom qui les rendait pour ainsi dire moites ; des hommes qui avaient appris à se taire à l'école des plus grands périls, et qui savaient que les vaincus n'ont jamais raison avec les vainqueurs, composaient en grande partie cette majorité, semblable à une eau dormante que le souffle des vents n'agitait qu'avec peine.

» La minorité faisait contre la liberté de la presse mille objections plus ridicules les unes que les autres. Elle craignait de voir renaître les Royou, les Durosoy, les Mallet... »

Merlin de Thionville. — « Cependant les délibérations étaient gouvernées de la manière la plus favorable à la majorité. On sait quelle influence indirecte, mais puissante, le président exerce sur les discussions. Merlin de Thionville, un des plus ardents adversaires de la minorité, présida pendant une partie de l'époque dont nous esquissons l'histoire.

» Plus énergique qu'adroit, plus fait pour commander un bataillon que pour être à la tête d'une assemblée, plus terrible aux ennemis que redoutable aux sophistes, plus brave qu'éloquent, d'une physionomie vraiment martiale, célèbre par la bravoure qu'il montra au siége de Mayence, Merlin de Thionville était d'une grande ressource pour la majorité. Mais l'amour des plaisirs se concilie difficilement avec cette tenue de caractère si nécessaire au triomphe d'une opinion puissamment contrariée, et Merlin était un Hercule dans les mains duquel on surprenait quelquefois un fuseau à la place de la massue.

» L'expérience du passé, qui toujours avait vu triompher le parti le plus sévère, était pour la majorité d'un présage peu favorable. »

Lecointre. — « Enfin le dernier coup fut porté. Lecointre (de Versailles) dénonça publiquement à la tribune de la Convention Billault-Varenne, Collot d'Herbois, Barère, Amar, Vouland, Vadier et David, comme complices de Robespierre. L'accusation était fondée sur ce que ce traître n'avait pu, sans leur aveu, faire rendre par les comités de salut public et de sûreté générale tant d'arrêts liberticides; sur ce que les comités étaient toujours unanimes lorsqu'ils présentaient à la Convention les mesures même les plus violentes. De plus, des faits particuliers étaient reprochés à chacun des membres accusés. Ces inculpations étaient extrêmement graves.

» L'accusation tout entière était marquée du sceau de l'opinion publique. Elle fut plus malheureuse encore que les discours de Fréron et de Tallien pour la liberté de la presse. L'Assemblée passa à l'ordre du jour, en déclarant que les accusés s'étaient toujours comportés conformément au vœu national.

» Si à de longs services rendus à la liberté, à la constance d'un zèle soutenu, à la pureté d'une conduite irréprochable, à la gloire d'être un des pères de la révolution, Lecointre n'avait joint une physionomie grotesque et un extérieur ridicule, s'il avait eu autant d'esprit que de bonne foi, si surtout il avait été plus habile à choisir le moment favorable, et ce qu'on peut appeler l'heure du berger, sa dénonciation peut-être n'eût pas manqué son effet. Au reste, le décret de la Convention indisposa totalement le peuple. Le soir, les Tuileries, le Carrousel, le ci-devant Palais-Royal, la place de la Bastille, les boulevards, se remplirent de groupes en fermentation. On se plaignait de ce qu'une dénonciation si grave avait été traitée si légèrement. On retraçait tous les souvenirs qui pouvaient être désavantageux aux membres dénoncés. On rappelait que Barère avait présenté Fouquier-Tinville pour accusateur public du tribunal régénéré. On allait même jusqu'à dire qu'on saurait bien forcer la Convention à examiner cette affaire.

» L'Assemblée calma ce mouvement en rapportant le lendemain son décret et en procédant sans désemparer à l'examen en forme de la dénonciation. Le peuple se porta en foule à la séance. Jamais on n'avait vu depuis le jugement de Capet une affluence aussi considérable. L'opinion était favorable à Lecointre, en ce sens qu'elle ne lui était pas défavorable. »

Attitude des anciens membres des comités. — « Tous les yeux étaient fixés sur les membres dénoncés. On cherchait dans leurs traits le secret de leur cœur.

» L'art de démêler les sentiments des hommes dans le miroir obscur et souvent infidèle de la physionomie s'était singulièrement perfectionné depuis la révolution. Joué par tant de traîtres, le peuple avait senti le besoin de chercher ailleurs que dans les discours et même dans les actions la pensée de ses fonctionnaires. Cette espèce de divination, sans être digne d'une entière confiance, offre pourtant quelques données confirmées par l'expérience des siècles.

» Depuis Catilina jusqu'à Robespierre, parmi les grands conspirateurs qui ont tramé la perte de la liberté dans les républiques, le pinceau de l'histoire n'en offre peut-être pas un qui ait eu le teint fleuri et le regard agréable ; il semble que la main de la nature ait voulu, dans les hommes comme dans les animaux, marquer de certains traits ceux qu'il faut craindre ou dont il faut se défier. Ce langage de la nature, ces dialectes difficiles à traduire deviennent une langue commune et familière pour un peuple libre, souvent trahi.

» Le teint et la physionomie des députés dénoncés étaient flétris, sans doute par le genre de travaux pénibles et nocturnes auxquels ils s'étaient livrés. L'habitude et la nécessité du secret leur avaient imprimé sur le visage un sombre caractère de dissimulation ; leurs yeux caves, ensanglantés, avaient quelque chose de sinistre. Le long exercice du pouvoir avait laissé sur leur front et dans leurs manières je ne sais quoi d'altier et de dédaigneux. Les membres du comité de sûreté générale avaient quelque chose des anciens lieutenants de police, et ceux du comité de salut public quelques formes des anciens ministres d'État. Par une de ces faiblesses qui n'honorent pas le cœur humain, l'amour-propre des représentants semblait flatté de les voir se rapprocher d'eux ; on briguait l'honneur de leur conversation, l'avantage de leur toucher la main. On croyait lire encore leur devoir sur leur front. C'étaient des rois détrônés dont on s'honorait d'être l'avocat.

» Cependant ils étaient devenus plus liants. Billault-Varenne tâchait de donner à ses yeux effrayants un caractère plus doux, à sa voix tranchante une inflexion plus moelleuse, à son front pâle et défait plus de sérénité.

» Quoiqu'il en soit, l'accusation de Lecointre, examinée article par article, fut déclarée fausse et calomnieuse, au milieu des applaudissements du peuple, satisfait des neuf ou dix heures que l'assemblée avait passées dans la salle, et au grand contentement de la majorité, dont les chefs s'étaient opposés à cette mesure mal concertée. C'était un canonnier qui, ayant mis le feu à sa pièce avant que la manœuvre fût terminée, avait blessé ses camarades. »

Et Dussault ajoute en terminant son mémoire, avec le pressentiment des embarras futurs :

« Puisse la suite de cette histoire n'être que le récit des bienfaits et non des troubles de la Convention. »

Voici quelques dates et rapports de police se rapportant à cette courte période.

3 FRUCTIDOR (20 AOUT).

Incendie d'un atelier de salpêtre établi dans l'église de l'abbaye Saint-Germain des Prés. La précieuse bibliothèque des Bénédictins est consumée. La perte d'un grand nombre de manuscrits précieux qu'elle possédait est irréparable.

4 FRUCTIDOR (21 AOUT).

Extrait du rapport de police.

« Le service s'est fait hier au feu avec la même activité que la veille. On forme des conjectures sur la manière dont le feu a pris ; mais on ne peut rien avancer de positif sur la véritable cause de ce fâcheux événement. Le zèle anime tellement tous les républicains que la majeure partie des ouvriers maçons, à la sortie de leur ouvrage, sur les six heures de relevée, s'y sont transportés et se sont disposés à abattre tout ce qui pouvait encore nourrir ce feu dévorant...

» ....Les femmes publiques se multiplient à la maison Égalité : elles font plus que jamais publiquement commerce de leurs charmes, en invitant les passants à venir acheter leurs marchandises. Elles paraissent se fonder sur ce qu'elles sont marchandes et domiciliées, et sur ce que la municipalité n'existe plus.

» Une vingtaine de joueurs de profession se sont rendus hier à Mousseau pour y jouer ; beaucoup de coquins se sont glissés parmi d'honnêtes citoyens.

» Il a été arrêté à la barrière de la Villette 700 livres de savon en pains que l'on sortait de Paris.

» Il a pareillement été arrêté à la même barrière une quarantaine de pains de 8, 6, 4 et 2 livres qui sortaient de Paris.

» Il est arrivé hier à la halle quatre cent soixante-sept voitures de pommes de terre, herbages, haricots, beurre et fromage et œufs. — Il a été distribué du 1er au 3 : — Beurre, 8,136 livres ; œufs, 20,976 ; fromages, 207.

» Du 4. — Beurre, 21,690 livres ; œufs, 109,676 ; fromages, 7,305. — Le plus grand ordre a régné dans ces différentes livraisons.

» Pour rapport, les administrateurs régénérés de la police,

» O. Martineau, Lecamut. »

---

6 FRUCTIDOR (24 AOUT).

Extraits des rapports de police.

« Les baladins et faiseurs de tours commencent à reparaître sur la place de la maison commune, ils regardent les ordonnances et règlements qui les regardent comme non avenus, parce qu'ils ont été rendus par une municipalité conspiratrice.

» Les citoyens et citoyennes s'assemblent dès neuf heures du soir au charbon, pour y prendre place ; ils passent ainsi la nuit, en attendant l'ouverture des dits ports. Il y avait ce matin, vers trois heures, environ trois cents personnes assemblées au port de la ci-devant vieille place aux Veaux. Les patrouilles ont beau dissiper les queues, elles se reforment un instant après.

» Il y a eu du trouble aujourd'hui à la halle, plusieurs femmes qui l'avaient occasionné ont été envoyées dans différents corps de garde.

» Il a été délivré au marché des Patriarches, marché Neuf, de la place Maubert, plusieurs voitures de fromages blancs. Il est arrivé de diverses communes sur le carreau de la halle : en beurre, 2,241 livres; œufs, 88,522; fromages de Brie, 15... 12 c.

» Les autres marchés, à l'exception de la halle, ont été assez tranquilles. Les denrées se sont vendues avec beaucoup d'ordre. »

8 FRUCTIDOR (25 AOUT).

La société des Jacobins est introduite. Son orateur se plaint de la réaction qui se fait sentir : il demande un gouvernement révolutionnaire qui effraye les ennemis du peuple et protége l'innocence. La Convention passe à l'ordre du jour.

12 FRUCTIDOR (29 AOUT).

La Convention déclare calomnieuse la dénonciation faite par Lecointre, contre Billault-Varenne, Collot-d'Herbois, Barère, Vadier, Amar, Vouland et David, comme ayant été les auteurs de crimes nombreux, en abusant du pouvoir que leur donnait leur situation dans les comités de salut public et de sûreté générale.

LA CONVENTION DEPUIS LA DÉNONCIATION DE LECOINTRE JUSQU'AUX INSURRECTIONS AMENÉES PAR LA DISETTE. (DU 12 FRUCTIDOR AU 1er GERMINAL).

Lecointre avait fait sa dénonciation sans se concerter avec les thermidoriens, ces anciens partisans de Danton qui avaient eu le plus de part au renversement de Robespierre et à la réaction anti-terroriste. Ils se dirigèrent vers le pouvoir, dit Lacretelle [1], mais ils voulurent que le pouvoir cessât d'être l'oppression et la mort. Ils rompirent avec plusieurs de leurs anciens compagnons, avec leurs premières maximes.

D'abord tous les crimes de la tyrannie furent représentés comme ceux de Robespierre, mais par degrés on les restitua à leurs véritables auteurs.

Quelques-uns des commissaires qui furent envoyés dans les départements pour réparer les fureurs de leurs prédécesseurs, furent imprudents; retirant des armes à la scélératesse, ils en laissèrent à la vengeance.

Paris, bien que le siége de la puissance la plus absolue qui fût en Europe, était assiégé par les dissensions. La lutte était engagée entre les anciens terroristes et les enfants de ceux qu'ils avaient fait arrêter ou périr. « Bientôt, s'écriait Billault-Varenne, nous ferons connaître à nos lâches ennemis que le lion s'est réveillé. » Les thermidoriens, craignant que l'empire de la Convention ne leur échappât, avaient fait, par l'organe de Fréron, un appel aux jeunes gens. Le soir même ceux-ci accoururent frémissants. On leur donna des armes et des chefs.

Le peuple souffrait. La disette de grains affligeait la France entière. La Convention, par d'innombrables et d'imprudents sacrifices, nourrissait Paris, mais ne pouvait plus longtemps préserver cette ville du fléau qui s'approchait. Le moment était dangereux. Les jeunes gens fondaient sur les groupes formés par les Jacobins et avec lesquels s'étaient formés les orages révolutionnaires. Partout les bustes de Marat, Lepelletier, Châlier furent brisés. Un décret chassa Marat du Panthéon. Son cadavre fut jeté dans un égout.

[1] Nous résumons dans cet aperçu le récit de Lacretelle.

On s'était préparé à une entreprise plus sérieuse; on l'exécuta, on ferma le club des Jacobins.

Pouvait-on espérer que les thermidoriens se chargeraient de poursuivre la vengeance des crimes commis par leurs collègues? Tout dissimuler sur les coupables, c'était avouer de la complicité avec eux. Tout dire sur eux, c'était rappeler sur soi des souvenirs dangereux. Leur plan fut vite arrêté. La tyrannie avait eu son siège dans les comités; c'est là seulement qu'ils voulurent chercher la première cause des crimes, tout en frappant quelques-uns de leurs agents les plus féroces, tels que Carrier, Lebon, Fouquier-Tinville. L'expiation fut insuffisante, mais il était impossible que le nombre des supplices égalât le nombre des coupables.

Le procès de Carrier, qui révéla tant d'horreurs, fut suivi de la condamnation de l'ancien proconsul et de deux de ses complices. Les autres accusés furent acquittés. La Convention, indignée de l'indulgence des juges pour des crimes prouvés, renouvela le tribunal révolutionnaire.

Après le supplice de Fouquier-Tinville et des membres du tribunal révolutionnaire, semblèrent s'arrêter les rigueurs de la loi.

Il ne restait guère dans les prisons de Paris que les 73 députés signataires de la protestation contre le 31 mai. Sieyès, soutenu par les thermidoriens, fit adopter à la Convention cette déclaration : « Il y a eu oppression sur la Convention nationale au 31 mai; il y a eu oppression sur le peuple, au nom de la Convention nationale, jusqu'au 9 thermidor. » Les conséquences de cette déclaration devaient être la rentrée des députés signataires et le rappel des députés proscrits. La première fut immédiatement appliquée; la seconde, par suite de la résistance qu'elle rencontra, ne se produisit qu'un peu plus tard. Dès lors, il y eut une majorité plus compacte et plus puissante.

Rien ne disposait mieux la Convention à des actes d'humanité que la nouvelle des succès de nos armées. Le 9 thermidor avait été accueilli par les soldats avec autant d'enthousiasme que par les autres citoyens. Il en était résulté comme un redoublement d'héroïsme. La Convention n'entendait plus parler que de victoires. Deux traités de paix étaient conclus avec la Prusse et l'Espagne : la pacification de la Vendée s'effectuait. Ainsi les faits donnaient un éclatant démenti aux théories odieuses qui représentaient la terreur comme la condition nécessaire, l'auxiliaire indispensable de la guerre soutenue par la France contre les ennemis de l'intérieur et de l'extérieur.

Les assignats discrédités soutenaient encore la loi stupide du maximum. Les relations commerciales étaient en proie à un désordre effroyable. Il y avait une sorte de guerre civile entre les créanciers et les débiteurs. Cependant, la Convention, par une mesure réparatrice, décréta la restitution à leurs familles des biens des condamnés qui n'avaient pas été vendus. « Je n'oublierai jamais, dit Lacretelle, l'impression que Legendre produisit sur l'assemblée lorsque son cœur lui inspira une touchante éloquence : « Ah, disait-il, si je possédais des biens qui eussent appartenu à l'une de ces victimes (et n'en était-il pas que nous aurions voulu racheter de tout notre sang?), jamais je ne pourrais trouver de repos. Le soir, en me promenant dans un jardin solitaire, je croirais voir dans chaque goutte de rosée les pleurs de l'orphelin dont j'occuperais l'héritage. »

Une foule de décrets tyranniques furent rapportés. Toutefois, la Convention ne se croyant pas assez de puissance pour user de clémence envers les émigrés, maintint les lois qui avaient été faites contre eux. Elle chargea son comité de législation de statuer sur les réclamations qui lui étaient adressées à ce sujet.

Une loi avait prononcé la peine de mort contre quiconque proposerait le renversement de la Constitution de 1793. Bien que cette constitution ne dût jamais sortir du néant, on n'osa pas la supprimer ouvertement. La Convention chargea son comité de préparer des *lois organiques*, c'était le charger de préparer une troisième Constitution.

---

13 FRUCTIDOR (30 AOUT).

Extraits des rapports de police.

« Dans les groupes on a distingué beaucoup de parleurs qui cherchaient à travailler l'opinion publique. Niquile, officier de paix, en a fait arrêter un sur la terrasse des ci-devant Feuillants, et après s'être entendu avec l'inspecteur de la salle, il l'a conduit chez le commissaire de police de la section des Tuileries, qui a dressé procès-verbal; il en est résulté que cet individu, sans carte, sans passe-port visé, a été renvoyé au comité révolutionnaire comme compétent.

» Goumaz, inspecteur de police, rapporte qu'étant à la porte par laquelle sortent les députés, il a entendu le citoyen Dumouchel, l'un d'eux, dire : C'est la faction des neuf qui veut anéantir la faction des trois; mais cela se passera à l'alambic : mes amis, soutenez-nous.

» Le même et d'autres inspecteurs annoncent qu'ils ont remarqué que c'étaient les femmes qui faisaient le plus de bruit dans les groupes; qu'ils ont déposé au grand corps de garde de la Convention plusieurs agitateurs, tant hommes que femmes, mais qu'allant pour les chercher et les conduire à la section voisine, ils ont appris qu'ils étaient tous échappés.

» Les différents marchés sont peu approvisionnés, il est cependant arrivé à la halle 3981 livres de beurre.

» Les commissaires aux accaparements ont saisi du beurre sous les piliers des halles et l'ont fait vendre sur le carreau. Les marchandes de la halle sont allées ce matin à la Convention pour présenter une pétition.

» Pour rapport, les administrateurs de police régénérée,

» CHRISTOPHE BARISSON. »

14 FRUCTIDOR (13 AOUT).

Explosion de la poudrière de Grenelle près de Paris. Il y périt plus de six cents personnes. Cet événement répandit la consternation. On entendait les cris de *Aux armes, à la vengeance! Frappons les royalistes avant qu'ils nous aient égorgés!* Collot d'Herbois mit cet accident, causé par l'imprudence d'un ouvrier, sur le compte de la scélératesse des thermidoriens et des royalistes.

Extraits du rapport général de la surveillance de la police régénérée.

« Hier les groupes étaient nombreux, surtout aux environs de la Convention nationale ; la curiosité et l'attente de tous les citoyens étaient au dernier degré pour savoir le résultat de la dénonciation de Lecointre, et on a vu avec plaisir la Convention revenir sur son décret de la veille, de l'ordre du jour. En général, on désire que Lecointre produise les pièces qu'il dit avoir à l'appui de sa dénonciation ; du reste, la confiance se manifeste dans les mesures qu'à cet égard la Convention doit adopter.

» L'explosion du magasin à poudre de Grenelle a causé un désastre dont le spectacle est affreux ; il paraît que la division de la poudre du grand et petit magasin est une erreur. Des ouvriers ont assuré que tout était sauté, et qu'on a pris pour magasin la pièce des égrugeoirs, d'où l'on a emporté la poudre que l'on confectionnait, ce qui a fait croire à l'existence d'un autre magasin ; l'on a porté aux malheureux victimes de cet événement tous les secours possibles. Les représentants du peuple animaient par leur exemple. Les chariots militaires y étaient en activité ; la force armée s'y est transportée de toutes parts ; les hospices voisins ont servi pour recevoir les blessés ; les malades de l'hospice militaire ont abandonné leurs lits pour les donner à leurs frères victimes et souffrants ; les secours les plus prompts sont administrés ; les officiers de santé sont tous en réquisition.

» L'agitation a été si forte au charbon que l'on a été contraint de conduire au corps de garde voisin un grand nombre des personnes pour y avoir la paix. Les halles n'ont pu être suivies ce matin comme de coutume. Cependant l'on peut assurer qu'elles étaient passablement approvisionnées. »

14 FRUCTIDOR (31 AOUT).

La Convention, sur le rapport de Grégoire, décrète que les bibliothèques et les autres monuments de science et d'art soient recommandés à la surveillance de tous les bons citoyens, et que ceux qui seraient dépositaires d'objets provenant de maisons nationales seraient tenus de les rendre. Le rapport de Grégoire (voir le *Moniteur* du 9 vendémiaire) est intéressant à lire. Il prouve malheureusement qu'il y a eu un *vandalisme révolutionnaire* et qu'il était urgent de l'arrêter.

Rapport général.

« Dans un groupe de huit à dix personnes, au jardin Égalité, l'on s'entretenait d'un particulier à qui, dans le café de Foy, un colporteur venait de présenter un imprimé intitulé *la Queue de Robespierre*, lequel particulier l'avait déchiré en disant que dans trois jours ceux qui criaient ne riraient pas si fort. Il a été arrêté et conduit au comité de sûreté générale, suivi de toute l'indignation du peuple.

» Sur les boulevards, au jardin Égalité, sur la place de la Révolution, au Jardin national, dans les cafés, chez les traiteurs et autres lieux publics, les citoyens conversaient diversement et paisiblement, le cœur serré, sur l'événement du jour. »

17 FRUCTIDOR (3 SEPTEMBRE).

La société des Jacobins prononce la radiation de Lecointre, Tallien et Fréron. Il faut que toute la France apprenne, s'écrie Carrier, qu'il est encore une masse d'hommes dans la Convention nationale qui écraseront tous les tyrans et toutes les factions pour sauver la République. La société se lève tout entière, les chapeaux s'agitent, et un cri unanime de *Vive la République!* termine la séance. (*Journal des hommes libres*, n° 260).

---

25 FRUCTIDOR (11 SEPTEMBRE).

Extrait du rapport de police général.

« L'esprit public paraît tourmenté plutôt par les privations qu'éprouve le peuple, les dégoûts, les rebuts, les difficultés sans nombre qu'il est obligé d'essuyer, surtout la perte de temps, la crainte de l'hiver. Dans les groupes, chacun témoigne de l'inquiétude sur la situation de la Convention. Enfin on s'aperçoit, dans les objets de commerce, de spectacles, de plaisir, que le plus petit détail contribue à ralentir l'énergie de l'esprit public. Par exemple, on se soucie peu de porter sur les bijoux les emblèmes de la liberté et autres. Au spectacle, on applaudit aux allégories qui flattent le modérantisme. Les muscadins fourmillent partout. »

---

26 FRUCTIDOR (12 SEPTEMBRE).

Extrait du rapport général.

« Aujourd'hui, sur les onze heures, beaucoup de monde à la Halle. L'on disait dans un groupe que du temps de Robespierre c'était lui qui occasionnait la disette des vivres, mais qu'à présent on n'est pas plus heureux, car, au contraire, on ne peut rien avoir, et le peu qui vient est beaucoup plus cher. »

27 FRUCTIDOR (13 SEPTEMBRE).

Extrait du rapport.

« On remarque que certaines femmes plus que galantes ont adopté l'usage ridicule de porter des cocardes imperceptibles derrière la tête. D'autres la cachent derrière leur ruban. On peut les ranger dans la classe des muscadins du jour qu'elles fréquentent.

» Dans la section Révolutionnaire, plusieurs groupes se sont formés au moment où un conspirateur allait au supplice. On y disait qu'il y avait des Jacobins qui tramaient un complot contre la liberté, que si on n'y prenait pas garde, dans un mois nous serions réduits à une demi-livre de pain.

» Toujours de grands attroupements aux ports de charbon. Ils commencent dès minuit, une heure et deux heures du matin. Plusieurs de ces habitués profitent de l'ombre de la nuit pour commettre mille indécences. On a remarqué que la plupart des personnes qui vont à l'approvisionnement du charbon sont payées comme commissionnaires. Ce sont les mêmes individus qui accaparent les premières places et empêchent l'honnête citoyen de s'approvisionner. La force armée ne peut plus suffire pour empêcher ces rassemblements nocturnes.

» Il a été distribué de la chandelle dans quelques sections.

» Le port au vin est assez garni, mais cette boisson est si chère qu'il est impossible au sans-culotte de s'en approvisionner. »

Copie de la lettre des représentants du peuple composant le comité de législation, en date du 27 fructidor an II de la République une et indivisible, aux membres composant l'administration du district de Paris [1].

« La Convention nationale, par son décret du 7 fructidor, a attribué à son comité de législation la surveillance des administrations civiles. Ce comité a cru devoir régler de nouvelles mesures d'exécution pour cette surveillance, et par son arrêté du 22 fructidor, dont copie a dû vous être transmise par la commission des administrations civiles, police et tribunaux, il vous est enjoint de lui faire parvenir exactement à la fin de chaque mois l'analyse de vos délibérations.

» Le comité vous en recommande l'exécution par cette invitation directe. Il ne doute pas que votre zèle ne seconde ses vues dans l'exercice de la surveillance qui vous est confiée.

» Il vous prévient aussi que c'est à lui que vous devrez adresser aux mêmes époques l'analyse de votre correspondance, conformément à l'article 10 de la section II de la loi du 14 frimaire, et que cet envoi ne vous dispense pas de celui des comptes décadaires que vous continuerez d'adresser au comité de salut public, et d'entretenir avec les différents comités, relativement aux attributions qui leur sont données, une correspondance aussi exacte que l'exige la loi du 14 frimaire, dont l'exécution est maintenue dans toutes les dispositions qui ne sont pas contraires au décret du 7 fructidor.

» Ne ralentissez pas l'ardeur de vos travaux, le salut public y est attaché ; vous êtes placés, vous le savez, pour communiquer directement et jusqu'aux plus petites communes de la République l'impulsion révolutionnaire que vous recevrez de la Convention nationale.

---

[1] Pièce inédite, aux *Archives de l'Empire*. F, 15, 1, c. (Seine).

» Surveillez sans cesse, et que cette action et réaction entretiennent toujours le gouvernement révolutionnaire dans cet état d'activité si nécessaire pour le triomphe de la liberté et l'affermissement de la République.

» Salut et fraternité,

» *Les membres composant le comité de législation.*

» *Signé :* CAMBACÉRÈS, PORCHER et BAER. »

---

29 FRUCTIDOR (15 SEPTEMBRE).

David aux représentants du peuple composant le comité de sûreté générale. (Inédite.)

« Du Luxembourg, le 29 fructidor.

» Représentants du peuple,

» Je cherche vainement dans mon esprit et dans ma mémoire les causes du traitement que j'éprouve ; il m'est impossible de les découvrir, et dans la paix de ma conscience je ne puis que m'affliger de me voir l'objet d'une rigueur qui semblerait[1] ne point s'accorder avec la justice.

» Je jouissais dans la maison des Fermes[2] de la faculté de communiquer avec ma mère, mes enfants, et le petit nombre d'amis que l'adversité ne m'a pas ôtés, dont la plupart sont mes élèves ; tout à coup j'ai été transporté ici, où je ne peux voir personne. Pourquoi ce changement? La loi du 18 thermidor veut que les personnes incarcérées puissent avoir connaissance des motifs de leur détention ; ne puis-je pas réclamer l'exécution de cette loi, pour être informé des causes qui

---

[1] Il avait d'abord écrit *semble ;* mais David avait le sentiment des nuances et la perspicacité de la peur : un conditionnel n'est pas blessant, le présent l'eût été.

[2] Où il avait été primitivement incarcéré.

ont aggravé ma situation déjà si pénible puisqu'elle fut si peu méritée ?

» Je le répète avec une ferme assurance, Représentants du peuple, on ne peut me reprocher qu'une exaltation d'idées qui m'a fait illusion sur le caractère d'un homme que beaucoup de mes collègues, plus éclairés que moi, regarderont comme la boussole du patriotisme ; mais l'exaltation des idées, favorable à la liberté, ne peut être un crime aux yeux des patriotes, qui savent qu'elle n'est que le produit de cet amour ardent de la patrie, de la chaleur de sentiment, et de cette vigueur de l'âme sans lesquels il n'y aurait point eu de révolution. On ne pourra jamais me reprocher aucun fait répréhensible, parce que mes intentions ont toujours été droites et que je n'ai jamais coopéré ni directement ni indirectement aux trames criminelles que les conspirateurs ourdissaient en silence et bien à mon insu.

» Le jour n'est pas plus pur que le fond de mon cœur. Je demande donc, Représentants du peuple, que le comité veuille bien s'occuper enfin de l'examen de ma conduite, et qu'en attendant il me soit permis de me livrer ici à la culture d'un art dont je n'ai jamais si bien senti le prix que lorsque j'ai pu le faire concourir à l'affermissement d'une révolution à laquelle jamais personne ne fut plus dévoué.

» L'achèvement d'un tableau commencé[1] nécessite que je me serve de modèles ; je demande en conséquence que vous autorisiez le concierge à les laisser entrer, et de plus, que vous me permettiez de recevoir à dîner deux fois par décade ma femme et mes enfants.

» Salut, fraternité.

» DAVID. »

L'*Espion de la Révolution française* publiait ceci en 1797, sans que David voulût ou pût réclamer : « Une femme enceinte se présente chez David, peintre et député à la Convention, pour

[1] *L'Enlèvement des Sabines.*

réclamer la liberté de son mari; presque mourante, elle tombe aux genoux du tigre : « Rendez-moi mon mari, lui dit-elle, il est innocent; seul il peut nourrir ma famille. » — Le peintre, sans répondre, fait semblant d'écrire; il trace une femme enceinte, dont la tête était à ses pieds : « Tenez, dit-il, voilà ma réponse; » puis, prenant la malheureuse par le bras, il la traîne à sa porte, qu'il pousse sur elle avec fureur. — Le 3 septembre, tandis qu'on massacrait à la Force, David, sur une borne, dessinait avec tranquillité les mourants que l'on jetait sur les morts. Reboul, son collègue, passe et l'aperçoit : — « Que faites-vous, David ? — J'étudie les derniers moments de ces coquins. — Vous me faites horreur, lui dit Reboul; dès ce moment il n'y a plus rien de commun entre vous et moi; demain je vous renverrai vos tableaux. » — Des jurés du tribunal disaient à David : « Nous ne trouvons rien contre les accusés; notre conscience répugne à les faire périr. — Vous êtes des lâches, répliqua le peintre; si vous hésitez encore, je vais vous dénoncer comme incapables d'exercer vos places. »

DEUXIÈME JOUR COMPLÉMENTAIRE DE L'AN II (18 SEPTEMBRE).

Brillants succès militaires.

Des savants attachés au comité de salut public sont occupés à créer des moyens extraordinaires pour la défense du territoire. Il fallait à la France du fer, de l'acier, du salpêtre, de la poudre et des armes. Voici les résultats produits jusqu'à ce jour : « Douze millions de salpêtre extraits du sol de la France dans l'espace de neuf mois. A peine en retirait-on autrefois un million par an. — Quatre fonderies en activité pour la fabrication des bouches à feu de bronze; leur produit annuel porté à sept mille pièces. — Trente fonderies pour les bouches à feu en fer, donnant treize mille canons par année. Il n'y en avait que quatre au commencement de la guerre, elles donnaient annuellement neuf cents canons. Les usines pour la fabrication des projectiles et des attirails d'artillerie multipliées dans la même proportion. — Vingt-neuf nouvelles manufactures d'armes blanches dirigées par des procédés nouveaux. Il n'en existait qu'une seule avant la guerre. — Une fabrique considérable d'armes à feu créée tout à coup à Paris, et donnant cent quarante mille fusils par année, c'est-à-dire plus que toutes les autres fabriques anciennes ensemble. Plusieurs fabriques de ce genre, formées sur le même modèle dans les départements. — Cent quatre-vingt-huit ateliers de réparation pour les armes de toute espèce. Avant la guerre, il n'en existait que six. — L'établissement d'une manufacture de carabines, fabrication jusqu'alors inconnue en France. — L'art de renouveler les lumières de canons découvert et porté aussitôt à une perfection qui permet de l'exercer au milieu des camps. — L'aérostat et le télégraphe devenus des machines de guerre. — Tous les procédés de l'art de la guerre perfectionnés par l'application des théories les plus savantes; un établissement d'expériences secrètes formé à Meudon pour cet objet. On y fait des expériences sur la poudre de muriate suroxygéné de potasse, sur les boulets incendiaires, les boulets creux, les boulets à bagues; plusieurs recherches pour remplacer ou reproduire les matières premières que les besoins de la guerre dévorent, pour multiplier le salin et la potasse que la fabrication de la poudre enlève aux manufactures. Et enfin, ce qui est inappréciable dans ces circonstances, la découverte d'une méthode pour tanner en peu de jours les cuirs qui exigeaient ordinairement plusieurs années de préparation. » — Ainsi la création de quatorze armées, chacune de cent mille hommes, put alors s'effectuer à l'aide du développement subit des sciences.

— *Rapport de Carnot.* — Carnot a été l'organisateur de l'immortelle campagne de 1794.

AN III.

VENDÉMIAIRE.
22 SEPTEMBRE AU 21 OCTOBRE.

3 VENDÉMIAIRE (24 SEPTEMBRE).

A l'agent national près le district de Villefort[1].

« Dans ta lettre du 19 thermidor, tu te plains de l'infraction faite à la loi du maximum, et tu demandes s'il ne conviendrait pas de mettre le prix des grains à la moitié en sus de ce qu'ils sont taxés actuellement.

» Les inconvénients qu'entraînerait un pareil changement dans une loi qui a fait le bien général, le désordre qu'il causerait et les suites fâcheuses auxquelles il donnerait lieu, ne peuvent te laisser un moment dans le doute qu'il puisse être effectué. Nous te prévenons que pour faire jouir nos concitoyens des bienfaits de la loi du maximum, et détruire la malveillance qui leur fait éprouver une disette factice, nous allons incessamment prendre les informations les plus exactes des prix de 1790, faire le rapprochement du maximum de chaque district pour en faire disparaître l'inégalité.

» Nous t'engageons donc à renouveler de zèle et de soin pour l'exécution du maximum des grains, et à user de la voie de réquisition pour les faire conduire aux marchés. »

12 VENDÉMIAIRE (3 OCTOBRE).

Dénonciation de Legendre contre Collot d'Herbois, Billault-Varenne et Barère. Carnot prend leur défense. La Convention

[1] Archives de l'Empire, F. 12, 1546.

nomme une commission de douze membres pour examiner la conduite de ces trois députés. « J'ai assisté, dit Carnot, à toutes les délibérations du comité de salut public. La preuve que j'avais en eux la plus grande confiance, c'est que j'ai signé plusieurs fois ce qu'ils me présentaient sans le lire. Lorsque Robespierre s'est totalement déclaré, je les ai engagés à ne pas signer les arrêtés de police générale qu'ils nous présentaient, et ils furent de mon avis. » Prieur de la Marne ajoute que les arrêtés relatifs à la police générale n'étaient signés que par Robespierre, Couthon et Saint-Just.

Nous avons eu occasion de reconnaître sur les registres mêmes l'exactitude de cette assertion.

19 vendémiaire (10 octobre).

Sur le rapport de Grégoire, un Conservatoire des arts et métiers est créé pour réunir toutes les machines, outils, instruments, descriptions et livres relatifs aux arts et aux métiers.

BRUMAIRE.

22 OCTOBRE AU 20 NOVEMBRE.

1er brumaire (22 octobre).

A la Convention, Cambon renouvelle la déclaration qu'il existait un registre contenant la preuve de rassemblements à Charenton, entre Robespierre, Danton et Pache, tendant à enlever vingt-deux membres de la Convention; il affirme que la première pétition qui fut présentée sur cet objet était de Danton. Il dit que la terreur ne date pas de la Convention, et qu'elle n'a fait que changer de mains; qu'à l'Assemblée législative quatre cents membres qui n'avaient pas voté contre Lafayette étaient journellement insultés, et que le 31 août (deux jours avant les massacres), Tallien vint à la barre de l'Assemblée annoncer que la municipalité avait fait arrêter les prêtres perturbateurs, et que sous peu de jours le sol de la liberté en serait purgé. — Barère et Delmas confirment les faits avancés par Cambon.

18 BRUMAIRE (8 NOVEMBRE).

Prise de Maëstricht par Jourdan. — Prise de Nimègue par Pichegru, brillants succès suivis à l'intérieur d'une victoire sur les Jacobins qui ne coûta pas une goutte de sang à la République et acheva le triomphe de la réaction antiterroriste.

22 BRUMAIRE (12 NOVEMBRE).

Fermeture du club des Jacobins. Legendre s'était chargé de l'exécution de l'arrêté de la Convention. Déjà, le 10 thermidor, le club avait été fermé par Legendre. On l'avait laissé se rouvrir, à la condition de se *régénérer* par l'expulsion d'une partie de ses membres. Un des premiers soins des *régénérés* fut de voter la radiation de Tallien et de Legendre. Les jeunes gens de Barras et de Fréron, qu'on appelait des muscadins, prêtèrent main-forte à Legendre dans son expédition. Les Jacobins furent bourrés, quelques-uns renversés et foulés aux pieds. Legendre ferma les portes et mit les clefs dans sa poche. Le club ne devait plus se rouvrir que pour se purifier en devenant un lieu consacré à l'enseignement public primaire.

Le 5 frimaire (25 novembre) les sections de Paris envoyaient des adresses à la Convention pour applaudir à la mesure prise contre la société.

On ne peut pas dire qu'à la suite de la fermeture de leur club, les Jacobins cessèrent d'être redoutables, mais ils perdirent l'instrument au moyen duquel ils avaient pu tenir en échec la Convention elle-même. On commença à les bafouer ouvertement.

L'estampe que nous reproduisons montre une députation de

DISCOURS DES SANS-CULOTTES AUX JACOBINS.
Ah! que nous serions satisfaits,
Si, toujours patriotes,
Au lieu de faire des décrets,
Vous faisiez des culottes!

pauvres diables qui viennent présenter une pétition aux puissants arbitres de la paix publique :

> Ah! que nous serions satisfaits
> Si, toujours patriotes,
> Au lieu de faire des décrets,
> Vous faisiez des culottes!

Que les Jacobins se mettent à faire des culottes, comme ils en sont priés par tous ceux dont l'existence dépend du plus ou moins de tranquillité de la rue et de la prospérité des affaires, il y a lieu d'espérer que le nombre des sans-culottes diminuera.

Nous ne sommes pas cependant bien éloignés du temps où cette qualification était glorifiée partout, au club, à la Convention, au théâtre. Elle était synonyme de bon patriote et de vert galant, deux qualités qui vont bien ensemble et qui, avec celles de *boire* et de *battre*, font sans doute un Français parfait. Dans *l'Heureuse Décade* on chantait :

LES SANS-CULOTTES.

> Pour terrasser nos ennemis,
> Tous les Français, mes bons amis,
> Sont de chauds patriotes;
> Mais pour réussir tour à tour
> En guerre aussi bien qu'en amour,
> Vivent les sans-culottes!
>
> Si j'fais un amant, dit Manon,
> Je veux avoir un franc luron
> Qui soit bon patriote :
> L'habit, la coiffur' ne font rien;
> Mais pour son bien et pour le mien,
> J' l'aim'rais mieux sans culotte!
>
> A tort on dit que les Prussiens,
> Les Anglais et les Autrichiens,
> Ne sont point patriotes :
> J'vous jure ici qu' dans nos exploits
> Nous l'z'avons rendus plus d'une fois
> Tout à fait sans-culottes.
>
> On a voulu dans ces couplets
> Offrir quelqu'agréables traits
> Pour de bons patriotes;

Si vous avez ri de bon cœur,
Claquez et l'auteur et l'acteur,
Ils sont tous sans-culottes.

Quelques mois plus tard, l'auteur et l'acteur ne se seraient pas vantés d'être sans-culottes, de crainte d'être claqués pour tout de bon. Mais vraisemblablement ils s'étaient conformés prudemment à l'avis que leur avait donné, au nom du bon sens et de la décence, un de leurs confrères, chansonnier comme eux.

CONSEILS AUX SANS-CULOTTES.

Rhabillez-vous, peuple français,
Ne donnez plus dans les excès
  De nos faux patriotes,
Ne croyez plus que d'être nu
Soit une preuve de vertu :
  Remettez vos culottes.

Distinguez donc l'homme de bien
Du paresseux et du vaurien,
  Et des faux patriotes !
Peuple honnête et laborieux,
Ne vous déguisez plus en gueux ;
  Remettez vos culottes.

Ne jugez jamais sur l'habit
Du sot ou de l'homme d'esprit,
  Ni des bons patriotes.
Bourgeois, rentiers, richards, marchands,
Feraient périr mille artisans
  S'ils allaient sans culottes.

. . . .

De l'homme soutenez les droits,
Mais sans désobéir aux lois ;
  Soyez bons patriotes.
Concitoyens, sans vous fâcher,
Cachez ce que l'on doit cacher,
  Remettez vos culottes.

FRIMAIRE.

21 NOVEMBRE AU 21 DÉCEMBRE.

3 FRIMAIRE (23 NOVEMBRE).

Sur 500 votants à la Convention, 498 votent pour le décret d'accusation contre Carrier.

18 FRIMAIRE (8 DÉCEMBRE).

La Convention rappelle dans son sein les soixante-treize députés détenus par suite des événements du 31 mai.

26 FRIMAIRE (16 DÉCEMBRE).

Carrier et seulement deux de ses complices sont condamnés à la peine de mort.

NIVOSE.

21 DÉCEMBRE AU 19 JANVIER 1795.
(L'année 1794 finit le 11 nivôse au soir.)

1er NIVÔSE (21 DÉCEMBRE).

Décret qui rapporte toutes les lois sur le *maximum*.

Toutes les conditions économiques changent, et du même coup la moralité et la légitimité des actes. Ce qui était criminel la veille est loisible le lendemain ; hier on vous aurait coupé la tête, demain vous vous enrichirez honorablement.

10 NIVÔSE (30 DÉCEMBRE).

La Convention rapporte le décret qui défendait de faire des prisonniers anglais, hanovriens et espagnols et ordonnait de les fusiller.

L'humanité reprenait ses droits à la guerre envers l'ennemi, comme dans l'administration de la justice envers les citoyens.

PLUVIOSE.

20 JANVIER AU 18 FÉVRIER.

20 pluviôse (8 février).

Décret portant que les honneurs du Panthéon ne pourront être décernés à un citoyen, ni son buste placé dans le sein de la Convention nationale et dans les lieux publics, que dix ans après sa mort.

— Approbation de l'arrestation de Babeuf et de la fermeture de plusieurs sociétés populaires du faubourg Saint-Antoine.

Le comité de salut public de la Convention nationale aux agents nationaux des districts de ....

« Paris, le 20 pluviôse[1].

» Le gouvernement ne s'est point dissimulé que la supression de la loi du maximum et la liberté rendue au commerce et à l'industrie occasionneraient une augmentation assez forte dans le prix des denrées, salaires, et en général de plusieurs objets de consommation. Rien n'était si naturel que cette réaction d'une compression trop forte qu'il a fallu faire cesser. Mais comme il est nécessaire que le gouvernement ait toujours présent à l'esprit le mouvement qui s'opère dans les variations des prix en plus et en moins, nous te chargeons de nous marquer sur le tableau ci-joint les prix actuels les plus ordinaires des objets qui y sont mentionnés, et celui qu'ils avaient communément avant la loi du maximum. Ce n'est pas une appréciation rigoureuse que nous demandons, mais seulement une approximation raisonnable, et elle suffira pour satisfaire aux vues que nous avons eues en faisant dresser ce tableau, que nous n'avons pas jugé à pro-

[1] *Archives de l'Empire*, F. 12. 1546 *bis*.

pos de rendre plus complet, afin d'écarter toute idée de retour à des dispositions générales sur cette matière. Tu auras soin encore, si sur certains articles il y avait une excessive disproportion entre les prix actuels et les anciens, d'en indiquer le plus brièvement possible la cause la plus apparente à la colonne des observations.

» Les membres du comité de salut public, Boissy, Cambacérès, A. Dumont, Pellet, Carnot, Fourcroy, Dubois-Crancé. »

VENTOSE.
19 FÉVRIER AU 20 MARS.

12 ventôse (2 mars).

La Convention décrète qu'il y a lieu à examen de la conduite de Billault-Varenne, Collot d'Herbois, Barère et Vadier, et qu'ils soient mis provisoirement en arrestation.

14 ventôse (4 mars).

Rapport de la commission administrative de police.

« Suivant le rapport de Chaton, on paraît désirer de voir effacer de toutes les maisons le mot *mort*, qui se trouve à coté de celui de *fraternité*, attendu que ce mot rappelle le régime de terreur et de sang.

» On s'entretient aussi avec satisfaction du décret relatif aux quatre représentants mis en arrestation ; l'évasion de Vadier fait regarder leur cause comme plus mauvaise.

» Il paraît une nouvelle affiche intitulée les *On dit*, signée Barère, Collot, Billault, Vadier. Elle tend à réfuter l'imputation faite dans le journal de Galetti à l'ancien comité de salut public d'avoir fait tanner des peaux de guillotinés et d'en avoir fait faire des bottes et des souliers.

» Une grande quantité de jeunes gens se sont portés hier

dans plusieurs cafés en criant : *A bas les Jacobins!* Ils portaient le buste de Marat, qu'ils ont fini par jeter dans le bassin du Jardin national en chantant le *Réveil du peuple* et criant : *Vive la Convention!*

» Niquille, Sadoux et Fior, officiers de paix, rapportent qu'on a fait courir le bruit que le représentant Isnard et ses autres collègues rentreront dans la Convention et que cela ne paraît pas déplaire au public ; que le mémoire d'Isnard paraît être goûté.

» Les plaintes se font toujours entendre sur la cherté des subsistances.

Spectacles. — » Tout s'y est passé tranquillement ; dans plusieurs on a fait chanter le *Réveil du peuple*. Petit jeune rapporte qu'à celui de Louvois on a demandé la suppression sur la toile des mots *ou la mort* et qu'on y a substitué à la craie le mot *paix*. Sadoux rapporte que c'est le mot *humanité* qui y a été substitué, au milieu des plus vifs applaudissements. »

Voici deux *observateurs* de l'esprit public qui assistent à la même représentation au même théâtre et qui ne s'accordent pas sur la relation de ce qui s'y est passé dans un entr'acte. L'un dit qu'on a substitué au mot *mort* le mot *paix*, l'autre le mot *humanité*, et le rapporteur des deux relations ne conclut en faveur ni de l'une ni de l'autre. Heureusement qu'ils sont d'accord sur un point, c'est qu'on a effacé *ou la mort*, et ce point est l'essentiel. Il témoigne des dispositions énergiques de l'esprit public contre le retour aux procédés de la terreur.

Du reste, Lacretelle confirme le rapport de Sadoux : « Les jeunes gens firent faire un heureux changement à l'inscription : *Liberté, égalité, fraternité ou la mort*. Ce mot *la mort* fut remplacé par le mot *humanité*. » (*Précis historique de la Révolution*, p. 368.) Ce détail serait insignifiant s'il ne confirmait une fois de plus l'exactitude des souvenirs de Lacretelle. Nous répéterons ce que nous avons déjà dit, que lorsqu'on veut avoir la physionomie vraie des choses, c'est aux historiens contemporains et témoins de la Révolution qu'il faut la demander, et non aux écrivains postérieurs.

18 ventôse (8 mars).

Décret qui rappelle au sein de la Convention les députés mis hors la loi : Lanjuinais, Henri Larivière, Fermond, Isnard, Louvet, Mollevault et plusieurs autres sont de ce nombre.

Et le lendemain la Convention rapporte le décret qui ordonnait la célébration de l'anniversaire du 31 mai.

Les agents nationaux adressaient, une fois par décade, un rapport, sur la situation matérielle et morale de leur district, au comité de salut public. On pourra juger de l'intérêt que présentent en général ces rapports par celui-ci, qui paraît avoir fixé l'attention des membres du bureau central des renseignements, car ils en avaient ordonné le renvoi à la section du commerce.

Compte décadaire de l'agent national du district de Castel-Jaloux, au comité de salut public.

« Castel-Jaloux, le 29 ventôse[1].

» Législateurs,

» Vous avez dû recevoir de moi, avec ma lettre du 17 ventôse, le tableau que je vous ai renvoyé, et que vous m'aviez donné à remplir, concernant le prix des denrées et autres objets en 1790, et celui établi depuis la levée du maximum; vous avez pu voir par là la différence énorme qui existe entre le prix actuel et celui de 1790. J'aurois dû ajouter dans ma lettre d'envoi ce que je viens vous dire dans ce moment, Législateurs, qu'à l'époque où le tableau vous est parvenu le prix des objets par moi désignés n'est plus le même, puisque d'un instant à l'autre les denrées augmentent d'un tiers; le froment, par exemple, par moi porté à 200 livres, est maintenant à 300 livres le boisseau, demain il sera plus cher; ainsi des autres objets.

[1] *Archives de l'Empire*, F. 12. 1546 *bis*.

» Il ne faut pas moins, Législateurs, que la soumission aveugle de nos citoyens aux lois qui émanent de la représentation nationale, pour que tout ceci ne cause pas de mouvement fâcheux et que le bon ordre n'en soit point troublé; d'un autre côté, les citoyens paroissent eux-mêmes se faire tout le mal entre eux, car si l'ouvrier et le journalier demandent une rétribution excessive pour leur salaire, le propriétaire croit le lendemain devoir demander un prix plus fort de sa denrée. J'ai donc pu vous dire, Législateurs, dans la lettre qui accompagna mon tableau, et je dois vous le répéter dans ce moment, que la crise où nous nous trouvons, causée par la cherté excessive de toutes choses, me paraît être une des plus fortes que nous ayons essuyées depuis la Révolution.

» Placé entre le peuple et vous, je n'ai jamais manqué de vous instruire de tout ce que j'ai cru devoir fixer vos regards et exciter votre sollicitude. Il ne me reste plus, après avoir rempli ce devoir sacré, qu'à éclairer mes concitoyens sur les effets salutaires qui résulteront des mesures que vous croirez devoir prendre pour opérer notre bonheur.

» *Signé :* LACOSTE, agent.

» Pour copie conforme à la minute déposée au bureau central des renseignements du comité de salut public, renvoyé le 10 germinal à la section de commerce et approvisionnement. »

GERMINAL.

21 MARS AU 19 AVRIL.

LA CONVENTION ET LA RUE DEPUIS LES INSURRECTIONS POPULAIRES JUSQU'A LA PROMULGATION DE LA CONSTITUTION DE L'AN III.

Nous pourrions sans doute nous arrêter ici et considérer notre tâche comme remplie. Mais l'histoire de la Convention ne se termine pas avec l'année 1794, et pour apprécier son œuvre il faut la suivre jusqu'au bout.

La Terreur avait semé la haine et la vengeance ; la tyrannie du *maximum* avait favorisé la famine ; aussi la période qui s'étend de germinal an III à brumaire an IV peut se résumer en deux mots : la vengeance et la faim.

C'est moins avec les relations des historiens qu'avec les rapports de police que nous la jugerons. On a exagéré les fautes du parti jacobin : il a eu le sort des vaincus, et on l'a accusé de tous les désordres qui ont été commis. Cependant il n'est pas juste de lui attribuer tout le mal : ce mal était surtout la conséquence de mesures dont la responsabilité remonte à la Convention, et particulièrement à ces Montagnards transformés en Thermidoriens.

Ce sont eux qui avaient fait à Paris une situation privilégiée parmi les villes de l'empire, en le nourrissant aux dépens de toute la France, au prix d'immenses sacrifices. Ce sont eux qui avaient habitué sa population à s'en rapporter, pour le bon marché et l'abondance des subsistances, à la sollicitude du gouvernement. Ce sont eux qui avaient voté les lois de sang, armé les patriotes du fer et de la torche, commandé l'extermination des rebelles, la destruction des villes, dressé partout les échafauds contre les suspects.

Un jour, l'intelligence de leurs erreurs, le regret tardif de leurs fautes, leur font révoquer les décisions prises. Que résulte-t-il de cette réaction complète et rapide? Que les hommes du peuple instruments de la terreur vont être brisés et sacrifiés.

Pour eux la faim, car on va diminuer ces distributions de vivres auxquelles on les avait habitués; pour eux, la haine des victimes, la vengeance des enfants privés de leurs pères, l'exécration des familles dépouillées, car, réparatrice et modératrice, la Convention invoque ses droits à la reconnaissance nationale.

Ceux qui se plaignent d'être injuriés et maltraités pour avoir fait ce qui leur avait été recommandé la veille au nom du patriotisme; ceux qui se plaignent d'avoir faim, d'être réduits à deux onces de pain par jour, et qui rappellent qu'on leur avait dit que la chute de Robespierre ramènerait l'abondance, sont également coupables de malveillance. On ne distingue pas entre les vieux Jacobins conspués, les membres des comités révolutionnaires congédiés, les furies de la guillotine mises en disponibilité, les ouvriers sans ouvrage, les mères de famille sans pain : tous sont des mécontents. Or, il faut aux pieds d'un gouvernement, fût-il celui de la Convention, des satisfaits et des heureux.

Il n'y a peut-être pas dans notre histoire révolutionnaire un spectacle plus navrant que celui qu'offre Paris de germinal à brumaire. Encore une fois, il faut lire les rapports de police.

Naturellement, les anciens Jacobins étaient pour quelque chose dans les agitations populaires. On ne tombe pas de la domination dans le mépris public, on ne s'entend pas traiter de brigand le lendemain du jour où on était traité de souverain, sans éprouver une vive irritation. Ces puissances déchues s'agitèrent; mais la raison et la conscience publiques étaient contre elles, et elles se seraient agitées vainement si elles n'eussent rencontré un auxiliaire terrible : — la faim; la faim qui ne raisonne pas, qui ne remonte pas aux fautes lointaines dont elle est le résultat, la faim qui crie et menace!

Si elle ne raisonne avec personne, on ne raisonne pas avec elle. Quand elle menace, on frappe et on tue. En avant les baïonnettes! en avant les épées!... « Frappe, barbare! tu m'épargneras la peine de retourner auprès de mes petits enfants, que j'ai quittés parce qu'ils ont faim et que je ne puis apaiser leurs cris. » Lisez les rapports de police, vous y trouverez ces propres paroles.

On dit que les lionnes qui ont des petits sont plus hardies et plus courageuses que les lions. Pourquoi les mères ne seraient-elles pas plus courageuses que les hommes?

On vit alors une chose inouïe dans nos annales. Les femmes tinrent en échec le plus formidable gouvernement qu'il y eût au monde, un gouvernement qui faisait trembler les rois et qui disposait de quatorze armées. Ni au 9 thermidor, ni au 2 juin, à aucune époque, la Convention n'avait couru un aussi grand danger qu'au 1ᵉʳ prairial an III.

La faim est une rage; elle n'a pas besoin d'armes, les dents et les ongles suffisent. Poussées par elle, les femmes sont terribles. Elles quittent le logis, comme la bête féroce quitte l'antre pour y rapporter la proie et la pâture aux petits. Elles marchent où les conduit l'instinct, où on leur dit que se trouvent l'argent et la farine. Un jour, les femmes affamées s'étaient jetées sur la route de Versailles, et elles étaient revenues de la cour de marbre ramenant à Paris *le boulanger, la boulangère et le petit mitron*. Eh bien, la Convention cachait le *boulanger* peut-être! Elle avait bien donné du pain; pourquoi n'en donnerait-elle pas encore? *Est-ce qu'on vit avec deux onces de pain!*

Tel est le véritable sens des insurrections de germinal et de prairial; à la surface, il y a les Jacobins, les souteneurs des anciens comités, les partisans de la Constitution de 1793, l'effervescence des anciennes idées qui surgissent comme les dernières flammes d'un feu mal éteint : — au fond, il y a la faim.

Hélas! que les hommes soient battus, puisqu'ils ont voulu combattre; qu'ils soient tués, puisqu'ils ont voulu tuer... mais que les femmes meurent, que les enfants meurent, parce qu'il a plu aux partis de se proscrire et de s'imposer les uns aux autres des mesures stupides et tyranniques, — n'est-ce pas affreux?

Et il faut le dire, parce que c'est la moralité de l'histoire, tous les maux qui avaient été la conséquence de doctrines funestes pesèrent particulièrement sur ceux qui avaient été non les *inventeurs*, mais les instruments de ces doctrines : on les emprisonna à Paris, on les égorgea à Lyon, on les mitrailla à Toulon, et ce furent les *inventeurs* qui mirent le feu à la mèche des canons qui les mitraillèrent.

La Convention, au milieu de ses tristes victoires, était condamnée à un jeu de bascule perpétuel. La majorité, formée de Montagnards et de Girondins, était obligée, pour tenir la République en équilibre quand elle penchait trop du côté d'une opinion, de se jeter brusquement de l'autre côté, et de demander secours à ses adversaires de la veille. A ce jeu, elle gagna la prolongation de son existence, mais en même temps elle fatigua et rompit ce prodigieux ressort populaire auquel la révolution devait toutes les choses grandes ou terribles qu'elle a faites.

Le 13 vendémiaire, le peuple parut encore; non le peuple qui porte la blouse, — il avait été vaincu par la faim et désarmé; — mais le peuple qui porte l'habit. A coups de fusil et de baïonnettes, on le força de rentrer dans la boutique et le logis. Il y rentra et n'en sortit plus. La République ne devait avoir désormais d'autres défenseurs que la garde qui veille à la porte du Louvre et celle qui patrouille dans la rue!

Nous suivrons de loin les événements, comme nous l'avons fait jusqu'ici, en nous bornant à quelques dates, qui nous serviront de jalons, et à quelques rapports de police qui suffiront pour donner une idée de la situation de Paris jusqu'à l'époque de la Constitution de l'an III.

1ᵉʳ GERMINAL (21 MARS).

Formation et mise en activité de l'École polytechnique, sous le nom d'École centrale des travaux publics, en conformité du décret de la Convention.

---

11 GERMINAL (31 MARS).

Une députation de la section des Quinze-Vingts est admise. « Depuis le 9 thermidor, dit l'orateur, nos besoins sont incessants. La disette est au comble. Les incarcérations continuent. Le peuple sait que, quand il est opprimé, *l'insurrection est le plus saint des devoirs*. Nous sommes debout pour sauver la République et la liberté! »

INSURRECTION DU 12 GERMINAL AN III (1er AVRIL 1795).

Une bande de femmes se présente à la barre de la Convention; l'orateur dit : « Vous voyez des hommes du 14 juillet, du 10 août, du 31 mai. Depuis le 9 thermidor, vous avez mis la justice à l'ordre du jour. Ce mot est vide de sens. Vous avez dit que cette journée ramènerait l'abondance, et nous mourons de faim. L'assignat ne vaut pas un cinquième de sa valeur. Le peuple veut du pain, la Constitution de 1793 et la liberté des patriotes incarcérés. » Ces plaintes pouvaient avoir quelque fondement, mais on avait fait les mêmes promesses au peuple dans le procès des Girondins, dans le procès de Danton; et on devait savoir à quoi s'en tenir sur leur valeur. D'ailleurs, que répondre à des gens qui vous demandent du pain et vous mettent le pistolet sur la gorge? La Convention était envahie, elle entendait l'émeute battre la générale et sonner le tocsin. Elle déclare solennellement qu'il a été porté atteinte à la liberté de ses délibérations. Un décret ordonne la levée d'une force armée dans Paris pour protéger l'arrivage des subsistances; un autre charge Pichegru du commandement général de la garde nationale parisienne, tandis que les députés Barère, Billaud, Collot, Vadier, qu'on voulait sauver par cette révolte, sont condamnés le soir même à la déportation. — Le 12 et le 16 *germinal*, les montagnards Châles, Choudieu, Foussedoire, Duhem, Huguet, Léonard Bourdon, Amar, Ruamps, Moyse Bayle, Thuriot, Cambon, Granet, Hentz, Maignet, Levasseur de la Sarthe, Lecointre de Versailles, sont décrétés d'accusation, comme fauteurs ou complices de l'insurrection.

13 GERMINAL (2 AVRIL).

Les voitures qui conduisaient des députés condamnés à la déportation sont arrêtées sur la place de la Révolution; ceux-ci sont conduits au comité de sûreté générale, qui les fait repartir.

29 germinal (18 avril).

Décret portant qu'il sera sur-le-champ procédé à la vente des maisons des émigrés par voie de loterie à 50 fr. le billet.

FLORÉAL.

20 AVRIL AU 19 MAI.

6 floréal (25 avril).

La loi du 11 avril 1793 est rapportée; l'or et l'argent sont déclarés marchandises; les lieux connus sous le nom de Bourses seront ouverts dans toutes les communes de commerce de la République.

10 floréal (29 avril).

La section de Montreuil se déclare en permanence pour délibérer sur l'objet des subsistances.

La Convention décrète que l'assemblée de cette section sera dissoute et que ses délibérations seront cassées. Elle charge l'accusateur public du tribunal criminel de poursuivre les auteurs et provocateurs de cette infraction à la loi.

du 11 au 12 floréal (30 avril).

La section du Bonnet-Rouge, dite actuellement du Bonnet de la Liberté, se met en mouvement sous le prétexte des subsistances. A une heure du matin, ce mouvement est apaisé.

17 floréal (6 mai).

Extrait du rapport général de police.

« *Esprit public.* — Il résulte des différents rapports sur la journée d'hier que les groupes dans les rues, places et endroits publics, ainsi que les rassemblements aux portes des boulangers, ont été aussi nombreux que tumultueux et fort agités. Les femmes surtout paraissaient y jouer le rôle principal, elles narguaient les hommes, les traitaient de lâches, et paraissaient ne pas vouloir se contenter de la portion qui leur était offerte. Un grand nombre d'elles voulaient se porter à l'insurrection, la plupart même semblaient décidées à attaquer les autorités constituées et notamment les comités de gouvernement, ce qui aurait eu lieu sans la prudence et la fermeté de la force armée. Il est aisé de se convaincre de ce qui vient d'être dit en jetant un œil attentif et impartial sur plusieurs rapports qui en font foi.

» 1° Sur celui signé Marceau, qui rapporte avoir entendu dire : « Cela fera une guerre civile. » Ils ne disaient que cela : « Est-il possible aussi de vivre avec deux onces de pain? n'est-ce pas un fait exprès?» Il ajoute que dans d'autres rassemblements on disait: « La Convention devrait bien mettre ordre à tout cela. Il est bien temps!» disaient-ils tous. Il se résume en disant que les esprits étaient dangereusement échauffés.

» 2° Sur celui signé Bouillon, dont voici les expressions littérales : « Hier une multitude de femmes, de la section des Piques, après avoir refusé la portion de pain qu'on leur offrait, se sont portées au comité de la section et de là à la Convention. Elles arrêtaient sur leur passage toutes les femmes qu'elles rencontraient, et les forçaient de se joindre à elles. »

» 3° Le citoyen Dubout termine son rapport par déclarer « que l'on paraissait craindre que les assignats ne tombassent comme les billets de banque et que l'on disait que la Convention, à force de misère, voulait nous faire demander un roi; on disait encore que si sous peu de jours on ne donnait du pain, il y aurait à craindre de grands malheurs; enfin la patience du peuple est poussée à bout. »

» 4° Le citoyen Remy, dans son rapport, dit absolument la même chose; il ajoute cependant « que le peuple dit que les députés le font exprès pour qu'il demande un roi, mais que la majeure partie ne le veut pas. »

Sont décapités à Paris Fouquier-Tinville et quinze juges et jurés de l'ancien tribunal révolutionnaire. Fouquier était arrêté depuis dix mois. La procédure de l'affaire avait duré dix-neuf jours. Deux cent soixante témoins à charge, deux cents à décharge avaient été entendus.

18 FLORÉAL (7 MAI).

Les comités réunis pensent qu'il y a lieu à examen de la conduite du représentant Joseph Lebon; en conséquence, la Convention procède à la nomination d'une commission des vingt et un [1].

PRAIRIAL.
20 MAI AU 18 JUIN.

1ᵉʳ PRAIRIAL (20 MAI).

Extrait du rapport général.

« *Spectacles.* — Tout y a été tranquille. Quoi qu'il en soit, nous ne pouvons nous dispenser de rendre compte d'un

---

[1] Le 21 vendémiaire an IV (31 octobre 1795), la Convention passait à l'ordre du jour sur la réclamation de Lebon, condamné à mort. Le terroriste fut envoyé à la guillotine en même temps que le sectionnaire Lafond-Soulié, un des vaincus de vendémiaire.

LA CONVENTION ENVAHIE PAR LE PEUPLE AFFAMÉ
dans la journée du 1ᵉʳ prairial an III.

incident survenu au théâtre de la Gaîté. Entre deux pièces, il a été jeté sur la scène un billet, le public en a demandé lecture; l'acteur a paru et a chanté, en présence de l'auteur, un couplet qui a été très-applaudi. L'inspecteur a monté à l'instant sur le théâtre pour arrêter l'acteur, qui lui a échappé par la fuite. Voici le couplet :

> Réveille-toi, peuple de frères,
> Et frappe ces affreux tyrans
> Qui, sans pitié de ta misère,
> Te font languir, toi, tes enfants;
> Réveille-toi, je le répète,
> Et de la foudre arme ton bras;
> Elle gronde déjà sur leur tête,
> Et bientôt les écrasera.

» La commission a mandé le directeur de la Gaîté. »

Ce rapport, inséré ici à la date qu'il porte, comme tous les rapports de police, est relatif aux événements de la veille.

Insurrection du 1er prairial.

L'insurrection du 12 germinal n'était que le prélude de celle du 1er prairial. Les cris de ralliement furent, comme dans la précédente, *Du pain et la constitution de 1793!* Des troupes d'hommes et de femmes furieuses, armés de piques et de pistolets, occupent la Convention. Le président Boissy d'Anglas est menacé, Féraud veut se jeter entre lui et les assaillants. Ceux-ci, qui, l'entendant nommer, le prennent pour Fréron, le frappent. Il est tué; sa tête coupée et portée au bout d'une pique est présentée au président, qui se découvre devant ce reste inanimé d'un de ses collègues. Une minorité de l'Assemblée, présidée par Romme, décrète tout ce qu'il plaît aux factieux d'exiger : l'arrestation des membres des comités de gouvernement, l'élargissement des détenus incarcérés depuis le 9 thermidor, le rappel de Barère, Collot et Billaud, etc.

Mais les comités occupaient un bâtiment voisin des Tuileries dont les insurgés n'avaient pas songé à se rendre maîtres. Les députés se rallient autour d'eux, les thermidoriens rassemblent des troupes de jeunes gens qui, dirigés par Legendre, entrent dans la Convention à onze heures du soir. Les insurgés prennent la fuite. — La révolte n'était que comprimée. Elle éclate de nouveau trois jours après. Trente mille hommes cernent le faubourg Saint-Antoine, où elle s'était concentrée. Les insurgés font leur soumission. On procède au désarmement des faubourgs. La Convention, qui avait décrété, le 1er prairial, que les femmes ne pourraient plus entrer dans les tribunes qu'avec des citoyens munis de cartes de sûreté, décrète, le 4, qu'elles se retireront chez elles, et que celles qui formeraient des rassemblements de plus de cinq personnes seraient arrêtées. Elle les exclut des assemblées politiques.

Elle avait en même temps (2 prairial) rapporté le décret qui avait déclaré marchandises l'or et l'argent monnayés, et annoncé qu'elle s'occuperait sans relâche des subsistances de Paris.

---

2 prairial (21 mai).

Rapport général. — Commerce.

« *Pain.* — Toujours de grands murmures de la part du peuple aux portes des boulangers; des esprits échauffés s'y répandaient en invectives et propos les plus séditieux contre les autorités constituées; les femmes surtout, bien moins patientes, semblent être beaucoup plus agitées : elles provoquent les citoyens au désordre, et les invitent à ne pas recevoir la légère portion de pain qui leur est accordée; mais ces intentions malignes trouvent une opposition dans la sagesse de plusieurs citoyens. Dans la section des Gravilliers, un homme portant sur son bras un pain d'orge du poids de neuf livres sur lequel était une adresse, pria une d'elles de la lui enseigner; mais lorsqu'elle s'aperçut que c'était du pain elle en avertit ses camarades, qui le lui pillèrent et ne lui donnèrent en dédommagement que quatre francs en assignats.

» *Surveillance.* — Un écrit, hier matin, dans le faubourg

Antoine, dans différents groupes, distribué avec profusion, notamment rue Denis, au nombre de plus de cinq cents exemplaires, a été le programme de l'insurrection. Cet écrit a pour titre... *Insurrection du peuple pour obtenir du pain et reconquérir ses droits.*

« A neuf heures le tocsin a sonné dans plusieurs sections, par suite la générale a été battue partout. Une foule de femmes se sont portées à la Convention. Les sections du faubourg Antoine y sont descendues à deux heures. Ils avaient tous écrit sur leurs chapeaux: *Du pain et la constitution démocratique de* 1793. C'était le refrain des femmes à la Convention. Le but de ces sections était de soutenir les femmes.

» Le représentant du peuple Féraud a été assassiné, sa tête promenée au bout d'une pique. A sept heures trois quarts, celui qui la promenait a été arrêté rue de la Loi par la force armée de la section du Musæum. A la réquisition du citoyen Maringot, officier de paix, il a été conduit au corps de garde de la maison Égalité. Son nom est Jean Tinet, compagnon serrurier, section de Popincourt.

---

3 PRAIRIAL (22 MAI).

Extrait du rapport.

« *Pain.* — Des inspecteurs annoncent qu'aux portes des boulangers les esprits étaient moins échauffés, chacun a reçu sans difficulté sa ration, qui était d'un quarteron de pain avec du riz. »

---

4 PRAIRIAL (23 MAI).

Extraits du rapport.

« Des rapports de ce jour, en annonçant que dans la journée d'hier il n'y a eu aucun mouvement caractérisé, nous présentent toujours la position de Paris comme aussi fâcheuse qu'inquiétante; de fait, la cherté des marchandises, la rareté du pain, sont toujours le prétexte dont la malveillance cherche à tirer parti : ce sont principalement les femmes que l'on agite, lesquelles à leur tour font passer toute leur frénésie dans l'esprit des hommes. Hier soir les groupes étaient nombreux; l'agitation était extrême.

» ... *Spectacles.* — Tout a été parfaitement tranquille au théâtre de l'Ambigu-Comique. Le *Réveil du peuple* a été chanté, très-applaudi, et on a fait répéter le couplet des représentants à l'Opéra-Comique. Lorsqu'on est venu annoncer que l'assassin du représentant Féraud avait été enlevé et porté en triomphe dans le faubourg Antoine, tous les spectateurs se sont levés et ont crié *Aux armes!* » en disant: Il faut vaincre ou mourir pour venger la Convention. » En effet la pièce n'a pas été achevée et les spectateurs se sont retirés.

» ... Le peuple demande au moins une demi-livre de pain par bouche et la diminution du prix de toutes les denrées. »

On voit par ce rapport, comme par les précédents, qu'il y avait dans la bourgeoisie de Paris la résolution d'en finir avec l'insurrection.

La jeunesse, qui est presque toujours de l'opposition sous tous les gouvernements, tenait tête aux Jacobins, qui représentaient les vieux partis et les vieilles idées, bien justement condamnées. Elle a poussé, comme elle pousse toutes choses, la réaction trop loin; mais dans quel abîme la société aurait-elle été précipitée, sans ces hommes d'action impétueux et hardis, que les coups n'effrayaient pas et dont plusieurs avaient à venger leurs frères ou leurs pères assassinés juridiquement? Ils ont soutenu, encouragé la Convention dans sa résistance, et la Convention, désireuse d'effacer les traces les plus regrettables de son passé, a manqué elle-même plus d'une fois de modération. Les députés qui dirigeaient la majorité étaient les anciens Girondins, peu disposés à laisser se produire contre eux un nouveau 31 mai. Si l'Assemblée eût faibli, si les sections n'eussent été prêtes à se lever à tout instant pour courir à son secours, c'en était fait de la Convention, car cette fois elle était aux prises, non pas avec un adversaire artificieusement excité, comme au 31 mai, entraîné pour une cause politique qu'il ne comprenait pas, mais avec un ennemi exaspéré par les mécomptes, les privations, les souffrances de deux années de régime démagogique et par la faim.

Le Réveil du peuple.

Voici ce *Réveil du peuple*, qui était la *Marseillaise* des muscadins.

(*Paroles* de J. M. Gourignères, *musique* de P. Gaveaux, artiste du théâtre de la rue Feydeau. — Germinal an III.)

> Peuple français, peuple de frères,
> Peux-tu voir, sans frémir d'horreur,
> Le crime arborer la bannière
> Du carnage et de la terreur?
> Tu souffres qu'une horde atroce,
> Et d'assassins et de brigands,
> Souille de son souffle féroce
> Le territoire des vivants.
>
> Quelle est cette lenteur barbare?
> Hâte-toi, peuple souverain,
> De rendre aux monstres du Ténare
> Tous ces buveurs de sang humain!
> Guerre à tous les agents du crime!
> Poursuivons-les jusqu'au trépas :
> Partage l'horreur qui m'anime!
> Ils ne nous échapperont pas.
>
> Ah! qu'ils périssent ces infâmes,
> Et ces égorgeurs dévorants,
> Qui portent au fond de leurs âmes
> Le crime et l'amour des tyrans!
> Mânes plaintifs de l'innocence,
> Apaisez-vous dans vos tombeaux!
> Le jour tardif de la vengeance
> Fait enfin pâlir vos bourreaux.
>
> Voyez déjà comme ils frémissent!
> Ils n'osent fuir, les scélérats!

> Les traces du sang qu'ils vomissent
> Bientôt décéleraient leurs pas.
> Oui, nous jurons sur votre tombe,
> Par notre pays malheureux,
> De ne faire qu'une hécatombe
> De ces cannibales affreux.
>
> Représentants d'un peuple juste,
> O vous, législateurs humains!
> De qui la contenance auguste
> Fait trembler nos vils assassins;
> Suivez le cours de votre gloire;
> Vos noms, chers à l'humanité,
> Volent au temple de Mémoire,
> Au sein de l'immortalité!

Ce dernier couplet, qui était une platitude à la glorification du gouvernement actuel, ne pouvait pas toujours être chanté. Parfois l'auditoire applaudissait aux autres couplets et sifflait celui des *Représentants*.

Au mois de floréal, on fit une chanson sur le même air, en réponse au *Réveil du peuple*, mais elle ne paraît pas avoir eu de succès, tandis que le *Réveil du peuple* était entonné comme un véritable hymne de guerre.

5 prairial (24 mai).

Extrait du rapport général.

« *Groupes.* — Les femmes, comme des furies, excitaient les hommes et s'écriaient: « Il faut soutenir nos frères du faubourg Antoine, avoir raison des représentants et ne faire aucune grâce aux marchands et aux muscadins. » Cet aspect était vraiment effrayant, il paraissait devoir entraîner une dissolution entière, ainsi que la destruction des choses et des personnes. Mais d'après les rapports de ce jour, il paraît constant qu'hier, entre sept et huit heures du soir, le courage des véritables patriotes, qui ont volé au secours de la Convention autant pour faire respecter la loi que pour seconder la fermeté et l'énergie des représentants, a conjuré l'orage qui menaçait cette grande cité ; en effet les décrets préparatoires rendus contre les factieux de toute espèce et notamment contre ceux du faubourg Antoine, de concert avec la contenance ferme et assurée de la troupe de ligne et de l'armée parisienne qui se sont présentées devant les rebelles, les ont forcés de se rendre, ce qui s'est effectué sans verser une goutte de sang.

» *Spectacles.* — Ont été fermés. »

6 PRAIRIAL (25 MAI).

Rapport général.

« Les inspecteurs de police rapportent que le désarmement s'est opéré assez tranquillement, malgré les plaintes des complices et adhérents des terroristes.

» L'inspecteur Rollin dit qu'à la section du Théâtre-Français on a trouvé à la porte d'un boulanger une affiche conçue en ces termes : « La constitution de 1789 donnerait de bonnes lois et du pain ; eh ! peuple, n'es-tu pas souverain ? »

» Dix-sept inspecteurs rapportent que le peuple est satisfait des mesures énergiques que prend la Convention, et il espère qu'il en prendra aussi contre quantité d'individus agioteurs qui accaparent secrètement et cachent les denrées de première nécessité pour les vendre à un prix exorbitant, ce qui fait que quantité de pères et mères de famille sont obligés de vendre leurs effets pour subsister. Ils disent que si cela continue ils seront réduits à la misère la plus affreuse, et qu'il est urgent que la Convention mette un frein à la voracité de ces sangsues du peuple qui s'enrichissent de la misère publique. »

25 prairial (13 juin).

Extrait du rapport.

« Compère rapporte que l'on assure que les louis se sont vendus jusqu'à mille livres et que l'on remarque qu'ils sont principalement achetés par les étrangers. Il ajoute que les inquiétudes sur les assignats sont poussées au point que les négociants offrent de prêter des sommes considérables sans intérêts, payables en deux, quatre ou six ans. »

MESSIDOR.

19 JUIN AU 18 JUILLET.

2 messidor (20 juin).

Rapport.

« Le nommé Picard, demeurant rue Montmartre, n° 682, a été conduit hier à l'hospice de l'Humanité par ordre du commissaire de police de la section Lepelletier. Il était tombé de besoin à dix heures du matin, rue de la Loi, en face de celle de Ménard, il n'en a été relevé qu'à sept heures du soir; on l'a porté sur un brancard. »

3 messidor (21 juin).

Rapport général. — Les paysans.

« Nous voyons par les rapports de ce jour que dans cette grande cité le calme s'est soutenu pendant la journée d'hier, comme les jours précédents; mais nous y remarquons en même temps que, toutefois sans menaces ni agitation marquée, les plaintes et les murmures recommencent, toujours à l'occasion de la pénurie du pain et du prix exorbitant de toutes choses, qui s'accroît tellement, qu'on ne peut plus en approcher en quelque sorte avec des papiers dont la nullité paraît s'opérer de jour en jour. Quelques inspecteurs ont remarqué que dans beaucoup de boutiques les marchands continuaient à refuser de changer ou de prendre même pour comptant les gros assignats. Cette réaction est opérée ici par le refus que l'on prétend être fait par les gens de campagne pour l'échange de leurs denrées contre toute espèce de papier : toutes ces causes excitent un mécontentement très-marqué. »

Tandis qu'on se plaignait de la rapacité du paysan, tous ceux qui ont observé les effets de la Révolution française constatent l'immense amélioration qu'elle avait apportée à la condition des gens de campagne. Mademoiselle Hélène-Marie Williams, entre autres, écrivait dans son *Nouveau Voyage en Suisse* : « ..... La Révolution française semble avoir été faite pour le cultivateur français. Pendant que le clergé, la noblesse, les rentiers, ont été ruinés; pendant que le commerce, ami de la paix, a été contrarié, interrompu par de continuelles secousses politiques, le laboureur, émancipé de toutes les gênes féodales et de la servitude personnelle, déchargé de taxes onéreuses multipliées sous mille formes différentes et dont quelques-unes entraînaient le déshonneur, délivré des vampires du fisc qui semblaient sucer le cadavre de la misère avec d'autant plus d'acharnement qu'il était plus épuisé, le laboureur, dis-je, plus que tout autre doit saluer l'aurore de la liberté..... Le château était livré aux flammes, sa chaumière était respectée; presque toutes les propriétés étaient violées, celle du cultivateur, à l'exception de quelques réquisitions, demeurait intacte; les villes regorgeaient de bourreaux et de juges, la plupart des campagnes ne les ont jamais vus.

» Pendant la longue durée de la dépréciation du papier-monnaie, le fermier payait avec le travail d'une semaine le fermage d'une année; et ce bénéfice désordonné le mettait souvent à portée de devenir lui-même acquéreur de la terre dont il n'était auparavant que le locataire. Assez égoïste pour tirer tout le parti possible des circonstances, en même temps qu'il s'acquittait du fermage en papier, il ne vendait ses denrées que pour de l'argent, et le propriétaire affamé était forcé de se défaire de son argenterie, de ses meubles, pour acheter le blé de ses propres terres et nourrir sa famille et lui. Le retour des espèces l'a délivré de la misère ; les fermiers payent en argent, et cela doit leur être facile après ce qu'ils en ont amassé sous le règne du papier. Les fermiers forment à présent une classe de paysans aisés inconnue jusqu'à présent en France, et leurs femmes, leurs filles, qui allaient autrefois nu-pieds, à présent montrent fièrement une bonne chaussure, des dentelles, des boucles d'oreilles, et surtout des croix d'or, témoignage de leur vanité encore plus que de leur foi. »

9 messidor (27 juin).

Rapport général.

« Les inspecteurs de police dans leur rapport de ce jour nous présentent la position de Paris toujours calme et tranquille ; ils nous parlent très-peu aujourd'hui de l'esprit public sur les affaires politiques. Toutes leurs observations ont pour objet de nous entretenir de la ruine publique, relativement à la cherté des denrées et marchandises, tellement haute, tellement progressive, qu'elle paraît ne plus avoir de bornes, ce qui fait dire à beaucoup de citoyens : « Il faudra donc pour vivre être voleur ou agioteur ? » Les agents de police ont encore remarqué que le public continue à se plaindre très-amèrement de la libre exposition du pain, que l'on vend publiquement et avec une espèce de dureté dans les cours du palais Égalité et autres lieux à seize francs la livre ; de là ce propos banal : « Il n'y a plus que les riches qui pourront subsister. » De là encore des discours très-violents contre les gens de campagne, taxés de la plus horrible cupidité et accusés d'être des sangsues publiques, ainsi que ces fripons d'agioteurs de profession qui viennent tout récemment d'imaginer une ruse digne de brigands de leur sorte ; cette coquinerie, d'une espèce absolument neuve, consiste, de la part de ces maîtres jurés filous, à faire courir le bruit, dans le moment favorable où les sots viennent apporter montres et bijoux, qu'on cerne le jardin ; alors c'est de courir et de se sauver à toutes jambes les mains pleines, et les niais de regarder et de voir emporter leurs effets. »

11 messidor (29 juin).

Extrait du rapport général.

« Dans un de nos rapports précédents, nous avons dit que le public se plaignait très-amèrement de ce que l'on vendait du pain à seize francs la livre ; à cette observation générale nous ajouterons aujourd'hui un fait particulier cité par Compère : un homme, dit-il, se plaignant de n'avoir pas mangé depuis vingt-quatre heures, s'empara d'un pain exposé en vente sur la place du palais Égalité et le mangea en présence de beaucoup de femmes qui l'applaudirent. En vain la marchande voulut-elle défendre sa marchandise ou la faire payer, elle en fut empêchée par plusieurs individus. Compère ajoute que lui-même, en sa qualité d'inspecteur, voulant faire parler la loi qui maintient le respect dû aux propriétaires, il a été insulté et forcé de se retirer dans un café voisin, où il a entendu les consommateurs qui s'entretenaient de ce fait dire qu'il était fort dur de voir du pain ayant faim et de ne pouvoir en manger ; que ce commerce scandaleux et trop libre semblait, en insultant à la misère publique, provoquer les troubles et le désordre. »

19 messidor (7 juillet).

Extraits du rapport général.

« *Pain.* — La portion la plus ordinaire est de six onces. Cependant chez Gilbert, sieur de Gravilliers, *on reçoit constamment depuis plusieurs jours* une demi-livre.

» Le commissaire des sections murmurait beaucoup de cette préférence.

» Nota. — Il a été écrit au commissaire de police de la section des Gravilliers pour s'assurer du fait. »

---

20 messidor (8 juillet).

Extrait du rapport général.

« Notre tâche n'aurait rien de pénible si nous n'avions à annoncer que des choses satisfaisantes ; mais comme la vérité est due tout entière, nous n'hésitons pas à présenter le tableau tel qu'il est et à dire : Quoique le calme ait régné hier dans Paris, l'avilissement des assignats résultant du brigandage des agioteurs, cette vermine indestructible, ainsi que le prix exorbitant des diverses denrées, provoquent sans relâche les plaintes et les murmures que l'on entend de toutes parts. Ces sombres vérités se trouvent consignées dans tous les rapports de ce jour, et spécialement dans ceux dont suit l'analyse : — Valent, dans son rapport du 17, que l'on vient de nous remettre, annonce que la veille il y avait une grande quantité de citoyens rassemblés au perron du palais Égalité, qui voyant du pain et ne pouvant en acheter à cause de la cherté, disaient : Il est bien fâcheux de voir du pain partout, d'avoir faim et de ne pouvoir en manger ; si tout le monde pensait comme nous, nous l'aurions à bon

marché. L'un disait : « Je suis père de trois enfants » ; l'autre :
« J'ai une famille à soutenir, j'ai vendu ma montre et mes
boucles. » Ces propos, ajoute l'inspecteur, étaient approuvés
par beaucoup de monde, qui, à l'aspect d'une patrouille, s'est
dissipé aussitôt.

» Amelle dit que se trouvant hier chez un marchand
de vin, il a entendu dire à un particulier qu'un laboureur
avait reloué à la Saint-Jean dernière, suivant l'usage de la
campagne, son maître charretier et son berger, qui lui ont
demandé l'un et l'autre, au lieu de trois cents francs, une
somme de quinze mille francs, en lui disant : « Avec trois
sacs de blé vous pourriez nous payer. » Ce même particulier, ajoute Amelle, a dit avoir fait part de cette particularité à un des membres des comités du gouvernement. »

24 messidor (12 juillet).

Extrait du rapport.

« *Spectacles.* — Aucun fait contre le bon ordre. Mailly
rapporte qu'au théâtre des Arts le passage de la tragédie de
Phèdre où il est dit qu'il est des princes malheureux qui ont
été punis injustement, a été applaudi trois fois de suite et a
produit un effet étonnant ; il a ajouté que la tranquillité publique n'en a pas souffert. »

25 messidor (13 juillet).

Rapport.

« Rapidité soutenue dans le commerce des agioteurs, avilissement sensible, discrédit progressif des assignats ; même
pénurie, cherté du pain, augmentation révoltante du prix

exorbitant de toutes choses, qui ne peut plus recevoir d'accroissement que pour faire passer les citoyens de l'état de découragement dont ils sont tous frappés à celui du désespoir.

» Telles sont, d'après les rapports du jour, les causes qui agitent tous les esprits, font gémir et pleurer l'honnête homme dans l'intérieur de ses foyers sur son sort et celui de sa famille, et qui provoquent enfin les murmures et les clameurs de la multitude, lui font perdre tout sentiment de respect, de subordination, et méconnaître la loi et les principes.

» *Groupes.* — Bouillon rapporte que le mécontentement est toujours le même sur la cherté, que la classe indigente perd courage et a peu de confiance dans l'espoir d'un avenir plus heureux, d'autant qu'on lui fait entendre que la portion de pain ne sera pas augmentée avant quatre mois.

» Mailly déclare qu'il voit depuis quelque temps un grand relâchement; les décadis, dit-il, ne sont plus observés, le titre de citoyen est tourné en ridicule, et l'on porte peu de respect à la Convention nationale. »

26 messidor (14 juillet).

Rapport.

« *Groupes.* — Beaudes dit qu'hier après midi, plusieurs ouvriers rassemblés dans un groupe sur le pont au Change racontaient chacun leurs peines. L'un disait : « Je n'ai pas mangé de la journée »; l'autre : « Je ne suis pas rentré chez moi, parce que je ne sais que donner à ma femme et à mes enfants qui meurent de faim. » Tous s'accordaient à dire que puisque la Convention ne pensait pas aux pauvres, il leur devenait égal que les Anglais ou les chouans vinssent à Paris, qu'ils ne les rendraient pas plus malheureux. Les mêmes inspecteurs observent encore que partout on murmure contre les paysans, qui refusent les assignats et ne veulent prendre en payement que de l'argent ou des effets, qu'ils reçoivent jusqu'aux gros meubles. »

---

27 MESSIDOR (15 JUILLET).

Extrait du rapport.

« Dunal rapporte, d'après les conversations qu'il a entendues entre gens de la classe peu fortunée, qu'il paraît qu'ils ne se prononcent pas ouvertement pour un roi, mais ils ne semblent pas non plus s'y opposer. L'appât d'avoir du pain et de devenir plus heureux, le leur ferait accepter, et les ferait renoncer au serment qu'on leur a fait prononcer; « car, ajoutaient-ils, continue l'inspecteur, nous avons d'abord prêté de bon cœur le serment d'être fidèles à la République, mais on ne nous avait pas dit en nous le faisant prêter, qu'on nous laisserait mourir de faim et manquer de tout au milieu de l'abondance. »

---

28 MESSIDOR (16 JUILLET).

Extrait du rapport.

« Les esprits sont très-agités, les têtes fermentent, l'agio continue ses ravages; le discrédit des assignats, méprisés par les uns, regrettés par les autres, va toujours croissant; la pénurie du pain, la cherté révoltante de toutes choses, pèsent plus que jamais sur Paris et la France entière. Telle est la substance des rapports de ce jour, dans lesquels nous avons encore remarqué que l'on peut craindre, comme surcroît de malheurs, le feu des passions que peuvent allumer encore les opinions opposées. »

» Mailly rapporte que les murmures du public sont toujours très-animés, sur l'extrême cherté des denrées, contre les marchands de pain, et contre l'insouciance du gouvernement. Leroy jeune dit avoir remarqué le plus grand mécontentement dans le peuple au sujet des subsistances.

» *Groupes.* — Baude rapporte que les ouvriers ne cessent de murmurer et de se plaindre de la Convention, sur les subsistances qui faisaient le sujet des entretiens d'un groupe, à la porte Martin; il ajoute que le bruit se répand que les soldats de la République passent avec les chouans, et que l'on assure que ces derniers payent à nos soldats cinquante francs par chaque cartouche.

» Duval, — qu'on se propose de donner une volée de coups de bâton aux marchands de pain; que c'est par eux que l'on doit commencer : il ajoute que c'est la classe ouvrière qui se charge d'en faire les frais.

» Saint-Remy, — que les jeunes gens formaient hier soir des groupes dans le jardin Égalité, où ils se plaignaient que les comités de gouvernement mettent en liberté beaucoup de terroristes, et que l'on y disait que cette mesure avait causé les malheurs de Lyon et de Marseille.

» Legrand, — en parlant des mêmes groupes, rapporte y avoir entendu dire que l'on avait bien fait de s'opposer à ce que l'hymne des Marseillais fût chanté à la garde montante, parce que c'était le moyen de ressusciter le règne de la Terreur; que l'on y disait aussi que sept cents législateurs feraient beaucoup mieux de donner le plus tôt possible un bon gouvernement, des lois et du pain, au lieu de s'amuser à des chansons.

» Chaton, — après avoir rapporté les mêmes propos, déclare qu'il a entendu dire que le 9 thermidor avait sauvé la France, qu'il fallait que les Jacobins périssent, et qu'il valait mieux mourir que de souffrir davantage que cette race impure reparaisse.

» Bouillon, — que les déclarations contre l'hymne des Marseillais ont continué hier au jardin Égalité, que les jeunes gens se coalisent pour empêcher la Terreur de reparaître; il termine en annonçant que les plaintes et murmures de la classe ouvrière et indigente sont toujours les mêmes.

» Vannier rapporte avoir appris que les jeunes gens se proposent de se réunir décadi prochain dans leurs sections, à l'effet de requérir qu'il soit présenté une pétition à la Convention pour faire réincarcérer ceux des terroristes qui ont été mis en liberté; tous ces propos, ajoute-t-il, ont été tenus avec beaucoup de chaleur, principalement par un capitaine de dragons qui animait beaucoup.

» *Cafés.* — Compère dit avoir été pris dans le café de Chartres pour un Jacobin et mené au corps de garde, où il a demandé à être conduit au comité de sûreté générale, qui l'a fait mettre en liberté sur-le-champ d'après les explications qu'il a données.

» Plusieurs inspecteurs déclarent que dans les cafés qu'ils ont surveillés, on y tenait les mêmes propos que dans les groupes.

» *Spectacles.* — Ont été presque tous fort agités. Au théâtre de la rue Feydeau, les couplets du *Réveil du peuple* ont été chantés et applaudis avec chaleur, surtout celui où il est dit qu'il faut que les Jacobins et la Terreur finissent. Au couplet des représentants, on a crié: *La toile!* de manière qu'il n'a pu être chanté.

» Aux théâtres du Vaudeville et de l'Opéra-Comique, même agitation, avec applaudissement des couplets du *Réveil*, à la réserve des derniers que l'on a refusé d'entendre; au spectacle de la République, il s'est fait un mouvement particulier occasionné par l'impatience des jeunes gens de ce que l'on ne chantait pas assez promptement les couplets du *Réveil;* six d'entre eux sont montés sur le théâtre pour se rendre maîtres de la toile. Alors il s'est élevé une rixe entre un de ces jeunes gens et l'artiste Dugazon; le jeune homme s'est mis en devoir de tirer son épée. Mailly rapporte que cet emportement a beaucoup indigné ses partisans ; les acteurs sont intervenus, qui ont séparé les champions, et Dugazon s'est soustrait ; alors on a demandé que Dumas chantât le *Réveil*, ce qu'il a fait. Il a été vivement applaudi ; le couplet des représentants a d'abord été applaudi ; quelques voix ont dit : *Pour les bons députés, à la bonne heure!*

» Hier, vers midi, au moment de la garde montante, il s'est fait un grand rassemblement de jeunes gens dans la cour du Louvre, lesquels ont arrêté la troupe au moment de son entrée dans la dernière cour, ayant en tête le général Menou ; ils ont demandé à grands cris que la musique jouât le *Réveil du peuple*. Le général ne voulant pas recevoir d'ordre de leur part, dit qu'il ferait jouer toute la série des airs analogues à la Révolution, et fit commencer par les Marseillais; on cria aussitôt *A bas les Marseillais!* avec menace si elle continuait d'arracher et briser les instruments de musique. Le général croyant alors qu'il était prudent de consulter la Convention, qui passa, dit-on, à l'ordre du jour, et s'en rapporte à la discrétion du général. Cependant les cris redoublaient, les esprits s'échauffaient, on faisait la motion de se battre jusqu'à la mort plutôt que de céder : alors le général proposa un parti qui pourrait concilier tous les esprits. Il dit au peuple : *Ai-je mérité ou non votre confiance?* Tous s'écrient que oui, qu'il était un brave général. Alors il dit : « Si j'ai mérité votre confiance, vous devez vous en rapporter à moi. Je vais faire avancer la troupe, je la ferai ranger sur deux colonnes, ensuite chacun aura satisfaction. » On y a consenti. La troupe avança aux ordres du général, qui se mit en tête et fit jouer aussitôt le *Réveil du peuple*. Alors chacun levant son chapeau se mit à crier. *Vive la nation! Vive le général Menou! A bas les terroristes et les jacobins!* Et le rassemblement se dissipa. (Extrait du rapport de Compère.)

» *Boissette*. — Hier à quatre heures de l'après-midi, place Maubert, un homme tombé en faiblesse de besoin est mort au milieu des secours qu'on lui donnait; il se nommait Antoine Marcelin, âgé de soixante et un ans, ouvrier au Jardin des plantes, demeurant rue de l'Ourcine, n° 20, section de l'Observatoire. Procès-verbal a été dressé par le commissaire de police de la section du Panthéon. »

30 messidor (18 juillet).

Extrait du rapport.

« Baron l'aîné, Didier et Legrand exposent que les jeunes gens sur le soir sont venus en foule chanter le *Réveil du peuple* à la porte du citoyen Louvet. La garde est venue aussitôt pour maintenir l'ordre. Le représentant Louvet a riposté aux jeunes gens en entonnant le couplet : *Allons, enfants de la patrie*, ce qui a occasionné du bruit de la part de la jeunesse, qui à son tour a riposté par des propos ironiques, tels que ceux-ci : *A bas la Louve! à bas la belle Lodoïska! à bas les gardes du corps de Louvet!* Les injures ont succédé à l'ironie : on a traité Louvet de scélérat, de gueux, de vouloir narguer le peuple. Le commandant Raffet est survenu et a invité les jeunes gens à se retirer, ce qu'ils ont fait, et a congédié la garde. »

THERMIDOR.

19 JUILLET AU 18 AOUT.

3 thermidor (21 juillet).

Commission de police administrative de Paris[1]. — *Rapport général de la surveillance.*

» Paris, le 3 thermidor.

» *Esprit public.* — Du rapport de ce jour il résulte que la tranquillité au moins apparente a régné non-seulement dans

[1] Archives de l'Empire, F. 1 c. n° 20.

toutes les sections de Paris, qui n'ont pris aucune part aux derniers troubles, mais même dans les quartiers qui, devenus le théâtre des discussions, avaient l'air de présenter le tableau d'une arène de gladiateurs. Au reste, la jeunesse, comprenant ses véritables intérêts, a cessé de se livrer à ses fougueux écarts, elle semble même reprendre des sentiments de modération. Nous voudrions bien pareillement annoncer la cessation des autres calamités, mais c'est avec douleur que nous sommes forcés de répéter qu'il est impossible d'en prévoir le terme, car l'augmentation du prix de toutes choses va toujours croissant; aussi la consternation est-elle générale, et la misère, dont la mesure est comblée, attaque indistinctement toutes les classes de la société courbées sous le fardeau de ses longues et pénibles souffrances.

» *Groupes.* — Destavigny, officier de paix, Saint-Remy, Chaton, Fargue et Chailly, inspecteurs, rapportent que les plaintes et murmures du public se font toujours entendre, et qu'elles sont provoquées par l'excessive cherté, surtout par la vente publique du pain exposé sur toutes les places à un prix exorbitant; ils ajoutent que le gouvernement, qui est en état de remédier à tant de maux, est vivement inculpé par le public de ne pas s'en occuper : on va même jusqu'à dire que la Convention nous a mis au bord du précipice et qu'on doute qu'elle puisse nous en retirer. Dufresnoy jeune et Duval annoncent qu'hier, places Égalité et des Victoires, les esprits étaient fort échauffés à l'occasion de la vente du bois et charbon qui se fait d'habitude sur ces places, et qu'elle a donné lieu à une rixe qui a été apaisée par la force armée, qui a conduit deux particuliers chez le commissaire de police de la section.

» Au surplus, d'après le dire des agents de police il paraît que l'esprit public de la masse du peuple reste toujours bon, et que les commerçants honnêtes blâment la conduite tenue ces jours-ci par la jeunesse.

» *Cafés.* — Legrand rapporte, d'après les entretiens qu'il a entendus dans les cafés, que les citoyens s'occupent toujours de la misère, et s'effrayent beaucoup sur le sort à venir.

» Compère rapporte que dans les cafés les citoyens prétendaient que les jeunes gens ne s'en tiendraient pas là, qu'ils attendaient un grand nombre de Nantais, pour s'opposer avec eux à certains articles de la constitution et connaître plus particulièrement les nouveaux terroristes ; le même Compère ajoute que dans les cafés Manoury et du Parnasse on disait au contraire que les Marseillais étaient furieux contre la jeunesse de Paris. — Ces diverses assertions tant de part que d'autre nous paraissent sans fondement, d'autant qu'il est impossible que les habitants de ces villes ci-dessus citées puissent encore être instruits de ces derniers troubles.

» *Journaux.* — Le rédacteur de la feuille ayant pour titre *Correspondance politique,* dans son n° 437, à la date du lundi 20 juillet 1795 (v. s.) ou 2 thermidor an III, article *Paris,* s'est permis des réflexions plus que critiques contre la Convention. Nous avons surtout remarqué cette phrase ainsi conçue : « Sa conduite est d'autant plus inconcevable que c'est contre ceux qui lui ont sauvé la vie dans les premiers jours de prairial qu'elle dirige ses terribles mesures. » — Dans le reste de cet article, le journaliste, bien loin de croire aux sentiments de justice qui animent la représentation nationale, lui suppose le dessein prémédité de rétablir ce système de terreur, et lui reproche toutes les mesures qu'elle prend comme des moyens astucieux et perfides propres à ramener le régime d'oppression et le régime de sang.

» *Maisons garnies.* — Il résulte du relevé général de la mutation des maisons garnies qu'il y est arrivé du 2 au 3 courant 344 personnes, dont 3 militaires, 21 citoyens de la première réquisition, 106 négociants, 4 cultivateurs, 7 employés de la République, 98 ouvriers, 4 officiers de santé, 101 personnes sans état, et que 36 n'ont fait que changer de maisons.

» *Surveillance.* — Il s'exerce depuis quelque temps un nouveau genre de brigandage : des femmes rôdent à cet effet dans les rues, guettent les enfants qui s'avancent sur le pas des portes ou des boutiques, elles les attirent à elles par de douces paroles, des cerises et des bonbons, elles les emmènent dans la première allée, et là elles les dépouillent sans les faire crier; elles les enlèvent aussi par le même moyen à leurs parents inattentifs ou à leurs bonnes insouciantes dans les rues et les promenades. — Il s'exerce des mesures de surveillance répressive à cet égard. »

---

4 THERMIDOR (22 JUILLET).

Commission de police administrative de Paris[1]. — Rapport général de la surveillance.

« *Esprit public.* — Suivant les rapports de ce jour, le calme a régné hier dans Paris; le calme des jours précédents paraissait comme non avenu : la jeunesse est paisible et silencieuse. L'affiche posée à la porte de chaque boulanger portant que chaque citoyen recevra désormais une demi-livre de pain et deux onces de riz, produit un bon effet. Le public, quoique toujours très-mécontent de l'excessive cherté de toutes choses et toujours indigné de voir vendre publiquement du pain, surtout celui de munition des soldats, à un prix exorbitant, présage cependant de cette légère augmentation de ration un avenir plus heureux.

» Quelques agents de police nous observent que jamais le palais Égalité n'a été rempli comme hier d'agioteurs, qui y fourmillent de toutes parts.

» Mailly rapporte qu'hier l'exécution de deux assassins faite à la place de Grève l'a été d'une manière si maladroite que les patients ont souffert très-longtemps, ce qui a inspiré la plus grande horreur au public, qui a murmuré beaucoup. Le

---

[1] C'est le titre de tous les rapports de police de l'an III que nous avons reproduits par extraits.

même Mailly ajoute qu'il serait bien nécessaire de faire poser une sentinelle pour empêcher les enfants de monter comme ils l'ont fait hier sur l'échafaud, après l'exécution, ce qui est absolument contraire à l'horreur du sang qu'on doit inspirer à la jeunesse.

» Baude annonce qu'il a entendu dire qu'à présent on exigeait 5 à 600 livres de bénéfice pour échanger un assignat de 10,000 livres. Legrand parle du même fait. On désire beaucoup l'établissement du bureau d'échange.

» Le citoyen Chefd'homme, boulanger, section des Tuileries, ne voulait donner que quatre onces de pain et cinq au plus sans riz, ce qui a occasionné beaucoup de disputes, cinquante personnes à peu près n'ont point eu de pain dans l'étendue de cette section.

» *Marchés.* — Les 3 et 4 thermidor, onze cent soixante voitures d'approvisionnements ont été déchargées sur les différents carreaux de la halle. Les œufs se sont vendus 740 livres le mille; la sachée de pois, 204 livres; les fromages de Brie du plus grand moule, 400 livres la douzaine; les haricots, 8 à 9 livres le litron; la viande, 9 livres la livre; la chandelle 50 livres la livre; les pommes de terre, 40 livres le boisseau. Dans beaucoup d'endroits il s'élève des plaintes contre la vente beaucoup trop hâtive desdites pommes de terre, qui sont très-malfaisantes et dont la cherté augmentera encore l'hiver prochain parce qu'elles deviendront plus rares. Déjà plusieurs personnes ont été incommodées pour en avoir mangé.

» *Bois.* — Le bois flotté au chantier de la Râpée s'est vendu 270 livres la voie; au port Bernard, 290 à 300 livres; le bois neuf à l'île Louviers, 380 à 450 livres, les marchands cordant fort mal.

» Au port au charbon, les charbonniers mettent les citoyens à contribution en demandant 15 à 16 francs pour porter une voie.

» *Bourse.* — Les inscriptions se sont faites à 22 et 25 pour 100 de bénéfice en grosses parties. Change : Hambourg 6500, Gênes 3100 à 3150, Amsterdam 11 1/16, Bâle 31/4. Or fin 2760. Argent lingot 1440.

» Pour rapport: Les membres de la commission.

» Boys de Loury, Gosset. »

AN IV.

SOLUTION DU PROBLÈME DE LA TRANQUILLITÉ PROPOSÉE PAR UN BOURGEOIS DE PARIS.

Nous avons trouvé aux Archives de l'Empire cette lettre d'un bourgeois de Paris qui nous a paru bien digne d'être reproduite ici.

Au citoyen ministre de l'intérieur.

« Paris, ce 2 frimaire l'an IV (23 novembre 1795).

» Citoyen ministre,

» Depuis la Révolution, les ministres et administrateurs ont paru désirer de connaître l'esprit public ; souvent ils n'ont pu avoir que des notions sur l'opinion ou la résignation du peuple sur les circonstances du moment, qu'on a pris pour l'esprit public ; je crois qu'il serait impossible encore dans ce moment de connaître quel est l'esprit public. Pendant les années 1789, 90 et 91, généralement le peuple voulait la liberté, espérant son bonheur.

» Les événements du mois d'août 1792, qui ont amené la République, ont divisé les esprits, qui n'étaient pas préparés à cet ordre de choses. Les efforts des gens à privilèges, nobles, prêtres, et de tous ceux qui jouissaient des dilapidations de la cour pour éloigner le grand nombre de l'amour du bien public, ont refroidi le premier enthousiasme que la Révolution avait fait naître. Les partis qui se sont formés dans la Convention, qui ont produit le 31 mai et le gouvernement révolutionnaire qui pesait sur toutes les classes, ont amorti le goût du gouvernement républicain. Le fanatisme et l'hypocrisie n'ont pas peu servi à refroidir les esprits sur la liberté.

» Pendant longtemps l'opinion de Paris servait de boussole au reste de la France, mais les comités révolutionnaires ayant fait tant de maux, ont dégoûté les habitants des départements de suivre l'esprit public de Paris, et même la haine a remplacé l'amitié qu'ils portaient généralement à Paris.

» Ceux qui en 1789 voulaient empêcher la Révolution ont toujours continué à entraver toutes les mesures qui pouvaient conduire à un gouvernement stable.

» Ce sont les mêmes qui, après avoir accepté la Constitution de 1793, voulurent l'anéantir pour faire naître l'anarchie [1], ce qui obligea à faire un gouvernement révolutionnaire dont ils furent victimes et dont les abus ont fait détester la Révolution à la grande majorité de la nation. Mais son abolition a relevé l'espérance des royalistes. Ils étaient parvenus à entraîner dans leur parti une grande portion du peuple qui croyait servir la liberté en s'opposant à la réélection des deux tiers de la Convention et qui conduisit au 13 vendémiaire.

» Le mécontentement général sur les subsistances était à son comble. *Et l'on peut dire qu'il n'est que comprimé!* car toutes les classes se plaignent avec amertume. *L'aristocratie sourit de nos maux.* Le rentier est ruiné et ne peut atteindre le prix des subsistances; les employés sont dans la même position; *ces deux classes, un peu par leur faute,* parce qu'ils ont *généralement un peu entravé la Révolution ou ne*

---
[1] On voit l'ignorance du signataire, qui croyait bonnement que l'impraticable Constitution de 1793 pouvait assurer la durée de la République.

l'ont pas aidée parce qu'ils s'étaient fait un fantôme de l'égalité que leur orgueil repoussait.

» Les rentiers étant ruinés, soit nobles, prêtres, rabbins ou financiers, les travaux sont rares ; l'ouvrier peu occupé ou ne pouvant gagner en proportion de l'augmentation exorbitante des denrées, se réunit aux autres pour blâmer les fondateurs de la République. On peut, je crois, dire que le peuple en général peut être comparé aux animaux de basse-cour, qui suivent celui qui leur présente d'une main des subsistances, quoiqu'il tienne un couteau pour les égorger dans l'autre main.

» Citoyen ministre, je ne sais s'il est possible de reconnaître les vœux du peuple, car trop souvent on a confondu le vœu du peuple avec celui de quelque individu, *comme encore on confond les patriotes de 1789 avec les membres des comités révolutionnaires*, dont la plupart ne sont que depuis le 10 août ou le 31 mai. Et il faut l'avouer, quelques personnes voient avec peine que quelques-uns de ceux auxquels leur excès a mérité le mépris public semblent avoir la confiance du gouvernement, ou au moins affectent de se présenter chez les autorités avec l'apparence de la confiance. Citoyen ministre, *le salut de la patrie dépend des subsistances. Point de gouvernement sans subsistances : en vain on criera contre les vendeurs de denrées, c'est au gouvernement à prendre des mesures*, soit en délivrant du pain à tous les individus, *riches ou non* [1]. Car les exceptions produisent la désunion et les partis, *et prêtent à l'arbitraire*, et même ont l'air d'une vengeance peu digne des chefs de la nation !!!...

» *Je le répète, tant que tout le monde n'aura pas au moins une livre et demie de pain, il n'y aura pas d'esprit public, ni confiance dans le gouvernement.*

» *Le moment où les subsistances ne seront pas distribuées par le gouvernement et seront abondantes sera le premier*

---

[1] Le moyen est sûr, mais il ne pouvait être trouvé et formulé naïvement qu'à l'époque où vivait Gillet.

jour où l'esprit public se manifestera et sera vraiment républicain !

» Citoyen ministre, il est douloureux pour ceux qui ont embrassé la Révolution par amour pour la liberté *sous ses lois* et de l'égalité en droit, de voir leurs espérances presque anéanties par le désespoir insupportable de presque les dix-neuf vingtièmes du peuple *dont ils font partie*. Ne pouvant plus supporter les maux affreux de la disette du pain et de la privation des vêtements les plus nécessaires, dont ils sont même encore obligés de se défaire pour apaiser une partie de la faim qui nous dévore !

» En vain donne-t-on de l'espérance pour l'avenir, il a été tant trompé, le peuple, que sa confiance est usée.

» Pardon, citoyen ministre, si je mets ce tableau devant vos yeux, mais on doit découvrir ses maux au médecin, et cela ranime l'espérance. Depuis 1789 je les ai exposés aux ministres du ci-devant, aux magistrats du peuple, aux représentants. *Et nous sommes encore pires*, car déjà plusieurs distributions de pain ont manqué, et aujourd'hui, à huit heures du matin, il n'y a pas encore de farine chez nos boulangers.

» Je suis sensible, citoyen ministre, à la réponse honnête que vous avez daigné me faire et à votre indulgence, ainsi qu'à vos promesses à mon égard, dont je vous remercie respectueusement.

» Si le gouvernement procure le bien général, mes vœux seront à leur comble même en descendant au tombeau.

» Salut et respect au ministre de l'intérieur,

» GILLET.

» Gillet, peintre, rue Montorgueil, n° 5, section du Contrat social. »

LA CONSTITUTION DE L'AN III ET LE BILAN DE LA RÉPUBLIQUE
APPRÉCIÉS PAR UN SECTIONNAIRE.

La place nous manque pour apprécier les derniers actes de la Convention. Nous nous bornerons à reproduire le jugement qu'un écrivain anonyme, l'auteur de l'*Espion de la République française*, a porté sur ces actes. Cette appréciation, sévère parfois jusqu'à l'injustice, nous paraît due à quelqu'un de ces sectionnaires que le canon de Barras et de Bonaparte avait foudroyés sur les marches de l'église Saint-Roch. Mais, quoique tracé d'une main irritée, ce tableau renferme des traits justes : il mérite donc qu'on ne le dédaigne pas. Le lecteur fera facilement dans cette satire la part de l'exagération et celle de la vérité.

« Les Jacobins ne devaient leur puissance qu'à la terreur ; tous écumèrent de rage lorsqu'ils aperçurent les premiers rayons de la justice.

» Résolus de recouvrer leur empire, ils tentèrent d'intimider la Convention par les mêmes moyens qui leur avaient réussi du temps de Robespierre.

» ..... Depuis cette époque (insurrection de prairial), les Jacobins, sous la boue, tels qu'Encelade écrasé par le mont Etna, font sentir leurs mouvements, mais ils sont inutiles.

» Le rejeton d'une antique dynastie avait partagé l'infortune de sa famille sous les yeux d'un appelé Simon, cordonnier, nommé son instituteur. Il n'est plus, cet aimable enfant[1]…. Hélas! il n'a vu l'aurore de sa fortune que pour sentir son avilissement.

» La postérité croira-t-elle que l'on a exercé les rigueurs les plus affreuses contre un enfant à qui l'on n'avait à reprocher que le malheur d'être né!.....

» Le travail de la Convention est achevé; les deux Assemblées précédentes avaient donné chacune une Constitution, il fallait bien que celle-ci en fît une troisième.

[1] Le dauphin était mort le 20 prairial an III (8 juin 1795).

» Nous allons en donner un précis.

» Il y a deux chambres.

» La première composée de cinq cents jeunes gens qui imaginent;

» La seconde, de deux cent cinquante vieillards qui raisonnent; et, brochant sur le tout, il y a cinq pentarques qui exécutent.

» Sur le papier, cela se présente très-bien.

» Mais tous les pouvoirs sont séparés, par conséquent, point d'harmonie; et les choses sont telles que le sort de l'État dépend absolument du caractère froid, turbulent, guerrier ou pacifique du pouvoir exécutif; ainsi la France est sous le joug de cinq despotes.

» La chambre des vieillards ou raisonneurs doit accepter ou rejeter ce qui lui est présenté sans qu'il lui soit permis de motiver; de sorte qu'une bonne loi ne peut surnager si elle n'est pas clairement énoncée ou si elle se trouve fondue dans des détails susceptibles de réformation. La discussion, seul moyen de répandre la lumière, est interdite.

» Les ministres ont des responsabilités contradictoires; ils sont responsables de l'exécution des lois et de l'inexécution des arrêtés du Directoire, qui peut ordonner qu'une loi ne soit pas exécutée.

» Est-il possible qu'un gouvernement aille quand le pouvoir exécutif n'a point de part aux délibérations et quand les ministres en sont exclus?

» La Constitution est oppressive par l'article qui admet les réquisitions; jamais aucun peuple libre n'a réclamé des pouvoirs aussi violents.

» La Constitution est embrouillée par le nombre de trois cent soixante-seize articles; il n'en fallait pas le quart pour renfermer tous les cas possibles.

» La Constitution est destructive de l'instruction, puisqu'elle s'oppose aux voyages; il faut une résidence de dix années sans discontinuité pour être éligible au conseil des jeunes gens, et de quinze ans pour être du conseil des Anciens.

» La Constitution est cruelle; elle ne parle que de punir; aucune autorité ne s'est attribué le droit de pardonner, quoiqu'il reste des cas où l'on peut être criminel sans être coupable.

» La Constitution est immorale; elle ne parle point de l'établissement d'un culte public; à la vérité elle le permet, pourvu qu'il soit payé par ceux qui ont de la religion. Par conséquent l'avarice peut étouffer les idées religieuses, et la France peut devenir un peuple d'athées, un peuple où la sûreté publique n'a point de base.......

» ..... Il faut espérer qu'après avoir parcouru toutes les régions du Délire on s'arrêtera enfin au port de la Sagesse.

» La Constitution achevée et acceptée, il fallait que la Convention s'occupât de la formation des deux conseils. Que fit-elle? Après avoir exercé pendant trois ans un pouvoir absolu, elle voulut, contre les lois, contre l'opinion publique, garder les deux tiers de ses membres, comme si tout l'esprit de la France était renfermé dans la Convention.... Mais le véritable motif était de n'avoir pas de comptes à rendre. Pour s'adjuger les deux tiers des places, elle décréta, les 5 et 13 fructidor (ou 22 et 30 août), que les deux tiers de ses membres resteraient à la nouvelle législature, et fit une accolade de ses décrets à la Constitution, ne voulant pas les présenter comme articles séparés à la discussion des assemblées primaires. Le piége était évident; les grandes villes ne pouvaient s'y laisser prendre.

» On s'effraya d'une continuation de domination. Alors la Convention s'environna derechef de tous les buveurs de sang, et elle les envoya en mission, armés, pour présider aux délibérations des assemblées primaires. La Convention fit plus; elle fit passer ses décrets aux troupes pour les accepter, quoique dans tous les cas il leur fût défendu de délibérer sur les affaires de l'État. Enfin elle obtint par la force ce que la Constitution lui refusait.

» L'indignation, la répulsion furent presque générales; on cria au royalisme, comme criait Robespierre quand on le contrariait.

» Les Parisiens montrèrent un instant de fermeté; on leur opposa des canons à mitraille; on mit une mèche dans les mains de Barras, et deux ou trois mille vieillards, femmes, filles, enfants, payèrent de leur vie le malheur de se trouver dans les rues.

» Ainsi c'est dans le sang jusqu'aux genoux que l'on promulgua l'acceptation des décrets des 5 et 13 fructidor (22 et

30 août 1795) par la volonté du peuple souverain; et pour récompenser Barras, on l'investit (12 vendémiaire, 4 octobre 1795), les mains fumantes du sang des Parisiens, du plus grand pouvoir; pour adjoint, on lui donna le signataire de tous les carnages du tribunal révolutionnaire.

» On devait présumer que le massacre exécuté par Barras et autres membres de la Convention sur les habitants de Paris l'assurerait des grands meneurs et les porterait à se reposer quelques moments; — point. On envoya des Fréron, des Reverchon dans les départements du Midi pour y semer l'épouvante et l'effroi; pour destituer, proscrire, incarcérer, égorger, et mettre enfin le sceptre de l'autorité dans les mains des plus atroces scélérats.

» Le calme partout se rétablit, mais la belle loi de Thrasybule, la loi de l'oubli, est encore bien éloignée. Pouvez-vous l'espérer, législateurs, quand, au lieu de revenir sur vous-mêmes pour déraciner ce qui est absurde, vous persévérez à détruire les liens harmoniques?

» La loi du divorce favorise le libertinage, elle rend le mariage le tombeau des mœurs; le bon mari, qui regardait comme sacré le nœud qui l'unissait à sa compagne, voit sa couche souillée; sa femme, volage, séduite par l'éclat, par la nouveauté, le quitte pour se plonger dans le vice; il la cherche; il la trouve; elle a secoué le joug de l'opinion publique, et lui répond par le divorce.

» La loi sur les testaments et substitutions est affreuse; elle ôte à un père, à un parent, les moyens de se faire respecter, et les prive de l'avantage d'être justes.

» La loi sur la majorité achève de briser les rapports entre les pères et les enfants, anéantit l'autorité des premiers, livre les autres à la fougue des passions, expose les hommes vertueux à voir dans leur famille des mariages mal assortis, et par cette même raison la haine et la discorde se propager.

» Ces trois lois seules suffiraient pour abrutir une nation par la licence et l'immoralité. . . . . . .

» Que l'on emploie tant qu'on voudra les mots les plus emphatiques, les belles phrases, les ressources de l'art oratoire, jamais on ne pourra effacer ce que l'on éprouve.

» L'égoïsme est porté à son comble; on ne voit à Paris que

des tables de traiteurs où se rassemblent des épicuriens qui, au milieu des sanglots, des larmes et du désespoir, étudient tranquillement l'art de manger.

» Des hommes en tablier de cuir viennent y dévorer la subsistance de leur famille... Que fais-tu là, malheureux? — Je fais un bon repas. — Tes enfants n'ont pas de pain! — Que m'importe! demain je divorce, et j'abandonne cette engeance qui me fatigue... Ah! Dieu! le vice semble lier chaque branche de l'arbre social et s'identifier avec lui. Je vais au spectacle : les loges sont garnies d'ouvriers, d'ouvrières, qui au lieu de travailler cherchent la dissipation et le plaisir. Le fait est que personne n'est à sa place.

» Je parcours la ville : je ne vois que des masures démeublées, des rues où l'herbe croît, des débris de monuments magnifiques à côté d'une statue de plâtre rongée par l'air corrosif qui l'environne. Partout j'entends le cri du désespoir et de la faim.

» L'estimable auteur du journal intitulé l'*Accusateur public* dit avoir vu, dans l'intervalle de dix minutes, à la longueur d'une rue, sept malheureux tomber d'inanition, un enfant à la mamelle mourir sur le sein de sa mère dont le sein avait tari; une femme se battre avec un chien, près d'un égout, pour lui enlever un os : cette femme était une religieuse, sans parents, sans amis, rebutée partout, à qui le gouvernement ne payait pas une pension suffisante.

» Tout créancier est ruiné par son débiteur, qui le paye avec presque rien [1].

» Un père de famille s'est retiré avec trois mille livres de rente. Il vivait sans faste; il pouvait nourrir et entretenir ses enfants. Il a besoin d'un sac de blé pesant deux cent quarante livres, qui valait vingt-quatre livres. Son fermier le lui apporte et lui dit : Rendez-moi six cents livres et ma redevance est payée.

» Voici une plaisanterie pleine de sel. Je la place ici parce

---

[1] » Je connais une veuve estimable et riche qui avait laissé tous ses fonds dans une maison de commerce. Ses associés, qui se sont trouvés des coquins, après avoir acheté de gros fonds, l'ont remboursée avec des assignats.

» Il est à ma connaissance que madame L. P. D. B. a été remboursée de cent mille livres prêtées en écus avec moins de vingt louis d'or.

(Note de l'auteur de *l'Espion*.)

qu'elle est historique et qu'elle peint bien parfaitement l'état des choses.

Lettre au rédacteur du Courrier républicain.

« Je suis marchand : j'ai un associé qui me ruine, en criant toujours contre moi; il n'a mis aucun fonds dans ma maison, et prélève chaque année, outre la totalité du bénéfice, une partie de mon capital. Il s'est associé avec moi malgré moi, il s'est aussi associé avec vous malgré vous; il s'associe avec tout le monde malgré tout le monde. Quand on invoque des lois contre lui, il fait tout de suite fabriquer des lois qui le favorisent, car il est aussi associé avec ceux qui font des lois.

» Vous allez me demander le nom de cet universel associé : son nom est GOUVERNEMENT.

» Il faut que je vous raconte la manière dont il s'est conduit dans notre société. J'avais acheté des marchandises fort cher. Il s'est mis dans la tête que nous devions les vendre bon marché, et avec ses amis fabricants de lois, il a établi un *maximum* en vertu duquel il s'est emparé du fonds total de notre magasin, et m'a donné en échange des billets souscrits par lui, qu'il m'a dit équivaloir aux marchandises qu'il m'enlevait.

» Avec ses billets j'ai acheté tout juste la moitié des marchandises qu'il m'avait prises.

» Quoiqu'il n'eût mis aucun fonds dans ma maison, j'ai cru que ce qu'il appelait *maximum* était une dissolution de société à la suite de laquelle nous partagerions, par égale portion, les marchandises communes; et je me regardais comme trop heureux d'être débarrassé à ce prix d'un associé si déraisonnable : *point du tout.*

» Le mois de fructidor dernier (septembre 1795) il m'a demandé une patente. Je regardai cela comme un reliquat de compte : la somme n'était pas forte, je pouvais la payer avec les mauvais billets de mon ci-devant associé; je payai, bien persuadé que j'étais débarrassé de lui : *point du tout.*

» Quatre mois après, il me demande un compte général de nos bénéfices (ce coquin oubliait qu'il avait réduit mon avoir à moitié); ce compte général il l'appelle : EMPRUNT FORCÉ[1]. Je ne

[1] Le 15 frimaire an IV (6 décembre 1795), le Directoire propose un

savais pas ce que cela voulait dire, personne ne l'a su et ne le saura jamais; mais mon associé me menaçait de faire vendre mes meubles; ses associés, fabricants de lois, lui en avaient donné le droit, qu'ils n'avaient pas eux-mêmes. Ne pouvant mieux faire, je payai. Il avait déjà pris la moitié de mes marchandises, à présent, il en a les deux tiers, un tiers me reste, c'est bien peu; mais enfin, suis-je quitte d'un si cruel associé? *Point du tout.*

» Trois mois après, le voilà qui souscrit des billets nouveaux, et en leur donnant le nom de *mandats*, il prétend que tous ses associés sont obligés de les recevoir pour numéraire. Alors j'appris que j'avais toujours des relations de société avec lui, car ses commis vinrent chez moi le sabre à la main, enlevèrent encore la moitié de mon tiers, et me laissèrent des billets, que je gardai, car personne n'en voulut.

» Un cri général s'éleva contre cette nouvelle manière de s'ouvrir un crédit; et il fut décidé que les billets du gouvernement n'étaient pas du numéraire.

» Pour le coup, me dis-je, il ne pourra plus rien me demander : *point du tout*. Aujourd'hui il me demande encore un reliquat de compte qu'il appelle *patente*, et il ne veut pas que je le paye avec ses propres billets; il prétend que ce que j'ai reçu pour cent francs, à coups de sabre, ne vaut que cent sous.

» Mes commis sont moins nombreux que les siens, et d'ailleurs ils ont été désarmés, le 14 vendémiaire, à la suite d'une querelle élevée aussi pour une rupture de société. Que faire? je payerai. Sans doute ce sera la dernière fois : *Point du tout!* me répondrez-vous, à moins que vous n'ayez plus de quoi payer.

» Quelqu'un m'a dit que *Gouvernement*, mon associé, avait aussi beaucoup d'associés qui agissaient avec lui comme il a toujours agi avec moi; c'est un malheur de plus, puisqu'il faut qu'il prenne non-seulement pour ses éternels besoins, mais encore pour les besoins éternels de ceux qui le volent.

» Pour me consoler, on m'a représenté que si *Gouvernement* gérait mal ses affaires intérieures, il s'ouvrait un grand crédit

---

emprunt forcé de six cents millions en numéraire. — Le 18, résolution du conseil des Cinq-Cents portant qu'il sera fait un appel de fonds par forme d'emprunt de la somme de six cents millions en numéraire sur les citoyens aisés. — Le 19, le conseil des Anciens approuve la résolution sur l'emprunt forcé.

chez l'étranger, et qu'il établissait des sociétés partout. Qu'y gagnera-t-il ? Plus les sociétés se multiplieront, plus *Gouvernement* prendra, plus ses associés fripons le voleront, et notre misère sera aussi grande que notre réputation.

» *Signé :* Bonnefoi, rue Denis,
» ci-devant Saint. »

« Rien n'est mieux peint que ce petit tableau ; la vérité est qu'il n'existe plus de conventions sociales ; que la loi *Attrape qui peut* est en pleine vigueur, et que le gouvernement lui-même, après avoir épuisé ses ressources, se trouve réduit à faire le métier de corsaire.

» C'est encore un fait qu'il s'est élevé des fortunes énormes, des rapines, et que parmi les conventionnels, à la vérification des choses, il se trouvera bien des coquins ; mais ces fortunes tiendront-elles ? Au moins elles feront ressource à la renaissance de l'ordre.

» Tremblez, tyrans ! le drame de la Révolution arrive à son dénoûment : et je vous attends à la chute du rideau.

» Nous avons des victoires. Hélas ! on endort la nation au son des prospérités.

» Souvent la situation des vainqueurs est pire que celle des vaincus.

» J'ai pillé l'Italie, écrivait Annibal, envoyez-moi de l'argent. J'ai vaincu les Romains, envoyez-moi des troupes.

» Que l'on fasse des médailles pour éterniser nos exploits : on sera forcé de graver sur le revers, la faim, la misère et le désespoir. »

Les misères et les grandeurs de la Révolution.

Certes le tableau est sombre, le trait forcé. La satire n'atteint pas seulement la Convention : elle porte sur l'œuvre même de la Révolution.

Ah ! sans doute il y a le côté des misères, sur lesquelles ni notre livre ni celui que nous venons de citer n'ont pas tout dit.

Et qui pourrait tout dire ? qui pourrait seulement énumérer les infortunes particulières produites dans cette transformation de la société française ? Le déplacement de la fortune ne se fit pas sans de prodigieuses iniquités. Quantité de gens qui étaient dans l'aisance tombèrent dans la pauvreté parce qu'ils avaient voulu rester honnêtes; d'autres devinrent riches parce qu'ils ne montrèrent ni probité ni scrupules. Les premiers échangeaient l'argent contre les assignats, pour remplir leur devoir de bons citoyens; les seconds dépréciaient le papier, n'acceptaient que de l'argent, achetaient à vil prix les biens nationaux et le plus souvent ne les payaient pas. D'ailleurs, pour acheter au dixième, quelquefois au vingtième de leur valeur, les biens de familles estimables qui se trouvaient dépouillées par une injustice odieuse, il fallait un courage dont tout le monde n'était pas capable. Il a bien servi ceux qui l'ont eu; c'est le point de départ de beaucoup de fortunes qui s'étalent sous nos yeux, affranchies des charges matérielles et des obligations morales auxquelles étaient assujetties les moines et les nobles dont elles ont pris la place et occupé l'héritage. Et pour leur en assurer la paisible jouissance, la nation a fait généreusement le sacrifice d'un milliard, dont la plus grande partie a été, bien entendu, payée par ceux que les assignats avaient ruinés et qui n'avaient pas acheté de biens nationaux.

Tout cela n'est pas beau, et démontre qu'il n'y a pas toujours lieu d'être fier parce qu'on est riche, fût-ce même en vertu d'un héritage. L'histoire des biens nationaux serait certainement un des chapitres les plus curieux à écrire de la Révolution et un des plus tristes.

Mais ce côté des misères est le point obscur de la Révolution. Le côté des grandeurs est si éclatant que l'œil ébloui ne peut voir autre chose. Les misères, — ce sont les moyens; les grandeurs, — ce sont les résultats.

Faisons encore un emprunt à un écrivain contemporain de la Révolution, qui l'a bien observée, au sujet des changements qu'elle avait opérés dans les mœurs et les usages :

« La Révolution n'a pas seulement renversé la monarchie, le sacerdoce et la noblesse; elle a fait plus; elle a détruit l'empire des opinions et des habitudes anciennes. Jadis la vanité était le ressort qui faisait mouvoir les Français. Le premier but et l'élément de cette vanité étaient les rangs et les titres. Un commerçant travaillait pour gagner ce qu'il fallait d'argent pour acheter une charge de trésorier de France ou de secrétaire du Roi; et après qu'il était ainsi *anobli*, il regardait comme au-dessous de lui de continuer le commerce auquel il devait son élévation.

» Tout est changé. Les titres n'existent plus : les fortunes mêmes ont été révolutionnées; le pauvre s'est enrichi, le riche est devenu pauvre; le travail est le besoin de tous; l'industrie se relève en foulant aux pieds les hochets de la vanité. Et comme les Français se jettent toujours dans l'extrême, leur ancien dédain pour les occupations mercantiles s'est changé en une espèce de rage pour le trafic. Ce n'est pas seulement la nécessité qui l'a fait naître; c'est aussi l'amour des jouissances de toute espèce. Les Français, ardents à tous les plaisirs, se dédommagent avec une sorte de fureur des moments de terreur et de désolation perdus pour leur aimable gaieté; les dangers qui marchent avec les révolutions leur font regarder le moment présent comme tout; et l'avenir, enveloppé plus que jamais à leurs yeux des voiles de l'incertitude, n'existe point pour eux.

» L'étendue, la situation, la fertilité, les besoins de la France, ouvrent un vaste champ au commerce; mais il est curieux d'observer les directions variées, bizarres, qu'a prises ce genre de trafic et de spéculation. On s'avise de tout, on se livre aux genres d'industrie les plus étrangers à l'état, aux goûts qu'on avait, aux études qu'on a faites. Les inventeurs pullulent; tous assurent que le bien et la prospérité de leur pays ont été leur unique but; et comme la Révolution a relevé à ses propres yeux chaque individu, tout homme, en mettant en avant ses idées, insiste sur le droit qu'il a d'être entendu par ses concitoyens et protégé par l'administration.

» ..... Pendant que dans les campagnes les spéculateurs transforment des monastères en ateliers, d'autres spéculateurs, dans Paris, donnent à leurs calculs une base plus assurée peut-être, l'amour du plaisir; ils transforment des hôtels en lieux d'amusements.

» Le papier-monnaie contribue beaucoup à faire naître en France cet esprit de spéculation, en permettant à l'imagination de s'égarer dans les régions d'une richesse imaginaire. Dans ces moments-là, le plus mince marché semblait être une transaction importante. Une paire de souliers valait mille francs, une aune de ruban en coûtait cinq cents; et comme l'esprit des Françaises a encore plus d'activité que celui des hommes, toute femme qui possédait cinquante ou cent mille francs dans son portefeuille se considérait comme une espèce de capitaliste; et après avoir entendu répéter de toutes parts que le commerce était la route la plus sûre pour arriver à la fortune, elle se mettait à faire un commerce. Telle dame spéculait sur des fichus, telle autre sur des souliers d'hommes. Les unes vendaient des chandelles, les autres du tabac; toutes étaient tourmentées du désir de gagner et colportaient leurs échantillons de maison en maison. Mais ce genre de commerce dura peu.

» Ce que la Révolution française n'a pas détruit, c'est l'influence des femmes. Les comités républicains ne faisaient point contre elles une meilleure défense que les boudoirs de l'ancienne cour. Ils étaient remplis d'habiles négociatrices qui y déployaient les pouvoirs que leur donnaient de tendres regards, de doux sourires, la folle gaieté, les saillies pleines de grâce. Ce sont des armes que les Françaises savent mieux manier que les femmes de quelque pays que ce soit. Les commissaires, agents, ministres, n'y savaient nullement résister; et je crois qu'à tout prendre, le sexe féminin, auquel l'acte constitutionnel ne confère aucun droit, exerce encore une autorité à peu près despotique sur le peuple souverain.

» Quel douloureux contraste offrent d'un côté ces industrieuses commerçantes, ces habiles solliciteuses, et de l'autre ces infortunées qui, jouissant autrefois de toutes les douceurs que peuvent procurer le rang et la fortune, étaient réduites à vivre du travail de leurs mains, à tirer un profit de leur aiguille, qu'elles ne touchaient jadis que par amusement; ou à trafiquer des talents qu'elles n'avaient acquis que comme le complément d'une élégante éducation! La musique, la peinture ont offert à plusieurs des ressources, et telle femme a trouvé dans son crayon sa subsistance et celle de sa famille. Un paysage destiné, dans ses loisirs, à orner un brillant boudoir, a procuré souvent une croûte de pain, mais trempée de larmes et dévorée dans un grenier. Hélas! quel long et lugubre chapitre n'offre pas la Révolution! »

Mademoiselle Maria-Héléna Williams, qui écrivait ces pages

dans son *Nouveau voyage en Suisse* que Jean-Baptiste Say se faisait, en 1798, un honneur de traduire pour le mettre à la portée de ses compatriotes, n'était point, comme l'auteur de *l'Espion de la Révolution française*, un esprit chagrin et irrité. Elle avait été l'amie de Vergniaud et de madame Roland ; elle avait été tendrement aimée de Bancal des Issarts ; elle avait connu les horreurs de la prison et l'angoisse de l'échafaud, sur lequel elle faillit monter. Ces persécutions ne la rendirent pas injuste ; son admiration pour la grande œuvre de la Révolution la dédommageait des souffrances qu'elle avait endurées pour elle, et elle résumait en ces paroles, par lesquelles nous terminerons notre livre, l'enseignement que le genre humain, que les générations présentes et à venir devaient tirer de ces prodigieux événements :

« Depuis les premières époques de la Révolution française n'avons-nous pas vu des siècles passer devant nous et nous instruire de leur expérience ? Comme les rejetons de Deucalion, nous avons franchi subitement l'intervalle de l'enfance à la virilité, en gardant, hélas ! ainsi qu'eux, trop de marques de notre origine endurcie !...

> Et documenta damus qua simus origine nati.
> OVID. *Metam*.

« Semblable au voyageur qui sortant d'une plaine brûlante, gravit de sommet en sommet jusqu'aux neiges éternelles, et traverse ainsi, dans l'espace de quelques heures, tous les climats de la terre, l'esprit de l'homme qui a pu suivre dans sa marche la Révolution française, laissant loin de lui le chemin long et épineux des recherches abstraites, s'est rapidement élevé jusqu'aux notions les plus sublimes de la connaissance des hommes et de la science des gouvernements. »

FIN.

TABLE DES MATIÈRES.

                                                            Pages

INTRODUCTION.   I

    I. Contraste entre 1867 et 1794 avec le suffrage universel pour trait d'union.   I

   II. Caractères permanents de la démagogie. — Athènes en 426 avant Jésus-Christ. IV

  III. La démagogie à Athènes dans les comédies d'Aristophane. . . . VI

  IV. La démagogie à Paris dans les rapports de police.   X

   V. L'inconstance de nos pères résultat des misères de la démagogie. XV

  VI. Ce que la démagogie a laissé chez nous ; ce que la démocratie a fait en Amérique. XVI

LA RUE, LE CLUB ET LA FAMINE A PARIS EN 1794.

LE GOUVERNEMENT RÉVOLUTIONNAIRE AVANT LA CHUTE DE ROBESPIERRE.

— Déclaration de Cambon, le 11 thermidor. . . . . 1 à 4

Extrait du rapport de Barère du 12 thermidor. 4

Note dictée par Billaud-Varenne avant sa mort. 6

Comités de la Convention et leur emplacement. 6

Goût des montagnards pour les bucoliques et les berquinades. . . . 12

Décret sur le gouvernement provisoire. 14

Observations sur les changements des noms des villes. 24

LA RUE, LE CLUB, LA FAMINE. 26

NIVÔSE (du 21 décembre 1793 au 20 janvier 1794). Aperçu sur les affaires de la République à l'intérieur et à l'extérieur pendant ce mois. 29

    12 *nivôse*. Ordre général d'Hanriot. (*Inédit*[1].). 31

    12 *nivôse*. Lettre d'Agathe Jolivet à Fouquier. (*Inédite*.). . . 32

    17 *nivôse*. Ordre général d'Hanriot. 33

    18 *nivôse*. Id. 33

Note anonyme émanant de Lamotte de Quévremont sur les démagogues. (*Inédite*.). 34

Lettre de Charles de Hesse à Fouquier. (*Inédite*.). 37

PLUVIÔSE (du 20 janvier au 18 février 1794). Résumé historique des principaux événements du mois. 38

    5 *pluviôse*. Lettre de Durand. (*Inédite*.). 40

    5 *pluviôse*. Ordre général d'Hanriot. 42

    7 *pluviôse*. Id. 42

    8 *pluviôse*. Id. 43

---

[1] Les ordres généraux d'Hanriot sont *inédits*. Nous ne répéterons donc pas cette particularité en les mentionnant.

TABLE DES MATIÈRES.

9 *pluviôse*. Ordre général d'Hanriot.	43
11 *pluviôse*. Id.	44
17 *pluviôse*. Id.	45
22 *pluviôse*. Id.	46
23 *pluviôse*. Id.	47
L'histoire du notaire Brichard, par Bailleul.	48
Les dieux s'en vont : comment Prudhomme propose de les remplacer.	51
26 *pluviôse*. Ordre général d'Hanriot.	53
29 *pluviôse*. Id.	53
VENTÔSE (du 19 février au 20 mars). Résumé historique du mois.	54
Les observateurs de l'esprit public.	55
1er *ventôse*. Ordre général d'Hanriot.	57
Rapports de police [1] de Perrière, de Moncey, de Latour-Lamontagne, de Dugas, de Bance, de Rolin, de Pourvoyeur, de Dugas, d'Hanriot, sur les événements de la veille.	57
2 *ventôse*. Rapports de Charmont, d'Hanriot.	67
3 *ventôse*. Rapports de Perrière, de Prévost, de Dugas.	69
Séance de la société des Jacobins.	72
4 *ventôse*. Rapports de Le Harivel, de Perrière, de Bacon, sur les assemblées populaires, de Latour-Lamontagne, de Bérard, de Rolin.	77
5 *ventôse*. Rapports de Charmont sur le *Moniteur*, de Bacon, sur les clubs, de Latour-Lamontagne, de Siru.	82
6 *ventôse*. Lettre de Kellermann. (*Inédite.*)	88
Rapports de Pourvoyeur, de Bacon, de Moncey.	90
7 *ventôse*. Rapports de Rolin, de Latour-Lamontagne, de Perrière.	92
8 *ventôse*. Rapport de Saint-Just à la Convention sur les factions.	94
Rapport de Dugas sur le club des Jacobins et compte rendu du *Moniteur* de la séance du 8.	107
Rapports de Perrière, de Bacon.	115
Note de la commission des subsistances.	119
9 *ventôse*. Ordre général d'Hanriot.	120
Rapports de Dugas, de Perrière.	120
Extrait du rapport du conventionnel Oudot relativement aux accapareurs.	121
10 *ventôse*. Rapports de Béraud, de Bacon sur les clubs.	124
Traits de bravoure les plus marquants. (Extrait du *Moniteur*.)	129
Lettre du représentant Cusset. (*Inédite.*)	133
11 *ventôse*. Rapport de Lebreton.	134
12 *ventôse*. Ordre général d'Hanriot.	134
Rapports de Bacon, de Pourvoyeur, de Perrière, de Béraud, de Charmont.	135
13 *ventôse*. Rapports de Bacon sur les clubs, de Latour-Lamontagne.	141
14 *ventôse*. Ordre général d'Hanriot.	144

[1] Tous les rapports de police que nous avons publiés dans ce livre sont *inédits*.

Rapport de Dugas..	144
Discours de Barère à la Convention.	145
Rapports de Perrière, de Latour-Lamontagne, de Rolin.	148
Séance du club des Cordeliers.	152
15 *ventôse*. Ordre général d'Hanriot.	159
Rapports de Perrière, de Grivel.	159
Histoire d'un cocher de fiacre par Harmand de la Meuse.	162
16 *ventôse*. Rapports de Pourvoyeur, de Perrière, de Grivel.	166
17 *ventôse*. Rapports de Rolin, de Pourvoyeur, de Monin, de Bérard, de Prévost, de Perrière.	171
18 *ventôse*. Rapport de Bacon.	176
Séance du club des Cordeliers	178
Rapports de Dugas, de Charmont, de Perrière, de Rolin.	181
19 *ventôse*. Rapports de Perrière sur la manutention des prisons, de Charmont, de J. B. B. sur la rue de la Harpe et le quartier André-des-Arts.	186
Discours de Fouquier à la Convention.	188
Rapport de Bérard.	192
Séance du club des Cordeliers.	195
Rapports de Pourvoyeur, de Grivel, d'Hanriot.	196
20 *ventôse*. Rapports de Bacon, de Pourvoyeur, de Le Breton, de Dugas, de Rolin.	203
21 *ventôse*. Rapports de Mercier, de Bacon, de Perrière, de Lescaruel, de Latour-Lamontagne, de Le Breton, de J. B. B., de Rolin, de Charmont, de Pourvoyeur.	208
22 *ventôse*. Rapports de Mercier, de J. B. B., d'Hanriot.	219
23 *ventôse*. Rapports de Dugas, de Bacon, d'Hanriot.	224
24 *ventôse*. Ordre général d'Hanriot.	229
Rapports de Mon, de Perrière, de J. B. B. sur la séance du club des Cordeliers, de B., de Dugas.	230
L'histoire de Mazuyer racontée par Bailleul.	237
25 *ventôse*. Rapports de Bacon, de J. B. B., de Perrière, de Pourvoyeur.	243
26 *ventôse*. Rapport de Latour-Lamontagne sur la séance du club des Cordeliers, autre rapport du même; rapports de Perrière, de Dugas.	250
27 *ventôse*. Ordre général d'Hanriot.	255
Rapports de Bacon, de Dugas, de Grivel, de C., de Rolin.	256
28 *ventôse*. Ordre général d'Hanriot.	259
Rapports de Dugas, de Perrière, de Delarue, de Prévost, de Bacon.	259
29 *ventôse*. Rapports de Pourvoyeur, de Grivel, de C., de Rolin, de Latour-Lamontagne, de Prévost, de Perrière.	264
30 *ventôse*. Rapports de J. B. B., d'Hanriot, de Dugas, de Bacon.	270
Le mois de février aux mois de janvier et de mars (chanson).	276
GERMINAL (du 21 mars au 20 avril). Résumé historique des principaux événements du mois.	278
1er *germinal*. Situation de Paris. (Résumé des rapports de police.)	284
Lettre de Santerre au citoyen Châteauneuf. (*Inédite*.)	288

TABLE DES MATIÈRES. 597

2 *germinal.* Situation de Paris. (Résumé des rapports de police.) . 291
3 *germinal.* Id. Id. id. . . 294
4 *germinal.* Id. Id. id. . . 297
5 *germinal.* Id. Id. id. . . 299
6 *germinal.* Id. Id. id. . . 300
7 *germinal.* Id. Id. id. . . 302
8 *germinal.* Id. Id. id. . . 303
9 *germinal.* Id. Id. id. . . 304
Les principes du tribunal révolutionnaire exposés par un ancien juré. 304
Situation de Paris. 306
Ce qu'on dit. (Note *inédite* de Quévremont). 307
Tableau des orgies prétendues fraternelles, de leurs causes et de leurs effets. (*Inédit.*). 310
Estampe représentant l'intérieur d'un comité révolutionnaire. . . 312
La situation de la République et les partis jugés par un ami de Washington, Gouverneur Morris. — Lettres adressées à Thomas Jefferson, à Washington. 313
Danton. Ses derniers moments. 327
21 *germinal.* Esprit public. 332
Lucile Camille Desmoulins. 333
La Volière, conte de Lucile. (*Inédit.*). 335
Billet à Camille. (*Inédit.*). 337
22 *germinal.* Ordre général d'Hanriot. 340
23 *germinal.* La commission des subsistances à l'agent national de Paris. (*Inédit.*). 341
FLORÉAL (du 20 avril au 19 mai). Résumé historique du mois. . . . 344
9 *floréal.* Ordre général d'Hanriot. 345
11 *floréal.* Id. 346
13 *floréal.* Un ci-devant avocat d'évêché. — Lettre *inédite* de Robespierre. 346
Un général républicain. 347
Lettre de Kléber à Delaborde. (*Inédite.*). 350
Rapport des représentants de l'armée des Pyrénées Orientales au comité de salut public. 352
16 *floréal.* Ordre général d'Hanriot. 354
La Révolution chansonnée en 1776. 355
25 *floréal.* Ordre général d'Hanriot. 357
27 *floréal.* Id. 358
29 *floréal.* Rapport du comité de la section de Mutius Scævola. (*Inédit.*). 359
Le comité de salut public. 359
Lettre *inédite* de Billaud-Varenne à Dumouriez. 362
Direction de la police générale par Robespierre, extraits *inédits* des registres du comité de salut public. 363
PRAIRIAL (du 20 mai au 19 juin). Résumé historique du mois. 369
1er *prairial.* Rapport de police. 370
Extraits *inédits* des registres du comité de salut public. 371

TABLE DES MATIÈRES.

3, 4 *prairial*. Suite des extraits.	374
Un membre du comité de sûreté générale. — Lettres *inédites* de Vadier.	375
6, 7, 8 *prairial*. Extraits des registres. (*Inédits*.).	379
Ordre général d'Hanriot.	382
19 *prairial*. Ordre général d'Hanriot.	383
20 *prairial*. Fête de l'Être suprême.	383
Hymne à l'Être suprême, de Chénier.	386
La fête de l'Être suprême à Sceaux. (*Inédit*.). — Le patriote Palloy. — Lettre *inédite* de Gorsas.	387
22 *prairial*. Loi du 22 prairial. — Lettre *inédite* de Tallien.	400
Bilan du meurtre juridique en 1794.	403
25 *prairial*. Ordre général d'Hanriot.	404
27 *prairial*. Mécontentement de Robespierre. — Affaire de Catherine Théot.	405
Messidor (du 19 juin au 18 juillet). Résumé historique du mois.	408
1er *messidor*. Extraits *inédits* des registres du comité de salut public.	409
6 *messidor*. Suite des extraits.	411
13 *messidor*. Rapport.	412
14 *messidor*. Le nom de Frère, chanson de Florian. — Ordre *inédit* d'arrestation de Florian, signé Saint-Just.	413
17 *messidor*. Arrêté du comité de salut public.	415
Le sang des suppliciés. — Documents extraits de la *Bibliothèque municipale*.	415
22 *messidor*. Ordre général d'Hanriot.	421
23 *messidor*. Lettre *inédite* de Laignelot.	422
Le juré Sempronius Gracchus (Vilate).	423
26 *messidor*. Le chant du départ.	426
Thermidor (du 19 juillet au 18 août).	430
Les chrétiens devant l'échafaud. — Récit du père Carrichon.	430
7 *thermidor*. Lettre *inédite* du baron Trenk écrite de sa prison.	436
La chute de Robespierre racontée avec les récits des contemporains.	439
8 *thermidor*. Récit.	440
Soirée du 8. — La nuit du 8.	442
9 *thermidor*. Récit.	443
La nuit du 9 au 10.	445
10 *thermidor*. Récit.	448
Les suites du 9 thermidor. — Destinées dont la France était menacée.	449
La politique de Robespierre telle qu'elle se montre dans les papiers saisis chez lui.	452
Catéchisme et note de la main de Robespierre.	455
Autre note sur des députés.	458
L'idéal de gouvernement selon Saint-Just. — Extraits de ses *Institutions*.	461

TABLE DES MATIÈRES.

Des institutions propres à assurer l'avenir de la République, selon Barère. 472
Dessin de Prudhon sur le 9 thermidor. (*Inédit.*). 477
Les subsistances au mois de thermidor an II. — Circulaire. (*Inédite.*) 478
Adresse des administrateurs de l'Allier. (*Inédite.*). 480
Adresse des Jacobins de Montereau sur les subsistances. (*Inédite.*). 481
L'agent national de Villefort sur les subsistances. (*Pièce inédite.*). 490
Les quarante-huit sections de Paris en 1794. 493
11 et 13 *thermidor*. 496
Disposition des locaux qu'occupaient aux Tuileries les comités de salut public et de sûreté générale. 497
14 et 15 *thermidor*. 498
Le président, l'accusateur public, les jurés du tribunal révolutionnaire, leurs mœurs, leur famille. 499
16, 17, 18 *thermidor*. 504
Rapport du 18 thermidor. 505
19, 21 *thermidor*. Extrait du rapport de police. 506
Les soldats récompensés par la République. — Lettre *inédite* de Moncey. — Le général Delaborde. 507
22 *thermidor*. Rapport de police. 511
Fructidor (du 18 août au 21 septembre). — La Convention depuis le 10 thermidor jusqu'à la dénonciation de Lecointre (12 fructidor). — Les hommes et les partis. (Extraits de J. Dussault.) 512
3, 4 *fructidor*. Rapport de police. 520
6 *fructidor*. Id. 521
La Convention depuis la dénonciation de Lecointre jusqu'aux insurrections amenées par la disette (du 12 fructidor au 1er germinal). 523
13 *fructidor*. Rapport de police. 525
14 *fructidor*. Id. 526
15, 17, 25, 26, 27 *fructidor*. Rapports de police. 528
Lettre du comité de législation à l'administration du district de Paris. (*Inédite.*). 531
29 *fructidor*. Lettre *inédite* de David. 532
Brillants succès militaires. 534
An III. Vendémiaire (du 22 septembre au 21 octobre). 536
Brumaire (du 22 octobre au 20 novembre). 537
Les sans-culottes. — Conseils aux sans-culottes. 539
Frimaire, Nivôse, Pluviôse, Ventôse. — Circulaires et rapports de police. 541
Germinal. La Convention et la Rue depuis les insurrections populaires jusqu'à la promulgation de la Constitution de l'an III. — Résumé historique. 547
Insurrection du 12 *germinal*. 551
Floréal. Rapports de police. 552
Prairial. Insurrection du 1er prairial. — Rapports de police sur les jours suivants. 554
Le *Réveil du peuple*. 558

5, 6, 25 *prairial*. Extraits des rapports de police 560
Messidor. — 2 *messidor*. Les Paysans. — Extraits du rapport de police et du Voyage en Suisse de mademoiselle H. M. Williams .... , ... 562
9, 11, 19, 20, 24, 25, 26, 27, 28, 30 *messidor*. Extraits des rapports de police sur la situation de Paris. 564
Thermidor. — 3, 4 *thermidor*. Extraits des rapports de police. . . 573
An IV. — Solution du problème de la tranquillité publique proposée par un bourgeois de Paris. (*Lettre inédite*.)........ 578
La Constitution de l'an III et le bilan de la République appréciés par un sectionnaire (*l'Espion de la République française*). . 582
Lettre au rédacteur du *Courrier républicain*. 587
Misères et grandeurs de la Révolution............. 589
Jugement porté par mademoiselle H. M. Williams. 590

TABLE DES GRAVURES.

Pages

Le 9 thermidor, d'après le dessin de Prudhon qui fait partie des collections de la Bibliothèque impériale. .... au frontispice.
Vue extérieure du club des Jacobins. 176
Intérieur du club des Jacobins. 176
Intérieur d'un comité révolutionnaire. 312
Fac-simile d'un autographe de Kléber. 350
Vue de la montagne élevée au champ de la Réunion pour la fête célébrée en l'honneur de l'Être suprême. 386
Les commissaires de la Convention s'emparant de la commune. . . 447
Robespierre dans l'antisalle du comité de salut public, la nuit du 9 au 10 thermidor an II. 448
Discours des sans-culottes aux Jacobins. 539
La Convention envahie par le peuple affamé, dans la journée du 1er prairial an III. 555

FIN DES TABLES.

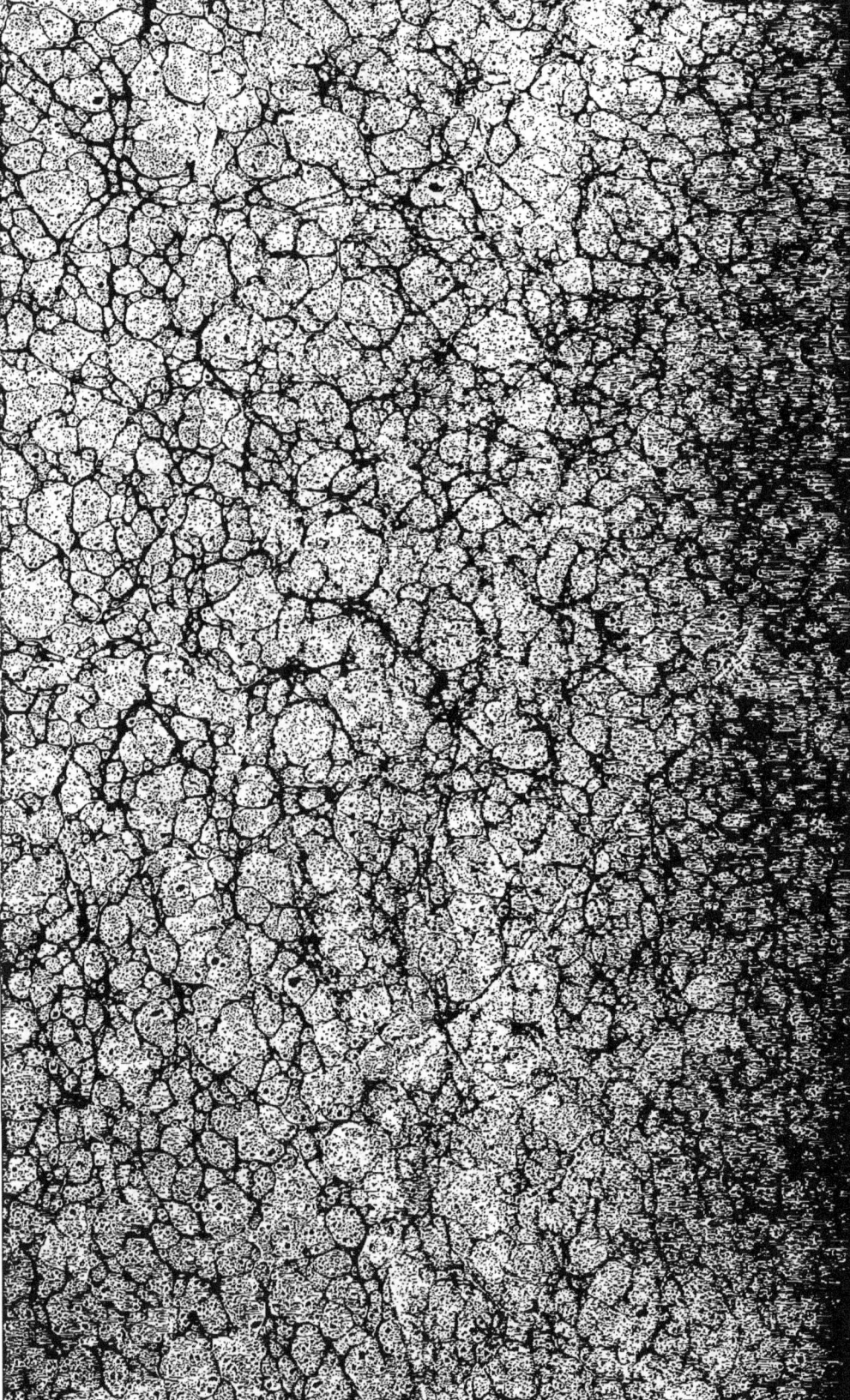

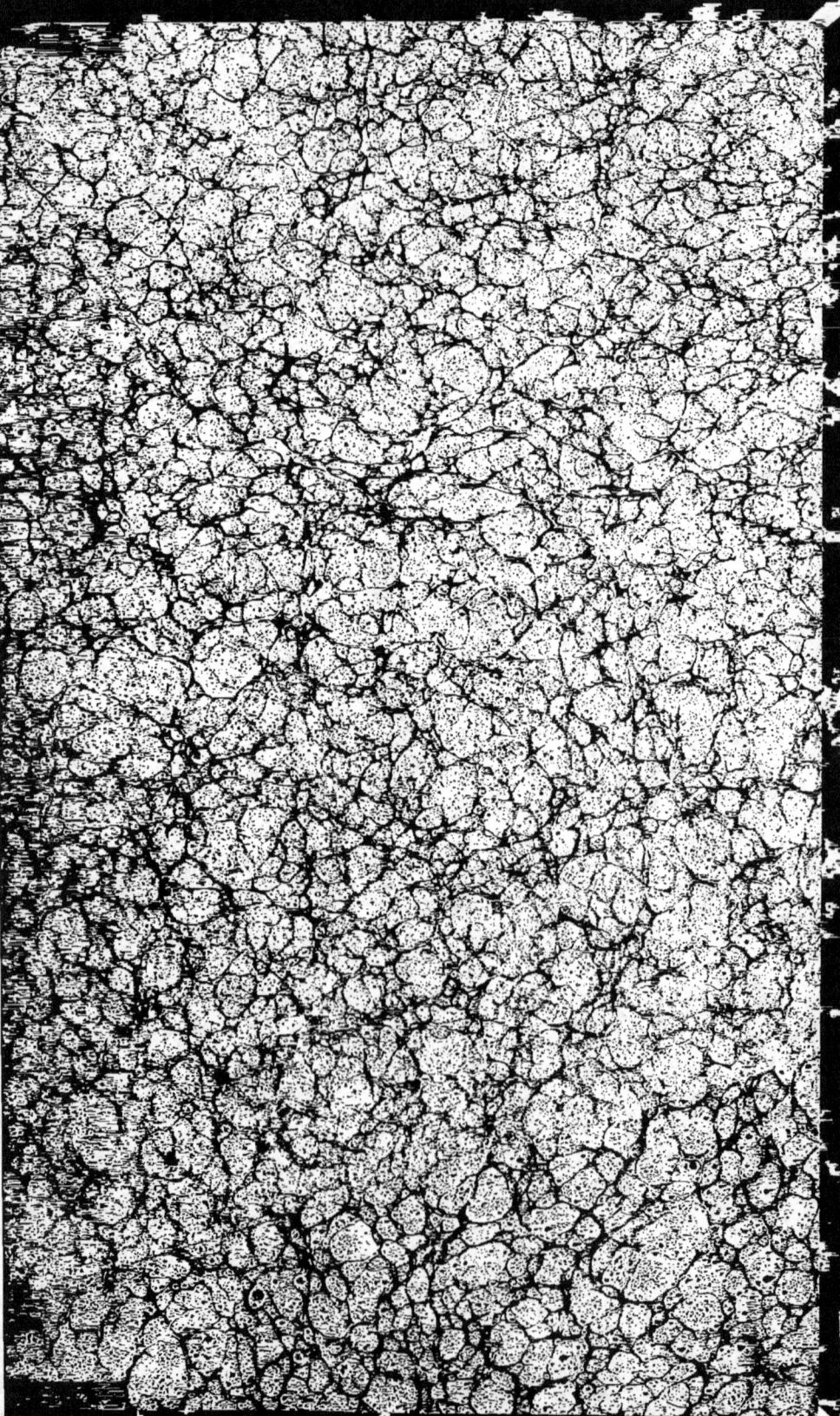